U0679430

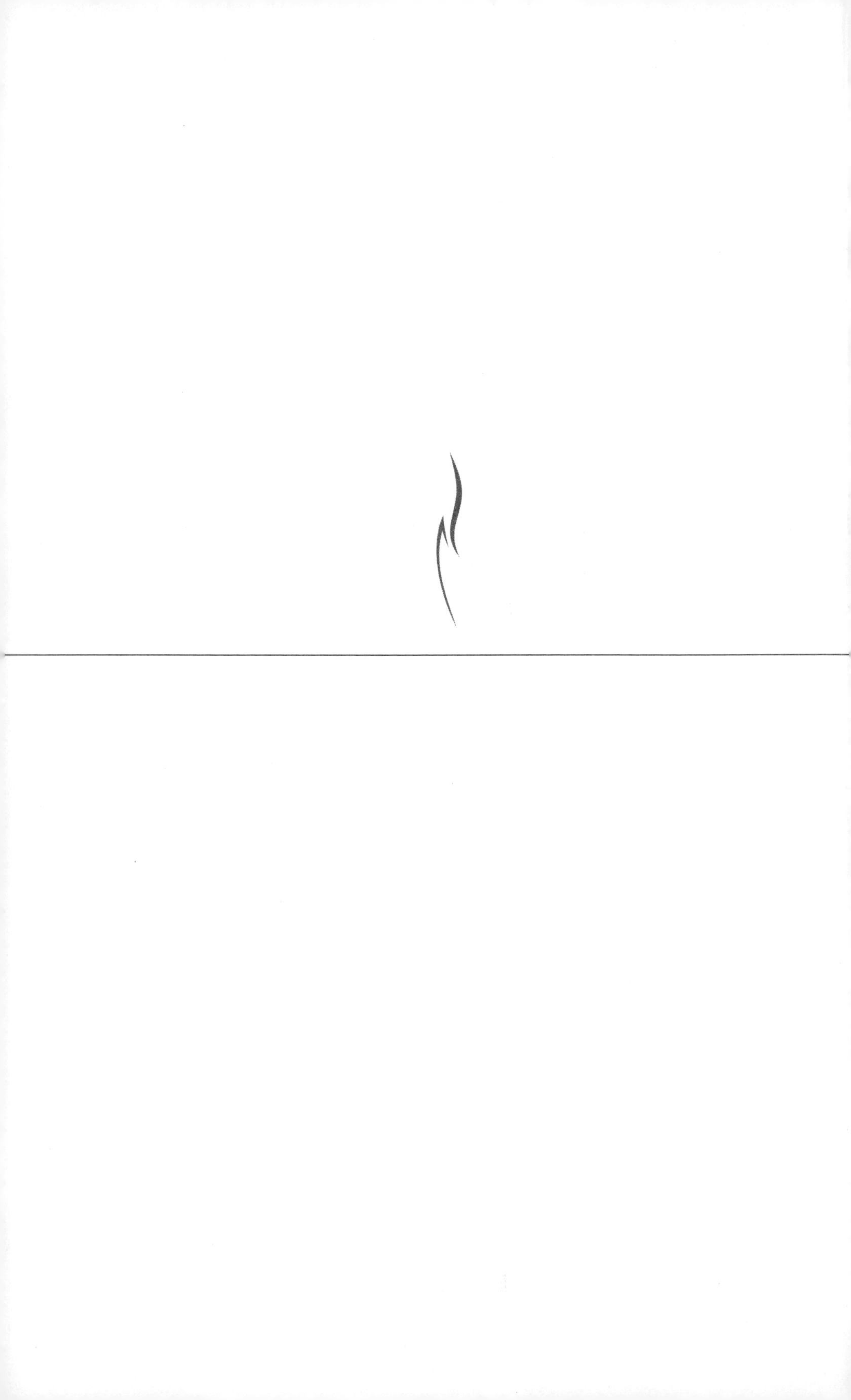

当　代　世　界　学　术　名　著

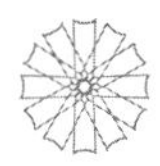

刑法讲义各论

（新版第5版）

[日] 大谷实／著
黎　宏　邓毅丞／译

中国人民大学出版社
·北京·

新版第 5 版译者序

本书是日本著名刑法学者大谷实教授最新刑法教科书的中译本。大谷教授的这本刑法教科书自于 1986 年面世之后，便成为日本司法考试生必读的参考书，中间历经数次增删修订，行销三十多年。该教科书的新版第 1 版和新版第 2 版先后被我翻译成中文，成为我国学人了解日本刑法学通说的重要参考。现在呈现在读者手中的译本是由我和邓毅丞博士、姚培培博士依据该教科书的新版第 5 版翻译而来的。新版第 5 版于 2019 年由日本成文堂出版后，一直被放在日本各大书店法律书架的显眼位置，位于畅销书之列。

按照大谷教授的介绍，该教科书的最新版的基本立场一如既往，强调刑法的基本功能在于“维持社会秩序”，并且将这种理念贯彻于每一个具体见解之中。其理论根据是，在以尊重个人为理念的个人主义社会中，就刑事政策而言，最重要的是，让每个人能够在生命、财产等生活利益不受侵害的情况下，安全且安心地生活，因此，稳定的社会秩序不可或缺。虽说将刑法的政策性原理求诸法益保护的思考方式在日本引人瞩目，但大谷教授认为，刑法并不仅仅为了保护法益，通过防止法益被侵害来追求社会秩序的维持、稳定才是刑法的终极目的和任务。这一点，我在新版第2版的中译本的序言当中已经详细介绍过。

在20世纪90年代我在大谷教授门下念书的时候，一直有一个疑问，即日本刑法学界，历来有以东京大学教授为代表的“关东学派”和以京都大学教授为代表的“关西学派”的学术之争，尽管细节上有些出入，但总体来说，关东学派倾向于行为无价值论，而关西学派则倾向于结果无价值论。大谷教授虽然出生于日本关东的茨城县，但年轻时就到关西学派的中心——京都上学，而且当年还曾参加过结果无价值论的灵魂人物、东京大学平野龙一教授组织的“刑法研究会”，基于结果无价值论的立场对当时由小野清一郎教授主导的日本刑法修正案进行抨击。但其后来为什么走向了结果无价值论的反面，而主张行为无价值论（准确地说，是主张行为无价值论和结果无价值论相互融合的“二元论”）了呢？这个疑问，一直沉积在心，但我又不好意思向导师发问。后来，在看了大谷教授的自传体小册子《我的人生、学术，以及同志社》（成文堂2012年版）之后，我发现了一些蛛丝马迹，恍然觉得，其实他在学术立场选择上的千里伏脉，在他跌宕的人生经历中能觅得一些草蛇灰线。

从我自身的体会来看，对于影响了包括大谷教授在内的几代日本刑法学人的行为无价值论和结果无价值论之争，尽管可以从多个角度进行分析，但通常认为，就其核心而言，就是在判断行为的违法性即社会危害性时是不是要考虑行为人的主观要素。主张考虑的是行为无价值论，而主张不考虑的是结果无价值论。这种理解固然不错，但从另一个角度来讲，二者的分别，也可以从是重视人际关系还是重视事实关系来判断，即是重视行为人和被害人之间的人际关系，还是重视行为和被害法益之间的事实关系。重视前者的是行为无价值论（人的违法论），重视后者的是结果无价值论（物的违法论）。如果以此为线索，就会发现，大谷教授尽管地处关西，但最终选择了偏向行为无价值论的“二元论”，是有其原因的。

首先，可能和大谷教授对基督教的信仰有关。尽管没有做过专门研究，但我有一个直觉，行为无价值论与结果无价值论之争可能和宗教文化传统有关。在信教的地方，行为无价值论可能更容易被接受，因为：行为无价值论将行为人的内心想法作为判断行为人的外在行为之性质的重要因素，在为一般人所不屑的想法的支配下实施的行为，即便对法益侵害程度很低，也容易被视作违法行为。在这一点上和宗教对非其教徒者的行为之性质的判断相似。相反地，在不信教的地方，结果无价值论则更有市场，因为：在结果无价值论看来，外在行为和行为人内心是两个不同的范畴，二者即便有关，在刑法上也必须分开考虑，内心掌管责任，而行为只影响违法，在违法性的判断上，只考虑行为对法益所造成的客观影响。这一点和世俗的一般人的判断方式类似。也正因如此，虽同样属大陆法系的国家，但在德国由于宗教传统盛行，故其通说是行为无价值论，而在日本由于宗教传统比较弱，故结果无价值论成为学界通说。同样，在日本的学者中，作为佛教高僧的小野清一郎教授在违法与责任二分的立场下，更加注重行为人的主观责任，相反地，泷川幸辰、平野龙一等宗教信仰不明显的刑法学者，更加重视行为的客观违法即行为对法益的客观侵害。同志社大学为一所以基督教主义（良心主义）、自由主义、国际主义为立校之本的教会学校，大谷教授对于学校创始人新岛襄所提倡的上述理念耳濡目染，并心悦诚服：不仅在上大学期间勤工俭学，为一位美国传教士当助手进行基督教的宣讲活动，而且亲自参与了一所教堂的创建，并在21岁的时候受洗，成为一名基督徒。他说，成为基督徒是他人生中的一大转折。之后，他不仅将不断努力、向主接近、完善人格作为自己的人生信条，而且将出现在他人生很多重要关头的机遇和挑战视为“神的指示和召唤”，如：他将在苦闷的高中时代能够遇见向他介绍日本新宪法第13条规定的个人主义价值观的三浦顺三老师，视为受到“主的看不见的手”的驱使；将初次拜访业师教授秋山哲治先生，选定人格责任论作为自己的学位论文选题并拿到梦寐以求的德文文献，视为“主的看不见的手”在冥冥中帮助自己；在求职受挫的时候，认为这是主在用“爱之鞭”鞭策自己，促使其人格渐趋于完善。换言之，在人生中的重要关头，作为基督徒的大谷教授在思考方法上和作为俗世之人的众生，已经有了非常大的不同。如此说来，在是否侵犯俗世秩序的判断上，和非基督徒相比，重视行为人的人格和内心，就会成为大谷教授一种在所难免的思维定式。

其次，可能和大谷教授的研究起点以及相关研究领域有关。就学者而言，花费几年时间所完成的人生第一篇大论文即博士学位论文或者硕士学位论文非常重要，它既是学者学术研究的起点，在某种程度上也决定了其将来能够达到的学术研究的高度。大谷教授的研究起点是“波克尔曼的人格责任论”，这是他在 1960 年所完成的硕士学位论文的题目。在大谷教授还是本科生时，东京大学教授团藤重光发表在《法哲学四季报》上的论文《人格责任的理论》轰动一时，让青年大谷对这个问题产生了浓厚的兴趣。但是，当年他读研究生的时候，同志社大学的法学（不包括政治学在内）教育基本上有名无实，除了政治学、宪法学、国家学等由有名教授担纲之外，刑事法学课程只有刑事政策，这使本来对刑法学有兴趣的大谷教授只能屈就学习偏向政治学的宪法，连指导老师以及研究题目都确定下来了。但在第二年，法学部的职员秋山哲治由于发表了刑事责任方面的优秀论文而转为专任教授，于是当时的法学部长田畑忍教授就将醉心于刑事法学的大谷引荐给了秋山教授。第一次见面时，在得知大谷对刑事责任论有兴趣后，秋山教授顺手从研究室的书架上抽出一本书，说：这是波克尔曼的德文原著，先拿去看吧！据大谷教授所言，其在先前所阅读的团藤的论文中，多次看到波克尔曼的名字。当时他想要是能够看到原著就好了。但当时这本书在日本非常罕见，难以找到，没想到初次拜见秋山教授时，就得到了这本梦寐以求的《行为人刑法研究二卷》，青年大谷顿时喜出望外。之后，他以 20 次报告的形式，在一年之内读完了本书。读完之后，青年大谷有些失望。据当时的传说，波克尔曼和麦兹格是德国研究人格责任论的双雄，但从该书来看，波克尔曼的实力不及麦兹格。因此，大谷最终的硕士学位论文只能以人格责任论的发展历程，波克尔曼的行为人刑法的研究内容、意义，人格责任论的展望的形式而交稿。但是，在之后的几年之内，大谷教授的研究重心仍然在人格责任论方面：先后发表了《人格责任论的预备研究》《人格责任论的两个见解》《我国的人格责任论的潮流》等数篇论文，在此基础上，于 1969 年出版了处女作《刑事责任的基础》一书。该书在出版之后，获得了 1969 年度的日本刑法学会颁发的“刑法学会奖”。1971 年，大谷教授以《人格责任论研究》一书获得了同志社大学的博士学位。从我写作人生第一篇大论文《不作为犯研究》的经验来看，学者的起点研究中所持立场会对其后来的基本态度具有巨大影响。由于大谷教授的学术生涯起点一开始就集中于构成犯罪的两个基本要素——违法和责任之中的主观责任上，因而，此后在刑法学的基本立场上，其倾向于强调行为人的主观内容的行为无价值论，应当不足为奇。由于人格责任论的研究，不局限于社会防卫的需要和道德评价的需要，更多地涉及犯罪学、心理学、精神病学等诸多领域，所以大谷教授的研究视野比同时代的其他刑法学者的视野要宽广得多。除了刑法学之外，大谷教授早期还在被害人补偿、精神病人的处遇、器官移植、医疗行为等方面投入大量的精力，并出版了《被害人补偿》《精神医疗的法和人权》《医疗行为和法》《精神保健福祉法讲义》《生命的法律学》等具有开创意义的著作。

另外，大谷教授的另一个可以说花费了其毕生精力所研究的领域——被害人补偿制度，对其刑法学上的行为无价值论的立场也有重要影响。大谷教授在参与平野教授主持的“刑法研究会”，负责保安处分研究的过程中，意识到了犯罪被害人救济制度的重要性。作为犯罪预防制度之一的保安处分，是在事前将某些可能犯罪的人如精神病患者、未成年人等，交由国家进行治疗、保护的制度。相反地，对于遭受上述精神病患者、未成年人等不作为罪犯处理的人之侵害的被害人，国家则没有任何救济措施。这显然不对等。因此，和保安处分一样，犯罪被害人救济也应当是一个重要问题。1970 年，大谷教授利用在英国牛津大学为期一年半的学术休假，专门就犯罪被害人补偿制度进行研究，并撰写了《被害人学和被害人补偿》一文，在 1973 年 11 月召开的第 47 届日本刑法学会大会上发表。关于这个报告的评价呈现出毁誉参半的两个极端。一方面，平野龙一教授称赞大谷教授为“日本被害人赔偿制度之母”；

另一方面，当时的日本刑法学会会长团藤重光则对他说“现在考虑被害人问题，早了10年”。当时，重视犯罪嫌疑人以及被告人权利的新刑事诉讼法刚实施不久，马上就提出被害人救济的问题，就会复活为了被害人的利益，即便挖地三尺也要抓到犯罪嫌疑人的必罚主义，威胁到好不容易建立起来的保护犯罪嫌疑人以及被告人的基础，因此，被害人补偿问题即便重要，但在当时也必须作为禁忌不提。但后来的事实证明，团藤会长的话稍微有些说大了：在大谷教授等人的不懈努力之下，在仅仅7年之后的1980年4月，《犯罪被害人等给付金支付法》就在日本国会被通过了。① 尽管如此，团藤教授的话也并非没有道理。从日本的司法实践来看，保护被害人法益和保障犯罪嫌疑人/被告人自由之间处于对立关系，强调一方，则必然会削弱另一方：强调对被害人的保护，则必然会强化对犯罪嫌疑人/被告人的追究，扩大刑法处罚范围；相反地，强调对犯罪嫌疑人/被告人的保障，则必然会弱化对被害人的保护，缩小刑法处罚范围。而刑法处罚范围的扩大与缩小，虽然和在理论上主张行为无价值论还是结果无价值论之间没有必然关系，但是从表面来看，坚持行为无价值论就会扩大刑法处罚范围，相反地，坚持结果无价值论则会缩小刑法处罚范围。这是客观存在的事实，被害人补偿制度和行为无价值论之间具有亲和性。由此看来，大谷教授在犯罪论上主张行为无价值论，并不是偶然的立场选择，和其作为“日本被害人赔偿制度之母”的地位之间也有逻辑上的关联。

最后，可能和大谷教授的成长经历有关。如前所述，和在行为违法性即社会危害性的判断上，只考虑行为对刑法所保护的法益是不是造成了客观侵害或者危险，对其他一概不考虑的结果无价值论的一副“六亲不认”的冰冷面孔相比，行为无价值论则强调行为对建立在社会伦理、

---

① 为此，日本还专门拍了一部电影来纪念此事，剧中为本法的制定而奔走呼号的中谷律师的原型就是大谷教授。在本片拍摄过程中还有这样一个花絮，即本片的导演在确定演员的时候，本准备让同志社大学出身的一位明星饰演中谷律师一角，但在见到中谷律师的原型大谷教授本人之后，立即改变了主意，请了当时据称是世界影坛三美男之一的加藤刚来扮演中谷律师一角。

社会期待和相互信赖基础上的社会秩序的冲击与影响，考虑加害人与被害人之间的关系以及行为人在行为时的内心想法，换言之，行为无价值论更加温情脉脉，具有人情味。这或许就是所谓刑法理论之争不完全是学术之争，也是价值观、人生观之争的见解的提出依据吧。大谷教授尽管成长在二战中日本最为动荡的那段时间，但其成长的环境极富人情味，使他对人世间美好的伦常观念刻骨铭心。大谷教授于1935年10月出生于日本东京北部茨城县的一个小地主家庭：爷爷当过村长，家里有土地，父亲还做点小生意，平时雇有一男一女两个帮工。十人大家庭的生活谈不上富裕，却也和睦悠闲。但是，战争改变了这一切。他的父亲在36岁的时候被征召到南洋，作为长男的他就成了家里的主要劳动力，每天放学之后，他放下书包就到地里帮母亲干活。当时母亲对他的希望是，长大后做个医生或者律师，让母亲高兴高兴。但是，这仅仅是厄运的开始。5岁的弟弟在日本投降前一个月病故，而原以为战争结束后就能回来的父亲最终也没有回来——1945年7月在特鲁克岛阵亡。此时，恰好赶上日本二战后“土改”，将地主的土地没收。对于这个曾经小康但现在濒临破碎的家庭而言，这简直是雪上加霜。按照大谷教授的说法，当时，一家老小除听任命运摆布、胆战心惊度日之外，无能为力。此时，他的年满30岁但仍然孑然一身的叔叔，意外地从海外回来了，看到哥哥一家几乎陷入绝望境地的惨状，便毅然和年长10岁的嫂子即大谷教授的母亲结婚，承担起了家中顶梁柱的角色，并且笨手笨脚地开始干从来没有干过的农活，帮助哥哥一家，特别是大谷本人，顺利地度过了日本在二战后最为困难的混乱时期。对此，大谷教授心怀感激，将其第一本著作《刑事责任的基础》献给了他的继父，并在后记中写道，他能够选择研究者的职业，全都有赖于这位继父无私的献身牺牲，继父为他们的成长操碎了心。在继父身上，他不仅感受到了战争给普通人造成的悲剧，也看到了人的心灵之美。在1992年年底，我第一次在同志社光盐馆的地下书库里看到这个感人至深的后记的时候，不禁潸然泪下。之后，在充满艰辛的求学道路上，大谷教授又遇到了对自己有知遇之恩的秋山哲治教授。在他完成硕士学位论文之后，秋山教授希望他能留校担任助手，他当即表示同意，但意外的是，这一人事安排在第一次上教授会时，由于学术帮派的原因，竟然没有获得通过。之后大谷教授就过着半工半读的“浪人”生活。在两年之后的1962年，秋山教授再次向法学部教授会提出大谷的留校申请。尽管此时大谷已经发表了7篇学术论文，但其留校申请仍然没有获得通过。这一下让他彻底陷入了谷底，有落入冰窖的感觉，寻思离开母校另寻出路。但他想，在作出这一决定之前，无论如何要把学位论文写出来再走。之后他一连发表了三篇有关人格责任论的优秀论文。功夫不负有心人，在1964年的夏天，已经担任法学部部长的秋山教授再次将大谷叫到办公室，让他提交入职同志社大学的简历和业绩。但此时已有两次失败经历的大谷心如止水，他深知教授会遵循的“一事不再议”的潜规则，因此，尽管有秋山教授的一再鼓励，但就他而言，已做好了再次失败的准备。但世事就是这么难料。在这一次的教授会上，他的留校申请竟然获得通过，而且越过助手级别，直接担任“专任讲师”。对于这段经历，大谷教授后来回忆说：如果没有秋山教授的执着和决断，就没有今天的他，因此，秋山教授是他的“大恩人”。也正是由于这段曲折的经历，大谷教授在后来担任法学部部长、大学校长、法人同志社总长之后，一直将提升大学的教育水准、营造能够顺利采用优秀研究者的氛围和机制作为其主要任务。当然，就我而言，也正是因为遇到了这位洞察人间冷暖、知悉人生不易的教授，所以才有了我在他的门下求学时的一帆风顺。

以上，便是我在早已过了知天命的年纪以后，从一个旁观者——而不是完全仰视的学生的角度，对多年来萦绕于脑际的疑问所作的一点大胆推测。就对行为无价值论和结果无价值论的评价而言，我有个最朴素的评价，即行为无价值论是对圣徒或者高尚的人的要求，而结果无价值论是对俗人或者说普通人的要求。纯粹的行为无价值论不仅对人的行为提出要求，而且对人的内心提出要求，从并非让人不敢不能，而是让人消除人内心的邪恶，不想作奸犯科的角度来看，其对于预防犯罪而言，确实是一种非常理想的学说。但这种学说的不足在于，在一个法制不健全的社会里，不仅容易导致刑罚权的扩张和滥用，而且会产生口是心非、说一套做一套的伪君子。相反地，纯粹的结果无价值论强调就事论事，只对人的行为和结果提要求，而不太重视人的内心（认为人的内心由道德伦理控制）。从保障人的权利和自由、防止国家权力滥用的角度来讲，结果无价值论能够为违法性判断提供具体可视的标准，但其不足在于，在危害行为或者结果出现之后才进行刑法介入，在充满不确定性的现代社会，难免有犯罪预防上的“马后炮”之嫌。可见，两者都不尽善尽美。在此意义上讲，大谷教授的将行为无价值论和结果无价值论相结合的“违法二元论”有其存在价值。只是，这种结合只是一种理想状态，是不是能够无缝衔接，需要进一步研究。

就日本的司法实践而言，虽然存在争议，但从司法实践来看，行为无价值论占据主导地位。这从一些著名判例当中能够得到佐证。如较早的“外交官泄密案件判决”中，报社记者 X 男请求与其有情人关系的外交事务官 Y 女将有关冲绳返还之后由日本承担驻日美军军事基地补偿费用等的“密约”文件供其浏览，被诉构成《国家公务员法》中的泄露秘密罪的教唆犯。本案涉及日本国宪法第 21 条所规定的言论自由的重要内容——报道自由，以及旨在保障这种自由妥当实现的新闻取材自由与日本刑法第 35 条所规定的正当事由的关系问题，换言之，记者利用男女关系获取国民有权了解的重要事项，是不是日本刑法第 35 条所规定的排除违法性事由。但法院采取了避重就轻的策略，将被告人的取材方法、取材手段的相当性作为整个案件的评价重点，让人们将注意力转移到被告人 X 男的取材方法的不道德性上：X 男最初是为获得秘密文书而同 Y 女发展性关系的，Y 女因为上述关系而陷入难以抗拒的心理状态之后，X 男乘机让 Y 女带出秘密文书。在 Y 女的利用价值消失之后，X 男就断绝了和 Y 女的性关系，再也没有找过 Y 女。法院据此认定“被告人 X 的这种取材行为的手段、方法，对照法秩序整体精神，是社会观念上无论如何都不能被认可的不相当行为，超出了正当取材活动的范围”，“不能不说是明显践踏取材对象的个人尊严的行为”①，从

① 最高法院昭和 53 年（1978 年）5 月 31 日决定，刑集第 32 卷第 3 号，457 页。

而放弃了对新闻取材自由以及国民知情权等核心问题的追问，确定被告人有罪。确实，各自有配偶的男女发展婚外关系，其中一方据此而获取职业所需的报道材料，这种做法在伦理上不妥。但即便如此，也不能马上将它评价为刑法上的违法行为。Y女是具有正常判断能力的成年人，其与X男发生性关系，很难说不是其自由的自我意思决定的。既然如此，说X男的利用行为践踏了Y女的人格尊严，不得不说，在结论上存疑。这就是按照行为无价值论作出的本罪判决最遭人诟病之处。

现在的判例中，日本法院也有越来越依赖行为人的欺骗行为，将没有造成被害人财产损失的行为认定为诈骗罪的倾向。“骗领登机牌案”就是其适例：对在机场的检票处，被告人隐瞒让其他人乘机的目的而从机场工作人员手中接受登机牌的交付的行为，法院认为，“登机牌上所记载姓名以外的人搭乘飞机的话，会有导致飞机运行安全上的重大弊害的危险，本案航空公司和加拿大政府之间有协议，有义务防止偷渡者而妥当发放登机牌的义务等，从这些方面来看，不要让该乘客以外的人登机，对该航空公司来说，属于航空运送事业上的重要事项”，“请求交付登机牌的人自身是否搭乘该飞机，对于发放登机牌的工作人员来说，是其判断交付判断基础的重要事项”，故认定被告人的行为成立日本刑法第246条规定的诈骗罪。① 但是，从结果无价值论的立场来看，(1) 防止劫机或者偷渡并不是诈骗罪所应当保护的航空公司的财产性利益；(2) 让没有经过本人确认的人搭乘飞机，即便说会引起航空公司的安全风险、被加拿大政府处以罚金的风险、社会信用低下所导致的航空公司业绩恶化的风险，但这些风险并不是在行为人得到了登机牌后就立即能够变为现实的具体风险，其不能成为诈骗罪中的财产损害，因而，反对上述判决的结论。

在“隐瞒暴力团成员身份利用高尔夫球场案”② 中，有同样的问题。B高尔夫球俱乐部的网站主页上规定，禁止并排除暴力团成员利用

---

① 最高法院平成22年（2010年）7月29日决定，刑集第64卷第5号，829页。

② 最高法院平成26年（2014年）3月28日决定，刑集第68卷第3号，646页。

本球场；在利用球场设施时，利用者必须亲自签名申请。被告人 A 在入会之际也承诺，不介绍，也不和暴力团成员一道来玩。但某日，A 还是和暴力团成员 X 一道，在 B 高尔夫球场俱乐部内，隐瞒 X 为暴力团成员的身份，一起打高尔夫球。A 在申请利用球场时采用将 X 等的名和姓混在一起的填写方式，交给了接待的前台，致使 X 被允许进入高尔夫球场。对此，日本最高法院判决如下，即：A 在入会之际，已经承诺不陪同也不介绍暴力团关系者来玩，则其在为同伴者申请使用球场设施行为自身，就是其所陪同的不是暴力团关系者的意思表示，因此，利用者是不是暴力团关系者，成为本案高尔夫球场俱乐部的工作人员判断是不是允许利用设施的重要事项。其对于陪同者是暴力团成员的事实不作申报，反而为其申请利用球场设施的行为，就是使工作人员错误地以为其同伴不是暴力团成员的行为，是诈骗罪中欺骗他人的行为，构成刑法第 246 条第 2 款规定的诈骗利益罪。这个表述比较拗口，基本意思是，被告人明知本高尔夫球场禁止暴力团成员利用并且承诺不带领、不介绍暴力团成员过来玩，但这次，被告人不仅隐瞒其同行者是暴力团成员的事实，而且还帮助其填写不真实的入场申请，这一行为就是对球场工作人员的欺骗，使球场工作人员陷入错误，作出了同意暴力团成员使用高尔夫球场的处分行为，因此被告人的行为构成日本刑法第 246 条第 2 款规定的犯罪即诈骗利益罪。但是，从结果无价值论的立场来看，日本刑法中的诈骗利益罪是财产犯罪，以被交付财产所内在的经济效用是否实现为其成立要件。就提供高尔夫球场设施行为所内在的效用而言，就是获得作为使用设施对价的金钱，其和利用者的属性（身份）无关。即便隐瞒了暴力团成员身份而使用高尔夫球场，只要其支付了相应对价，就不好说高尔夫球场的获得对价的目的的实现受到了阻碍，因此，依据上述逻辑，将本案认定为诈骗罪，是有问题的。本案发生的背景是，排除暴力团的社会舆论高涨，因此，包括法院判决在内的各个环节都在为此作出努力。但是，相反的观点认为，消灭、排除暴力团的目的即便涉及社会利益，但也难说涉及高尔夫球场的财产性利益，暴力团成员利用高尔夫球场而使高尔夫球场的评价降低、客人减少，这种风险即便是现实的，但由于其和暴力团成员所获得的利用球场设施的利益之间缺乏实质上的同一性，故不能将其作为诈骗罪的成立基础。如此说来，认为被告人隐瞒其同伴系暴力团成员的身份而使用高尔夫球场的行为构成诈骗罪的判断，完全偏离了诈骗罪作为财产犯罪的性质。

在日本，“三权分立”的政治体制导致了立法消极、缓慢。为了避免这种缺陷，在很早的时候，日本的司法实务中就有“解释万能”之说，即为了应对现实中存在，但法条上找不到对应条款的各种具有处罚必要性的问题，法官不得不通过对行为的灵活评价来扩张刑法条款的适用范围。这也是在日本具体环境下不得已而采取的对策。但在我国立法相对比较积极的情况下，在我国刑法明文规定了罪刑法定原则，以及对同一违法行为依据结果的不同而分别采用行政处罚和刑罚处罚的“二元制”处罚立法体系之下，是不是要采用这种解释万能的司法处理方式，还值得进一步探讨。我的体会是，在我国，只要少数人的特权观念没有消除，滥用公权的行为尚未根绝，则在社会危害性的判断上，绝对不能不考虑侵害法益结果，而仅以行为违反法律规范为依据。在此意义上讲，结果无价值论在我国仍然极富现实针对性。

最后，我得感谢我的两位合作者，他们都曾经在清华大学在我的名下攻读学位，然后去日本著名大学留学并获得法学博士学位。选择他们和我合作，一是因为他们在我的课堂上对大谷教授的学说耳熟能详，二是因为他们的日语水平足以胜任本书的补充修订。同时，还要感谢日本成文堂主编篠崎雄彦以及中国人民大学出版社的方明编辑，没有他们富有效率的操作，本书难以顺利地立项并出版。当然，最后要感谢本书的作者大谷实教授。他不仅是我的恩师，也是我人生的灯塔。88岁高龄仍在精力充沛地进行学术研究的形象，让我时刻不敢懈怠。在此谨将他最新版的刑法教材的中译本献给他，祝他米寿快乐！

黎　宏
2022年8月8日初稿于北京清华园
2023年8月8日定稿于北京清华园

新版第2版译者序

本书是日本目前最畅销的刑法学教科书之一，本书作者大谷实教授是当今日本刑法学界的代表性学者之一，曾任同志社大学教授、日本司法考试考查委员、日本学术会议会员、法制审议会委员等要职，现任学校法人同志社理事长。

大谷刑法学的特点是，从犯罪的本质是违反社会伦理规范的法益侵害行为的立场出发，意图超越当代日本刑法学中所存在的行为无价值论和结果无价值论之争，实现二者的有机结合。

众所周知，在日本刑法学界，长期以来就存在两种不同观点的根本对立。早先，这种对立体现为有关犯罪本质的客观主义和主观主义之争。客观主义将犯罪的外部行为和作为结果的实际损害以及危险的大小作为刑法评价对象，相反地，主观主义则将犯罪的外部行为和作为结果的实际损害当中所体现出来的行为人的性格、人格、动机等反社会性作为刑法的评价对象。进入20世纪60年代之后，以修改刑法讨论为契机，传统的客观主义和主观主义之争便销声匿迹了，取而代之的是所谓结果无价值论和行为无价值论之争。这场争论，堪称二战后日本刑法学领域影响最大、持续时间最长的学派之争，几乎所有的学者都被卷入其中。争议，虽说源自对刑事违法性理解的不同，但实际影响并不局限于对违法性的理解，在构成要件论、责任论等问题上，也形成了尖锐的对立。

结果无价值论，以认为违法性的本质在于侵害或者威胁法益的法益侵害说为基础，以“结果”为中心，考虑行为是否违法即是否具有社会危害性。这种见解的思考方式是，首先考虑行为对被害人造成了什么样的危害结果，然后由此出发，追溯该结果是由谁的什么样的行为所引起的，由此来判断行为是否具有社会危害性。打个比方来说，就好像是将一部纪录片倒过来看，从结尾回溯所发生的事件的全过程。所谓“无价值”，就是“从刑法的立场来看，没有价值”，“违反刑法所意图保护的价值”。所谓结果无价值论，就是说“该行为引起了结果（侵害法益），所以，被评价为没有价值”。它是从被害人的角度来分析行为的违法性的见解。

结果无价值论的根据是：第一，刑法的根本目的在于保护法律所保护的利益即法益，而不是维持社会伦理规范；第二，从刑法适用谦抑的原则出发，只能把在客观上侵害或者威胁了法益的行为认定为违法，而没有侵害法益或者根本就没有威胁法益危险的行为，则不能被认定为违法；第三，在价值多元的现代社会，将是否背离社会伦理规范作为违法性的判断标准的话，会模糊刑法和伦理道德的调整范围的界限，违反罪刑法定原则；第四，行为人的故意、过失等主观要素对法益侵害的判断没有影响，应当将其考虑为“责任”问题，而且，这样做的一个最直接的好处是，能将违法判断和责任判断明确地区分开来，在犯罪认定上，具有其合理性。

相反地，行为无价值论，以认为违法性的本质在于违反法秩序的规范违反说为基础，以“行为”为中心，考虑行为是否违法。这种见解的思考方式是，首先考虑行为人出于什么样的意图实施了什么样的行为，然后再考虑该行为引起了什么样的结果，也就是按照时间的发展顺序来考察行为的进程。仍以上述看纪录片的情形打比方的话，就是按照片子的正常顺序，从头开始观看事件的发生、发展以及最终结果的全过程，因此，行为无价值论，就是“因为该行为违反了社会一般人的观念即伦理规范，因而被评价为无价值”。它是从加害人即行为人（而不是被害人）的角度来分析行为的违法性的见解。

但是，完全抛开结果无价值不管的行为无价值论，和认为行为是行为人的主观恶性的外在表现，只要有体现行为人主观恶性的危害行为，就能考虑行为人的行为是否构成犯罪的主观主义刑法，并无二致，而且，就刑法中所规定的因为造成了某种具体结果所以构成犯罪的结果犯而言，行为无价值的考虑，明显是不妥当的，有违反罪刑法定原则之嫌，因此，在日本，纯粹的行为无价值论极为罕见，更多的是以结果无价值为基础，同时也一并考虑行为形态、行为人的主观要素等行为无价值因素的所谓“二元论”或者“折中说”。按照这种观点，刑法上的实质违法性，是违反社会伦理规范（或者偏离社会相当性）的法益侵害或者危险。

大谷刑法学的核心，从分类上看，当属上述“二元论”的范畴。这一点，从其有关犯罪本质问题的叙述当中，就能窥豹一斑。他说：“我认为，刑法的目的是通过保护法益来维持社会秩序。侵害法益的行为无非是对实现这一目的来说有害的行为，所以，刑法上的有害行为，是侵害法益或威胁法益的行为，所谓社会意义上无价值的行为就是这种行为(结果无价值论)”。“但是，刑法是以社会伦理规范为基础的，被称为犯罪的行为，仅仅对法益有侵害或危险还不够，还必须违反了社会伦理规范。因此，离开社会伦理规范来把握犯罪本质的法益保护主义的见解并不妥当，必须根据社会伦理主义来对法益保护主义进行修正。这样说来，所谓犯罪，就是违反社会上的一般人当然应当遵守的社会伦理规范的侵害法益的行为以及具有侵害法益的危险的行为”。他力图通过上述见解，消除法益侵害说和社会伦理规范说之间的对立。

这种“二元论”的根据是：第一，虽说刑法的目的在于保护法益，但是，从中并不能推导出犯罪的本质就是侵害或者威胁法益的结论来；第二，刑法是以刑罚制裁为后果的法律，和采用损害赔偿或者行政处分等手段保护法益的民事法、行政法之间具有极大的不同，因此，不应当把所有的侵害法益的行为都看作违法行为，而只应将“违反社会伦理规范”的侵害法益行为看作违法行为；第三，结果无价值论重视刑法所具有的面向法官的评价规范的一面，而忽视了其作为面向社会一般人的命令、禁止的行为规范的一面，因而不妥；第四，在违法性的判断当中，有时候，不考虑行为人的主观要素的话，就难以得出准确的结论来，特别是在目的犯、倾向犯、表现犯的场合，不考虑行为人的特定目的、特定的内心倾向以及心理过程等所谓超过的主观要素，就无法判断上述其行为是否成立犯罪。

这样说来，在日本，所谓行为无价值论和结果无价值论之争，实际上是在违法性的判断上，是坚持结果无价值的“一元论”，还是坚持在结果无价值之外，还要考虑行为无价值的“二元论”之间的对立，纯粹的行为无价值论和结果无价值论之间的对立并不存在。就历来的学说和判例所主张的观点来看，“二元论”占据优势地位，特别是在近年来，通过一系列的刑事立法，“二元论”有进一步巩固的趋势。当然，这和日本现实的社会局势、刑事立法体系以及历来的社会观念等因素有关，这里不加多述。

大谷教授的这本刑法教科书的初版于1986年在日本成文堂出版、面世，迄今为止，已经历时20载。中间屡经修改，内容不断丰富，观点日臻成熟，格式愈加完美，成为当代日本刑法学界的代表性教科书。本书的2000年版，已经译者翻译成中文，由法律出版社于2003年出版。当时，译者擅自做主，将原著中的注释等枝蔓内容悉数删除。这种做法，虽然降低了本书的出版成本，迎合了中国读者的阅读习惯，但是，也大大地削弱了原书的学术性，破坏了原书的整体风貌。故在无论是内容还是形式均与2000年版具有极大不同的2007年版教科书出版之后，原书作者大谷实教授特地将该书寄送给我，希望能够在维持原书风貌的情况下，对2000年版的译本进行修订。这样，便有了大谷教授2007年版教科书的中文译本的问世。

在修订本书的过程当中，承蒙我指导的硕士研究生杨延军同学通读全稿，并提出不少宝贵建议；在版权转让过程当中，日本成文堂出版社法人代表阿部耕一、总经理土子三男、编辑部长本乡三好提供了极大的帮助；在编辑出版的过程中，中国人民大学出版社的编辑进行了富有效率的筹划和校订。在此谨记上述各位，一并致以衷心的谢忱。

由于译者的能力所限，译书中难免有不尽如人意之处，欢迎大家不吝批评指教！

译者

2007 年 12 月于日本横滨

新版第 5 版序言

本书的初版，发行于 1983 年，亦即昭和 58 年，而在 2000 年出了新版。为了顺应刑法典的用语现代化和平易化，又在 2000 年出版了新版第 2 版。而后，在 2015 年撰述了新版第 4 版，这次，为各位奉上第 5 版。在初版发行以来的 37 年间，整整横跨昭和、平成、令和三代，可以再三出版，实在感慨万千。再一次向读者们的支持表示由衷的感谢，对于成文堂出版公司的帮助，也表示深切的敬意。

本书的写作原则自初版以来从未改变。如果收录于本书的“初版序言”能被看到，我会感到幸运。适逢改版，我尽量将新的判例以及学说网罗其中，尤其是旧版已引用的《关于驾驶汽车致人死伤行为等的处罚的法律》(《驾驶汽车致死伤处罚法》)，鉴于其重要性，这次要展开正式的解释。而且，“猥亵罪、强奸罪等以及重婚罪”这些对个人性自由的犯罪，在 2017 年被大幅修正了罚则。此外，本书也会论及网络犯罪和转账欺诈等新型犯罪。我一直尝试遵从“易于理解”的格言去叙述，但是，本书是否真的容易理解，只能听任读者的判断了。

在这次修订过程中，成文堂的阿部成一社长以及编辑部的篠崎雄彦先生也给予很大的关照。我将铭记，也在此表达感激之情。

大谷实

2019年10月

新版第 4 版补订版序言

由于新版第 4 版在 2013 年 4 月才刚刚出版，补订版的推出是让我非常犹豫的。但是，在 2013 年制定、公布了《关于驾驶汽车致人死伤行为等的处罚的法律》。该法总括性地整理涉机动车运输致人死伤的违法犯罪行为。危险驾驶致死伤罪（原《刑法》第 208 条之二）和驾驶汽车过失致死伤罪（原《刑法》第 211 条第 2 款）则在刑法典中删除。

新法属于特别刑法的领域。其制定不仅是出于对被害人的关注，也高度关注社会，因而有必要概括性的考察新法制定的原委以及内容。故此，在“过失伤害罪”一节中解说了设置“通过机动车致人死伤行为的处罚”项目的新法。

另外，在文书伪造罪和猥亵罪等罪名中，难以理解的论述随处可见，借此机会修改为合适的表述。再者，引用最新的判例以及有必要回应的学说，也作为第 4 版补订版的内容。

大谷实

2015 年 7 月

新版第4版序言

本书比旧版增加了大约30页。主要理由在于，通过刑法的修正，刑法典的条款被追加或者修改。修正的地方大致可以分为两个方面。一方面，整备与妨害执行有关的处罚规定，意图扩张构成要件（《刑法》第96条～第96条之六），与此同时，新设刑罚的加重规定（第96条之五），提高法定刑（第96条～第96条之四，第96条之六）。另一方面，为了加强对网络关系的法律规制，新刑法设置了第十九章之二，创设了关于不当指令电磁记录的犯罪（第168条之二第1款、第3款，第168条之三），而且，扩充关联犯罪的构成要件（第75条、第234条之二第2款）。

这些刑法修正，以2011年《为应对信息处理复杂化等而部分修改刑法等的法律》（法74号）为根据，但是，作为该法基础，一是，遵循2002年年来自法务大臣向法制审议会的咨问，设立了法制审议会刑事法部会（与妨害强制执行犯罪等处罚有关），经过四回连续审议而完成的《要纲》。二是，为了回应来自2003年的法务大臣的咨问，设立了法制审议会刑事法部（涉及高科技犯罪），经过八回审议而作成的《要纲》。前者适逢笔者自身担任刑事法部会长时期，而后者则是笔者作为法制审议会委员参与审议总会时的产物。那么，接下来将按照笔者的经验展开前述条款的解释论。

在本次修订中，也吸收了新的判例和学说。另外，危险运输致死伤罪等，在解释上并非十分明确的领域，将加以补充说明。

这次修订，与去年出版的《刑法讲义总论》（新版第4版）相吻合，是《刑法讲义各论》（新版第4版）。另外，关于编辑方面，成文堂编辑部的篠崎雄彦先生多加关照。我将铭记，深表谢意。

大谷实
2013年2月

新版第 3 版序言

本书新版第 2 版的发行日是 2007 年 4 月 1 日，尚未经过很长时间。但是，西田典之教授的《刑法各论》（第 4 版）、山中敬一教授的《刑法各论》（第 2 版）、松宫孝明教授的《刑法各论讲义》（第 2 版）等在此期间发行，另外，广为使用于刑法各论学习的《刑法判例百选Ⅱ（各论）》也在 2008 年发行了第 6 版。一方面，本书新版第 2 版公开发行以来，关于游戏时在自动赌博机安装体感器的场合是否构成盗窃罪的问题，以平成 19 年（2007 年）4 月 13 日的最高法院决定为首，有必须重视的判例登载于判例志。另一方面，2007 年新增了驾驶汽车过失致死伤罪。

因此，从本书作为基本读物的性格出发，应作出修订，以应对以上动向。这次改版与《刑法讲义总论》的修订相吻合，作为新版第 3 版依次公开发行。本书补足旧版说明不足的地方，或者为了让叙述更为容易理解而做出若干修正，但是，并未改变自己的学说。

在这次修订中，与《刑法讲义总论》的修订相同，得到成文堂编辑部的篠崎雄彦先生的关照。再次表示诚挚的感谢。

大谷实

2009 年 4 月

新版第 2 版序

本次修订，虽说和总论修订一样，主要目的是将排版格式由竖排改为横排，但借此机会，增加了一些近来引人注目的主要判例，还尝试对一些旧判例进行了替换。另外，也考虑到了正在发生重大变化的近年来的刑事立法以及学说的动向，再次对全书进行审阅，对叙述的内容以及表达进行清算，对一些不准确或者不合适的地方进行了修订。我一直孜孜不倦地致力于创作出作为基本书的令人满意的教科书，本书如果距离作者的这个目的更近了一步的话，则是作者的望外之喜。

修订过程中，在判例和学说的整理方面，得到了在我的研究室里深造，之后于 2007 年 4 月从骏河台大学法学部调入京都产业大学法科大学院的冈本昌子助教授的鼎力相助。另外，成文堂的董事长阿部耕一、经理土子三男以及编辑部的诸位提供了关照。在此谨记上述诸位，一并表示谢意。

大谷实

2007 年 3 月

值此新版第 2 版第 2 次印刷发行之际

平成 19 年（2007 年）5 月，根据修改《刑法》一部分内容的法律，《刑法》第 211 条被修正，新设了所谓“驾驶汽车过失致死伤罪”（法律第 54 号）。

因此，在第 2 版第二次发行之际，对此略加记述。

大谷实

2007 年 6 月

初版序言

本书是将去年出版的《刑法各论上卷》和《刑法各论下卷》修订之后，汇集而成的。修订时候，尽量将改动之处限定在最小范围之内，在改正谬误的基础上，以保持叙述的正确。

在本书执笔之际，笔者主要留意到了以下三点。第一，在叙述上，虽然是采用了传统的方法，但还是尽量将新近展开的理论吸收进来，并注意到和司法实践的关系，以进行系统的解说。第二，对判决书，尽量以原文的形式引用。这是因为，我国司法实践中的刑法解释已经相当成熟，正确地理解判例，对于学习刑法的人来说，是最为重要的事情。第三，尽量明确和刑法总论之间的关系。这是因为，总论和各论是互相补充、不可分割的，值得研究和学习。

从上述立场出发，由于将新近展开的观点详加列举，然后说明笔者自己的想法，因此，本书多少显得有些庞大，但是，我认为，这种庞大还是有其价值的。另外，在解释论上，很多地方和判例、通说的见解一致，而展示笔者自己独到见解的地方则较少。各位研究者如果能就此提出批评的话，则是我的福气。

在完成本书的过程中，同志社大学的赖川晃副教授、冲绳国际大学的三宅孝之副教授、京都产业大学的藤冈一郎副教授提供了极大的帮助。在校对方面，得到了大谷大学的青木纪博讲师以及同志社大学研究生院法学研究科的各位研究生的关照。另外，从本书的策划阶段开始，成文堂出版公司的阿部义任总经理以及该公司的土子三男总编就一直给我热情洋溢的鼓励和帮助。在此谨记上述各位姓名，以表谢意。

作者

1983年2月

凡　例

一、判例

1. 引用判例的略称，按照以下举例

(1) 大判大 4、10、28 刑录 21、1745→大审院判决大正 4 年（1915 年）10 月 28 日大审院刑事判决录第 21 辑第 1745 页。

(2) 最判/决昭 27、12、25 刑集 6、12、1387→最高裁判所判决/决定昭和 27 年（1952 年）12 月 25 日最高裁判所刑事判例集第 6 卷第 12 号第 1387 页。

(3) 东京高判昭 30、5、19 高刑集 8、4、568→东京高等裁判所判决昭和 30 年（1955 年）5 月 19 日高等裁判所刑事判例集 8 卷 4 号 568 页。

(在原文引用大审院判例的时候，将片假名变换为平假名，并适当加入标点符号。)

2. 略语

刑录　大审院刑事判决录

刑集　大审院刑事判例集，最高裁判所刑事判例集

裁判集刑　最高裁判所裁判集刑事

高刑集　高等裁判所刑事裁判集

裁特　高等裁判所刑事裁判特报

判特　高等裁判所刑事判决特报

东时　东京高等裁判所刑事裁判决时报

下刑集　下级裁判所刑事判例集

裁时　裁判所时报

刑月　刑事裁判月报

新闻　法律新闻

评论　法律评论

二、法令

法令的简称按照一般的用法。另外，《刑法修改草案》简写为《草案》。

三、杂志、学说

杂志，除了ジュリスト被简称为“ジュリ”（中文翻译为“法学家”），法学セミナー被简称为“法セ”（中文翻译为“法学演习”），法学教室被简称为“法教”（中文翻译为“法学教室”）之外，其他都不用简称。另外，两次及以上出现的著作作者以及论文的执笔者的名字，在第二次以后，只是标明“姓氏”。学说，以“文献”栏的作者名加以引用。

四、参考教科书

总论　大谷实《新版刑法讲义总论》（第5版，2019，成文堂）

判例讲义　大谷实编《判例讲义刑法Ⅰ总论》（第2版，2004），《判例讲义刑法Ⅱ各论》（第2版，2011，悠悠社）

青柳　青柳文雄《刑法通论Ⅱ各论》（1963，泉水堂）

生田　生田义胜、上田宽、名和铁郎、内田博文《刑法各论讲义》

（第 3 版补订版，2005，有斐阁）

井田 井田良《讲义刑法学各论》（2016，有斐阁）

伊东 伊东研祐《刑法讲义各论》（2011，日本评论社）

井上、江藤 井上正治、江藤孝《新订刑法学（分则）》（1994，法律文化社）

植松 植松正《刑法概论Ⅱ·各论》（再订版，1975，劲草书房）

内田 内田文昭《刑法各论》（第 3 版，1996，青林书院）

大越 大越义久《刑法各论》（第 3 版，2007，有斐阁）

大塚 大塚仁《刑法概说（各论）》（第 3 版增补版，2005，有斐阁）、《刑法各论》上卷（改订版，1984），下卷（1971，青林书院）。

大越 大越义久《刑法各论》（1999，有斐阁）

大野、墨谷 大野真义、墨谷葵编《要说刑法总论》（2 订增补版，1994，嵯渥野书院）

大场 大场茂马《刑法各论》上卷（第 11 版，1922），下卷（第 8 版，1923，中央大学；复刻版，1994，信山社）

冈野 冈野光雄《刑法要说各论》（第 5 版，2009，成文堂）

小野 小野清一郎《新订刑法讲义各论》（第 3 版，1950，有斐阁）

香川 香川达夫《刑法讲义（各论）》（第 3 版，1996，成文堂）

柏木 柏木千秋《刑法各论》（1965，有斐阁）

川端 川端博《刑法各论概要》（第 2 版，1996，成文堂）

吉川 吉川经夫《刑法各论》（1982，法律文化社）

木村 木村龟二《刑法各论》（复刊，1959，法文社）

木村（光） 木村光江《刑法》（第 3 版，2010，东京大学出版会）

江家 江家义男《刑法各论》（增补版，1963，青林书院）

小暮等 小暮得雄、内田文昭、阿部纯二、板仓宏、大谷实编《刑法讲义各论》（1988，有斐阁）

齐藤 齐藤金作《刑法各论》（全订版，1969，有斐阁）

齐藤信治 齐藤信治《刑法各论》（第 3 版，2009，有斐阁）

齐藤诚二 齐藤诚二《刑法讲义各论Ⅰ》（新订版，1979，多贺出版）

齐藤信宰 齐藤信宰《新版刑法讲义》（2007，成文堂）

佐伯　佐伯千仞《刑法各论》（新订版，1981，有信堂）

佐久间　佐久间修《刑法各论》（第2版，2012，成文堂）

泽登　泽登俊雄《刑法概论》（1976，法律文化社）

下村　下村康正《刑法各论》（1961，文久书林）

须之内　须之内克彦《刑法概说各论》（第2版，2014，成文堂）

曾根　曾根威彦《刑法各论》（第5版，2012，弘文堂）

泷川、竹内　泷川春雄、竹内正《刑法各论讲义》（1965，有斐阁）

泷川　泷川幸辰《刑法各论》（增补版，1951，世界思想社；复刻版，1981，世界思想社）

团藤　团藤重光《刑法纲要各论》（第3版，1990，创文社）

中　中义胜《刑法各论》（1975，有斐阁）

中森　中森喜彦《刑法各论》（第4版，2015，有斐阁）

中山　中山研一《刑法各论》（1984，成文堂）

夏目　夏目文雄《刑法提要各论》上（1960），下（1961，法律文化社）

西田　西田典之《刑法各论》（桥爪隆补订，第7版，2018，弘文堂）

西田、山口、佐伯　西田典之、山口厚、佐伯仁志编《注释刑法》第2卷（2017，有斐阁）

西原　西原春夫《刑法各论》（第2版，1983，筑摩书房；订补准备版，1991，成文堂）

林　林干人《刑法各论》（第2版，2007，东京大学出版会）

平川　平川宗信《刑法各论》（1995，有斐阁）

平野　平野龙一《刑法概说》（1977，东京大学出版会）

平野、井上、中山、大野　平场安治、井上正治、中山研一、大野平吉编《新版刑法概说2各论》（1982，有信堂）

福田　福田平《全订刑法各论》（第3版增补版，2002，有斐阁）

福田、大塚　福田平、大塚仁编《刑法各论讲义》（1968，青林书院）、《讲义刑法各论》（1981，青林书院）

福田、大塚、宫泽、小暮、大谷　福田平、大塚仁、宫泽浩一、小暮得雄、大谷实编《刑法》（3）～（5）（1977，有斐阁）

藤木　藤木英雄《刑法讲义各论》（1976，弘文堂）

堀内　堀内捷三《刑法各论》（2003，有斐阁）

前田　前田雅英《刑法各论讲义》（第6版，2015，东京大学出版会）

牧野　牧野英一《刑法各论》上卷（1950），下卷（1951，有斐阁）

町野　町野朔《刑法各论的现在》（1996，有斐阁）

松原　松原芳博《刑法各论》（2016，日本评论社）

松宫　松宫孝明《刑法各论讲义》（第5版，2018，成文堂）

三原　三原宪三《新版刑法各论》（2009，成文堂）

宫内　宫内裕《新订刑法各论讲义》（1960，有信堂）

宫本　宫本英修《刑法大纲》（1935，弘文堂；复刻版，1984，成文堂）

安平　安平政吉《改正刑法各论》（1960，弘文堂）

山口　山口厚《刑法各论》（第2版，2012，有斐阁）

山中　山中敬一《刑法各论》（第3版，2015，成文堂）

五、注释书、讲座、判例解说、判例研究等

袖珍　小野清一郎、中野次雄、植松正、伊达秋雄《刑法（ポケット注释全书）》（第3版增补，1989，有斐阁）

注释　团藤重光编《注释刑法总则》（3）～（6）（1965－1966，有斐阁），补卷（1）（1974），补卷（2）（1976）

大评注　大塚仁、河上和雄、佐藤文哉编《大评注刑法》（4）～（10）（1984－1991，青林书院），第3版（2）～（6）（2013－2015，青林书院）

条解　前田雅英、池田修、大谷直人、松本时夫、渡边一弘、河村博编《条解刑法》（第3版，2013，弘文堂）

刑事判例评释集　刑事判例研究会《刑事判例评释集》，第1～50卷（1941－2000，有斐阁）

刑法判例研究2　臼井滋夫、前田宏、木村荣作、铃木义男《刑法判例研究2》（1968，大学书房）

刑法判例研究3　臼井滋夫、木村荣作、铃木义男《刑法判例研究

3》（1975，大学书房）

判例刑法研究　西原春夫、宫泽浩一、阿部纯二、板仓宏、大谷实、芝原邦尔编《判例刑法研究》，第5～7卷（1980－1981，有斐阁）

判例刑法研究　藤永幸治、河上和雄、龟山继夫《刑法判例研究》（1981，东京法令出版）

刑法的基本判例　芝原邦尔编“别册法学教室”《刑法的基本判例》（1988，有斐阁）

百选Ⅰ　山口厚、佐伯仁志编《刑法判例百选Ⅰ总论》（第7版）（2014，有斐阁）

百选Ⅱ　山口厚、佐伯仁志编《刑法判例百选Ⅱ各论》（第7版）（2014，有斐阁）

指南　香川达夫、川端博编《新判例指南刑法2各论》（1998，三省堂）

刑事法讲座　日本刑法学会编《刑事法讲座》，第4～7卷（1952－1953，有斐阁）

刑法讲座　日本刑法学会编《刑法讲座》第5、6卷（1964，有斐阁）

现代刑法讲座　中山研一、西原春夫、藤木英雄、宫泽浩一编《现代刑法讲座》第4、5卷（1982，成文堂）

刑罚法大系　石原一彦、佐佐木史郎、西原春夫、松尾浩也《现代刑罚法大系》第1～4卷，第7卷（1982－1984，日本评论社）

刑法基本讲座　阿部纯二、板仓宏、内田文昭、香川达夫、川端博、曾根威彦《刑法基本讲座》第5卷（1993），第6卷（1992，法学书院）

现代刑法论争Ⅱ　植松正、川端博、曾根威彦、日高义博《现代刑法论证Ⅱ》（第2版，1997，劲草书房）

现代展开　芝原邦尔、崛内捷三、町野朔、西田典之编《刑法理论的现代展开（各论）》（1996，日本评论社）

激辩　大谷实、前田雅英《激辩刑法（各论）》（2000，有斐阁）

目　录

第二编　对社会法益的犯罪

第三编　对国家法益的犯罪

绪　论

一、刑法各论的意义

刑法是规定犯罪和刑罚的法律。刑法学是以犯罪的成立条件及作为其法律效果的刑罚为研究对象的学问，一般区分为刑法总论和刑法各论。刑法总论以刑法典第一编“总则”（第 1 条到第 72 条）为对象，以认识、说明各个刑罚法规中所共通的一般原理为己任，而刑法各论，以刑法典第二编“犯罪”（第 77 条到第 264 条，以下称为“刑法分则”）所规定的条款为对象，以总论的一般原理为基础，在研究各个犯罪所固有的成立条件和处罚范围的同时，还以探讨各个构成要件之间的相互关系及其区别为主要任务。

刑法分则通常以“实施……行为的，处……刑罚”形式加以规定。如《刑法》第 199 条规定：“杀人的，处死刑、无期徒刑或者 5 年以上有期徒刑”。这样，规定各个犯罪和与此相对应的刑罚的法规就是刑罚法规。各个刑罚法规，虽说被规定在《刑法》第 77 条到第 264 条之中，但在刑法典之外，还有如《有组织犯罪处罚法》之类的特别刑罚法规以及《道路交通法》之类的行政刑罚法规等刑罚法规大量存在。刑法各论也将这种刑罚法规作为研究对象。但是，刑法典中所规定的刑罚法规，是犯罪的基本，只要将上述规定弄清楚，作为各论就足够了。因此，本书的叙述范围主要限定于刑法典中所规定的刑罚法规、特别刑罚法规以及行政刑罚法规，根据需要加以探讨。

1 **二、刑法各论的体系**

刑法是以维持社会秩序为其终极目的的，因此，国家就必须选择国家社会中要加以保护的利益，将侵害该种利益的行为作为犯罪予以禁止。这种利益就是刑法上的保护法益或称法益。法益，最终是为了维持社会秩序而受到保护的，因此，虽然犯罪是侵害了所有的社会利益的行为，但刑法所直接保护的法益，如杀人罪中的人的生命、伪造货币罪中的公共信用、妨害执行公务罪中的国家的统治作用，却根据各种犯罪的不同而性质有别。刑罚法规，事先将应当保护的法益加以特定，除了行为主体之外，还将侵害法益的行为、行为状况以及结果等规定为构成要件的内容。因此，有关法益性质的理解，不仅是决定犯罪本质的不可缺少的要素，而且是决定具体行为是否成立犯罪的标准。

犯罪在终极意义上讲是侵害国家和社会利益的行为，但是，对刑法所直接保护的利益，应当区分为个人利益（个人法益）、社会公共利益（社会法益）、国家自身的利益（国家法益）来进行认识。根据这种方法构筑刑法体系的立场是法益三分说。现行刑法典也是这样理解法益的。但是，由于在现行刑法典制定的当时，对法益的研究还不成熟，加上制定日本国宪法所导致的从国家主义向个人主义的价值观转换，因而，不可能按照刑法典的篇章顺序对法益进行分类，所以，本书在叙述过程中，对刑法典的排列顺序作了太幅度的变更。

日本国宪法以个人主义为根基。个人主义认为人类社会中一切价值的本源在于个人，国家应对这种具体的活生生的个人表示最大限度的尊重。从这种观点来构建刑法各论的体系的话，就是：第一，个人法益是应当通过刑法加以保护的各种利益的基础；第二，社会法益作为个人的集合体的公共利益，应当被放在个人法益之后；第三，国家法益，在国家的存在、方式、职能都受制于全体国民的意愿，而且，个人只有受到国家的保护才能追求幸福的意义上，具有保护的价值，换句话说，它应当处在所有法益的顶点。因此，本书按照个人法益、社会法益、国家法益的顺序来进行论述。 2

三、刑法的解释

在刑法的解释上，重视贯彻罪刑法定原则要求、禁止类推解释的严格解释。因此，必须尽可能客观地认识作为刑法存在形式的用语的意义。但是，法条用语的目的是通过保护法益来实现维持社会秩序，因此，用语自身的解释并不重要，刑法解释的首要任务是，理解该用语所具有的法律意义的认识。但这并不是说，在法律解释中，用语自身具有独立意义，而是说，用语只有在法条以及与其他条款的关系中才具有规范性的意义。因此，文理解释、论理解释便成为必要。

刑法各论的规定，通常采取“实施……的，处……”的形式。如此规定各个犯罪和与其相对应的刑罚的法规就是刑罚法规。刑罚法规的前半部分是作为法律要件的犯罪，后半部分是作为法律效果的刑罚，刑法各论的任务是研究涉及这两方面的各个刑罚法规的意义。

刑罚法规中规定犯罪的部分，正如《刑法》第 199 条中的“杀人的”一样，是有关该罪的一般成立要件的规定。这被称为犯罪的成立要件或构成要件。构成要件，是立法者将那些侵害法益的形态、程度重大，对于维持社会秩序来说不能置之不理的行为，即当罚行为，根据社会通常观念，在法律上进行抽象化、类型化，以表示成为犯罪的行为的形式要件，并把它作为可罚行为。行为是否成立犯罪，通常是由是否符合构成要件来决定的，因此，在刑法各论中，构成要件的解释最为重要。 3

刑罚法规，是为了维护社会秩序而加以规定的，因此，在解释上，也必须在和法律价值即通过保护法益来实现维持社会秩序的目的的关系上，探讨刑罚法规的客观意义。在刑法解释上，虽然一般的法律解释论中所使用的目的论解释也必不可少，但是，解释者的价值观不同，也必然影响到对法律目的的理解，所以，目的论的解释方法，具有违反刑法的严格解释要求的危险。因此，首先，必须客观认识法条用语的意义，尽可能地尊重形式理论的法则；其次，只有在作为形式理论解释的结果，出现了数个结论的时候，才可以根据目的论的解释，选择其中一个结论。

但是，即便在这种场合，也要尽量防止解释者的意识形态和价值观的介入，尽量得出和具有通常的判断能力的一般人的理解，即和社会常识或社会一般观念相一致的结论，即必须具有，一般国民对刑罚法规的意义能够正确理解的话，就会知道该行为是犯罪的程度的客观性。这种客观性，特别是在政治犯罪之类的价值观不同的犯罪的场合，难以保证。在此，就必须考虑习惯、道理、判例，另外还必须对立法者的意
4 思、该刑罚法规的犯罪学以及比较法等方面的因素进行考察，来加以确定。

这样，刑法各论是从保护法益的立场出发，从刑罚法规中客观地推导出真正值得刑罚处罚的行为，在保护犯罪人的人权的同时，妥当地适用刑罚权，由此而为维持、发展社会秩序的刑法目的服务。

第一编　对个人法益的犯罪

对个人法益的犯罪，是侵害或威胁个人法益的犯罪。《宪法》第 13 条规定：“所有的国民作为个人受到尊重。国民的生命、自由以及追求幸福的权利，只要不违反公共福利，在立法以及其他国策上，必须受到最大限的尊重”。它表明，一切法律价值的基础在于尊重个人。从此角度出发，在刑法中，也必须优先保护个人法益。

个人法益中，第一项是生命，因为，只有生命才是个人主义的价值观的基础。第二项是身体或健康的安全。“所有的国民，都享有最低限度的健康文明生活的权利”（《宪法》第 25 条第 1 款）的规定，间接地体现了上述宗旨。第三项是自由。宪法上所规定的“自由和追求幸福”的宗旨，可以被理解为广泛保障自由权，但是，身体、行动的自由作为自由社会的基础，是重要的保护法益（《宪法》第 19 条到第 24 条）。第四项是安宁的生活。个人主义，包含人格尊严不受外来干涉，在安宁的生活中发展和形成自由人格的意义。换句话说，保护居住安全，保护秘密、名誉或者信用，对于追求幸福来说，是必不可少的。第五项是财产。在承认私人所有、保障经济活动的自由经济体制之下，作为生存的经济基础的财产也是重要的保护法益。《宪法》规定：“财产权不受侵犯”（第29 条第 1 款）。

这样，刑法将生命、身体、自由、生活的安宁以及名誉、信用和财产作为刑法上的保护法益，并将对它们的不法侵害作为犯罪，在刑罚法规中加以规定。

第一章　对生命和身体的犯罪

第一节　人的意义

一、概说

1. 人的生命

生物学上的人的生命，始于经精子和卵子的结合而形成的受精卵的诞生。受精卵最终附着在子宫上，作为胎儿而成长，出生为人。人的生命，具有以下成长经过：受精→着床→胎儿→出生→死亡。人确实死亡之后，一生就谢幕了。在此意义上讲，在生物学上，从受精卵诞生到出生后死亡为止的期间就是人，在此期间可以作为人的生命加以把握。① 但是，对人的生命是不是一律都全部予以保护，因国而异。现行刑法上的保护只限于"胎儿"和"人"。另外，受精卵虽然没有被作为人的生

---

① 西田，5页；山口，5页。另外，山口等，理论刑法学的最前线Ⅱ（2006）[佐伯]，1页。

7 命加以保护，但作为“物”加以保护还是可能的。①

2. 刑法保护

为了保护人的生命，刑法上设计了对生命、身体的犯罪。对生命、身体的犯罪，是指以侵害、威胁人或者胎儿的生命、身体为内容的犯罪，(1) 杀人罪，(2) 伤害罪，(3) 过失致死伤罪，(4) 堕胎罪，(5) 遗弃罪，就属于这种情况（《刑法》第二编第二十六至三十章）。除了堕胎罪之外，这些犯罪的行为对象都是“人”。法律上的“人”的概念，虽然从一般意义上讲，包括法人在内，但是，作为对人的生命、身体的犯罪的对象，必须具有生命、身体，所以，这里的人只能被限定为自然人，而不包括法人。

只要具有生命、身体，无论是没有希望长大成人的婴儿，还是行将就死的老人，也不论其状态如何，都是人。② 堕胎罪的行为对象是胎儿，因此，在堕胎罪中，确定区分人和胎儿的标准，就非常重要。区分的关键是将胎儿看作人的时期即人的开始时期。另外，人若死亡的话，就不能成为对生命、身体的犯罪的对象，所以，原则上，伤害死人的行为不成立杀人、伤害等犯罪。因此，什么时候是人的结束时期的问题不仅和是否成立犯罪有关，而且也是将杀人罪和将死尸作为犯罪对象的损坏尸体罪（《刑法》第190条）区分开来的分水岭。

二、人的开始时期

1. 学说

人的开始时期是出生。出生前的生命体是胎儿。对胎儿的生命只根据堕胎罪加以保护。因此，侵害胎儿，而伤害结果发生在“胎儿”出生为人的场合，或出生之后死亡的场合，都不构成侵害“人”的对生命、身体的犯罪。在人的出生上，过去曾有（1）阵痛说、（2）独立呼吸说、

① 石原明：《体外受精的法律视角与课题》，《法学家》，807号，31页。反对，町野，110页；西田，5页；平川，30页；山口，5页；松宫，19页。

② 大判明43、5、12刑录16、857。

（3）全部露出说、（4）部分露出说、（5）生存可能性说之间的对立，但我国现在以部分露出说为通说，判例也主张这一立场。① 8

2. 学说的检讨

部分露出说②认为，胎儿身体的一部分露出母体的时候，就是人的开始时期；全部露出说③认为，分娩完成之后，胎儿完全露出母体的时候，就是人的开始时期。民法上，全部露出说是通说，从社会意识来看，这种学说也较为自然。但是，对生命、身体的犯罪是为了保护具有独立生命的个体的生命、身体，从保护这种法益的目的出发，只要“胎儿”达到从母体中露出，能够独立地成为直接受到侵害的对象的程度，就必须作为“人”加以保护；同时，以是否对部分露出的“胎儿”的四肢直接施加了侵害为标准，也比较容易将堕胎和杀人区分开来。所以，从这两点来看，部分露出说比较合理。在部分露出母体之后，又重新回到母体之内的时候，就是胎儿。④

胎儿在发育到能够在母体之外生存的时候，就值得作为“人”进行保护，这是当然的。从此立场出发，主张开始分娩即伴随规律性阵痛的生产过程开始时，就是“人”的开始时期的阵痛说值得支持⑤，但是，这种学说的致命缺陷是，难以确认什么时候是开始生产。另外，独立呼吸说⑥认为，胎儿在母体之外可以用肺进行呼吸的时候，就是人的开始时期，但是，按照这种学说，就会弱化对人的生命的刑法保护，而且什么时候算是开始呼吸，也难以确定，因此，这种学说不太受到支持。生

---

① 大判大 8、12、13 刑录 25、1367。但是，旧刑法之下的大判明 36、7、6 刑录 9、1217 认为，即便部分露出，也不是人。

② 小野，157 页；泷川，22 页；木村，11 页；佐伯，96 页；植松，247 页；团藤，372 页；福田，147 页；香川，358 页；西原，9 页；齐藤（诚），32 页；平川，37 页；山中，11 页；西田，8 页；前田，11 页；林，11 页；山口，9 页；高桥，13 页。

③ 平野龙一：《犯罪论的诸问题》（下）（1982），262 页；小暮等（町野），14 页；中森，5 页；松宫，12 页。

④ 反对，大塚，各论，上，19 页。

⑤ 井田，17 页。德国通说。井田良：《关于人的出生时期的诸问题》，《刑事法杂志》，2 号，123 页。

⑥ 大场，上，45 页。

存可能性说①认为，在母体之外能够持续性地维持生命的胎儿就是“人”，但是，果如此的话，在母体之外能够生存的胎儿在母体之内被杀死的情况下，就成立杀人罪，因此，该说也并不妥当。

全部露出说的缺陷 对于部分露出说，批判意见认为，它是根据能否直接受到攻击即主张“根据行为形态来区别对象的性质”，因此，提倡全部露出说。但是，根据全部露出说，不仅对生命的保护会失之过晚，而且在“胎儿”离开母体后死亡的场合，对它的攻击是在胎儿部分露出母体之后实施的，还是在全部露出母体之后实
9 施的，难以判定。因此，对全部露出说难以支持。

三、人的结束时期

1. 学说

人的结束时期是死亡。人由于死亡而失去生命，其身体也变为尸体而成为损坏尸体罪的对象。关于死亡的时期，有（1）脉搏不可逆转地停止的时候的脉搏停止说②，（2）呼吸不可逆转地停止的时候的呼吸停止说③，（3）以呼吸、脉搏不可逆转地停止以及瞳孔散大这三种症状为基础，进行综合判断的综合判断说（三症状说）④，（4）脑机能不可逆转地丧失的时候的脑死说⑤，之间的对立。迄今为止，综合判断说最为有力，但是近年来，脑死说正在成为主流。

2. 脑死说的采用

（1）两个死亡的概念。我认为，人的死亡的判定，在法律上会产生各种各样的效果，所以，应当根据一种标准来认定。死亡的概念是以医

---

① 伊东，14页。

② 佐伯，56页；香川，359页。

③ 大场，上，36页。

④ 福田，147页；大塚，10页；中森，7页；前田，13页；平川，43页；井田，20页；佐久间，17页。

⑤ 植松，247页；团藤，377页；平野，156页；齐藤（诚），34页；冈野，3页；小暮等（町野），21页；西田，9页；林，22页；伊东，14页；山口，10页；条解，535页。另外，山中，15页。

学知识为基础的，因此，其认定也应当以医学常识或医学上的定论为基础。同时，死亡也具有社会意义，所以，其认定也应当合乎社会一般观念。从这种观点来看，尽管脑死说在医学界正在成为通说，但是，在社会一般观念上，承认脑死说为时尚早，所以，在死亡的判定上，依然应当以以心脏死为基准的综合判断说为准。 10

（2）《器官移植法》的制定。在上述背景之下，平成 9 年（1997 年）制定了以脑死说为基础的《关于器官移植的法律》（法 104 号，简称为《器官移植法》），并于同年 10 月 16 日开始实施。现在已经有从脑死亡的遗体中移植器官的例子。该法第 6 条规定，脑死状态的人持有“器官捐献卡”，且其亲属不反对从死者身上取出器官的时候，或者在没有亲属的时候，可以判定为脑死，从“死者身体（包括脑死者的身体）”中取出器官。因此，至少在器官移植方面，脑死说在法律上已经被认可。但是，作为其后果，就是在器官移植及其以外的场合，关于死亡，出现了两个判断标准或概念，这一点具有问题。另外，按照综合判断说的话，违反《器官移植法》而实施的摘除器官行为，符合杀人罪的构成要件，只是在违法的程度上存在问题，但按照脑死说，则是成立损坏尸体罪与否的问题。

（3）《器官移植法》的修正。《器官移植法》的制定，对于心脏移植来说是重大转机，但是，由于严格控制允许要件，提供者（捐献者）数量甚少，在该法制定后十多年间，移植的数量也只有 80 例。

因此，修改法律的动向变得活跃起来。平成 21 年（2009 年）颁布修正法案（2009 年法律第 83 号），于平成 22 年（2010 年）施行。修改的要点如下：在没有捐献卡的场合和无法确认捐赠者的意思时，在亲属的同意下可以实施器官移植。由此，从未满 15 周岁、欠缺意思能力的人身上摘除器官成为可能。① 这应该被解释为排除违法事由要件的缓和化。

① 大谷实：《新生命的法律学》（2011），226 页。

第二节　杀人犯罪

一、概说

11 1. 杀人犯罪的种类

杀人犯罪是故意侵害他人生命的犯罪，分为（1）杀人罪（《刑法》第 199 条），（2）杀人预备罪（《刑法》第 201 条），（3）同意杀人罪、参与自杀罪（第 202 条），它们的保护法益是个人生命。另外，刑法将过失侵害他人生命的行为规定为过失伤害犯罪（《刑法》第二编第二十八章），以与本罪相区别。在外国的刑事立法中，将杀人分为谋杀和故意杀人，对前者予以重罚（法国刑法、德国刑法、英美刑法等），对毒杀特别予以重罚（法国刑法等），而对杀害婴儿则予以轻罚（法国刑法、英国刑法等），一般都是根据行为人的意思、行为形态、对象的性质等将杀人犯罪类型化。这种分类，虽然主要是为了反映处罚轻重而作出的，但是，以上述形式上的理由来决定法定刑的轻重，其理由并不
12 充分。

2. 杀人罪和同意杀人罪

我国刑法将杀人罪的构成要件简单处理，区分为杀人罪（第 199 条）和同意杀人罪（《刑法》第 202 条）两种形式。这种立法形式是考虑到杀人罪的具体情形极为多样，根据其各自的具体情节进行妥当判断，在量刑上反映出来的做法是合理的，因此，我国刑法将所有的杀人行为区分为杀人罪和作为减轻类型的同意杀人罪，而对其法定刑的幅度作了较宽的规定，以让法院根据具体情况进行量刑。另外，在刑法修改之前，有作为加重类型的杀害尊亲属罪（《刑法》第 200 条），特别刑法当中有杀害人质罪（《有关处罚挟持人质进行要挟行为等的法律》第 4 条）以及有组织的杀人罪（《有组织犯罪处罚法》第 3 条第 1 款第 3 项、第 2 款等）。其中，杀害尊亲属罪，如后所述，由于其违反了《宪法》

第 14 条的规定，所以在 1995 年的刑法修改中被删除。另外，在杀人犯罪方面，还规定了杀人预备罪（《刑法》第 201 条）、未遂罪（《刑法》第 203 条）。自杀行为自身虽然不是犯罪，但是，参与自杀罪（《刑法》第 202 条）及其未遂被规定为犯罪（《刑法》第 203 条）。

二、杀人罪（普通杀人罪）

> 杀人的，处死刑、无期徒刑或 5 年以上有期徒刑（《刑法》第 199 条）。
>
> 未遂犯，处罚之（《刑法》第 203 条）。

1. 对象

本罪的对象是除行为人之外的自然人。自杀不是本罪的处罚行为。

2. 行为

本罪的行为，是杀害他人。所谓“杀人”，是在他人自然死亡之前，剥夺其生命的行为。是采用有形的方法（物理方法，如刺杀、毒杀、绞杀、射杀等）还是采用无形的方法（心理方法，如施加精神上的痛苦，使他人抑郁而死的行为），在所不问。也可以采用将他人或被害人本人作为工具的间接实行犯的方式。[①] 如利用被害人的错误或没有意思能力而导致死亡结果发生的场合，就是以被害人自身为工具的杀人罪的间接实行犯。[②] 还可以采用不作为的杀人方式。[③]

3. 故意

本罪的故意，在对象上，只要认识到是人就够了；在行为上，认识到成为杀人手段的行为能够引起死亡结果的发生，而竟然有意实施该行为，才可以被认定。

4. 未遂、既遂

在杀人行为导致他人死亡的场合，就是杀人罪的既遂。杀人的实行 13

① 大判昭 8、4、19 刑集 12、471（利用智力低下者），最决昭 27、2、21 刑集 6、2、275（利用精神病人）。

② 最决昭 27、2、21 刑集 6、2、275（利用没有意思能力的被害人），最判昭 33、11、21 刑集 12、15、3519（假装一起自杀）。

③ 大判大 4、2、10 刑录 21、90，名古屋高判平 15、10、5 法院 HP。

行为的着手，是引起侵害他人生命的现实危险的时候，如在出于杀人的意思而实施了掐对方的脖子，或用枪向对方瞄准之类的行为的场合，由于具有引起杀人罪的构成要件结果发生的现实危险，所以是实行的着手。在已经着手实行但是没有发生结果的场合，或者是既有杀人行为也有被害人死亡的结果，但二者之间没有因果关系的场合，都成立未遂。杀人的实行行为，在不努力防止就会发生结果的情况下终了。

5. 罪数

个人生命不仅是一身专属的，而且各个人的生命都具有独立的价值，因此，应当根据各个对象来评价罪数，即根据被害人的人数决定罪数。也即，在一个行为杀死数人的场合，根据被害人的人数，成立数个杀人罪，他们之间成立观念竞合①；出于杀死一个人的意思而实施的杀人预备罪、杀人未遂罪，以及在同一机会、对同一对象实施的数个杀害行为，概括性地成为一个杀人罪。如意图用在牛奶中掺毒的方法杀人，但是由于被发现而改为以掐脖子的方法将他人杀死的场合，毒物杀人未遂和掐脖子杀人既遂的犯罪就成为包括的一罪。② 另外，在用刀杀人的场合，由于刺破了被害人的衣服，所以，存在是否成立损坏财物罪的问题。但是，这种被害，通常是伴随着杀人行为而发生的，所以，被杀人罪所吸收而成立一罪。它和在同一机会的杀人未遂被杀人既遂所吸收的情况一样。

三、杀害尊亲属罪的删除

1995年修改之前的《刑法》第200条规定“杀害自己或配偶的直系尊亲属的，处死刑或无期徒刑”，这是有关杀害尊亲属罪的条文。杀害尊亲属罪，和在被害人是行为人本人或其配偶的直系亲属的场合就重罚的伤害尊亲属罪（旧《刑法》第205条第2款）、遗弃尊亲属罪（旧《刑法》第218条第2款）以及拘禁尊亲属罪（旧《刑法》第220条第2

① 大判大6、11、9刑录23、1261。

② 大判昭13、12、23刑集17、980。

款）一样，是重视身份关系而加重处罚的犯罪。其立法宗旨来源于以 14
“忠孝一体”“祖先崇拜”为基础的家族主义思想，根植于对尊亲属的敬畏的理念，强调对尊亲属的特别保护。但是，这种家族主义思想随着日本国宪法的制定而有所改变，最高法院于是从“支配夫妇、亲子、兄弟等关系的道德，是人伦的根本，属于古今中外所承认的人类的普遍道德，即学说上所谓的自然法”中寻求加重处罚的根据。[①]

但是，从日本国宪法所规定的个人尊严和平等原则的立场来看待该规定的时候，应当说，仅以行为对象是尊亲属这种形式上的理由，就对行为人从重处罚的刑罚法规，具有违反《宪法》第 14 条第 1 款之嫌。对于这一问题，虽然有违宪说[②]和合宪说[③]之间的对立，但是，最高法院在 1973 年的大法庭判决中认为，《刑法》第 200 条中的杀害尊亲属罪违反《宪法》第 14 条第 1 款的规定，无效，也即认为其违宪。[④] 之后，尽管杀害尊亲属罪的规定仍被保留，但是，在 1995 年修改《刑法》的时候，有关加重处罚杀害尊亲属罪的条款被全部删除。

四、杀人预备罪

> 以实施第 199 条之罪的目的而实施预备行为的，处 2 年以下有期徒刑，但是，根据情节可以免除其刑（《刑法》第 201 条）。

1. 意义

所谓杀人预备，是以实施杀人行为为目的而实施的尚未达到着手实行程度的准备行为。杀人预备罪是目的犯，因此，必须具有出于杀人目的的准备杀害行为。杀人预备，是对杀人这一基本的构成要件进行修正或者扩张的构成要件，因此，只有在出于亲自或与他人共同实施实行行为的目的而实施预备行为的场合才成立（自己预备罪）。出于让他人杀

① 最大判昭 25、10、11 刑集 4、10、2037。

② 团藤，388 页；井上、江藤，24 页；福田，全订版（1988），176 页；大塚，改订版（1987），17 页。

③ 泷川，29 页；植松，484 页；柏木，332 页。

④ 最大判昭 48、4、4 刑集 27、3、265。

人的目的而实施预备的他人预备行为不属于本罪。尽管有判例认为，为他人的实行做准备也成立本罪[①]，但应当说，本条只处罚自己的实行准备行为。《刑法》第201条规定“出于实施第199条之罪的目的”，就是为了表明这种意思。

2. 行为

预备行为和《刑法》第43条所说的实行行为不同，从行为的外形上难以进行客观确定。因此，是否达到了预备阶段，必须从是否存在以杀害目的为前提的、对犯罪的实施来说具有实质性的意义的行为来判断。以杀害他人为目的而携带凶器闯入他人住宅、四处寻找的行为，以杀害为目的而在被害人经常通过的田间小路上放置有毒饮料的行为，携带凶器闯入被害人的居室的行为，都是杀人预备行为。为杀害他人而购入日本刀等纯粹的预备行为，根据不同情况，也可能被包含在预备行为之中。仅仅出于大量杀人的目的而建成安装有制作沙林毒气设备的工厂的行为，不是杀人预备行为。[②]

3. 目的

15 关于本罪的目的，行为人仅有实施准备行为的漠然认识还不够，还必须有具体实施杀人行为的意图。但是，该目的并不要求是确定的，如在出于谈判决裂的话就杀死他人的意图而携带刀剑拜访他人的场合，只要行为人有附条件的目的[③]或未必的目的就够了。[④]

4. 预备的中止

对于出于杀人的目的而实施了预备行为，但没有着手实行的场合，判例认为不适用中止犯的规定。[⑤] 有很多学者支持这种判例意见。[⑥] 但是，对于着手实行之后又中止的，根据《刑法》第43条的但书规定，

---

① 东京高判平10、6、4判例时报1650、155。另外，前田，21页。

② 前引东京高判平10、6、4。

③ 大判明42、56、14刑录15、769。

④ 大阪高判昭394、14高刑集17、2、219。

⑤ 大判大5、5、4刑录22、685。

⑥ 小野，163页；植松，总论，334页；前田，25页。

必须减免刑罚，而对在情节比较轻的着手实行前的阶段中止的场合，仅是酌定减轻刑罚的话，就可能失去罪刑之间的均衡，因此，必须适用《刑法》第43条的但书规定，进行刑罚的必要减免。

五、参与自杀罪、同意杀人罪

> 教唆或帮助他人自杀，以及接受他人嘱托或者承诺而杀死他人的，处6个月以上7年以下的徒刑或监禁（《刑法》第202条）。
>
> 未遂犯，处罚之（《刑法》第203条）。

1. 意义

所谓自杀，是基于自由意思，自己结束自己的生命。但自杀行为不是犯罪。

（1）不处罚的根据。关于不处罚自杀行为的理由，有以下几种观点：1）自杀行为是可罚的违法行为，但行为人没有责任[1]；2）自杀行为虽然违法，但没有可罚的违法性[2]；3）自杀行为是处分自己的法益的行为，所以不违法。[3] 16

我认为，虽然人的生命是个人法益，但是作为社会、国家存在的基础的法益，具有最高价值，因此，这种法益的主体随便处分生命，是法律上所不许可的。但是，国家以刑罚干涉丧失了生存希望的人结束自己生命的行为，会招致损害个人尊严的结果。现行刑法为了保障个人追求幸福的权利（《宪法》第13条），应该承认国民对自己的生命具有处分权，不处罚自杀，所以，2）的见解正确。

（2）《刑法》第202条的意思。刑法并没有将自杀作为犯罪，但是将和自杀有关的教唆、帮助行为（参与自杀）以及嘱托、承诺杀人（经他人同意的杀人）作为犯罪予以处罚。之所以这样规定，是因为，正如前述，生命只受行为人本人支配，参与他人的自杀行为，是侵害他人生

---

① 泷川，30页；井上、江藤，21页；泷川、竹内，13页；林，24页。

② 大塚，18页；中，22页；曾根，11页。

③ 平野，158页；香川，370页；齐藤（诚），97页；冈野，9页；小暮等（町野），26页；中森，10页；前田，15页；井田，30；伊东，65页。另外，西田，14页。

命的行为，具有可罚性。换句话说，从生命是一切价值的本源的角度来看，该种参与即便是基于被害人本人的同意，也是无效的，所以，应当说，参与他人自杀的行为具有可罚的违法性。

综上，第一，由于自杀自身不是具有可罚性的行为，所以，有关自杀行为的“教唆”“帮助”不是刑法总则中所规定的共犯，而是独立的犯罪类型；第二，同意杀人罪，是按照法益主体即被杀者本人的自由的意思决定而放弃生命的情况，它对法益的侵害程度比普通杀人罪轻，因此，应作为普通杀人罪的违法减轻类型[①]；第三，尽管自杀参与罪与同意杀人罪在行为形态上不同，但是，在违反本人的意志而侵害他人生命这一点上是一致的，因此，刑法将它们规定在同一条款中。

2. 参与自杀（教唆、帮助）罪

本罪是以教唆具有意思能力的人自杀，或帮助具有意思能力的人自
17 杀为内容的犯罪。

(1) 对象。自杀，是基于自由的意思决定而结束自己生命的行为，所以，本罪的对象必须是理解自杀的意思，具有自由判断能力的人。因此，帮助或教唆没有自由判断能力的幼儿或精神病人自杀，就不构成本罪而是构成杀人罪的间接实行犯。[②] 强制自杀的场合也是如此。

胁迫自杀 福冈高等法院宫崎支部于1989年3月24日（刑集第42卷第2号第103页）对以下案例作出判决。为了免除偿还从独居的老年妇女（66岁）处借来的债务，被告人企图让债权人自杀。被告人以被害人的借款行为违反出资法而将入狱相要挟，更声称“为了逃避警方的追查”让其四处奔波，疲惫不堪，使其误以为再无藏身之处，如果要避免对其亲人的困扰就只能自杀，从而在心理上将其逼上绝路。在犯罪当天，被告人告知被害人，警方的追查近在咫尺，再也无法保护她，使其不得不决意自杀，从而喝下农药后死亡。关于这个案例，法官以“其自杀的决

① 植松，249页；主张属于减轻违法、责任的类型的见解，团藤，399页；大塚，19页。
② 前引最决昭27、2、21。

> 意不符合真实的意思，有重大的意思瑕疵”为由认定杀人罪成立。根据被害人所处的状况及其心理状态，可以评价为在被告人的意志支配下自杀。①

(2) 行为。本罪的行为，是通过教唆使具有自由判断能力的人产生自杀的意图，或者帮助具有自杀意思的人实施自杀行为。所谓教唆，是对没有自杀意思的人，故意采取某种手段使其产生自杀的意思。其方法如何，在所不问。所谓帮助，如向具有自杀意思的人传授自杀的方法，或提供自杀工具等，即对于已经具有自杀意图的人实施帮助，使其自杀易于进行，包括承诺在被害人死后帮助照看其家属之类的精神上的帮助。在由于相互同意而自杀即“相约自杀”的场合，活着的一方，也有可能构成帮助自杀。②

> **参与自杀罪和杀人罪的区别**　虽说教唆的方法、手段只要使他人产生自杀的意思就够了，但是，在该方法、手段达到了剥夺他人意志自由的程度的时候，就成立杀人罪的间接实行犯。问题出在所谓“假装相约自杀”的场合。判例认为，在基于“没有体现真实意图的重大意思瑕疵”而决定死亡的场合，就是杀人罪。③ 案情是这样的：被告人决定与其情人分手，但是情人不同意，提出一起自杀。被告人虽然感到苦恼，但是为情人的热情所打动，渐渐开始商
> 量一起自杀……他相信对方对自己很痴情，会追随自己一同死去， 18
> 对这一点可以加以利用，于是就希望毒死对方，将事先准备好的氰化钾让对方服用，让对方死亡。

第一种学说在对上述案例意见表示支持的同时，意图对其理论展开分析。该说认为，在行为人会追随自己一同死去的念头，对于被害人的自杀决意来说，有本质意义的场合，被害人的上述错误信念剥夺了其对是否自杀的自由判断，所以，行为人的教唆行为超出了教唆自杀的范

---

① 大谷，判例讲义Ⅱ，2页。

② 大判大15、12、3刑集5、558。同旨，小野，164页；木村，18页；团藤，400页；大塚，20页；泷川，35页；中谷，25页。

③ 最判昭33、11、21刑集12、15、3519。佐伯，百选Ⅱ（第7版），4页。

围，而成立将被害人作为道具加以使用的间接实行犯。[1] 相反地，第二种学说[2]认为，《刑法》第202条之所以规定减轻处罚，其根据在于，同意减弱了行为的法益侵害性。既然同意就是处分自己的法益的意思，那么，只有在有关法益的问题上具有错误的场合，才能使该同意无效。从这种考虑（法益关系的错误）来看，在误以为对方会追随自己死去而自杀的场合，不过是在因为对方死了所以自己也去死的动机上存在错误而已，在“死”方面并没有错误，所以，上述场合下的自杀行为，并不是违反被害人本人意志的侵害生命的行为。按照这种观点，在尽管不是癌症患者，但医生对患者撒谎，使患者自杀的场合，该同意无效，成立杀人罪。[3]

问题的关键在于，在意识到他人会追随自己死去而欺骗别人自杀的场合，是不是可以说被害人本人失去了意思决定的自由，可不可以说是行为人在使对方按照自己的意思而死去。从这种观点出发，认为被害人只要对“死”有认识，就说其对自杀没有认识错误，不能成为违反被害人意思的生命侵害，这恐怕也是过于形式化的考虑。但是，上述判例所说的只要具有“重大的意思瑕疵”，就足以成立杀人罪的观点也并不充分，即，必须考虑该欺骗行为是否能够被评价为杀人罪的实行行为。因此，必须综合考虑欺骗行为的内容、程度，让人自杀之际的工具准备情况，和行为人的关系程度等，从一般人的常识看来，是否达到了实施该行为，就会使他人按照行为人的意思而死去的程度。[4] 被告人X准备了氰化钾并交付给A，而A已有自杀的意思，不能说X支配A自己的意思而使其自杀，应论以自杀帮助罪。另外，直接假手他人帮助他人自杀的行为，不是帮助自杀的问题，而是同意杀人的问题。例如，只要实施

---

① 小野，164页；团藤，400页；中，27页；大塚，21页；藤木，193页；齐藤（诚），105页，井田，36页。

② 植松，249页；平野，158页；中山，36页；小暮等（町野），28页；曾根，14页；中森，10页；山中，30页；西田，17页；山中，29页；山口，15页。

③ 西田，16页。

④ 福冈高宫崎支判平元、4、24高刑集42、2、103。参照盐谷，百选Ⅱ（第5版），7页；大谷，判例讲义Ⅱ，1页。

了相当于为准备切腹自杀的人提供帮助，或把毒药放进他人口中等相当于杀人罪的实行行为的行为，就成立同意杀人罪。

（3）未遂。本罪达到既遂，必须是被教唆者、被帮助者实施了自杀。在教唆或者帮助被害人实施了自杀行为，但被害人没有死去的时
候，就是未遂。未遂的原因，在所不问。关于在实施了教唆或帮助行 19
为，但是，被害人因为反悔而没有实施自杀行为的场合，是否成立本罪的未遂，有肯定说①和否定说②之间的对立。本罪的教唆和帮助行为自身是有导致他人走向自杀之路的危险（有导致发生自杀结果的现实危险）而被单独处罚的行为。另外，既然刑法规定要处罚本罪的未遂犯，那么，就应当说，教唆、帮助行为和被害人的自杀行为无关而成立未遂犯，因此，肯定说妥当。

3. 同意（嘱托、承诺）杀人罪

本罪是以接受被害人的嘱托或承诺而实施杀害行为为内容的犯罪。被害人由于具有嘱托、承诺，可以成为同意杀人的共犯，但是，和自杀的场合一样，对它不处罚。

（1）对象。本罪的对象是能理解杀人的意义，对于死具有自由判断能力的人。被害人没有判断能力，或者处于不能自由判断状态的时候，就不是本罪的问题，而是杀人罪的问题。

（2）行为。本罪的行为是接受被害人的嘱托或得到其承诺，而将其杀死的行为。所谓嘱托，是被害人请求他人杀害自己；所谓承诺是接受被害人的自杀请求。这种嘱托或承诺，可以适用被害人同意的法理③，在着眼于本人的同意这一点上，是减轻杀人罪的违法性的事由，所以被作为一种类型而加以规定。但是，在适用该法理的时候，必须注意以下几点：1）嘱托、承诺，必须是基于被害人本人的意思；2）必须是具有

① 宫本，280页；平野，159页；泽登，193页；前田，19页。另外，曾根，15页。

② 团藤，408页；中，29页；吉川，19页；大塚，22页；香川，373页；中山，37页；内田，22页；冈野，12页；中森，12页；西田，14页；林，27页；山口，13页；佐久间，30页；井田，40页。另外，高桥，19页。

③ 大谷，总论，251页。

通常的辨别能力的人的自由、真诚的嘱托或承诺[①]；3）承诺可以是默示的[②]，但是嘱托必须是明示的[③]；4）由于同意是构成要件要素，所以为了成立本罪，行为人对该同意必须具有认识。另外，嘱托、承诺必须
20 在杀人行为开始时就存在，所以，在杀人未遂的场合，即便被害人在事后同意，也不能说具有承诺。[④]

基于欺骗行为的同意 关于这一点，有1）即便是引起自杀意图过程中的欺骗行为，只要对“死亡结果”具有真实的意思表示，就是同意杀人罪的观点；2）“具有重大意思瑕疵的同意”，成立杀人罪的观点（欺骗自杀）；3）虽然与法益有关的错误无效，但其他场合下的错误有效，如欺骗他人说他已经是癌症晚期，得到其同意之后将其杀死的场合，就是杀人的观点；4）被害人是否具有死亡意图并不重要，在利用某种错误，按照自己的意愿将被害人杀死的场合，就是杀人的观点之间的对立。我认为，4）说妥当。

事前的意思表示的有效性 在症状显示生命即将结束的时候，于弥留之际，将拒绝一切医疗措施的意思以书面形式表示出来的场合，该书面表示作为同意是否有效？这种事前的意思表示，是生前产生效力的遗嘱即生前遗言，或者说是事前的意思表示。美国几乎所有的州的立法都认可了书面同意的法律效力。但是，有人提出，在中止治疗的阶段，认为该同意有效，这是否妥当，存在疑问。但是，在不能进行意思表示的关键阶段，承认事前意思表示的效力，也是尊重当事人自己决定的表现。

（3）故意。本罪的故意，是认识到杀人的事实以及嘱托、承诺的存在，而出于杀意，实施了杀害行为。没有嘱托、承诺，误以为有而实施了杀害的场合，是杀人罪和本罪在构成要件上的重合，根据《刑法》第

① 前引最判昭33、11、21。佐伯仁志：《论被害人的错误》，《神户法学年报》，1号，51页。

② 木村，15页；大塚，22页。反对，柏木，334页。

③ 木村，15页；齐藤（诚），118页。

④ 大判明43、4、28刑录16、760；曾根，15页。

38 条第 2 款，成立本罪。对嘱托、承诺的认识在着手实行的时候存在就够了，因此，即便最初是出于普通杀人罪的故意，但在实施杀害行为时具有上述认识，也成立本罪。

在行为人实施杀害行为时尽管没有被害人同意却误认为有的场合，该如何处理？学说上有 1）虽然不能适用《刑法》第 38 条第 2 款，但由于是以犯重罪的意思而实施了轻罪，所以应当成立本罪的见解[①]；2）当事人之间不存在嘱托、承诺关系，对杀人的故意不产生影响，所以，只成立普通杀人罪的见解[②]；3）成立普通杀人罪的未遂的见解[③]；4）本罪和杀人未遂罪成立包括一罪的见解[④]，之间的对立。同意杀人在人为地结束他人生命这一点上，和杀人行为是一致的，二者在构成要件上重合，所以，在基于杀人的故意而引起了同意杀人的结果的场合，是抽象的事实错误，按照法定符合说，应当以较轻的同意杀人罪追究其罪责。[⑤] 在被害人只有自杀意思的场合，由于行为人和被害人之间不存 21
在嘱托、承诺关系，所以，成立普通杀人罪。基于合意的相约自杀，即便是一人死亡，另外一人自杀未遂，在未遂者满足参与自杀罪或同意杀人罪的要件的时候，成立参与自杀罪或同意杀人罪。

> **对同意的认识**　在同意他人伤害自己的场合，即便他人没有认识到该同意也不具有违法性[⑥]，相反地，在本罪中，行为人对同意必须有认识，这二者之间岂不是互相矛盾吗？的确，两者在以同意为要件这一点上是共同的，因此，必须统一理解。但是，同意杀人和同意伤害不同，其具有可罚的违法性，以“接受嘱托、得到承诺”为构成要件要素，是违法性和责任的减轻。因此，构成要件要素即“嘱托、承诺”就成为故意的对象，所以，在同意杀人的场

① 中，24 页；大塚，23 页；中山，38 页；川端，36 页；冈野，11 页；曾根，15 页；前田，19 页。

② 内田，19 页。

③ 平野，总论，250 页；中森，11 页；山口，17 页；高桥，18 页。

④ 山口，17 页；井田，39 页。

⑤ 大谷，总论，176 页。

⑥ 大谷，总论，256 页。

合，行为人对同意的认识是故意的内容。受到杀害的嘱托，以伤害故意致使被害人死亡的场合，成立伤害致死罪（札幌高判平25、7、11LEX/DB 25503243）。

（4）未遂、既遂。本罪的着手，存在于行为人对被害人开始实行杀害行为时。另外，在行为人杀害了被害人的时候，就是既遂。同意和杀人行为之间必须具有因果关系。

（5）排除违法性事由（“安乐死”“尊严死”）。在不开始延长生命的治疗或者中止是否排除违法性事由方面，“安乐死”和“尊严死”成为问题。

1）意义。所谓“安乐死”，是指病人被剧烈的肉体痛苦所困扰而面临自然死亡的时候，根据病人的嘱托，为了消除其痛苦，而使其提前死去的措施。所谓“尊严死”，一般来说，是指对无法治愈的患者，为了避免对其进行无意义的治疗，确保其体面、尊严地迎接死亡，而停止对其进行医疗抢救措施，也称“体面死”（death with dignity）或“自然死”（natural death）。前者的目的是保证他人快乐地去世，后者的目的是确保他人体面地去世，二者之间有本质上的不同。但是，不管哪一种情况，都符合杀人罪或同意杀人罪的构成要件。问题只是，上述行为是

22 否排除杀人罪或同意杀人罪的违法性，以及其成立要件为何。

2）“安乐死”的场合。关于“安乐死”，仅从结论来说的话，只要符合：第一，患者的死期迫在眉睫；第二，患者被难以忍耐的肉体痛苦所困扰；第三，没有其他方法可以减轻或除去患者的肉体上的痛苦；第四，患者明确表示愿意缩短其生命①之类的要件的话，就可以说该“安乐死”是从人道立场出发而实施的，不具有违法性。②

3）“尊严死”的场合。在“尊严死”方面，对从医学角度来看无法治愈的患者，违反其本人的意思，实施纯粹是为了维持其生命而实施的维持生命措施，这种医疗措施违反了只应该为了本人的利益才能实施的本来意义。因此，通过终止维持生命的医疗措施（通过不实施或中止）

① 详细内容，参见大谷，总论，258页。

② 横滨地判平7、3、28判例时报1530、28，名古屋高判昭37、12、22高刑集15、9、674。

而使患者自然死亡的措施，如果符合下列条件的话，应当排除其杀人的违法性：第一，患者的状态，从医学上看，没有治愈的可能性；第二，患者生前明确表示希望实施“尊严死”；第三，在关键阶段不能进行意思表示的话，根据事前的意思表示，或者至少是根据亲近者的证言，患者在正常状态时有希望接受“尊严死”的意思表示。另外，在实行方法上，中止从鼻孔进行输液的人工补给营养的措施是否被允许，成为问题。但是，从使其本人迎接自然死亡的宗旨来看，重要的是实施停止维持生命的特别措施，因此，上述情况也应当被认为是终止。

“尊严死”和判例　最高法院 2009 年 12 月 7 日的决定（刑集第63 卷第 11 号第 1899 页）认为：“被害人出现支气管哮喘病的重积性发作住院后，在本案拔管行为实施之前，判断被害人的剩余寿命等所需要的脑电图等检查没有被实施。从发病至今 2 周时间，被告人没有对其恢复的可能性和剩余寿命问题作出准确的判断。而且，本案发生的时候，被害人处于昏迷状态。虽然本案拔出气管导管的行为是在被害人的亲属提出的放弃对其治疗的请求下实施的，但是，该请求是在上述情况下作出，亲属并未获悉关于被害人病情等的适当信息，不能推定上述拔管行为出于被害人的意思。综上所述，上述拔管行为不属于法律所允许的终止治疗”。

4. 罪数和与其他犯罪的关系

在教唆他人，使其产生自杀的决意，以及接受嘱托而将他人杀害的 23
场合，教唆自杀未遂罪就被嘱托杀人罪所吸收，只成立嘱托杀人罪，这是因为只有一个生命受到了侵害。在教唆自杀之后又帮助他人自杀的场合，也只成立一个参与自杀罪。另外，在决斗的场合，尽管看起来有双方的“同意”，但是，其前提中包含杀害对方的意思，所以，不能说具有“同意”①。在这种场合成立决斗杀人罪（参见《有关决斗罪的规定》第 3 条），而不成立同意杀人罪。②

① 小暮，注释（5），69 页。

② 大阪高判昭 62、4、15 判例时报 1254、140。

第三节 伤害犯罪

一、概说

伤害犯罪是以对他人身体实施伤害为内容的犯罪，保护法益是人的身体安全。刑法关于伤害罪，规定有（1）伤害罪（《刑法》第204条），（2）伤害致死罪（《刑法》第205条），（3）现场助威罪（《刑法》第206条），（4）暴行罪（《刑法》第208条），（5）准备凶器集合罪（《刑法》第208条之三）。另外，关于伤害犯罪的特别类型，有集团性的暴力犯罪（《暴力》第1条），惯犯性的伤害、暴行罪（《暴力》第1条之三），集团性的伤害、暴力请托罪（《暴力》第3条），决斗罪（《决斗》第2条、第3条）以及使用火焰瓶罪（《火焰瓶》第2条），等等。

二、伤害罪

> 伤害他人身体的，处15年以下有期徒刑或50万日元以下罚金（《刑法》第204条）。

1. 对象

本罪的对象是他人的身体。因此，行为人自伤其身体的伤害行为即自伤行为不构成本罪。

2. 行为

本罪的行为是伤害他人。成立本罪必须具有伤害的结果，因此，本罪是结果犯。

24 （1）伤害的意义。关于伤害的概念，有1）对他人的生理机能加以损害的生理机能损害说①，2）对他人的身体的完整性加以损害的身体

① 平野，167页；中山，43页；曾根，16页；中森，15页；西田，45页；前田，21页；林，47页；井田，47；山口，45页。

完整性损害说①，3）对他人的生理机能加以损害和使身体外形发生重要变化的折中说②，之间的对立。如，违反妇女意志，给其剃光头的行为，按照1）的见解，就不是伤害，但是按照2）、3）的观点，就是伤害。伤害罪是以人的身体安全为保护法益的犯罪，因此，不限于对人的身体的生理机能的破坏，违反他人意志使他人身体外形发生变化的行为也应被看成是伤害。但是，拔掉一根毛发或剪掉一块指甲之类的身体外观上的细微变化，在社会一般观念上可以忽略不计，因此，该种行为虽然有可能成立后述的暴行罪，但是，不成立伤害罪。③

这样，所谓伤害，就是破坏人的生理机能，以及使人的身体外形发生重大变化的行为。如剃去毛发，剃去男子为了美容而留起来的胡子的行为，都是伤害。伤害，不要求伴随有被害人的身体上的痛苦。让生病的人的病情进一步恶化的行为，也是伤害。

伤害的事例　1）给生理机能造成障碍，如："胸部疼痛"④，"精神亢奋和肌肉激动而引起脑出血"⑤，"病毒感染"⑥，"长时间的精神失常"⑦，"健康状态的不良变化"⑧，创伤后应激障碍。⑨2）使外形发生变化，如吻印⑩，剪去女性的毛发⑪。另外，大审院的判例中，认为剪去人的毛发、剃去人的胡须不是伤害，而是暴
力。⑫"对他人实施造成精神影响的身体殴打，使他人陷入昏迷状 25
态的场合，在观念上，也可以说是由于器官残疾而引起的精神伤

① 团藤，409页；植松，255页；小暮，注释（5），76页。

② 福田，151页；大塚，26页；本田，26页；平川，52页；伊东，74页。

③ 小野，169页；团藤，408页；大塚，26页；小暮等（町野），35页。

④ 最决昭32、4、23刑集11、4、1393。

⑤ 大判大14、12、23刑集4、780。

⑥ 最判昭27、6、6刑集6、6、795。

⑦ 大判大8、7、31刑录25、899。

⑧ 福冈高宫崎支判昭62、6、23判例时报1255、38。

⑨ 最决平24、7、24裁时1560、1，富山地判平13、4、19判例泰晤士报1081、261（肯定例），福冈高判平12、5、9判例时报1728、159（否定例）。

⑩ 东京高判昭46、2、2高刑集24、1、75。

⑪ 东京高判昭38、3、23判例泰晤士报147、92。

⑫ 大判明45、6、20刑录18、896，大判大3、7、4刑录20、1403等。

害。但是，如果在其精神状态马上恢复，并没有留下任何残疾的场合，也仍然说是健康状态的不良变化，是伤害罪的对象的话，则难以为社会一般观念所承认”①的判决意见，可以说是偏向了生理机能损害说，但是，这种事例，除了极为轻微的场合以外，应当认为构成伤害。② 另外，有见解认为，造成肿胀程度的殴打行为不是伤害，但是，这种场合也应当被看作外形上的重要变化。

（2）伤害的方法。伤害一般是以暴力即有形的方法实施的。但是，刑法只规定“伤害人的身体”，而对伤害的方法没有加以限定，所以，只要是能够产生伤害结果的方法，不管是有形的方法还是无形的方法，在所不问。③ 如以言语使人恐惧，产生精神上的障碍，或者谎称自己是向导而使人落入陷阱受伤的行为等，都是伤害。有时候，胁迫、欺骗也能成为伤害行为。另外，不给病人喂药或补充营养，使其身体衰弱的行为，是不作为的伤害。利用被害人的错觉而使其服毒的行为，成立利用被害人自己的行为的间接实行犯。另外，暴力等伤害行为和结果之间必须具有因果关系。

暴力以外的方法的判例 被告人明知自己染上了急性尿道炎，但是仍使自己的生殖器和妇女的外阴部相接触，导致该妇女也感染上该病。最高法院认为，伤害是破坏他人身体的生理机能，其手段在所不问。本案中，不是使用暴力，而是让他人身体染上病毒，这种情形也成立伤害。④ 但是，使用毒物或使人染上疾病的行为自身是使用有形的力量，应被看作暴力。因此，让他人喝下带有病菌的饮料，但是对方碰巧没有发病的场合，也成立暴行罪。⑤ 通过打骚扰电话而使对方身心疲惫的行为，也是不使用暴力的伤害。⑥ 另外，最高法院2005年3月29日的决定（刑集第59卷第2号第54

① 大判大15、7、20新闻2598、9。
② 大塚，各论（上），62页。
③ 反对，山口，46页（超越了有关暴力的日常理解）。
④ 最判昭27、6、6刑集6、6、795。
⑤ 同旨，西田，41页。
⑥ 东京地判昭54、8、10判例时报943、122。

页）认为，认识到会使住在隔壁的邻居因为精神上的压力而产生精神障碍，却在家里夜以继日地大音量播放广播及鸣放闹铃，给被害人施加精神上的压力，使其承受慢性头痛症、睡眠障碍、耳鸣症等伤害。这种行为是伤害罪的实行行为。本判例并未认定通过暴力的 26
伤害，而是以“认识到可能产生精神上的压力”为由认定伤害的未必故意。[①]（鹿儿岛地判 1984 年 5 月 31 日判例泰晤士报第 531 号第 251 页）认为，暴力威胁、命令对方“要命的话，就咬你的指头”，结果被害人咬自己的指头的行为，也构成伤害罪。

(3) 伤害胎儿和引起胎儿死亡的行为。它是指，对母体进行伤害，其有害作用及于胎儿，结果使胎儿发育畸形或致胎儿死亡的情况。

1）学说。致胎儿死伤是否构成对人的生命、身体的犯罪，有 a）认为刑法通过规定堕胎罪对胎儿的生命进行单独保护，因此，在实行行为的对象是胎儿的场合，就只能成立堕胎罪的否定说[②]，b）认为只要在胎儿出生为人以后，该侵害行为的作用仍然在继续，就成立对人的犯罪的作用必要说[③]，c）认为胎儿是母体的一部分，对胎儿施加伤害，就是对人（母亲）施加伤害的母体部分伤害说[④]，d）认为在侵害了母亲生产正常孩子的机能的意义上，是对母亲的伤害的母体机能伤害说[⑤]，e）认为只要实施了具有致人受伤或死亡的危险的行为，发生了致人死伤的结果，不管其结果是及于人还是及于胎儿，都成立对人的犯罪的作用不问说[⑥]之间的对立。

---

① 松原，判例讲义，Ⅱ，3 页。

② 福田，150 页；大塚，9 页；小暮等（町野），16 页；冈野，2 页；中森，33 页；西田，25 页；前田，37 页；林，15 页；山口，26 页。

③ 平野龙一：《犯罪论的诸问题》（下），1982，267 页；内田，696 页。另外，福冈高判昭 57、9、6 高刑集 35、2、85；大谷实：《刑法中的人的生命保护》，《团藤古稀》，2 卷，345 页。

④ 最决昭 63、2、29 刑集 42、2、314。山中，百选Ⅱ（第 6 版），8 页；大谷，判例讲义Ⅱ，4 页。

⑤ 藤木英雄：《新刑法学》（1974），176 页；大塚，注解，1320 页。

⑥ 藤木，188 页；板仓宏：《现代社会和刑法理论》，1980，295 页；熊本地判昭 54、3、22 刑月 11、3、168。另外，山中，47 页。

2）学说的探讨。关于致胎儿死伤的问题，在德国，以沙利度胺（反应停）事件为契机，进行了讨论。我国在有关水俣病事件中也曾议论，并针对药物污染、公害的当罚性的问题，展开了以给予处罚为中心的解释论。但是，按照现行刑法的规定，在行为对象是胎儿的场
27 合，对其生命、身体安全通过堕胎罪来加以保护，因此，侵害胎儿的行为，不可能成立对人的身体、生命的犯罪。在此意义上讲，承认对胎儿的伤害的 e）说是将胎儿类推解释为人，违反了罪刑法定原则，不能支持。

在致胎儿死伤的问题上，试图从对母体即“人”的犯罪的角度来承认其可罚性的 c）、d）说的见解引人注目，但是，胎儿死伤，通常不是伤害母体的机能的结果，而是对胎儿自身进行伤害的结果，所以 d）说并不妥当。另外，虽说胎儿是和母体一体存在的，但是，对胎儿在刑法上是根据堕胎罪独立加以保护的，所以，将胎儿作为母体的一部分的 c）说也不能获得支持。

b）说认为，对致胎儿死伤的行为，可以在胎儿出生为“人”之后，在对人的生命、身体的犯罪的范围之内承认其可罚性。也即在侵害胎儿的行为，在胎儿出生为人之后，仍然持续，造成了致人死伤的结果的场合，可以成立犯罪。这一见解，确有值得注意倾听之处。但是，认为在胎儿阶段所受的伤害，即便在胎儿出生为人之后，仍然会以某种形式起作用，因此，对胎儿的伤害实际上都构成对人的生命、身体的犯罪的观点，在结局上，和 e）说并没有任何区别，因此，该说并不妥当。

3）立法解决。上述认为致胎儿死伤的行为构成对人的生命、身体的犯罪的各种见解，由于存在 a）和现行刑法将胎儿和母体加以区别，对于胎儿，单独根据堕胎罪进行保护的现状相矛盾；b）和过失使胎儿死在母亲体内的过失堕胎行为并不受到处罚的情况相比较，致胎儿死伤的行为在伤害程度上还要轻，但在胎儿活着出生的时候，该行为成立过失伤害罪；在胎儿死着出生的时候，该行为要成立过失致死罪，这样，二者在处罚上就难以平衡；c）在孕妇不小心摔倒造成胎儿受伤，在胎

儿出生之后留下后遗症的场合，就成立过失伤害罪或过失致死罪，这样会不当扩大处罚范围等各种问题，所以，我认为，上述各种观点中，否定说妥当；而且主张，为了对致胎儿死伤的行为进行处罚，有必要在立法上对该问题进行规定，这是最为稳妥的方法。① 28

伤害胎儿、致胎儿死亡行为和最高法院判例　最高法院在1988年3月29日的上告审中认为，“现行刑法上，胎儿除了在堕胎罪中作为独立的行为对象被特别规定之外，都是被作为母体的一部分加以看待的，因此，在考虑是否成立业务上过失致死罪的时候，应当说，使胎儿发生病变，无非是让作为人的母亲的一部分发生病变。在胎儿出生为人之后，由于上述病变而死亡的场合，最终可以归结为让人发生病变，导致死亡的结果。因此，和是否采用在发生病变时，要求对象是人的立场无关”；并判定上述致胎儿死亡的行为成立业务上过失致死罪，根据母体部分伤害说，驳回了上告。② 这个判决，在作用必要说的立场上，采用了有关错误论的法定符合说，得出了作用不要说的结论。的确，伤害胎儿，可以看作“试图伤害人（母亲），也对人（孩子）造成了伤害结果”的场合，但是，能够适用错误论的，明显是在实行行为时有其他对象作为人而存在的场合③，对此，上述上告审的判决意见难以解释。在此意义上讲，可以说，在同坐一车的孕妇因为交通事故的刺激而早产，分娩36小时之后，早产儿死去的事件中，认为由于该早产儿类似于胎儿或者死胎，因此，对交通肇事的司机不应追究其业务上过失致死罪的刑事责任的秋田地方法院，在1979年3月29日的判决是妥当的。但是，如静冈地判2006年6月8日（《朝日新闻》2005年11月28日晨报）的判决认定，预产期为3日后的女性在交通事故后引发胎盘剥离，通过紧急剖宫产手术生下孩子，该孩子在30个

---

①　大塚，9页；松宫，15页；松原久利：《熊本水俣病事件和致使胎儿死伤》，《刑法杂志》，29卷4号，38页。

②　大谷，判例讲义Ⅱ，4页。

③　同旨，西田，25页。

小时后死亡的情形成立驾驶汽车过失致死罪。关于这种交通案件，有认定胎儿伤害的显著倾向。

（4）伤害的未遂。刑法对伤害未遂不予处罚，但是，使用有形的方法进行伤害而未得逞的时候，构成暴行罪。

3. 故意

伤害罪是故意犯，在和暴行罪的关系上，成立结果加重犯。因此，关于故意的内容该如何认定，学术上见解不一。

（1）学说。学说上，有结果加重犯说、故意犯说、折中说之分。

1）结果加重犯说。这种学说认为，本罪是结果加重犯，在伤害罪的故意上，只要对暴力有认识就够了，对于伤害没有认识也行。[①] 其根
29 据是：第一，如果说伤害罪中必须有实施伤害的故意的话，则出于实施暴力的意思而造成了伤害结果的时候，就既不能处以伤害罪（《刑法》第204条），也不能处以暴行罪（《刑法》第208条），最终只能以过失伤害罪（《刑法》第209条）进行处罚。由于过失伤害罪的法定刑比暴行罪要轻（30万日元以下的罚金、小额罚金），因此，在基于暴力的故意实施行为，造成了伤害结果的场合，如果定为过失伤害罪的话，和出于实施暴力的故意但没有造成伤害结果的场合（2年以下有期徒刑，30万日元以下罚金，拘留，小额罚金）相比，反而处罚要轻，这显然有失刑罚之间的平衡。第二，《刑法》第208条关于暴行罪是这样规定的，即“实施暴力但没有对他人造成伤害的时候”就是暴行罪，因此，在发生伤害结果的场合，当然应当适用伤害罪。

2）故意犯说。这种学说以仅是出于实施暴力的故意，却要对较重的伤害结果承担责任，违反责任原则的立场为基础，主张对基于伤害的意思而伤害的场合，和没有伤害的意思而产生伤害结果的场合，要区别对待；认为在只有暴力的认识而没有伤害的认识，却产生了伤害的结果的时候，就是暴行罪和过失伤害罪的观念竞合。[②]

---

① 泷川，43页；江家，202页。最判昭25、11、9刑集4、11、2239。

② 这种场合，和暴行罪的法定刑相同。木村，23页；吉川，27页。

3）折中说。这种学说认为，在以有形的方法（暴力）造成伤害结果的场合，只要有实施暴力的故意就够了，但是在以无形的方法造成伤害结果的场合，就必须具有实施伤害的故意。①

（2）学说的检讨。结果加重犯说在第一点上，具有充分的理由；同时，在第二点的说明上，其理由也当然应获认可，因此，没有采用故意犯说的余地。但是，按照结果加重犯说，在出于胁迫的意思而实施胁迫的时候，被害人由于过于恐惧而试图逃走，但由于滑倒而负伤之类的由于无形方法而造成伤害的场合，也有成立伤害罪的余地。对这种案件，目前还没有见到认定为伤害罪的判例。如果判例将这种情况也认定为伤害罪，就是不当的。即便将《刑法》第 208 条关于“实施暴力但没有对他人造成伤害的时候”的规定看作主张结果加重犯说的根据，这一规定，由于是以只要施加暴力，就会引起伤害结果，这种一般情况下的暴 30
力行为的性质为根据的，所以，在采暴力之外的无形方法的场合，应当说，不能成立结果加重犯。

结论是，就本罪的故意而言，在以有形方法实施的场合，只要具有实施暴力的意思就够了，在以无形方法实施的场合，必须具有实施伤害的故意，所以，折中说妥当（通说）。在作为结果加重犯讨论伤害罪的场合，当然适用结果加重犯的一般要件。

三、伤害致死罪

> 伤害身体，因而致他人死亡的，处 3 年以上有期徒刑（《刑法》第 205 条）。

1. 伤害致死罪

本罪是伤害罪的结果加重犯。出于暴力或伤害的故意而对他人施加伤害，结果致被害人死亡，这就是本罪的内容。因此，第一，行为人对死亡结果必须没有认识。在有这种认识的时候，就构成杀人罪。第二，

① 小野，170 页；植松，255 页；团藤，412 页；平野，168 页；福田，152 页；大塚，28 页；香川，375 页；藤木，195 页；内田，27 页；齐藤（诚），166 页；中森，18 页；曾根，19 页；前田，36 页。

暴力或伤害和死亡结果之间必须具有因果关系。但是，不要求该暴力或伤害直接引起了死亡结果的发生。[①] 另外，致死结果，原则上要求发生于暴力、伤害的对象身上，但是只要有因果关系，发生在上述对象之外的人身上的时候，也构成伤害致死罪。[②] 第三，对于行为人来说，发生死亡结果完全是在其意料之外的。由于在不能预见结果发生的时候，不能根据该死亡结果而对行为人进行谴责，所以，对于该死亡结果，行为人必须具有过失。虽然有判例[③]认为对于死亡结果，不要求行为人具有过失，但是，从责任主义的角度来看，（要求过失）还是必要的（通说）。有判例认为，关于致死的过失是不需要的，但是，从责任主义的立场来看，过失应属必要。

杀人和伤害致死的区别 杀人故意和伤害或暴力的故意之间的区别，是区分杀人罪和伤害致死罪的分水岭，但是，不能说该认识只和行为人的意思内容有关，而仅从某一个方面来进行讨论。多数判例是根据下列因素来综合判断该区别的：(1) 凶器的特征；(2) 行
31 为动机；(3) 引起行为的原因和行为本身的发展经过；(4) 行为形态；(5) 被告人和被害人之间的人际关系；(6) 被告人的性格；(7) 被告人的供述，等等。

2. 伤害尊亲属致死罪

本罪和杀害尊亲属罪一样，违宪的色彩很浓，所以，已经被删除。

四、现场助威罪

在前两条（《刑法》第204、205条——引者注，余同）所规定的犯罪发生之际，在现场助威的人，即便没有亲手伤害他人，也处1年以下有期徒刑或10万日元以下罚金或小额罚金（《刑法》第206条）。

① 反对，丸山雅夫：《结果加重犯和直接性原理》，《警察研究》，54卷12号，55页；小暮等（町野），43页。

② 东京地判昭49、11、7判例泰晤士报319、295。反对，大塚，30页。

③ 大判大14、12、23刑集4、780，最判昭26、9、20刑集5、10、1937。

1. 意义

本罪旨在处罚在“前两条所规定的犯罪发生之际”，即实施伤害罪或伤害致死罪的暴力的时候，在该犯罪现场实施煽动，强化行为人的犯罪意思的行为。这是因为，通过所谓“起哄者”的“煽风点火”，本来不会发生的伤害或伤害致死的结果成为现实。关于“助威”行为的性质，有（1）将现场的帮助行为作为特别罪加以规定的见解[①]和（2）规定与帮助相区别的煽动行为的见解[②]之间的对立。但是，在对伤害进行帮助的诸行为当中，仅对在现场实施的帮助行为从轻处罚，这是没有道理的，因此，（2）说的见解妥当。

2. 要件

本罪是在犯罪现场实施助威的行为。所谓“犯罪发生之际”，是指实施导致伤害或伤害致死之类的暴力的时候。所谓“现场”，是指实施该暴力从开始到结果发生的时间和地点。关于是否在现场，应根据社会一般观念作客观判断。所谓“助威”，仅是指“干一场！干一场!”之类的煽风点火的行为。只要是强化犯罪意思的起哄行为就够了，至于是以 32
动作还是以语言来实施，则没有要求。也没有要求该行为使实行犯的实行行为变得容易实施，但至少必须发生了使被害人受伤或被伤害致死的结果。

在精神上对特定的实行犯进行帮助的，不构成本罪，而是构成伤害罪的帮助犯。因此，在他人对对方单方面地施加暴力的时候，鼓噪“更猛一些！更猛一些!”之类的煽动的话，就成立帮助行为。实际上，在相互实施暴力的斗殴的场合，并不单为某一方助威，也并不关心哪一方发生伤害结果所实施的煽动行为，也是本罪的行为。判例也认为“本罪处罚在所谓伤害现场发生的、单纯的助威行为，和帮助特定实行犯的从

---

① 泷川，45 页；木村，26 页；团藤，417 页；福田，153 页；平川，56；西田，47 页；山口，49 页。

② 平野，169 页；大塚，31 页；吉川，29 页；西原，17 页；内田，33 页；齐藤（诚），239 页；林，16 页；曾根，21 页。

犯不同”[1]。因此，向其中某一方叫嚷“别磨磨蹭蹭了，上啊!”的行为，尽管也是一种起哄式的行为，但是，是伤害罪的帮助犯。有见解认为，帮助犯只要是基于群众心理而实施的，就应当适用本罪[2]，但偏离了本罪所预定的范围，并不妥当。另外，助威者亲自伤害他人的话，就成为伤害罪的共同实行犯或同时犯，助威行为为该罪所吸收。

五、同时伤害的特别规定

> 在二人以上施加暴力，伤害他人的场合，各自的暴力所造成的伤害的程度无法查清，或者无法查清是谁造成了该伤害的时候，即便不是共同实施的，也按照共犯的规定处理（《刑法》第 207 条）。

1. 意义

所谓同时犯，是指两个以上的人，没有共同的意思联络而在同一机会施加独立的暴力，结果使他人受伤害的场合。

（1）特别规定的意义。《刑法》第 207 条是有关对同时犯的暴力所产生的伤害进行处罚的特别规定。在两个以上的人在同一机会对他人施加暴力而产生伤害结果的场合，只要该结果不是共同实行犯的结果，那
33 么，个人就只对自己的行为所造成的结果承担责任。即便在查明是数人的暴力引起了伤害结果的场合，只要检察官无法具体查明其中谁的暴力引起了结果，即无法查明具体的因果关系，那么，各人就分别在暴力或轻伤害的限度之内承担刑事责任。但是，在同时犯的暴力中，成为伤害原因的暴力在很多场合下难以特定。仅仅由于难以证明，而对于同时犯的暴力所引起的伤害或重伤结果，谁也不承担责任，这不仅不合理，而且也会使实际造成伤害的人逃避责任。

> **《刑法》第 207 条的违宪性** 有见解认为，本条由于肯定了“罪疑时不利于被告人”的嫌疑刑，所以违反宪法。也即“根据视为‘共犯’的规定，将二人都以伤害罪处罚，就是让二人之中的某

① 大判昭 2、3、28 刑集 6、118。

② 山口，49 页。

个人承担‘无辜’罪责，这种规定应当说是违反宪法的”[①]。的确，将不是共同实行犯的人在法律上看作共同实行犯，有认可嫌疑刑之嫌，根据立法论，必须加以修改。但是，由于是正在实施成为伤害原因的暴力，因此，即便是通过举证责任的转换来追究实施暴力的人的伤害责任，也并不马上违反《宪法》第 31 条的规定。

（2）共同实行犯的拟制。《刑法》第 207 条就是为了解决这种证明上的困难而作的政策性规定。通过推定各个暴力和伤害之间的因果关系，将举证责任转移到被告人身上，同时，使用一种法律上的拟制，使在即便不是共同行为人的场合，也按照共犯的规定处理。换句话说，本条以有关因果关系的举证责任的转换为前提，将不是共同实行犯的情况也作为共同实行犯，是对共同实行犯在法律上的拟制规定。[②]

本特别规定的法律特征　关于《刑法》第 207 条的法律特征，
有 1）承认法律上的推定的见解[③]，2）认可根据因果关系的推定来
转换举证责任的见解[④]，3）推定行为人之间具有意思联络、存在
共同实行犯关系的规定的见解[⑤]，等等。另外，为了避免出现嫌疑 34
刑，仅仅根据举证责任的转换来拟制共同实行犯还不够，对于该拟
制所必需的合理程度的事实根据，应当由检察官承担举证责任。

2. 要件

适用本条款，要具备如下要件。另外，本条是对“罪疑从轻”的例外规定，因此，必须对它严格解释。[⑥]

（1）对同一人实施暴力。必须存在两个以上的人没有意思联络而对同一人故意实施暴力的事实。因此，在一方出于伤害动物的故意，或者一方或双方都出于过失的场合，就不能适用本条。在具有共谋或者意思

① 宫本，289 页；大场，241 页；平野，170 页；中森，17 页。

② 团藤，418 页；小暮，注释（5），97 页；福田，154 页；大塚，32 页；冈野，20 页；中森，18 页；西田，48 页；井田，65 页；高桥，57 页。

③ 小野，174 页；泷川，46 页；植松，258 页；香川，382 页。

④ 柏木，304 页；藤木，201 页；小暮等（町野），43 页。

⑤ 西原，18 页；齐藤（诚），286 页。

⑥ 西田，44 页。

联络的时候，不适用本条，而是适用《刑法》第60条关于共同实行犯的规定。[①] 当然，没有共谋或者意思联络不是本罪的积极要件，其意思是在没有共谋和意思联络的场合，如何适用本条，成为问题。[②] “即便不是共同实施”的用语，只是指不是共犯的场合。另外，也不包括教唆犯、帮助犯在内。这是毫无疑问的。

（2）可以看作共同实行行为。因为尽管不是共同实行犯，但是是拟制的共同实行犯，所以，数人的暴力，在外形上，必须能够被评价为基于意思联络的一个共同的实行行为。换句话说，在外形上，必须能够作为一个共同实行犯的现象。《刑法》第207条只是对意思联络进行拟制。虽说成立一个共同的实行行为，以在时间、场所上接近，至少在同一机会由数个人实施了暴力为原则，但是，在具有能够被认定为共同实行行为的特别情况的场合，即便不能说是同一机会的场合，也能适用本条。[③] 这是因为，这些事实不过是判断“一个共同实行行为”的基准而已。因此，在由于同一原因而受到两个人的暴力的时候，即便在时间、
35 场所上多少有些不同，但仍可以说是一连串的行为。

（3）检察官不能证明。在由于数人的暴力而造成伤害的场合，检察官不能特定是谁造成了该伤害结果，或者虽然清楚是两个以上的人的共同暴力造成了伤害，但是，各人的暴力造成了什么程度的伤害，检察官无法证明。[④] 因为本条是在是否存在因果关系并不明确的场合，根据对共同实行的意思的拟制而规定为共同实行犯的，所以，为了为该拟制提供合理的根据，要求必须是两个以上的人至少实施了足以造成该伤害程度的暴力的事实，而且该伤害事实也只能被看作共同伤害的结果。[⑤] 因此，检察官不仅要证明具有作为同时犯的暴力，还要证明具有足以造成上述伤害的暴力。有这种证明的话，即便能证明行为人之间没有共同的

① 大阪高判昭34、11、9下刑集1、11、2337。

② 最判昭24、1、27裁判集7、109。

③ 大判昭11、6、25刑集15、823，札幌高判昭45、7、14高刑集23、3、479。

④ 大判昭12、9、10刑集16、1251。

⑤ 大谷，判例讲义Ⅱ，5页；西田，46页。

意思联络，也适用本特别规定。[①]

（4）被告人不能证明。在被告人方面，必须是无法证明自己的暴力和伤害结果之间没有因果关系。如果其能够作出这种证明的话，就不适用本特别规定。

3. 适用范围、效果

本条款只对造成伤害结果的情况适用。[②] 有判例认为对伤害致死亡罪也适用[③]，也有有力学说支持这种见解。[④] 其理由在于：从举证困难的角度来看，在伤害致死的场合面临同样的问题。但是，法条只规定“造成伤害的场合”，因此，对于伤害罪以外的犯罪适用的话，就是类推适用。另外，从实质来看，和暴力造成的伤害相比较，致死程度的重大 36
伤害，容易被证明，不存在要通过修改刑法和刑事诉讼法的基本原理才能解决的程度的举证上的困难。因此，在不能证明是伤害导致死亡的时候，应当在伤害罪的限度内按照共犯的规定来解决。同样，对于在外观上和伤害类似的强制性交等致死罪（《刑法》第 181 条），特别公务员滥用职权、暴行虐待致死伤罪（《刑法》第 196 条），抢劫致死伤罪（《刑法》第 240 条）等，也不应该适用本条款。对杀人罪当然也不适用。

因为本条款规定“按照共犯的规定处理”，所以，当然适用《刑法》第 60 条的规定，但该条款是不是应当在判决书中写明的条款（《刑诉》第 335 条第 1 款），并不清楚。但是，由于该条款规定的情形毫无疑问地适用《刑法》第 60 条的规定，所以，应当说，它属于应当在判决书中明确写明的规定。另外，在将同时犯认定为共同实行犯的时候，不需要经过变更诉因的程序。

---

① 反对，西原，17 页；齐藤（诚），186 页。

② 同旨，江家，206 页；植松，258 页；柏木，340 页；福田，154 页；大塚，33 页；吉川，31 页；中山，60 页；西原，18 页；内田，35 页；冈野，20 页；曾根，22 页；中森，20 页；西田；47；佐久间，43 页；高桥，59 页。

③ 最判昭 26、9、20 刑集 5、10、1937，最决平 28、3、24 刑集 70、3、1。大谷，判例讲义Ⅱ，5 页。

④ 团藤，419 页；中，42 页；香川，383 页；藤木，202 页；前田，33 页；小暮等（町野），43 页。同一条文的“伤害”可以包含“死亡”，井田，65 页；松宫，44 页。

继承共犯的场合 如在甲向张三实施暴力的时候，乙中途加入进来，共同对张三施暴，造成伤害结果。但是，在是谁的暴力造成了该伤害结果并不清楚的场合，是否适用本特别规定？有见解认为，在这种场合，由于难以否定其行为具有同时性，因而，应当适用本特别规定。[1] 但是，由于本特别规定是将不能认定为共犯的情况拟制为共犯的规定，因此，不应当适用本特别规定，而应该考虑成立伤害罪的继承共犯。[2] 在下级法院的判决当中，有的肯定适用本条[3]，有的表示可以适用本条[4]，但都不妥当。

六、暴行罪

实施暴力但没有对他人造成伤害的时候，处2年以下的有期徒刑或30万日元以下的罚金、拘留或小额罚金（《刑法》第208条）。

1. 行为

刑法上的暴力具有多种意义，但本罪中的是狭义的暴力。

（1）意义。刑法上的所谓暴力，广义上讲，是不法使用有形的力量（物理力量）。暴行罪中的保护法益，和伤害罪中的一样，同样是人身的不可侵犯性即人的身体安全。因此，对他人的身体不法使用物理力量，
37 就是暴行罪中的暴力。[5] 这里之所以说“不法”，是为了和日常生活中，对他人身体合法地使用物理力量的情况相区别。

1）四种类型。刑法上使用的“暴力”一语，是指以下四种意义：第一，最广义的暴力，是指不管对人还是对物，不法使用有形力量的所有情况（如《刑法》第77条“内乱罪”、第106条“骚乱罪”、第107条“聚众不解散罪”中的“暴力”）。第二，广义的暴力，是指对人直接或间接地使用有形力量。其是针对他人的身体使用还是针对物使用，在

---

① 林，56页。

② 西田，46页。

③ 大阪地判平9、8、20判例泰晤士报995、286。

④ 大阪高判昭62、7、10判例时报1261、132，名古屋高判平14、8、29判例时报1831、158。

⑤ 最判昭29、8、20刑集8、8、1277。

所不问（如《刑法》第 95 条第 1 款“妨害执行公务罪”、第 2 款“强要职务罪、强迫辞职罪”，第 100 条第 2 款“帮助脱逃罪”，第 195 条“特别公务员暴行虐待罪”，第 223 条第 1 款“强要罪”中的“暴力”）。第三，狭义的暴力，是指对人的身体直接或间接地使用有形力量。本罪中所说的暴力就是指这种情况。第四，最狭义的暴力，是指使用足以抑制他人反抗程度的有形力量（如《刑法》第 176 条“强制猥亵罪”、第 177 条“强制性交等罪”等、第 236 条“抢劫罪”，第 238 条“事后抢劫罪”中的“暴力”）。

2）暴行罪中的“暴力”。本罪的保护法益是人的身体安全，所以，本罪中的暴力是不法使用具有危害他人身体安全之性质的有形力量，即对他人身体不法使用有形力量。因此，不仅殴打、踢、用手按住他人肩膀使他人摔倒在观众席上之类的有造成伤害结果危险的行为[①]，而且直接向对方身体实施吐口水或者撒食盐之类的连伤害未遂都说不上的物理力量的行为[②]，也是暴力。相反地，即便不是直接向他人身体实施，但如果该行为有造成伤害结果发生的具体危险的话，也是暴力。《刑法》第 208 条中所说的“没有对他人造成伤害的时候”，明显是说暴行罪也包括伤害未遂的情况在内，但是，至少必须达到直接或者间接地作用于 38
对方的五官，具有造成不快或者痛苦的性质。[③] 因此，向他人扔石头，只要有击中对方的现实危险，即便没有击中，也是暴力。[④] 另外，在 4 叠半平方米的狭小房间里为了威胁被害人而拔出日本刀，来回挥舞的行为，也是本罪中所说的暴力。[⑤]

暴力和身体接触　大审院 1933 年 4 月 15 日的判决（刑集第 12

① 大判昭 8、4、13 刑集 12、247，大判大 11、1、24 新闻 1958、22。

② 大判昭 8、4、15 刑集 12、427，福冈高判昭 46、10、11 刑月 3、10、1311。反对，内田，38 页；松原，48 页。

③ 最判昭 29、8、20 刑集 8、8、2177，大阪地判昭 42、8、13 下刑集 9、5、1277；条解，561 条。

④ 后引东京高判昭 25、6、10。反对，平野，166 页；小暮等（町野），37 页。另外中山，50 页。

⑤ 最决昭 39、1、28 刑集 18、1、31。岩间，百选Ⅱ（第 7 版），10 页；曾根，24 页；中森，13 页；林，58 页。

卷第427页）认为："所谓暴力，就是对人的身体所实施的一切攻击方法，其在性质上，不要求可能引起伤害结果"，因此，"产生身体上的痛苦及其可能性"①、"使被攻击者产生强烈恐惧感"②之类的标准，都不必要。那么，在被告人意图在夜间敲诈勒索甲，在50米开外的地方向甲的正前方投掷石块，但是没有命中甲的场合，该如何处理呢？东京高等法院在1950年6月10日的判决（高刑集第3卷第2号第222页）中认为："所谓暴力，就是向他人不法使用物理力量，不要求该物理力量接触到他人的身体。如向他人投掷石块或者挥舞棍棒，即便该石块或者棍棒没有接触到他人的身体，也成立暴行罪。"另外，将日本刀摆在他人面前的行为③，将并排行驶中的汽车挤到路边的行为④也是暴力。相反地，也有见解认为："暴行罪也必须发生对身体伤害的结果，在石块没有击中的时候，即便是在正头顶上飞过，也不能说是暴力。"（接触必要说）⑤ 但这种见解失之过窄。关于在行使物理力量，没有接触身体的场合是否成立暴行罪的争论中，接触不要说为通说。

（2）暴力的方法。暴行罪中的暴力，是对人的身体直接使用有形力量，包括使用具有造成伤害的现实危险的有形力量的情况在内。诈术诱导、精神虐待等虽然会造成精神上的不安、不愉快，但由于不是使用有形力量，所以，不是暴力。但是，将被害人本人作为道具的间接实行犯，造成伤害未遂的结果时，是暴力。在物理作用方面，使用病毒、光、热、水、电气、臭气、声波等情形成为问题，但是，将上述情况作为暴
39 力并不具有典型性，所以，只有在属于伤害未遂时才具有可罚性。⑥ 有

① 小暮，注释（5），101页。

② 泽登（佳）：《暴力、胁迫的意义》，《刑法讲座》，5卷，232页。

③ 最决昭28、2、19刑集7、2、280。

④ 东京高判昭50、4、15刑月7、4、480。

⑤ 平野，167页；西田，41页；山口，44页。反对，大塚，35页；曾根，24页；中森，14页；山中，38页；井田，54页（接触不要说）。

⑥ 江家，200页；植松，262页；齐藤（诚），332页；大塚，36页；条解，561页。

判例大概也是从这一立场出发，只认可了噪音暴力。[①] 有人认为，为了闹恶作剧而向并排行驶的汽车靠近的行为，在不以身体的接触为目的的场合，不是暴力而是胁迫。[②] 但是，该种行为是具有造成伤害的现实危险的行为，只要能认识到这一点，就应该说，该行为是暴力。[③]

2. 故意

本罪的故意是，尽管认识到是对人的身体使用有形力量，但仍然实施该行为。即便是未必的故意也可以。行为人在行为时，仅有可能向他人施加暴力的抽象的认识还不够，即便在未必的故意中，对暴力的事实也必须具有具体认识。

3. 排除违法性事由

正如实施摔跤、拳击、柔道等体育活动以及对孩子进行管教等一样，对他人身体施加物理力量的行为，在日常生活中经常在合法地实施。之所以将暴力定义为不法地对他人的身体施加有形力量，目的就是将它和上述社会日常生活中合法实施有形力量的情况区别开来。这种有形力量的使用，尽管在外形上符合暴行罪的构成要件，但由于它是《刑法》第35条所规定的正当行为或正当业务行为，所以不具有违法性。另外，对于性交时所实施的虐待行为，只要是在对方同意的情况下所进行的，就排除其违法性。还有，当暴力是正当防卫、紧急避险等排除违法性事由的时候，或在作为劳动争议解决行为的手段而使用的场合，在一定条件下，也排除其违法性。

七、准备凶器集合罪、准备凶器集结罪

两个以上的人出于对他人的生命、身体或财产共同加害的目的而集合的场合，准备凶器或知道有此准备而集结的，处2年以下的有期徒刑或30万日元以下的罚金（《刑法》第208条之二第

---

① 最决平17、3、29刑集59、2、54，最判昭29、8、20刑集8、8、1277。

② 西田，41页。

③ 林，58页。

1 款）。

在前款的场合，准备凶器或知道有此准备而集结他人的，处 3
40 年以下的有期徒刑（同条第 2 款）。

1. 意义

（1）立法背景。本罪是作为防止暴力团的对策，而在 1958 年的《刑法》部分修改中，和后述的威逼证人等犯罪（《刑法》第 105 条之二）等一并新增的规定。在 1955 年前后，暴力团的斗争频发，为了所谓争夺地盘而纠集相当的人数，相互斗殴，可能危害到普通市民的生命、身体、财产，明显对社会造成不安，而治安上也发生了令人不得不忧虑的事件。但是，当时的刑法中没有对这种行为进行惩罚的适当条款。因此，为了防止对生命、身体、财产的侵害于其发生之前（预备罪的性质），以及消除人们担心暴力团的争斗行为会对生命等产生危害的不安情绪（公共危险犯的性质），《刑法》新增了第 105 条之二与本罪。但是，此后，由于群众运动、街头行动变得过于激进，判例越来越倾向于将本罪视为破坏社会安宁的犯罪①，与本来适用于暴力团斗争相比，对于激进派集团和机动部队的冲突以及激进派集团相互之间的斗争，反而更多适用本罪，从而产生解释上的难题。

（2）关于本罪的性质。本罪将多数人为了共同加害他人的生命、身体、财产而持有凶器集合的行为作为犯罪处理。其立法目的在于防止杀人、伤害等危害结果于未然，与此同时，也在于消除人们关于这些危害结果可能波及普通市民的不安情绪。因此，第一，本罪是对他人的生命、身体、财产的共同加害行为防患于未然，具有预备罪的性质。但是，对不能作为预备罪处罚的集合、集结行为以特别规定加以处罚，是由于其损害了普通市民的生活安全和平稳。第二，本罪兼有对社会法益的犯罪的性质。

关于准备凶器集合罪的保护法益，有 1）是个人法益的见解②，

---

① 最决昭 45、12、3 刑集 24、13、1707（清水谷公园事件）。增井，百选Ⅱ（第 7 版），18 页。

② 内田，43 页。

2）是社会法益的见解[①]，3）是个人法益和对社会法益的见解[②]之间 41
的对立。见解3）是妥当的。但是，按照前述的立法目的，本罪的适用应优先考虑对个人法益的犯罪，在此范围内再考虑对社会生活平稳的犯罪。

围绕罪质的争论　最高法院1983年6月23日的判决（刑集第37卷第5号第555页）认为，从本罪是抽象危险犯的角度来看，成立迎击形态的准备凶器集合罪，不以对方的袭击的盖然性大或者紧迫性为必要，只要准备凶器集合的状况有可能破坏社会生活的平稳即可。该判决采取抽象危险犯说的立场。[③] 从本罪首先作为针对个人法益的犯罪的立场来看，像在持有木棒这样的情形下，必须具有对个人的生命、身体、财产的共同加害的危险性，所以应采取具体危险犯说。[④]

2. 准备凶器集合罪（第1款）

本罪在两个以上的人为了共同对他人的生命、身体或者财产实施侵害而集合的场合，明知该集合的人当中有人携带凶器以及准备凶器而参与其中的时候成立。

（1）行为状况。本罪行为必须是在两个以上的人出于共同加害的目的而集合的场合下实施的。这种行为状况，不仅是实行行为的存在前提，也是两个以上的人各自携带凶器集合所产生的结果。[⑤]

1）共同加害的目的。所谓共同加害的目的，是和他人一起共同侵害他人的生命、身体或财产的意图。

甲. 侵害对象。只限于以实施对个人法益中的生命、身体或财产（不包括名誉、自由、贞操在内）的犯罪为目的的情况。但是，由于本罪具有侵害公共安宁的犯罪的性质，因此，不需要凶器之类的犯罪，如

① 中，193条；藤木，83条。

② 通说。最决昭45、12、3刑集24、13，最判昭58、6、23刑集37、5、555。

③ 最判昭58、6、23；西田：《团藤补充意见》，58页。

④ 中森，422页；曾根，29页。

⑤ 团藤，422页；高田，注释（5），104页；大塚，37页。

侵害不成为损坏对象的财产性利益的犯罪（盗窃、诈骗之类）的场合，就不包括在内。但是，只要将对生命、身体的侵害以及财产损害都包括
42 在内，则以强奸或者抢劫为目的的场合，也要包括在内。① 虽然通说认为，妨害执行公务罪之类的侵害国家利益的犯罪，以及放火罪之类的侵害社会利益的犯罪，也包括在共同加害的目的之内，但这种理解显然是违反法律规定的，不妥当。② 当然，上述各罪，如果包括放火罪之类的侵害生命、身体、财产的情况在内的话，就是本罪的“侵害对象”。

乙．“共同”的意义。有学说认为，所谓“共同”，必须是指两个以上的人成为一体，以共同实行的形式来实现犯罪目的。③ 但是，并不一定要求行为人具有亲自实施侵害行为的目的，应当说，在以共谋侵害行为，(a) 仅让其中部分人实施为目的的场合，(b) 以准备实施为目的的场合，以及(c) 以谋议实行为目的的场合等，都包括在共同侵害的目的之中。④ 单纯只是制造声势的目的⑤还不够。在各人不具有一体实施侵害行为的意思的场合，如仅有附和随行的意思，应当说还不够。⑥ 因为只要有侵害的目的就够了，所以，并不要求一定是积极的加害目的，如准备在对方袭来的时候迎头痛击，杀害对方之类的被动目的也是加害目的。⑦

侵害对象、内容并不要求具体、特定⑧，出于根据对方的行为以及其他情况，在条件成熟时就实施侵害行为的目的也行。⑨ 但是，由于只有在各个个人一体实施侵害行为的目的被该聚集的群体所承认的时候，

---

① 条解，568页。

② 中山，63页；内田，45页。反对，团藤，422页；大塚，37页；中森，21页；西田，59页。

③ 团藤，422页；高田，注释（5），104页；大塚，38页。大阪地判昭37、4、19下刑集4、3和4、324。

④ 小暮等（町野），49页；中森，21页。另外，平野龙一：《刑法各论的诸问题》，《法学演习》，220号，66页。

⑤ 大阪高判昭46、4、26高刑集24、2、320。

⑥ 植松，264页；高田，注释补卷（1），191页。

⑦ 最决昭37、3、27刑集16、3、326。

⑧ 大阪高判昭54、10、30刑月11、10、1146。

⑨ 大阪高判昭39、8、11下刑集6、7和8、816。

该群体才成为破坏社会安宁的集团，所以，各个集合者必须具有共同侵
害的目的，而仅仅认识到上述行为状况的存在还不够。① 据此，认为出
于共同加害的目的而参加到集团中来的人，只要具有助威的意思就够了 43
的判例见解②，是值得怀疑的。

2）集合。成立本罪，必须是两个以上的人出于共同加害的目的而准备凶器，或者明知备有凶器而在一定场所集合。已经在一定场所集合的两个以上的人在该场所准备凶器，或者知道有此准备而萌发了共同加害的目的的，也属于集合。③

（2）行为。本罪的行为，是准备凶器，或已经认识到备有凶器而集合。

1）凶器的意义。所谓凶器，是以杀伤他人、损坏财物为本来用途而制造的器具或具有该种性能的物（实质上的凶器），斧头、镰刀、锤子等本来为了其他用途而制作的工具，由于可以用来杀伤他人或损坏财物，所以，也包括在凶器范围之内（用途上的凶器）。因此，长度为一米左右的角棒，根据情况也可以成为凶器。是不是用途上的凶器，应当以携带该工具的人是否处在集合状态、该集合群体的加害目的、携带工具的形态等具体情况为基础，以该工具是否会使当地居民为其生命、身体、财产感到危险不安为基准来判断。

凶器的例子　判例a）将凶器分为实质上的凶器和用途上的凶器，b）并认为要成为用途上的凶器，必须是能够使人具有社会一般观念上的危险感的物体。④ 在c）危险感的判断基准上，判例认为，除了要看集合状态下的该物体自身的外观之外，还必须考虑该物体能够被利用即“转作他用的可能性”⑤。那么，数名暴力团成员乘坐翻斗车，出于用该车撞死他人的目的，其中一人将引擎发

---

① 东京地判昭50、3、4判例泰晤士报320、316。

② 最判昭52、5、6刑集31、3、544。桥本，百选Ⅱ，15页。

③ 最决昭45、12、3刑集24、13、1707。大谷，判例讲义Ⅱ，7页。

④ 前引最决昭45、12、3。

⑤ 江藤孝，判例刑法研究（5），86页。

动，使该车处于能够马上出发的状态时，该如何认定该行为？最高法院在1972年3月14日的判决（刑集第26卷第2号第187页）中认为，上述翻斗车不具有能够用作杀伤他人的工具的外观，同时，按照社会一般观念，也不足以马上让人产生恐惧感，因此，该翻斗车不是凶器。根据上述判例的判断标准，瓶类、剧毒药物、石块等，根据其状况可以成为凶器，但是，绳子和手巾就要被排除在
44 外。[①] 长一米左右的木棒[②]、带有方木把手的标语牌也是凶器。[③] 另外，《轻犯罪法》第1条第2款规定，对秘密携带刀、铁棒等可能用于对他人的生命、身体施加重大伤害的器具的行为要予以处罚。

2）集合、准备。所谓准备凶器，是指根据需要，将凶器置于随时可以用于实现加害目的的状态。[④] 集合和准备并不要求在同一场所实施，但事实上，必须存在凶器可能用于侵害目的的情状。不可能或者明显难以将凶器用于实施加害行为的时候，就不是准备。所谓集合，是指让两个以上的人处于同一时间和地点。由于本罪还具有扰乱社会安宁的特征，因而，集合必须以能够侵害公众安宁的方式进行。[⑤] 本罪是抽象危险犯，在参与上述形态的集合时就成立本罪。[⑥] 即便加害目的得逞，也不影响本罪的成立。

所谓明知有此准备而“集合”，是指认识到已经备有凶器，但出于共同加害的目的而参与该集合。尽管有集合行为，但是并不知道备有凶器时，不成立本罪。但是，参与集合之后产生共同加害的目的，并获悉备有凶器而不从该群体中脱离时，就是不真正不作为犯的“集合”[⑦]。

（3）故意。必须对两个以上的人出于共同加害的目的而在相同的时

---

① 藤木，85页。
② 前引最决昭45、12、3。
③ 东京地判昭46、3、19刑月3、3、444。
④ 东京高判昭39、1、27判例时报373、47，函馆地判平14、10、3 LEX/DB 28085002。
⑤ 最判昭58、6、23刑集37、5、555。
⑥ 前引最判昭58、6、23。
⑦ 广岛高松江支判昭39、1、20高刑集17、1、47。

间和地点集合的事实具有认识，并有和其他的人一道实施加害行为的目的。[①] 另外，也必须认识到对方跟自己一样有相同的认识。除了这种认
识以外，由于本罪是目的犯，所以，必须有和其他人成为一体，实施加 45
害行为的目的。[②]

(4) 既遂。本罪在两个以上的人出于共同加害的目的而“集合”时，成立既遂。实现了加害目的，如在集合之后将他人杀害的情节不影响本罪的成立。另外，出于加害目的而集合的话，就成立本罪，但是，在共同加害的目的之下的集合状态持续下去的话，就会酿成社会的不安，所以，本罪是继续犯。但是，本罪具有将侵害生命、身体、财产的犯罪的预备行为进行类型化的一面，因此，在集合状态发展为侵害行为的实行阶段的时候，即便该集合状态依然继续，已经造成社会的不安，也不能被看作本罪的继续。因此，在集合群体开始加害行为之后，出于共同加害的意思而参加到新的群体之中的时候，不成立本罪。[③]

学者认为，集合从其性质来看，到解散为止，也仍然是人的聚集状态的继续，因此，即使到了着手实施作为目的内容的共同加害行为的实行阶段，也仍然是为做准备的集合状态的继续，因此，上述场合成立准备凶器集合罪[④]，判例[⑤]似乎也主张这一立场，但这种观点并不妥当。当然，在看作一个大的统一的群体的时候，如在出于共同加害的目的而统一的集合体中，又有若干小集体的时候，在先头集团开始实施加害的实行行为的时候，对其他的小集体也可以适用本罪。

加害行为开始后本罪的成立　最高法院在 1970 年 12 月 3 日（清水谷公园事件）的判决中认为：“准备凶器集合罪，不仅是将个人的生命、身体或者财产作为保护法益，也将公共生活的安宁作为

① 条解，569 页。

② 大塚，41 页；西原，391 页。主张仅仅是出于助势的目的也行的观点有：大阪高判昭 46、4、26 高刑集 24、2、320。团藤，413 页；高田，注释（5），108 页；前田，61 页。

③ 植松，264 页；平野，171 页；高田，注释补卷（1），192 页；香川，388 页；吉川，33 页；中山，64 页；齐藤（诚），412 页；冈野，29 页；山口，59 页。

④ 袖珍，474 页；藤木，86 页。

⑤ 最决昭 45、12、3 刑集 24、13、1707。

保护法益，因此，认为只要上述‘集合’状态在继续，就可以说这种犯罪继续成立的判断是妥当的”。

（5）罪数。本罪具有预备犯的特征，在和侵害行为的关系上，它属于预备行为，和杀人预备罪等具有观念竞合。① 如果本罪发展到实施侵害行为的话，就和杀人罪等之间具有牵连关系。② 但是，最高法院看重
46 侵害行为的实行和本罪在罪质上的差别，将二者看作数罪。③

3. 准备凶器集结罪（第2款）

本罪是在两个以上的人出于共同侵害他人的生命、身体、财产的目的而集结的场合，准备凶器，或知道有此准备而集结（纠集）他人的行为。

（1）行为状况。本罪也要求具备两个以上的人出于共同侵害他人的生命、身体、财产的目的而集结的要件。

（2）行为。本罪的行为是准备凶器，以及知道有此准备而集结（纠集）他人的行为。

1）集结的形态。本罪的行为可以分为两种情况：一是亲自准备凶器纠集他人，二是知道备有凶器而纠集他人。对被纠集的人，不要求准备凶器或知道具有该种准备。所谓纠集他人，是指给他人做工作，使两个以上的人出于共同加害的目的而在同一时间处在同一地点，也就是积极营造准备凶器集合罪中的集合状态。④

2）集结和教唆、帮助。有见解认为，做工作的行为，可以是教唆，也可以是煽动。⑤ 但是，本罪是积极营造准备凶器集合的状态，在处罚上比准备凶器集合罪要重。因此，在形成准备凶器集合的状态上，行为人必须起主导作用，即纠集两个以上的人处于自己支配之下。仅知道备有凶器而劝诱他人集合的行为，以及单纯的煽动或帮助行为，不是集结

---

① 东京高判昭49、3、27刑月6、3、202（放火预备）。袖珍，475页；团藤，422页；高田，注释（5），111页；大塚，41页；中森，25页。

② 大阪高判昭47、1、24刑集25、1、11。

③ 最决昭48、2、8刑集27、1、1；藤木，86页。

④ 高田，注释（5），109页。

⑤ 大塚，42页。

行为。[①] 对一个人做工作让其参加集合的行为，是准备凶器集结罪的教唆犯。[②]

3）要不要有场所上的移动。集结只要是积极地指导，形成准备凶 47
器集合的状态就够了，不要求人员有场所上的移动。在对没有形成共同加害目的的集团做工作，在准备凶器的同时，还贯彻共同加害的意图，制造集合体的场合[③]，以及在对出于共同加害目的而准备凶器集合的人，为了不让他们解散而指挥、统帅，使该集合体维持下去的场合，也成立本罪。本罪是在纠集他人期间持续成立的继续犯。

（3）共犯的适用。对于准备凶器集合罪和准备凶器集结罪，原则上适用共犯规定。但是，第一，对于相当于准备武器集合罪的教唆行为而成立准备武器集结罪的情况，不按照准备武器集合罪的教唆犯处理，因为“集结”行为中包含对准备武器集合罪的教唆；第二，准备武器集合罪，是所参加的人相互之间具有共同加害目的而由两个以上的人所集合起来的必要共犯，一开始就不适用共同实行犯的规定。

问题是，准备武器集合罪、准备武器集结罪能否成立共谋共同实行犯。在准备武器集合罪中，有肯定这一点的判例。[④] 但是，准备武器集合罪是在共同加害目的之下集合起来的亲手犯，其实行犯在集合的现场必须具有共同加害的目的，所以，不成立共谋共同实行犯。[⑤] 与此相对，在准备武器集结罪中，“纠集他人的人”不一定要亲临集合的现场，在其同其他人商量将他人纠集在一起的时候，就成立共谋共同实行犯。

（4）罪数。同一个人在同一机会既实施了准备武器集结罪又实施了准备武器集合罪的时候，概括性地成立较重的准备武器集结罪一罪。[⑥]

---

① 东京地判昭 48、7、3 刑月 5、7、1139。

② 袖珍，475 页。

③ 名古屋高金泽支判昭 36、4、18 高刑集 14、6、351。

④ 东京高判昭 49、7、31 高刑集 27、4、328，东京地判昭 63、3、17 判例时报 1284、149。否定的判例有，东京地判昭 48、4、16 判例时报 716、113。

⑤ 内田，51 页；藤木，86 页；中森，22 页；高桥，68 页。反对，西田，56 页；山口，64 页。

⑥ 最决昭 35、11、15 刑集 14、13、1677。

以准备凶器集合罪为目的的加害行为在发展为杀人行为或者伤害行为的时候，和上述犯罪成为并合罪。[①] 另外，准备武器集合罪在和加害行为
48 的关系上是预备行为，因此，和预备罪之间成立观念竞合。[②]

第四节 过失伤害犯罪

一、概说

1. 意义

过失伤害犯罪是过失侵害他人生命、身体的犯罪。《刑法》分则第二十八章“过失伤害犯罪”之下规定有：过失伤害罪（第209条）、过失致死罪（第210条）、业务上过失致死罪（第211条第1款前段）以及重过失致死伤罪（同条第1款后段）。同故意侵害他人的生命、身体的行为相比，过失侵害的场合更多一些。特别是和技术革新相伴随的各种交通（汽车、火车、船舶、飞机）事故，工厂、矿山、土木建筑中所发生的劳动灾害，药品、食品事故，医疗过失以及公害等所造成的过失致人死伤的犯罪，频频发生。

《刑法》在1947年的部分修改中增设了重过失致死伤罪；在1968年的部分修改中，鉴于汽车事故导致死亡人数激增并且日益恶化的现状，提高了业务上过失致死伤罪以及重过失致死伤罪的罚金刑。另外，近年来为了应对恶性重大汽车事故，在2013年颁布了规定有危险驾驶致死伤罪的《驾驶汽车致死伤处罚法》同时，还通过《道路交通法》《劳动安全卫生法》《食品卫生法》等行政法规来预防过失致死伤罪。

2. 过失行为

过失伤害犯罪，以行为人的过失行为，即违反法律上的注意义务实

---

① 最决昭48、2、8刑集227、1、1。
② 条解，571页。

施行为，造成他人死伤的结果为内容。因此，过失致死伤罪的构成要件行为，要根据违反法定的注意义务的情况而确定。注意义务的内容，可以根据规定交通事故的《道路交通法》、规定劳动事故的《劳动安全法》、规定药物灾害的《药事法》、规定食品事故的《食品卫生法》之类的，以在事先防止各种灾害事故为目的的各种行政法规来确定。另外，还可以根据习惯、道理等认定。违反该种注意义务即客观的注意义务以及主观的注意义务的行为就是过失行为。[1] 成立过失致死伤罪，必须过失行为和死亡结果之间具有因果关系。过失行为，可以是作为，也可以 49
是不作为。[2] 另外，不具有上述因果关系的时候，就是过失犯的未遂，但现行刑法对这种情况不予处罚。

二、过失伤害罪、过失致死罪

过失伤害他人的，处 30 万日元以下罚金或小额罚金（《刑法》第 209 条第 1 款）。

本罪是亲告罪（同条第 2 款）。

过失致人死亡的，处 50 万日元以下罚金（《刑法》第 210 条）。

三、业务过失致死伤罪

疏忽业务上必要的注意，因而致人死伤的，处 5 年以下有期徒刑或监禁，或处 100 万日元以下罚金（《刑法》第 211 条第 1 款前段）。

1. 意义

本罪以行为人的过失是业务上的过失为根据，是过失伤害罪以及过失致死罪的加重类型。

（1）有关加重处罚根据的学说。关于加重处罚的根据，有 1）由于本罪的行为主体是业务人员，其和一般人不同，特地被赋予了较高的注

① 大谷，总论，182、188 页。

② 大判昭 2、10、16 刑集 6、413。

意义务，违反这种注意义务，就是科处较重责任的根据的见解①；2）与一般人相比，本罪行为主体的注意能力在类型上属于较高类型，因此，其违法性、责任的程度也比较高的见解②；3）因为各个行为人的违法性、责任重大的见解③；4）因为责任程度很高的见解④之间的对立。

（2）对学说的分析。即便是业务人员，也不能说其注意能力比非业务人员在类型上要高，所以，2）说并不妥当。另外，根据3）说，在
50 违法性、责任程度并不高的场合，业务上的过失也会成为单纯过失，所以，将这种理解作为对现行刑法的解释，并不妥当。

我认为，从事容易对人的生命、身体造成危害的危险业务的人，当然被赋予了防止过失造成死伤结果的特别高度的注意义务，所以，在结果上，他们也应当具有高度的注意能力。因此，之所以重处业务人员，是因为从政策的角度来看，其身份决定了其注意义务也要比一般人的重一些，在违反这种义务的时候，就要科处较重的责任。这样看来，1）说妥当。所以，只要是业务人员，和具体的注意能力以及违反注意义务的程度无关，都适用本罪。

2. 主体

只有从事容易过失引起死伤结果的业务的人才能触犯本罪，因此，本罪是身份犯。刑法上一般所说的业务，是人为了维持社会生活，根据自己的选择而反复、继续实施的事务（工作）。但是，成立本罪所必要的业务，必须是在其执行之际，对人的生命、身体具有客观危险的业务。因此，所谓业务，必须是具有以下特征的事务：

（1）业务的意义。业务必须是人们在维持社会生活时所实施的事务。根据判例，所谓业务是指“基于人的社会生活中的地位而反复、继

① 小野，182页；团藤，432页；川端，52页；西田，58页；山口，67页。大判小3、4、24刑录20、619，最判昭26、6、7刑集5、7、1236。

② 大塚，45页；曽根，35页；前田，62页；条解，561页。

③ 内田，61页；林，71页。

④ 平野，89页；山口，67页。

续进行的行为，而且，该行为必须对他人的生命、身体等有侵害可能性”。所谓业务，是指基于社会生活中的地位的活动，即职务、职业、营业等，如反复持续驾驶汽车的人，不论是基于娱乐而驾驶还是作为职业而驾驶，也不论是专职还是兼职，都负有同样的注意义务，所以，“社会生活中的地位”不是业务的要件，作为要件的应该是“社会生活中的事务”①。从此意义来讲，本罪中的业务，是除了自然的或个人的生活活动（教育孩子、做家务、饮食等）之外的事务的总称。 51

（2）反复、继续实施。业务必须是反复、继续从事的事务。之所以要求业务人员具有高度的注意义务，主要原因是，目前正在反复、继续实施成为致人死伤原因的危险事务的人，或者有意反复、继续实施该事务的人，与一般人相比，引起死伤结果的可能性更大一些。为使这些人提高其注意能力，就必须发出警告，对其进行心理上的强制。因此，在虽然取得了驾驶执照，但平常仍利用自行车或电动自行车从事发送商品或订购货物的人，在新年休假的时候，偶尔驾驶从朋友那里借来的汽车，结果将他人撞死的时候，就只能成立过失致死伤罪。②

同时，只要具有反复、继续从事事务的意思，即便实施了一次行为，也成为业务。③ 在没有资格的人初次行医，结果由于失误而致患者死亡的场合，也成立业务上过失致死罪。④ 这是因为，既然具有反复、继续行医的意思，当然要求其具有履行业务上所必要的注意义务的能力。

（3）对生命、身体具有危险。业务中，不仅包含侵害他人生命、身体的危险，也包括在容易发生危险的生活关系中，防止威胁他人生命、

---

① 最判昭 33、4、18 刑集 12、6、1090。植松，272 页；大塚，45 页；西原，19；中森，26 页；西田，71 页；山口，68 页；高桥，72 页。

② 东京高判昭 35、3、22 东时 11、3、73。

③ 前引东京高判昭 35、3、22，福冈高宫崎支判昭 38、3、29 判例泰晤士报 145、199。藤木，注释（5），130 页；大塚，46 页；中山，71 页；前田，76 页。反对，小暮等（町野），55 页；西田，72 页。另外，伊东，90 页；高桥，73 页。

④ 福冈高判昭 25、12、21 高刑集 3、4、672。

身体的事务[1]，如根据保护人或建筑物的管理人的地位而具有的保护、管理事务也是业务。骑自行车也有危险的情况，但是，其危险性较小，所以被排除在业务之外。另外，业务并不被要求是合法事务，没有驾驶执照的人的驾车行为[2]以及无照行医行为等也是业务。

52 这样，所谓业务，是作为社会生活上的事务反复、继续实施的，或者出于反复、继续实施的意思而实施的行为，是可能对人的生命、身体造成危害的事务，是以防止威胁人的生命、身体为义务内容的事务。

“业务”和判例 大审院在1919年11月13日的判决（刑录第25辑第1081页）中认为，所谓业务，就是“由于人们反复实施某种业务而具有的社会生活中的地位”。但最高法院的指导性判例认为：“所谓业务，本来是人们基于社会生活中的地位而反复实施的行为……该行为必须对他人的生命、身体等具有施加危害之虞，至于行为人的目的在于通过该行为获得收入和满足其他欲望的情况，则不在考虑之内”[3]。根据这一判决，有见解认为，“社会生活中的地位”的要件实际上已经不被要求。[4] 的确，这一要件已经不被要求，但至少“社会生活中的事务”的要件还是必要的。如果连这一要件都不要的话，则母亲反复、继续地给婴儿喂奶的行为也成为业务。[5] 另外，也有人认为，“对于他人的生命、身体等具有施加危害之虞”不作为业务的要件[6]，但是，日常的自行车骑行导致伤害结果发生的情形作为业务上的过失伤害，不符合社会常识。

3. 行为

所谓“违反业务上所必要的注意”，是指在履行业务之际，违反所要求的注意义务。如在医生由于其业务水平低而违反注意义务进行诊

---

① 最决昭33、4、18刑集60、10、21刑集39、6、362。
② 大判大13、3、31刑集3、259。
③ 前引最判昭33、4、18。
④ 植松，272页；团藤，343页。
⑤ 福田平：《刑法判例》（1967），232页。
⑥ 曾根，34页。另外，大阪地判平23、11、28判例泰晤士报1373、250。

断，结果造成了死伤结果的场合，即便他没有作为医生所应当具有的注意能力，也构成本罪。注意义务的根据、范围，根据业务的性质，从法令、习惯、道理等方面来具体认定。因此，即便违反行政法规所规定的安全义务，也并不能马上就看作本罪中的违反注意义务。

4. 罪数

在业务过失致死伤罪和各种违反行政取缔法规的犯罪的罪数关系
上，在能够将后者的违反行为自身评价为前者的行为的时候，就是观念
竞合，但是，同在汽车司机由于过失而造成死伤结果，同时又有不携带
驾驶执照或者酒后驾车的情节的场合一样，在不能认定行为具有重合的
场合，就是处于数罪的关系。① 在汽车司机由于失误而撞上他人，但是 53
没有采取任何救助措施而逃走的场合，成立违反报告义务罪和违反救护
义务的犯罪，二者之间是观念竞合。②

四、重过失致死伤罪

> 由于重过失而致人死伤的，处5年以下有期徒刑或监禁，或者处100万日元以下罚金（《刑法》第211条后段）。

本罪是在纯过失犯罪之中，将违法性的程度高、责任特别重的情况进行类型化，而加重其法定刑的情形。因此，在稍微注意一下就能预见到结果（预见可能性），并且，也容易避免发生结果的时候（避免可能性），或者，在虽然不能证明有故意，但是具有接近故意的鲁莽心态的时候，就可以说具有重过失。③ 如猎人看见了像鸟一样的东西，在未经确认该物不是人的情况下，就直接用猎枪射击的场合④，或者不以反复、继续为前提的无照驾车和鲁莽驾车而造成人身事故的场合，都属于这种情况。⑤

---

① 最大判昭 49、5、29 刑集 28、4、114。

② 最大判昭 51、9、22 刑集 30、8、1640。

③ 广岛高判昭 44、2、27 判例时报 566、95。

④ 东京高判昭 35、7、27 东时 11、7、205，东京高判平 12、6、13 东时 51、1 和 12、76（土佐犬事件）。

⑤ 最决昭 29、4、1 裁判集刑 94、49，大阪高判昭 36、5、11 下刑集 3、5 和 6、406。

重过失的意义　“重过失失火罪以及重过失致死伤罪中的‘重过失’，是指在当时的情况下，尽管容易预见到烧毁建筑物或者致人死伤的结果而没有预见，或者预见到了结果，容易采取避免结果发生的措施，但是没有采取措施，明显疏忽了注意义务的场合。”[①] 在将斗狗用的猎狗野放，结果造成两名幼女死伤的场合，也成立本罪。[②] 神户地方法院1999年2月1日的判决（判例时报第1671号第161页）认为，关于夫妻吵架的时候用日本刀捅刺隔扇门，导致门后的长子死亡的事件，由于稍加“一丝注意”就能防止结果发生，
54 生，所以构成重过失致死伤罪。

五、《驾驶汽车致死伤处罚法》

1. 概述

驾驶汽车致人死伤的犯罪行为，原本构成业务上过失致死伤罪（《刑法》第211条），或者按照该罪和道路交通法律上的犯罪［如酒后驾驶罪（《刑法》第65条第1款）］以数罪并罚论处，但是，酒后驾驶、闯红灯等恶劣的危险驾驶行为造成伤亡的犯罪行为增多，以此为契机，2013年通过了《驾驶汽车致死伤处罚法》（2013年11月27日法律第86号），该法于次年施行。这样一来，对驾驶汽车导致伤亡的犯罪行为全部根据《驾驶汽车致死伤处罚法》处罚（顺便一提，本法中的“汽车”，是指《道路交通法》第2条第1款第9项规定的汽车以及第10项规定的电动自行车）。另外，该法的制定经历了以下过程。

首先，对于恶性、危险的驾驶汽车致人死伤的犯罪行为，如上所述，曾作为业务过失致死伤罪加以处罚或按照该罪和违反《道路交通法》的犯罪数罪并罚，但是，为了应对鲁莽驾驶汽车导致的恶性、危险的交通犯罪，2001年《刑法》第二编新设了作为“伤害犯罪”的“危险驾驶致死伤罪”（旧《刑法》第208条之二）。该规定从危险驾驶行为

---

① 东京高判昭62、10、6判例时报1258、136。

② 那霸地冲绳支判平7、10、31判例时报1258、136。

是故意犯的角度出发，将危险驾驶行为视为基本犯，将危险驾驶致死伤罪作为结果加重犯。据此，在致人伤害的场合处 15 年以下有期徒刑，在致人死亡的场合处 1 年以上有期徒刑。

危险驾驶致死伤罪的设立，为遏制恶性、危险的鲁莽驾驶行为作出了贡献，但是，其反面是，如对于过去由无证驾驶引起死伤事故的恶性驾驶人，不能适用危险驾驶致死伤罪。因此，2007 年《刑法》又新增了驾驶汽车过失致死伤罪（旧《刑法》第 211 条第 2 款）。该规定为了加大对致人死伤行为的处罚力度，将法定刑的上限定为比业务过失致死罪（的刑罚）更为严厉的 7 年有期徒刑。[①] 但是，此后又出现各种各样应加重处罚的情况。批判意见认为，这些情形只作为驾驶汽车过失致死伤罪加重处罚，无法得到交通事故被害人及其遗属的认可。在此背景 55
下，制定了适用于所有驾驶汽车致死行为的特别法，即《驾驶汽车致死伤处罚法》。该法一直适用到现在。[②]

出于上述背景，《驾驶汽车致死伤处罚法》规定了（1）危险驾驶致死伤罪，（2）准危险驾驶致死伤罪，（3）过失驾驶致死伤逃避发现酒精等影响罪，（4）过失驾驶致死伤罪，（5）加重无证驾驶罪，（6）在禁止通行的道路行驶罪；是涵盖了所有驾驶汽车致人死伤犯罪行为的处罚规定的特别法。而且，将原来的危险驾驶致死伤罪（旧《刑法》第 208 条之二）和驾驶汽车过失致死伤罪（旧《刑法》第 211 条第 2 款）从刑法典中分离出来，纳入《驾驶汽车致死伤处罚法》之中。[③]

本书原则上不将特别刑法作为《刑法》第二编“罪”即刑法分则的对象来看待，但是，因驾驶汽车发生的交通事故给人身带来量和质的重大损害，从维护社会秩序的观点来看，综合处理交通犯罪行为的《驾驶汽车致死伤处罚法》是非常重要的法律，因此，下面采取与分析刑法分则规定的犯罪相同的方法展开解释。

---

① 伊藤荣治等，法曹时报 59 卷 8 号，7 页。

② 川本哲郎：《交通犯罪对策研究》(2015)，47 页。

③ 作为本法的解说，保坂和人《论〈驾驶汽车致死伤处罚法〉》，《警察学论集》，67 卷 3 号（2002），43 页。

2. 犯罪类型

(1) 危险驾驶致死伤罪（《驾驶汽车致死伤处罚法》第2条）。*

实施下列行为，致使他人受伤的，处15年以下有期徒刑；致使他人死亡的，处1年以上有期徒刑。

(i) 在酒精或药物的影响导致难以正常驾驶的状态下驾驶汽车的行为。

(ii) 在难以控制行驶的高速下驾驶汽车的行为。

(iii) 不具备控制汽车的技能而驾驶汽车的行为。

(iv) 以妨碍人或者车的通行为目的，进入行驶中汽车的正前方，明显靠近其他通行中的人或者车，并以造成严重交通危险的速度驾驶汽车的行为。

(v) 故意无视红灯信号或相当于红灯的信号，并以造成严重交通危险的速度驾驶汽车的行为。

(vi) 在禁止通行的道路上行驶，并以造成严重交通危险的速度驾驶汽车的行为。

1) 结果加重犯

本罪从第1项到第6项的行为是作为基本犯的结果加重犯。结果加

---

* 《驾驶汽车致死伤处罚法》在2020年被部分修改（《部分修改〈驾驶汽车致死伤处罚法〉的法律》[2020年法律第47号]）。该法第2条将危险驾驶致死伤罪的行为类型扩张到八类："实施下列行为，导致他人受伤的，处15年以下有期徒刑；导致他人死亡的，处一年以上有期徒刑：一、在酒精或药物的影响导致难以正常驾驶的状态下驾驶汽车的行为。二、在难以控制行驶的高速下驾驶汽车的行为。三、不具备控制汽车的技能而驾驶汽车的行为。四、以妨害人或者车的通行为目的，进入行驶中汽车的正前方，明显靠近其他通行中的人或者车，并以造成严重交通危险的速度驾驶汽车的行为。五、以妨害车辆通行为目的，在行驶中的车辆（限于以可能产生重大交通危险的速度行驶的车辆）前方停止，或者以其他明显接近该车辆的方法驾驶汽车的行为。六、在高速公路［《高速公路法》（1957年法律第79号）第四条第一项规定的道路］或者汽车专用道路［指《道路法》（1952年法律第180号）第四十八条之四所规定的汽车专用道路］中，以妨害汽车行驶的目的，通过在行驶中的车辆的前方停止，或者其他明显接近该车辆的方法，使行驶中的汽车停止或放慢（汽车以可立即停止的速度行进）的行为。七、在禁止通行的道路上行驶，并以造成严重交通危险的速度驾驶汽车的行为。八、在禁止通行的道路（是指根据公路路标或道路标志，或其根据他法令规定禁止汽车通行的道路或其部分路段，政令规定在此通行会使人或车辆发生交通危险）行驶，并以造成严重交通危险的速度驾驶汽车的行为。"——译者注。

重犯的基本行为，如作为典型例子的伤害致死罪，以暴力或者伤害等刑法上的故意行为为内容，但是，本罪的行为，是将在《道路交通法》中容易造成死伤结果的危险行为类型化为基本行为，在造成加重结果的场合予以重罚的结果加重犯。[①] 56

本罪作为结果加重犯，有两个问题：第一，从第 1 项到第 6 项的行为与致人死伤的结果之间必须有因果关系。而且，有无因果关系的判断，应根据刑法上的因果关系论来解释[②]，因此，如果没有危险驾驶行为与死伤结果之间的相当因果关系就不能成立本罪。[③] 酒后驾车时，孩子突然跳出来，导致死亡，这种情况下不存在相当的因果关系，不能成立本罪。第二，危险驾驶和死伤之间至少有过失是有力的见解。根据该说，实施危险驾驶行为时必须违反了防止死伤结果的注意义务。

诚然，从结果加重犯的立场来看，对于加重结果的发生以过失为必要，但是，既然驾驶人认识到喝酒会让其陷入不能正常驾驶的状态，通常可以认定其对死伤结果的预见和回避义务，所以不必考虑对于结果发生的过失问题。有判例认为，对于结果加重犯的加重结果有因果关系即可，不以有过失为必要。[④]

2）行为类型。

危险驾驶致死伤罪作为故意的危险驾驶行为，包括了以下六种类型（《驾驶汽车致死伤处罚法》第 2 条）。

a）醉酒危险驾驶（第 1 项）：在酒精或药物的影响导致难以正常驾驶的状态下驾驶汽车，致使他人伤亡的行为。这里的酒精指的是酒类，但不一定用作饮料，含有酒精成分即可。[⑤] 所谓药物，是酒精以外能够 57
通过药理作用对人的精神或者身体能力产生影响的物品。不限于毒品、

---

① 大谷，总论，108 页。另外，中森，29 页。

② 大谷，总论，199 页。

③ 最判昭 26、9、20 刑集 5、10、1937。另外，井上宏等：《修正刑法一部分的法律的解说》，《法曹时报》，5 卷 4 号（2002），43 页。

④ 最判昭 26、9、20 刑集 5、10、1937。井上宏：《关于对驾驶汽车致人死伤犯罪行为的处罚规定等的整理》，《法学家》，1216 号，39 页。另外，西田，54 页。

⑤ 东京高八王子支判平 14、10、29 判例泰晤士报 1118、299。

兴奋剂、鸦片等管制药物，还包括管制外的危险药品、安眠药等医药品、信那水、结合型药物等。[1]

所谓“难以正常驾驶的状态”，是指难以应对道路或者交通状态等的身心状态，例如，现实中难以进行刹车等驾驶操作的身心状态，也包括疾病或疲劳过度等因素导致难以正常驾驶的身心状态。《道路交通法》中的酒后驾驶罪（第 65 条）所说的“酒后”状态是不充分的，必须是因为酩酊大醉等的影响，在现实中难以注视前方、操纵方向盘和刹车等的身心状态。

本罪的故意，必须认识到因为喝酒等的影响，处于“难以正常驾驶的状态”。但是，即使觉得“自己没问题”而驾驶汽车，也不能否定故意。例如，认识到诸如“脚站不稳”或者“意识朦胧”等反映正常驾驶有困难的基础事实就足够了。因此，由于酒精等的影响，一瞬间没能及时刹车而引起事故的情况不包括在内。[2]

b）高速危险驾驶（第 2 项）：在难以控制行驶的高速下驾驶汽车，致使他人死伤的行为。“所谓难以控制行驶的高速”，是指难以根据道路状况行驶的高速度，以方向盘或刹车操作稍有不慎就会引发事故的速度行驶。例如，在结冰状态的道路上高速行驶，使得无法刹车，导致伤亡事故就属于这种情况。

本罪的故意，不必认识到道路情况使高速驾驶的汽车变得控制困
58 难[3]，但是，必须对车身摇晃和方向盘难以操作等表征难以控制汽车的
基础事实有认识。

c）生疏危险驾驶（第 3 项）：不具备控制汽车的技能而驾驶汽车，致使他人伤亡的行为。“不具备控制汽车的技能”是指不具备控制方向盘、刹车、油门等基本的汽车操作技能。没有驾照的情况较多，但是，即使无驾照也有可能拥有控制汽车的技能。相反，即使持有驾照，但长年不开车的挂牌司机也有可能“不具备控制汽车的技能”。本罪也是故

① 东京高判平 27、3、231LEX/DB25506206。
② 西田，56 页；高桥，78 页。
③ 函馆地判平 14、9、17 判例时报 1818、176。

意犯，必须对“没有驾驶过”“没有控制汽车的技能”等表征不能熟练控制汽车的事实有认识。

d）妨害通行危险驾驶（第 4 项）。本罪是目的犯，为了成立本罪，第一，必须有积极妨碍对方自由且安全通行的目的。放任的目的是不够的。[①] 第二，必须“进入行驶中的汽车前方”。具体来说，就是实施强行超车、横插、逼车、驶向对向车道等行为。第三，要以可造成严重交通危险的速度驾驶汽车。

所谓“可造成严重交通危险的速度”，是指一般认为妨碍行为，与对方接触后会产生重大伤亡事故的速度。时速 20 千米～30 千米通常被理解为这种速度。[②] 因此，即使进行逼车等妨碍行为，如果是以不会引发严重事故的速度驾驶，则不构成本罪。本罪也是故意犯，所以必须对“可造成严重交通危险的速度”有认识，但实际上只要对速度有认识就足够了，比如“行驶速度是××千米”。

e）无视红灯信号驾驶（第 5 项）：故意无视红灯信号或者与红灯相当的信号，并以可造成严重交通危险的速度驾驶汽车，致使他人死伤的行为。[③] 所谓“红灯信号”，是指公安委员会根据法令设置的信号机器显示的红色灯光信号。所谓“与红灯相当的信号”，是指警察的手信号 59
等其他信号（《道路交通法》第 6 条第 1 款）。

所谓“故意无视”，是指“完全没有遵从红灯信号的意愿”[④]。在一开始就不把信号灯的指示放在心上，从而没注意到是红灯以及在信号变化的时候只是对红灯信号有未必认识的场合，不是“故意无视”。另外，还必须有以“可造成严重交通危险的速度”驾驶汽车的行为。

f）在禁止通行的道路中行驶（第 6 项）：在禁止通行的道路上行驶，并以可造成严重交通危险的速度驾驶汽车，致使他人死伤的行为。所谓“禁止通行的道路”，是指根据道路交通标志和路面标识等禁止汽

---

① 高桥，80 页。

② 最决平 18、3、14 刑集 60、3、363。

③ 大阪高判平 15、8、21 判例泰晤士报 1143、300。

④ 最决平 20、10、16 刑集 62、9、2797。

车通行的道路。

3）与其他犯罪的关系。

本罪是结果加重犯，其基本行为是故意犯，因此，在本罪成立时不成立过失驾驶致死伤罪。另外，强行挤入行驶中的汽车前方等行为可被认定为有暴力或者伤害的故意，但是，危险驾驶致死罪是伤害罪或者伤害致死罪的特别类型，因此，本罪成立的时候，不再成立伤害罪和伤害致死罪。[①] 在危险驾驶行为同时符合第 1 项到第 6 项行为类型的场合，包括性地成立一罪。

（2）准危险驾驶致死伤罪（《驾驶汽车致死伤处罚法》第 3 条）。

受到酒精或者药物的影响，在可能妨害行驶中的车辆正常驾驶的状态下驾驶汽车，又由于该酒精或者药物的影响陷入难以正常的状态，致人伤害的，处 12 年以下有期徒刑，致人死亡的，处 15 年有期徒刑（第 1 款）。

受到行政法令规定可能妨害汽车驾驶的疾病影响，在可能发生妨害
60 行驶中的车辆正常驾驶的状态下驾驶汽车，又由于该疾病的影响陷入难以正常驾驶的状态，致使他人死伤的，依照前款处罚（第 2 款）。

1）意义。本条规定的行为是第 2 条规定的危险驾驶致死伤罪以外，情节恶劣和高度危险的驾驶行为，也就是说，在对正常驾驶有妨害的状态下驾驶汽车，在现实中"陷入难以正常驾驶的状态"，结果致使他人死伤，对这种场合作为危险驾驶行为准用第 2 条规定的犯罪予以处罚。

2）第 1 款的危险驾驶行为：受到酒精或者药物的影响，在可能妨害行驶中的车辆正常驾驶的状态下驾驶汽车，又由于该酒精或者药物的影响陷入难以正常的状态，致人伤害的行为。所谓"可能妨害正常驾驶"，不是指处在难以正常驾驶的状态，而是处在驾驶汽车所必要的注意力、判断力、操作能力在相当程度上有所减弱的状态。在此状态下驾驶汽车，在现实中因为处于"难以正常驾驶的状态"而致使他人死伤，成立本罪。作为本罪的故意，认识到"可能妨害行驶中的车辆正常驾

---

① 中森，32 页；西田，55 页；山口，57 页；井上，42 页。

驶”就足够了。

3）第 2 款的危险驾驶行为：受到行政法令规定可能妨害汽车驾驶的疾病影响，在可能发生妨害行驶中的车辆正常驾驶的状态下驾驶汽车，又由于该疾病的影响陷入难以正常驾驶的状态，致使他人死伤的行为。作为对象的疾病，有感觉统合失调症、癫痫、复发性晕厥等。本罪的故意也是要求认识到有可能妨害行驶中的车辆正常驾驶即可。

（3）过失驾驶致死伤逃避发现酒精等影响罪（《驾驶汽车致死伤处罚法》第 4 条）。

受到酒精或药物的影响，在车辆行驶中可能妨害正常驾驶的状态下驾驶汽车的行为人，驾驶上缺少必要的注意，致使他人死伤的情况下，以其驾驶时酒精或药物影响的有无以及程度不被发现为目的，再次摄入酒精或药物，或者离开现场使其身体内的酒精或者药物的浓度降低，以及实施其他使上述影响的有无以及程度免于发现的行为的，处 12 年以下有期徒刑。

1）意义。本罪的行为是受到酒精或者药物的影响实施符合危险驾
驶致死伤罪构成要件的行为之人，因过失引起死伤事故而逃走，导致酒 61
精等影响的有无与程度的举证变得困难，最终，对行为人按照过失驾驶
致死伤罪和《道路交通法》规定的违反救助义务罪数罪并罚，处以较轻
的刑罚。不允许这种“有利于逃避处罚”的情形是本罪设立的宗旨。

2）作为前提的行为。本罪的成立必须触犯两个犯罪行为，亦即，a）受到酒精或者药物的影响在可能妨害行驶中的车辆正常驾驶的状态下驾驶汽车的行为，以及 b）驾驶上缺乏必要的注意，致使他人死伤的行为。在实施这些行为之后，还要实施免于发现行为，也就是说 c）酒精等的“影响免于发现的行为”。这些行为结合为一罪，从而成立结合犯。关于行为 a）必须有故意；关于行为 b）必须在驾驶上缺乏必要的注意。

3）影响免于发现的行为。本罪的行为本体是妨害酒精或者药物对事故的影响的确定的行为，即“免于发现的行为”。其典型例子是“再次摄入酒精或者药物”，以及“离开现场使身体内含有的酒精或药物浓

度降低”。“摄入”酒精等的场合在摄入时成立本罪，但是，在“浓度降低”的场合，则必须在经过一段时间后身体内的酒精等浓度才发生变化，因此，在使酒精等浓度的降低等情形下，必须经过一段时间才能成立，如酒精检查结果发生变化等。

本罪的成立，必须在实施免于发现的行为的时候认识到致使他人死伤的结果；另外，必须有使酒精等的影响免于发现的目的。

4）与其他犯罪的关系。在实施关于致人死伤事件的免于发现的行为，同时构成危险驾驶致死伤罪或者准危险驾驶致死伤罪的情况下，这些罪与本罪的关系就会成为问题，但是，本罪原本为上述两罪的补充性罪名，所以上述两罪的行为与免于发现行为是吸收关系，只成立
62 本罪。[1]

（4）过失驾驶致死伤罪。

在驾驶汽车时缺乏必要注意，致使他人死伤的，处7年以下有期徒刑、监禁，或100万日元以下罚金。但是，其伤害较轻的，可以酌情免于处罚（《驾驶汽车致死伤处罚法》第5条）。

1）意义。本罪是将《刑法》第211条第2款规定的驾驶汽车致死伤罪作为“过失驾驶致死伤罪”，转移规定在《驾驶汽车致死伤处罚法》之中。在业务过失行为属于驾驶汽车致人伤亡的情况下，加重处罚。为了回应对情节恶劣、有严重危险的交通犯罪加以重罚的需求，作为业务过失致死伤罪的加重类型而增设本罪。

2）汽车驾驶上的注意。所谓“汽车驾驶”，是指汽车驾驶员操控油门、刹车等各种汽车装置，使汽车启动、停止的行为。从启动到停止，都不必在道路上。有判例认为，在道路上停车的行为也是驾驶，但是，停车后为了下车而开门的行为不是驾驶。[2] 所谓“驾驶上的注意”，是指在各种汽车装置的操作上所必要的注意义务，基本上以《道路交通法》等行政法规的禁止性规定为根据，但是，主要是指汽车驾驶员在开

① 西田，63页；前田，12页。

② 东京高判平25、6、11判例时报2214、1279。

车时所必要的客观注意义务。

> **下车时驾驶员的注意义务**　最高法院 1993 年 10 月 12 日判决（刑集第 8 号第 48 页）认为："驾驶员负有在亲自通过后视镜等确认后方安全的基础上指示开门等注意义务，不许让乘客代为进行安全确认"。

3）致人死伤的结果。缺乏驾驶上必要的注意，致使他人死伤的，成立本罪，处"7 年以下有期徒刑、监禁或者 100 万日元以下的罚金"。但是，在过失驾驶致人死伤的场合，如果"伤害较轻"，"根据具体情况可以免除刑罚"。关于这个"免除刑罚"的"但书"，"原本应作为暂缓起诉处理"①，因此，也有观点认为不必对此作专门的规定，但是，关于这种情况的调查处理，从将实体法的明确性作为基本指导原则的角度 63
来看，我认为是有意义的。②

（5）无证驾驶的加重处罚（6 条）。

实施第 2 条（第 3 项的规定除外）规定的犯罪行为（限于致使他人受伤的情形），行为时无证驾驶的，处 6 个月以上有期徒刑（第 1 款）。

实施第 3 条规定的犯罪行为，行为时无证驾驶，致使他人受伤的，处 15 年以下有期徒刑；致使他人死亡的，处 6 个月以上有期徒刑（第 2 款）。

实施第 4 条规定的犯罪行为，行为时无证驾驶的，处 15 年以下有期徒刑。

实施前一条文规定的犯罪行为，行为时无证驾驶的，处 10 年以下有期徒刑（第 4 款）。

1）意义。本条规定，实施《驾驶汽车致死伤处罚法》第 2 条到第 5 条规定的犯罪行为时无证驾驶的，处以比该罪与无证驾驶罪数罪并罚时更为严厉的法定刑。加重法定刑的根据，包括（a）从无证驾驶和危险现实化的角度理解的观点③；（b）从责任谴责程度提高的角度理解的

---

① 中森，35 页。

② 井上宏等，《法曹时报》，54 卷 4 号，75 页；山口，70 页。

③ 高桥，87 页。

观点①，但是，应将没有驾驶证导致驾驶危险这样的恶劣情节作为加重处罚的根据，因此，第一种观点是妥当的。

2）适用。适用本条款，必须在实施以下犯罪行为时没有驾驶证：危险驾驶致死伤罪（第3项的规定除外）、准危险驾驶致死伤罪、过失驾驶致死伤逃避发现酒精等影响罪、过失驾驶致死伤罪。在这些行为以外的场合即使无证驾驶，也不能成为本罪的加重对象。另外，本罪的成立以有无证驾驶的故意为必要。例如，在忘记更换驾驶证，却因为以为携带了正规的驾驶证的错觉而驾驶汽车的场合，不构成本罪。

第五节 堕胎犯罪

一、概说

1. 意义

64 堕胎犯罪，是不按自然的分娩时间，人为地将胎儿从母体中提前生出、分离的行为。

（1）保护法益。《刑法》对堕胎行为，规定有1）堕胎罪（第212条），2）同意堕胎罪（第213条前段），3）同意堕胎致死伤罪（第213条后段），4）业务堕胎罪（第214条前段），5）业务堕胎致死伤罪（第214条后段），6）不同意堕胎罪（第215条第1款），7）不同意堕胎未遂罪（第215条第2款），8）不同意堕胎致死伤罪（第216条）。由于现行《刑法》规定，对堕胎犯罪在发生使母亲死伤结果的场合，作为结果加重犯从重处罚（第213条后段、第214条后段、第216条），因此，堕胎犯罪的保护法益，首先是胎儿的生命安全、身体健康，其次是母亲的生命安全、身体健康（通说）。少数说中，有的认为堕胎犯罪的保护法益1）是胎儿的生命安全、身体健康②，有的认为2）是胎儿的生命

① 山中，80页。
② 木村，32页；香川，394页。

安全和母亲的健康。[①] 1）说以对于实施堕胎的母亲，根据情况，只要适用杀人罪、伤害罪处理就足够为根据。但是，这种见解的不足在于：不仅没有看到刑法对堕胎罪从轻处罚（的一面），而且也没有看到刑法对同意堕胎致死伤罪之类的造成孕妇死伤的犯罪重处的一面。2）说的问题在于，母亲的死亡作为加重要件，与《刑法》第213条后段等的规定不符。

（2）具体危险犯。堕胎犯罪自身并不以对胎儿或母亲的生命、身体造成侵害为要件，因此，本罪是对生命、身体的危险犯。[②] 在和自然分娩没有什么区别，胎儿被排出之后，对母亲的生命、身体没有任何影响的人工生产的场合，该行为对胎儿、母亲的安全都没有什么危险，所以，即便是人工生产，也不包含在堕胎之内。简而言之，本罪是具体危险犯。[③]

2. 排除违法性事由

堕胎，特别是同意堕胎的自由化，近年来，在欧美以个人尊严或自我决定权为根据，有了进一步的展开。但我国在这一方面的发展更为迅速，几近成为“堕胎天国”。 65

（1）《母体保护法》和堕胎的放开。在我国，根据《母体保护法》，在1）由于身体或经济上的理由，继续怀孕或分娩，明显会影响母亲的身体健康的时候，2）在由于暴力、胁迫，或者难以抵抗或拒绝而被奸淫，从而怀孕，要求堕胎的时候，都属于法令上的排除违法事由（《母体保护法》第14条第1款），因此，堕胎罪、同意堕胎罪被大幅度放开。只有在未被《母体保护法》所认可的场合，才存在堕胎犯罪的问题。所以，作为本罪处理的判例，现在几乎没有。

（2）人工流产。人工流产行为，第一，根据《母体保护法》的规定，在法令上不具有违法性。该法将人工流产定义为：“在胎儿离开母

---

① 江家，210页；齐藤，202页。

② 大判明42、10、19刑录15、1420。反对，平野，161页；西田，22页；山口，20页（作为侵害犯）。

③ 团藤，446页；板仓，注释（5），193页；小暮等（町野），60页；中森，30页；前田，94页。另外，大塚，49页。

体之后不能延续其生命的时期（通常是妊娠未满22周——1991年1月劳动事务次官通知），将胎儿及其附属物排出母体之外的行为”（《母体保护法》第2条第2款）。手术只能由医师协会指定的医生进行。医生在征得本人及其配偶的同意——不知道配偶，或者配偶不能作出意思表示的时候，或者怀孕后，配偶死亡的时候，只需本人同意——之后，判断是否符合《母体保护法》第14条第1款规定的条件，然后实施手术。只要符合上述条件，医生的业务堕胎行为就不具有违法性。第二，即便不符合《母体保护法》所规定的条件，也可以根据紧急避险[①]，或作为具有社会相当性的行为，根据《刑法》第35条的规定，排除人工流产的违法性。[②]

> **社会、经济条件**　由于身体或者经济上的原因，继续怀孕或者分娩，对母亲的健康明显地具有危害之虞的，可以说符合上述人工流产的条件。这里所说的经济理由，不单单指贫困，它还必须可能对母亲的健康造成影响（医疗性堕胎），其判断由担当手术的医生进行，但医生并没有调查、确认“经济理由”是否危害孕妇身体健康的义务，因此，实际上，只要孕妇本人提出申请就可以实施人工
> 66 流产手术。这样，人工流产现在基本上处于自由状态。

二、堕胎的基本概念

1. 对象

本罪的对象是怀孕的女子（孕妇）以及胎儿。所谓胎儿，就是受精之后（受精卵在子宫着床结束）到成长为刑法中的“人”为止这一期间的生命。怀孕时间的长短，在所不问。[③] 体外受精卵、胚胎不是胎儿[④]，但是，在母体之外成长为能够维持其生命的胎儿也是堕胎罪的对象。因此，在母体之内杀死临近出生的胎儿的行为，是堕胎罪。由于要求具有

---

① 大判大10、5、7刑录27、257。

② 团藤，442页；大塚，51页。反对，泷川，53页；泷川、竹内，46页。

③ 大判昭2、6、17刑集6、208，大判昭7、2、1刑集11、15。

④ 团藤，448页；小暮等（町野），59页；中森，31页；西田，19页。

生命，所以，死胎不是胎儿。但是，只要对活着的胎儿实施了堕胎行为，即便有分娩行为，也构成堕胎罪。①

2. 行为

本罪的行为是堕胎。

（1）堕胎的意义。有判例认为，所谓堕胎是在自然的分娩时期来临以前，人为地将胎儿从母体中分离、排出的行为。② 但是，按照这种见解，就会得出自然的分娩行为开始以后，对胎儿实施攻击、杀害的行为，既不是堕胎也不是杀人的结论。因此，所谓堕胎，就是攻击胎儿，使其在出生之前或出生之后死亡，或者对胎儿或母亲实施具体的危险方法，人为地将胎儿从母体中分离或排出的行为。堕胎的结果，并不一定要求胎儿死亡。③

本罪的保护法益，第一是胎儿的生命、身体安全，所以，将胎儿杀死在母体之内的行为也包括在内；但是，流产以及将已经死亡的胎儿排出体外的行为不是堕胎。同时，尽管到了自然分娩的时期，但在胎儿达到部分露出状态之前，人为地将其排出体外，而对胎儿的生命、身体造成伤害的场合，也是堕胎。④ 对于堕胎所使用的方法、药物、器具等没有特别的限制。 67

（2）侵害犯还是危险犯。在将胎儿杀死在母体之内，并将胎儿排出母体之外的时候，堕胎行为就告完成，达到既遂（通说）。按照主张本罪是侵害犯的观点⑤，在胎儿死亡时达到既遂。由于堕胎而将胎儿排出体外，在胎儿处于能够存活的状态时将其杀死，判例认为这种情况构成堕胎罪和杀人罪，要实行数罪并罚。⑥ 通说也支持这一见解。但是，由于该堕胎行为和结果之间具有一般性关系，因此，应该认定为牵连

① 大判大 6、1、26 新闻 1230、29。
② 大判明 42、10、19 刑录 15、1420。
③ 前引大判昭 2、6、17。
④ 木村，33 页。
⑤ 平野，161 页；西田，23 页；山口，20 页。
⑥ 大判大 11、11、28 刑集 1、705。

犯。[①] 在出于在母体之外杀死胎儿的意思而堕胎，之后将其杀死的场合，也应看作牵连犯。

实施了堕胎行为但没有产生堕胎结果的时候，除处罚未遂犯的场合之外，不予处罚。没有怀孕但是误以为已经怀孕而实施了堕胎行为的，是对象不能犯的问题。这种情况只要能够称得上是堕胎的实行行为，就是堕胎罪的未遂。不知道胎儿已经死亡，但是仍然实施了堕胎手术的，也这样处理。[②]

> **“生存可能性”和杀人** 在堕胎或者人工流产所产下的胎儿具有生命的场合，该如何处理？在可以生存的场合，只要胎儿已经娩出，就当然具有作为人加以保护的价值。此时，如果将该胎儿杀害，不管是采用作为还是不作为的方式，都成立杀人罪。这一点已经被认可。问题是，胎儿在出生后虽有独立呼吸的生命机能，但不可能存活的场合。在这种场合，只要新生儿具有生命机能，即便死亡迫在眉睫，但由于其是人，所以，其仍然是杀人罪的保护对象。[③] 虽然有人认为，不可能存活的人不值得作为人进行保护[④]，但是，果如此的话，则会得出结论，生命晚期的患者都不值得作为人进行保护。另外，在以不作为的方式遗弃活着的“胎儿”致使其死亡的场合，由于难以认定作为义务，所以，只能将积极杀害的场合认定为杀人罪。

3. 故意

68 本罪是故意犯，所以，必须认识到杀害母体内的胎儿，或者在自然分娩以前将胎儿排出母体之外的事实。杀死或伤害孕妇而造成堕胎结果的，就是杀人罪或伤害罪和堕胎罪的观念竞合。孕妇在具有上述认识和预见的时候自杀，致胎儿死亡，但本人并没有死亡的，构成堕

① 小野，187页；福田，162页；大塚，54页。另外，中森，40页（堕胎被杀人所吸收）。

② 大判昭2、6、17刑集6、208。

③ 最决昭63、1、9刑集42、1、1；大谷实：《批判》，《判例泰晤士报》，670号，60页；原田国男：《批判》，《法曹时报》，41卷4号，1286页。

④ 平野龙一：《犯罪论的诸问题》（下）（1982）；西田，23页；林，36页；山口，29页。

胎罪。

三、堕胎罪

怀孕妇女使用药物或者采用其他方法堕胎的，处 1 年以下有期徒刑（《刑法》第 212 条）。

1. 主体

本罪的主体是怀孕妇女即孕妇（身份犯）。堕胎犯罪的各个犯罪之中，堕胎罪是基本犯罪，业务堕胎罪是同意堕胎罪的加重类型，因此，本罪的共犯，适用《刑法》第 65 条第 2 款的规定。[1] 本罪的形态有：（1）妇女自己单独实施堕胎行为的场合，（2）让他人为自己堕胎的场合，（3）与他人共同实施堕胎的场合。无论哪种情况都是堕胎。换句话说，“采用其他方法堕胎”，包括让他人为自己实施堕胎的场合和与他人共同实施堕胎的场合。虽然这些行为是一种自伤行为，但由于本罪的保护法益完全是胎儿的生命，所以，上述行为也值得处罚。

2. 共犯关系

在同意堕胎罪以及业务堕胎罪中，怀孕妇女同意的场合，就作为单独犯适用本罪，而不成为同意堕胎罪和业务堕胎罪的教唆、帮助犯。[2] 有见解认为，在让他人为自己堕胎的场合，成立同意堕胎罪或业务堕胎罪的教唆犯[3]，但根据《刑法》第 65 条第 2 款的规定，应当科处本罪的刑罚。可是，成立同意堕胎罪或业务堕胎罪以孕妇的同意为成立条件，因此，将孕妇的同意作为堕胎罪的教唆、帮助行为而对其进行处罚，这并不妥当。判例认为：在孕妇和其他人共同实施堕胎手术的场
合，成立共同实行犯。在这种场合，对孕妇本人适用本罪，对其他人则 69
适用同意堕胎罪的规定。[4] 但是，即便在这种场合下，孕妇也只是采用了“其他方法”堕胎而已，故完全没有必要将其作为共同实行犯，适用

[1] 袖珍，486 页。

[2] 团藤，449 页；大塚，54 页；中森，37 页；高桥，23 页。

[3] 西田，21 页。

[4] 大判大 8、2、27 刑录 25、261。

《刑法》第60条的规定。

四、同意堕胎罪、同意堕胎致死伤罪

> 接受妇女嘱托，或者得到其承诺而为其堕胎的，处2年以下的有期徒刑。因而致使妇女死伤的，处3个月以上5年以下的有期徒刑（《刑法》第213条）。

1. 同意堕胎罪

所谓同意堕胎，就是接受妇女嘱托或者得到其承诺而为其实施堕胎手术。

（1）要件。所谓“妇女”是指怀孕的女性即孕妇。妇女的嘱托或者承诺必须是自愿的且是真实的。① 所谓“实施堕胎”，是指孕妇不自行实施堕胎手术，而是让其他人为其堕胎。本罪和业务堕胎罪之所以被称为“他人堕胎”，原因就在于此。受孕妇之托为其购买堕胎药物的行为，是堕胎罪的帮助犯，而不是同意堕胎罪。

（2）共犯关系。于教唆孕妇，在得到其承诺之后为其堕胎的场合，教唆堕胎行为就被实行行为所吸收，只成立本罪一罪。接受孕妇嘱托，或者得到其承诺者，自己不亲自为孕妇实施堕胎手术，而是委托别人替孕妇实施堕胎手术的场合，是同意堕胎罪的教唆犯。② 在接受孕妇嘱托的人为孕妇实施堕胎手术之际，由于孕妇身体发生异变，行为人借此机会请求医生实施紧急避险，将胎儿拿出的场合，由于行为人利用了医生的合法行为，因而构成本罪的间接实行犯。③ 接受孕妇请求，对实施堕胎手术者进行斡旋的，虽然成立堕胎罪的帮助犯和本罪的教唆犯，但是，前者被后者所吸收，只成立本罪的教唆犯一罪。

2. 同意堕胎致死伤罪

70 堕胎行为致孕妇死伤的时候，成立同意堕胎致死伤罪。本罪是同意

---

① 仙台高判昭36、10、24高刑集14、7、506。

② 中森，33页；西田，19页。

③ 大判大10、5、7刑录27、257。

堕胎罪的结果加重犯，因此，堕胎行为必须导致死伤结果发生，这是没有疑问的，但是，由于堕胎行为所通常伴随的创伤，已经包含在堕胎行为之中，所以，不是这里所谓的伤害。同意堕胎行为即便以未遂而告终，也成立本罪。[①] 堕胎行为伴随有对母亲的健康损害，该危险是和堕胎是否既遂无关的客观存在，因此，在堕胎未遂但仍然引起了孕妇死伤结果的时候，还是成立本罪。[②] 有力见解以同意堕胎罪的未遂不受处罚为根据，认为堕胎必须达到既遂状态[③]，但是堕胎行为，在性质上属于伤害行为，这一点必须注意。

五、业务堕胎罪、业务堕胎致死伤罪

> 医师、助产士、药剂师或者医药贩卖商接受妇女嘱托，或者得到其承诺而为其堕胎的，处 3 个月以上 5 年以下有期徒刑。致使妇女死伤的，处 6 个月以上 7 年以下有期徒刑（《刑法》第 214 条）。

（1）主体。本罪的主体是医师、助产士、药剂师或者医药贩卖商。本罪是根据身份而加重对同意堕胎罪的处罚的类型，将处于容易实施堕胎手术立场的从事特定业务的人进行类型化，从预防的角度出发，加重其法定刑。这里所说的医师包括牙科医生在内。所谓助产士，是以帮助分娩、帮助产妇或者新生儿为业的女性。本罪由于是根据从事特定职业而加重其刑的犯罪，因此，属于以同意堕胎罪为基本犯的加减身份犯（不真正身份犯）。

（2）共犯关系。上述人员在教唆孕妇同意堕胎之后，又教唆医师为其堕胎的场合，似乎构成堕胎罪的教唆犯，但是，上述教唆行为被业务堕胎罪的教唆犯所吸收，只成立业务堕胎罪一罪。但是，在教唆者不是上述业务人员的时候，按照《刑法》第 65 条第 2 款的规定，成立同意堕胎罪的教唆犯。在医师是指定医师的场合，适用《母体保护法》的有 71

① 大判大 13、4、28 新闻 2263、17。

② 前引大判大 13、4、28。袖珍，488 页。

③ 团藤，450 页；福田，162 页；大塚，55 页；内田，77 页；中森，38 页；山口，22 页；高桥，24 页。

关规定。另外，关于本罪的结果加重犯即业务堕胎致死伤罪的有关情况，请参照同意堕胎致死伤罪的有关内容。

六、不同意堕胎罪、不同意堕胎致死伤罪

> 未经妇女嘱托，或者未得到其承诺而为其堕胎的，处6个月以上7年以下有期徒刑（《刑法》第215条第1款）。
>
> 未遂犯，处罚之（同条第2款）。
>
> 致使妇女死亡的，和伤害犯罪相比较，依照刑罚较重的处理（《刑法》第216条）。

不同意堕胎罪是没有经过孕妇的同意而为其堕胎的犯罪。主体没有限制。所谓“未经妇女嘱托，或者未得到其承诺”，是指既没有被嘱托也没有得到承诺。另外，以杀害、伤害孕妇的方式实施本罪的话，就是杀人罪、伤害罪和本罪的观念竞合。

不同意堕胎致死伤罪，是不同意堕胎罪及其未遂罪的结果加重犯，和伤害罪相比较，依照刑罚较重的处理。因此，将不同意堕胎罪的法定刑（6个月以上7年以下有期徒刑）和伤害罪（15年以下有期徒刑或者50万日元以下的罚金、小额罚金）、伤害致死罪（3年以上有期徒刑）的法定刑相比较，分别以法定刑的上限和下限较重的犯罪处理：在致伤的场合，为6个月以上15年以下的有期徒刑（不同意堕胎罪的法定刑和伤害罪的法定刑），在致死的场合为3年以上20年以下的有期徒刑（伤害致死罪的法定刑）。

> **“和伤害罪相比较，依照刑罚较重的处理”的意义**　这种规定在《刑法》中有8处，但是其意义并不一定明确[①]，但既然是“按照较重的刑罚处理”，则应当是按照法定刑的上限和下限都比较重的一方处理。间接地表明这种意思的判例，是最高法院在1952年
> 72 4月14日的判决（刑集第7卷第4号第841页）。

① 大判明42、12、3刑录15、1722。判例认为，是指按照法定刑的上限较重的法条所规定的刑罚处理。

第六节 遗弃犯罪

一、概说

1. 意义

所谓遗弃犯罪，是指将面临生命危险，需要他人加以保护的人转移到危险场所的行为（移置），或者对其不为生存所必要的保护（不保护），而造成其生命危险的行为。《刑法》对于这种犯罪，规定有（1）单纯遗弃罪（第217条），（2）保护责任人遗弃罪（第218条），（3）遗弃等致死伤罪（第219条）。关于本罪的保护法益，有（1）是有关生命、身体的安全和社会一般习俗的见解①，（2）是生命安全和身体健康的见解（通说）②和（3）是生命安全的见解③之间的对立。

（2）说的主要根据是，本罪被规定在伤害犯罪之后。但是，如果将《刑法》第218条所规定的“不为其生存所必要的保护”理解为包括对身体健康的危险的话，则本罪的范围就几乎没有限制，所以，应当说，主张遗弃犯罪的保护法益是生命安全的（2）说妥当。因此，对于在精神上、经济上需要加以保护的人不为保护的，不是遗弃。另外，在法律上具有抚养义务的人不履行该义务的行为，也并不马上成立遗弃罪，必须不履行义务具有造成生命危险的性质。另外，遗弃尊亲属罪在1995年被删除。

2. 对象

遗弃犯罪的对象，是由于年老、年幼、身体残疾或者身患疾病而需要扶助的人即需要扶助者。所谓“需要扶助者”，是指没有他人的保护

① 大塚，58页。

② 大判大4、5、21刑录21、670（可能对生命、身体产生危险）。

③ 平野，163页；小暮等（町野），65页；西田，26页；林，39页；山口，31页；高桥，30页；松原，28页。

就不能或难以进行日常生活，难以避免所面临的生命危险的人。需要扶
73 助的状态，限于年老、年幼、身体残疾、身患疾病的场合。因此，即便是老人、幼儿，但不需要具体保护的时候，也不成为遗弃罪的对象。同时，本罪保护对象被限制性地列举出来了，所以，年老、年幼、身体残疾、身患疾病的人以外的人，即便处于需要保护的状态，也不是遗弃犯罪的保护对象。

这里所谓疾病，是指危害肉体、精神健康的状态。由于不考虑其原因，所以，即便是由于饮酒①、使用麻药、实施催眠术而丧失了正常意识的人，由于怀孕、饥饿、疲劳、负伤而使身体难以实施日常生活上的动作的人，也包括在内。另外，虽然《刑法》第218条只规定“年老、年幼、身体有残疾或有疾病”的要件，而没有规定“需要扶助”这一要件，但是，只要是遗弃犯罪，就当然应当和《刑法》第217条作同样的理解。

3. 遗弃的概念

所谓遗弃，从一般意义上来讲，就是“抛弃，放置不管”。

（1）刑法上的遗弃。在刑法学上，说到遗弃的时候，下列情况成为问题：1）将需要扶助者从其原来所在位置转移到对其生命有危险的其他场所（移置），2）将需要扶助者置于有生命危险的场所后离去（作为形式的放置不管）以及放任需要扶助者到有生命危险的场所（不作为形式的放置不管），3）阻止需要扶助者接近保护者（阻拦接近）。

（2）学说。关于遗弃，第一，通说、判例②将遗弃分为广、狭二义，认为《刑法》第217条规定的遗弃是狭义遗弃意义上的移置［1)］，广义的遗弃除包括移置以外，还包括将需要扶助者置于危险场所［2)、3)］，《刑法》第218条中的遗弃是广义的遗弃；第二，有的学者认为，《刑法》第217条规定的遗弃只包括移置［1)］以及阻拦接近［3)］，相反地，《刑法》第218条规定的遗弃，除包括上述情形之外，还包括不

---

① 最决昭43、11、7裁判集刑169、355。

② 最判昭34、7、24刑集13、8、1163。

作为形式的放置不管〔2)〕①；第三，有的学者认为，《刑法》第 217、
218 条中所规定的“遗弃”，都是移置〔1)〕②；第四，有的学者认为，
遗弃是使需要扶助者现在（历来的）的受保护状态恶化，对其生命、身 74
体产生新的危险。③ 众说纷纭。

首先，《刑法》第 218 条将遗弃和不保护分别加以规定，因此，认为遗弃中包含相当于不保护的不作为形式的遗弃的第一种学说是不妥当的。其次，《刑法》第 217 条和《刑法》第 218 条都只是规定了“遗弃”而已，因此，将二者分开把握的各种学说都是不妥当的。最后，批判意见认为，按照行为人和被遗弃者之间即便不产生场所上的隔离也能成为遗弃的第二种学说和第四种学说的见解的话，监禁、杀害需要保护者的行为也能成为遗弃，这是不当的。我认为，这种批判是妥当的。《刑法》第 218 条之所以将“遗弃”和不保护分别规定，是因为只将作为形式的遗弃即对被遗弃者具有生命危险的场所上的转移作为遗弃，而将这以外的伴随场所上的隔离的行为都算在不保护之内。这样理解，就能明确把握历来极为暧昧的《刑法》第 218 条中的作为和不作为的区别，以及遗弃和不保护之间的区别，同时，也可以对《刑法》第 217 条中的遗弃在上述意义上统一进行把握。

(3) 遗弃的意义。根据上述分析，所谓遗弃，就是将被遗弃者从现在的场所转移到对其生命有危险的其他场所的行为〔1)〕，而将需要扶助者置于有生命危险的场所后离去的行为，放任需要扶助者到有生命危险的场所去的不作为，阻拦需要扶助者接近保护者的行为，没有场所上的隔离但使生存状态恶化、产生危险的行为，都相当于不保护，只有负有保护责任的人的行为才能构成不保护罪。

(4) 抽象危险犯。成立遗弃，仅有将被遗弃者转移的行为还不够，还必须造成被遗弃者具有生命危险的状态，或者是具有增加这种危险的

---

① 福田，165 页；大塚，59 页；山口，34 页。

② 小暮等（町野），68 页；内田，88 页；西田，31 页；林，41 页。

③ 江家，215 页。另外，近年的有力学说认为，无论是第 217 条还是第 218 条中的“遗弃”，都包含移至其他地方放置不管。曾根，42 页；佐久间，60 页；高桥，34 页。

性质的行为。但是，由于法条上没有明确规定必须具有具体危险，所以，本罪是对生命的抽象危险犯。只是，遗弃在其犯罪性质上，必须是具有某种程度的危险的行为，因此，按照社会一般观念，在预料他人会
75 给予适当救助，被遗弃者可能不会具有生命危险的场合，就不构成本罪。

另外，与遗弃和不保护相关联的问题是被害人同意的有效性。有见解认为：违反公序良俗的同意以及威胁生命的同意是无效的。既然遗弃罪是侵害生命的危险犯，那么，在对威胁生命的遗弃的同意的场合也应做无效处理。

是具体危险犯还是抽象危险犯 大审院于1915年5月21日的判决认为："《刑法》第217条规定的犯罪，只要是遗弃需要扶助的年老者、年幼者、身体残疾者或者病人就马上成立，遗弃的结果是否现实地对生命、身体造成危险，在所不问。"① 同时，学说上，认为遗弃罪是具体危险犯的观点也很有力。② 但是，遗弃罪的构成要件中，并没有明确规定要发生危险，所以，认为遗弃罪是具体危险犯并没有法律上的根据。可是，即便将遗弃罪理解为抽象危险犯，在如母亲看见被自己扔掉的小孩被他人拾走之后离去，或者母亲将出生不久的婴儿放在医院的产房里离去的场合，一般来说，不认为其符合遗弃罪的构成要件。换句话说，本罪是必须具有某种程度的危险才能成立的准抽象危险犯。③

二、遗弃罪

遗弃因年老、年幼、身体有残疾或者有疾病而需要扶助的人的，处1年以下有期徒刑（《刑法》第217条）。

---

① 抽象危险犯说是通说。与之不同，团藤，452页；中山，85页；佐久间，58页，采用具体危险说。

② 团藤，452页；吉川，46页。

③ 山口厚：《危险犯研究》（1984），252页；山口，31页；川端，99页；大谷，总论，127页。另外，中森，42页。

1. 对象

本罪保护的对象是年老、年幼、身体有残疾或有疾病而需要扶助的人。“年老、年幼”的人是指老人、幼儿；“身体有残疾”的人是指身体器官不完全的人；“有疾病”的人除了指患有生理上的疾病的人之外，还包括患有精神病的人，以及患有其他广义的生理上、精神上的疾病的人。上述人中，只有“需要扶助的人”（需要扶助者）才能成为本罪保护的对象。这里所谓需要扶助者，是指不借助他人的帮助，就不能避免生命危险的人，即不能或难以作出日常生活中的举动的人。 76

2. 行为

本罪的行为是“遗弃”。所谓遗弃，是指将需要扶助者从原来的生活场所转移到有生命危险的其他场所。① 除将需要扶助者转移到危险场所的移置之外，还有一种有力见解认为，正如在看见视力不好的人走过来的时候，将其要通过的桥梁破坏之类的作为形式的放任不管行为，只要对生命、身体具有危险，就应看作遗弃。② 但是，前面已经说过，《刑法》第 218 条将不保护和遗弃作了区别规定，遗弃就是移置，所以，使用相同用语的本罪中的遗弃也应被看作移置，因此，不管是作为还是不作为，放置不管就是不保护，而不是本罪中的行为。

与作为形式的放置不管有关，阻止需要扶助者因为求救而意图进入自己的住宅的阻拦行为，由于不是行为人重新实施的、将需要扶助者的生命置于危险状态的行为，而是放置原来状态不管的行为，所以，难说是产生生命危险的类型性行为。③ 另外，自家门口的行人由于重病倒在地上，如果将该病人转移到危险的道路上的话，就是遗弃。但是如果仅仅是放任不管的话，就只是构成《轻犯罪法》第 1 条第 18 项规定的犯罪。

3. 故意

遗弃罪是故意犯，必须有遗弃的故意，因此，必须认识到作为遗弃

---

① 大判明 45、7、16 刑录 18、1083（将被解雇的人赶出去）。

② 木村，46 页；大塚，58 页。反对，小野，190 页；泷川，61 页。

③ 反对，木村，46 页。

对象的老年人、幼儿、残疾人或者病人等需要扶助者以及遗弃行为。另外，关于认识到自己的遗弃行为会危及他人生命的必要性，有肯定说和否定说之争。否定说认为，遗弃罪是抽象危险犯，因而只需要认识到符合构成要件的事实即可，不用认识到发生抽象危险。[①] 肯定说则认为，
77 必须认识到某种程度的具体危险。[②] 我认为，遗弃罪是准抽象危险犯，即使认识到符合构成要件的事实，在完全认识不到对生命的危险的场合，也不能认定本罪。但是，不必认识到具体危险的发生。例如，必须认识到“烂醉后洗澡的妻子可能在洗澡时睡着了”这种程度的对生命的抽象危险发生，是认识到将需要扶助者从原来的场所转移到有生命危险的其他场所，而实施该行为的意思。没有转移到危险场所的认识，就难说具有故意。

三、保护责任人遗弃罪、不保护罪

> 对年老、年幼、身体有残疾或有疾病的人具有保护责任而将上述人员遗弃，或者不为其生存所必要的保护的，处3个月以上5年以下的有期徒刑（《刑法》第218条）。

1. 意义

本罪是由于行为人具有保护责任，所以比遗弃罪处刑要重的场合（不真正身份犯），所以只有保护责任人（保护者）才能触犯本罪。法律为了保护需要扶助者的生命安全，对于处于能够支配需要扶助者的生命的立场的人即保护责任人，特别赋予保护需要扶助者的义务，违反该种义务而遗弃他人的，根据科处较重的责任谴责的宗旨，加重其法定刑。有观点认为，保护责任是一种作为义务，属于违法要素。[③] 但是，从将需要扶助者移至危险的场所这一点来看，本罪与单纯的遗弃行为是一样的，保护责任人受到加重处罚，完全取决于责任程度，因此，将保护责

---

① 大阪高判昭53、3、14判例泰晤士报396、150。

② 东京高判昭60、12、10判例时报1201、148。团藤，注释（5）［大塚］，214页；前田，107页。另外，高桥，37页。

③ 内田，92页；中森，45页；井田，97页。

任作为责任要素来理解是妥当的。① 另外，对于保护责任人，在不为对需要扶助者的生存而言所必要的保护这一不作为，也予以处罚。这种犯罪就是特殊的不保护罪。

不保护罪，以违反保护义务的不作为为构成要件行为，是真正不作 78
为犯，同时，也是只有具有保护责任的人才能成立的犯罪，所以，是真正的身份犯。

2. 主体

对于年老、年幼、身体有残疾或有疾病的人具有保护责任的人即保护责任人是本罪的主体。所谓保护责任人，是对年老、年幼、身体有残疾或有疾病的人即需要扶助者的生命安全具有应当保护的法律义务的人。但是，这一义务和成立不真正不作为犯的杀人罪中所必要的保护义务不同。关于什么场合下具有保护义务，刑法上没有明确规定，但是，在社会一般观念上，当被委托防止危险，处于能够支配需要扶助者的生命安全的地位的时候，应当说，该人就具有保护义务。保护义务的根据，是法令、合同、无因管理以及习惯、道理。

(1) 法令。所谓基于法令的保护义务，有基于民法上的亲权者的监护义务（《民法》第 820 条）、亲属的抚养义务（《民法》第 877 条及以下）等私法上的保护义务，《警察官职务执行法》中的警察官的保护义务（第 3 条）、《精神保健福利法》中的保护义务等公法上的保护义务（第 20 条）。但是，保护义务是防止需要扶助者的生命、身体遭受危险的现实义务，所以，法令上的义务并不马上成为保护责任的根据。例如，即便是在民法上处于优先顺位的扶养义务人，当在后顺位的扶养义务人实际看护老人等需要扶助者的时候，该后顺位的人就具有保护责任。②

(2) 合同。如根据合同，开始看护卧床不起的老人的人，不为该看护的场合，成立本罪。以保护或看护为内容的合同具有多种形态，如在

① 曾根，45 页；林，42 页。另外，山口，37 页。

② 大判大 7、3、23 刑录 24、235。

按照雇佣合同而住在一起的场合，当被雇佣的人处于要保护状态的时候，有时候，对其进行保护的内容就暗含在合同之中。[①] 即便违反了合同上的义务，但其他人保护了需要扶助者的时候，合同签订者也没有保护责任。

（3）无因管理。民法上的无因管理者也具有保护责任。所谓无因管

79 理，是“没有义务但为了他人利益而开始管理其事务”（《民法》第697条）的场合。如在将病人接到自己家里看护的场合，该照料病人的人即使没有看护义务，但在看护病人所必要的限度内，具有看护义务。[②]

（4）习惯、道理。所谓习惯上的保护义务，是如雇主在雇员生病的时候，习惯上就有适当看护的义务的情况。[③] 道理上的保护义务，是以法律精神为基础的合理判断推导出来的义务，也就是以诚实信用、公序良俗为基础推导出来的义务，如在实施业务堕胎的医生在生出的胎儿仍然活着的时候放置不管，使其死去的场合[④]，在旅馆的一间房子里给少女注射兴奋剂，使其神经错乱之后而放置不管的场合[⑤]，都是以先行行为为道理上的根据，对行为人科处保护责任的。

交通事故中的保护义务　《道路交通法》第72条规定，交通肇事致人受伤的驾驶人员具有救护伤者的义务，违反者处5年以下有期徒刑或者50万日元以下罚金。因此，在肇事后逃逸的场合，驾驶员认识到造成他人受伤而逃走的，就成立违反救护义务罪。此时，如果驾驶员对自己的过失所造成的伤者需要进行保护有认识，但是没有实施任何保护措施径直离去，这种行为是否成立不保护罪，需要研究。问题在于，在上述情况下，行为人是不是具有保护责任。如果说自己过失实施的先行行为自身就成为保护责任的根据的话，当然就构成本罪。但是，如果根据“重要的是在具体情况

① 大判大8、8、30刑录25、963。

② 大判大15、9、28刑集5、387。

③ 前引大判大8、8、30。

④ 最决昭63、1、19刑集42、1、1，东京高判平23、4、18 LEX/DB 25472521；奥村，百选Ⅱ（第7版），20页。

⑤ 最决平元、12、15刑集43、13、879。

> 下，被害人的生命、身体的危险（安全）是否受制于驾驶员，就很难说，驾驶员马上具有保护责任”。判例中，也没有将这种肇事后逃逸的情况直接作为本罪处理。

相反地，在行为人已经开始救护伤员，如为了送到医院而将伤员搬上车，途中将伤员抛弃的场合，由于行为人接受了需要保护者，形成了将他人置于自己支配之下的保护状态，所以，可以确认以无因管理为根据的保护关系，这时候，可以成立保护责任人遗弃罪。[①] 另外，害怕从车上跳下、身负重伤的人被人发现，便将其挪到离路边3米远的烟叶田里之后离去的事件，也被认定为保护责任人遗弃罪（东京高判1970年5月11日高刑集第23卷第2号第368页）。在这种场合，由于行为人处于能够支配被害人生命的立场，所以，判决是妥当的。 80

3. 对象

本罪保护的对象是年老、年幼、身体有残疾或有疾病的人。虽然本条同《刑法》第217条规定的方法不一样，在用语和表现上有所不同，但是和单纯遗弃罪保护的对象是一样的。另外，尽管《刑法》第218条中没有出现“需要扶助的人”这一用语，但是，作为保护的对象，它当然是被预定的构成要件要素。

4. 行为

本罪的行为也是遗弃。所谓遗弃，是指将被遗弃者从原来的位置转移到其他有生命危险的场所。因此，（1）不转移被遗弃者所在位置，行为人自己离去的场合，（2）行为人阻拦他人接近被遗弃者的场合，（3）不消除行为人和被遗弃者之间的隔离的场合，（4）放任被遗弃者自由离去的场合，都不是本罪中所说的遗弃，而是不保护。

本条是以行为人具有保护责任为前提的规定，因此，和遗弃罪不同，除积极恶化被保护者的环境，将其转移到不良保护环境的场合以外，“不为生存所必要的保护”，即虽然不做场所上的转移，但也不为需要扶助者在日常生活中所必要的帮助、保护的，也成立本罪。作为真正

① 最判昭34、7、24刑集13、8、1163；川本，判例讲义Ⅱ，9页。

的不作为犯，保护责任人遗弃罪属于不保护罪或者保护义务懈怠罪。关于什么是生存所必要的保护，应当考虑要保护的原因、程度等，进行具体、个别的判断。

> **未为生存所必要的保护的判例** （1）将和自己同居数日的对方所带来的孩子放置不管①，（2）将由于打架而负重伤的同事放置不管②，（3）将由于被注射兴奋剂而神经错乱的少女放置不管③，（4）将由于人工流产而不足月出生的婴儿放置不管。④

5. 故意

81 本罪的故意，除前述遗弃罪中所述的以外，行为人还必须认识到自己和需要保护者之间存在作为保护责任基础的事实。对这种事实认识有错误的时候，按照《刑法》第38条第2款的规定，成立较轻的遗弃罪。

6. 共犯

本罪是身份犯，遗弃罪是不真正身份犯，但不保护罪是真正身份犯，因此，没有身份的人参与保护责任人遗弃罪的时候，适用第65条第2款，参与不保护罪的时候适用第65条第1款。

四、遗弃等致死伤罪

> 犯前二条（第217条、第218条）的罪，因而致人死伤的，和伤害犯罪比较，依照刑罚较重的处理（《刑法》第219条）。

本罪是遗弃罪和保护责任人遗弃罪的结果加重犯。行为人只要出于上述两罪之一的故意而实施行为，导致了死伤结果，就成立本罪。遗弃等行为和死伤结果之间必须有因果关系（最决平元12、15刑集43、13、879）。同时，有观点认为，实施遗弃等行为时有杀意的场合应被认定为杀人罪。⑤ 但是，即便在行为人具有杀意而将需要扶助者放置不管

---

① 东京地判昭48、3、9判例时报298、349。
② 冈山地判昭43、10、8判例时报546、98。
③ 前引最决平元12、15。
④ 前引最决昭63、1、19。
⑤ 团藤，456页；前田，168页。另外，西田，37页。

的场合，只要该不作为没有达到杀人的实行行为的程度，就不构成杀人罪，而应当构成本罪。[①] 也即作为结果加重犯的本罪，包括对致死结果具有故意的场合。本罪的处罚，是和伤害罪进行比较，依照刑罚较重的处理。其意义已如前述。

具有杀意的场合　通说、判例认为，在具有杀意的场合，可以
成立杀人罪。[②] 一般认为，包括作为形式的遗弃的场合在内，出于
杀意而遗弃，只要该行为和致人死伤的结果之间具有相当因果关
系，就成立杀人罪或杀人未遂罪，遗弃罪被该罪所吸收。但是，在
所有场合肯定这种结论的话，第一，在具有杀意而遗弃的时候，该
行为即便不可能引起致死结果，也会被当作杀人未遂罪[③]；第二， 82
将保护责任人的地位和不作为杀人的保障人的地位同等看待。[④] 简
单地说，杀人罪中违反作为义务的行为，必须比保护责任人遗弃罪
中的不履行保护责任的行为，具有更高程度的人身危险。[⑤] 另外，
判例对出于杀人的意思而将收养的婴儿饿死的事例[⑥]，以及由于自
己业务上的重过失造成他人意识不清的重伤而将被害人放进自己的
汽车，行为人出于即使被害人死了也是迫不得已的考虑，不对其采
取保护措施，在到处转悠的过程中致使被害人死亡的事例[⑦]，都认
定为不作为的杀人行为。 83

---

① 大塚，66页；曾根，46页；山口，38页；高桥，40页。

② 大判大4、2、10刑录21、90。

③ 西田，35页。

④ 前田，68页。

⑤ 大谷，总论，139页。

⑥ 大判大4、2、10刑录21、90。

⑦ 东京地判昭40、9、30下刑集7、9、1828。另外，否定成立杀人罪的判例，最决昭63、1、19刑集42、1、1。

第二章　对自由和私生活的安宁的犯罪

对于作为保护生命、身体的出发点的个人尊严（《宪法》第13条），（法律）是通过确保身体活动的自由、意思决定的自由以及私生活的安宁来进行保护的。对于形成个人的自由人格或追求幸福的活动来说，自由和私生活的安宁是必不可少的。就其受保护的重要程度来说，仅次于生命、身体。对自由以及私生活的安宁的犯罪，是侵害或威胁上述意义上的法益的犯罪，由（1）逮捕以及监禁犯罪（《刑法》第二编第三十一章），（2）胁迫犯罪（《刑法》第三十二章），（3）绑架和诱拐犯罪（《刑法》第三十三章），（4）对性自由以及感情的犯罪（《刑法》第二十二章第176条到第182条），（5）妨害居住罪（《刑法》第十二章），（6）妨害业务犯罪（《刑法》第三十五章第233条后段到第234条之二），（7）侵害秘密犯罪（《刑法》第十三章）这七种犯罪构成。另外，侵害个人自由以及私生活的安宁的犯罪，还包括抢劫罪、敲诈勒索罪之类的财产犯罪与滥用职权的犯罪在内，但是，这些犯罪，本质上是侵害自由、私生活的安宁之外的法益的犯罪，因此，在其他地方予以讨论。

第一节　逮捕以及监禁犯罪

一、概说

1. 意义

逮捕以及监禁犯罪，是逮捕、监禁他人，剥夺他人身体活动的自由
即行动自由的犯罪。逮捕罪和监禁罪虽然行为形式不一样，但被规定在 84
同一条款之中，法定刑也一致，所以，被一并理解为逮捕、监禁罪是合
适的。

逮捕、监禁罪的保护法益是人的身体活动自由。刑法，除了规定保护身体活动自由的逮捕、监禁罪（《刑法》第220条）之外，还将逮捕、监禁致他人死伤作为加重类型而规定为独立的犯罪，即逮捕、监禁致死伤罪（《刑法》第221条）。另外，《有组织犯罪处罚法》第3条第1款第4项还规定将有组织的逮捕、监禁作为本罪的加重类型，以图处罚的强化。顺便说一句，除《人身保护法》单独规定了对“未经法律上的正当程序，身体的自由受到限制的人”的救济手段之外，特别刑法中，还规定有妨害人身保护罪（《人身保护法》第26条）、介绍职业的犯罪（《职业安全卫生法》第63条第1项）等，以求对身体活动的自由进行保护。另外，逮捕、监禁尊亲属罪，根据1995年部分修改的《刑法》，被删除。

2. 对象

本罪的对象是人。本罪由于是以身体活动的自由为保护法益，所以，完全没有按照意志进行身体活动的能力的婴儿或没有意识状态的人，都不是本罪的对象。因此，本罪的对象，只限于有身体活动自由的自然人。但是，只要有按照意志进行身体活动的能力就够了，并不要求有意思能力。

（1）自由的意义。关于身体活动“自由”的意义，有1）是可能的

自由的见解（通说），2）是现实的自由的见解[1]，之间的对立。所谓身体活动的自由，就是该主体想行动的时候就能活动，所以，并不要求是现实的行动自由，只要是潜在的或可能的自由就够了。最高法院1958年3月19日刑集第12卷第4号第636页采取1）说。批判意见认为，1）说在将把在室内熟睡的人锁起来的行为也看作监禁这一点上，是不妥当的。但是，身体活动的自由，本来就是想行动的时候就能行动的状
85 态，所以这一批评并不妥当。因此，熟睡中的人，醉酒的人，因他人做手脚而身体被限制起来的人，也是本罪的对象。[2]

（2）侵害的意识。关于成为对象的被害人，是不是要意识到其身体活动自由受到侵害，学说上有必要说[3]和不要说[4]之间的对立。必要说的根据在于：没有意志自由的人，其身体活动自由不可能受到侵犯。但是，身体活动的自由只要是可能的自由就够了，因此，只要该自由没有受到侵害，就当然应当构成本罪。[5] 即便在由于错误而没有意识到自己已经被监禁的场合，也构成监禁罪。如意图强奸妇女，却欺骗该女性说"送你回家"，使该女性坐进其汽车后行驶的行为，也构成监禁罪。[6]

（3）继续犯。只要持续性地限制他人的身体活动的自由，就是本罪的继续，因此，本罪是继续犯。另外，成立本罪，在时间的延续上，必须确实达到限制了他人身体自由的程度。仅是暂时限制他人身体自由而已的，只构成暴行罪、胁迫罪。[7] 但是，只要是继续实施达到完全剥夺他人身体自由程度的行为，就不考虑其时间长短。

（4）逮捕、监禁尊亲属罪。1995年修改刑法的时候被删除。

---

① 平野：《潜在的意思和假定的意思》，《判例时报》1569、3；冈野，50页；川端，108页；堀内，51页；山中，107页；西田，82页；山口，83页。

② 京都地判昭45、10、12刑月2、10、1104（出生1年7个月的幼儿也是本罪的对象）。佐藤（阳），百选Ⅱ（第7版），22页；川本，判例讲义Ⅱ，11页。

③ 井上、江藤，53页；山中，108页；西田，83页；山口，83页。

④ 福田，172页；大塚，76页；吉川，57页；香川，413页；内田，117页；西田，70页。

⑤ 广岛高判昭51、9、21刑月8、9和10、380。中森，46页；前田，114页。

⑥ 最判昭33、3、19。

⑦ 大判昭7、2、29刑集11、141。

二、逮捕、监禁罪

非法逮捕或监禁他人的，处3个月以上7年以下有期徒刑（《刑法》第220条）。

1. 逮捕罪

所谓逮捕是直接羁押他人身体，剥夺他人人身自由；其方法不受限制。用绳子捆绑身体之类的有形方法（物理的方法）就当然不用说了，对手枪对着他人，使人在一定的时间和地点不能自由行动的无形方法
（心理的方法）也包括在内。但是，在使用诡计、胁迫等方法实施的时 86
候，必须达到使被害人被完全剥夺自由的程度。① 利用被害人自身或者第三人的行为的间接实行犯，或者在以不作为形式实施的场合，也能成为逮捕。上述各种行为，在剥夺了被害人的身体活动自由的时候，就是既遂。

逮捕，只有在该行为确实剥夺了他人人身自由的场合，才成立。因此，用绳子捆绑他人两脚，随后又马上解开的，或者抱住他人身体随后又马上放开的，都只成立暴行罪。由于本罪是故意犯，所以，对剥夺他人身体自由必须有认识。虽然有人认为，成立本罪必须有“非法”实施的意识②，但是，该种意识是违法性意识的问题，不是故意的要素。

逮捕的例子　认为本文中的例子是监禁的见解也存在。另外，用枪指着他人，要求他人按照自己所说的去做，从而将被害人的身体直接置于自己控制之下的，也是监禁。③ 同时，对于将被害人的双手绑在身后之后，放置不管的行为，有的认为是暴行罪④，有的认为是监禁罪。⑤ 由于被害人的自由并没有被彻底剥夺，所以，成立暴行罪妥当一些。但是，除此之外，还严加看管的，就是

① 吉川经夫：《逮捕监禁罪》，《刑事法讲座》，7卷，1571页。
② 曾根，51页。
③ 曾根，49页。
④ 大塚，77页。内田，218页。另外，木村，59页。
⑤ 吉川，59页；香川，415页。

逮捕。[①]

2. 监禁罪

所谓监禁，是间接限制他人身体，剥夺其人身自由的行为。也即将他人限定在一定区域内，使之不能或难以离开。此时，即便他人在该区域内有行动自由，也是监禁。限制的手段、方法不受限制，也可以采用不作为的方式、间接实行犯的方式。[②]将他人锁在房子里，使其不能逃
87 走的有形方法当然就不用说了[③]，利用被害人或第三人的错误，或在使用胁迫手段等无形方法的场合，也构成监禁罪。

在胁迫的场合，必须达到使被害人困于一定场所、不能离开的程度。[④]如在拿走正在洗澡的他人的衣服，他人由于羞耻心而难以从该场所离开的场合，就是无形方法的监禁。[⑤]即便能够逃离，但从社会一般人的恐惧感来看，认为对生命、身体存在威胁，使一般人感到难以离开，从而剥夺了他人身体自由的，也能构成监禁罪。[⑥]因此，在快速开车让人感到危险，难以脱逃的场合，即便不是绝对不能，也是监禁。[⑦]在即便具有脱逃的方法，但客观上难以发现的场合，同样是监禁。至于监禁的场所，不要求是被事先划定的场所，在没有范围限制的摩托车上无法跳下来的场合，也是监禁。[⑧]本罪是故意犯，必须有限制他人身体活动自由的认识。但是，不要求有“非法”实施该行为的意识。

关于监禁的参考案例　（1）最高法院1959年7月3日（刑集第13卷第7号第1088页）认为，即便是在没有上锁，可以从被监禁场所逃走的场合，由于有胁迫行为，他人害怕将来会有麻烦，因而不敢从该场所逃走的，也是限制了他人行动自由，构成非法监

① 袖珍，497页。
② 大判昭14、11、4刑集18、497。
③ 大判大4、11、5刑录21、1891。
④ 最大判昭28、6、17刑集7、6、1289。
⑤ 反对，西田，70页；前田，117页。
⑥ 条解，604页。
⑦ 最决昭30、9、29刑集9、10、2098。
⑧ 最决昭38、4、18刑集17、3、248；川本，判例研究Ⅱ，10页。

禁。(2) 在被害人碰巧是开锁能手，很容易逃走的场合，也构成监禁罪。

3. 排除违法性事由

《刑法》第 202 条规定了“非法”一语，这是考虑到存在根据法令而实施合法逮捕、监禁的情况（如《刑诉》第 199 条、第 207 条等），为了特地强调只有在具有违法性的场合才成立本罪，而作出的注意性规定。因此，对于排除违法性事由，应根据这种一般原则来加以确定。 88

只要可能的自由被侵害，那么，就会符合逮捕、监禁罪的构成要件，但在具有被害人同意的场合，违法性就要被排除。问题是，(1) 欺骗他人说将其送到家里，得到其同意之后让其坐到摩托车的后座上飞驰的行为，或者 (2) 欺骗他人说将其送到正在住院的母亲那里，让人坐进出租车的行为，是否构成监禁罪。由于同意必须基于真实的意思，所以在知道事实真相就不会表示同意的场合，该同意无效，不排除违法性。另外，(3) 乘坐电梯的时候，尽管没有故障却骗人说由于故障“到修好为止不能下去”，使人同意留在电梯中的，该同意无效。相反地，根据法益关系错误论，有力见解认为，在 (1) (2) 的场合，有关行为的同意有效，排除违法性，但是，在 (3) 的场合同意无效，不排除违法性[①]，但这并不妥当。另外，有见解从成立逮捕、监禁罪必须具有侵害自由的意思的见解出发，认为在上述 (1) (2) 的场合不符合构成要件[②]，但这并不妥当。

监禁的判例　最高法院在 1958 年 3 月 19 日的决定中认为，经营特殊饮食店的人，违反从该店中逃走的、从事招待职业的女性的意志，将其带回，并骗该女说将其送到其正在住院的母亲那里，让其坐上出租车直接带回到被告人的家中，使其无法逃走的，成立监禁罪。从对监禁事实必须具有意识的立场（现实的自由说）出发，本行为在被害人具有“放我下去！停车！”的意思表示之后才成

① 山口，87 页。
② 山中，110 页。

立。但是被害人在有此意识之前，即便在外观上处于安静状态，但由于欺骗他人上车时候的同意是无效同意，所以，只要被害人难以脱逃的，就成立本罪。①

4. 罪数、与其他犯罪的关系

逮捕罪和监禁罪是同一性质的犯罪，因此，逮捕他人、将他人持续监禁的行为，也只成立单纯一罪。② 另外，本罪的保护法益是具有一身专属性的法益，所以，同时逮捕、监禁数个人的时候，按照被害人人数
89 成立数罪，但它们之间具有观念竞合的关系。由于成为逮捕、监禁手段的暴力、胁迫被逮捕、监禁行为所包含，所以被包括在逮捕、监禁罪之中。但是，逮捕、监禁处于未遂状态的时候，就只成立暴行罪、胁迫罪。与之相对，暴力、胁迫即使作为逮捕、监禁的手段，也不构成暴行罪、胁迫罪。③ 但是，在暴力、胁迫的目的和动机完全与逮捕、监禁无关的情况下，成立暴行罪、胁迫罪。④

三、逮捕、监禁致死伤罪

犯前条（《刑法》第220条）之罪，由此而致人死伤的，和伤害罪相比较，依照刑罚较重的处理（《刑法》第221条）。

本罪是在逮捕、监禁引起被害人死伤的场合才成立的结果加重犯。由于和伤害罪相比较，要处以较重的刑罚，所以，在引起伤害的场合，就将《刑法》第204条规定的法定刑和逮捕、监禁罪的法定刑相比较；在致人死亡的场合，就和《刑法》第205条规定的法定刑相比较，按照法定刑的上限和下限都较重的刑罚进行处罚。对逮捕、监禁致伤罪处3个月以上15年以下有期徒刑；对逮捕、监禁致死罪处3年以上有期徒刑。⑤

---

① 广岛高判昭51、9、21刑月8、9和10、380。

② 前引最大判昭28、6、17。

③ 大判昭11、5、30刑集15、705。

④ 最决昭43、9、7刑集22、9、853。

⑤ 最判平15、7、10刑集57、7、903。最高法院判决，监禁女性9年多的时间的所谓新潟女性监禁事件。

第二节　胁迫犯罪

一、概说

1. 意义

所谓胁迫犯罪，是以胁迫为手段，侵犯个人私生活的安宁的犯罪，以及以胁迫、暴力为手段，侵犯个人的意思决定或身体活动自由的犯罪。前者是胁迫罪（《刑法》第 222 条），后者是强要罪（《刑法》第 223 条）。通说认为，胁迫罪的保护法益是个人的意思决定的自由以及身体活动的自由，该罪是对意思决定自由的犯罪，而强要罪是对意思决定自由以及身体活动自由的犯罪。[①] 但是，胁迫罪的本质在于实施足以 90
使他人产生恐惧心理的行为，因此，其保护法益是私生活的安宁。[②] 只是，由于人产生了恐惧心理，结果意思决定、行动自由也受到限制，因此，自由也附带地成为本罪的保护法益。相反地，强要罪，正如字面所示，是侵害自由的犯罪，只是在使人产生恐惧心理而侵害自由这一点上同胁迫罪相通。另外，《有组织犯罪处罚法》规定了本罪的加重处罚规定（第 3 条第 1 款第 5 项）。*

2. 胁迫的概念

胁迫概念在刑法上有多种意义。广义的胁迫，是告知不利后果，而不问不利后果的内容、性质、程度，告知的方法也在所不问。妨害执行公务罪（《刑法》第 95 条第 1 款）中所谓“胁迫”就属于这种情况。狭

---

* 《有组织犯罪处罚法》在 2021 年被修改［《为了防止消费者受害并促进其恢复而修改〈有关特定商业交易的法律〉等的法律》（2021 年法律第 72 号）］。在该法中，有关胁迫犯罪的原第 3 条第 1 款第 5 项被改为第 3 条第 1 款第 9 项：“犯第 223 条第 1 款和第 2 款的罪（强要罪），处 5 年以下有期徒刑。”——译者注

① 团藤，460 页；福田，168 页；大塚，66 页；内田，109 页；井田，123 页；高桥，68 页。另外，曾根，48 页；西田，75 页。

② 平野，173 页；中，90 页；西原，151 页；中森，48 页；前田，76 页；山口，73 页；山中，134 页；高桥，63 页。

义的胁迫就是胁迫罪中的“胁迫”，以告知对方其本人或亲属的生命、自由、名誉、财产将受到侵害为内容。最狭义的胁迫是强制猥亵罪、强制性交等罪（《刑法》第 176 条、第 177 条）以及抢劫罪（《刑法》第 236 条）中的“胁迫”，虽然是只要告知某种不利后果就够了，但通常必须达到足以抑制对方反抗的程度。

3. 对法人告知不利后果

关于对法人告知不利后果是否成立胁迫罪，有肯定说①和否定说②之争。肯定说认为，本罪的保护法益是意思决定的自由，对法人告知不利后果，能够通过法人机关的传播，侵害法人的意思决定自由。但是，本罪的保护法益既然是私生活的安宁，则被害人也应被限定于自然人，所以，否定说妥当。判例也认为，毁损名誉和侮辱以法人为被害人（最决昭 58、11、1 刑集 37、9、1341），但是，胁迫罪则不然（东京高判
91 昭 50、7、1 刑月 7、7 和 8、765）。与之相对，强要罪的保护法益是基于意思决定的行动自由，而告知法人不利后果侵害了意思决定的自由，因此，告知法人不利后果，属于强要罪的告知不利后果。③

二、胁迫罪

以告知加害他人生命、身体、自由、名誉以及财产的方式胁迫他人的，处 2 年以下的有期徒刑或 30 万日元以下的罚金（《刑法》第 222 条第 1 款）。

以告知加害他人亲属的生命、身体、自由、名誉以及财产的方式胁迫他人的，和前款同样处罚（同条第 2 款）。

1. 行为

本罪的行为，是以告知加害他人的生命、身体、自由、名誉以及财产的方式，进行“胁迫”。这里的所谓胁迫，是狭义的胁迫，是指告知

---

① 所，注释（5），248 页；西田，68 页。

② 通说。东京高判昭 50、7、1 刑月 7、7 和 8、765，大阪高判昭 61、12、16 高刑集 39、4、592。川本，判例讲义Ⅱ，13 页；高松高判平 8、1、25 判例时报 1571、48。

③ 曾根，53 页；中森，41 页；山口，75 页。

能够使对方达到恐惧程度的不利后果。虽然对方必须认识到这种不利后果，但并不要求对方实际上产生了恐惧心理。因此，本罪是抽象的危险犯。

(1) 加害对象。被告知的加害对象是对方本人或其亲属的生命、身体、自由、名誉以及财产。

A. 对象范围。关于对象是否仅限于以上所述内容，有限制性列举规定说和例示性列举规定说之间的对立。[①] 从罪刑法定原则的观点来看，前者妥当。贞操，只有在侵害性自由的意义上，才能成为本罪的侵害对象。[②] 另外，告知加害职业或社会信用的行为，只要其不直接包括名誉损害或财产损害在内，就应从本罪中排除。

对信用的加害　判例大致上以限制性列举规定为前提，对名誉、财产等概念进行了扩张解释。如在告知他人“在我们的对面能够进行这种买卖（饮食业）吗!”的事件中，法院认为“是以对财产进行侵害相威胁”[③]（大判 1932 年 7 月 20 日刑集第 11 卷第 1104 页）。在本案中，虽说直接侵害的法益是《刑法》第 233 条规定的“信用”，但也可以说是对财产的直接加害。 92

B. “村八分”。所谓村八分，就是大家集体宣告和特定的人断绝来往的私人制裁（集体断交）。判例和通说认为，集体断交的通告就是加害名誉的告知。

但是，首先，各个个人和他人是否来往是各个个人的自由，集体宣告断绝来往也是自由，因此，决定集体断交自身并不违法，只有当它相当于损害名誉或侮辱的时候，才是违法。其次，虽然不能否认集体宣告断绝关系能够使对方的名誉受到损害，但是，在实施之前的决定阶段已经使对方的社会评价降低，所以，在作通告的时候，该种通告不能被看

---

① 采取限制性列举规定说，平野，173 页；曾根，53 页；山口，74 页；高桥，92 页。采取例示性列举规定说，宫本，305 页；西原，152 页。

② 大塚，69 页；泷川、竹内，61 页；团藤，462 页；福田，170 页（比照身体、自由、名誉）。

③ 大判昭 7、7、20 刑集 11、1104。

作“加害通告”[①]。换句话说，“村八分”是损害名誉罪或侮辱罪的问题，不能对其适用胁迫罪的规定。只是，在“村八分”使被通告者在集体内的生存受到威胁的时候，就可以说是对生命、身体、自由以及财产的加害通告，成为胁迫。[②] 加害的内容，不要求其具有付诸实现的话就成为犯罪的性质。[③]

> **“村八分”的判例** 大审院1912年9月5日（刑录第17辑第1520页）的判决认为，一定地域中的居民为了实施一定制裁而团结起来，对另一部分人发布绝交宣言的行为，会导致将另一部分人排斥在社交团体之外，贬低其人格的结果，故是诋毁人的社会价值即名誉的行为。作为侵害名誉的案件，有大审院1920年12月10日（刑录第26辑第912页）的判决等。二战后下级法院的判例有：大阪高等法院1957年9月13日的判决（高刑集第10卷第7号第602页）。在此，所谓“村八分”，是指“为了阻止他人自由交际和影响其相关名誉而告知不利后果”。

C. 亲属。亲属的范围，是六等亲以内的血亲、配偶以及三等亲以内的姻亲（《民法》第725条）。有见解主张，在保护法益的性质上，具有姘居关系的人或也应被包括在加害对象的范围之内。[④] 但是，按照罪刑法定的原则，既然不具有民法上的亲属关系，就应当加以否定。[⑤] 法律手续尚未办理完毕的养子也一样。

93 （2）告知不利后果。被告知的不利后果的内容，根据对方的性质以及周围的情况，必须达到足以使一般人产生恐惧心理的程度。另外，由于只要告知加害内容本罪即告成立，因此，被告知者是否实际上产生了恐惧心理，在所不问。加害内容只要能够使一般人感到恐惧就行了，即便对加害的内容、方法没有具体说明，也成为胁迫。在如说“我打你个

---

① 平野龙一：《刑法各论的诸问题》，《法学演习》，201号，66页；西田，76页。反对，曾根，54页；中森，42页。

② 大屿一泰：《胁迫罪》，《判例刑法研究5》，185页。

③ 大判大2、11、29刑录19、1349。

④ 平川，162页。

⑤ 中森，47页；西田，76页；前田，77页；山口，74页；高桥，92页。

半死!”的场合，仅此就够了，至于采用什么样的方法，则没有必要考虑。

当行为人明知对方是胆小鬼之类的心理状态特别的人而对其告知不利后果，使其产生恐惧心理——但该种不利后果并不足以使一般人产生恐惧心理——的时候，有主张成立胁迫的主观说①和主张不成立胁迫的客观说②之间的对立。只要是出于胁迫对方的意思，明知对方的特殊情况而实施的，虽然在客观上是不具有胁迫性质的行为，但对于对方来说是在告知不利后果，所以，应当看作胁迫，也即主观说正确。

为使对方产生恐惧感，所告知的不利后果，必须是在一般人看来，能够为行为人所实际支配的情况。告知对方将要“遭天罚”之类的预测凶吉祸福、天地变易的警告，不构成本罪。在行为人胁迫对方不利后果将由其以外的第三人实施（间接胁迫）的时候，该胁迫必须受行为人的直接或间接影响，在客观上能够实现。但是，由于重要的是是否告知了能够使对方产生恐惧心理的不利后果，因此，并不要求行为人处于能够现实地左右该不利后果发生的立场，即便上述所谓第三人并不存在，也可以构成本罪。但是，胁迫者对于对方，必须直接或间接地表明自己处于能够支配该第三人的行动的立场。被告知的不利后果不能已经发生，而必须在将来发生。

（3）不利后果的违法性。不利后果的内容是否必须违法，在犯罪的被害人以告发对方相威胁的时候，特别成问题。有力学说认为，告知合法事实并不违法③，但是，告知告发通常会使人产生恐惧心理，属于告 94
知不利后果，因此，相当于胁迫。但是，在为行使正当权利而进行该种告知的时候，不具有违法性。

胁迫的判例　1）在反对村镇合并的抗争中，被告人以被胁迫的对方甲的好友乙的名义给甲投送了一封“当心你家起火!”的信件，甲也收到了这个信件。最高法院在1960年3月18日（刑集第

① 大塚，70页；山口，74页。

② 曾根，53页；中森，42页；山中，117页；前田，77页。

③ 曾根，55页；中森，42页；山中，118页；山口，76页。反对，西田，68页。

14卷第4号第416页）的判决中认为，从周围的情况来看，被害人阅读信件之后，通常会产生家里什么地方可能起火的恐惧心理，因此，上述行为足以使一般人产生恐惧心理。[①] 另外，对于非常迷信的人的胁迫，也应当以一般人为标准进行判断。2）最高法院于1952年7月25日（刑集第6卷第7号第941页）在告诉对方说“恨你的人不止我一个，有多少人还不知道。有人说要在你的住处装定时炸弹炸死你！”的案件中，认为被告人的行为相当于告诉对方“其处于能够影响第三人意思决定的地位”。3）广岛高等法院松江分院于1949年7月3日（刑集第3卷第2号第247页）在告知他人“在人民政府成立的早晨，将对你进行人民审判，送你上断头台！”的案件中，认为，在被告人自身，并不是在告知对方自己可以左右他人这一事实。[②] 4）大阪地方法院判决（2011年4月28日法院网站）认为，作为警部补的被告人，在警察局的审查室等地方，威胁“把你的人生搞得一塌糊涂”“打死你”的行为成立威胁罪。

（4）告知的方法。因为只要使对方能够认识到有不利后果的告知就够了，所以，书面、口头或以体态语言告知都可以，告知的方法不受限制，明示、暗示的都行。拿出刀说“把钱拿出来”，是通过态度的胁迫。另外，只要实施能够将胁迫内容传达给对方的行为，就成为告知。实施了告知行为，但是内容没有被传达给对方的，就是不可罚的未遂，因为，对方只要没有认识到可能会遭受有害行为，就不会产生恐惧心理。

2. 故意

本罪的故意是，对告知加害具有认识而实施该行为的意思。不要求具有使对方产生恐惧心理的目的。另外，只要具有上述认识，即便没有
95 实现不利后果的意思或出于警告对方的目的，也成立故意。[③]

---

① 嘉门，百选Ⅱ（第7版），24页；川本，判例讲义Ⅱ，12页。

② 名古屋高判昭45、10、28判例时报628、93（预先告知人民审判的明信片）。

③ 大判大6、11、12刑录23、1197。

3. 排除违法性事由

为行使权利而实施胁迫，在该行使权利行为被认为是滥用权利的时候，就不排除违法性而成立胁迫罪。① 如在对偷东西的女性威胁说不同意性交的话，就将其交给警察的时候，就不排除该行为的违法性。

4. 罪数、与其他犯罪的关系

在告知加害之后，又将该加害内容付诸实施的场合，后面的实施行为独立成立犯罪，二者之间属于数罪并罚的关系。但是，当胁迫和加害行为在同一地点先后实施的时候，胁迫就被所付诸实施的犯罪所吸收。因此，在收回债权之前先说“不还钱就揍你”，而后因为债务人拒绝偿还而殴打对方的，就只成立暴行罪。② 当受到胁迫的被害人摔倒而受伤的时候，只要行为人仅有胁迫的故意，就不成立伤害罪。

三、强要罪

以告知加害他人的生命、身体、自由、名誉或财产的方式进行胁迫，或使用暴力，使他人为没有义务的行为，或妨害其行使权利的，处 3 年以下有期徒刑（《刑法》第 223 条第 1 款）。

以告知加害他人亲属的生命、身体、自由、名誉或财产的方式进行胁迫，或使用暴力，使他人亲属为没有义务的行为，或妨害其行使权利的，和前款的规定相同（同条第 2 款）。

前两款的未遂犯，处罚之（同条第 3 款）。

1. 意义

强要罪，是以以侵害他人生命、身体、自由、名誉或财产相威胁，或通过使用暴力，强迫他人实施一定的作为或不作为为内容的犯罪。本罪的保护法益，不仅是私生活的安宁，还有行动的自由。换句话说，本罪不仅包括强制具有一定决意的人实施与其决意内容不同的行为的场合，还包括强迫尚未作出某种决定的人作出某种决定，或不能作某种决

① 山中，119 页；大判大 3、12、1 刑录 20、2303。

② 大判大 15、6、15 刑集 5、252。

定的行为。因此，本罪的保护法益是实现意思的自由和决定意思的自
96 由，其性质是侵害犯。

2. 行为

本罪的行为，是通过加害于对方及其亲属的生命、身体、自由、名誉、财产的告知加以胁迫，或者以暴力使他人为没有义务的行为或者妨害他人行使权利。也即除了胁迫之外，还包括暴力。

（1）胁迫、暴力。“胁迫”，和胁迫罪中的胁迫意义一致。本罪的本质在于：以造成恐惧的方式使对方出现意思上的瑕疵，并基于该意思实施作为或不作为，因此，使用物理力量使被害人完全像机器一样行动的，就不构成本罪。这样说来，本罪的暴力，第一，必须是其使用能够使被害人产生恐惧心理，并基于该恐惧心理而侵害其行动自由的有形力量，即以广义的暴力为内容。不要求直接对被害人施加暴力，但即便是对第三人或物施加的暴力（对物暴力），只要被害人能够感觉得到，并且产生了恐惧心理的话，就足够了。[①] 第二，实施不具有使被害人恐惧性质的有形力量，如无视具有在某种场所停留的权利的人的意志，将其赶走的场合，即便是行使有形力量的行为，但也不是本罪中的暴力。[②] 第2款没有作对亲属的暴力作为强制的手段，但是，如当着对方的面对其孩子施加暴力的行为，要求如果不服从就继续加害其小孩。对第2款的胁迫应作此理解。[③]

强要的界限　单纯根据物理的强制力量使他人实施一定的作为或者不作为的，不是本罪的问题，而是逮捕罪的问题。作为其界限，如将盲人的拐杖夺走，妨害其行使权利的场合，由于盲人没有拐杖会行动不方便，因此，该行为就构成强要罪。

（2）强要。所谓强要，是指以胁迫、暴力为手段，使他人为没有义务的行为，或妨害其行使权利。受暴力、胁迫的对方，和为没有义务的

---

① 反对，西田，79页；中森，44页；山口，78页。

② 大判昭4、7、17刑集8、400。

③ 西田，79页。

行为的人，以及权利受到妨害的人，必须一致。① 因此，本罪的受害人，就是上述二者。 97

3. 结果

所谓“使他人为没有义务的行为”，是指行为人本没有让对方实施某行为（作为、不作为）的权利或权限，对方也没有实施该行为的义务，但是，行为人强制对方实施该行为。如尽管没有权利要求他人写道歉信，却以暴力、胁迫为手段强迫对方写道歉信的行为②，让前来视察工会集会的警察部长写道歉信，并当众宣读的行为③，都属于这种情况。这里所说的权利、义务是指法律上的权利义务，自我检讨的行为尽管是伦理上理所当然的行为，但是在使用暴力、胁迫强迫他人实施这种行为的时候，也是让他人实施没有义务的行为。④ 有学者认为，这种情况下，行为人也具有义务，因此，不能成立强要罪⑤，但是，只能说，根据实施该行为的具体情况，可能会出现没有可罚的违法性的情况而已。

另一方面，使用暴力、胁迫让具有法律上的义务的人履行该义务的，就不是本罪的未遂，而成立暴行罪或胁迫罪。与此相对，对有义务提供劳务的人实施暴力、胁迫，强迫其提供额外的劳务的，成立强要罪。被强制实施的行为的一部分超出了对方的义务范围的，就是强迫他人实施没有义务的行为。

所谓“妨害他人行使权利”，是指妨害他人行使公法或私法上的权利。如妨害他人行使选举权、使他人撤回告诉⑥、使他人不解除合同，都属于这种情况。

4. 故意

本罪的故意是，认识到是使用暴力、胁迫使他人实施没有义务的行

① 大塚，73 页；内田，103 页。反对，中森，50 页；西田，79 页。
② 大判大 15、3、24 刑集 5、117。
③ 最判昭 34、4、28 刑集 13、4、466。
④ 曾根，54 页；山中，122 页；林，80 页；山口，79 页。
⑤ 平野，174 页；内田，106 页；中森，49 页。
⑥ 大判昭 7、7、20 刑集 11、1104。

为，或者妨害其行使权利而实施该种行为的意思。

5. 未遂

开始实施暴力、胁迫的时候，就是实行的着手，在未能造成上述结果的时候，就是本罪的未遂（《刑法》第223条第3款）。成立强要罪，
98 要求在使用暴力、胁迫使对方产生恐惧心理，和使对方实施没有义务的行为，或妨害对方行使权利之间，具有因果关系，因此，在尽管实施了使人产生恐惧心理的暴力、胁迫，但对方没有产生恐惧心理，而是自由实施没有义务的行为的时候，就是未遂。① 在暴力、胁迫未得逞的场合，不能受到处罚。②

6. 罪数、与其他犯罪的关系

本罪是对自由的犯罪的基本类型，因此，在成立侵害自由的逮捕、监禁、诱拐、强奸、强制猥亵罪的时候，就是法条竞合，不适用本罪。但是，将他人不法扭送，带往派出所的时候，扭送和带走尽管可以被评价为一个行为，但是由于强要罪和逮捕、监禁罪能够被独立评价，所以，应当看作观念竞合。③ 一个强要行为侵害了数个人的自由的时候，成立数罪，是观念竞合。另外，为了处罚第三人强要，制定《有关处罚以人质进行强要行为的法律》（1978年法律第48号）。

第三节　绑架、诱拐和买卖人身犯罪

一、概说

1. 意义

绑架和诱拐犯罪，是以使他人脱离原来的生活环境，非法地处于自己或第三人的实力支配之下，侵害其人身自由为内容的犯罪。其和以直

---

① 大判昭7、3、17刑集11、437。

② 团藤，466页；前田，80页；中森，51页。

③ 内田，107页。

接或者间接地限制身体，侵害行为自由为内容的逮捕、监禁罪不同。

刑法当中，作为绑架和诱拐犯罪，规定有（1）绑架、诱拐未成年人罪（《刑法》第224条），（2）以营利等为目的的绑架、诱拐罪（《刑法》第225条），（3）以勒索赎金为目的的绑架、诱拐罪（《刑法》第225条之二第1款），（4）勒索赎金罪（《刑法》第225条第2款，第227条第4款后段），（5）以移送到所在国外为目的的绑架、诱拐罪和买卖人身犯罪（《刑法》第226条），（6）交付被绑架、诱拐者罪（《刑法》第227条）。同时，将买卖人身犯罪，放入防止“人身买卖”的国 99
际背景之下的话，考虑到我国所发生的有关买卖人身的反社会行为，2005年通过部分修改《刑法》，增设了买卖人身犯罪（《刑法》第226条之二）和将被诱拐者等移送到所在国以外的犯罪（《刑法》第226条之三）。关于新增的犯罪，全部适用对未遂犯的处罚规定（《刑法》第228条）以及对国外犯的处罚规定（《刑法》第3条第11项，第3条之二第5项）。

《贩运人口议定书》　关于“拐卖人口”为了对有关防止国际犯罪组织的联合国条约进行补充，联合国在2000年12月15日特别就对有关买卖妇女、儿童的行为的镇压和处罚制定了议定书，该议定书从2003年12月25日开始生效。

2. 保护法益

绑架、诱拐以及买卖人身犯罪以人身自由为保护法益，这是没有问题的，但由于本罪也能以婴儿之类的没有行动自由的人为对象，因此，关于其保护法益为何，存在学说上的对立，同样的对立在新设的买卖人身罪当中也存在。关于保护法益，有（1）是被绑架、诱拐者的自由①，（2）是被绑架、诱拐者的自由以及被绑架、诱拐者处于被保护状态下的监护人等的监护权（通说）②，（3）是对他人的保护关系③，（4）是被绑

① 香川，425页；内田，127页；山中，125页。

② 大判明43、9、30刑录16、1569，福冈高判昭31、4、14裁特3、8、409。名和，百选Ⅱ（第5版），25页；川本，判例讲义Ⅱ，14页。

③ 井上、江藤，57页；吉田敏雄：《行动自由的保护》，《基本讲座》，6卷，83页。

架、诱拐者的自由以及身体安全①等见解之间的对立。

本罪的本质是使被绑架、诱拐者脱离原来的生活环境，非法转移到自己的实力支配之下，因此，其保护法益是人的自由。同时，婴儿或没有意识状态等需要监护的人是本罪的对象。因此，本罪的犯罪性质是继续犯。绑架、诱拐以及人身买卖有通过变更原本的监护状态侵害生存或者生活的安全的性质，因而（2）说是妥当的。因此，在婴儿等需要监
100 护的人作为对象的场合本罪应被理解为状态犯。

3. 事实支配（实力支配）

绑架、诱拐以及人身买卖犯罪所共同之处，必须是将被绑架者等置于事实上的支配之下。这里所说的“事实支配”，就是将对象人置于能够施加物理或者心理上的影响，左右其意思的状态之下，使其难以从行为人的影响下脱离的状态。② 有无事实上的支配，要考虑有无场所上的移动及其程度、控制的状况、对象的年龄、犯罪场所的情况、反抗的手段和方法等，从社会一般观念的角度来加以判断。羁押身体的行为，就是逮捕、监禁。

和绑架、诱拐有关　关于对被绑架、被诱拐者是不是要有场所上的移动，学说上有不同意见，判例采用了必要说。③ 由于在绑架、诱拐犯罪当中，重要的是转移或者取得不法的事实支配，因此，场所的转移并不必要。④ 如欺骗监护人使其离开的行为也是诱拐。这一点对于保护法益相同的买卖人身犯罪也合适。关于对已经被诱拐的人是不是能够再诱拐，有肯定说⑤和否定说⑥的对立。由于在这种场合下，还能使人从原来的保护状态下离开，因此，肯定说妥当。

---

① 平野，176页；曾根，57页；西田，85页；前田，82页；山口，92页。
② 保坂、岛户：《部分修改刑法等的法律》，《法学家》，1298号，78页。
③ 大判大12、12、3刑集2、915。
④ 福田，176页；大塚，84页；内田，132页；川端，130页；曾根，59页；中森，55页。
⑤ 团藤，478页；大塚，85页；中山，114页。福冈高判昭31、4、14裁特3、8、409。
⑥ 内田，132页；香川，注释（5），260页。

二、绑架、诱拐未成年人罪

绑架或诱拐未成年人的，处3个月以上7年以下有期徒刑（《刑法》第224条）。

未遂犯，处罚之（《刑法》第228条）。

本罪为亲告罪（《刑法》第229条）。

1. 主体

本罪的主体是一般主体。虽然有人主张监护人不可能实施绑架、诱拐行为[①]，但是，只要本罪的保护法益是被监护人的自由以及生活安全，就应当说，未成年人的监护人也能成为本罪的主体（通说）。 101

2. 对象

本罪的对象是未成年人。未成年人，由于身心发育没有成熟，知识和经验不足，对其保护，比对成年人更加厚重，和成年人不同，在即便是没有营利目的的场合（《刑法》第225条），也要成立犯罪。所谓未成年人，是未满18周岁的人（《民法》第4条）。已经结婚的未成年人，民法上视为已经成年的人（《民法》第753条），即便在结婚之后，在生理上和未成年人没有什么两样，因此，仍然包括在本罪的对象当中（通说）。[②]

3. 行为

是绑架、诱拐，两者合并称为“拐取”。

（1）行为形态。所谓拐取，就是使他人脱离其本来的生活环境，处于自己或者第三人的事实支配下的行为。在使用暴力、胁迫等强制手段的场合，是绑架；在使用诡计或者诱惑手段的场合，是诱拐。在两种手段并用的场合，成立绑架、诱拐一罪。[③] 如在监护人不知道的时候，将婴儿抱走的行为；使用麻药，使其丧失意识之后抱走的行为，就是绑

---

① 香川，426页。

② 反对，藤木，228页；中森，57页；山口，93页；高桥，111页。

③ 大判昭10、5、5刑集14、454。

架。除使用虚伪事实使对方陷入错误的场合以外，在尽管没有达到该种程度，但使用甜言蜜语使对方判断错误的场合，也是诱拐。① 如使对方陷入心神耗弱，或者乘对方浅薄无知而将其置于事实上的支配之下的，也是诱拐。② 暴力、胁迫、欺骗、诱惑等行为，并不一定要对被诱拐者实施，即便对监护人实施，也不妨成立绑架、诱拐。欺骗监护人，获得同意之后将未成年人带走的行为也是诱拐。③

监护人对未成年人实施的绑架行为 被告人X计划带走与其分居中的妻子A所养育的两岁长子B，在B上的幼儿园门前，趁着来接B的C（A的母亲）准备让B乘车之际，把B抱走，使其乘坐自己的汽车离开。关于这个案例，最高法院在2005年12月6日
102 （刑集第59卷第10号第1901页）的决定中认为："在A的娘家中A与其双亲监护养育下过着安宁生活的B，X作为共同监护权人的其中一人，在由祖母C陪伴的B从幼儿园返回家中的路上使用前述样态的有形力将B带走，使其从受保护的环境中离开，从而置于自己的事实支配之下，因此，该行为明显符合绑架未成年人罪的构成要件，X作为（共同）监护权人的其中一人，应当作为是否例外排除该行为的违法性的事项来判断。"也有反对意见认为，刑事司法不应当介入围绕孩子的监护的争议，但是，既然本罪的保护法益是被绑架人等的生活安全，本案就显然符合绑架未成年人罪的构成要件。④

（2）故意、未遂、既遂。本罪的故意是对对象是未成年人以及绑架、诱拐行为有认识，而实施行为的意思。只要有未必的故意就行。在将未成年人当作成年人的场合，不能说具有本罪的故意，没有营利的目的的话，不成立本罪。具有营利等目的的，成立以营利等为目的的绑架、诱拐罪（《刑法》第225条），本罪被该罪所吸收。在实施绑架、诱

① 大判12、12、3刑集2、915。
② 袖珍，505页。
③ 大判大3、6、19刑集3、502。
④ 内海，百选Ⅱ（第7版），26页。

拐的时候，就是实行的着手，如乘保护者不注意而将其幼儿抱走，但发现之后被找回的，就是未遂。[①] 在将被绑架、诱拐者转移到自己或第三者的实力支配之下的时候，就是既遂。

（3）罪数以及其他。作为绑架手段而实施的暴力、胁迫为绑架罪所吸收，但在实施逮捕、监禁的场合成立逮捕、监禁罪，二者之间是观念竞合。绑架、诱拐之后，将被害人监禁的，是成立绑架、诱拐罪之后，重新成立监禁罪的情况[②]，二者之间成立数罪。[③]

本罪是继续犯还是状态犯，与本罪的保护法益相关。对此，见解不一。将本罪把握为对自由的侵害的见解认为本罪是继续犯。但是，就婴儿等欠缺行动自由的人而言，认为是侵害监护权罪的见解认为，本罪是状态犯。但是，就欠缺行动自由者而言，应当说是侵害了其生活安全的犯罪，因此，保护状态恶化的话，其间，就应当说被绑架、诱拐者的生 *103*
活安全受到了侵害，所以，在这种场合，也应当看作继续犯。[④]

（4）被绑架、诱拐者的同意。关于在绑架、诱拐犯罪当中，被害人的同意是不是本罪的排除违法性事由，有 1）拐取行为违反公序良俗，不排除违法性[⑤]，2）未成年人的同意不排除违法性[⑥]，3）具有同意能力的人的真诚同意排除违法性[⑦]等见解之间的对立。由于本罪的保护法益是被绑架、诱拐者的自由以及生存乃至生活安全，因此，达到在自己的判断之下能够采取合适行动的年龄的未成年人具有同意能力，这种人的真诚同意能够排除违法性。

三、以营利等为目的的绑架、诱拐罪

以营利、猥亵或结婚为目的，绑架或诱拐他人的，处 1 年以上

---

① 东京高判平 20、2、4 东时 59、1 和 12、40。

② 内海，百选Ⅱ（第 7 版），26 页。

③ 大判昭 13、11、10 刑集 17、799。大评注（8），606 页。

④ 大判大 13、12、12 刑集 3、871。大塚，83 页；山口，91 页，采取状态犯说。

⑤ 大塚，83 页。

⑥ 吉川，64 页；香川，428 页；中山，119 页。

⑦ 曾根，60 页；中森，55 页；西田，87 页；山中，128 页；山口，92 页；高桥，104 页。另外，最决平 15、8、18 刑集 57、3、371（否定的例子）。

10年以下有期徒刑（《刑法》第225条）。

未遂犯，处罚之（《刑法》第228条）。

出于营利或者加害生命、身体以外的目的而实施本罪的，是亲告罪（《刑法》第229条）。

1. 对象

本罪的对象是自然人。不管是成年人还是未成年人，也不管是男性还是女性，都可以成为本罪的对象。在是未成年人的场合，不考虑其是否具有意思能力。[①]

2. 目的

本罪是目的犯，要求是出于营利、猥亵以及结婚的目的而绑架、诱拐他人。本罪之所以比绑架、诱拐未成年人处罚要重，是因为在犯罪性质上，与其说是由于犯罪动机不同，还不如说是由于对自由的侵害程度更高。[②] 因此，目的是主观的违法要素。另外，下面任何一种目的，都
104 体现了作为人际关系的特殊地位或状态，因此，这种目的也相当于一种身份。[③]

（1）营利目的，是指根据绑架、诱拐行为，使自己或第三人获得财产性利益的目的，但不要求是营业性的目的。[④] 另外，也不要求具有继续或反复获取利益的目的，具有暂时获利的目的也行。营利不限于从被绑架、诱拐者自身的负担中获取。获取的利益是合法利益还是非法利益，在所不问。如为还贷款而让他人卖淫，以偿还债务也可以。勒索赎金的目的也应被列入营利目的之中[⑤]，但由于适用《刑法》第225条第2款的规定，所以，不包括在本罪的目的之中。虽然要有以侵害被诱拐者的自由为手段而获取利益的目的，但并不局限于根据绑架、诱拐行为

① 大判明44、3、31刑录17、497。

② 东京高判昭31、9、27高刑集9、9、1044。

③ 大谷，总论，453页。

④ 最决昭57、6、28刑集36、5、680，大判大7、10、16刑录24、1268（出于让未成年女子从事娼妓行业的目的）。

⑤ 前引东京高判昭31、9、27。

获利的场合，如出于从绑架、诱拐行为之后的其他行为中获利的目的，以及从与绑架、诱拐行为有关的第三人那里获取报酬的目的，也包括在内。[1]

> **对营利目的的限制**　关于营利目的，有只限于从对被绑架、诱拐者的直接利用而获取利益的目的的见解[2]和仅限于从被绑架、诱拐者的牺牲中获得财产性利益的目的的见解[3]的对立。问题是，上述目的最终归结为其是否和对自由等的侵害、取得财产性利益之间，处于不可分割的关系，因此，没有必要对“营利目的”进行上述限定（通说）。

（2）猥亵目的，是指以实施奸淫以及其他性行为为目的，包括将被绑架、诱拐者作为猥亵行为的主体或对象的目的这两种情况。单纯的同居生活的目的也是猥亵目的。例如，让他人在脱衣舞剧场表演，以获取利益的目的，也是营利目的。

（3）结婚的目的，是指使和行为人或第三人结婚的目的。“结婚”，
不仅指法律上的婚姻，也包括事实上的婚姻，即姘居。虽然有见解认 105
为，应当只限于具有法律婚的意思的场合[4]，但是，姘居的场合，在动
机上和法律婚的场合没有任何区别，另外，法条上用的是“结婚”而没
有用“婚姻”一词，因此，从规定的方法来看，也应包括事实婚在内
（通说）。但是，仅出于维持不具有夫妻关系的实质的肉体关系的目的的
场合，就是出于“猥亵的目的”[5]。

（4）出于对生命、身体加害的目的，是指自己或者第三人伤害或者杀害被绑架、诱拐者，或者对其施加暴力的目的。如出于摘除器官的目的而绑架、诱拐，即便没有营利性，也包含在本罪之内。暴力团成员出于暴力或者伤害的目的而绑架、诱拐的，也是如此。

---

① 最决昭 37、11、21 刑集 16、11、1570；团藤，480 页；福田，177 页；大塚，87 页；内田，132 页；中森，58 页。反对，佐伯，122 页；曾根，41 页。

② 宫本，308 页。

③ 东京高判昭 31、9、27。平野，177 页；中森，58 页。

④ 江家，232 页。

⑤ 冈山地判昭 43、5、6 下刑集 10、5、561。

3. 既遂

本罪，只要以营利等为目的将被绑架者、被诱拐者置于自己或第三人的实力支配之下，就达到既遂，不要求已经实现了各自的目的。

4. 罪数

出于营利等目的绑架、诱拐他人，利用被绑架、诱拐者欺骗第三人的，就是本罪和诈骗罪的数罪。[①] 出于营利的目的而同时绑架、诱拐数人的，是观念竞合；出于猥亵的目的绑架、诱拐被害人，而后实施强制猥亵行为的，就是本罪和强制猥亵罪的牵连犯。出于营利等目的绑架、诱拐未成年人的，绑架、诱拐未成年人罪被本罪所吸收。出于营利等目的而实施了绑架、诱拐行为，但又出于猥亵、结婚的目的而将被绑架、诱拐者转移到其他场所的，因为只对同一法益造成侵害，所以，只成立包括的一罪。[②]

四、以勒索赎金为目的的绑架、诱拐罪，勒索赎金罪

利用近亲属以及其他对被绑架或被诱拐的人的安危表示担心的人的担忧，为了获取财物而绑架他人，或诱拐他人的，处无期或 3 年以上有期徒刑（《刑法》第 225 条之二第 1 款）。

未遂犯，处罚之（《刑法》第 228 条）。

利用近亲属或其他人对被绑架或被诱拐的人的安危的担忧，使其交付财物，或要求其交付财物的，和前款同样处理（《刑法》第
106 225 条之二第 2 款）。

收受被绑架者或被诱拐者的人，利用近亲属以及其他人对被绑架或被诱拐的人的安危的担忧，使其交付财物，或要求其交付财物的，处 2 年以上的有期徒刑（《刑法》第 227 条第 4 款后段）。

1. 意义

与赎金有关的绑架、诱拐罪和勒索罪，是于 1964 年新设的犯罪。历

---

① 大判昭 17、1、30 刑集 21、1。

② 大判大 13、12、12 刑集 3、871。

来，对这种性质的犯罪是作为以营利等为目的的绑架、诱拐罪或敲诈勒索罪加以处理的（《刑法》第249条）。但是，这种性质的犯罪，在社会危害性、被害的残忍性、传播性、模仿性方面，均和前述二罪有本质的不同，另外，也考虑到犯罪社会学上的类型性，从一般预防的角度出发，新设了这两种犯罪类型。

2. 以勒索赎金为目的的绑架、诱拐罪（《刑法》第225条之二第1款）

本罪是利用近亲属或其他的人对被绑架或被诱拐的人的安危的担心，出于获取财物的目的而绑架、诱拐他人的行为，是以营利等为目的的绑架、诱拐罪（《刑法》第225条）的加重类型。

（1）要件。本罪是目的犯，必须具有利用近亲属或其他对被绑架或被诱拐的人的安危"表示担忧的人"的担忧，使他人交付财物的绑架、诱拐行为。关于"表示担忧的人"，有以下观点的对立：1）是指对被绑架、诱拐者的安危表示担忧的近亲属以及其他亲近的人，包括担忧养子女的养父母，担忧寄宿店员的店主；2）限于事实上有保护关系的人；3）不限于亲属，包括所有熟人以及其他表示担忧被绑架、诱拐者的安危的人。这里所谓"表示担忧的人"，是指由于和被绑架、诱拐者具有亲密的人际关系，在社会一般人看来，理所当然地会对被绑架、诱拐者的安全表示担忧的人[①]，因此，与被绑架、诱拐者没有任何亲属关系的人也包括在内。通常，只要具有达到能使被绑架、诱拐者的自由或受保护状态得到恢复，遭受再大的财产损失也在所不惜的程度的特别人际关系，就符合本要件。[②] 107

所谓"利用"担忧，是利用有关人的担心、担忧而让其交付其所有和所管理的财物。由于"利用担心他人安危的人的担忧"意味着利用"忧虑"，因此，只要能够被认定为利用他人的担忧使其交付财物或者提

① 最决昭62、3、24刑集41、2、173。齐野，百选Ⅱ（第7版），28页；川本，判例讲义Ⅱ，15页。

② 但是，大阪地判昭51、10、25刑月8、9和10、435，对弹子房的经营者和从业员之间的关系持消极态度。同时，东京地判平4、6、19判例泰晤士报806、227"富士银行事件"，对绑架、诱拐银行职员向行长勒索赎金的事例持积极态度。

出交付财物的要求，即便某人和被绑架、诱拐者之间不具有亲密的人际关系，或者该人对于实际被绑架、诱拐者的安危并不表示担心，也成立本罪。

“表示担忧的人”的意义 （1）通说以和被绑架、诱拐者具有亲属关系或者其他类似的特殊关系为根据，认为“表示担忧的人”是指对被绑架、诱拐者的生命、身体危险表示担心的人，当然，仅仅对被绑架、诱拐者表示同情的第三人不包括在内。但是，不管是否具有亲属关系，和父子、兄弟一样表示担心的人都包括在内。在这种场合，准亲属关系不是考虑的要件。这样，（2）认为朋友或者其他对被绑架、诱拐者的安危表示担忧的人都包括在内的见解[①]，显然是指涉范围过于广泛。

（2）目的内容。本罪只规定了金钱等财产，因此，其他以不法获取财产性利益为目的的场合就不包括在内，如为了免除债务而绑架、诱拐他人的，成立营利绑架、诱拐罪。出于本罪的目的而绑架、诱拐未成年人的，只成立本罪。出于营利目的的绑架、诱拐罪和本罪之间是吸收关系，只成立本罪。与此相对，出于猥亵、结婚目的而实施的绑架、诱拐罪，由于和本罪之间具有本质上的不同，因此，是观念竞合。本罪的预备形态，也要受到处罚（《刑法》第228条之三）。另外，本罪适用释放被害人就减轻处罚的规定（《刑法》第228条之二）。

3. 勒索被绑架、诱拐者的赎金罪（《刑法》第225条之二第2款）

本罪是利用近亲属或其他对被绑架或被诱拐的人的安危表示担心的人的忧虑，在绑架、诱拐他人之后，使其交付财物等，或者要求交付赎金或财物等的行为。使他人交付赎金或者要求交付赎金的人，与出于勒索赎金的目的绑架、诱拐他人或者对被绑架、诱拐者实施收受行为的
108 人，受同等的刑罚。

（1）主体。所谓“绑架或诱拐者”（绑架、诱拐者），是实施绑架、诱拐未成年人罪（《刑法》第224条），以营利等为目的的绑架、诱拐罪

① 团藤，482页。东京地判平4、6、19判例泰晤士报806、227。

(《刑法》第 225 条)，以勒索赎金为目的的绑架、诱拐罪(《刑法》第 225 条之二第 1 款)，以移送所在国外为目的的绑架、诱拐罪(《刑法》第 226 条)的人(身份犯)，因此，本罪的主体只限于实施了绑架、诱拐的实行行为的人[①]，不包括该行为的教唆犯和帮助犯在内。[②]

(2) 行为。本罪的行为是利用“表示忧虑的人”的担心，使其交付财物，或勒索其交付财物的行为。所谓“使其交付财物”，是让对方交付财物；除接受对方提供的财物以外，还包括在对方认可的情况下取得财物。[③] 所谓“实施勒索行为”，是表示要求交付财物的意思。只要有勒索的意思表示，就是既遂，不要求被勒索的对方处于能够了解该意思表示的状态。因为必须是利用了“表示忧虑的人”的担忧，因此，在提出了要求，但对方不是“表示担忧的人”的场合，即没有利用他人担忧被绑架、诱拐者的状况的场合，以及“担忧”和交付财物之间没有因果关系的场合，不成立本罪。[④] 当然，这属于要求行为。

(3) 罪数。在为了勒索赎金而绑架、诱拐他人的人实施本罪的场合，判例认为构成牵连犯[⑤]，但是，由于这两种犯罪是连续实施的，因此，只是概括性地成立《刑法》第 225 条之二第 2 款所规定的一罪。在绑架、诱拐未成年人之后要求赎金的场合，成立绑架、诱拐未成年人罪和勒索赎金罪的牵连犯。[⑥] 本罪也适用释放被害人就减轻处罚的规定(《刑法》第 228 条之二)。另外，杀害被绑架、诱拐者的，本罪是在绑架、诱拐罪和收受罪成立之后实施的情况下，也能成立。[⑦] 109

4. 交付被绑架、诱拐者的人勒索赎金罪(《刑法》第 227 条第 4 款后段)

它是交付被绑架、诱拐者的人，利用近亲属以及其他人对被绑架、

① 大塚、90 页；西田，78 页。
② 反对，袖珍，509 页；藤木，230 页；西田，92 页。
③ 大塚，90 页。
④ 大塚，90 页；中森，62 页。
⑤ 最决昭 58、9、27 刑集 37、7、1078；香川，注释补卷(1)，225 页。
⑥ 同旨，大塚，90 页。反对，最决昭 57、11、29 刑集 36、11、988；团藤，484 页。
⑦ 中森，58 页；反对，山口，99 页。

诱拐者的安危的担忧，而使其交付财物，或要求其交付财物的行为。

（1）主体。本罪的主体是收受被绑架、诱拐者的人（身份犯），也即：出于勒索赎金目的而收受被绑架、诱拐者的人（《刑法》第227条第4款）；对实施了绑架、诱拐未成年人罪，以营利等为目的的绑架、诱拐罪，以移送所在国外为目的的绑架、诱拐罪的人而收受了被绑架、诱拐者的人（《刑法》第227条第1款）；对实施了为勒索赎金而绑架、诱拐他人的犯罪人进行帮助而收受了被绑架、诱拐者的人（《刑法》第227条第2款）；出于营利、猥亵的目的而收受被绑架、诱拐者的人（《刑法》第227条第3款）。

（2）和其他犯罪的关系。在出于勒索赎金的目的而收受被绑架、诱拐者的人实施本罪的场合，概括性地成立《刑法》第227条第4款所规定的犯罪。由于其他原因而收受被绑架、诱拐者的犯罪和本罪之间处于牵连关系。[①] 本罪也适用释放被害人就减轻处罚的规定（《刑法》第228条之二）。

五、以移送所在国外为目的的绑架、诱拐罪

出于移送到所在国之外的目的，而绑架、诱拐他人的，处2年以上有期徒刑（《刑法》第226条）。

未遂犯，处罚之（《刑法》第228条）。

本罪是出于移送到所在国以外的目的而绑架、诱拐他人的犯罪（目的犯）。所谓“所在国”，就是他人现在所在的国家。是不是在此居住，在所不问。出于将在日本国旅行的外国人移送到日本国外的目的的场合，也包括在内。只要具有移送到所在国的领土、领海或者领空之外的目的就够了，即便在和营利、结婚等目的竞合的时候，只要查明具有移送到所在国以外的目的，就适用本罪。[②] 不要求实际上已将他人移送到

---

① 前引最决昭58、9、27。吉川，69页；中山，105页。反对，团藤，483页；大塚，91页（包括一罪）。

② 大判昭12、9、30刑集16、1333。

所在国外。① 110

以移送到所在国外为目的的绑架的例子　最高法院于2003年3月18日（刑集第57卷第3号第371页）在和日本籍的妻子处于分居状态中的荷兰人丈夫，为了将二人之间所生、现在亲权者即日本籍的妻子的身边平稳地生活的2岁4个月的长女带回荷兰，就将其从医院（其妻子陪护）的病床上一把抓起，两脚朝天地夹在自己的胳膊下，带到汽车里离开的场合，认为就是出于移送到所在国外目的的绑架，丈夫即便是亲权者之一，其将自己的长女带回自己的国家的行为，也不排除违法性。另外，通过2005年的修正，本罪中的“移送到日本国外”扩大到“移送到所在国外”，不再限于日本国以外，具有将他人从所在国移送到其所在国外的目的的广泛行为也受到处罚。

六、买卖人身犯罪

收买他人的，处3个月以上5年以下的徒刑（《刑法》第226条之二第1款）。

收买未成年人的，处3个月以上7年以下徒刑（同条第2款）。

出于营利、猥亵、结婚或者对生命或者身体加害的目的而收买他人的，处1年以上10年以下徒刑（同条第3款）。

出卖他人的，与前款同（同条第4款）。

出于移送到所在国以外的目的而买卖他人的，处2年以上徒刑（同条第5款）。

未遂犯，处罚之（《刑法》第228条）。

1. 概说

《贩运人口议定书》将对出于“榨取的目的”，使用“出于获得处于他人支配之下的人的同意的目的而实施的授受金钱或者利益”的手段，“获得他人”等行为的处罚作为义务而予以承认。在2005年部分修改

① 大判昭12、3、5刑集16、254。

《刑法》的时候，增设《刑法》第226条之二（买卖人身犯罪），将出卖他人和收买他人的行为更加广泛地作为犯罪，而且，按照目的、对象、行为，区分法定刑。[①] 另外，买卖人身犯罪中的出卖他人罪和收买他人罪是必要共犯。

2. 收买他人罪（《刑法》第226条之二第1款）

本罪是买卖人身犯罪中的收买他人的犯罪。

（1）主体、对象。在主体方面没有特别的要求。对象，和第2款的规定相关，限于成年人。

（2）行为，就是收买他人。所谓“收买他人”，就是支付对价，取
111 得对他人人身的事实上的不法支配。对价不要求是金钱，如取得被卖者的劳动、服务，也是对价。关于人身交换是不是买卖，还有疑问，但提供他人人身也可以成为约束对象人的自由的动机，因此，应当对其予以肯定。所谓“取得支配”，不仅仅指支配的转移，收买者必须在物理或者心理上对对象人的意思进行支配，使其难以从自己的影响下脱离。当然，并不要求完全约束其自由。是不是获得了“意思支配”，要考虑约束自由的程度、对象人的年龄、犯罪场合等具体情况，根据一般社会观念加以决定。如将他人的护照拿走，根据情况，可以说是对意思进行了支配。

本罪是侵害自由以及生活安全的犯罪，因此，成立本罪的既遂，仅仅是签订了合同还不够，还必须具有事实支配的转移。当然，不要求场所的转移，有买卖或者交换的提议的话，就有买卖人身行为的着手，结果，没有事实支配的转移的，就是未遂。

（3）主观要件。本罪和《刑法》第226条之二第3款规定的犯罪不同，在故意之外，不要求其他主观要件。之所以将收买行为自身作为处罚对象，不仅仅是因为其和一般具有营利目的的同条第4款规定的出卖行为之间处于必要共犯（对向犯）的关系，还因为在支付了对价就取得对他人事实上的支配这一点上，更进一步增加了侵害被买者的自由的危

① 保坂、岛户：《刑法等部分修改的法律》，《法学家》，1298号，77页。

险。收买之后，将被买者逮捕、监禁的话，就成立和逮捕、监禁罪之间的牵连犯。

（4）对象人的同意。在对象人对处于支配之下的事实表示同意的场合，只要该同意是自由并且真诚的，就排除违法性。但是，如果具有榨取的目的，或者采用了暴力、胁迫、欺骗、诱惑、金钱交易等手段，在很多场合就不能说是真实的同意，应当说，该同意原则上无效。

3. 收买未成年人罪（《刑法》第 226 条之二第 2 款）

本罪是对收买未成年人的人，从保护未成年人的观点出发，将第 1 款规定的收买罪的法定刑加重的情形。除对象是未成年人以外，本罪在其他方面都和收买罪相同。 112

4. 以营利等为目的的收买罪（《刑法》第 226 条之二第 3 款）

本罪是将猥亵、营利等目的作为要件而加重法定刑的犯罪（目的犯）。这是因为，具有猥亵等目的的行为，在其性质上，侵害自由的危险更大。另外，在前述《贩运人口议定书》中，要求对出于榨取的目的使用授受金钱的手段将他人置于支配之下的行为进行处罚，同时，考虑到近年来性质恶劣的人身买卖行为的实际情况，对其处以 1 年以上 10 年以下的徒刑。

5. 出卖他人罪（《刑法》第 226 条之二第 4 款）

本罪是将和收买他人罪处于必要共犯关系的出卖他人行为作为犯罪处理的情形。所谓“出卖他人”，就是得到对价而将对他人的事实支配转移给对方。有事实支配的转移就够了，不要求有场所上的转移。对买卖或者交换的提出表示同意的话，就是实行的着手。具有对他人的交接的话，即便没有转移对价，也是既遂。只要具有取得对价的目的，一般就能认定具有营利目的，因此，没有规定营利目的等特别的主观要件。对本罪处 1 年以上 10 年以下有期徒刑。

6. 以移送所在国以外为目的的买卖人身罪（《刑法》第 226 条之二第 5 款）

本罪是对出于移送到所在国以外目的的买卖人身行为从重处罚的犯罪（目的犯），法定刑为 2 年以上有期徒刑。这种类型的行为严重侵害了人身自由乃至生活安全，因此，从重处罚。所谓“买卖”，就是取得对价而转移他人以及支付对价而取得他人。买主和卖主之间是必要共犯。买卖或者交换的提出就是实行的着手，从对方来看同意就是实行的着手。实际上移送到所在国，对于本罪的成立来说，毫无关系。即便在具有移送到所在国外目的的同时也具有营利目的的场合，也成立本罪。
113 在犯本罪之后，将被卖者实际移送到所在国外的，本罪和将被绑架者等移送到所在国外罪之间成立牵连犯。

七、将被绑架者等移送到所在国外罪

将被绑架者、被诱拐者以及被买卖者移送到所在国以外的，处2年以上有期徒刑（《刑法》第226条之三）。

未遂犯，处罚之（《刑法》第228条）。

本罪是以将被绑架、诱拐者以及被买卖者移送到所在国以外为内容的犯罪。其将过去的《刑法》第226条第2款后段中的“日本国外”扩大为“所在国外”。“被绑架、诱拐者”是拐取行为的受害人，“被买卖的人”是其人身被买卖的人。“移送”，是转移到其他场所，进入所在国以外的领空、领海之外的时候，就是既遂。当犯买卖人身罪的人又犯本罪的时候，有（1）并合罪说和（2）牵连犯说（通说）① 之间的对立。由于两罪之间处于目的与手段的关系，因此，应当看作牵连犯。②

八、交付被绑架、诱拐者罪等

出于帮助《刑法》第224条、第225条以及前3条所规定的犯罪人的目的，交付、收受、藏匿被绑架、被诱拐或者被买卖的人，或者使上述人员隐蔽的，处3个月以上5年以下的有期徒刑（《刑法》第227条第1款）。

① 香川，442页。

② 大判昭12、3、5刑集16、254。

出于帮助犯《刑法》第 225 条之二第 1 款规定之罪的人的目的，交付、收受、藏匿被绑架、被诱拐的人，或使其隐蔽的，处 1 年以上 10 年以下有期徒刑（同条第 2 款）。

出于营利、猥亵的目的而交付、收受、藏匿被绑架、被诱拐或者被买卖的人的，处 6 个月以上 7 年以下有期徒刑（同条第 3 款）。

基于《刑法》第 225 条之二第 1 款的目的，收受被绑架或者被诱拐的人的，处 2 年以上有期徒刑（同条第 4 款前段）。

未遂犯，处罚之（《刑法》第 228 条）。

1. 交付被绑架、诱拐者罪（《刑法》第 227 条第 1 款、第 2 款）

本罪是对收受被绑架、诱拐者等行为的处罚规定进行完善之后而形成的，处罚的是出于帮助绑架、诱拐等各种犯罪的实行犯的目的，交付、收受、运输、藏匿被绑架、被诱拐或者被买卖的人，或对上述人员加以隐蔽的行为，处 3 个月以上 5 年以下的有期徒刑。由于它是将帮助已经实施完毕的犯罪的行为作为独立犯罪加以规定的情况，因此，它是 114
所谓绑架、诱拐犯罪的帮助犯或事后帮助犯。

（1）对象。本罪的对象，是被绑架、诱拐者和被出卖者。其中，前者是绑架、诱拐未成年人罪，以营利等为目的的绑架、诱拐罪，以移送所在国外为目的的绑架、诱拐罪，以及以勒索赎金为目的的绑架、诱拐罪等各种犯罪的被害人，后者是买卖人身犯罪中被买卖的人。

（2）行为。本罪的行为，是为了对绑架、诱拐未成年人罪，以营利等为目的的绑架、诱拐罪，以移送所在国外为目的的绑架、诱拐罪，以勒索赎金为目的的绑架、诱拐罪等各种犯罪的实行犯提供帮助，而交付、收受、运送、藏匿被绑架、诱拐者或被出卖者，以及对上述人员加以隐蔽的行为（目的犯）。1）所谓交付，就是将对对象人的支配转移给其他人。2）所谓收受，是指接收对象，将其置于自己的实力支配之下的行为。有偿还是无偿，在所不问。3）所谓运送，是指从对象人所在场所转移到其他场所的行为。4）所谓藏匿，是指为了使被绑架、诱拐者或者被出卖者不被保护人、警察等发现，而提供场所加以藏匿的行为。不要求将被害人置于自己亲手控制之下。5）所谓隐蔽，是指藏匿以外的使人难以发现的行为。上述行为，在本犯的实行行为实施以前和本犯具有意思沟通的时候，就成为本犯的共同实行犯或帮助犯。《刑法》第227条第1款所规定的犯罪，只要不是出于营利的目的而实施的，就是亲告罪（《刑法》第229条）。实施《刑法》第227条第2款之罪的人，适用释放被害人就减轻处罚的规定（《刑法》第228条之二）。

2. 以营利等为目的的交付被绑架、诱拐者等罪（《刑法》第227条第3款、第4款前段）

本罪是以交付、收受、输送或者藏匿被绑架、诱拐者或被出卖者的行为为内容的犯罪，是以营利、猥亵或者对生命、身体进行加害为目的的目的犯。

（1）以营利、猥亵等为目的的交付等罪（《刑法》第227条第3款），是指出于营利、猥亵或者对生命、身体进行加害的目的而收受、运输、藏匿被绑架、诱拐者或者被出卖者的犯罪，处6个月以上或者7年以下有期徒刑。在以结婚为目的的场合，不成立本罪。本罪，只要不是出于营利的目的，就是亲告罪（《刑法》第229条）。

（2）以勒索赎金为目的的收受罪（《刑法》第227条第4款前段），是指利用近亲属或其他人对被绑架、诱拐者的安危的担忧，出于使其交
115 付财物的目的，而收受被绑架者、被诱拐者的犯罪，处2年以上有期徒刑。本罪也适用释放被害人就减轻处罚的规定（《刑法》第228条之二）。

（3）收受被绑架、诱拐者的勒索赎金罪（《刑法》第227条第4款后段），是指收受被绑架、诱拐者的人利用近亲属及其他担忧被绑架、诱拐者的安危的人的忧虑，使其交付财物，或者要求交付财物的犯罪。在为了勒索赎金而收受被绑架、诱拐者的行为在触犯本罪的场合，概括性地符合《刑法》第227条第4款的规定，成立其他被绑架、诱拐者收受罪和本罪的牵连犯（最决昭58、9、27）。本罪也适用释放被害人就减轻处罚的规定（《刑法》第228条之二）。

九、未遂罪

> 实施《刑法》第 224 条、第 225 条、第 225 条之二第 1 款、第 226 条到第 226 条之三以及第 227 条第 1 款到第 3 款以及第 4 款前段之罪而未得逞的，处罚之（《刑法》第 228 条）。

对绑架、诱拐犯罪的各种未遂形式，原则上都要予以处罚。但是，《刑法》第 225 条之二第 2 款、第 227 条第 4 款后段所规定的勒索赎金罪中，没有规定未遂罪。这是因为，该罪不可能有未遂形式。

十、以勒索赎金为目的的绑架、诱拐预备罪

> 为了实施《刑法》第 225 条之二第 1 款所规定的犯罪，而进行预备行为的人，处 2 年以下的有期徒刑。但是，在着手实行犯罪以前自首者，减轻或者免除其刑（《刑法》第 228 条之三）。

鉴于勒索赎金目的的绑架、诱拐行为的性质非常恶劣，在即便是尚未着手实行绑架勒赎的场合，也可以予以处罚。同时，和其他预备犯不同，在着手实行前自首的，必须减免其刑。

十一、释放被绑架、诱拐者减轻其刑的规定（解放减轻）

> 实施《刑法》第 225 条第 2 款或者第 227 条第 2 款或者第 4 款规定的犯罪的人，在提起公诉之前将被绑架、诱拐者释放到安全场所的时候，减轻其刑（《刑法》第 228 条之二）。 116

1. 宗旨

出于勒索赎金的目的而绑架、诱拐他人的人，或收受了被绑架、诱拐者等的人，从犯罪性质上看，有杀害被绑架、诱拐者的可能，因此，为了给犯人退路，从保护被绑架、诱拐者的生命安全的刑事政策的角度来考虑，就设计了必要减轻规定。所谓释放（解放），就是解除对被绑架、诱拐者的实力支配。但是，单纯解除实力支配还不能适用本规定，还必须将被绑架、诱拐者转移到安全场所。

2. 安全场所

所谓“安全场所”，是指被绑架、诱拐者被安全救助的场所。其安

全性，必须达到被绑架、诱拐者被其近亲属、警察等救助出来为止，不会对被绑架、诱拐者的生命、身体产生具体危险的程度。① 从规定本条的宗旨来看，只要能够促使被绑架、诱拐者被转移到安全场所就行，所以，即便存在“漠然的抽象的危险”，也应当说具有安全性。释放必须在提起公诉之前实施，提起公诉之后的释放，只是裁量减轻的对象。

十二、亲告罪

> 犯《刑法》第224条、第225条之罪，以及为了帮助实施上述犯罪而犯《刑法》第227条第1款之罪、第3款之罪，以及上述犯罪的未遂犯（《刑法》第228条），除以营利为目的的场合以外，未经告诉的，不得提起公诉。但是，在被绑架、被诱拐的人以及被买卖的人已经和犯人结婚的场合，该婚姻未经裁判确定无效或者应当撤销的话，其告诉无效（《刑法》第229条）。

1. 告诉权人

为了保护绑架者和被绑架者、诱拐者和被诱拐者之间的人际关系或者被绑架、诱拐者的名誉，法律规定，（1）绑架、诱拐未成年人（《刑法》第224条），（2）以营利等为目的的绑架、诱拐（《刑法》第225条），（3）交付被绑架、诱拐者等（《刑法》第227条第1款），（4）出于营利、猥亵等目的的收受（同条第3款）以及（5）上述犯罪的未遂犯（《刑法》第228条），除出于营利或者对生命、身体进行加害的目的而实施的场合以外，都是亲告罪。所谓“告诉”，就是向调查机关控告犯罪事实，请求追诉的意思表示。被害人和被害人的法定代理人（《刑诉》第231条）具有告诉权（《刑诉》第230条）。问题是事实上的监护
117 人，他们也应当具有告诉权。判例、通说认为，绑架、诱拐犯罪也是侵害监护权的犯罪，监护人也是被害人，从这一立场出发，他们当然也具有告诉权。但是，即便不从这一立场出发，只要是为了被绑架、被诱拐

① 最决昭54、6、26刑集33、4、364，东京地判平14、4、17判例时报1800、157。

者的利益，也应当说，监护人具有告诉权。①

2. “婚姻”的意义

但书中所谓的“婚姻”，是指法律婚。告诉，必须在婚姻无效或者撤销的判决下达之后的 6 个月以内提起，否则不具有效力（《刑诉》第 235 条）。在已经离婚的场合，告诉有效。② 在提起公诉之后结婚的场合，已经提起的告诉失效。③

第四节　对性自由的犯罪

一、概说

1. 保护法益

对性自由的犯罪，是以暴力、胁迫以及劝诱的手段实施的猥亵、强制性交等行为以及与此相类似的行为。本罪的保护法益是性自由即包括性羞耻心等关于性的事务的自己决定的自由。

《刑法》在第二编第二十二章“猥亵、强制性交等和重婚犯罪”中规定了以下性的犯罪，其中，包括以社会的性感情和性秩序为保护法益的对公众利益的犯罪，以及以性自由和感情为保护法益的对个人利益的犯罪两种。前者是指（1）公然猥亵罪（《刑法》第 174 条），（2）散发淫秽物罪（《刑法》第 175 条），（3）重婚罪（《刑法》第 184 条）；后者是指（1）强制猥亵罪（《刑法》第 176 条），（2）强制性交等罪（《刑法》第 177 条），（3）监护人猥亵罪和监护人性交等罪（《刑法》第 179 118
条），（4）劝诱淫行罪（《刑法》第 182 条）。在此仅讲述后者的情况。

关于对性感情的犯罪，如猥亵犯罪或强制性交等犯罪的保护法益，

① 福冈高判昭 31、4、14 裁特 3、8、409。川本，判例讲义Ⅱ，14 页。反对，西田，86 页；山口，104 页。

② 大塚，97 页。

③ 名古屋高金泽支判昭 32、3、12 高刑集 10、2、157。

一向以个人的性自由作为通说。对此，本书自初版以来，一直主张侵犯性自由的犯罪同时保护正常的性羞耻心。其理由是，瞬间接吻行为和用手触摸他人阴部等没有侵害性自由的行为也包含在性行为之中，如果本罪的保护法益只是单纯的性自由，对上述行为就无法限定，因此，应将本罪限定为侵害正常的性羞耻心的行为，在此番考虑下，特意在本罪包括侵害性羞耻心的行为的宗旨下导入侵犯性感情的犯罪观念，进而展开自己的学说。① 与此相对，近年来，“关于人对性差异怀有羞耻心的事项的自我决定的自由是保护法益的内容”的见解成为通说。② 此见解以性羞耻心作为性自由概念的核心内容是妥当的，另外，将性自由和性感情区别对待的看法比起我的观点来更有优势，因此，本书本版参照当前的通说，将观点修改为本罪是“侵犯包括性羞耻心的自己决定自由的犯罪”即“侵犯性自由的犯罪”。

2. 刑法的修正

自1907年现行《刑法》制定以来，关于性自由的犯罪，是作为“猥亵、奸淫及重婚的犯罪”来规定的。根据1958年的《刑法》修正，二人以上在现场共同实施的强奸罪等成为非亲告罪。另外，根据2004年的《刑法》修正，强奸罪和强奸致死罪的法定刑被提高。与此同时，在创设集团强奸等犯罪方面作出修正，但是，这基本上维持了《刑法》制定当时的构成要件。

然而，以性犯罪受害者的呼吁、性犯罪受害者支援团体等举行的各种活动，以及两性平等基本计划等动向作为背景，性犯罪的处罚规定被认为未必符合现代的性犯罪的实际情况，从这种观点出发，性自由相关的犯罪一直被要求修改。其结果是，2017年大幅修改了“猥亵、强制性交等及重婚的犯罪”中关于侵犯个人性自由的行为的处罚规定，即：(1) 将强奸罪改为强制性交等罪，在修改构成要件的同时提高了法定刑；(2) 新增了利用亲属地位等的机会实施的监护人性交等罪；(3) 将

① 大谷，新版第4版补订版，111页。另外，西田，第6版，89页。

② 山口，105页。另外，中森，65页；西田，99页；高桥，136页。

原来的亲告罪改为非亲告罪。这样一来，严惩侵犯个人性自由的行为的刑法修改目的得到实现。 119

刑法典以外关于性行为的犯罪　（1）《儿童福利法》规定对“奸淫儿童”的行为进行处罚（第34条第1款第6项）；（2）《处罚儿童卖淫等的法律》规定，以儿童（未满18周岁者）为嫖娼对象的，予以处罚（第4条）；（3）《青少年成长保护条例》规定，对地方公共团体制定的《青少年培养条例》所禁止的奸淫或者猥亵青少年的行为，予以处罚。

二、强制猥亵罪

对13周岁以上的男女，使用暴力、胁迫进行猥亵的，处6个月以上10年以下有期徒刑；对未满13周岁的男女，实施猥亵行为的，和前款同样处理（《刑法》第176条）。

未遂犯，处罚之（《刑法》第180条）。

1. 意义

强制猥亵罪是以暴力、胁迫的方式对他人实施性交以外的猥亵行为，属于通过压制对方反抗侵犯性的自己决定权的犯罪。由于犯罪对象的差异，本罪规定了两种构成要件：（1）对象是13周岁以上的男女的时候，作为手段，要求使用暴力、胁迫（本条前半句，处6个月以上10年以下有期徒刑）。（2）对象是不满13周岁的男女的时候，由于该对象欠缺有关性的事由的判断能力，故只要实施了猥亵行为，就构成本罪。无论手段如何，有无同意，都在所不问。

另外，对于不满13周岁的人，没有认识到其不满13周岁，以暴力或者胁迫的方式实施猥亵行为时，不区分《刑法》第176条的前段和后段，成立本罪。①

2. 行为

（1）猥亵行为。本罪在对他人实施“猥亵行为”时成立。根据判

① 最决昭44、7、25刑集23、8、1068。

例，所谓猥亵行为，是指无聊地亢奋或刺激性欲，伤害普通人的正常的
120 性的羞耻心，违反善良的性道德观念的行为。① 本书以往对本罪中的“猥亵行为”的理解基本采取了与判例主旨相同的观点。② 但是，如前所述，本罪的保护法益改为性的自己决定的自由，因此，在沿用判例部分内容的同时，本书改为“所谓猥亵行为，是指侵犯普通人的性羞耻心的行为”③。近年来，在定义“猥亵行为”时，从性自由的角度出发定义猥亵的有力学说认为，公然猥亵罪是“（是否自己实施的该行为）以性自由为对象的行为”，相反，强制猥亵罪是“（是否观看他人实施的该行为）以性自由为对象的行为”④。但是，这种见解使猥亵的意义不甚明确。问题是，侵害性自由的“猥亵行为”是什么。我认为，应当是在特定时代的社会中“侵害普通人的正常性羞耻心的行为”。强吻、触摸乳房和阴部⑤等行为在一段时间内作为“侵害普通人的正常性羞耻心的行为”，应被认定为“猥亵行为”。

对性的羞耻心的侵害 新潟地方法院1988年8月26日（判例时报第1299号第152页）的判决认为，7岁的女孩尽管在性方面没有成熟，但也具有作为女性的自我意识，抚摸其胸部等行为也会使其产生羞耻感和厌恶感，因此，是本罪的对象。但是，问题的核心不是被害人是否具有作为性感情的“羞耻心和厌恶感”，而在于是否属于“侵害普通人的正常性羞耻心的行为”，即侵害以一般人作为基准的性羞耻心的行为。具体而言，抚摸乳房和阴部的行为⑥、拍摄裸体照片的行为⑦等都是猥亵行为。

（2）暴力、胁迫。通说认为，以猥亵作为强要手段的“暴力、胁

① 名古屋高金泽支判昭36、5、2下刑集3、5和6、399，最大判昭32、3、13刑集11、3、997。

② 大谷，新版第4版补订版，113页。

③ 另外，前田，93页。

④ 山口，107页。另外，曾根，66页；中森，65页；高桥，128页。

⑤ 东京高判昭31、1、22刑集10、1、10。

⑥ 名古屋高金泽支判昭36、5、2下刑集3、5、6、399。

⑦ 东京高判昭29、5、29判例时报40、138。

迫"，不必压制对方的反抗。[①] 问题是，如突然抚摸对方阴部的行为，没有达到使被害人的反抗变得明显困难的程度，但是，暴力自身就可以作为猥亵行为。关于这一点，有以下对立学说：1）成立单纯暴行罪 121
说[②]（《刑法》第 208 条）；2）成立强制猥亵罪说[③]；3）成立《刑法》第 178 条第 1 款的准强制猥亵罪说。[④] 但是，作为手段的暴力没有必要和猥亵行为区分开来，因此，乘机将自己的性器官抵在对方的阴部上，可以被视为不能反抗的以暴力作为手段的强行实施猥亵行为，故成立本罪。2）说是妥当的。

（3）主观要件。本罪是只要使用暴力、胁迫（在未满 13 周岁的人的场合，可以是基于同意）实施猥亵行为就告成立的举动犯。本罪是故意犯，因而必须行为人对符合构成要件事实有认识。在本罪的认识认定中，成为问题的是关于被害人年龄的认识错误。在将未满 13 周岁的人误信为已满 13 周岁，并基于其同意而实施了猥亵行为的场合，是事实的错误，欠缺故意，不成立本罪。相反地，将 13 周岁以上的人误认为未满 13 周岁而实施了猥亵行为的，有实施《刑法》第 176 条后段所规定的犯罪的故意，但是，不能认定为符合构成要件事实，成立本罪的不能犯。[⑤] 关于这种情况是否成立犯罪，有观点认为"未遂犯（旧《刑法》第 179 条）只不过是可能成立"[⑥]，但是，从一般人的立场来看，如果对象可能被误认为 12 周岁，就成立未遂犯（《刑法》第 180 条）。[⑦]

有见解认为，本罪的主观要素，必须有故意以外的行为人自身的性意图或者"猥亵的倾向"。另外，只要没有实施暴力、胁迫，就不成立犯罪。另外，通说和判例认为，在主观要件上，必须具有猥亵的意图或

---

① 另外，大塚，99 页。

② 中，85 页；大判大 7、8、20 刑录 24、1203，大判大 13、10、22 刑集 3、749。

③ 大塚，99 页；中森，66 页；西田，99 页；井田，199 页；山口，108 页；高桥，131 页。

④ 松原，86 页。

⑤ 高桥，131 页。

⑥ 山口，108 页。

⑦ 大谷，总论，376 页。

倾向。另外，最高法院曾认为，强制猥亵罪要成立，“必须是在刺激、兴奋犯人的性欲，使其得到满足的情欲意图之下实施的”[①]。在被告人
122 出于报复的目的，强迫 23 岁的女性赤身裸体照相的案件中，否定成立强制猥亵罪。

在学说中，关于性意图与对作为保护法益的性自由的侵害有无关系，有力的见解认为不需要此要件。[②] 最高法院在顺应学说发展趋势的基础上，于 2017 年 11 月 29 日通过大法庭的判决指出，“性意图”并非一律作为本罪的成立要件，被告人没有性意图，以取得财产为目的，让 7 岁的女儿拿着被告人的阴茎并含在嘴里，以及抚摸被害人阴部等行为构成强制猥亵罪，“1970 年判例的解释应产生变化”[③]。性意图与对性自由的侵害没有关系，因此，以此为本罪的主观构成要件并不妥当。在此意义上，最高法院的新判例是妥当的。

3. 罪数、与其他犯罪的关系

对未满 13 周岁的人，使用暴力、胁迫手段，实施猥亵行为的，只成立本罪一罪。[④] 对于公然实施本罪的，尽管有力见解认为只成立本罪一罪[⑤]，但是，在该行为符合公然猥亵罪的构成要件的场合，因为以本罪难以对其进行全面评价，所以，该行为和本罪之间是观念竞合。[⑥]

三、强制性交等罪

以暴力、胁迫手段对 13 周岁以上人实施性交、肛交、口交（以下简称“性交”等）的，是强制性交等罪，处 5 年以上有期徒刑。对不满 13 周岁的幼女实施性交等行为的，亦同（《刑法》第 177 条）。

未遂犯，处罚之（《刑法》第 180 条）。

---

① 最判昭 45、1、29 刑集 24、1、1。

② 团藤，491 页；平野，180 页；中森，66 页；西田，100 页；前田，96 页；山口，108 页；高桥，132 页。

③ 最大判平 29、11、29 刑集 71、9、467。

④ 最决昭 44、7、25 刑集 23、8、1068。

⑤ 小野，134 页；木村，231 页；福田，183 页。

⑥ 大判明 43、11、17 刑录 16、2010。团藤，490 页；前田，96 页。

1. 意义

本罪是以暴力、胁迫为手段对13周岁以上的人实施强制性交等的行为，或者对未满13周岁的幼女实施性交等的行为。其保护法益是女性的性自由。在对象在13周岁以上的人的场合，必须以暴力或者胁迫为手段。与之相对，在对象未满13周岁的场合，何种手段都可以构成本罪。即使有被害人承诺，也成立本罪。不满13周岁的人，被视为欠缺一般的同意能力。 123

本罪是强制猥亵罪的特别类型，强迫他人与自己发生伴随着强烈身体接触的肉体联系，性质恶劣、危害严重，因此，作为强制猥亵罪的加重类型，"处5年以上有期徒刑"①。在2017年《刑法》修正以前，男性以女性为对象，通过暴力、胁迫强制性交的行为构成强奸罪，"处3年以上有期徒刑"。但是，为了根据性犯罪的实际情况对犯人进行适当的处罚，在2017年刑法修正以后主体以及对象都被改为"人"即包括男性和女性。另外，将行为从"奸淫"即将男性性器官插入女性性器官改为"性交等"，对用阴茎等插入肛门等类似于性交的行为也加重处罚。

再者，关于配偶之间强制性交等罪的成立，有观点认为，婚姻中夫妇相互有回应性行为的义务，因此，除非夫妻关系破裂，否则，即使夫妇之间实施了强制性交，也原则上不成立本罪，但是，即便是在夫妻之间，也没有回应以暴力、胁迫为手段的性行为的法律义务，因此，夫妻之间的强制性交行为也能成立本罪。②

2. 行为

本罪的行为，（1）在对象为13周岁以上的人的时候，是以暴力、胁迫为手段进行性交；（2）在对象为不满13周岁的人的时候，只要有性交等行为就够了。在情形（2）中，即使有对方的同意也成立本罪。

（1）暴力、胁迫。关于暴力、胁迫的意义，有1）是达到抑制被害人 124

---

① 松田、今井：《关于刑法部分修改的法律》，《法曹时报》，69卷11号，228页。

② 山中，163页；西田，102页；山口，109页；井田，108页。东京高判平19、9、26判例泰晤士报1268、345。另外，限于婚姻关系破裂的场合成立本罪，广岛高松江支昭62、6、18高刑集40、1、71。

的反抗、胁迫程度的最狭义的暴力、胁迫[①]，2）不问其强弱[②]，3）只要达到使被害人明显难以反抗的程度就够了（通说）等见解之间的对立。本罪的保护法益是性自由，由此来看，只要实施了达到使对方难以反抗程度的暴力、胁迫，就可以说是对性自由的侵害，因此，3）说妥当。[③]

（2）性交等。本罪通过实施性交等而成立。所谓“性交”，是指将男性性器官（阴茎）插入女性性器官（阴道）的行为。这种伴由阴茎插入阴道内的性行为是人类的基本性行为，特别重要，以暴力、胁迫强制实施该行为的恶劣性和严重性是加重处罚的根据。在这一点上，强迫他人，将男性性器官插入行为人或者第三人的阴道、肛门、口腔内的行为也是一样的。就此而言，不仅仅性交，“肛交或者口交”也包括在本罪的行为形态之中。因此，所谓性交等，是指将自己或第三人的阴茎插入被害人的阴道、肛门或口腔内，或将被害人的阴茎插入行为人或第三人的阴道、肛门或口腔内的行为。[④]

强制性交等罪的实行行为是以暴力、胁迫为手段使阴茎的一部分插入阴道、肛门、口腔。[⑤] 将阴茎以外的异物插入的行为构成猥亵。对实行的着手以强制性交等行为成功实施的实质、客观的危险性为判断时点。1970年7月25日刑集第24卷第7号第585页认为，把路上行走的女性硬拉到翻斗车的座位席，带离至距离行为地5公里的场所实施强奸的案例，以硬拉进车的时点为强奸的客观危险成立的时点。[⑥] 关于既遂
125 时期，判例认为，在“插入”或者“进入”阴道等内时就构成既遂，不需要射精。[⑦]

3. 故意

以未满13周岁的人为性交等的对象时，与强制猥亵罪一样，即使

---

① 泷川，324页。
② 植松，190页。
③ 最判昭24、5、10刑集3、6、711。
④ 松田、今井，前引论文，222页。
⑤ 大判大2、11、19刑录19、1255。
⑥ 最判昭28、3、13刑集7、3529。
⑦ 大判大2、11、19刑录19、1255。

不使用暴力、胁迫手段也成立本罪。对于未满 13 周岁的人，使用暴力、胁迫手段与其性交时，也成立本罪。[①] 另外，对行为以及年龄发生认识错误的，与强制猥亵罪一样，不予处罚。

4. 罪数

对同一被害人在同一机会所实施的一连串行为[②]，是一罪。在不同机会实施的场合，是数罪。在共同犯罪人轮流强奸同一被害人（轮奸）的场合，也一样，作为一罪的共同正犯处理。[③]

四、准强制猥亵罪、准强制性交等罪

利用他人心神丧失或不能抗拒的状态，或者使他人心神丧失或不能抗拒而实施猥亵行为的，按照《刑法》第 176 条的规定处罚（《刑法》第 178 条第 1 款）。

未遂犯，处罚之（《刑法》第 180 条）。

利用他人心神丧失或不能抗拒的状态，或者使他人心神丧失或不能抗拒而实施性交等行为的，按照前条的规定处罚（《刑法》第 178 条第 2 款）。

未遂犯，处罚之（《刑法》第 180 条）。

1. 意义

准强制猥亵罪，是指利用他人心神丧失或不能抗拒的状态，或者使他人心神丧失或不能抗拒而实施猥亵行为（《刑法》第 178 条第 1 款）。对此罪的未遂犯可以处罚（《刑法》第 180 条）。同时，准强制性交等罪，是指利用他人心神丧失或不能抗拒的状态，或者使他人心神丧失或不能抗拒而实施性交等行为（《刑法》第 178 条第 2 款）。对此罪的未遂犯可以处罚（《刑法》第 180 条）。与之相对，在以实施猥亵行为或者强制性交等行为为目的，使用暴力、胁迫的手段让被害人难以反抗，从而

① 大判大 2、11、19 刑录 19、1255。

② 东京地判平元 10、31 判例时报 1363、158。

③ 名古屋高判昭 30、4、21 高刑裁特 2、9360。

利用该状态实施猥亵行为或者性交行为的场合，不成立本罪，而成立强
126 制猥亵罪（《刑法》第176条）、强制性交等罪（《刑法》第177条）。[①]

从保护性自由的观点出发，不限于使用暴力、胁迫手段的场合，在利用他人心理难以抵抗的状态实施猥亵、强制性交等的场合也会侵害性自由，因此，本罪应受到处罚。在此意义上讲，本罪是强制猥亵罪或者强制性交等罪的补充类型或者扩张类型。

2. 难以抵抗的状态

（1）心神丧失。虽然本条使用"心神丧失"这一用语，但是，这与《刑法》第39条第1款中的"心神丧失"不同。本条中的心神丧失，是指由于精神或意识疾病而产生的对性行为不能正常判断的状态。如在神志昏迷、睡眠、醉酒、重度精神病等状态之下，对于自己所遭受的性侵害没有正确认识的情况就属于此。[②] 因此，利用未满13周岁的人的心神丧失实施猥亵行为时，构成强制猥亵罪（《刑法》第176条后段）。

（2）不能抗拒。所谓"不能抗拒"，是指有自己的性自由受到侵害的意识，但对于猥亵行为或者强制性交等行为明显难以抗拒的状态。在不能抗拒中，有物理的不能抗拒和心理的不能抗拒。所谓物理的不能抗拒，是指物理上没有能力抗拒的场合，如由于手脚被捆绑而失去了身体自由的场合。所谓心理的不能抗拒，是指心理上没有能力抗拒的场合，如利用被害人睡得迷迷糊糊，把行为人误认为丈夫的错觉而实施性交的场合。[③]

对心理的不能抗拒，可以分为两种情形来考虑。一种是根本不知道会发生猥亵、强制性交等行为而不能抗拒。例如，谎称将药插入阴部，使其闭上眼睛进行性交的场合。[④] 在这种场合被害人由于对性自由受侵害没有认识，所以有些许疑问，但是，从使被害人不能抗拒而侵害其性

① 最判昭24、7、9刑集3、8、1174。

② 东京高判昭51、12、13东时27、12、165（对智力发育不全的女性实施强制性交的事例，被害人年龄是25岁但只有四五岁程度的认知能力）。

③ 广岛高判昭33、12、24高刑集11、10、701。

④ 大判大15、6、25刑集5、285，东京高判昭51、8、16东时27、8、108，名古屋地判昭55、7、28判例时报1007、140。

自由的角度来考虑，也是可以的。另一种是被害人认识到猥亵、强制性交等行为，但没有能力对此予以抗拒的心理状态的场合。关于前者的事 127
例，如医生利用少女患者的错误认识，让其以为医生正在做适当的治疗，判例认定为“使他人不能抗拒”的性交。[①] 另外，关于“利用”被害人由于睡觉等情况把行为人当成是丈夫的错误认识实施性交，判例认定为准强制性交等罪。[②] 关于后者的事例，如对于假扮妇科医生的治疗行为，让被害人误以为为了治疗必须性交，在不得已的情况下性交的案件，判例认定为准强制性交等罪[③]，等等。

成为问题的，是像后者那样，被害者认识到是性交等并对此作出同意的情况。关于所谓“根据错误的同意”的有效性问题，有力的见解认为，对性行为的认识没有错误，其同意就是有效的，不成立准强制猥亵罪或准强制性交等罪。[④] 根据这种见解，既然被害者对性行为有认识，就不能成立本罪。但是，即使对性行为有认识，在被告知“不服从指示就会下地狱”而感到害怕并答应性交等场合[⑤]，性自由明显受到了侵害。[⑥] 以“是否有在自由意志下行动的精神空间”为标准，应当判断为不能抗拒。[⑦]

3. 行为

利用他人心神丧失或不能抗拒，或者使他人心神丧失或不能抗拒而实施猥亵行为的场合，就是准强制猥亵罪（《刑法》第 178 条第 1 款）；实施强制性交等行为的场合，就是准强制性交等罪（同条第 2 款）。

所谓“利用他人心神丧失或不能抗拒”，是指利用被害人由于精神 128

---

① 大判大 15、6、25 刑集 5、285。

② 广岛高判昭 33、12、24 高刑集 11、10、701。同旨，仙台高判昭 32、4、18 高刑集 10、6、491。

③ 名古屋地判昭 55、7、28 判例时报 1007、140。东京地判昭 62、4、16 判例时报 1304、147。

④ 西田，105 页；山中，170 页。

⑤ 京都地判平 18、2、21 判例泰晤士报 1229、344。

⑥ 中森，68 页。

⑦ 东京地判昭 58、3、1 判例时报 1006、145。另外，大谷，总论，254 页。

障碍或意识障碍而对性行为不能进行正常判断的状态，或者利用被害人由于心神丧失以外的事情而不能抵抗违法的性行为的状态，实施本罪行为。

所谓使他人心神丧失或不能抗拒，是指使用暴力、胁迫以外的手段，使他人陷入心神丧失或不能抗拒的状态。使用催眠术或让他人大量饮酒陷入烂醉如泥状态的场合，就是“使他人心神丧失”的情况；医生利用他人对自己的信任，使他人相信是为了治疗而使他人陷入不能抵抗的心理上的状态的，就是“使他人不能抗拒”的情况。① 因为是按照强制猥亵罪、强制性交等罪的法定刑进行处罚，因此，在实质上，要求实施和使用暴力、胁迫同等程度的侵害对方的自由意志的猥亵、强制性交等行为。因此，虽说在仅是谎称治疗所需而实施行为的场合不成立犯罪②，但是，为了避免因为抗拒性交而遭受的更大损害，处于不得不忍辱受奸的心理状态的时候，成立本罪。③ 由于暴力、胁迫而产生恐惧、为难，导致不能抗拒的心理状态时，适用强制猥亵罪或者强制性交等罪。

否定的判例 东京地方法院1983年3月1日判决（刑月第15卷第3号第255页）认为，被告人声称为了灵感治疗而与女子发生性交，有正常判断能力的成年女性都能认识到与对方发生性行为，在不能认定为在对自由意志的压制上达到与暴力、胁迫相同程度的时候，不成立强制性交等罪。另外，参照冈山地方法院1968年5月6日下刑集第10卷第5号第561页。

本罪的故意，以对被害人处于上述状态具有认识为必要。在出于强制性交的故意实施了性交等行为，客观上成立准强制性交罪的场合④，如将服用了大量安眠药的妇女捆绑起来实施奸淫的场合，由于强制性交

① 大判大15、6、25。

② 东京地判昭58、3、1刑月15、3、255；前田，125页。另外，名古屋地判昭55、7、28刑月12、7、709（假医生谎称治疗而奸淫的判例）。

③ 前引东京地判昭62、4、15。

④ 津地判平4、12、14判例泰晤士报822、281。

等罪和准强制性交等罪在侵害性自由这一点上存在构成要件上的重合，因此，成立准强制性交等罪。 129

五、监护人猥亵及监护人性交等罪

> 利用现实的监护地位而产生的影响力，对未满 18 周岁的人实施猥亵行为的，按照第 176 条的规定处罚（《刑法》第 179 条第 1 款）。
>
> 利用现实的监护地位而产生的影响力，对未满 18 周岁的人实施性交等行为的，按照第 177 条的规定处罚（同条第 2 款）。
>
> 未遂犯，处罚之（《刑法》第 180 条）。

1. 意义

强制猥亵、强制性交等罪，是以个人的性自由或者自己决定权为保护法益的犯罪，而利用特定地位或者人际关系和处于从属地位的人发生性关系，与使用暴力、胁迫，或者利用心神丧失和不能抗拒的状态实施性行为的场合一样，明显侵犯了性自由。因此，虽然这些行为在以前不受处罚，但是，从性犯罪的处罚合理化出发，刑法将监护人利用依存关系产生的影响力对未满 18 周岁的人实施猥亵和性交等行为犯罪化，增设监护人猥亵罪和监护人性交等罪的构成要件，从而扩张处罚范围，科处与《刑法》第 176 条和第 177 条相同的刑罚。①

2. 主体

本罪的行为主体是对未满 18 周岁的人“进行现实监护的人”即监护人。如果不是监护人，就不能构成本罪，因此，本罪是身份犯。在此，所谓监护，与《民法》第 820 条规定的一样，意味着监督、保护。但是，本罪的宗旨是，如果被害人对监护人有依存关系，即使没有暴力、胁迫，被害人也不能抗拒性交等，则这种场合需要受到处罚，因此，行为人就算不是基于法律上的监护权，而是事实上监护、保护未满

---

① 松田哲也、今井将人：《关于刑法部分修改的法律》，《法曹时报》，69 卷 11 号（2017），247 页。

18周岁的人，也是“进行现实监护的人”。典型例子如共同居住的父母、养父母等是否符合“监护”，应综合考虑以下因素：(1) 有无共同居住等的居住场所，(2) 指导的情况及起居的照顾，(3) 生活费的支出，等等，以是否存在对于猥亵等行为，被害人通常不能作出有效承诺
130 的高度支配、从属关系为基准进行判断。另外，老师和学生之间，医生和患者之间，体育教练和选手之间也有支配、从属关系，但是，在这些场合可以承认有效的承诺。

3. 对象

本罪的行为对象是未满18周岁的人。以未满18周岁为界定标准，是考虑到未满18周岁的人由于不成熟而欠缺判断力，不能自由地作出意思决定；如果达到18周岁，在精神上就会达到相当程度的成熟。这是《儿童福利法》第4条以未满18周岁的人为保护对象等规定的立法理由。

4. 罪数、与其他犯罪的关系

《刑法》第179条第1款规定，在对未满18周岁的人实施猥亵行为的场合，构成监护人猥亵罪，与《刑法》第176条规定的强制猥亵罪处以相同的法定刑。第2款规定，对未满18周岁的人进行性交等行为的，
131 构成监护人性交等罪，与《刑法》第177条规定的强制性交等罪处以相同的法定刑。在监护人对同一被害人实施数次猥亵行为或者性交等行为的场合，根据各犯罪行为在时间、场所上的密接性，在可以被评价为一行为的场合构成包括一罪，在不可以被评价为一行为的场合实施数罪并罚。

在监护人利用暴力、胁迫手段实施强制性交等行为的场合，成立强制性交罪，不成立监护人性交等罪。另外，监护人实施猥亵或者性交等行为，同时符合《儿童福利法》规定的性交及类似行为的场合，构成观念竞合。

六、强制猥亵、强制性交等罪的未遂

第176条到前条犯罪的未遂犯，处罚之（《刑法》第180条）。

1. 预备和未遂

强制猥亵、强制性交等、准强制猥亵、准强制性交等各罪和抢劫罪（《刑法》第237条）不一样，不处罚预备犯。这可能是考虑到了这些犯罪的冲动性。对上述各罪在其实行行为的着手认定上，原则上是一致的，在实施作为手段的暴力、胁迫或实施导致心神丧失、不能抗拒状态的行为的时候，因为可以说在基于实施上述各罪的意思，开始实施相当于上述手段的行为的时候，就是有发生结果的迫切危险，因此，在此时候，就是实行的着手。在不需要手段行为的场合，开始实施猥亵、性交等行为的时候，就是实行的着手。行为人即便没有性行为能力（阳痿等），或者由于被害人是幼女或者阴道闭锁而阴茎不能插入，只要具有属于性交等的定型性行为，就不是不能犯。

2. 两个问题

以一般论为前提的话，在未遂犯的认定上，有以下两个问题需要考虑：第一，强制猥亵罪和强制性交等罪的区别。这两罪在行为形态上极为相似，因此，只能根据行为人的意志来加以区别。[①] 第二，暴力、胁迫和性交等行为不直接相关的时候，如出于在汽车内实施强制
性交等的目的而将妇女强行往汽车里拉拽的行为，是否可以说是强制 132
性交等罪中的暴力，成为问题。这里所谓暴力，是指和性交等行为不可分割的情况，单纯的性交等准备行为，不能说是暴力。但是，在该暴力具有引起性交等行为、猥亵行为的迫切危险的时候，即便在该暴力不是性交等行为、猥亵行为的直接手段的场合，也应看成是实行的着手。[②]

实行着手的判例　最高法院于1970年7月28日（刑集第24卷第7号第585页）认为："被告人试图将被害人往翻斗车的驾驶室里拽的时候，已经具有了实施强制性交的客观危险，在这时候，认定有强奸（旧《刑法》）的着手是妥当的。"另外，参照大阪地方

① 大判大3、7、21刑录20、1541。

② 山口，107页。

法院2003年4月11日判决（判例泰晤士报第1126号第284页）。

七、排除违法性事由

在丈夫对妻子以暴力、胁迫为手段实施猥亵、强制性交等行为的场合，是否违法，成为问题。前面已经说过，刑法上关于强制性交等罪的对象只是规定为“人”，对于犯罪对象并没有加以特别的限定，因此，很明显，无论在哪一种情况下，妻子都能成为犯罪对象。① 由于对妻子实施强制性交等、强制猥亵行为，符合上述各罪的构成要件，因此将其作为犯罪论的问题来考虑的话，就是在对象是妻子的场合，是否排除违法性的问题。

在这一问题上，有见解认为，婚姻制度是以持续性的性行为为前提的，由于婚姻中夫妻之间在法律上有互相满足性要求的义务，所以，丈夫对妻子实施强制性交等行为，除非发生在婚姻关系破裂的场合，不成立强制性交罪；也有判例采用了这一立场。② 但是，虽然说是夫妻，但是，他们之间是否具有用暴力、胁迫手段来满足性要求的法律上的义务，值得怀疑。近年来，有力的见解认为，夫妻之间的强制性交等行为
133 构成本罪不应被限定为分居或者婚姻关系破裂的场合。问题在于，夫妻间的性行为是不是在社会相当性的范围之内实施的。在被害人同意该种性行为的时候，只要不符合《刑法》第178条的规定，其原因、动机中即便具有瑕疵，也不成立本罪。③

八、强制猥亵等致死伤罪

犯《刑法》第176条、第178条第1款或者第179条之罪以及上述犯罪的未遂犯，因而致人死伤的，处无期徒刑或3年以上有期

① 札幌高判昭30、9、15高刑集8、6、901。

② 广岛高判松江支判昭62、6、18高刑集40、1、71。川本，判例讲义Ⅱ，17页。另外，对分居中的妻子成立强奸罪的判例，东京高平19、9、26判例泰晤士报1268、345。

③ 平川，200页；西田，102页；山中，168页；山口，109页；井田，108页；高桥，135页。

徒刑（《刑法》第 1 款）。

犯第 177 条、第 178 条第 2 款或者第 179 条之罪或者上述犯罪的未遂犯，因而致人死伤的，处无期或者 6 年以上徒刑（同条第 2 款）。

犯第 178 条之二的罪及其未遂犯，因而致使女子死伤的，处无期或者 6 年以上徒刑（同条第 3 款）。

1. 死伤结果

本罪是强制猥亵等罪等的结果加重犯。其基本犯有两个场合：一是强制猥亵罪、监护人猥亵罪、准强制猥亵罪以及这些犯罪的未遂犯；二是强制性交等罪、监护人性交等罪、准强制性交等罪以及这些犯罪的未遂犯。根据这两个场合的区别，刑法对有期徒刑的下限进行不同的设置。死伤的结果不只是性交等行为引起的，也可以由作为其手段的暴力、胁迫所引起。[1]

（1）强制性交等的机会。问题在于，是不是只有在实施强制猥亵、强制性交等的机会所实施的暴力、胁迫造成死伤结果的场合，才能构成本罪。学说上，有 1）本罪的基本行为，只应限于猥亵、性交等行为自身，或者作为其手段行为的暴力、胁迫的见解[2]和 2）与猥亵、性交等行为密切相关的行为也包括在基本行为之内的见解[3]之间的对立。之所以设立本罪，并处以较重的法定刑，是因为在实施强制猥亵、强制性交等行为时，发生死伤结果的可能性较大。从特别对生命、身体进行保护 134
的宗旨出发，主张将基本行为限定为强制猥亵、强制性交等实行行为之内的 1）说是妥当的。另外，本罪的基本犯罪，除了强制猥亵、强制性交等罪之外，还包括它们的未遂形态在内。[4]

---

① 最决昭 43、9、17 刑集 22、9、862。

② 曾根，70 页；西田，108 页；井田，116 页。

③ 植松，215 页；团藤，495 页；大塚，105 页；中森，70 页；前田，129 页；前田，105 页；佐久间，125 页。前引最决昭 43、9、17，东京高判平 12、2、21 判例时报 1740、107（为了避免抓捕而对被害人施加暴力使其负伤的场合）。

④ 最判昭 23、11、16 刑集 2、12、1535，最判昭 24、7、9 刑集 3、8、1174（中止犯也行）。

判例的态度 判例认为，强制猥亵等致死伤罪，不只是在强制猥亵、强制性交等行为自身引起死伤结果的场合成立，即便在作为奸淫手段的暴力引起了死伤结果的场合，也成立本罪①，但是，关于暴力、胁迫，如果死伤结果由“强制猥亵、强制性交等机会”中“通常伴随的行为”所引起就不足够了，强制性交等未遂后，为了逃走使被害人受伤的案例中适用强制性交等致死伤罪。② 这种思考方法也为最高法院所继受。例如，最高法院于2008年的决定（刑集第62卷第1号第1页）认为，于对熟睡中的被害人实施猥亵行为，但被醒来的被害人抓住衣服，失去猥亵的意思后为了从现场逃跑，对被害人施加暴力使其受伤的场合，其暴力附随于准强制猥亵罪，成立强制猥亵致死伤罪。另外，在下级法院的审判中，有判例认为，被告人实施强制猥亵的行为在时间和场所上有密接性，由于被认定为附随于强制猥亵行为的一连串、一体化的行为使人受伤，成立强制猥亵致死伤罪。③ 但是，强制猥亵等致死伤罪与抢劫致死伤罪不同，有“由于”这一明示结果加重犯的文字表述，应在内在于强制性交等的基本行为的危险范围内认定结果加重犯。④ 另外，千叶地方法院于2011年7月21日判决（法院网页）认为，关于强奸女性后为了防止被发现，压迫被害人的颈部使其窒息死亡的案例，被告人没有继续强奸的意思，致人死亡的结果不能说附随于强制性交行为，因此，不应认定强制性交等致死罪，而应处以杀人罪和强制性交等罪的数罪并罚。

(2) 和死伤之间的因果关系。猥亵、性交等行为以及作为其手段的

---

① 前引最决昭43、9、17。

② 大判明昭446、29刑录17、1330。山本，百选Ⅱ（第7版），32页；川本，判例讲义Ⅱ，19页。

③ 东京高判平12、2、21判例时报1740、107。

④ 大谷，总论，198页。

暴力、胁迫行为和死伤的结果之间，必须具有因果关系。判例认为：由于性器官的插入而使处女膜破裂①或染上疾病，留下接吻痕迹②，这些都是伤害行为。但是，从法定刑的严重程度来看，留下接吻痕迹等轻度伤害不应包含在本罪之内。③ 在出于强制性交等的目的而施加暴力，被害人为求救，从二楼跳下而负伤的场合，具有因果关系。④ 有判例认为，为了强制性交使他人裸露下半身，被害人因为异常体质而受寒，陷入休克状态，行为人误以为被害人已经死亡，将其放置不管，导致其冻死的案例，构成强制性交等致死伤罪。⑤ 奸尸当然不构成本罪，但是，出于强奸的目的而施加暴力，致他人死亡之后马上奸淫的话，就概括性地构成强制性交等致死伤罪。⑥ 在强奸的被害人由于羞耻心，或者由于精神上的异常而自杀的场合，只要不存在特殊情况，就不应该说具有因果关系（通说）。⑦ 135

2. 对死伤结果的认识

由于本罪是结果加重犯，所以，有力见解认为，如果对死伤结果具有认识，就不能构成本罪，而是构成强制性交等罪和伤害罪之间的观念竞合，或者是强制性交等罪和杀人罪之间的观念竞合。但是，这种见解之中具有不妥之处⑧，因为，它没有将致伤和致死分开考虑。

（1）致人伤害的场合。从致人伤害的结果来看，强制猥亵、强制性交等的实行行为，在多数情况下，伴随伤害的结果，另外，在一般情况下，暴力或者伤害行为是在未必的认识之下所实施的，因此，在行为人对致人伤害结果有预见的情况下，不适用本罪的话，就会导致不合理的

① 最大判昭 25、3、15 刑集 4、3、355。

② 东京高判昭 46、2、2 高刑集 24、1、75。

③ 反对，最判昭 25、3、15 刑集 4、3、355；前田，129 页。另外，大阪地判 42、12、16 判例泰晤士报 221、234。

④ 最决昭 35、2、11 裁判集刑 132、201。

⑤ 最决昭 36、1、25 刑集 15、1、266。

⑥ 最判昭 36、8、17 刑集 15、7、1244。

⑦ 最判昭 38、4、18 刑集 17、3、248。

⑧ 团藤，495 页；平野，181 页；福田，185 页；藤木，174 页；最判昭 31、10、25 刑集 10、10、1455。

结果。而且，不承认这一点，仅仅将上述情况看作伤害罪和强制性交等罪的观念竞合的话，对该种情况只能按照强制性交等罪处理，而强制性交等罪比强制性交致伤罪的刑罚要轻，这样就会引起量刑上的不平衡。[①] 因此，在强制性交等致伤罪方面，应当承认故意的结果加重犯，
136 对于伤害结果具有故意的，就只成立强制性交等致伤罪，并不另外成立伤害罪。[②]

（2）致人死亡的场合。关于致人死亡的结果，通说和判例认为，在对致人死亡结果有认识的时候，就是杀人罪和强制性交等致死罪的观念竞合。[③] 但是，认为是强制性交等致死罪和杀人罪的观念竞合的话，对死亡结果就是二重评价，并不妥当。另外，即便不成立强制性交等致死罪，但只要不出现上述对伤害结果具有认识的场合下的量刑上的不平衡，就不得不说是杀人罪和强制性交等罪的观念竞合。[④]

3. 罪数

强制性交等行为实施完毕以后，在现场为要求被害人保密而对其实施暴力，使其负伤的场合，成立强制性交等罪和伤害罪两个罪。[⑤] 害怕被发现，在强制性交等之后，将被害人杀死的场合，成立强制性交等罪和杀人罪两个罪。[⑥] 强制性交等致被害人受伤，并且引起死亡结果的，伤害的事实被致人死亡结果所吸收，只成立强制性交等致死罪。[⑦]

九、劝诱淫行罪

出于营利的目的，劝诱没有卖淫习惯的女子，使其与他人性交

---

① 团藤，495页。

② 大塚，106页；中森，61页；山中，155页；西田，108页；山口，113页。

③ 大判大4、12、11刑录21、2088，最判昭31、10、25刑集10、10、1455。

④ 大塚，106页；中森，70页；西田，108页。前田，106页；井田，117页；佐久间，125页；前田，147页。札幌地判昭47、7、19判例时报691、104。

⑤ 大判大15、5、14刑集5、175。

⑥ 大判昭7、2、22刑集11、107。

⑦ 最判昭23、11、16刑集2、12、1535。

的，处3年以下的有期徒刑或30万日元以下的罚金（《刑法》第182条）。

1. 保护法益

本罪是对没有像妓女一样以不特定的人为对象发生性行为的习惯的
人进行劝诱，使其与他人性交的犯罪。关于其保护法益，虽然有人认为
其属于风俗犯的一种[1]，但是，由于女性作为被害人不受处罚，因此，
应当说，本罪实际上是以性自由或贞操为保护法益的。[2] 另外，由于制 137
定了《卖淫防止法》，所以，本罪基本上没有适用过，本条款也就缺乏
实质意义。

《防止卖淫法》的规定　该法以“卖淫伤害作为人的尊严，违反性道德，破坏社会的善良风俗”（第1条）为前提，将以欺骗、刁难、亲属关系的影响以及以暴力、胁迫等手段使他人卖淫的行为（第7条），以及订立以卖淫为内容的合同的行为（第10条）规定为犯罪。另外，在《儿童福利法》中，对让儿童性交及类似场合的行为也予以处罚（第34条第1款第6项）。而且，近年来，各地也在制定“青少年成长保护条例”，以保护青少年的贞操。

2. 构成要件

本罪的对象是没有淫行习惯的女子。所谓“没有淫行习惯”的女子，是指并非贞操观念淡薄，具有以不特定人为对象发生性关系的习惯的女子。[3] 本罪的行为是劝诱女子，使其与他人发生性交。所谓“劝诱”，是指使女子产生作出奸淫行为的决意，包括使用欺骗手段的场合。是使该女子与自己性交还是和第三人性交，在所不问。但是，介绍卖淫的行为不属于本罪。本罪是目的犯。所谓“营利的目的”，是指使自己获得财产性利益或者使第三人获得财产性利益。出于这种目的而对没有

① 大塚，514页；西原，186页；西田，424页；高桥，591页。

② 团藤，489页；平野龙一：《刑法各论的诸问题》，《法学演习》，205号，72页；中森，71页。

③ 大判大8、4、24刑录25、596。

卖淫习惯的女子进行劝诱，就是实行行为。只要该女子和对方发生性交行为，就达到既遂。以暴力、胁迫为手段实施本罪的时候，就是暴行罪、胁迫罪和本罪的观念竞合。

第五节　侵犯住宅的犯罪

一、概说

1. 个人法益说

侵犯居住的犯罪，是指侵犯住宅或有人看守的宅邸、建筑物、船舶的管理支配权的犯罪，根据行为形式，可以分为（1）侵入住宅罪（《刑
138 法》第130条前段）和（2）不退去罪（同条后段）。在本罪的特征和保护法益方面，立法上并不一致。比较早的立法，多将本罪看作为侵害社会法益的犯罪的一种，我国旧刑法也是将其规定在侵害社会法益的犯罪之中的。另外，从在刑法典中的位置来看，现行刑法的立法者，也是将其看作为侵害社会法益的犯罪的。这些立法，都是从侵犯住宅或者对家庭整体以及对周围邻居造成不安的角度来理解本罪的，但是，现在，通说将侵犯住宅的犯罪看作为侵害个人法益的犯罪的一种个人法益说成为通说。

2. 保护法益

但是，在个人法益之中，侵犯住宅的犯罪到底侵犯了什么样的法益呢？有（1）侵犯了家长的居住权的旧居住权说①，（2）侵害了现实的住宅安宁的安宁说②，（3）侵害了住宅主人的决定谁可以进入谁可以停

① 大判大7、12、6刑录24、1506。

② 团藤，501页；植松，320页；福田，203页；大塚，110页；香川，452页；藤木，232页；冈野，54页；前田，134页；佐久间，121页；最判昭49、5、31裁判集刑192、571（应当保护的法律利益是住宅等的事实上的安宁）。

留在其住宅中的自由的新居住权说（许诺权说）① 之间的对立。侵犯住宅的犯罪，是为了保护人们现实地对其住宅进行有效管理、支配的权利而设置的犯罪，因此，管理、支配住宅等一定场所的权利，即管理、支配权或居住权是本罪的保护法益，从此意义上讲，（3）说的见解妥当。

侵入住宅罪和保护法益　主张侵入住宅罪的保护法益是“住宅内共同生活的所有成员”的安宁自身的安宁说，根据以下理由，对居住权说进行批判：（1）判例②过去曾经认为，只有居于家长地位的人才有权允许他人进入自己的住宅，这一点是不妥当的；（2）居住权的概念极为暧昧；（3）居住权的主体不明确。③ 按照这种立场的话，与其说侵犯住宅的犯罪侵害了居住权，倒不如说违法目的等决定了该行为“是否具有侵害住宅安宁的形态，而居住者的同意的有无只是其判断资料而已”④，因此，侵入方式就成为关键。但是，（1）安宁说中所谓“安宁”的意义并不明确，（2）将安宁作为保护 *139* 法益的话，在居住方面，隐私也被把握为安宁，公务机关等在建筑物之内的公务活动的顺利进行也被把握为安宁，这样，就会将本罪的保护法益和妨害业务罪的保护法益混同⑤，（3）在不退去罪中，行为形态的安宁不可能成为问题。考虑到以上各点⑥，可以说，安宁说并不妥当。最高法院 1983 年 4 月 8 日判决（刑集第 37 卷第 3 号第 215 页）认为：“《刑法》第 130 条前段规定的‘侵入’，应解释为违反管理人的意思，进入他人看守的建筑物等，因此，即使管理权人没有积极地明确表示拒绝的意思，从建筑物的性质、使用目的、管理状况、管理权人的态度、进入建筑物的目的等角度进行考

① 平野，183 页；中山，140 页；内田，171 页；川端，89 页；中森，76 页；西田，88 页；山中，154 页；山口，115 页；林，102 页；伊东，128 页。

② 大判大 7、12、6 刑录 24、1506。

③ 团藤，501 页。

④ 福田，注释（3），244 页。

⑤ 山口，116 页；仙台高判平 6、3、31 判例时报 1513、175；井田，百选Ⅱ（第 5 版），32 页。

⑥ 西田，110 页。

察，在合理推定管理人对于现实实施的进入行为不予容忍的时候，也不能另外认定排除犯罪成立的事实，那么，就不应免除同条之罪”。这是立足于居住权说的重要判例。①

二、侵入住宅罪

没有正当理由而侵入他人住宅或有人看守的宅邸、建筑物或船舶的，处3年以下有期徒刑或10万日元以下罚金（《刑法》第130条前段）。

未遂犯，处罚之（《刑法》第132条）。

1. 对象

本罪的对象，是他人的住宅，或有人看守的宅邸、建筑物、船舶等。在解释论上，成为问题的是“他人的住宅”。

（1）住宅。关于住宅的意义，有以下几种见解之间的对立：1）是供他人饮食起居的场所；2）为他人所占据，但并不要求是饮食起居的场所②；3）必须是他人所占据的用于日常生活的场所，但并不要求是饮食起居的场所。③ 关于住宅，应限于保护必要性特别高的场所，从不要“他人看守”的要件来看，学说2）过于宽泛。同时，从即使用于饮食起居以外的场所，作为日常生活使用的场所也有保护必要来看，学说1）过于狭窄。我认为，本罪将平稳的管理、支配的事实状态作为权利来保护，因此，用于长时间读书的场所等也是住宅。所谓本罪规定的“住宅”，是指为了在日常生活中使用而由他人占用、居住的场所，因
140 此，学说3）是妥当的。④

1）办公室、实验室。住宅，由于只要是日常生活中所使用的场所就够了，因此，因暂时停留而使用的旅馆的一室也能成为住宅（通

① 十河，百选Ⅱ（第7版），34页。

② 最决昭28、5、4刑集7、5、1042。

③ 木村，72页。

④ 福田，204页；大塚，112页；西原，183页；札幌高函馆支判昭27、11、5高刑集5、11、1985。

说）。[①] 帐篷、野营用的汽车也能成为住宅，不一定要求必须是房屋。另外，住宅只要是目前在日常生活中所使用的，并不要求居住者现在就住在里面，暂时没有使用或只在一定期间使用的住所或别墅也是住宅。住宅不要求是建筑物整体，被分割成不同单元的一部分也可以；建筑物的周边部分或者居室周边的公用部分也是住宅。公寓的进出口、电梯、楼梯平台等公用部分[②]也是住宅。野外的管道当中、桥下、寺庙的屋檐下等，通常不具有日常生活所必需的设备，因此，原则上，不是住宅。

> **住宅的具体例子**　公寓、出租房的一室、门外侧的屋檐下、公寓中作为公用部分的走廊以及住房的屋顶部分[③]等，都是住宅的一部分［东京高等法院 1979 年 5 月 21 日判决（刑集第 32 卷第 2 号第 134 页）］。

2）周边土地。问题是，作为住宅使用的建筑物之外的周边土地是不是住宅的一部分。所谓周边土地，是设置了围墙、屏障、大门之类的划定建筑物周边土地界限的设施，明确表示是建筑物的附属地，供建筑物使用的土地。[④] 从《刑法》第 130 条的规定来看，住宅也包括周边土地的解释显然是有疑问的，但从保护住宅的管理、支配权的角度来看，对和住宅连为一体的周边土地的管理、支配也有必要得到保护，所以，将其作为住宅的一部分并无不妥。最高法院也认为所谓建筑物包括周边土地。[⑤]

3）居住权。居住权，由于以目前在对住宅进行平稳的管理、支配的事实为基础，所以，不要求对该住宅处于合法占有状态。[⑥] 如房屋租赁合同到期之后，屋主要求房客立即退出并违反其意志进入其房间的 141
话，就可以构成侵入住宅罪。[⑦] 另外，“有人居住”是指他人现住在其

① 反对，大塚，112 页；中森，78 页；前田，112 页（认为以继续性为要件）。
② 名古屋地判平 7、10、31 判例时报 1552、153。
③ 东京高判昭 54、5、21 高刑集 32、2、134。
④ 最判昭 51、3、4 刑集 30、2、79。
⑤ 最大判昭 25、9、27 刑集 4、9、1783。
⑥ 最决昭 28、5、14 刑集 7、5、1042。
⑦ 大判大 9、2、26 刑录 26、82，名古屋高金泽支判昭 26、5、9 判特 30、55。

中。所谓“他人”，是指对该住宅具有居住权的人，即居住者。因此，以前具有居住权而和他人一起居住的人，离开该住宅之后再次进入该住宅的话，由于该人已经丧失了居住权，所以，其行为符合侵入住宅的要件。① 处于分居状态的丈夫为了拍摄妻子的不贞现场而侵入妻子的住宅的行为，也是侵入住宅罪。② 死者不能被包含在“人”的范围内，所以在杀害全部居住者以后侵入住宅的，不成立侵入住宅罪。

（2）有人看守的宅邸、建筑物、船舶。除住宅以外，要求是“有人看守”。

1）看守人。所谓看守，是指在事实上进行管理、支配。管理、支配的主体就是看守人。③ 所谓事实上的管理、支配，是指为了防止他人侵入而在一定场所设置人力、物力设施，安排管理人④或监视人⑤，上锁等，在客观上明示不得入内的意思。⑥ 有力的观点认为，单纯设立“严禁入内”的告示牌不足以构成事实上的管理、支配。⑦ 仅仅竖立一块写有“严禁入内”字样的牌子，不能说是采取了防止侵入的措施，因此，不能说是看守。但是，从为了管理建筑物和土地而施加设备如门和屏障等，可以客观推定严禁入内的意思，应解释为看守。⑧

2）宅邸。所谓“宅邸”，是指住宅以外用于居住的建筑物。没有人的家、上锁的别墅、从集体住宅的一楼出入口到各个居室的共用部分等都是宅邸。⑨ 宅邸包括周边土地。

142 3）建筑物。所谓建筑物，一般是指有屋顶，用支柱支撑起来的土地上的固定物，人们可以进出其中。在此，它是指住宅、住所以外的建

---

① 最判昭 23、11、25 刑集 2、12、1649。

② 东京高判昭 58、1、20 判例时报 1088、147。

③ 最判昭 59、12、18 刑集 38、12、3026；川本，判例讲义Ⅱ，20 页。

④ 最决昭 32、2、28 裁判集刑 117、1357。

⑤ 最大判昭 25、9、27 刑集 4、9、1783。

⑥ 中森，79 页。

⑦ 大塚，115 页；西田，111 页；佐久间，132 页。

⑧ 平野，115 页；西田，111 页；佐久间，132 页；最判昭 58、4、8 刑集 57、3、215。

⑨ 最判平 20、4、11 刑集 62、5、1217，广岛高判昭 63、12、15 判例泰晤士报 709、269；齐藤，判例讲义Ⅱ，21 页。

筑物，如公共机关、学校、事务所、工厂等，包括其周边土地在内。[①] 判例认为，广岛的原子弹爆炸遗址没有划定范围，也没有被预定为生活场所，所以，不是建筑物。[②] 例如，在建筑物的周围，设置临时围墙，隔断其和外部的来往的场合，被包围的建筑物的周围地域也是建筑物的一部分。作为建筑物的一部分的办公室或会议室也是“建筑物”，这和住宅的场合相同。根据判例，警察局周边土地和周围的水泥台阶，构成建筑物的一部分，是本罪的对象。[③]

建筑物和周围部分　《刑法》第130条所谓的“建筑物”，不仅指建筑物，还包括周围环绕部分。因此，推倒大学的研究所周围临时设置的铁丝网，进入其中的行为，是侵入住宅罪的行为（最判1976年3月4日）。[④] 另外，东京高等法院在1993年7月7日[⑤]（判例时报第1484号第140页）的判决中写道：“为成为住宅的周围部分，该土地必须和建筑物相连接而存在，而且管理者还必须在其和外部的界线上设置了障碍物等。作为建筑物的附属土地，只要明确显示是供建筑物利用的部分就够了。”据此，认定小学的校园也是建筑物。另外，当公司宿舍、公寓之类的集体宿舍的周边被院落围起来的时候，关于该集体宿舍的附属地带是住宅还是宅邸，存在争议。[⑥] 但是，只要这些房屋目前还在使用之中，就应当看作为建筑物的周围部分而成为住宅的一部分。[⑦] 而且，住宅、宅邸、建筑物，只是在同一构成要件之内的对象上的差别而已，讨论其差别并没有什么实质意义。

4）船舶。所谓船舶，是指军舰以及民用船舶。大小不问，但必须具有他人能够侵入其中的构造。

---

① 最大判昭25、9、27刑集4、9、1783。

② 广岛地判昭51、12、1刑月8、11、12、517。

③ 最决平21、7、13刑集63、6、590。

④ 前引最判昭51、3、4。

⑤ 判例时报1484、140。

⑥ 最判平20、4、11刑集62、5、1217；齐藤，判例讲义Ⅱ，20页。

⑦ 大塚，113页。

2. 行为

本罪的行为是无正当理由的侵入行为。关于侵入的意义的认识，反
143 映了保护法益的思考方法，有1）是违反居住权人的意思而进入其中的行为的见解，和2）以破坏安宁的形式进入其中的行为的见解之间的对立。

（1）侵入。所谓侵入，是违反或推定违反住宅权人的意志进入其中的行为。换言之，违反或者推定违反住宅、宅邸、建筑物、船舶的管理、支配权人，即住宅的居住人，宅邸、建筑物、船舶的管理人的意志，进入其中的行为。① 由于必须侵害了现实的管理、支配权，因此，成立侵入，必须是身体的全部进入对象之中。② 成立对管理、支配权造成侵害，必须在一定时间之内，对管理、支配权持续地进行侵害。只要侵入了他人住宅，就是持续地侵害管理、支配权，因此，本罪是继续犯。③

（2）同意。违反或推定违反居住人、管理人的意思是本罪的构成要件要素之一，因此，即便随意进入他人住宅，但只要具有同意，就不符合构成要件。④ 同意，必须是基于真诚、自由的意思。居住人或管理人的意志，不管是明示的还是推定的，在所不问。推定的意思或同意，根据周围的情况，只要能合理认识就够了。⑤ 如在携带日本刀从后门侵入的场合⑥，在主人不知道的时候开锁侵入的场合，在没有入场券入场的场合等，都不能看作为推定的同意。只要是违反或推定违反他人意思而侵入的场合，不管是以暴力形式还是以非暴力形式侵入，也不管是公然

① 前引最判昭58、4、8，最决平19、7、2刑集61、5、379；关，百选Ⅱ（第7版），38页。

② 福田，208页；大塚，120页。另外，袖珍，313页（只要身体的一部分进入就可以了）。

③ 最决昭31、8、22刑集10、8、1237。

④ 最判昭25、11、24刑集4、11、2393；木村，74页；江家，237页；植松，323页；柏木，391页；福田，206页；大塚，116页。另外，最判昭23、5、20刑集2、5、489（排除违法性）。

⑤ 前引最判昭58、4、8。

⑥ 大判昭9、12、20刑集13、1767。

侵入还是暗地侵入，都符合本罪的构成要件。

在基于违法目而进入的场合，如出于诈骗或抢劫的目的而侵入他人住宅的场合，即便该进入得到了主人的同意，但由于该同意是基于错误而作出的，因此，不是出于真实意图的同意，应看作“侵入”[1]。所以，即便是在违法目的支配下进入他人住宅的行为，只要得到了主人的有效同意或推定同意，就不是“侵入”。 144

同意成为问题的场合　1）判例和通说认为，不是基于居住权人的真诚的同意，就是无效的同意，因此，在众多人的语言和动作的敲诈勒索之下所作出的同意[2]，基于错误而作出的同意，均无效。[3] 另外，超出同意范围的进入，是侵入罪［大审院判决 1930 年 8 月 5 日判决（刑集第 9 卷第 541 页）］。如在隐瞒抢劫的意图而向他人打招呼说“晚上好!”人家说“请进!”的场合，“虽然从形式上看是得到了他人的同意，但实际上没有同意”[4]。相反地，批判意见认为，这种基于错误的同意，由于对进入他人住宅而言，是有同意的，因此，应当有效。[5] 在这种场合下，如果说同意无效而认定为侵入住宅罪的话，那么，“以为朋友是来玩而招呼进入家中，但实际上是催还借款而来的场合”也是侵入住宅罪。[6] 这种立场，是以只有有关法益的错误才使同意无效的“法益关系错误论”为前提的，认为只要进入是基于同意而实施的，就有效。但是，倒不如说，这种同意，是概括性的同意的一种，因此，才使同意有效。在主人如果知道行为人的意图和目的，通常不会同意其进入的场合，只要是行为人隐瞒该种意图而获得的同意，该种同意就无效，符合侵入住宅罪的构成要件，之后，才考虑是否违法及其程度的问题。

---

① 最判昭 23、5、20（出于抢劫目的而进店的话就是侵入）。

② 最大判昭 25、10、11 刑集 4、10、2012。

③ 前引最判昭 23、5、20。

④ 最大判昭 24、7、22 刑集 3、8、1363；团藤，505 页；大塚，117 页。

⑤ 平野，184 页；西田，97 页；山口，123 页；高桥，159 页。

⑥ 町野朔：《被害人承诺》，《判例刑法研究 2》，216 页；曾根，81 页；中森，79 页；西田，114 页；山中，190 页；山口，126 页。

2）在主人、管理人没有明确表示同意或意思表示不明确的场合，侵入商场的贩卖场所、宾馆的大堂等一般客人可以来往的地方，是不是非法侵入，成为问题。在这种场合，按照对象的性质，只要是进入社会一般观念上所许可的范围，就应当说得到了管理人的一般的概括性的同意。超过了一般的概括性的同意的范围的进入，就是违反主人、管理人的意思的侵入。近年来的判例，有最高法院1984年4月8日（刑集第37卷第3号第215页）的判决，其中写道，即便管理权人没有积极地表明拒绝进入的意思，但从该建筑物的性质、使用目的、管理状况、管理权人的态度、进入的目的等来看，能够合理地判断出该进入行为不为管理权人所允许的时候，就是“侵入”。判例认定“侵入”的情形有：1）出于制造烟雾的目的而携带烟幕弹进入在天皇宅邸举行的一般庆祝会的会场的行为[1]，2）为破坏某展馆的肖像画而进入万国博览会的会场的行为[2]，3）为破坏国会的开会仪式而持入场券进入的行为（仙台高判1993年3月31日）[3]，4）为了偷拍自动[4]提款机顾客的银行卡密
145 码而进入银行支行的行为。

（3）同意权人。能够有效同意的人，是主人和管理人。因此，没有居住权的看家人或监视人，即便违反主人的意思而表示了同意，也不能说是有效的同意。[5] 居住权是基于对住宅的平稳管理、支配的事实而形成的权利，所有有居住权的人都平等地享有该权利，不是只有居于家长地位的人才独占该权利。[6] 只要具有同意能力，即便是未成年人也能够独立地进行有效的同意。简单地说，在共同生活的场合，是否得到了其他居民的推定的同意，和同意是有效还是无效无关。[7] 当然，由于行使居住权而侵害了其他的居民的居住权的，在该范围之内，同意的效力要

---

① 东京地判昭44、9、1刑月1、9、865。

② 大阪地判昭46、1、30刑月3、1、59。

③ 仙台高判平6、3、31判例时报1513、175。

④ 最决平19、7、2刑集61、5、379。

⑤ 大阪高判昭34、5、29下刑集1、5、1159。

⑥ 大判昭14、12、22刑集18、565。

⑦ 反对，东京高判昭57、5、26东时33、5、30（必须全员同意）。

受到限制。如在行为人同意他人进来，但是，目前居住在住宅中的其他居民表示反对的场合，因为侵犯了其他居民的居住权，所以，行为人的同意无效。

征得妻子的同意之后，奸夫进入住宅的行为是不是侵入？在过去，判例对此持肯定态度，但是在学术上则有肯定说[①]和否定说[②]之分。妻子也具有独立的居住权，因此，是否得到丈夫的推定的同意，与妻子是否能够进行有效的同意无关。在此意义上讲，否定说妥当。但是，在该同意侵害了丈夫对住宅的管理、支配权的时候，如丈夫在家时，妻子违反丈夫的意思，将奸夫带回家，就是对丈夫的居住权的侵害，符合侵入住宅罪的要件。

> **通奸目的和侵入住宅**　对于为了和丈夫出门在外的他人妻子通奸，在事先得到该妻子的同意之后进入其住宅的场合，大审院在1918年12月6日的判决（刑录第24辑第1506页）中认为：“（在）这种场合，当然不能推定丈夫即居住权人具有让被告进入其住宅的意思……妻子固然有承诺，但是该承诺不具有任何效力。”[③]（大审院1939年12月22日的判决表达了同样的意思。）相反地，尼崎简易法院在1968年2月29日（刑集第10卷第2号第211页）的判决中写道：“丈夫不在家，在得到其妻子的同意之后，公开进入他 146
> 人住宅的行为，即便是出于通奸的目的……也不能说是侵害了他人住宅安宁的侵入行为。”但是，从本书的立场来看，对上述两个判决都难以支持。同样，女儿不顾父母的反对，邀请恋人进入自己的房间，也不成立本罪。

3. 既遂

本罪的实行的着手，在开始侵入住宅时成立。由于本罪是侵害管理、支配权的犯罪，例如，即便侵入者进入了住宅，仅此，还不能说是完成了侵入，只有进入之后，停留了一段时间，才能说是达到既遂。因

---

① 植松，325页；大塚，119页；内田，175页。

② 中森，80页；堀内，77页；西田，114页；山中，26页；山中，190页。

③ 同旨，前引大判昭14、12、22。

为在入侵期间就是在持续性地侵害管理、支配权，所以，停留在其中的行为，并不另外成立不退去罪。①

4. 排除违法性事由

侵入住宅罪中的侵入，以违反主人、管理人的意思为构成要件之一，因此，具有同意的时候，是不符合构成要件，而不是排除违法性。法条之中虽然使用了“尽管没有正当理由”的用语，但它是“合法地”的意义。侵入住宅，很多时候是作为法令行为（《刑诉》第102条、第218条、第220条，《税犯》第2条、第3条等）以及其他正当行为而被排除违法性的，因此，这个词只是单纯地作为修饰语而使用的。

5. 罪数、与其他犯罪的关系

本罪是继续犯，因此在侵入住宅罪成立之后，拒不退出、滞留其中的，不退去罪为侵入住宅罪所吸收，不成立该罪。本罪的个数，虽然要根据居住权或管理、支配权来决定，但实际上是根据住宅、建筑物的个数来决定的。② 侵入住宅，在多数情况下是作为实现其他犯罪的手段而实施的，如盗窃罪中的侵入，就具有盗窃罪的手段行为或未遂犯的特征。这样，在其他犯罪和侵入住宅罪之间客观上具有手段、目的关系的时候，就是牵连犯。而且，侵入他人住宅和盗窃、抢劫、抢劫致死伤、伤害、杀人、放火等各种犯罪之间具有牵连关系。出于抢劫预备的目的
147 而侵入他人住宅的时候，就是抢劫预备罪和侵入住宅罪之间的观念竞合。③ 在基于杀人预备的目的的时候，也是如此。在基于强迫见面的目的而将被害人家的大门上的玻璃用手砸碎，进入其中的场合，就是损坏财物罪和本罪的牵连犯。④

三、不退去罪

受要求离开一定场所而不离开的，处3年以下有期徒刑或10

① 最决昭31、8、22刑集10、8、1237。

② 东京高判昭27、4、16刑特29、138。

③ 东京高判昭25、4、17判特12、14。

④ 最判昭57、3、16刑集36、3、260，东京高判昭63、10、5判例时报1305、148。

万日元以下罚金（《刑法》第 130 条后段）。

未遂犯，处罚之（《刑法》第 132 条）。

1. 意义

所谓不退去，是合法或者过失进入他人住宅或有人看守的住所、建筑物、船舶的人，被要求离开该场所，没有正当理由而不离开的行为。它由不退去这一不作为构成，因此，不退去罪是典型的真正的不作为犯。另外，虽说要求离开而不离开就成立本罪，但是，只要不离开，就是在持续地侵害居住权或管理、支配权，因此，不退去罪也是继续犯。[①] 侵入住宅罪也是因侵入住宅之后只要停留其中，就是对管理、支配权的持续侵害，所以是继续犯。在入侵之后受要求离开而不离开的场合，只成立侵入住宅罪。

2. 行为

本罪的行为是不离开（不退去）。所谓不退去，是“受要求自该场所退去而不退去”。要求必须是能够作出该种要求的人实施的。能够要求他人退去的人是具有退去要求权的人，其是居住人、建筑物等的管理人以及上述人员授权的人。[②] 事实上的管理、支配是居住权的根据，因此，即便是非法占有者也具有要求退去的权利。受有权者的要求而不退去的不作为是本罪的实行行为。退去的要求，必须采用语言或动作等能
让对方明确理解的方式提出。认识到该要求之后，在离开所必要的合理 148
时间之内仍未离开的，就是本罪的既遂。因此，合法或过失侵入他人住宅的人的停留行为，即便违反了居住权人的意思，只要未被要求离开，就不成立不退去罪。

四、未遂罪

1. 侵入住宅罪的未遂

本罪在违反居住权人的意志，侵害居住权或管理、支配权的时候，

① 前引最决昭 31、8、22。
② 大判昭 5、12、13 刑集 9、899。

即侵入场所的时候，就告成立。因此，开始以身体实施侵入住宅的行为的时候，就是实行的着手。在诸如为了侵入而将阻挡其侵入的居民推开，或实施了扭锁行为，但未能进入其中的场合，就是未遂罪。

2. 不退去罪的未遂

《刑法》第132条也规定了不退去罪的未遂，理论上姑且不论，但实际上并没有什么意义。虽然有人认为，在被要求离开的人，在离开所必要的时间经过之前，被他人推出门外的场合，就是本罪的未遂[1]，但是在这种场合，退去的义务还没有产生，应看成为预备阶段。[2]

第六节　对业务的犯罪

一、概说

1. 犯罪类型

妨害业务罪，是用传播虚假流言，以及使用诡计或使用威力，妨害他人业务的行为。《刑法》在第三十五章“对信用和业务的犯罪”中，规定了（1）损害信用罪（第233条前段），（2）妨害业务罪（同条后段、第234条），（3）以破坏电子计算机等手段妨害业务罪（第234条之二）。但是，损害信用罪是以个人的经济信用为保护利益的
149 犯罪，和以个人的社会活动为保护法益的妨害业务罪具有本质上的不同，因此，这里将损害信用罪作为与其相类似的名誉犯罪的一种来对待。

2. 保护法益

由于刑法在规定方法上，也并没有明确的根据，因此，妨害业务罪的性质或保护法益，相当暧昧。学说上，有（1）以和损害信用罪并列

① 大塚，123页；内田，179页；佐久间，133页；松宫，138页；山中，195页；高桥，160页。

② 中森，81页；曾根，83页；西田，115页；前田，116页。

规定为根据，主张将妨害业务罪和对名誉、信用的犯罪合并进行分类的见解①，(2) 以业务主要是以经济活动为内容这一点为根据，主张将其作为财产犯罪进行分类的见解②，(3) 以保护人们的社会活动的自由这一点为根据，主张作为对自由的犯罪进行分类的见解③，(4) 主张作为类似于侵犯人格（性格）和财产权的犯罪进行分类的见解④之间的对立。的确，妨害业务罪中也有保护经济活动的一面，但是，本罪的保护法益应当是人们在社会生活上的地位中的人格活动（社会活动）的自由，因此，学说 (3) 的见解最为妥当。

业务和经济活动　相川，注释 (5)，399 页认为，业务犯罪的保护法益是和经济活动直接、间接有关的人格活动的自由。但是，基督教的牧师的传教活动也是间接的经济活动，但是，在对牧师持续实施的社会服务活动这种非经济活动进行妨害的时候，没有理由将这种妨害行为排除在妨害业务罪之外，因此，最终还是应当将社会生活地位中的人格活动的自由作为本罪的保护法益。

二、妨害业务罪

散布虚假的流言，或者用诡计妨害他人业务的，处 3 年以下的有期徒刑或 50 万日元以下的罚金（《刑法》第 233 条后段）。

使用威力妨害他人业务的，按照前条的规定处罚（《刑法》第 234 条）。

1. 对象

本罪的对象，是他人的业务。

(1) 业务。所谓业务，是自然人、法人及其他团体基于职业或其他 150
社会生活中的地位而继续从事的事务（工作）。⑤ 本罪所保护的是人的

① 泷川，101 页；中山，147 页。
② 宫本，410 页；藤木，249 页。
③ 平野，185 页；内田，209 页；冈野，89 页；曾根，71 页；中森，71 页。
④ 大塚，154 页；西田，137 页；佐久间，54 页。
⑤ 大判大 15、2、15 刑集 5、30。

社会活动的自由，所以，作为娱乐而实施的行为或家庭生活不包括在内。事务既可以是文化活动，也可以是经济活动。① 但是，必须是平稳进行的事务。例如，宗教团体的社会慈善活动，也能成为业务（保护必要性）。

和业务过失致死伤罪中一样，业务必须是反复、持续的事务（继续性要件），因此，团体的成立仪式之类的，举行一次活动就结束的行为不包括在内。② 持续展开的事务，只要是平稳进行的，就是在刑法上值得保护的业务③，即便是违反行政法规的营业活动，也常常是本罪中所说的业务，如没有耕作权的人所实施的农活④，没有得到行政长官的批准而开办的澡堂⑤，未经批准而从事交换游戏机专用赠品的活动等⑥，都是业务。为了环境整治而拆除流浪者的纸板箱小屋作为不可妨碍的工作，是值得刑法保护的业务。但是，在地下室制造麻药之类的行为不是稳定实施的业务，所以，不是值得保护的业务。

继续性要件 平野龙一（平野，186页）认为，继续性要件并不重要，而应当将是否职业或者与此类似的情况作为要件看待。另外，大审院于1921年10月24日的判决中认为，虽说公司成立大会也是业务，但是它是根据将成立大会看作将要继续实施的事业的一环而认定为“业务”的，并不意味着将实施一次就终了的情况也看作业务。因此，上述判决宗旨，和本书中所提到的、认为韩国民团青年支部的成立大会不是业务的判决结论之间，并不冲突。

（2）公务和业务。以暴力、胁迫手段妨害执行公务的，成立妨害执行公务罪（《刑法》第95条第1款）。但是，在妨害的手段局限于威力、
151 诡计的场合，是不是应当将公务包含在业务之中，认定为妨害业务罪呢？有1）积极说，2）消极说，3）身份分类说，4）公务分类说，5）修

① 大判大10、10、24刑录27、643（创立公司事业）。

② 东京高判昭30、8、30高刑集8、6、860。

③ 东京高判昭27、7、3高刑集3、7、1134。

④ 东京高判昭24、10、15高刑集2、2、171。

⑤ 东京地判昭27、7、3。

⑥ 横滨地判昭61、2、18判例时报1200、161，最决平14、9、30刑集56、7、395。

正积极说之间的对立。

刑法对业务并没有格外地加以限定，而且对于妨害公务罪中的公务也没有进行任何限定，因此，作为立法论姑且不说，作为现行法上的解释，将公务从业务中除去，这是不妥当的（积极说）。所以，主张在本罪的业务中排除公务的消极说[1]，主张本罪的保护法益只限于非公务员所实施的公务的身份分类说（公务区分说）[2]，主张公务之中只有非权力性的公务，特别是具有私营企业性质的公务，才包含在业务之中的公务分类说（二分说）[3]，根据权力性质等的一定基准区分公务，将其中一部分作为业务的对象，同时将另一部分作为妨害公务执行罪的对象的限定积极说，以及积极说中主张通过诡计实施妨害行为的修正积极说[4]，都没有刑法上的根据。

我认为，虽说妨害业务罪是以个人社会活动的自由为保护法益的犯罪，但是公务也是公务员个人的社会活动，因此，主张不管公务的性质如何，都由本罪加以保护的积极说是妥当的。[5] 对于积极说，批判意见认为，在被赋予了像逮捕行为一样可以自行排除抵抗的功能的情况下，认定保护公务不受威力和诡计的侵害，是不妥当的。但是，妨害执行公务罪，是从国家的统治作用的角度来把握犯罪的，而妨害业务罪是从个人的社会活动的自由的角度来把握犯罪的，因此，妨害公务的行为，构成妨害执行公务罪的时候，和妨害业务罪之间，是观念竞合。 152

判例的变迁　到二战后，判例才认为公务不包含在业务之中[6]，但是，最高法院大审判庭在1967年11月30日的判决（刑集第20卷第9号第1076页）之所以将旧国铁职员的业务作为公务，并不是因为该业务伴有权力性或支配性的作用，而是因为其实际情

① 吉川，116页；大判大4、5、21刑录21、663。

② 内藤，注释（5），400页。

③ 团藤，535页；中山，150页；藤木，20页；冈野，92页；中森，73页；平川，208页；曾根，73页；山中，215页。

④ 西田，140页；山口，161页。

⑤ 植松，351页；西原，285页。

⑥ 最大判昭26、7、18刑集5、8、1491。

况是和民营铁路一样，因此，认定成立妨害业务罪，即主张公务分类说。[①] 另外，最高法院于1988年3月12日的判决也继承了上述大法庭的判决意见，认为除使用强制力的权力性公务之外，公务就是业务。根据这种见解，认定警察的公务等由于具有物理的强制力，所以是公务，而不包含在业务之中。它是从是否“使用强制力的权力性公务”来寻求区分公务的基准的见解。作为其之后的判例，最高法院于2000年2月17日（刑集第54卷第2号第38页）认为，《公职选举法》中的受理推选选举委员会主席的候选人的推荐书的事务不是行使强制力的权力性公务，因此，是“业务”。另外，最高法院2002年9月30日的判例（刑集第56卷第7号第395页）认为，东京都将拆除违背流浪者意愿的纸板箱小屋视为业务，认定妨害业务罪成立，采取了限定积极说的立场。[②]

2. 行为

本罪的行为，包含（1）散布虚假谣言，（2）使用诡计，（3）使用威力，妨害他人业务这样三种行为形式，刑法将（1）和（2）合并，称为“诡计妨害业务罪”，将（3）称为“威力妨害业务罪”。

（1）散布虚假谣言。所谓散布虚假谣言，就是将内容虚假的事项，以能够使不特定的人或多数人知道的方式进行传播。[③] 所谓虚假，就是违反客观事实。即便该事实在科学上存有争议，也是虚假。虚假包括行为人根据不确实的资料和根据所陈述的事实。关于该资料和根据是否确实，判例认为，应当根据社会一般观念，进行客观判断[④]，但是，应当以行为时的情况为基准来判断其是否真实。[⑤] 所谓谣言，就是传说、评判。不要求是恶事丑行[⑥]，也不管是不是行为人自己杜撰的。所谓散布，除包括行为人亲自以文书、口头方式传播之外，也包括用传小话的

---

① 最决昭54、1、10刑集33、1、1；齐藤，判例讲义Ⅱ，25页。

② 盐见，百选Ⅱ（第7版），48页。

③ 大判大5、12、18刑录22、1909。

④ 东京地判昭49、4、25刑月6、4、475。

⑤ 前田，218页。

⑥ 团藤，533页；曾根，75页；大判明44、2、9刑录17、52。

方式传播。 153

（2）使用诡计。所谓使用诡计，是欺骗、诱惑他人，或利用他人的错误和无知。不一定要对他人进行动员[①]，只要使用足以导致他人作出错误判断或影响其业务正常进行的手段、方法就够了。本罪中的欺骗，在其意义上，比诈骗罪中的欺骗，范围要广。如在散发歪曲商品的品质的诽谤文书的场合，在实施使人陷入错误的行为之后，对该陷入错误的人加以利用的场合，以及在反复挂电话的场合，根据其行为实施的形态，可能成为妨害实施业务的诡计。

使用与被害人的注册商标极其相似的商标，销售粗制滥造的商品的行为；在渔场的海底设置障碍物损坏渔网的行为[②]；在机械设备等中做手脚妨害其运转的行为[③]；提供内容虚假的暂时处分申请书，欺骗法官，使其作出并执行让出房屋的暂时处分决定，结果使工厂的厂房被转让，并使工人停工，产生被迫停止的行为[④]，都是诡计。因此，主张只有欺骗他人才是诡计的见解过于狭窄，而将一切使用阴险手段的行为都看作诡计，则是理解过宽。另外，实施诡计的对方和业务受到妨害的被害人，不要求是同一个人。

骚扰电话　东京高等法院于1973年8月7日（刑集第26卷第3号第322页）在大约三个月的时间里，不分昼夜，总计970次向某中国餐馆挂电话的案件中，认为“不能完全否定，该挂电话的行为是利用了对方的错误或者不知情的状态”，因此，认定该行为在利用不知、错误这一点上属于利用诡计。另外，在使用器械使电话费用计算失误的事件中，最高法院认为成立诡计妨害业务罪（最决1984年4月27日刑集第38卷第6号第2584页）。[⑤]《不正当竞争法》第5条，《商标法》第74条、第80条中规定的各个诡计妨害

① 前引最决昭59、4、27。

② 大判大3、12、3刑录20、2322。

③ 福冈地判昭61、3、3判例泰晤士报595、95（电力计量的操作），大阪高判昭49、2、14刑月6、2、118（切断传输线）。

④ 大判昭15、8、8刑集19、529。

⑤ 镇目，百选Ⅱ（第6版），51页。

业务行为，与诡计妨害业务罪之间处于法条竞合关系。

（3）使用威力。所谓使用威力，是显示足以压制他人意思的实力。154 威力，不要求压制现实的意思[1]，不要求对正在从事业务的人实施[2]，不要求行为自身对被害人的自由意思做工作。[3] 威力，除使用暴力、胁迫之外，还包括利用社会地位或经济上的优势所形成的权势的场合。[4] 将正在营业的商店的周围强行用木板围起来，使其不能营业的行为[5]；殴打电车司机，妨害其驾驶电车的行为[6]；在满是客人的营业餐馆中放20条蛇，使之到处乱爬的行为[7]；在赛马场中撒钉子，影响赛马进行的行为[8]；用力夺取律师的皮包的行为[9]；在他人的办公桌里放进死猫的残骸的行为[10]；大声和怒吼，从而妨害毕业典礼进行的行为（最决平23、7、7刑集65、5、619），等等，都构成威力妨害业务罪。

关于诡计和威力的区别，应该说，即便该行为是以诡计的形式实施的，但若行为的结果压制了他人的意思的话，就应当说是威力。如为了不让对方的汽车前进，以公然在路上撒钉子等的形式向对方显示障碍物的存在的场合，由于是以存在危险障碍物的事实来压制对方的自由意思，所以是威力。

本罪的故意，是对散布虚假谣言，用诡计或威力妨害他人业务的行为有认识而实施该行为的意思。只要是未必的故意就够了。

（4）妨害。妨害行为，并不单纯是指妨害执行业务自身，在广义上讲，妨害展开业务的一切行为都包括在内。[11] 关于是不是要求具有实际

---

① 最判昭28、1、30刑集71、1、128（闯入董事办公室，强行要求集体交涉），最判平23、7、7刑集65、5、619（在毕业典礼前向家长们大声呼叫）；齐藤，判例讲义Ⅱ，24页。

② 最判昭32、2、21刑集11、2、877（将火车中堆积的煤炭卸下的行为）。

③ 反对，平野，188页；曾根，73页；林，132页。

④ 前引最判昭28、1、30。

⑤ 大判大9、2、26刑录26、82。

⑥ 大判大14、2、18刑集4、54。

⑦ 大判昭12、2、27新闻4100、4。

⑧ 大判昭12、2、27新闻4100、4。

⑨ 最决昭59、3、23刑集38、5、2030；明照，百选Ⅱ（第7版），52页。

⑩ 最判平4、11、27刑集46、8、623。

⑪ 大判昭8、4、12刑集12、413。

的“妨害”，判例认为，本罪是具体的危险犯，从保护业务安全的角度出发，只要实施了可能发生结果的行为就够了。[①] 但是，本罪除是刑法中明文规定的“妨害业务”之外，它也是侵害自由的犯罪，因此，正如以骚扰电话影响正常营业一样，必须具有使业务的正常展开受到了实际 155
损害的结果，即本罪应当是侵害犯。[②]

3. 排除违法性事由

威力妨害业务罪，在和劳动争议行为的关系上存在问题。劳动争议行为，特别是同业罢工，由于是向雇佣方施加经济压力，影响其正常展开业务行为的手段，所以，明显是符合威力妨害业务罪的构成要件的。但是，劳动争议权受宪法保障（《宪法》第28条），既然作为其形态之一的同业罢工被认可，则停止提供劳动力的加害行为，按照《工会法》第1条第1款的规定，就是正当行为。

罢工纠察行为的违法性　为了劳动报酬以外目的的集体停业，积极妨害雇主的业务的行为，如以组成人墙的方式阻止上班的罢工纠察行为，不排除其违法性。在超越了行业罢工所必然伴随的妨害业务的范围的时候，成立威力妨害业务罪。[③]

4. 罪数、与其他犯罪的关系

使用威力以及使用诡计妨害他人业务的，符合《刑法》第233条和第234条的规定，成立单纯一罪。损害信用的同时也妨害了他人业务的，是观念竞合。[④] 同一行为既妨害了业务也是渎职的时候，就是妨害业务罪和渎职罪的观念竞合。[⑤] 有学说认为，在同时成立妨害执行公务罪和威力妨害业务罪的时候，按照法条竞合的原则，只成立妨害执行公

① 大判昭11、5、7刑集15、573；佐伯，136页；团藤，538页；福田，201页；大塚，159页；内藤，注释（5），403页；西原，285页；藤木，251页；佐久间，156页。

② 小野，224页；泷川，100页；平野，188页；曾根，75页；中森，70页；西田，142页。另外，前田，141页；高桥，204页。

③ 最大判昭33、5、28刑集12、8、1694认为，在罢工的时候，为了阻止第二工会的工人出工，在铁轨上静坐的行为是妨害业务罪。

④ 袖珍，527页（单纯一罪）。

⑤ 大判大5、6、26刑录22、1153。

156 务罪。[①] 但是，这两罪之间，应当理解为存在观念竞合。

三、以破坏电子计算机等手段妨害业务罪

破坏他人业务用电子计算机或供业务用的电磁记录，或者向他人业务用的电子计算机发送虚假信息或错误指令，或者使用其他方法，使电子计算机不能按照其使用目的运行，或者使其做违反使用目的的运行，因而妨害他人业务的，处5年以下有期徒刑或100万日元以下罚金（《刑法》第234条之二）。

未遂犯，处罚之（《刑法》第234条之二第2款）。

1. 意义

本罪是在1987年的《刑法》部分修改中新增加的罪名，内容是将以破坏电子计算机为手段的妨害业务行为，作为妨害业务的一种新类型，处以比诡计、威力妨害业务罪更重的刑罚。诡计、威力妨害业务罪是以自然人为对象的犯罪，但随着电子计算机的普及，电子信息处理系统根据大量快速的信息，扩大了处理（保存、检索、分析、传递信息）事务的范围。迄今为止由人工所进行的业务，多数被计算机所代办。与此相应，以破坏计算机为手段的妨害业务行为成为问题。

用计算机处理事务具有大量、迅速的特点，也使同时处理数宗事务变得可能，因此，一旦计算机遭到破坏，就会造成广泛的严重被害，所以，将以上述破坏行为为手段的妨害业务行为规定为妨害业务罪的类型，并科处比诡计、威力妨害业务罪更重的刑罚。本罪的保护法益是电子计算机业务的顺利进行。

2. 对象

本罪的对象，是由计算机处理的他人业务。这里所说的业务，和《刑法》第233条后段以及第234条中所说的“业务”相同，是指自然人、法人以及其他团体，基于其职业或社会生活中的地位，反复、继续从事的事务（工作），但是，只限于使用电子计算机所处理的事务。

① 袖珍，527页。

根据《刑法》第234条之二的规定，破坏“他人业务用电子计算机”，在“妨害他人业务”的场合，构成本罪。但是，从本罪的立法理由中可以看出，计算机业务就是以前的人工业务，所以，增设了本罪，因此，这里所说的电子计算机，必须是代替人从事业务的设施。换句话说，所谓“他人业务用电子计算机”，是在他人业务上，具有一定的独立性，就好像是人在从事业务一样，用于自动处理情报的电子计算机。因此，不从事情报处理，而是被嵌入其他机器（如自动贩卖机、自动剪票机等）而成为其零部件的计算机，如微型处理器，就不是这里所说的“电子计算机”①。关于文字处理器的认定，存在争议，但是，只要其自身属于具有独立的保存、检索信息等处理信息的能力的装置，就应该说是“电子计算机”②。公务用电子计算机当然包括在内。 157

3. 行为

本罪的行为是加害行为。加害手段，是指：(1) 破坏他人业务用电子计算机或供业务用的电磁记录；(2) 向他人业务用电子计算机发送虚假信息或错误指令；(3) 使用其他手段。破坏电子计算机和电磁记录中的所谓“破坏”，就是对上述物体自身进行物理性的破坏，或消除磁盘等所记载的信息之类的，使其失去其用途的一切行为。③ 所谓“虚假情报”，是指违反真实内容的情报。④ 所谓“错误指令”，是指在该事务的处理过程中，不应该发送的指令。所谓“发送”，是指将上述信息或指令输入电子计算机。利用不知道事实真相的程序员或操作员将虚假情报或错误指令输入电子计算机的行为，成立间接实行犯的破坏行为。

所谓“其他手段”，是上述 (1) (2) 之外的，对计算机实施的破坏行为；具有直接影响计算机的正常运行的性质。如切断电子计算机的电源、改变温度湿度等电子计算机运行所必要的环境条件、切断通信线 158

① 福冈高判平12、9、21判例时报173、131（否定例子，弹子房的游戏机上所装载的电子设备）。

② 米泽编：《部分修改刑法解释》(1988)，103页；西田，144页。

③ 大阪地判平9、10、3判例泰晤士报980、285（消除天气预报画像），京都地判峰山支判平2、3、26刑事裁判资料273、218（消除工作用程序）。

④ 前引大阪地判平9、10、3。

路、毁坏接入接出插口等附属设施、输入无法处理的数据，等等，都相当于此。因为要求是对电子计算机实施的，所以，占领计算机房或羁押操作员的行为，都不是破坏电子计算机的行为。①

4. 发生妨害运行的结果

成立本罪，必须具有使电子计算机不能按照其使用目的运行，或者发生致使电子计算机做违反使用目的的运行的结果。

（1）使电子计算机不能按照其使用目的运行。所谓使用目的，就是使用计算机的人，在具体的业务实行过程中，通过电子计算机处理信息所意图实现的目的。所谓“运行”，就是使计算机作为机械运转，即让计算机进行处理情报所需的输入、输出、检索、演算等程序。所谓“按照其使用目的运行”，就是按照上述使用目的运行。因此，使电子计算机“不能按照其使用目的运行”，就是使计算机不按上述使用目的运行。

（2）使电子计算机做违反其使用目的的运行。所谓“违反其使用目的的运行”，就是使计算机进行违反其使用目的的运行。

（3）实际发生上述两种结果。没有现实发生上述两种结果，就不成立本罪，因此，上述结果是破坏行为引起的构成要件的结果之一。所以，破坏行为和该种结果之间必须具有因果关系。

5. 妨害业务

破坏行为使电子计算机产生故障，其结果是“妨害他人业务”。所谓“妨害”，是指计算机运行故障而使计算机在处理业务上产生混乱。实质上，该种行为和诡计、威力妨害业务罪具有同样的意义，应当看作
159 侵害犯②，但判例将其看作具体的危险犯。可是，即便是这样理解，在发生具体危险的场合，作为其前提的破坏行为和机能故障之间，也必须具有因果关系。

6. 故意

本罪的故意，是对前述（1）（2）（3）中所说的事实有认识而实施

① 西田，145页。

② 西田，144页；高桥，204页。另外，前田，141页。反对，大塚，166页（是具体危险犯）。

的意思。只要是未必的故意就够了。由于本罪是侵害犯，所以，对妨害业务的结果必须有认识。即便将本罪理解为具体危险犯，也必须对发生该具体危险具有认识。

7. 未遂

本罪的未遂犯，和 2005 年所增设的制作不当指令电磁记录罪一并被规定（《刑法》第 234 条之二第 2 款）。实施了加害行为，但没有发生现实的运行故障结果的时候，或者没有发生妨害业务结果的时候，成立未遂犯。例如，为了妨害他人业务，试图通过网络向用于该业务的电子计算机下达错误指令，但由于防护操作启动，未造成运行障碍的情况。

8. 罪数、与其他犯罪的关系

本罪的罪数，应当以破坏行为和妨害业务的结果为中心加以确定，因此，即便有数个加害行为，但只产生了一个妨害业务的结果的话，也只是单纯一罪。在以破坏电子计算机的方式妨害他人业务的时候，是损坏器物罪和本罪之间的观念竞合。在实施违反爆炸物管制法的犯罪的时候又构成本罪的，也是观念竞合。在以消除电磁记录的方式犯本罪的时候，也只是毁坏电磁记录罪和本罪的观念竞合。

第七节　侵害秘密的犯罪

一、概说

秘密分为国家秘密、企业秘密、个人秘密，具有分别进行法律保护的必要，但刑法典仅将侵害个人秘密的行为规定为犯罪。同时，对秘
密，可以（1）刺探，（2）泄露，（3）盗用的方式加以侵害，但刑法典 160
在个人秘密方面，只对刺探和泄露的一部分加以处罚。因此，侵害秘密罪是侵害个人秘密的犯罪，其保护法益是个人秘密。虽然国家、公共团体的秘密不包括在内，但是，法人之外的没有法人资格的团体的秘密也是保护对象。

个人除了自己的生活之外，还具有家庭以及其他社会生活上的秘密。这些秘密被泄露给他人的时候，就会使其私生活的安宁受到侵害，所以，有必要在刑法上加以保护。《刑法》中有关侵害秘密的犯罪，规定有（1）开拆信件罪（第133条），（2）泄露秘密罪（第134条）。另外，随着信息社会的到来，通过计算机非法获取情报的情况大量发生，因此，在刑法上有必要对个人情报或财产情报等加以保护。

保护秘密的立法 有见解认为，本罪的保护法益，也包括国家、公共团体的秘密，但由于本罪是侵害个人法益的犯罪，因此，对上述公共秘密的保护，应当在本罪所讨论的问题之外。另外，关于泄露国家、公共团体的秘密的行为，除在《国家公务员法》第100条第1款、第2款，第109条第12项，《地方公务员法》第34条第1款、第2款，第60条第2项等中有处罚规定之外，还被《国家机密保护法》所关注。顺便说一句，虽然《草案》中增设了泄露企业秘密罪，但具有财产价值的情报也应该成为刑法的保护客体。①

二、开拆信件罪

没有正当理由开拆被密封的他人信件的，处1年以下有期徒刑或20万日元以下罚金（《刑法》第133条）。

本罪为亲告罪（《刑法》第135条）。

1. 对象

本罪的对象，是被密封的信件。所谓“信件”，是特定人写给特定人的、作为传递意思的媒介的文书。特定人，可以是自然人、法人，也可以是没有法人资格的团体。在收件人为国家或公共团体的时候，是不是信件，有（1）是信件的见解（通说）和（2）本罪的秘密只限于私人关系中的秘密，因此，不是信件的见解②之间的对立。但是，该种场合

① 芝原等：《财产信息的刑法保护》，《刑法杂志》，30卷1号，1页。

② 袖珍，322页。

的信件中，记载个人秘密的也不少，因此，上述（1）说的见解妥当，但是，发信人和收信人均为国家或公共团体的场合除外。

信件是不是仅限于传递意思的文书？判例和多数学说对此持肯定态度[①]，但是，由于只要是传递意思的东西就够了，因此，不仅是表达特定意思的文书，单纯记载事实或表达感情的图书、照片、原稿等，根据情况，也可以是信件。即便是没有装入任何内容的信封等，只要被封了 161
口，写上了收信人，就应当说是表达意思的手段。[②]

信件只要被密封就成为本罪的对象，不管是不是已经被送出。所谓“密封”，就是只要不破坏其外包装，就不能看清里面的内容，和信件成为一体的信件以外的包装。典型情况就是将信件放入信封中，用糨糊将信封口糊上的场合。个别情况下，也可以考虑用别针将信封别住，或者用绳子将小包捆住，但这些都不是密封。将信件放入桌子的抽屉里并上锁的时候，由于抽屉并没有和信件连为一体，所以，也不是密封。收信人将信封开启之后，再度封上的文书，还是信件。[③]

2. 行为

本罪的行为是故意开拆被密封的文书。所谓“开拆”，是指打开信封，只要因此而达到了能够了解信件内容的状态的，就是既遂。因此，本罪是抽象危险犯[④]（通说），信件的内容对于写信人来说，是不是秘密事项，在所不问。因为必须有开拆信封的行为，所以，在用其他方法了解信件内容的时候，不是开拆。另外，开拆邮电部门正在处理中的信件的行为，按照《邮政法》第77条的规定，处3年以下有期徒刑或50万日元以下罚金。

3. 排除违法性事由

开拆信件必须是“没有正当理由”而实施的，只有在没有正当理由 162

① 大判明40、9、26刑录13、1002；福田，209页；藤木，255页；前田，118页。另外，袖珍，324页。

② 植松，327页；大塚，126页；吉川，93页；西原，180页。

③ 大塚，126页。反对，袖珍，320页；柏木，398页；吉川，93页；香川，461页。

④ 反对，中森，82页；山口，129页（具体危险犯说）。

的场合，才具有违法性，所以，有正当理由的开拆就不违法。在法律允许开拆的场合[①]，在权利人同意开拆的场合，就属于这种情况。作为行使监护权（《民法》第820条）的表现，在开拆收信人为自己的孩子的信件的场合，如果属于行使监护权范围内的行为，就排除违法性。[②]

三、泄露秘密罪

医生、药剂师、医药品贩卖者、助产士、辩护人、公证人、从事宗教祈祷或祭祀职业的人，或者曾经从事上述职业的人，没有正当理由，向他人泄露业务上所获悉的他人秘密的，处6个月以下有期徒刑或10万日元以下罚金（《刑法》第134条第1款）。

从事宗教、祷告或者祭祀职业或者曾经从事上述职业的人，没有正当理由向他人泄露业务上所获悉的他人秘密的，与前款同（同条第2款）。

本罪为亲告罪（《刑法》第135条）。

1. 主体

本罪是根据和依赖者之间的信赖关系，从事具有较多机会接触他人秘密的职业的人才能构成的真正身份犯。《刑法》第134条所规定的人当中，所谓"医生"，是指有医生执业资格的人；所谓"医药品贩卖者"，是指被批准从事医药品贩卖职业的人（《药师法》第29条）；所谓"助产士"，是指以帮助分娩、帮助产妇或新生儿为业的人（《保健妇助产士看护师法》第3条）；所谓"辩护人"在没有律师资格的人担任辩护人的场合，特指《刑事诉讼法》上的特别辩护人（《刑诉》第31条第2款）；所谓"从事宗教职业"的人，就是从事神道教的人员、僧侣、牧师等；所谓"从事祷告职业"的人，是指祷告师。

特别法上的犯罪 必须注意，泄露秘密的，本罪主体以外的人的行为也要受到处罚。国家公务员（《国家公务员法》第109条第

---

① 如《邮政法》第41条第2款，《刑诉》第111条，《刑事设施法》第93条及以下。

② 大塚，127页；藤木，255页；前田，119页。反对，柏木，398页；内田，197页（过于性急的手段不宜作为教育手段）。

12项等)、地方公务员(《地方公务员法》第60条第2项等)、代写司法文书的人(《司法书士法》第23条)、代写行政文书的人(《行政书士法》第22条)等也具有保守秘密的义务。另外,《传染病预防法》(第67、68条)、《儿童福利法》(第61条)中也规定了处罚医师泄露秘密的条款。另外,参照《关于保护特定秘密的法律》(2013年12月13日法律第108号)。 163

2. 对象

本罪的对象是秘密。秘密,必须是和本罪主体具有业务来往的人的秘密。所谓秘密,就是只有特定的小范围的人才知道的事实,本人具有不想让其他人知道的意思,而且其他人知道的话,客观上看,会对本人产生不利的情况。关于秘密是否必须是具有客观利益的事实,有(1)只要本人主观上具有作为秘密的意思,就是秘密的主观说①,(2)必须是对于本人来说,具有作为秘密加以保护的客观价值的客观说②,(3)必须是在客观上具有作为秘密的价值,而且,本人也具有将其作为秘密的愿望的折中说③,(4)客观上值得作为秘密加以保护,或者本人主观上特意将其作为秘密,二者只要具备其一即可的见解④之间的对立。本罪的目的尽管是保护本人的希望看作秘密的意思,但是,秘密的内容,在客观上,必须是值得保护的利益,因此,(3)说的见解妥当。

秘密,一般是指自然人的秘密,但是,法人等团体的秘密也包括在内。⑤ 关于秘密,具有应限定于私生活的秘密⑥和公开生活的秘密也包括在内⑦的见解上的对立,但本罪是以个人利益为保护利益的,因此,只应限于私生活上的秘密。所以,在主体是国家或地方公共团体的时

① 吉川,96页;藤木,256页。

② 团藤,510页;福田,210页;大塚,129页;中森,73页;西田,119页;前田,119页。

③ 平野,189页;山口,130页;佐久间,139页。

④ 藤木,256页。

⑤ 通说。反对,西田,112页;松宫,107页(仅限于自然人)。

⑥ 袖珍,323页;福田,211页;大塚,130页;吉川,96页。

⑦ 植松,331页;柏木,400页。

候，其所拥有的秘密就不是本罪的对象。[①] 秘密，必须是各种身份的人在从事业务的过程中所了解到的。在酒馆等场所偶然见到和听说的事实不是秘密。

3. 行为

164 本罪的行为，是泄露秘密。侵害秘密的行为有刺探和泄露两种。现行法上对刺探行为的处罚只限于开拆信件的场合，对于偷听私人谈话之类的行为，不予处罚。所谓泄露，是让不知道该秘密的人知悉该秘密的行为。可以对一个人实施，也可以对大多数人实施，其方法在所不问。让对方不要转告他人而告知对方秘密的行为，放置载有秘密的书面材料听任他人阅览的行为之类的不作为，也包括在泄露行为之内。泄露行为，在该泄露达到能使对方了解的程度，就是既遂，并不要求对方实际知悉该秘密，因此，本罪是抽象危险犯。医生泄露其在鉴定过程中获取的秘密，构成本罪（最决平24、2、3刑集66、4、405）。

4. 排除违法性事由

成立本罪，以没有正当理由而泄露为条件。所谓没有正当理由，就是没有正当事由。在以下场合，可以考虑排除违法性：第一，法律上具有告知义务的人向他人告知秘密的时候，排除违法性。例如，《传染病预防法》第12条等规定，医生必须向保健所长、都道府县的知事报告病人的情况，这种告知就是法律上的正当行为。第二，秘密的主体即本人同意的时候，由于没有作为秘密的意思，所以，不符合构成要件。第三，医生、律师等在业务活动中获悉他人秘密，为了保护第三人的利益，而向他人泄露秘密，在符合紧急避险的要件或具有社会相当性的时候，排除违法性。[②]

四、亲告罪

本章所规定的犯罪，在没有告诉的场合，不得提起公诉（《刑

① 反对，大塚，130页。

② 大判昭5、2、7刑集9、51。

法》第 135 条）。

1. 开拆信件的场合

之所以将本罪规定为亲告罪，是因为担心追诉的话，就会将收信人和发信人的秘密公开，反而对被害人不利。告诉权人是被害人，关于谁具有告诉权，则有（1）发信人和收信人通常都具有告诉权的见解（通 165
说），（2）一般来说，发信人具有告诉权，但是在信件送达之后，收信人也具有告诉权的判例见解①，（3）一般来说，发信人具有告诉权，但在信件被发出之后，收信人也具有告诉权的见解②，（4）在收信人收到信件以前，发信人具有告诉权，在收到信件之后，收信人具有告诉权的见解③之间的对立。一般而言，信件中所记载的秘密，对于收信人和发信人来说，都是共通的，因此，根据发信或者送达来区分是不是秘密，并没有什么实际利益。所以，主张收信人和发信人都具有告诉权的（1）说的主张妥当。

2. 泄露秘密的场合

本罪也是亲告罪。在谁具有告诉权的问题上，虽然有（1）秘密主体具有告诉权的见解④，（2）由于秘密被泄露而直接受害的人具有告诉权的见解⑤之间的对立，但是，由于应当说，秘密被泄露而受害的人具 166
有告诉权，所以，（2）说的见解妥当。

---

① 大判昭 11、3、24 刑集 15、307。

② 江家，244 页。

③ 木村，95 页；西原，181 页。

④ 内田，200 页；曾根，85 页；中森，83 页；山口，133 页。

⑤ 大塚，131 页。

第三章　对名誉和信用的犯罪

对名誉和信用的犯罪，是以对人的社会评价为保护法益的犯罪。但是，名誉是以对人格的社会评价为内容的，而信用是以对人的经济方面的信赖为内容的，因此，侵害信用的犯罪接近于后述对财产的犯罪。

第一节　对名誉的犯罪

所谓对名誉的犯罪和对信用的犯罪，都是以对他人的社会评价为保护法益的犯罪。但是，名誉以对他人人格的社会评价为内容，与之相对，信用则以对他人的经济层面的社会信赖为内容，因此，对信用的犯罪接近后文所述的对财产的犯罪。

一、概说

1. 意义

对名誉的犯罪，就是为了保护他人名誉，而将公然损害他人名誉，或侮辱他人的行为规定为犯罪的情况。人为了维持一定的社会生活关系，必须保持一定的名誉，如果名誉受到侵害，不仅个人的生活，而且社会生活关系也会受到破坏，可以引起社会生活上的重大不利。在现代社会，随着个人尊严受到尊重，名誉、信用的价值变得越来越重要。特别是，在信息社会到来之际，侵害名誉的情况越来越严重，保护隐私的必要性大大增强。简而言之，名誉，在被《宪法》第 13 条作为个人尊严中的人格权加以保护的同时，在对他人名誉进行伤害的场合，刑法不问所捏造的事实是否存在，为了对现代社会中所通用的名誉（事实上的名誉）进行保护，就将该行为规定为犯罪。对名誉的犯罪，刑法中规定 167
有（1）损害名誉罪（《刑法》第 230 条第 1 款）、（2）损害死者名誉罪（《刑法》第 230 条第 2 款）、（3）侮辱罪（《刑法》第 231 条）。

同时，宪法中所保障的表现（言论）自由，在信息社会中，重要性日益增强。表现、报道真实的自由，和国民的知情权一样，必须得到充分的保障。在有关人的名誉方面，发表固有的社会评价的自由，也应当受到积极保障。从协调保护名誉和保障言论自由、知情权的角度出发，在 1947 年《刑法》部分修改之际，设置了有关事实证明的规定，而本罪规定的意义也日益突出。

2. 保护法益

对名誉犯罪的保护法益是他人名誉。他人名誉，可以分为（1）作为独立于自己或他人评价而客观存在的人的价值（真正的价值）的内部名誉，（2）作为社会对他人所赋予的评价（评判、一般评价）的外部名誉[1]（社会名誉，事实名誉），（3）本人所具有的作为自我价值意识、感情评价的名誉感情（主观名誉）。

内部名誉，是该人客观上所具备的他人不可能侵害的名誉，所以，不可能成为对名誉犯罪的法益，所以在法律保护范围之外。问题是后二者该如何处理。学说上，有（1）认为保护名誉的损害名誉罪和侮辱罪都是以外部名誉为保护法益的外部名誉说（通说），（2）主张损害名誉

① 大塚，135 页。

罪的保护法益是外部名誉，而侮辱罪的保护法益是名誉感情的二分说[①]，以及（3）将两者都作为保护法益的综合说。[②]

我认为，刑法之所以将“公然”作为损害名誉罪和侮辱罪的成立要件，是考虑到对名誉的犯罪是降低对人的社会评价这一点。如果将内部名誉以及个人的名誉感情也作为保护法益的话，侮辱罪中就不需要“公然”了。因此，本罪的保护法益，是社会对个人的外部名誉即人的社会
168 价值进行的评价（评价或者社会一般评判就是事实名誉）。判例也主张这种立场。[③]

将对名誉的犯罪的保护法益理解为外部名誉的话，实际降低了人的社会评价是不是本罪的成立要件，成为问题。学说上有见解认为，由于《刑法》第230条规定了“损害了”，《刑法》第231条规定“侮辱了”，因此，本罪是结果犯。[④] 但是，在将来就不要说了，在现在是不是降低了对本人的社会评价，很难证明，因此，应当说，现行法就对名誉的犯罪，没有将名誉现实受到侵害或者发现了侵害的危险作为其成立要件。因此，本罪是抽象危险犯。[⑤] 但是，本罪之所以被看作抽象危险犯，是由于在诉讼上，法院难以认定有没有发生侵害，而不是像一般危险犯中一样，因为法益重大，要特别予以保护。因此，不能将其看作单纯的举动犯。一般而言，具有某种损害名誉的危险发生的时候，就应该说成立本罪（准抽象危险犯）。

具体例子 如在深夜没有人来往的工厂的正门口，树立以披露损害他人名誉为内容的事实的场合，至少在该时刻，不应当说，名誉被损害了。

二、损害名誉罪

公然披露某种事实，损害他人名誉的，不问该事实是否实际存

① 团藤，512页；江家，24页；福田，187页；川端，180页。

② 平野，191页；大塚，135页。

③ 大判大15、7、5刑集5、303。

④ 内田，222页；平川，227页；曾根，89页。

⑤ 大判昭13、2、28刑集17、141。

在，处3年以下有期徒刑或监禁，或50万日元以下罚金（《刑法》第230条第1款）。

本罪是亲告罪（《刑法》第232条第1款）。

1. 对象

本罪的对象是名誉。作为名誉主体的人，包括自然人、法人以及没有法人资格的团体（通说）[①]，因为只要是从事社会活动的主体，其名 169 誉就应当受到保护。但是，不能成立单一评价的对象的团体，其名誉不能受到损害，所以，侵害“东北人”或家属之类的含义模糊的团体，应当从侵害名誉的对象中除去。[②]

所谓名誉，就是对人的社会评价。[③] 名誉的内容，第一，不仅是指和人的行为、人格有关的伦理价值，对人的政治、社会、学问、艺术方面的能力评价，有关身体、精神健康的评价等，只要是和人的社会评价相关，就成为保护的对象。但是，对人的经济支付能力以及支付意思的社会评价，由于在损害信用罪中加以保护，因此，不是本罪的对象。第二，社会评价和现实价值不一致的假想名誉也是保护的对象。如在过去实施了犯罪等违法行为的人[④]，实施了反伦理行为的人或坏人，其名誉，在社会一般人通常对该人所给予的评价之内，受到保护。另外，即便是受到社会的不当尊敬的所谓虚名，只要其作为事实在社会上通行，就应该受到保护，所以，揭露其虚名的行为也能成立损害名誉罪。第三，名誉是对人的现在的社会评价，但是，现在的名誉也和人的过去以及将来有关，因此，对幼儿的将来的社会评价也包括在内。

2. 行为

本罪的行为，是公然披露事实，损害他人名誉。

(1) 公然。所谓公然，就是不特定或多数人能够直接认识的状态。

---

① 大判大4、6、22刑录21、875，大判大15、3、24刑集5、117，最决昭58、11、1刑集37、9、1341；小名木，百选Ⅱ（第5版），41页。

② 内田，210页；中森，87页；佐久间，143页；大判大15、3、24。

③ 大判昭8、9、6刑集12、1590。

④ 大判大5、12、13刑录22、1822。

关于“公然”的意义，有（1）是不特定以及多数的人能够认识的状态，（2）是不管特定还是不特定，只要多数人能够认识就成立的状态，（3）是不特定或多数人能够认识的状态等见解之间的对立。“公然”这一要件，是为了将向特定的少数人传播信息的情况，从向他人传播贬低他人名誉的事实，可能在社会上广泛流传的危险行为中，排除出去而加以规定的，因此，主张“公然”就是不特定的并且多数的人能够认识的
170 状态的（1）说，以及认为“公然”是不管特定还是不特定，只要多数人能够认识就足够的（2）说，都失之过窄，而（3）说妥当。① 另外，由于是处于只要是不特定或多数的人能够认识的状态就够了，因此，并不要求实际上有认识。②

所谓“不特定的人”，是指不需要根据特殊关系加以限定的人③，如马路上行走的人，出现在公共场合的人等。所谓多数人，是指达到能够为社会一般人所了解程度的人数，因此，仅是复数的人还不够，还必须达到相当的人数。行为并不要求同时对多数人实施，根据寄送邮件④、单个面谈等形式按顺序连续对多数人实施的，也是公然。

问题是：在希望不特定人或多数人知道而向少数特定的人透露的场合，该如何处理？判例⑤和多数说⑥认为，所谓公然，就是不特定或多数的人“能够听见或看见的状态”⑦，因此，传播事实，能够使不特定或者多数的人知道的时候，就能说，具有公然性（传播性理论）。但是，所谓“公然披露事实”，应当被理解为用使一般人能够直接了解的方法披露，因此，披露的结果，和是否具有被传播的危险没有关系。⑧ 因

---

① 大判昭3、12、13刑集7、766，最判昭36、10、13刑集15、9、1586。

② 大判明45、6、27刑录18、927。

③ 大判大12、6、4刑集2、486。

④ 大判大5、5、25刑录22、816。

⑤ 大判大8、4、18新闻1556、25（传播性），最判昭34、5、7刑集13、5、641。

⑥ 团藤，513页；泷川、竹内，121页；大塚，137页；西原，152页；中森，87页；佐久间，134页；高桥，173页。另外，井田，166页。

⑦ 最判昭34、5、7刑集13、5、641。武田，百选Ⅱ，40页；齐藤，判例讲义Ⅱ，40页。

⑧ 平野，193页；福田，注释（5），345页；曾根，90页；西田，124页；平川，刑法的基本判例，110页；山口，137页。

此，仅向少数特定的人传播信息还不够，必须该行为自身具有向社会一般人传播的可能性。因为，向特定的个人传播流言等，也可能导致公然披露事实的结果。

有关“公然”的判例　判例认为“公然”是“不特定或者多数人”。“法律规定为公然，而判例将其理解为‘不特定或者多数人’，之所以如此，是因为具有多数人的时候，稍有风吹草动，就不能保 171
守秘密。在虽然是多数人，但从其人数以及聚集的特征来看，能够保守秘密，绝对没有传播之虞的场合，就不应当说是‘公然’”①。另外，在最近主张传播性理论的判例有，东京高等法院于1983年4月27日的判决（高刑集第36卷第1号第27页：向3名关系人邮寄文书）。否定公然性的判例有，在检察官调查室里，只有承办的检察官和检察事务官在场的时候，被告就原告的情况所发表的有关言论②；在被害人家里面，除了被害人之外，还有其母亲、妻子以及女儿在场的时候所说的带有侮辱性的话③等。传播性理论，即便所披露的对象是不特定或者多数的人，但在信息社会中没有一般流通危险的场合，应当限制适用。④

（2）披露事实。被披露的事实，必须是足以损害对他人的社会评价的事实，事实的内容是否真实在所不问，也不管该事实是不是大家都知道的事实。另外，属于大家都知道的事实的，即便被披露，也不可能降低社会对其评价的时候，是不能犯。事实，不要求是恶事丑行⑤，身体上的缺陷也包括在内。⑥ 将来所设想的事实是否包括在内？学说上有积极说⑦和消极说⑧之分。但是，叙述作为设想基础的过去和现在的事实

---

① 大判昭12、11、19刑集16、1513。

② 最决昭34、2、19刑集13、2、186。

③ 最决昭34、12、25刑集13、13、3360。

④ 西田，112页。

⑤ 大判大7、3、1刑录24、116。

⑥ 佐伯仁志：《对名誉和隐私的犯罪（上）》，《现代展开》，77页（认为身体残疾等在人的责任上不能变更的“事实”不能包括在内）。

⑦ 植松，334页；青柳，412页；大塚，138页。

⑧ 中野次雄：《对名誉的犯罪》，《刑事法讲座》，4卷，823页。

的时候，应当说是损害名誉。虽然要求事实是和特定的人的名誉有关的，但没有必要明确显示被害人的姓名，只要能够确定被害人是谁就够了。[①] 梦呓中的事实不是这里所说的事实。另外，在以“笨蛋”之类的评价为主的场合，就成立侮辱罪的问题。

172 关于披露的方法、手段，没有限制。虽然通常是以口头、文字、图画的形式加以表现的，但是姿势、动作也能体现出来。该事实是行为人直接耳闻目睹的，还是传说或道听途说的，在所不问。在披露之际，也不要求行为人对该事实是否真实进行特别申明。另外，本罪中，之所以将披露事实作为要件，是因为社会一般人根据一定具体事实所形成的某种印象，具有降低他人名誉的结果[②]，所以，披露事实，必须具体达到具有损害特定人名誉的可能性的程度。[③]

（3）损害名誉。所谓“损害名誉”，是产生具有损害社会评价之虞的状态，并不要求实际上已经降低了社会对他人的评价。[④] 公然披露贬低他人的社会评价的事实的话，在该时刻就已经达到了既遂。本来，要求使名誉实际上受到了损害，但由于难以证明这一点，因此，作为“受到损害”判断的替代，就是考虑是否实施了披露足以降低社会对他人的评价的事实的行为。在此意义上讲，本罪是抽象危险犯。但作为准抽象危险犯，还必须考虑所披露的事实是否为不特定或多数的人所实际意识到，或者可能被实际意识到。另外，在报纸上登载损害他人名誉的记事的场合，散发该报纸的时候，就成立损害名誉罪的既遂。[⑤]

由报纸实施的损害名誉罪 对于在报纸上披露事实而损害他人名誉的，按照以下方法解决。第一，新闻记者、编辑、发行人共谋发表该记事的，分别作为共同实行犯加以处罚[⑥]；第二，向新闻记

---

① 最判昭28、12、15刑集7、12、2436。

② 中野，前引824页。谣言、传闻（东京地判昭41、11、30下刑集8、11、1432），创作原型小说（东京地判昭32、7、13判例时报19、1）。

③ 东京高判昭33、7、15高刑集11、7、394。

④ 大判昭13、2、28刑集17、141。

⑤ 大判大12、5、24刑集2、437。

⑥ 大判大15、8、6刑集5、374。

者提供材料的，通常成为教唆犯[①]；第三，发送报纸的人，在熟知该记事内容的时候，可能成为帮助犯，但是，拒绝发送实际上很困难，因此，应该说在多数场合下，没有处罚的可能性。另外，在报纸上连续对同一人登载数个损害名誉的记事，也只成立包括的
一罪。[②] 173

(4) 犯罪的结束。本罪是抽象危险犯，公然揭露使他人社会评价降低的事实的成立本罪，因此，本罪是状态犯。[③] 也有有力见解认为本罪是继续犯[④]，但是，损害名誉的效果随着时间的流逝而减弱，因此，如果行为结束，本罪也就结束，应作为状态犯看待。

互联网与损害名誉　近年来，通过互联网侵犯人权引发出各种各样的问题，与刑法上的损害名誉罪相关的问题特别引人注目。对此，主要有以下三个问题。

第一，网络平台的责任。应删除毁损名誉等的违法内容，但是在对此放任不管的场合，由于只有网络平台才能删除这些违法信息，因而删除违法信息是网络平台的作为义务，应检讨不删除的行为是否构成毁损名誉罪的单独正犯或者帮助犯。[⑤]

第二，毁损名誉罪的结束时期。大阪高等法院 2004 年 4 月 22 日的判决（判例泰晤士报第 1169 号第 316 页）认为：X 在网上揭露了毁损 A 名誉的事实，在删除这些信息之前，这些信息处于使用者可以浏览的状态，所以侵害名誉的危险在持续中。因此，在 X 向网站管理者申请删除这些信息之前，犯罪没有结束。有见解认为，与互联网上毁损名誉罪控告期间相关的犯罪结束时期是一个问

① 大判昭 6、10、19 刑集 10、462。

② 大判明 45、6、27 刑录 18、927。

③ 中森，89 页；山中，186 页。山口，《重要判例解说》（2005），159 页；高桥，170 页。另外，松原，135 页。

④ 西田，134 页；前田，192 页。后引大阪高判平 16、4、22。

⑤ 西田，132 页，山口：《网络平台的刑事责任》，《法曹时报》，52 卷 4 号；只木诚：《互联网和毁损名誉》，《现代刑事法》，1 卷 8 号，49 页。

题，应对状态犯说进一步作出检讨[①]，但是，随着时间的流逝，通过揭露事实危险降低了，因而在网上揭露事实的时候犯罪应该就结束了，上述判例的见解是不妥当的。

第三，对真实性错误的处理。关于网络个人用户X在其开设的网站主页上公然揭露经营连锁餐饮店的A公司是邪教组织这一虚假事实，东京地方法院认为，误信信息的真实性缺乏相当的资料和根据，但是，被害人在互联网上可以对此作出反驳，因此，既然达到了对个人用户所要求的信息收集程度，就排除故意。[②] 在互联网中，信息真实性错误可以放宽阻却故意的相当性判断基准。但是，东京高等法院指出，以“被害人有反驳的可能性”为由放宽相
174 当性的判断基准，是“对被害人保护的欠缺，并不妥当”，从而撤销原审判决。[③] 最高法院也维持该裁判结论。[④] 这是妥当的判断，应予以支持。[⑤]

（5）故意。本罪的故意，是对公然披露足以损害对他人的社会评价的事实具有认识，而实施该行为的意思。不要求具有损害他人名誉的目的[⑥]，也不管行为人是否相信该被披露的事实是否真实。

三、被证明为真实的不处罚

在前条（《刑法》第230条）第1款的行为，经认定是有关公共利益的事实，并且其完全是为了公共利益的场合，应对事实的真假进行判断，在被证明为真实的时候，不处罚（《刑法》第230条之二第1款）。

在前款规定的适用上，有关尚未被提起公诉的人的犯罪事实，视为有关公共利益的事实（同条第2款）。

---

① 西田，134页；松原，115页。

② 东京地判平20、2、20判例时报2009、151。

③ 东京高判平21、1、30判例泰晤士报1309、91。

④ 最决平22、3、1刑集64、2、1。

⑤ 西田，133页。

⑥ 大判大6、7、3刑录23、782。

在前条（《刑法》第230条）第1款的行为，与公务员以及需要通过选举产生的公务员的候选人的事实有关的场合，对该事实的真伪进行判断，在证明其为真实的时候，不处罚（同条第3款）。

1. 意义

在现行刑法看来，损害名誉罪的构成，原则上和所披露的事实的真假没有关系，即便是虚假名誉，也值得用刑法进行保护。另外，在民主主义的社会中，在不少场合，为了保护公共利益，也必须对虚假名誉进行揭露。在此意义上讲，“说真话的权利”也必须得到保障。在此，为了调和宪法所保障的言论自由（《刑法》第21条）和保护名誉之间的关系，便制定了有关“披露事实”不罚的《刑法》第230条之二部分的规定。这种规定在帝国宪法之下的旧《新闻法》、旧《出版法》中也曾有过，但随着日本国宪法的制定，1947年的《刑法》部分修改中就增加了本条的规定。正如下述，由于证明真实被广泛认可，所以，不处罚的范围有了扩大。

2. 不处罚的要件

按照《刑法》第230条第1款的规定，对符合以下三个要件的损害 175
名誉行为不处罚：第一，披露的事实和公共利益有关（事实的公共性）；第二，披露完全是为了公共利益（目的的公益性）；第三，事实的真实性能够被证明（事实真实性的证明）。

(1) 事实的公共性。该行为所披露的事实，必须是“有关公共利益的事实”。所谓“有关公共利益”，是指披露该事实，有利于增进公共利益。因此，所谓“事实”，就是接受公众批判，有利于增进公共利益的事实。身体、精神障碍、疾病、性生活等属于隐私的事实原则上不包括在内。但是，在具有社会影响力的场合，即使是关于生活情况的事实也包括在其中。公共利益，不要求是国家或社会全体（全体社会）的利益，某一地区或小范围的社会（部分社会）利益也包括在内。① 当然，事实是否具有公共性，在与所公布事实有关的对方所处的范围内加以判

① 大阪地判平4、3、25判例泰晤士报829、260。

断，因此，在只和当地居民或小范围的社会成员有关的场合，向与此无关的社会一般人披露该事实的，就是滥用表现的自由，丧失了事实的公共性。[①]

事实的公共性和正当行使言论自由有关，因此，即便是和公共利益有关的事实，但在该公布有滥用言论自由之嫌时，也不应该认可事实的公共性。因此，为说是“有关公共利益”，必须是在增进公共利益所必要的限度之内公布该事实（必要性）。而且，该事实，在某种程度上必须明确显示出是和公共利益有关（明白性）。[②] 事实的公共性不要求揭露的事实自身具有公共性质，只要该事实作为评价、判断是否有公共性的材料就足够了，所以私生活上的事实也有满足该要件的场合。[③] 另外，是不是有关公共利益的事实，应根据所披露的事实自身的内容、性
176 质，进行客观判断，不应受到表达方法不当[④]以及事实调查程度等情况的影响。[⑤]

《月刊潮笔》事件判决 私人行为是否也能具有事实的公共性？最高法院于1981年4月16日的判决认为，宗教团体领袖的个人行为，“即便是个人的私生活情况，根据其参与社会活动的性质以及该活动对社会影响的程度，作为对其社会活动进行批判或者评价的资料之一，应当说，可以认定为《刑法》第230条之二第1款所说的‘有关公共利益的事实’”。据此，法院认为有关该领袖的男女关系的事实具有公共性。[⑥] 对社会具有重大影响的人的个人行为和增进社会公共利益的发展有关，因此，应当说，该判决是妥当的判决。

（2）目的的公益性。适用《刑法》第230条之二部分的行为，其必须完全是为了公共利益。所谓“目的”，就是指动机，是排除损害名誉的违法性的主观要件。因为必须完全是为了增进公共利益而公开披露事

① 大塚，140页。

② 福田，注释（5），365页。

③ 中森，79页。最判昭5、64、16刑集35、3、84（《月刊潮笔》事件判决）。

④ 东京高判昭30、6、27东时6、7、211。

⑤ 最判昭56、4、16刑集35、3、84。

⑥ 齐藤，判例讲义Ⅱ，28页；臼木，百选Ⅱ（第7版），42页。

实，因此，在出于敲诈勒索的目的、获取损害赔偿的目的或满足读者的好奇心的目的的时候[①]，就不符合目的的公益性的要件。所谓“完全”，本来是指排除其他动机，只根据某一种动机来行动，但做到这一点实际上是很困难的，因此，只要主要动机是为了公共利益就够了。[②] 在该事实是否和公共利益有关，并不明确，而且，是否有必要向公众披露，也不清楚的场合，就不是目的的公益性，而是前述的事实公共性的问题。

（3）特别规定。关于《刑法》第 230 条之二的第 1 款，有以下两个特别规定：

1）有关犯罪行为的特别规定。本特别规定的宗旨是：第一，使调查容易得到一般国民的帮助；第二，使犯罪调查处于舆论的监督之下，从而保障国民对不力或不当调查进行批判的自由。所谓“尚未提起公诉”，是指在开始调查以前的阶段，包括不起诉的处分的情形在内。另 177
外，在起诉之后的审判阶段，有关犯罪事实的报道，从审判公开的原则来看，原则上是允许的。相反地，公布前科等当然要排除在外。[③] 与此同时，根据时效、恩赦等规定，在法律上不可能提起公诉的场合，从上述宗旨来看，就不适用公共性的推定（《草案》第 310 条第 2 款）。再者，揭露犯人以外的人特别是受害人的相关事实不符合本款规定的宗旨，因此，揭露这些事实的行为成立毁损名誉罪。[④]

2）关于公务员等的特别规定。本特别规定由来于选举、罢免公务员是国民固有权利的规定。在有关公务员的事实方面，推定事实的公共性和目的的公益性，只要其真实性被证明，就不处以毁损名誉罪。选定、罢免公务员是国民的权利。公务员作为全体国民的服务者，其行动应被置于国民的监视之下，揭露的事实即使不直接关系到公共利益，或者不是专门出于公益目的，在结果上也是判断公务员的行为是否合适的

① 东京高判昭 30、6、27 东时 6、7、211。

② 东京高判昭 40、5、22 下刑集 7、5、869，东京地判昭 58、6、10 判例时报 1084、37；福田，注释（5），565 页。

③ 最判平 6、2、8 刑集 48、2、149。

④ 福田，注释（3），369 页；中森，80 页；山口，140 页。

资料，因此，应认定事实的公共性与目的的公益性。因此，不仅有关私人行为的事实，即便纯粹是出于了却私怨的目的而实施的行为，通常，也可以进行真实性的证明。[①] 但是，公务员也具有隐私权，因此，在该事实和作为公务员的资质、能力完全没有关系的时候，就不能进行真实性的证明。判例在对只有一只手的议员说“肉体上只有一只手和精神上只有一只手是相通的”事件中，认为不允许披露和公务员的职务无关的身体上的缺陷的事实。[②]

3. 真实性的证明

对于损害名誉罪，在被提起公诉之后，法院认为，在被告人的行为符合上述两个要件的场合，不管被告人方面有没有要求，都要对所披露
178 的事实是否真实进行判断。法院有依职权调查案件事实的义务，只有在有足够的证据可以判断其为真实，并且具有判定为真实的心证之后，才能说被告人无罪。

（1）要件。第一，在满足 1）事实公共性，和 2）目的的公益性的要件的时候，法院必须对事实真伪进行判断。[③] 相反地，只要不符合上述两个要件，从保护隐私权的角度来看，就不能对所披露的事实的真伪进行判断。[④] 因此，1）、2）两个要件，是证明被告人无罪的实体法上的要件，同时也是法院开始审理真实性的程序上的要件。[⑤] 在此范围内，法律要保护被害人的隐私权。

第二，真实性的举证责任，由被告人承担。关于这种程序要件的规定，学说上有不同的见解[⑥]，但从协调保护被害人的名誉和保护言论自由的角度来看，应当将被告人的证明真实的要件理解为排除违法性的要

---

① 大阪高判昭 30、3、25 裁特 2、6、180。

② 最判昭 28、12、15 刑集 7、12、2436。

③ 东京高判昭 28、2、21 高刑集 6、4、367。

④ 平野，195 页；町野朔：《损害名誉罪和隐私》，《刑罚法体系》，3 卷，317 页；铃木（茂），判例刑法研究 5，293 页；西田，115 页；山口，140 页。反对，福田，注释（5），367 页；大塚，141 页。另外，中森，83 页。

⑤ 柏木，407 页。

⑥ 佐伯仁志：《名誉、隐私侵害和刑事法上的问题》，《法学家》，959 号，46 页。

件，即有关事实的真伪的举证责任由被告人承担。

第三，对事实真伪进行判断的结果，必须是所披露的事实属实。证明对象是揭露的事实。关于证明对象，在以谣言和传闻的形式揭露事实的场合，如表示“有……的传说”的场合，证明对象是存在传说和传闻，还是作为其内容的事实，是一个问题，但是，对象不应该是传说和传闻，而是作为其内容的事实。名誉受到损失，是因为那个事实看起来是存在的。[①]

关于真实性的证明方法，学说上，有 1）只要根据证据的优越程
度，判断为真实就够了[②]，和 2）必须具有足以排除合理怀疑的真实性 179
的证明（通说）[③] 之间的对立。考虑到被告人比检察官在收集证据的能力方面明显要弱，而且，从保障出于公益目的的言论自由的立场出发，必须减轻被告人的负担。从这种意义上讲，1）说的见解妥当。

在事实的真实性方面，不要求对所披露事实的每个细节都予以证明，只要对其主要部分进行证明就够了。在审理结果是无法判断事实真伪的时候，不能说具有证明。[④] 在真实性的证明上，虽然有见解认为，只要有自由证明就够了，但是，没有理由要在刑事诉讼法上承认该种例外，因此，必须进行严格证明（通说）。[⑤]

真实性证明的范围和对象　判例、通说认为，对真实性的证明没有必要涉及披露事实的细节，只要就其主要部分进行证明就可以了。但是，在说“具有犯罪嫌疑”的场合该怎么证明呢？大阪高等法院于 1950 年 12 月 23 日（特判第 15 号第 95 页）认为，即便在形式上，犯罪的证明并不特别充分，但是只要根据健全的常识，发现存在能够推测犯罪嫌疑大致存在的客观事实的话，就可以说“具有犯罪嫌疑”的存在。另外，对有关“是人们的传说，真假另当别

① 最决昭 43、1、18 刑集 22、1、7；团藤，516 页；中森，81 页；西田，115 页。

② 藤木，243 页；曾根，93 页；西田，128 页；山口，143 页；高桥，179 页；松原，138 页。

③ 最大判昭 44、6、25 刑集 23、7、975。另外，最决昭 51、3、23 刑集 30、2、229。

④ 东京高判昭 28、2、21 高刑集 6、4、367。

⑤ 反对，小野，刑事判例评释集，17 卷，244 页；小暮等（曾根），149 页。

论”的表述，最高法院1968年1月18日（刑集第22卷第1号第7页）的判决认为，该传说内容真实与否就是证明的对象。但是，将这种立场贯彻到底的话，则对行为人具有过于残酷之嫌。[①] 因此，应当说，如果是有关该事实存在的客观性的传说的话，则只要证明该传说确实存在就够了。[②]

（2）真实性证明的法律效果。关于真实性证明的法律效果，有以下三种学说：1）排除处罚事由说[③]；2）排除违法性事由说（通说）；3）排除构成要件符合性事由说。[④] 我国刑法，在第230条中所表明的原则是，即便披露真实情况也不允许，另外，还规定在具有事实证明这一诉讼法上的要件的时候，就不处罚，因此，仅从论理解释的角度来
180 看，主张上述行为虽然成立损害名誉罪，但为了保障言论自由，所以，主张不可罚的1）说的见解更加明快一些。立法当时，政府也持这种见解。最高法院过去似乎也主张这种见解。[⑤]

但是，《刑法》第230条之二部分是将保护个人名誉和保障表现自由相调和的规定，要求以事实的公共性和目的的公益性为前提，其宗旨在于：将讲述真实作为行使正当的表现自由的形式来加以保护。因此，真实性证明的效果，是将虽然符合构成要件，但表现真实的情形，评价为合法行为，从而属于排除违法性的事由。

另外，《刑法》第230条之二的适用在以下场合，存在问题。行为人的行为可以分为：1）依据翔实的资料行使言论自由，并成功地证明了该结果的真实性的场合；2）虽然依据翔实的资料行使言论自由，但没有能够证明其真实性的场合；3）虽然没有依据翔实的资料行使言论自由，但是成功地证明了其真实性的场合；4）没有基于翔实的资料行

---

① 大塚，142页。

② 植松，342页。

③ 植松，340页；内田，217页；中森，94页；前田，160页；伊东，183页；高桥，184页。另外，平野，198页。

④ 团藤，初版增补（1972），421页；中，117页。

⑤ 最判昭34、5、7刑集13、5、641；中野次雄：《刑事法和裁判的诸问题》（1987），66页。

使言论自由，也没有能够成功地证明其真实性的场合。《刑法》第230条之二部分作为其典型，所预定的行为是1）的场合，但是，从必须保护讲述真实的宗旨出发，应当说，《刑法》第230条之二部分所预定的是1）和3）的场合。因此，即便是根据有问题的调查、资料所作的披露，只要能够证明其结果的真实性，就应当说该披露没有违法。

4. 真实性的错误

那么，在行为人相信该事实是真实的，但是，在法院未能对其予以证明的场合，是否应当成立犯罪呢？这就是对真实性的错误的问题。

（1）学说。对真实性的错误，反映了学界有关真实性的证明的法律效果的分歧，该分歧性意见有以下几种：

1）排除违法性说。其中包括两个学说，分别是：A. 从排除违法性说的立场出发，认为在根据确实的资料和根据而确信为真实的场合，应当说它是合法行使表现自由的行为，因此，可以根据《刑法》第35条的规定，排除违法性①，以及B. 从阻却处罚说的立场出发，认为 181
《刑法》第230条之二部分所规定的情况，即便不是行使正当的言论自由也不可罚，所以，考虑到所披露的事实的资料、根据的确实性等，从实质上判断，应当排除违法性。②

2）不成立故意说，从排除违法性的立场出发，认为在虽然不能对真实性作出证明，不能排除违法性，但是基于可以证明程度的资料、根据，确信该事实为真实的场合，就不成立故意，或不追究故意责任。③

3）排除责任说，从排除违法性说的立场出发，主张按照严格责任说，将误信为真实看作为排除违法性事由方面的错误，这种情况下，虽然不排除故意，但是在误信方面具有相当理由的场合，就排除责任。④

4）过失损害名誉说。其中，包含两种见解：A. 从排除处罚事由

---

①　团藤，527页；藤木，246页；平川，235页；中森，93页。

②　前田，130页。另外，中森，94页。

③　团藤，初版增补（1972），421页；大塚，147页；川端，192页；山中，203页；佐久间，151页。最大判昭44、6、25刑集23、7、975。伊东佐久间，百选Ⅱ（第7版），44页；齐藤，判例讲义Ⅱ，29页。

④　福田，194页。

说的立场出发，主张对真实性的误信，不管是出于什么事由，都不排除违法性，所以，根据《刑法》第230条之二部分，在由于过失而误信某种事实为真实的场合，应看成是作为过失损害名誉罪进行处罚的特别情况（《刑法》第38条第1款但书）。[①] B. 从排除违法性说的立场出发，认为应当和A. 作同样的理解。[②]

> **最高法院的态度** 最高法院大法庭于1969年6月25日（刑集第23卷第7号第975页）认为：“《刑法》第230条之二的规定应当说是保护作为人格权的个人的名誉和《宪法》第21条保障的正当言论之间的调和。从它们两者的协调来看，在即使《刑法》第230条第1款规定的事实没有被证明是真实的情况下，行为人对于该事实的真实性发生错误认识，而该错误认识的事实有翔实的资料和根据作为参照，有相当理由让人相信的，行为人没有犯罪，不成立故意毁损名誉罪”。由此改变了最高法院1959年5月7日判决（刑集第13卷第5号第641页）中的观点。最高法院大法庭的判决
> 182 明显采取了排除故意说。[③]

（2）对真实性的错误的处理。上述学说中，哪一种妥当呢？从我所主张的严格责任说的立场[④]来看，排除责任说似乎是可以支持的。但是，在具有事实的公共性以及目的的公益性的场合，讲述真实是应当受到鼓励的，因此，在以能够证明真实的翔实资料和根据为依据而披露事实的场合，作为行使正当的言论自由的行为，应当说和讲述真实具有同样的价值，所以说，其具有社会相当性。另外，在如果作证的话，确实能够证明为真实的人，由于突然死亡而不能作证的场合，如果不排除违法性，就不合理。因此，作为结论，在根据能够证明的翔实资料和根据披露事实，但在举证上失败的场合，应当看作是《刑法》第35条所规

---

① 内田，220页；町野塑：《损害名誉罪和隐私》，《刑罚法体系》，3卷，334页；山口，147页；高桥，185页。

② 西田，119页。

③ 曾根，百选Ⅱ（第6版），43页。

④ 大谷，总论，339页。

定的正当行为，不具有违法性。

从这种观点来看上述学说的话，由于对真实性的错误一般是以违法为前提的，因此，将其作为故意或责任问题来论的排除故意说以及排除责任说，不值得支持。另外，将《刑法》第230条之二部分的规定作为有关排除处罚的规定的同时，又从实质的违法性的观点出发，将对真实性的错误理解为排除违法性事由，这种见解，在结局上和排除违法性说中的A的见解一致。但是，按照这种见解的话，在符合《刑法》第230条之二部分的要件的场合，为什么不处罚呢？其根据并不明确。并且，在过失损害名誉说中，只要无法证明真实性，那么，违法这一前提自身就不能存在，同时，将《刑法》第230条之二部分理解为，处罚在无法证明真实性场合下的过失的特别规定，但这种解释中也存在问题。《刑法》第230条之二部分是对符合《刑法》第230条的构成要件的事实不加以处罚的规定，认为该条中包含和《刑法》第230条的规定不同的构成要件，是比较困难的。作为结论，A说是妥当的。

（3）《刑法》第230条之二部分和《刑法》第35条的关系。通过以上检讨，可以看出，在缺乏真实性证明要件的场合，虽然不能适用《刑法》第230条之二部分的规定，但是，只要是基于能够证明的翔实资料、根据而披露事实，即便没有能够证明其真实性，也应按照《刑法》第230
条之二部分的规定，作为《刑法》第35条的正当行为，排除违法性。 183

问题是，该如何把握《刑法》第230条之二部分和《刑法》第35条之间的关系。关于这一点，在主张其是排除处罚事由的同时，又按照《刑法》第35条的规定，认为其不具有违法性的见解认为，《刑法》第35条的规定是原则，《刑法》第230条之二部分是有关在不当行使言论自由时，由于存在特殊情况而不予处罚的例外规定。因此，在适用《刑法》第35条的时候，必须综合考虑1）损害名誉的程度，2）事实的公共性的程度，3）有关披露事实的资料、根据的确实性，4）表现方法的通常性，5）表现活动的必要性的程度，等等，来判断其正当性。[①] 但

① 前田，130页。

是，现行刑法从“天赋名誉”的观点出发，以对名誉进行严格保护为原则，从即便是具有公共性的言论，只要不能证明其真实性，就具有违法性的立场出发，设置了《刑法》第230条之二部分，对于一种法律行为，只有在严格的要件之下，才排除违法性。从这种观点出发的话，即便适用《刑法》第35条的规定，也要将事实的公共性和目的的公益性的要件原样维持，对于完全不能证明其真实性的情况，考虑该披露行为是不是基于能够证明的确实的资料、根据而实施的。从此意义上讲，《刑法》第230条之二部分的规定是原则，只有在不能适用这一规定的时候，才作为《刑法》第35条所规定的问题，例外地适用《刑法》第230条之二部分的规定，排除违法性。

5. 其他排除违法性的事由

损害名誉的行为，在《刑法》第230条之二部分之下，排除违法性，但是，之外，也有按照排除违法性的一般原理排除违法性的场合，如被害人的同意，正当地行使正当辩护权，对学问、艺术的“公正评价”，议员在议会中的发言，正当的工会活动等，均属这种情况。

辩护活动和名誉损害　最高法院1977年3月23日（刑集第30卷第2号第229页）的判决中，辩护人“向社会广泛宣传被告人以外的特定人是真犯人，以唤起舆论呼吁帮助收集证明被告人无罪的证据，并且为使最高法院在其职权范围内驳回原判或请求再审，披露上述特定人是真犯人的有关事实。由于这种行为不是为了使被告人无罪而在该被告事件的诉讼程序之内所实施的，因此，作为诉讼活动的一环，不可能具有正当性”（此即所谓“丸正事件”）。另外，“公正评价”在并非叙述事实而是表明意见这一点上，和《刑法》第230条之二部分的问题相区别。[①] 参、众两院的议员在议会活动
184 中的讨论和演说，虽然为特别排除刑罚事由，不能在院外追究其责任（《宪法》第51条），但是，地方自治机构的议员活动，则涉及《刑法》第35条以及第《刑法》第230条之二部分的问题。

① 团藤，505页；平川，230页。

四、损害死者名誉罪

损害死者名誉的，如果不是以披露虚假的事实的方式实施的话，不处罚（《刑法》第 230 条第 2 款）。

本罪是亲告罪（《刑法》第 232 条第 1 款）。

1. 保护法益

关于本罪的保护法益，学说上，有（1）是死者自身的名誉（通说），（2）是死者家属的名誉①，（3）是家属对死者所具有的虔诚感情②，（4）是社会对死者的公正评价③等见解之间的对立。但是，按照（3）说的话，在死者没有家属的场合，本罪就不可能成立。这显然是不妥的。（4）说和本罪是亲告罪的规定相矛盾。因此，上述见解都不妥当。

不仅《刑法》规定了“死者的名誉”，而且，死者作为历史上的存在，也应该有其自身的名誉。因此，应当说，本罪的主要法益是死者自身的名誉，即，本罪表明，对死者生前所具有的名誉，在其死后也加以保护。④ 即便这样理解，也并不是要否定本罪还侵害了死者家属的名誉或名誉感情，以及侵害了作为包括对死者的社会评价在内的公共法益的事实，从此意义上讲，本罪所保护的法益，附带地也包括（2）（4）说所主张的法益。批判意见认为，将死者作为法益的主体，和法体系的整体构造不协调。但是，本罪并没有认定死者具有人格或具有作为权利主体的地位，因此，这种批判并不妥当。

2. 行为

本罪的行为，是公然披露虚假事实，损害死者名誉的行为。虚假事实，是不是行为人自身所虚构的，在所不问。在结果是真实的场合，不 185

---

① 宫本，313 页。

② 大塚，148 页；中森，95 页；前田，126 页。

③ 中野次雄：《对名誉的犯罪》，《刑事法讲座》，4 卷，820 页；平野龙一：《刑法各论的诸问题》，《法学演习》，203 号，79 页。

④ 植松，335 页；山中，205 页。

构成本罪。误把虚假事实当作真实的事实加以披露的，即便在该种误信上具有过失，由于对虚假事实没有认识，因此，不是损害死者名誉的行为。

3. 故意

本罪既然将披露“虚假事实”作为要件，则表明行为人具有损害死者名誉的意思。对于虚假事实必须具有确定的认识，仅有未必的故意还不够。① 认为对方已经死亡而实施损害其名誉的行为，在实际上对方还活着的时候，有必要区分具体情况进行考虑：（1）对虚假事实有确定认识而加以披露的，成立损害名誉罪；（2）相信对方已经死亡而披露事实的，是事实的错误，排除损害名誉罪的故意，不罚。

五、侮辱罪

即便不披露事实，但公然侮辱他人的，处以拘留或小额罚金（《刑法》第231条）。

本罪为亲告罪（《刑法》第232条第1款）。*

1. 意义

本罪在保护外部名誉这一点上和损害名誉罪没有什么不同，但在不以披露事实为要件这一点上和损害名誉罪有异。由于在不披露事实的场合，对名誉的损害程度较轻，因此，与损害名誉罪相比，（本罪的）法定刑比较轻。侮辱罪和损害名誉罪，虽然在有无披露事实这一点上有差别，但是，在罪质上是一致的。

2. 对象

本罪的对象也是人的名誉。由于外部名誉是保护法益，因此，对侮辱没有感觉的幼儿、精神病患者就不用说了，即便是对没有法人资格的

---

* 目前侮辱罪的规定已被修改为（2022年7月7日正式施行）：即便不披露事实，但公然侮辱他人的，处以1年以下有期徒刑或监禁、30万日元以下的罚金、拘留或小额罚金。——译者注。

① 反对，条解，641页。

团体，也成立本罪（通说）。①

3. 行为

本罪的行为是不披露事实而公然侮辱他人。关于“公然”已如前 186
述。“即便不披露事实”的用语，是从《刑法》第230条第1款的“披露事实”的规定中继承而来的，因此，不披露相当于损害他人名誉的事实的侮辱行为就是本罪的行为。所谓“侮辱”，是进行蔑视他人人格的价值判断。其形态不受限制，不作为的情况下也能成立侮辱。② 披露事实是损害名誉，但是，通过抽象事实（如以“因为某种原因而被解雇”“选举掮客”进行讽刺等）表示蔑视之意的，就是侮辱。顺便说一句，嘲笑他人身体上的缺陷的行为是不是披露事实，成为问题，但是，只要没有披露足以损害他人社会评价的具体事实，就不是损害名誉罪③，因此，在披露他人身体上的缺陷并加以嘲笑的场合，是侮辱罪。只有在身体缺陷和与人的评价有关的具体事实相关的时候，才成为损害名誉罪中的“事实”。

六、亲告罪

> 本章的犯罪，未经告诉，不得提起公诉（《刑法》第232条第1款）。
>
> 可以提起告诉的，是天皇、皇后、太皇太后、皇太后以及皇嗣的时候，由首相代行告诉；是外国的君主或总统的时候，分别由该外国的代表代行告诉（同条第2款）。

之所以将上述犯罪规定为亲告罪，是考虑到刑事追诉反而有可能侵害被害人的名誉。具有告诉权的人，根据《刑诉》（第230条及以下）的有关规定确定。但是，在损害死者名誉罪的场合，死者的亲属以及子孙也有告诉权（《刑诉》第233条第1款）。

---

① 大判大15、3、24刑集5、117，最决昭58、11、1刑集37、9、1341（侮辱火灾保险公司）。

② 袖珍，524页。

③ 大判大15、7、5刑集5、303。

七、罪数、与其他犯罪的关系

损害名誉罪的罪数，按照被害人的人数来决定，如以一封信侵害了
187 两个以上的人的名誉的话，就是本罪的观念竞合。[①] 在报纸上连载侵害某人名誉的记事的话，也只成立包括的一罪。[②] 这些处理，同样适用于侮辱罪。关于损害名誉罪和侮辱罪的罪数问题，和侮辱罪的保护法益有关，具有见解上的对立。第一，根据主张二者的差别在于有无披露事实的行为形态的判例和通说的见解，即便在一篇文章中既有披露事实又有使用侮辱性的词语的行为，也只成立损害名誉罪一罪。总之，虽然两者之间具有法条竞合的关系，但是，按照侮辱罪是对名誉感情的犯罪的立场的话，就是观念竞合。第二，根据判例、通说的立场，按照《刑法》第230条之二部分的规定，不成立损害名誉罪的时候，就不可能成立侮辱罪[③]，但是，如果考虑到侮辱罪是对名誉感情的犯罪的话，则只要伤害了被害人的名誉感情，就应该成立侮辱罪。[④] 在对他人施加暴力进行侮辱的场合，有的主张只成立暴行罪[⑤]，有的主张是暴行罪和侮辱罪之间的择一性竞合[⑥]，有的主张是观念竞合[⑦]，但由于暴行罪中包含侮辱的因素，因此，只成立暴行罪。

第二节　对信用的犯罪

一、概说

尽管将对信用的犯罪和妨害业务罪一起论述的观点极为有力，但

---

① 东京高判昭35、8、25下刑集2、7、8、1023。
② 大判明45、6、27刑录18、927。
③ 大判大5、11、1刑录22、1644。
④ 团藤，530页。
⑤ 袖珍，524页。
⑥ 柏木，413页。
⑦ 大塚，131页。

是，本罪本来是以他人的社会经济地位中的经济信用为保护法益的犯罪，而妨害业务罪是侵害他人社会活动的自由或安全的犯罪，因此，倒不如将其看作对自由、私生活的安宁的犯罪。本罪是侵害他人在经济方面的社会评价的犯罪，和侵害名誉罪是侵害社会对他人的人格评价的犯罪这一点上，具有相通之处，因此，这两种犯罪作为侵害他人的社会评 188
价的犯罪，可以统一进行把握。但是，在现实生活中，即便是人格评价不高的人也可能具有经济上的信用，有必要将其作为独立的法益加以保护。另外，损害信用无疑会损害人的经济生活，在此意义上讲，本罪也具有财产犯的特征。但是，侵害信用的行为并不常常伴有财产上的侵害，因此，它是独立于财产犯罪之外的犯罪。

判例对本罪性质的看法　大审院在 1916 年 6 月 26 日的判决（刑录第 22 辑第 1153 页）中认为："《刑法》第 233 条所规定的传播虚假流言、损害他人信用的犯罪，在故意传播虚假事实，损害他人在支付能力和支付意思的信用的时候成立。因此，一个故意传播虚假事实的行为，根据其情节的不同，可能触犯损害信用以及损害名誉的罪名，也可能只触犯损害信用或者损害名誉的罪名……在刑法解释上，损害信用罪中的信用，在其性质上，应当看作为财产性利益的一种"。

二、损害信用罪

散布虚假谣言，以及用诡计损害他人信用的，处 3 年以下有期徒刑或 50 万日元以下罚金（《刑法》第 233 条前段）。

1. 对象

本罪的对象是他人的信用。所谓信用，是经济信用①，即对他人的支付能力或支付意思的社会信用（通说）。② 之所以说其中包含支付意思，是因为即便有支付能力，但没有支付意思的话，也就是没有信用。

① 大判明 44、2、9 刑录 17、52。
② 大判大 5、6、1 刑录 22、854。

经济生活中的信用的主体，不仅只有自然人，也包括经济生活中的交易主体，即法人和没有法人资格的团体。

信用的扩大 最高法院于1993年3月11日（刑集第57卷第3号第293页）认定："《刑法》第233条所规定的损害信用罪，保护的是经济方面中的人的社会评价，该条中所说的'信用'，不应当限定于他人的支付能力以及对支付意思的社会信赖，对被贩卖的商品的品质的社会信用也包含在内"。这明确地扩大了本罪的范围。
189 赞成这种判例的学说也有①，但这样一来，（本罪）和妨害业务罪的区分就变得困难了。

2. 行为

本罪的行为是散布虚假谣言，或使用诡计损害他人名誉。损害信用的手段，只限于这两种行为。所谓"散布虚假谣言"，是向不特定人或多数人传播不真实的消息。所谓"虚假"，是指违反客观真实（通说）。② 所谓"谣言"，是道听途说。是不是行为人自己所捏造的，在所不问。③ 所谓"散布"，是向不特定人或多数人传播。行为人即便不亲自向公众告知，但是认识到可能向不特定人或多数人传播而实施该行为的，也是散布。④ 所谓"诡计"，是欺骗、诱惑他人，或者利用他人的错误、无知。关于诡计的意义，有是欺骗他人的见解⑤，有广义而言是使用阴险手段的见解⑥等，但从是损害信用的手段的角度来看，应当说，前者的意义过窄，而后者的过宽。⑦

所谓"损害"，就是制造可能损害他人在经济方面的社会信用的状态，并不要求实际上已经造成了该种状态（如停止交易或支付等）。⑧

① 山中，210页；山口，152页。

② 反对，藤木，249页（违反行为人认定为真实的事实）。

③ 大判大2、1、27刑录19、85。

④ 大判大5、12、18刑录22、1909。

⑤ 植松，350页；福田，197页；平野，187页。

⑥ 袖珍，526页；柏木，416页。

⑦ 大塚，155页。

⑧ 大判大2、1、27。

但是，就本罪而言，有（1）抽象危险犯说[①]，（2）具体危险犯说（通说），（3）侵害犯说[②]之间的对立。但和损害名誉罪中一样，应当将本罪看作在客观上看对信用已经具有某种危险的准抽象危险犯。

3. 罪数、与其他犯罪的关系

在公然散布虚假事实，符合损害名誉罪和损害信用罪两个构成要件的时候，如何理解本罪和损害名誉罪以及侮辱罪之间的关系，成为问题。学说上有法条竞合说[③]和观念竞合说[④]之分，但损害信用也可以被 190
看作损害名誉的一种形态，所以，是法条竞合的特殊关系。

---

① 中森，100页；条解，633页。
② 内田，230页；曾根，101页；前田，165页。
③ 内田，230页。
④ 木村，82页；大塚，156页；曾根，98页。

第四章　对财产的犯罪

第一节　财产犯罪总论

一、财产犯罪

对财产的犯罪，也称财产犯罪或财产犯。所谓财产犯罪，就是以个人财产为保护法益的犯罪。它是《刑法》第二编第三十六章到第四十章中所规定的盗窃以及抢劫犯罪（第二编第三十六章）、诈骗及敲诈勒索犯罪（第二编第三十七章）、贪污犯罪（第二编第三十八章）、有关被盗物品等的犯罪（第二篇第三十九章）、损害及隐匿犯罪（第二编第四十章）的总称。在我国，原则上采用私有财产制度，私有财产制度不允许财产受到不法侵害，因此，保护个人的私有财产就成为刑法的重要任务。《宪法》第 29 条第 1 款规定“财产权不受侵犯”。

特别法上的财产犯罪　刑法典以外的法律中也规定了以个人财产为法益的犯罪。如为了保护无形（无体）财产，《专利法》第 196 条，《实用新型法》第 56、57 条，《外观设计法》第 69、70 条，《商标法》第 78、79 条，《著作权法》第 119、120 条，都规定了犯罪。在现行刑法上，由于在有关财产犯罪的最基本的盗窃罪中没有对财产性利益进行保护，因此，有必要根据特别刑法对盗用无形财产的行为进行规制。《草案》第 318 条中规定了泄露企业秘密罪，目的就是强化对无形财产权的保护。

二、财产犯罪的分类

1. 财物犯罪和财产性利益犯罪

财产犯罪，按照其对象的不同，可以分为财物犯罪和财产性利益犯 192
罪。所谓财物犯罪，是指对财物（动产、不动产）的犯罪，包括盗窃罪、抢劫罪和侵占遗失物等罪等仅以动产为对象的犯罪，以及侵占不动产罪和毁坏建筑物罪等仅以不动产为对象的犯罪。其中，诈骗罪、敲诈勒索罪、有关被盗物品的犯罪（赃物罪）、毁坏器物罪，是动产和不动产均可成为对象的财物犯罪。所谓财产性利益犯罪，是指以财产性利益（债权、无形财产等）为对象的犯罪。刑法分则各有关条文第 2 款中所规定的二款抢劫罪、二款诈骗罪、二款敲诈勒索罪等各罪（所谓“二款犯罪”）以及背信罪都是财产性利益犯罪。

2. 获取型犯罪和毁弃型犯罪

根据不同的行为形态，财产犯罪可以分为获取型犯罪和毁弃型犯罪。所谓获取型犯罪，是出于取得该物的经济价值的意思即出于非法占有的意思而侵害财产的犯罪，包括（1）作为伴有转移占有的夺取型犯罪的盗窃、侵夺不动产、抢劫、诈骗、敲诈勒索等罪，和（2）不伴有转移占有的侵占罪。所谓毁弃型犯罪，是指毁灭、减少财产的用途的犯罪。毁弃罪以及背信罪的一部分就属于这种情况。这种分类是以非法占有意思必要说的见解为前提所进行的，但是，主张不要说的见解，用取得财产罪的观念替代了获取型犯罪的观念。

盗取罪和交付罪　除了本书的分类之外，还有盗取罪和交付罪的分类。所谓盗取罪（＝盗罪），就是在夺取型犯罪之中，不是基于被害人的意思而取得财物占有的犯罪即盗窃罪、侵夺不动产罪以及抢劫罪。所谓交付罪，是指基于对方的意思而取得财物占有的犯罪，包括诈骗罪和敲诈勒索罪。

3. 对个别财产的犯罪和对整体财产的犯罪

所谓对个别财产的犯罪，是侵害被害人的个别财产权，即财物的所有、占有以及上述以外的个别财产权（债权、无形财产等）的犯罪。所谓对整体财产的犯罪，是对被害人的财产状态的整体加以侵害，在发生该种侵害的场合，成立犯罪的情况。财产犯罪中，背信罪就相当于后者，其他犯罪都属于前者。

三、财产犯罪的对象

财产犯罪的对象可分为财物和财产性利益两种。以下，就各个财产
193 犯罪所共通的犯罪对象进行叙述。

1. 财物

本章（《刑法》第二编第三十六章）所规定的犯罪中，电力被视为财物（第245条）。

（1）财物的意义。以财物为对象的财产犯罪中，有对象为“财物”的场合（《刑法》第235条、第236条第1款、第246条第1款、第249条第1款）和仅仅以“物”为对象的场合（《刑法》第252条、第261条）之分。《刑法》第245条规定“电力，视为财物”。准用这一规定的犯罪的对象被看作“财物”，不准用该条文的犯罪的对象被看作“物”，但实际上，二者意义相同。

关于财物的意义，有1）主张财物就是有体物的有体物说（通说）和2）只要能够管理，即便是无体物也是财物的可以管理之物说①，之间的对立。

《民法》第85条规定“本法中的‘物’是指有体物”。有体物中，不只有固体，气体、液体也包括在内，但有体物说认为，刑法中的财物就是指有形状之物。刑法学中，有体物说过去也曾经很有力。按照这种

① 团藤，548页；福田，215页；大塚，172页；西原，205页；藤木，270页；佐久间，173页。

观点，煤气、水蒸气也能成为财物，但是电力以及其他能源是无体物，所以，盗窃电力等的行为就不能受处罚。这样对盗窃电力的行为该如何处罚成为讨论话题，但是，大审院从财物是能够管理之物的立场出发，认定电力也是财物。[1] 以这个判例为契机，认为财物就是可以管理之物的见解变得非常有力。但是，将可以管理之物作为财物的话，牛力、马力或人的劳动力、债权也能包括在“财物”之内，但这些东西和“财物”的观念相去甚远，因此，认为只有和电力在性质上可以相提并论的水蒸气、冷气等能源之类的，具备在自然界存在的物质性的东西，才可以被看作财物的“物理上可以管理之物”的见解就变得极为有力。

由于上述背景，刑法就通过规定“电力，视为财物”的方式解决了这一问题。关于这一规定的解释，有 1）电力以外的能源都不是财物的见解[2]和 2）由于其是注意性规定，所以，一切能够管理的物都是财物的见解[3]之争。

我认为，刑法中之所以规定“视为”，是从刑法保护的必要性、处罚的妥当性的立场出发，将本来不是财物的东西拟制为财物。[4] 因此， 194
认为《刑法》第 245 条的宗旨是，财物原则上是有体物，只是例外地将电力作为财物加以处理而已的 1）的见解是妥当的。的确，从保护的必要性、处罚的妥当性的立场出发的话，电力以外的、在物理上可以管理的能源也都应当作为财物，但是为了坚持罪刑法定原则，对这一条款必须严格解释。从这一立场出发，水蒸气、冷气等能源即便和电力一样，在物理上也能够进行管理，但是也不能被包括在财物之内。由于《刑法》第 245 条的规定不适用于侵占罪、赃物罪以及毁坏财物罪，因此，在上述犯罪中，电力不是犯罪对象。[5]

有关管理可能性的各种学说　这个学说之中，又有 1）只要是

---

① 大判明 36、5、21 刑录 9、874。

② 平野，200 页；吉川，122 页；中山，195 页；内田，232 页；曾根，106 页；中森，102 页；平川，331 页；山中，230 页；西田，148 页；山口，173 页；松宫，178 页。

③ 团藤，548 页；福田，215 页；大塚，170 页；西原，223 页。

④ 平野，200 页。

⑤ 反对，团藤，637 页；大塚，282 页。

> 可以管理的能源就可以，包括水力、火力、牛马力或人的劳动力以及债权在内的见解[①]，2）只限于自然能源的见解[②]，3）在物理上可以管理的物是财物，而在事务上可以管理的物不包括在内的见解[③]之争。判例作为对旧刑法的解释，已经采用了管理可能性说，认为财物，只要是具有根据感官作用，能够被认识的形状的物品就够了，不一定要求是有体物……简单地说，可移动性以及管理可能性，应当是区分是否为盗窃罪的目的物的唯一标准。[④]

（2）信息的财物性。企业秘密、智力成果自身，无论从何种立场出发，都不是财物，但是记录企业秘密、智力成果的文书、磁盘、光盘、复制品等信息载体是财物。[⑤] 另外，在以下判例即1）在用公司的复印机将该公司的机密文件复印之后，拿到公司以外的地方的案件中，法院认为，从整体来看，该行为不单单是盗窃感光纸，而是盗窃该公司所有的机密文件[⑥]，2）将大学入学试卷认定为财物[⑦]，3）新药信息[⑧]，
195 4）居民基本情况阅览用微缩胶卷[⑨]，5）信用社的银行存折上余额数据[⑩]当中，都不是将信息自身，而是将信息的载体作为财物。另外，6）将外部的计算机直接连接进来，盗窃情报的行为，不是盗窃，而是背信。[⑪] 以上判决，都没有将信息的价值自身作为财物。

（3）动产和不动产。财物可以分为动产和不动产。民法规定："土地及其附着物是不动产"（《民法》第86条第1款）。所谓附着物，是指不破坏其自然状态就不可能分离，或者一旦分离就不可能原样使用的

---

① 牧野，614页。

② 团藤，548页；香川，486页。

③ 小野，228页。

④ 前引大判明36、5、21。

⑤ 东京地判昭59、6、28月报16、5和6、476。另外，就财产性利益，有作为二款犯罪加以保护的情形，林阳一：《财产信息的刑法保护》，《刑法杂志》，30卷1号，9页。

⑥ 东京地判昭40、6、26下刑集7、6、1319。

⑦ 东京高判昭56、8、25判例时报1032、139。

⑧ 东京地判昭59、6、15判例时报1126、3。

⑨ 札幌地判平5、6、28判例泰晤士报838、268。

⑩ 东京地判平9、12、5判例时报1634、155。

⑪ 东京地判昭60、3、6判例时报1147、162。

物。建筑物以及其他构造物、树木就是其例，工厂里安装的机械也是不动产。[①] 树木、石碑等附着物，离开土地之后，在被非法侵害的场合，就成为动产。

不动产不是盗窃罪、抢劫罪的对象。这些犯罪的本质是“侵害之后拿走”，其犯罪对象在性质上必须是可以移动的，同时，即便侵害不动产的占有，也不会改变其位置，在恢复被害状态方面，也明显与动产不同。在学说上，过去有人认为，侵害不动产的占有和侵害动产的占有具有同等的可罚性，因此，盗窃不动产的行为应当成立犯罪。但是，1960年在部分修改刑法的时候，增设了侵夺不动产罪（《刑法》第235条之二）。据此，对他人不动产的侵夺行为也受处罚，上述问题就被以立法的形式解决了。

（4）财产性价值。成为财产犯罪对象的财物必须具有经济价值。在有无经济价值的判断上，有1）即便具有主观的、感情的价值，只要在社会一般观念上认为值得用刑法加以保护，就是财物的判例、通说的见解，和2）财物必须具有能够满足人的物质的、精神的欲望的性质，其使用价值必须能够用金钱来评价的见解[②]之间的对立。 196

某种物，从客观上看，虽然不具有买卖等的交换价值，但只要对于所有权人、占有人而言具有这种主观价值就够了。因此，恋人的信件、照片，对于所有权人而言，只要具有满足精神欲望的价值，就具有保护其不受非法侵害的必要。因此，1）说妥当。但是，价值极为低廉，没有达到值得用刑罚加以保护程度的时候，就不是财产犯罪的对象。从他人口袋中偷走13张被弄脏的卫生纸的行为被认定为盗窃未遂的判决[③]中就体现出，价值极为微小的物不是财物的意思。

关于财物是否要有价值的学说、判例　判例似乎一贯主张不要求财物具有经济上的交换价值[④]，也不考虑金钱价值，只要是能够

---

① 大判明35、1、27民录8、1、77。

② 江家，264页。

③ 东京高判昭54、4、6。

④ 前引大判明44、8、15刑录17、1488。

成为所有权的对象的物就够了的观点。[①] 学说上的通说主张，只要对所有权人、占有人而言，具有主观价值就够了。肯定具有财产价值的判例有：将公证书原件上所贴的、说明已经消印的印花纸揭下来据为己有的案例[②]，将石墙附近价值约2钱的石块搬走的案例[③]，将已经记入金额以及其他事项，由于没有必要取出，所以就由自己保管，在此期间超过了支付期限的支票占为己有的案例[④]，将两张半张报纸大小、印有“松户自行车大赛”的用纸偷走的案例[⑤]等。否定具有财产价值的判例有：里面只有2份广告的信封[⑥]、1张记录纸[⑦]、13张卫生纸[⑧]。另外，尽管所窃取的物价值轻微，但是，在具有窃取其他物品的现实危险的场合，可以成立盗窃未遂。

（5）作为所有权对象的财物。不能成为所有权对象的物不是财物。

197 1）无主物。山上的鸟兽、河里的沙土[⑨]等没有成为所有权的对象的时候，不是财物，不法捕获这些鸟兽和无证采集这些沙土，即使取得也不构成盗窃罪或者脱离物侵占罪。但是，这些东西由于被人采集而成为所有权的对象时，就是财产犯罪的对象。人的身体或尸体由于不能成为所有权的对象，所以，不是财物。[⑩] 但是，例如剪掉的头发之类的从人体或尸体上采集下来而成为人们的所有之物时，就成为财物。在尸体埋葬之后，被作为文物而被保护的场合，或在医学上被作为标本的尸体及木乃伊由于失去了作为祭祀、礼拜对象的性质而被某人所有的场合，尸体能够成为财产犯罪的对象。

---

① 最判昭25、8、29刑集4、9、1585。

② 前引大判明44、8、15。

③ 大判大元、11、25刑录18、1421。

④ 最决昭29、6、1刑集8、6、787。

⑤ 东京高判昭31、5、31特裁3、11、591。

⑥ 东京高判54、3、29东时30、3、55。

⑦ 大阪高判昭43、3、4下刑集10、3、225。

⑧ 东京高判昭45、4、6东时21、4、152。

⑨ 最判昭32、10、15刑集11、10、2597。

⑩ 中森，91页；林，174页；山口，172页；町野，113页（器官是人格权的对象，不是财物）。

高尔夫球场内的失球　最高法院1987年4月10日的判决（刑集第41卷第3号第221页）中被高尔夫球手击入高尔夫球场内的人工池塘的失球，只要高尔夫球场方面具有早晚将其回收，再加以利用的打算，该失球就应该属于球场方面所有，可以成为盗窃罪的对象。

2）埋葬物（陪葬物）。作为埋葬物的尸体、骨灰及棺内的陪葬品，即便在客观上具有经济价值，也不能成为财产犯罪的对象。[①] 有学说认为，盗窃棺内陪葬品的行为是《刑法》第190条所规定的犯罪和盗窃罪的观念竞合。[②] 但是，损坏尸体等犯罪的对象也是“财物”，其中已包括了陪葬品在内。之所以这么规定，是因为供埋葬的物品，实际上是已经被放弃了所有权的物，所以，对于尸体等只要根据《刑法》第190条的规定来保护就够了。[③]

3）违禁品。在财物的意义中，特别成问题的是违禁品。它是指兴奋剂、麻醉药、鸦片、枪支弹药爆炸物之类的法律禁止私人拥有或持有 198
的物品。由于法律规定，私人不能占有或者持有这些物品，因此，它们是否能成为财产犯罪的对象，便成为问题。判例认为，“事实上的持有”也是法益，因此，违禁品也是财物，可以成为夺取型犯罪的对象。我认为，没收违禁品也必须经过一定的法律程序，因此，只要是未经过法律上的没收程序便不得予以没收的物品，也应被看作财物。[④]

判例对违禁品的态度　虽然判例过去曾经以伪造证件不能成为所有权的对象为由，认为骗取该物的行为不成立诈骗罪[⑤]，但是，最高法院于1959年2月15日（刑集第3卷第2号第175页）认为，财产犯罪的规定是为了保护人们对财物的事实上的占有，即便

---

① 大判大4、6、24刑录21、886，东京高判昭27、6、3高刑集5、6、938。

② 团藤，363页；柏木，423页；福田，217页。另外，前田，587页。

③ 大判大4、6、24；平野，201页；中山，196页；中森，103页；山中，19页；西田，154页。

④ 大塚，176页；西田，141页；大评注（7），339页；山口，183页。反对，袖珍，531页。

⑤ 大判大元、12、10刑录18、1563。

是对法律上禁止占有的隐匿物资，也能成立诈骗罪。[①] 袖珍，531页认为伪造货币由于不能设定所有权所以不是财物，但并不妥当。另外，基于不法原因的给付物，如伪造货币的资金[②]、用于贿赂的委托资金[③]等，是给付者不能请求返还的财物（《民法》第798条），但也能被认定为财物。

2. 财产性利益犯罪

所谓财产性利益犯罪，是指以财产性利益为对象的财产犯罪。所谓财产性利益，是指财物本身以外的一切财产性利益。是积极地增加财产还是消极地减少财产，在所不问。即便是暂时性的利益，也行。行为人取得财产性利益或侵犯财产性利益的形态有以下三种：一是让对方处分某种财产性利益，如欺骗债权人让其免除自己所承担的债务，或延长债务履行期限。二是让对方提供一定劳务，如无钱强行乘坐出租车。三是让对方作出一定的意思表示，如使用暴力或胁迫手段，让对方作出将土地所有权转移的意思表示，或者让被害人表示承担某种债务。

199 财产性利益，不仅仅指法律上的财产权（债权、抵押权等），还包括大体合法的经济价值或利益，因为，存在即便民法上是否具有财产权并不明确（如提供义务劳动等），但也必须承认财产性利益的场合。

四、财产犯罪的保护利益

1. 财产的意义

财产犯罪的保护利益是个人财产。随着刑法上的财产的意义在德国展开，在我国也受到注目，有法律财产说、经济财产说以及法律经济财产说之间的对立。[④]（1）法律财产说认为，刑法上的财产是法律上所保护的利益即具有民法上的财产权的利益；主张只有民法上合法的所有物、占有物或基于正当法律关系（债权、债务关系）而具有的财产性利

---

① 就敲诈勒索罪，最判昭25、4、11刑集4、4、528。

② 大判昭12、2、27刑集16、241。

③ 最判昭23、6、5刑集2、7、641。

④ 林干人：《财产犯罪的保护法益》（1984），13页。

益才是刑法上的财产。（2）经济财产说[①]认为，经济价值自身便是刑法上的财产，事实上占有、所有的物或财产性利益也是刑法上的财产。（3）法律经济财产说[②]认为，外观上大体合法所有或占有的物及经济利益是刑法上的财产。

法律财产说认为，只有基于民法上的权利义务关系所取得的利益才是刑法上的财产。按照此说，便会得出，即便犯人已从被害人手中获取了某种财物，但由于该种获取和民法上的权利义务没有关系，因此被害人的财产并没有受到侵害的荒谬结论。另外，经济财产说在保护现存的经济利益这一点上是始终如一的，但是，在即便对明显违法的利益刑法也得保护这一点上，明显是违背刑法所具有的维持社会秩序的基本机能的。

我认为，只要刑法的基本目的是通过保护法律利益来维持社会秩序[③]，则主张只有被法秩序所承认的利益即在民法上所保护的利益才是应值得保护的财产的法律财产说，基本上是正确的。但是，在财产关系日益复杂的现代社会中，权利、义务关系的确定并不容易，如果，刑法 *200*
仅以民法上所保护的利益为对象的话，反而会招致不能保护民事上的正当利益的事态。因此，只要承认不受法律的直接谴责而事实上存在的利益，即大体上不违法的经济利益的存在，则有必要保护该种法律利益。这样说来，法律经济财产说是妥当的学说。

2. 财物犯罪的保护法益

按照法律经济财产说，财物犯罪的保护法益，在根本上讲，是所有权及其他的合法权利，但这种权利并不要求以民法上的权利义务关系为基础，在社会生活中，只要在客观上能确定是属于特定人占有或所有的物，那么，该种占有或所有便是大体上合法的，应用刑法加以保护。与此相对，根据法律财产说，只有具有民法上的正当根据的占有物或所有

---

① 大塚，164 页。

② 团藤，547 页；曾根，104 页；中森，105 页；山中，233 页；林，148 页；林干人，236 页；芝原：《刑法的基本判例》，118 页。

③ 大谷，总论，4 页。

物才是财物犯罪中的财物；另外，根据经济财产说，只要在事实上是他人所占有或所有的物，都可被视为财产犯罪中的财物。[1]

3. 财产性利益犯罪的保护法益

按照法律经济财产说的立场，财产性利益罪的法益，不仅包括债权、抵押权之类的基于法律上的权利、义务关系的经济价值或者利益，在民法上大致合法的经济利益也包括在内。与此相对，法律财产说认为，只有在民法上作为权利而被认可的经济利益才是财产性利益犯罪的保护法益。经济财产说认为，只要具有经济价值，违法的经济利益也是财产性利益。[2]

4. 夺取型犯罪的保护法益

夺取型犯罪（盗窃、侵夺不动产、抢劫、诈骗、敲诈勒索）的保护法益是平稳占有。

（1）学说。关于夺取型犯罪的保护利益，有1）将以事实上的占有
201 为基础的所有权及其他权利（租借权、典当权等）作为内容的本权
说[3]，2）以事实上的占有（=持有）本身为内容的占有说（持有说）[4]，3）以大体合法的占有即平稳占有为内容的平稳占有说[5]之间的对立。

根据本权说，虽然夺取型犯罪是以侵犯他人对财物的占有为目的的犯罪，但其保护法益，终究是以占有为基础而形成的法律上的权利即所有权及其他权利（本权）。《刑法》第242条所说的“他人的占有”，是基于权利本源的占有，即基于合法原因的占有。所以，具有所有权等权利的人（本权者）从非法占有者手中夺回自己的所有物、租借物的行为不构成夺取型犯罪。

---

① 最决平元、7、7刑集43、7、607；上岛，百选Ⅱ（第7版），54页；齐藤，判例讲义Ⅱ，33页。

② 大谷实：《财产犯罪的保护法益和财务罪、财产性利益犯罪》，《研修》，487号，21页。

③ 内田，250页；曾根，114页；松宫，183页；团藤，561页。

④ 大塚，181页；冈野，82页；川端，161页；伊东，195页；前田，184页。

⑤ 平野，206页；福田，219页；藤木，273页；中森，110页；山口，188页；西田，139页；山中，191页。

与此相对，按照占有说，在日益复杂的现代社会中，必须对现存的财产占有即财产秩序进行保护，因此，占有自身便成为保护客体。《刑法》第 242 条只是注意性规定，其中所说的他人占有，也包括了不是基于权利本源的违法占有。所以，按照这种观点，只要财物被他人所占有，不论该占有本身是合法的还是违法的，财物的所有权人只要亲自夺回了该财物就构成夺取型犯罪。如，想从盗窃犯手中夺回自己的财物，除了自救行为的场合之外，只能采取民事方法。

(2)“他人占有”的意义。明确规定夺取型犯罪的保护利益的法律规定，除了《刑法》第 242 条之外，再没有其他规定了。该条仅仅规定“即便是自己的财物，在他人占有”，而没有说明“他人占有”是否必须基于法律上的正当的权限，所以，从这一规定的形式来看，无论是基于本权说或占有说的立场，都能解释得通。因此，问题在于，实质上以哪一种观点为基础来看待比较妥当一些。

1）占有说和本权说的问题点。问题的关键在于，该种占有在民法上是不合法的，对于所有权人等具有合法权利的人来说，在实际占有人不能证明自己是法律上的合法占有者的场合，在财物的合法所有权人采取民事手段合法地取回该财物为止的这一段时间内，该实际占有是否应该得到保护？

对于这一问题，本权说认为，没有正当授权的占有在刑法上不受保 202
护，财物的合法主人在任何时候、采用任何手段夺回该财物，均不构成犯罪。但是，这样的话，就会使自力救济频发，引起财产秩序的混乱，明显不妥。

另一方面，占有说认为，占有这一事实自身应当得到保护。但这样的话，便会造成即便明显是不法利益也得予以保护的局面，违反刑法所具有的维持社会秩序的本来目的。从此意义上讲，刑法上值得保护的占有，必须是合乎法秩序的占有。另外，如果盗窃罪等夺取型犯罪的保护利益单用占有就可以说明的话，那么，对作为事后行为而处分或使用该被占有的财物的行为并不构成侵占或损坏公私财物等其他犯罪的情形，该怎么解释呢？只有将所有权或其他合法权利作为夺取型犯罪的保护法益，才可以将夺取型犯罪理解为状态犯，而按照占有说的话，是不可能对上述事后行为是盗窃罪等的不可罚的事后行为的通说见解的理论构成进行说明的。[①] 因此，夺取型犯罪的保护利益，应当说是基于所有权及其他权利的占有，占有本身并不成为独立的保护利益。从这一观点来看，夺取型犯罪的被害人，是占有人及其他具有合法权利的人。[②]

2）平稳的占有。但是，现代社会日益复杂，现实的占有是不是基于正当的授权，客观上并不明确；社会生活中的财产秩序，也是以大体上可以认为是正当的占有为基础而形成的。[③] 另外，在财产的占有被侵害的当时，该种占有和侵害人之间是不是基于正当授权，也难以逐个确认。[④] 因此，即便按照基于法律经济财产说立场的平稳占有说，夺取型犯罪中的他人占有只能被解释为事实上的占有，具有法律上的正当权限的人为了恢复其被侵害的占有而采取的盗窃等行为，至少在构成要件上
203 是符合夺取型犯罪的构成要件的。

对以上问题，学说上有以下观点之分：第一种观点是，看重事实上的占有或持有，认为只有侵犯“平稳的占有”[⑤]或“乍看之下不能看出是非法占有的财物占有”[⑥]时才符合夺取型犯罪的构成要件，财产的合法主人从盗窃犯人手中夺回被盗物品的，不符合构成要件；第二种观点是，不拘泥于事实上的占有，认为不管出于什么理由，只要侵害了事实上的占有，就符合夺取型犯罪的构成要件，只是要在排除违法性的阶段上考虑合适的解决方法而已。[⑦]

我认为，由于，首先，是不是平稳占有在行为时难以判断；其次，只要事实上的占有受到了侵害，原则上所有权等合法权益便受到了侵害，而为行使权利所实施的行为等属于例外情况，所以，只要在违法性

① 团藤，562页；大塚，182页。另外，冈野，115页。
② 植松，382页；大塚，182页。
③ 藤木，273页。
④ 大塚，181页。
⑤ 平野等：《判例演习各论》（1962），191页；西原，229页。
⑥ 大塚，181页。
⑦ 前田，151页；木村光江：《财产犯论研究》（1988），507页。

的判断阶段，考虑行使权利等正当化事由就够了；最后，是基于合法权利的占有还是违法占有，在违法性阶段，进行个别、具体的判断就够了，因此，即便基于平稳占有说，也应以第二种观点为妥。而且，可能有人认为，按照我的以上见解的话，在构成要件阶段，结论和占有说的观点没有什么两样。但是，占有说将占有自身作为夺取型犯罪的保护利益，在违法性的阶段上要考虑的情况几乎没有，从此意义上讲，这种看法是不对的。另一方面，追求构成要件实质化的学者认为，关于财物夺取型犯罪，所有侵害占有的行为都符合构成要件。[①] 这显然也是矛盾的。

总之，例如，盗窃犯人事实上所支配的被盗物品也是“他人占有”的财物，财物的合法主人使用盗窃等手段取回该财物，或第三人又窃取该财物时，该行为便符合盗窃罪的构成要件。但是，夺取型犯罪的保护客体本来就是平稳的占有或本权，在事后查明行为人对该财物具有合法权利，而且从行为的必要性、紧急性、手段的相当性等出发，考虑具有合法权利的人具有相当的理由实施权利行为时，可以排除违法性。

判例的变迁　判例最初是主张本权说的。[②] 但是，从最高法院
时代开始，判例的立场就开始动摇了。首先，在敲诈盗窃犯人以令 204
其交出其手中所持有的被盗物品等的案件中，法院认为，“即便是无权持有者的占有，该持有作为占有在法律上受到保护”，判定敲诈勒索罪成立。[③] 之后，最高法院在 1959 年 8 月 28 日（刑集第 13 卷第 10 号第 2906 页）认为，无论财物持有人的持有在法律上是否正当，持有财物这种实际状态自身就是法益，在债务人将禁止在法律上作为担保，否则无效的国有铁路职工工伤年金证书作为担保物交付他人之后，又欺骗债权人的妻子，意图拿回该年金证书的案件中，法院认为行为人的行为构成诈骗罪，改变了大审院于 1918 年

① 前田雅英：《刑法总论讲义》（第 5 版，2011），86 页。

② 大判大 7、9、25 刑录 24、1219。

③ 最判昭 25、4、11 刑集 4、4、528，最判昭 24、2、15 刑集 3、2、175（诈骗隐匿物资即原先的军用酒类）。

9 月 25 日的判决的宗旨。

之后，在盗窃罪中出现了同样宗旨的判决。在债权人对作为转让担保物的货车虽然具有所有权，但债务人根据公司改造程序，将该货车交由管财人继续保管，后债权人擅自将该货车取走的案件中，最高法院引用了前述 1959 年判决的意见，认为即便是侵害非法占有的行为，也成立盗窃罪。[①] 另外，最高法院于 1988 年 7 月 7 日（刑集第 43 卷第 7 号第 607 页）[②] 在根据规定了买回条款的汽车买卖合同进行购车融资的债主，根据该条款取得了对债务人的汽车的所有权之后，未经债务人的同意，将处于该债务人实际控制下的汽车开走的案件中，认为该行为构成《刑法》第 242 条中所说的盗窃他人占有物的行为，构成盗窃罪。本判例以“处于债务人实际支配之下”为理由认可了盗窃罪的构成要件符合性，并说明在一定场合下排除违法性，可以说，是从正面认可了占有说。

同时，随着二战后判例立场的改变，学说界也从本权说的立场出发，开始主张“他人占有”并不一定是具有法律根据的平稳占有说等中间观点。但是，按照这种观点的话，正如被害人从盗窃犯人手中将被盗物品偷回来的话不是盗窃，而第三人将该物品盗走的话就是盗窃一样，出现由于和对方的关系不同，占有概念呈现相对不合理的情况。判例大概是为了消除这种不合理现象，要求至少在构成要件阶段上，将“他人占有”理解为事实上的占有，而没有将从纯粹占有说的立场出发所认定的占有自身作为保护法益。

五、非法占有的意思

1. 判例和学说

财物犯罪是故意犯，因此，其主观要件，当然必须是故意。但是，
205 判例认为，除了故意以外，作为独立的主观构成要件要素，还必须具有

① 最判昭 35、4、6 刑集 14、6、748。

② 齐藤，判例讲义Ⅱ，33 页。

“排斥权利人，将他人的物作为自己的所有物，按照其经济用途，利用处分的意思”[①]。按照这种见解，所谓非法占有的意思，是指（1）排除权利人，作为本权人进行支配的意思（简称为“支配意思”），以及（2）按照物的经济用途（或者本来用途）进行利用处分的意思（简称“利用处分意思”）。

关于非法占有的意思，有在盗窃罪等非法获取型犯罪中，作为主观要素，必须具有非法占有的意思的必要说，和具有作为主观要素的故意就够了，不要求具有非法占有意思的不要说[②]之间的对立。另外，在必要说中，又有（1）排除权利人而像合法占有者一样进行支配的意思，以及按照财物的本来用途进行利用处分的意思，两者都必须具有的见解[③]，（2）仅有排除权利人而像合法占有者一样进行支配的意思就够了的见解[④]，（3）只要求具有按照财物的本来用途进行利用处分的意思的见解[⑤]之间的对立。按照（1）的见解，在为了暂时使用而将他人财物归于自己占有之下的所谓使用盗窃[⑥]，以及基于破坏、隐藏的意图而夺取他人占有的财物的行为[⑦]中，前者因不具有排除权利人而像合法占有者一样进行支配的意思，后者因不具有对财物利用处分的意思，所以，均不构成盗窃罪。与此相对，按照（2）说，因没有排除权利人而像合法占有者一样进行支配的意思，所以，使用盗窃不受处罚；按照（3）说，在基于破坏、隐藏的意思而获取他人占有的财物的场合，由于没有利用、处分的意思，所以，不成立盗窃罪。

通说认为，学界有关非法占有意思的理解的对立，是夺取型犯罪的

---

① 大判大 4、5、21 刑录 21、663，最判昭 26、7、13 刑集 5、8、1437。

② 植松，367 页；中，137 页；大塚，200 页；内田，255 页；曾根，121 页；平川，347 页；川端，282 页；佐久间，188 页。

③ 柏木，424 页；平野，206 页；西原，231 页；藤木，280 页；中森，113 页；西田，171 页；山中，254 页；前田，157；山口，195 页；井田，206 页；松原，207 页。

④ 小野，237 页；团藤，563 页；福田，230 页。

⑤ 江家，270 页；冈野，104 页；高桥，217 页。另外，宫本，351 页。

⑥ 大判大，9、2、4 刑录 26、26。

⑦ 前引大判大 4、5、21。

保护利益在学术上对立的反映。[①] 从本权说的立场来看，夺取型犯罪的主观要件，除了单纯地认识到侵害占有的故意之外，还必须具有认识到侵害本权的非法占有的意思。与此相对，从占有说的立场来看，只要有占有财物的认识就够了，在此意义上讲，(1)(2)的见解同本权说是一
206 致的，而不要说则与占有说的观点一致。与此相对，(3)说的见解，则与非法占有型犯罪和破坏、隐藏型犯罪的区别有关，其目的在于重处贪图利欲的财产犯罪，因此，它和本权说、占有说的对立没有直接关系。

2. 非法占有意思的内容

那么，上述各种学说中哪一种学说较为妥当呢？我国刑法不像德国刑法一样，对非法占有意思作了明文规定，因此，在解释论上，无论哪一种学说都是可能成立的。但是，从以下两个根据出发，我认为，上述学说中，主张排除权利人而像合法占有者一样进行支配的意思，并按照财物的本来用途利用处分的意思两者都必要的(1)说的见解是妥当的。

(1) 主观的违法要素。第一，既然财产犯罪的本质是侵犯所有权及其他合法权利，那么，其主观要件中，单有侵害的意思尚嫌不够，还必须具有像所有权人一样进行支配的意思。缺乏该种非法占有意思的占有侵害，即所谓使用盗窃，不构成盗窃罪。[②] 所谓支配意思，作为为侵害或者威胁所有权以及其他权利的行为奠定基础的主观要件（超过的内心倾向），是获取型犯罪的构成要件要素，不具有这种意思的、暂时性的侵害占有行为不具有侵害本权的危险。在此意义上讲，它是主观的违法要素。

(2) 责任要素。第二，盗窃罪和毁坏财物罪，尽管在侵害对财物的占有方面具有一致性，但刑法之所以对盗窃罪处罚更重，是因为，同基于破坏、隐藏的意图而侵害占有的场合相比，基于其他意思即利用处分财物的意思进行侵害的场合，在类型上，责任更重。利用处分的意思，作为加重获取型犯罪的贪利性质的责任类型的事由，可以被放入构成要

① 另外，内田，254页；前田，161页。

② 团藤，563页。

件之中，因此，其法律性质是责任要素。[1]

关于利用处分意思的具体内容，有 1）是指享受使用价值和交换价
值的见解[2]；2）是指按照财物的用途加以利用的见解[3]；3）是指隐藏 207
破坏之外的意思的见解；4）是指享受财物所具有的某种效用的见解[4]之间的对立。我认为，利用处分意思是获取型犯罪用以和隐藏、破坏型犯罪相区别的必要的主观要素，并不一定是享用经济方面的利益的意思，只要是破坏、隐藏财物意图之外的意思，即只要具有享受财物所具有的某种功用的意思就够了，因此，上述 3）、4）说妥当。因此，基于报复的目的而夺取过去曾经交往的女性的手包的行为[5]，强制性交的时候为了使对方答应而夺取其手机的行为[6]，完全是基于破坏、隐藏的意思而侵犯财物的占有的行为，不构成盗窃罪。[7] 另外，必须有利用财物自身的意思，以获得其他利益为目的而取得财物是不够的。

（3）非法占有的意思。这样，所谓非法占有的意思，是指排除权利人而将他人的财物当作自己的所有物，并按其本来用途进行利用或处分的意思。[8] 因此，为证明具有非法占有的意图，像合法占有人一样支配的意思和利用处分的意思两者都得具有，缺一不可，但不要求具有永远保持该物的经济利益的意图。[9] 另外，不论是占有财物本身的意图还是占有财物本身所具有的价值的意图，都是非法占有意思的内容。

非法占有的意思和判例、学说　代表性判例是大审院于 1915 年 5 月 21 日的判决，其中写道："为成立本罪所必要的故意，仅仅

① 平野，警研 61、5、5；山口，20 页。反对，中森，115 页。

② 柏木，2487 页。

③ 前田，244 页。

④ 齐藤丰治：《非法占有的意思》，《现代刑法讲座》，4 卷，266 页。

⑤ 东京高判平 12、5、15 判例时报 1741、157，最决平 16、11、30 刑集 58、8、1005。

⑥ 大阪高判平 13、3、14 判例泰晤士报 1076、297。

⑦ 中森，115 页；最决平 16、11、30 刑集 58、8、1005，最决昭 37、6、26 裁判集刑 143、101。

⑧ 大判大 4、5、21。

⑨ 前引最判昭 26、7、13 刑集 5、8、1437。

对法定构成要件的事实具有认识还不够，还必须具有将该物非法据为己有的意思。因此，所谓非法占有的意思，无非就是排除权利人，将他人的物作为自己所有的物，按照其经济用途进行利用或者处分的意思”。根据这种理解，法院认为，在为了陷害校长而将教育训令藏匿起来的案件中，由于缺乏非法占有的意思，所以，不成
208 立盗窃罪。[①] 最高法院也沿袭了这一判决意见。[②]

3. 暂时使用和非法占有的意思（使用盗窃）

所谓暂时使用，是指出于暂时使用他人财物之后予以返还的意图而破坏他人占有的行为。如，基于返还的意思擅自开他人汽车兜风的行为便属于此。一般来说，使用盗窃是否成立盗窃罪成为问题，但在理论上，抢劫罪等盗窃罪之外的犯罪中也存在这一问题。

（1）学说。在暂时使用的问题上，有1）认为只要获得了占有，就应成立夺取型犯罪的见解[③]，2）认为该种侵害占有的行为只要没有达到可罚的程度，就不应予以处罚的见解[④]，3）认为即便侵害了占有，但只要没有排除权利人而像合法占有者一样进行支配的意思，就不成立夺取型犯罪的见解[⑤]之间的对立。

（2）对学说的分析。出于暂时使用的目的而获得的占有，在伴随侵害所有权及其他合法权利的场合，就不单是暂时使用，即便站在非法占有意思必要说的立场，也应认定成立夺取型犯罪。为什么呢？因为，伴随侵犯合法权益形式的暂时使用，在有些场合下，是可以被认定为具有排除权利人、作为自己的所有物而获得占有的意思即非法占有的意图的。问题不在于非法占有的意思内容如何，而在于在不是财物的所有权人或其他合法权利者就不能使用的情况下的利用意思，具体而言，在对该财物的利用上，根据一般社会观念，没有办理借用手续便不能使用的

---

① 前田，百选Ⅱ（第5版），57页；齐藤，判例讲义Ⅱ，34页。

② 前引最判昭26、7、13。

③ 木村，114页；江家，276页。

④ 大塚，201页；前田，157页。

⑤ 团藤，563页。大判大9、2、4刑录26、26，最判昭32、3、19裁判集刑118、367。

情形下，行为人仍然利用该财物时，就应认定其具有非法占有的意思。[①]

如，对于极为重视使用权的财物，即便出于短时间的擅自使用的意思，也能成立盗窃。在出于长时间地擅自使用他人汽车兜风的意思的场合，在考虑了汽油的消耗、轮胎的磨损等之后，可以认定为盗窃罪。又，正如在用了就扔的场合，在能确认具有使用后丢弃的意思的场合，由于具有丢弃这一侵害本权的意思以及兜风这一利用处分意思，因此，可以认定为侵害占有。所以，在这种场合，认定具有非法占有的意思也并无不可。 209

非法占有意思不要说认为，例如擅自使用广场上所放置的他人的自行车绕广场一周的行为不是应当处罚的侵害占有的行为，因此不可罚，而主张根据“客观上多大程度地妨害了财物的利用”来进行判断。[②] 但是，在这种场合，占有也受到了侵害或者有被侵害的危险，至少成立盗窃未遂，这是不容否定的。[③] 另外，既然盗窃犯是状态犯，则暂时使用的可罚性程度的判断，也必须在夺取占有时来判断，即不得不根据该时点的意思内容进行判断。所以，只要使用盗窃在一定范围之内不可罚，则作为主观违法要素的非法占有意思也无法加以否定。[④]

使用盗窃和判例　判例认为，在具有返还的意思的场合，没有非法占有的意思，否定了使用盗窃的可罚性。如在前述于 1920 年 2 月 4 日的判决中，大审院认为“最初出于擅自使用的意图，之后产生破坏并且用后丢掉的意思”的时候，即便是擅自借用自行车的行为，也还是能够成立盗窃罪。另外，关于抢劫行为人为了逃走，以丢弃意思使用他人船舶的案件，最高法院于 1951 年 7 月 13 日（刑集第 5 卷第 8 号第 1437 页）认定有非法占有的意思。同时，最高法院在前述 1968 年 9 月 17 日（裁判集刑第 168 号第 691 页）的

① 平野，207 页；西田，174 页。

② 前田，157 页。

③ 山口，197 页。

④ 中森，114 页；西田，173 页；林，192 页。

判决中，对于夜间擅自动用他人汽车，早上归还原处，如此反复多次的行为，认为“开车用于搬运所盗物品，或者出于该种目的在相当长的时间内四处转悠，擅自使用之后，即便将车还回原处，也能肯定被告人具有非法占有的意思”，因此，认定成立盗窃罪。另外最高法院在 1980 年 10 月 30 日（刑集第 34 卷第 5 号第 357 页）的判决中，对于“具有还回原处的目的”而将他人汽车擅自使用了 4 小时左右的行为，也认为具有非法占有的意思。[①] 另一方面，东京地方法院于 1980 年 2 月 14 日（刑月第 12 卷第 1、2 号第 47 页）在行为人将公司机密资料拿到外面复印，两小时之后将原稿放回原处的案件中，认为：将上述资料的经济价值即记载内容自身复制之后，意图转让给自己将要跳槽的新单位，在出于这种目的的利用中可以认可非法占有的意思，成立盗窃罪。这些判例都可以根据本文的“财物的利用意思”来解释。札幌地方法院在 1994 年 6 月 28 日的判决（判例泰晤士报第 838 号第 268 页）中认为，行为人将供大家阅览用的居民基本情况微缩胶卷借出，拿到区政府之外的地方复制之后，又返还回来的行为构成盗窃罪。这些判例都是根据行为人具有侵害合法权利的意思而认定其具有非法占有的意思的。相反地，在为了打探被害人的财产，也为了向第三人炫耀，而擅自将被害人的存折拿走，准备达到目的之后马上将该存折返还的场合，就
210 不应该说具有非法占有的意思。[②]《草案》第 322 条规定：“未经占有人的同意，暂时使用他人的汽车、航空器以及其他装备有机械动力的交通工具的，处 3 年以下有期徒刑、10 万日元以下罚金或者拘留”。其本意是对盗用汽车等的行为进行广泛处罚，但是，有无必要扩大到如此程度，则有探讨的必要。

4. 非法占有型犯罪和破坏、隐藏型犯罪的区别

利用处分的意思，是区分非法占有型犯罪和破坏、隐藏型犯罪所必

---

① 日高，百选Ⅱ（第5版），59页；齐藤，判例讲义Ⅱ，35页。

② 平野龙一：《判例教材刑法各论》（1980），126页。

不可少的。而且，除了完全是出于破坏、隐藏的意思而侵犯占有的场合之外，均可认定为具有利用处分的意思。在出于投票的目的而使用用于选举市议会议员的投票用纸的场合[①]，或为了满足个人的低级趣味而盗窃他人内裤的场合[②]，均能认定具有非法占有的意思。与此相反，在如为了防止犯行被发现，将手表抛弃，而从死者手上将表摘下来的场合[③]，或者为了防止自己的毒品犯罪行为被发现，出于毁弃的意思而将兴奋剂拿走的场合[④]，即便出于其他动机而侵害了该财物的所有和占有，但完全是出于破坏、隐藏的意思的场合，也不能说具有非法占有的意思。

对于主张成立非法占有型犯罪，非法占有的目的必不可少的见解来说，出于破坏、隐藏的意思而将他人的财物占为己有，但最终并未破坏、隐藏的，只能不认为是犯罪，但这一点恰被人认为不利于对被害人进行保护，即：在出于隐藏意思的场合，在占有财物的阶段，便可认定为隐藏的着手。在此场合，即便将该行为视为非法占有，也能认定为隐藏型犯罪，所以，在处理上并没有什么不方便之处。但在出于破坏意图的场合，(1) 如基于破坏的故意夺取了绘画，但并没有破坏而是放在一边的场合，及 (2) 如基于破坏的故意夺取了绘画，但后来基于非法占有的意图而将其卖掉的行为，在夺取的阶段，不能认定为已着手实施破坏行为，那么，这种行为能说不可罚吗？[⑤] 211

的确，在 (1) 的场合，没有破坏而仅仅放置在一旁的这种情况不能说不可罚，但是，通说和判例认为，隐匿也是毁坏的一种类型，既然故意隐匿财物，就可以按照毁坏财物罪处罚，所以上述批判意见对利用处分意思必要说的应用有所误解；另一方面，在 (2) 的场合，即在夺取之后产生利用意思的场合，因相当于获得了不是被委托占有的他人财

① 最判昭 33、4、17 刑集 12、6、1079。
② 最判昭 37、6、26 裁判集刑 143、201。
③ 东京地判昭 62、10、6 判例时报 1259、137。
④ 福冈地小仓支判昭 1251、143。
⑤ 团藤，563 页；大塚，200 页；曾根，123 页。

物，因此，视为侵占罪也没有多大问题，不会产生很大的处罚漏洞。因此，第一，如果只要有侵害占有的行为及认识就成立盗窃罪的话，破坏、隐藏的范围就会不当缩小[①]；第二，区分非法占有型犯罪和破坏、隐藏型犯罪的要素只有利用、处分的意思；第三，隐匿信件罪中常见的是侵害占有的隐藏，如果采用不要说，认为其如果成立夺取型犯罪的话，则成立该罪的情况就会消失[②]，因此，根据利用处分的意思来区分非法占有型犯罪和破坏、隐藏型犯罪的做法是正确的。

利用处分的意思和判例 有关利用处分意思的典型判例是大审院于1915年5月21日的判例：它认为出于为难校长的意图，将教育训令藏在学校的天井里的行为，“仅仅是出于毁坏或者隐藏财物的意思”而已，不成立盗窃罪。之后的判例继承了这种立场。如广岛地方法院于1976年6月24日（刑月第7卷第6号第692页）在出于进监狱的目的而盗窃音乐磁带的案件中，认为“完全不能认可具有按照经济用途利用、处分的意思”；福冈地方法院小仓支部于1987年8月26日在因为担心自己受到毒品犯罪的牵连，意图将对方持有的毒品拿来销毁而向对方施加暴力，造成伤害结果的案件中，认为“不是为了在拿来之后自己使用或者转让给他人，而是为了销毁，这种意思不包括在非法占有的意思之内”，因此，不成立抢劫罪。另外，东京地方法院1988年10月6日的判决认为“被告人们持续占有手表达两小时之久，这完全是由于和尸体一起搬运的缘故”，进而否定成立盗窃罪。另外，利用处分意思只要是享受财物自身的效用的意思就足够了。在最高法院1960年9月9日的决定（刑集第14卷第11号第1475页）中，为了拴住木材而剪下电线的行为被认定有处分利用意思；在最高法院1962年6月26日的判决（裁判集刑第143号第201页）中，以性为目的拿走女性内裤
212 的行为被认定为有处分利用意思。

① 平野，207页；中山，220页。
② 江家，257页。

第二节　盗窃犯罪

一、概说

1. 意义

盗窃犯罪是窃取他人财物的犯罪。本罪属于财产犯罪中的财物罪，窃取他人动产的时候，是盗窃罪（《刑法》第235条），侵占他人不动产的时候，是侵占不动产罪（《刑法》第235条之二）。《刑法》在第二编第三十六章的"盗窃和抢劫的犯罪"中，在同一章下规定了盗窃罪和抢劫罪。这是因为，二者在违反财物的占有者的意思而取得财物这一点上是相通的，但在一方是窃取，另一方是以暴力、胁迫为手段抑制对方意志而"强取"这一点上，二者具有行为形态上的差别。因此，在叙述上，将二者一并叙述的话，可能比较符合上述宗旨，但是，为了避免混乱，本书独立叙述盗窃罪。

2. 保护法益

关于本罪的保护法益，有（1）是以占有为基础的所有权以及其他本权的本权说，（2）是占有自身的占有说，（3）是以大致合法的占有即平稳占有为根据的平稳占有说之间的对立。如前所述，平稳占有说妥当。

二、盗窃罪

窃取他人财物的，是盗窃罪，处10年以下有期徒刑或者50万日元以下罚金（《刑法》第235条）。

未遂犯，处罚之（《刑法》第243条）。

1. 对象

本罪的对象是他人占有的他人财物。尽管是自己的财物但处于他人的占有之下，或者根据公务机关的命令被他人看守之下的，也被看作他

人财物，成为本罪的对象（《刑法》第242条）。电力被视为财物（《刑
213 法》第245条）。

（1）占有的意义。所谓刑法上的占有，是指人对物的实力支配，即事实上支配财物。其支配形态因物的形状及其他具体情况而有所区别，但是，不必有现实的持有和监视，只要财物在占有人的支配下就足够了。是否在占有人的支配范围内，只能根据社会的一般观念进行判断。①

盗窃罪是窃取罪，其本质在于违反他人意志，夺取他人对财物的占有，因此，没有被害人的占有，就不成立本罪，所以，盗窃罪的对象是他人占有的财物。盗窃罪中的占有，意味着对财物的实际支配。成立实际支配，客观上必须具有排除他人支配的状态即排他性支配②，主观上必须具有排他性支配的意思即占有的意思。和民法中的概念不同，占有不要求具有"为了自己利益的意思"（《民法》第180条），只要具有实际支配，即便是为了他人的利益也行。同时，代理占有（《民法》第181条）或占有改定（《民法》第183条）之类的观念上的占有不包括在内，继承也并不马上就取得占有。

在财产的占有中，1）占有的有无、界限，2）占有的归属，成为问题。于1）的问题，在不法取得财物的场合，有无占有对于是构成盗窃罪还是构成侵占遗失物等罪具有决定作用，因此，占有对于二者的区分来说极为重要。与此相对，于2）的问题，在财物的共有人未经其他共有人的同意而取得对该财物的占有的场合，即数人共同占有财物的场合，由于对该财物归谁占有的理解，对成立盗窃罪还是成立侵占罪起决定作用，因此，占有的归属对于区分二者来说，非常重要。另外，即便同样是刑法上的占有，侵占罪中的占有和盗窃罪中的占有是不同的：盗窃罪中的占有是实际支配，而侵占罪的占有也包括法律上的支配在内。
214 如持有提货单的时候，就表明对该货物具有支配力。

---

① 最判昭32、11、8刑集11、12、3061。中森，109页；曾根，115页。

② 大判大4、3、18刑录21、309。

（2）实际支配——占有的有无。成立夺取型犯罪中的占有，在客观上必须有对财物的实际支配，在主观上必须有支配财物的意思。由于没有占有主体，就不可能有占有，因此，占有的要素之一是具有占有的意思。这是理所当然的。但是，盗窃罪中所要求的占有，是排除他人意图支配的状态，因此，原则上可以客观认定，在实际支配不明确的时候，必须补充考虑占有人的个别支配意思。① 因此，所谓占有，就是考虑了占有的意思的从社会观念来看在他人支配之下的状态，即在社会一般观念上，财物在他人的实际支配之下的状态。

1）处于支配领域内的场合。实际支配，典型情况是，处于占有人的物理的支配力量所及的场所即排他的支配领域之内。处于排他的支配领域之内的财物，即便不是在被把持或监视，也属于该人占有。如放在某人自己家里的物，在其出门的时候，或即便其忘记了放在什么地方的时候，也还是属于其占有。② 忘记了放置地方的财物，家里没有人的时候邮电人员所送来的财物，只要是在自己家里面，其他人获取该财物的，也仍然构成盗窃罪。

某人即便失却了占有，该财物的占有被转移到建筑物的管理人员等第三人的时候，由于仍在该人的支配领域之内，也能认可其实际支配。如忘却在旅馆内的澡堂里的物仍属于旅馆的主人③，高尔夫球场内没有收回的球仍然属于管理者所有。④ 但是，列车内的遗忘物之类，由于乘客的上下车过于频繁，不在乘务人员的实际支配范围之内的时候，就不能说乘务人员具有实际支配，在第三人获取该物的时候，只成立侵占遗失物罪。⑤

即使在支配领域内，对于物理支配力不能触及的财物，也不能 215
认定有事实上的支配。例如，河里的沙子⑥、海里的岩石上附着的

① 曾根，116页；西田，159页。

② 大判大15、10、8刑集5、440。

③ 大判大8、4、4刑录25、382。

④ 最决昭62、4、10刑集41、3、221。

⑤ 大判大10、6、8刑录27、545。

⑥ 最判昭32、10、15刑集11、10、2597。

海带[1]，由于它们都是“移动的物”，所以，不是占有的对象。与此相对，即便是在支配领域之外，但是，具有回归所有权人的支配领域习性的动物，仍然可以被看作依物理力量可以支配的物。判例对于自己饲养并有在傍晚回来的习惯的狗，认为即便跑到了主人能够支配的领域之外，但仍然没有脱离控制，具有占有[2]，但是，这种情况，倒不如说，应该作为处于物理的支配力量之内而认可其占有。另外，最高法院对于在公共汽车的检票口排队的时候，将照相机遗忘，想起之后马上回头去找的时候，已经被人拿走，其间隔距离约为 20 米、间隔时间约为 5 分钟的案件，承认了失主的占有，对行为人以盗窃罪进行了处罚。但是，这种情况是在队列的移动中忘记物品的状况，可以说失主的排他性支配在持续。[3]

实际支配的例子 将钱包遗忘在车站的窗口一两分钟之后，从十五六米之外的地方折返回来寻找的案例中，仍然认为被害人占有该钱包的判例见解[4]，就值得商榷，因为一旦离开该场所，就不能认为支配在持续。不能单从时间、地点是否具有连续性来考虑占有，而应该从排他性的支配是否继续来考虑。从这种意义上讲，在将钱包放在超市的 6 楼的椅子上，下到地下一层之后，突然想起来返回去找（其间隔约为 10 分钟）的案例中，否定被害人对其钱包仍然在占有的判例意见更加妥当[5]，因为只要处于排他性的支配领域之内就够了，主观的占有意思倒并不值得考虑。

2）处于支配领域外的场合。对于即便是在排他性的支配领域之外的物，有时候也能认可实际支配。如 i. 在自家门前的道路上放置的自
216 行车[6]，ii. 在没有人看守的大厅里放置的佛像[7]，iii. 在公用或事实上

① 大判大 11、11、3 刑集 1、622。

② 最判昭 32、7、16 刑集 11、7、1829。

③ 最判昭 32、11、8 刑集 11、12、3061。大沼，百选Ⅱ（第 5 版），53 页；齐藤，判例讲义Ⅱ，37 页。另外，东京高判昭 30、3、31 裁特 2、7、241（拍电报离开了大约十分钟的工夫）。

④ 东京高判昭 54、4、12 刑月 11、4、277。

⑤ 东京高判平 3、4、1 判例时报 1400、128。

⑥ 福冈高判昭 30、4、25 高刑集 8、3、418。

⑦ 大判大 3、10、21 刑录 20、1898。

的自行车停车场里放置的自行车[①]，iv. 关东大地震的时候，为了避难而被暂时放置在公路上的行李[②]，这些物在具体的情况下，从一般社会观念来看，可以被推定在某人的支配范围之内，因此，可以认定属于他人占有。但是，这种推定，是以在该种场合，有人有意放置在该种场所——这种占有的意思为前提的，因此，正如说所有权人仅是将物放在那里而已一样，在被害人并没有占有的意思的时候，就不能说有实际支配。

承认占有的事例　i. 具有回到饲主身边习惯的动物，即便不在饲主身边也仍然属于由饲主占有（春日神社的鹿——大判 1916 年 5 月 1 日刑录第 22 辑第 672 页，家养的猎犬——最判 1957 年 10 月 8 日刑集第 11 卷第 7 号第 1829 页）。ii. 排他性地管理支配设施的人，占有其内部存在的财物（食堂内的钱包——大判 1926 年 10 月 8 日刑集第 5 卷第 440 页，掉入高尔夫球场内的人工池塘里的球——前述最决 1988 年 4 月 10 日）。iii. 在自己实力支配的范围内，即便是对忘记的财物，也具有占有（在排队等车的队列往前移动的时候，所忘记的照相机和所有权人之间具有 20 米左右的距离的场合——前述最判 1958 年 11 月 8 日）。iv. 即便暂时将他人的财物拿到手，但他人仍然占有该物（假装顾客买东西而拿到商品的场合——广岛高判 1956 年 9 月 6 日高刑集第 8 卷第 8 号第 1021 页，旅馆的罩衣、浴衣——最判 1957 年 1 月 19 日刑集第 10 卷第 1 号第 67 页）。v. 一般人很容易进入的场所的管理人，对于该场所中的他人的遗忘物，不具有占有（列车内的遗忘物——大判 1926 年 11 月 2 日刑集第 5 卷第 491 页，醉酒者将自行车放在路上，但是记不起具体位置的时候，不具有占有——东京高判 1962 年 8 月 8 日高刑集第 14 卷第 5 号第 316 页）。否定占有的判例，如最高法院 1981 年 2 月 20 日的决定（刑集第 35 卷第 1 号第 15 页——养殖中

① 福冈高判昭 58、2、28 判例时报 1083、156。

② 大判大 13、6、10 刑集 3、473。

的鲤鱼逃到宽阔湖泊沼泽）。

（3）占有的意思。前面已经说到，成立占有，必须具有实际支配和支配意思即占有的意思。所谓占有的意思，是事实上支配财物的愿望或意思。因为该意思不是发生法律上的效果的意思，因此，幼儿或精神病患者，根据情况也能成为占有者。不要求对个别财物具有个别、具体的支配意思，如对自家院子里的物，只要具有概括的或抽象的意思就够了。在占有者方面，也不要求不断地表明这种意识。只要明确对财物具有实际支配，即便处于睡眠中也可以说具有占有的意思。与此相对，在
217 公园的椅子上所放置的照相机之类的、实际支配不明确的场合，就要求相机的所有人对事实具有认识——这种积极的意思的存在。但是，前面已经说过，在认定占有的时候，占有的意思只是起着补充作用而已。

占有的意思和占有事实之间的关系 1）在车站候车室里休息的人，将包放下，然后到200米远的车站内餐厅内吃饭，花了约50分钟的时间。被告人看到该情况之后，乘机将包拿走。在此案件中，法院认为，被害人虽然离开了该场所，但是并没有放弃占有，因此，被告人的行为构成盗窃罪。① 2）在基本上是新的并且写有所有权人姓名的自行车，没有上锁，被放置14小时之久，后被人拿走的案例中，法院认定了被害人的占有。② 但是，上述两个案例中，都有过于重视被害人的占有意思之嫌。

（4）占有主体。占有主体，不管是自然人还是法人，在所不问。在自然人的场合，只要对财物具有实际支配的意思，就能成为占有的主体，因此，没有意思能力的人以及没有责任能力的人也能成为占有的主体。

1）法人。有一种见解认为，法人不能成为占有的主体③，但是，法人可以通过其机关即代表对财物进行实际支配，所以，法人能够成为

① 名古屋高判昭52、5、10判例时报852、124。
② 福冈高等法院1984年2月28日判决。
③ 大塚，182页。

占有的主体。[1]

2）死者的占有。在和占有主体的关系上，死者的占有该怎么处理，成为问题。在死者的占有方面，i. 一开始就有非法占有意思而杀人取财的场合，ii. 杀死他人之后，产生非法占有财物的意思而夺取财物的场合，iii. 和他人死亡无关的第三人取得他人生前占有的财物的场合，成为问题，但重要的是 ii 和 iii 的场合。在 ii 的场合，有甲，成立侵占占有脱离物罪说[2]，乙，成立盗窃罪说（通说），丙，成立抢劫罪说[3]之间的对立。并且在乙说的理由上，又有：对死者的占有自身加以保护的学说[4]；在和致被害人死亡的犯人的关系上，在时间、场所上接近的范围之内，对死者生前的占有予以保护的学说[5]；即便是在死亡之后，只要 218
该物在社会观念上仍处于排除他人支配的状态，就应根据盗窃罪予以保护的见解[6]之间的对立。另外，丙说认为，因为是在杀害行为使被害人处于不能抵抗的状态下夺取财物的，因此，构成抢劫罪。

我认为，既然占有的主体已经死亡、不存在，那么，就应该说对财物的占有已经消失。因此，不管是杀死他人之后马上拿走被害人生前占有的财物，还是过了一段时间之后拿走其财物，都应该说，没有对占有造成侵害。而且，即便于在死者生前居住、使用的场所不法取走物的场合，只要该物没有被其他人现实占有，就也只成立侵占遗失物罪。另外，在以杀人为手段夺取财物的场合，因为侵害了生前的占有，所以，构成抢劫杀人罪。而且，不管是 iii 的场合还是 ii 的场合，同样都不能认可死者的占有，因此，应当说，只成立侵占罪而已。

关于死者占有的判例　在强奸他人之后予以杀害，为了隐瞒自

---

[1] 山中，266 页。

[2] 植松，404 页；平野，204 页；中，199 页；曾根，118 页；中森，110 页；西田，158 页。

[3] 藤木，302 页。

[4] 小野，245 页。

[5] 大判昭 16、11、11 刑集 20、598，最判昭 41、4、8 刑集 20、4、207。团藤，572 页；福田，225 页；大塚，187 页；川端，316 页；前田，169 页。

[6] 江家，278 页。

己的犯罪行为，在挖坑掩埋尸体之际，从死者的手腕上摘下手表的案件中，法院认为，“从整体来看，被告人利用自己实施的、使财物脱离被害人的占有的行为而获取该财物的一连串行为，应当说，是侵害了他人对财物的占有”①②。这一判例的宗旨在于，在杀人犯在被害人死亡之后，马上从尸体上获取财物的场合，根据整体综合考察的方法，确认侵害了死者生前的占有。③ 从这种观点来看，在杀死他人9小时之后，又返回现场取走财物的案件中，因为不能说生前的占有状态在持续，所以，只成立侵占遗失物罪。④ 还有判例认为，在自己家里将他人杀死之后，将尸体遗弃在海边，在死亡和取财之间隔了3到86个小时的场合，被害人的占有在持续。⑤ 但是，上述判例，都是站在判例或通说所坚持的整体考察的立场所进行的判决，这样，死后的时间长短或行为形态就成为决定是否成立
219 盗窃的关键因素，因此，将其作为判断的准则并不妥当。

（5）占有的归属。在数人和财物的占有有关的时候，其中谁占有该物即占有的归属，对于是成立侵占罪还是盗窃罪，具有重要意义。在占有的归属问题上，1）数个人的占有，和2）被封口的委托保管物的占有，特别成问题。

1）数人占有的场合。其中有i. 对等者之间的场合和ii. 存在上下主从之间的关系的场合。i的典型情况就是共同占有。在共同保管共有物的场合，占有归属于共同占有者全体，在其中部分人没有得到其他人的同意而取走该财物的时候，就成立盗窃罪。⑥

就财物的保管、占有而言，在基于上位者的命令、指示，下位者现实地支配财物的场合，占有是属于上位者还是属于下位者，抑或应当被

---

① 最判昭41、4、8刑集20、4、207。小岛，百选Ⅱ（第7版），60页；齐藤，判例讲义Ⅱ，40页。

② 大沼邦弘：《死者的占有》，《刑法的基本判例》，128页。

③ 同旨，大判昭16、11、11刑集20、598（伤害致死后夺取金钱。）

④ 东京地判昭37、12、3判例时报323、33。

⑤ 东京高判昭39、6、8高刑集17、5、446。

⑥ 大判大8、4、5刑录25、489。

看作共同占有呢？就财物的保管、占有而言，在上位者监视现实的占有者即下位者，能够支配财物的场合，如在商店卖东西的店员未经店主同意而擅自拿走商品的行为①，仓库的保管人员拿走仓库中保管的他人财物的行为②，由于该店员和仓库的保管人员不过是辅助占有的人或监视人而已，所以，其行为不成立侵占罪而成立盗窃罪。货物列车的乘务人员看起来是基于自己的意思占有货物，但是，判例在乘务人员利用值班的机会从货物列车上拿走货物的场合，认为占有归属于铁路公司，因此，该乘务人员的行为只成立盗窃罪。③ 这也是基于乘务人员不是占有者而是监视者的宗旨。与之相对，在上位者和下位者之间有一定的信赖关系，下位者现实地支配财物，在某种程度上有处分权的场合，如受委托管理商店的经理，在该商店的商品的贩卖上被赋予了权限，这种场合下，占有意思应当归属于该经理。在店主未经经理的同意擅自将商品拿走的场合，成立盗窃罪（《刑法》第 242 条）。 220

共同占有的场合　在数人基于平等关系共同占有财物的场合，其中一人排除其他占有者而取得该物的话，就是对其他共同占有者的占有的侵害，成立盗窃罪。④

2）被封口的委托保管物的场合。关于被封口的包装物的占有，是归属于委托人还是归属于受托人，存在争议。如在受委托管理上锁的旅行包的人开锁取走其中物品的场合，邮递员在集中起来的邮件中取出现金的场合，该物品或现金的占有归属于谁，成为问题。

学说上，有 i. 包装物整体的占有属于受托人，但其中的内容属于委托人的见解（二分说）⑤，ii. 包装物的整体和内容不分，其整体上的占有都属于委托人的见解（盗窃罪说）⑥，iii. 包括包装物的内容在内的

① 大判大 7、2、6 刑录 24、32，大判大 3、3、6 新闻 929、29（雇员占有）。

② 大判昭 21、11、26 刑集 25、50。

③ 最判昭 23、7、27 刑集 2、9、1004。

④ 大判大 12、6、9 刑集 2、508（共有者将处在出借状态中的牛盗走）。

⑤ 藤木，276 页；西田，160 页；前田，169 页。

⑥ 团藤，570 页；福田，224 页；大塚，189 页；香川，494 页；山中，271 页；山口，152 页。

占有都属于受托人的见解[①]（侵占罪说）之间的对立。判例采取i说的立场，认为旅行包或邮件自身的占有虽然归于受托人、邮递员，但是，其中的物件，只要是封了口或上了锁，就应该属于委托人或发信人，取走其中的物的行为构成盗窃罪[②]；如果不剪开封口而侵吞已交付邮局的信件的话，就成立业务侵占罪。[③] 从此宗旨出发，只要是封了口或上了锁，其中物品的占有就属于委托人，而对旅行包、邮件自身的占有，则属于实际上对其进行支配的人。

按照i）见解的话，就会得出取走该物整体的话，就成立较轻的侵占罪，如果只是取走其中的物的话，就成立盗窃罪，应当处以较重的刑罚的“奇妙结论”。根据这一理由[④]，ii说主张，包括其中物品在内，包装物整体上都归委托人占有。相反地，iii说主张，无论何种情况下，包装物都归受托人占有。但是，既然将口封上，不让人看见其中的内容，那么，应当说，在对其中内容的实际支配方面，受托人只是手段，而其实际支配，仍然在委托人一方。如将他人存放的包拿走，就成立侵占
221 罪，而管理人将他人存放的皮包打开并拿走其中的物的行为，就是侵害了占有而取得财物，应当成立盗窃罪。因此，i）说的见解妥当。出于取得其中物品的意思，作为手段首先获得该物的整体的，该侵占行为就应当被看作盗窃手段的实行行为，因此，该侵占行为就被盗窃所吸收，只成立盗窃罪，由此得出“奇妙结论”的场合，实际上并不太多。[⑤]

没有上锁的场合　在东京高判1984年10月30日的判决（刑月第16卷第9、10号第679页）中，在B将A交给自己保管但没有上锁的包的上盖打开，将其中的现金盗走的案件中，法院认定B的行为构成盗窃罪。这就是因为让B看管而物品存放在他这里的缘故。[⑥]

---

① 冈野，120页；中森，111页；林，188页。

② 大判明44、12、15刑录17、2190。另外，最决昭32、4、25刑集11、4、1427。

③ 大判大7、11、19刑录24、1365，东京地判昭41、11、25判例泰晤士报200、177。

④ 团藤，570页。

⑤ 虫明，百选Ⅱ（第4版），56页。

⑥ 平山，百选Ⅱ（第7版），54页；齐藤，判例讲义Ⅱ，39页。

2. 行为

本罪的行为是窃取。

(1) 行为——窃取。所谓窃取，就是违反占有人的意思，排除占有人对财物的占有，将目的物转移到自己或第三人的占有之下。[1] 因为要将目的物转移到自己或第三人的支配之下，因此，在将他人占有的池塘里的鲤鱼放走的场合，因为没有转移占有的行为，所以，不是窃取。窃取不要求是“秘密窃取”[2]。在窃取的方法、手段上没有限制，作为间接实行犯，如像利用机械一样利用没有辨别能力的幼儿进行窃取的，也是窃取。[3] 另外，在假装顾客在试穿衣服的时候从厕所逃走的场合，以及向自动售货机里投入金属碎片以取出商品之类的以诈骗行为为手段的场合，只要是违反被害人的意思而占有财物，就构成盗窃罪。[4] 用磁铁从游戏机中捞取弹子的行为也是窃取。[5] 不法修改银行现金卡的电磁记录部分，插入自动柜员机以取出现金的行为也是盗窃。[6] 222

用老虎机玩游戏的行为　被告人在老虎机游戏机厅使用设有随机抽奖方式的自动赌博游戏机进行抽奖。连续抽中头奖的情况是很难发生的，而被告人意图使用被称为“电子机器”的体感器让中头奖的随机变数周期出现在同一时间，从而连续中头奖，不正当地从自动赌博游戏机中窃取游戏奖章，便事先偷偷在自己身上安装体感器，然后进入店内，在游戏机前面坐下来，使用体感器取得游戏奖章 1 524 枚。关于这个案件，最高法院于 2007 年 4 月 13 日的决定（刑集第 61 卷第 3 号第 340 页）认为：“完全以不正当取得游戏奖章为目的，在使用具有上述功能的本案设备的意图下，将该设备安装在身体上，一边不正当地伺机取得游戏奖章，一边在赌博机上玩游戏，这本身就超出了通常游戏方法的范围，设置老虎机的店铺明

① 大判大 5、5、1 刑录 22、672，最决昭 31、7、3 刑集 10、7、955。

② 大判大 15、7、16 刑集 5、316，最决昭 32、9、5 刑集 11、9、2143。

③ 大判明 37、12、20 刑录 10、2415，最决昭 58、9、21 刑集 37、7、1070。

④ 广岛高判昭 30、9、6 高刑集 8、8、1021。

⑤ 最决昭 31、8、22 刑集 10、8、1260。

⑥ 东京地判平元、2、22 判例时报 1308、161。

显不允许这种方法的游戏。因此，对于被告人在老虎机上取得的游戏奖章，不管其是否操作本案设备取得的结果，都是违反被害店铺的游戏奖章管理人的意思，侵害其对这些奖章的占有，从而转移为自己占有”。由此，对取得的1 524枚游戏奖章成立盗窃罪。这是妥当的判断。①

(2) 着手时期。盗窃未遂也要受到处罚（《刑法》第243条），但预备不受处罚，因此，实行的着手时期就特别重要。窃取行为的着手时期，形式上是侵害占有行为的开始时期。什么时候应被看作具有侵害行为？其判断上具有若干困难，应从财物的性质、形状以及行为的形式来考虑。② 从一般经验来看，只要没有特别的障碍，就能将他人财物转移到自己占有之下的时候，即具有发生结果的现实危险性的时候，就应当说是实行的着手。

判例认为，实施了“与破坏他人对财物的实际支配紧密相关的行为”的时候，就是窃取行为的开始。③ 这一判断基准，实际上是和具有发生结果的现实危险时就是实行的着手的见解是一致的。因此，寻找财物的行为，或小偷知道金钱的所在而将手接触到他人口袋外侧的行为（所谓“接触行为”）不是实行的着手。④ 另外，在只存放财物的仓库等，只要有侵入其内部的行为，就是着手。⑤ 同样，在“以汽车为目
223 标”的案例中出于盗窃车辆内的金钱的目的，开始撬被上锁的车的窗玻璃的时候，就是实行的着手。⑥ 与此相对，出于盗窃目的而侵入他人住宅，他人的家人正在家的时候，由于在当时并不马上具有侵害占有的现实危险，所以，只是盗窃的预备，只成立侵入住宅罪。

表明界限的判例 最高法院于1966年3月9日（刑集第19卷

① 另外，最决平21、6、29刑集63、5、21。

② 大评注（9），261页。

③ 大判昭9、10、19刑集13、1473，最判昭23、4、17刑集2、4、399。

④ 最决昭29、5、6刑集8、5、634。

⑤ 名古屋高判昭25、11、14高刑集3、4、748。反对，平野，110页。另外，川端，319页。

⑥ 东京地判平2、11、15判例时报1373、145。

第2号第69页）的判决，在犯人进入被害人的店铺之内，用手电筒照到了放电器用具的地方，但是由于他想偷钱，所以就向店内卖香烟的地方走去的案件中，认为，具有上述事实的话，就可以说具有盗窃的着手。之所以如此，主要是考虑到该行为具有导致结果发生的现实危险。

(3) 既遂时期。关于盗窃的既遂时期，过去有四种学说，但是，如果按照窃取的前述定义的话，应当说，主张取得占有的时候，就是盗窃既遂的取得说是妥当的。[①] 另外，在既遂的判断中，和实行的着手一样，也必须考虑财物的性质、形状，他人迄今为止对财物的占有状况，以及窃取行为的形态，进行具体的判断。如在住宅、店内窃取的场合，因为占有人对财物的支配力很强，即便目的物很小，除了很容易设定对该物的占有的场合，原则上必须将物搬出屋外才算是占有。与此相对，在支配力较弱的家里无人的住宅盗窃的场合，只要有搬出的准备，就是既遂。在仓库的场合，要根据监视的程度而作同样的考虑。

在使用中的列车上，以盗窃为目的而将货物推出车厢的时候，由于仅有该行为还不能说已经设定了新的占有，因此，没有亲自取得该货物的，就不能说是既遂。但是，在对铁路附近的情况非常熟悉的火车司机出于事后回收的目的，将货物从行驶中的火车上推下的场合[②]，或者有共犯接应拾取该货物的场合，可以说，货物在掉下来的时候，就转移到了行为人的实际支配之下，所以，在该时刻，就达到了既遂。 224

由于只要转移到自己的支配之下，就可以说是既遂，因此，在他人的浴缸里发现他人遗忘的戒指，出于占有的意思而将其暂时在浴缸内藏匿起来的时候，就是既遂。[③] 但是，出于在商场偷东西的目的将戒指拿到手中，以为被店员发现，就扔到橱窗的展台里并逃走的时候，由于他人的支配尚未结束，所以，还不能说是已经取得。只要取得了财物，不

① 最判昭23、10、23刑集2、11、1396，东京高判平4、10、28东京1、12、59。植田，百选Ⅱ（第7版），71页。

② 最判昭24、12、22刑集3、12、2070。

③ 大判大12、7、3刑集2、264。

管是永远侵害占有，还是暂时性地侵害占有，都成立既遂。

有关既遂时期的学说 具有以下观点：第一，主张在手接触到财物的时候，就是既遂的接触说；第二，主张在将财物从其被放置的地方挪向其他地方的时候，就是既遂的转移说；第三，主张将偷来的财物藏在不易被人发现的地方的时候，就是既遂的藏匿说；第四，本文所述的取得说。判例也采用取得说。如盗窃犯人将偷来的衣服放入准备好的布袋里捆好，在走出门口的时候，就是既遂的判例。[①] 关于在支配力较弱的场合的例子，有大阪高等法院于1950年4月5日的判决：认为在将他人门口放置的自行车的锁卸下，然后自己推着该车向其他方向走去的时候，就成立既遂。另外，可以参考最高法院于1949年10月23日（刑集第2卷第11号第1396页）的判决（认为从车库中将木炭挑出门外的行为，就是既遂），于1954年10月22日（刑集第7卷第10号第1956页）的判决（认为将目的物装入汽车，扮成废品，隐蔽起来的话，即便没有走出大门，也是既遂）。近年来的判例中，东京高等法院于1992年10月28日的判决（判例泰晤士报第823号第252页）中认为，在超市内将食品放入购物篮后拿到收银台外侧时成立既遂；东京高等法院于2009年12月22日的判决（判例泰晤士报第1333号第282页）中认为，用手推车在大型家电卖场把液晶电视运到男厕所，隐匿在洗脸台下面的收纳架上的行为构成既遂。

(4) 不可罚的事后行为。窃取行为达到既遂之后，即便犯人将所窃取的财物返还，仍然成立犯罪。另外，由于盗窃罪是状态犯，达到既遂之后，其违法状态在持续，因此，即便犯人使用、处分该目的物，只要该行为仍在按盗窃罪所能评价的范围之内，就不再构成别的犯罪。盗窃所得物虽然成为《刑法》第256条所规定的“被盗物品等”，但是，盗窃犯人保管、搬运该被盗物品等的行为不受处罚，这些行为是共罚的事

---

① 东京高判昭27、12、11高刑集5、12、2283。

后行为（不可罚的事后行为）。[①] 但是，盗窃存折和印章之后，用它们 225
欺骗银行取出金钱的时候，就重新侵害了银行等的法益，超出了可以根据盗窃罪进行评价的范围，而重新成立诈骗罪。这种场合下，该如何认定其罪数关系？有人认为是盗窃罪和诈骗罪的牵连犯[②]，但是，二罪之间很难说一定具有牵连关系，因此，二罪之间应当是数罪的关系。[③] 另外，将从电话卡自动贩卖机中窃取的 1 000 日元的钞票插入自动贩卖机，然后取出电话卡的行为，构成对电话卡的盗窃罪。[④]

（5）盗窃数额。在可以正常取得的物和不能正常取得的物成为不可分割的一体，而行为人窃取了该种物的时候，就该物整体构成盗窃罪；在所窃取的游戏机的弹子里含有一部分正常取得的弹子，但到底有多少，没有办法加以区分的时候，就其全部成立盗窃罪。[⑤]

3. 主观要件

成立盗窃罪，除必须具有故意之外，还必须具有非法占有的意思。

4. 排除违法性事由

在盗窃罪中也存在排除违法性事由。在被害人同意他人侵害其占有的时候，是不符合盗窃罪的构成要件还是排除违法性，成为问题。应当看作不符合盗窃罪的构成要件。窃取行为，是以违反他人意思转移财物的占有为内容的，因此，只要是基于承诺而放弃占有意思，就可以说是欠缺窃取行为的要件。另外，在财物的所有权人和占有人不是同一人的场合，即便所有权人作出了承诺，也不影响犯罪的成立。

财物的所有权人从盗窃犯手中将该财物窃取回来的行为，原则上是符合盗窃罪的构成要件的行为。因为行使权利而侵害了占有的时候，是
排除违法性的问题。擅自摘取他人少量的瓜果蔬菜的行为，或摘取数朵 226
花的行为，由于损害轻微，在类型上缺乏可罚的违法性，因此，是不符

① 大谷，总论，484 页。
② 大塚，196 页。
③ 最判昭 25、2、24 刑集 4、2、255。
④ 福冈高判平 6、6、21 判例泰晤士报 874、286。
⑤ 东京高判昭 29、11、20 东时 5、11、438。

合构成要件的行为。

5. 增设附加刑

2006年的《刑法》部分修改，在盗窃罪的法定刑中，增设了50万日元以下的罚金刑。这主要是因为，近年来在超市盗窃食品的小偷小摸等轻微案件增加，不适合适用徒刑的情形越来越多。

6. 罪数、与其他犯罪的关系

财产犯罪的保护利益，不是像生命、身体一样的一身专属性的利益，因此，在罪数上，就不是按照被害法益的个数，而是按照侵害占有的个数，加以确定。如在数个人所有的数个财物被一个人占有的场合，即便是以一次行为将其全部窃取，也只成立一罪。另外，即便是在时间上断断续续地分为数次将其占为己有的场合，也只成立盗窃一罪。与此相对，侵入住宅楼，在同一机会窃取数个家庭的财物的行为，由于对占有的侵害，是以各个家庭的财物情况为基础来判断的，因此，成立数罪。入户盗窃和侵入住宅罪之间的关系是典型的牵连犯的关系。对于将窃取的财物冒充自己的财物，欺骗第三人，从其手上获取金钱的，有人认为存在盗窃罪和诈骗罪之间的牵连关系①，但该行为和结果之间并不具有一般所说的关系，所以，应当成立数罪。②

盗窃罪的加重类型，在《盗犯防止法》中有规定，包括惯犯特殊盗窃罪（第3条）、惯犯累犯盗窃罪（第3条）。《森林法》中，从行为场所是森林，其占有、管理的形态一般来说比较缓和的特点出发，对盗窃林木的行为处罚比较轻（第197、198条）。由于上述犯罪和盗窃罪之间处于特殊关系，所以，按照法条竞合的原理，排除盗窃罪的适用。

有关罪数的参考判例 主要有，最高法院于1950年7月23日（刑集第3卷第8号第1373页）的判决（犯人在仅仅2个小时之内，3次在同一场所盗窃9麻袋大米的行为被作为一罪处理）、于1958年3月5日（刑集第11卷第3号第989页）的判决（在同一

① 小野，248页；大塚，204页。

② 最判昭25、2、24刑集4、2、255。

旅馆之内，侵入各个房间盗窃财物的行为，即便发生在同一旅馆之 227
内，也根据房间数来考虑盗窃罪的个数），东京高等法院于 1980 年 3 月 3 日（刑月第 12 卷第 3 号第 67 页）的判决（用盗窃来的信用卡在自动柜员机上取出现金的行为，在盗窃信用卡的行为成立犯罪之外，还成立利用信用卡盗窃现金的犯罪①），最高法院于 2002 年 2 月 8 日［刑集第 56 卷第 2 号第 71 页（欺骗工作人员，让其将借记卡交给自己，然后用该卡从自动柜员机上取出现金的场合，成立诈骗罪和盗窃罪）的判例］。

三、侵夺不动产罪

侵夺他人不动产的，处 10 年以下有期徒刑（《刑法》第 253 条之二段）。

未遂犯，处罚之（《刑法》第 243 条）。

1. 意义

曾有有力见解认为，侵占不动产的，也成立盗窃罪。但是并没有被实务界所采纳，所以，对不法占据土地的行为没有根据盗窃罪加以处罚。但是，第二次世界大战后，大城市的土地不足导致不法侵占行为横行，为了保护正当权利人的权利，1960 年的《刑法》部分修改，在增设损坏界标罪的同时，增设了本罪。这种犯罪，在理论上讲，明显是将盗窃不动产的行为规定为犯罪，并对其处以和盗窃罪相同的法定刑。随着本罪的设立，在此之前理论上所展开的有关盗窃不动产的行为该如何处理的对立，便告结束。另外，认为变更登记簿上的所有权人名义而占有不动产的行为是盗窃的见解，随着本罪的设立，也被否定。

2. 对象

本罪的对象是他人占有的他人的不动产。所谓“他人”，既包括自然人也包括法人。由于本罪也适用《刑法》第 242 条的规定，因此，被他人占有，或者根据公务机关的命令由他人看守的不动产，也被看作他

① 东京高判平 10、12、10 东时 49、1 和 512、93。

人的不动产。不动产是指土地及其之上的附着物（《民法》第86条第1
228 款）。土地不单指地面，还包括根据界线所区分的土地上的空间以及地下部分。将附着物变为动产，然后占有的话，就是盗窃。[①] 根据《工厂抵押法》（第14条）以及其他法令被看作不动产的物，因为准用民法上的不动产的规定，所以，不是本罪中的不动产。[②] 这里所说的他人的占有，和前述有关财物部分的叙述一致。即便没有法律上的正当权限，但只要在事实上占有该不动产，该不动产也能成为本罪的对象。

3. 行为

本罪的行为是侵夺。所谓侵夺，是指违反占有人的意志排除他人对不动产的占有，将该不动产设定为自己或第三人占有。“侵夺”一语，是指取得对不动产的占有（《民法》第200条第1款、第2款，第201条第3款），是和“窃取”（不动产）相对应的概念。侵夺不管其形态如何，只要有设定占有的行为就够了。以侵占土地为例：在土地上建筑永久性的建筑物的行为[③]、设置围栏进行监视的行为、移动地界标志吞并邻人土地的行为，都是侵夺行为。[④]

对建筑物的侵夺，必须伴有将居民驱赶出去，使其不可能再回去的设定占有的行为。但是，侵夺不要求占有处于他人支配之下的土地、建筑物的整体，如占据公寓的一室的行为也是侵夺。另外，不是将他人的不动产置于自己的支配之下，而是置于第三人的支配之下的行为也是侵夺。如将他人的土地说成是自己的土地，然后将其出租或出卖给第三人，或让他人在该土地上建房子的行为，也是侵夺。成立侵夺，必须排除他人的占有，因此，在租赁期届满之后，不按房主的要求退出，而是继续占有该目的物即店铺的，就不构成本罪。另外，如设置帐篷或设置排水口等，在容易恢复原状，损失也较小的情况下，应被理解为不构成

① 最判昭25、4、13刑集4、4、544。
② 袖珍，539页。
③ 大阪高判昭31、12、11高刑集9、12、1263。
④ 最决平12、12、15刑集54、9、1049。

侵夺。① 229

使用暴力、胁迫侵夺不动产，如使用胁迫手段将借房人从出借的房子中赶走的行为，不成立本罪，而是成立抢劫财产性利益罪（《刑法》第 236 条第 2 款），因为根据新增加的《刑法》第 235 条之二的规定，不动产不是《刑法》第 235 条以及第 236 条第 1 款的保护对象。另外，侵夺必须伴随设定占有不动产的行为，因此，不具有所有权的人，将他人的不动产登记在自己名下的，只是在法律上取得了占有，还称不上是侵夺。②

本罪实行着手的时间，是开始实施排除权利人的占有的行为的时候。如开始移动地界标志的行为，或开始在他人的土地上建筑房子的行为，都是实行的着手。根据这些行为，完成了占有设定的时候，就是既遂。本罪也是状态犯，因此，取得占有之后，犯人将该不动产卖给第三人的，由于卖与行为是不可罚的事后行为，因此，不是刑法上的评价对象。

有关侵夺的判例　未经所有权人的同意，在获许暂时使用的土地上建起半永久性的水泥结构的仓库，这是不是侵夺？肯定说（通说）认为，在占有形态完全改变的场合，以往的占有就发生了实质性的变化，成立侵夺。③ 否定说认为，尽管说是暂时使用，但也是归行为人占有，因此，该行为最多只成立侵占。④ 我认为，问题在于是不是重新设定了占有。在用水泥建仓库的场合，是设定了新的占有。但是，在未达到此种程度即只是改变了占有状态而已的场合，就不应当认为是侵夺。近年来的最高法院判例有，在 2000 年 12 月 15 日作出的认为在土地上堆积由废弃的建材等混合物组成的废弃物，“使难以恢复现状”的行为是“侵夺”⑤，认为在屋顶和墙

① 最决平 12、12、15 刑集 54、9、923。

② 反对，柏木，442 页。

③ 最决昭 42、11、2 刑集 21、9、1179；齐藤，判例讲义Ⅱ，43 页；最决平 12、12、15 刑集 54、9、1049；齐藤，百选Ⅱ（第 7 版），76 页。

④ 中森，104 页。

⑤ 最决平 11、12、9 刑集 53、9、1117。岛田，百选Ⅱ（第 6 版），66 页；齐藤，判例讲义Ⅱ，42 页。

壁上建设大量使用尼龙的简易房屋的行为不是“侵夺”的判例（刑集第54卷第9号第923页）。另外，在根据约定只能建设能够拆除的货摊，因而无偿借给他人的土地上，建起了难以拆除的风俗营业设施的案件当中，最高法院于2000年12月15日（刑集第54卷第9号
230 第923页）认为“重新排除了占有”，认定成立侵夺。

4. 故意、非法占有的意思

有关侵夺不动产罪的解释，应该按照盗窃罪的原理，即在本罪中除须具有故意之外，还必须具有非法占有的意思。本罪中的故意，就是对排除他人对其占有的不动产的占有，而设定为自己或第三人占有有认识，并实施该行为的意思。非法占有的意思，就是像不动产的所有权人或租赁人一样，利用处分的意思。因此，“出于将空地作为排水口暂时使用的意思”[①]还不够，因为，“没有侵犯一定程度上的持续占有的意思的话，就不能说具有非法占有的意思”[②]。因此，仅有在他人的无人居住的房屋里过一宿的意思，或未经他人许可，擅自在他人的土地上搭台，希望演两三天戏的意思之类的，即出于暂时使用的目的（使用侵夺）的，不能说具有非法占有的意思。

5. 罪数、与其他犯罪的关系

在侵夺他人土地上的建筑物的时候，由于是侵夺了建筑物本身以及作为地基的土地二者，因此，该如何处理，成为问题。但是，由于占有关系是及于整体的关系，所以只侵害了一个占有，成立包括的[③]一罪。为了侵夺不动产而进入他人住宅的时候，侵夺不动产罪和侵入住宅罪之间不可以说一定具有目的、手段的关系，因此，不是牵连犯[④]而是观念竞合。[⑤] 本罪和盗窃罪之间是处于补充关系，因此，是法条竞合。

---

① 大阪高判昭4、12、17高刑集18、7、877。
② 大阪高判昭41、8、9高刑集19、5、535。
③ 江家，376页；大塚，207页；中森，117页。另外，注释（6），76页（观念竞合）。
④ 吉川，144页。
⑤ 团藤，584页；大塚，207页；中森，118页。

四、亲属间犯罪的特别规定（亲属相盗规定）

配偶、直系亲属以及同居亲属之间，犯《刑法》第 235 条所规定之罪、第 235 条第 2 款所规定之罪以及上述犯罪的未遂犯的时候，免除其刑（《刑法》第 244 条第 1 款）。

和前款规定的亲属以外的亲属之间，实施前款规定的犯罪，未经告诉的，不得提起公诉（同条第 2 款）。

前两款规定，对非亲属的共犯不适用（同条第 3 款）。

1. 意义

本条作出特别规定，对配偶、直系亲属或者同居的亲属之间所犯 231
的盗窃罪、侵夺不动产罪等的未遂犯免予处罚，对其他亲属之间实施的上述行为以亲告罪论处，故被称为有关亲属间犯罪的特别规定（亲属相盗规定）。本特别规定，适用于诈骗罪以及敲诈勒索罪（《刑法》第 246～250 条）、侵占罪（《刑法》第 252～254 条），但是，不适用于抢劫罪以及毁坏财物的犯罪；另外，也适用于《森林法》规定的盗窃罪。[①]

之所以作这种特别规定，主要是考虑到：财产的管理和消费在亲属之间共同进行，因此，基于亲属间的财产秩序由父子或夫妻等亲属内部维持更好一些的政策性理由，对有关亲属间的事情，国家应尽量减少刑法干预。“法律不入家庭”的谚语，就是其极端表现。但是，亲属间犯罪的特别规定，对与上述宗旨不相适合的侵犯生命、身体、自由、名誉的犯罪以及抢劫罪等不适用。

关于本规定的法律特征，有（1）一身性的排除刑罚事由说（通说），（2）排除可罚的违法性事由说[②]，（3）排除责任说[③]之间的对立。（1）说认为，只有以亲属身份为基础的及于自身的处罚才能被排除。相反，（2）说认为，亲属在财产上是一种消费共同体，对于共同体成员之

① 最判昭 33、2、4 刑集 12、2、109。

② 佐伯，148 页；平野，207 页；中森，118 页。

③ 泷川，113 页；曽根，126 页；西田，179 页；林，203 页。另外，山中，273 页。

间互相实施的侵害所有、占有的行为，一般不认为是违法，所以，亲属间的盗窃等行为虽然违法，但由于没有达到可罚程度，所以，不成立犯罪。但是，由于对该种原理所解释不了的重大侵害也要适用亲属间犯罪的特别规定，所以，该种见解并不妥当。(3) 说认为，一般来说，在近亲属之间，不可能期待其“不实施盗窃”，所以，它是因为没有责任而不成立犯罪的规定。但是，这种情形下，是不是可以说没有期待的可能性，值得怀疑。在贯彻个人主义的家族关系中，在由于默示许诺而成立的相互所有、占有的观念日益淡薄的同时[①]，实际上，可以期待“不要盗窃”的场合也越来越多。

这样说来，尽管亲属间盗窃的特别规定在某种意义上包含了 (2)
232 (3) 说的宗旨，但是超越该种事实，主张从“法律不入家庭”的理念出发划定形式上的框架，从而在亲属范围之内排除自身的刑罚的 (1) 说的见解是妥当的。当然，虽然同样是亲属，但由于其亲密程度有差别，因此，《刑法》规定配偶、直系亲属以及同居亲属之间可以免除刑罚，而对于此范围之外的亲属，则按照亲告罪处理。另外，虽然《刑法》规定对没有亲属关系的共犯人不适用本特别规定，但是，这是从“法律不入家庭”观点出发的理所当然的注意性规定。

亲属相盗规定的排除适用　对于家庭法院选任的未成年人监护人出于监护事务而在业务上保管其孙子的存单，但其从中取出1 500万日元存款后侵占的案件，最高法院于2008年2月18日的决定（判例时报第1998号第161页）认为：“未成年人监护人的监护事务具有公共性质，从家庭法院被选任的未成年人监护人，在侵占其业务上占有的属于未成年的被监护人所有的财产的场合，不能适用《刑法》第244条第1款的规定对其免予处罚”。从家庭法院被选任的监护人，负有为了被监护人的利益诚实地管理其财产的法律义务，不符合“法律不入家庭”的亲属相盗规定的宗旨，因此，该规定被排除适用。

① 植松，381页。

2. 要件

适用本特别规定，必须盗窃等财产犯罪的被害人和行为人之间具有亲属关系。

（1）亲属。必须是在配偶、直系亲属以及同居亲属之间实施犯罪的人。有判例认为，所谓“配偶”是指法律上的配偶，不包括姘居的人在内①，但是，根据本特别规定的宗旨，对姘居者也应适用本条。相反，即便在具有法律上的婚姻关系的场合，当事人之间没有婚姻意思，或者婚姻无效的，也不应被看作本条中所说的配偶。② 所谓“同居亲属”，是指在同一住所进行日常生活的亲属。暂时住在一起的人，如由于借宿而暂时住在一起生活的人不在此范围之内。亲属关系只要在犯罪时候存在就够了，即便之后被解除，也不影响本条的适用。③ 离婚之后，盗窃对方财物的，不适用本条。 233

（2）和目的物之间的关系。关于目的物和行为人之间的关系，有1）只要目的物的占有人和行为人之间具有亲属关系就够了的见解④，2）只要和目的物的占有人或者所有权人中的一方具有亲属关系就够了的见解⑤，3）行为人和目的物的所有权人和占有人两者之间都必须具有亲属关系的见解⑥（通说）之间的对立。既然说亲属相盗规定的宗旨存在于“法律不入家庭”的法谚中，亲属间的财产秩序应当在亲属内部加以维持，那么，应当说，本特别规定的适用，只及于亲属内部能够处理被害的范围。而且，第一，在亲属之外的人占有亲属所有的财物的场合⑦；第二，在亲属占有亲属以外的人所占有的财物的场合⑧，就不能

① 最决平 18、8、20 刑集 60、6、479，东京高判昭 60、9、30 判例体系（第 2 期版），刑法（9），7461（不包括情人在内）。

② 东京高判昭 49、6、27 高刑集 37、3、291。

③ 大判大 13、12、24 刑集 3、904。

④ 中，148 页；前田，初版，234 页。

⑤ 泷川，113 页。

⑥ 最决平 20、2、18 刑集 62、2、37；林（阳），百选Ⅱ（第 7 版），72 页；最决平 6、7、19 刑集 48、5、190；齐藤，判例讲义Ⅱ，41 页。

⑦ 大判明 43、6、7 刑录 16、1103。

⑧ 大判昭 12、4、8 刑集 16、485。

适用本特别规定，因此，3）说的见解妥当。无论在何种情况下，因为都是亲属以外的人成为被害人，所以，不可能在亲属内部处理。另外，在有数个被害人的场合，只要他们不都具有亲属关系，就不适用本特别规定。[①]

判例中的“亲属关系” 1）大审院于1938年4月8日的判决认为，行为人和财物的所有权人以及占有人之间必须具有亲属关系。但是，2）最高法院在1950年5月21日的判决认为，亲属相盗规定是“有关直接被害人即占有人和犯人之间的关系的规定”，而“不是有关财物的所有权人和犯人之间的关系的规定”。因此，3）1995年7月19日，最高法院在盗窃表兄保管的他人财物的案件中认为，在适用《刑法》第244条第1款的规定的时候，《刑法》第244条第1款中的亲属关系，不仅要存在于盗窃犯人和财物的占有人之间，也必须存在于盗窃犯人和财物的所有权人之间。

234 3. 效果

于适用亲属相盗规定的场合，配偶、直系亲属、同居的亲属之间，免除刑罚（《刑法》第244条第1款）。

其他亲属犯了上述罪名的话，按照亲告罪的原则处理（同条第2款）。

(1) 免除刑罚和亲告罪。所谓“免除刑罚”，就是有罪但不科处刑罚。同时，犯罪发生在亲属关系比较淡薄的“其他亲属”的场合，就是不告不理。也即，在这种场合，不告诉的话，连犯罪也不成立。如此说来，在犯罪发生在直系亲属等近亲属之间的场合，就要接受免除刑罚的有罪判决（《刑诉》第333～335条），相反地，在犯罪发生在“其他近亲属”之间的场合，只要没有告诉就不得追诉，即便错误地被追诉，也要驳回公诉（《刑诉》第338条第4项），这样，和近亲属之间所发生的犯罪相比，后一种情况反而对犯人更为有利一些。[②] 两者的处理上，就

① 大判昭11、3、5刑集15、251；大塚，209页。
② 团藤，582页。

出现了不平衡。由于这种情况的存在，就有了 1）在近亲属之间所发生的犯罪的场合，不应当是免除刑罚，而应当是免予起诉的见解[①]，2）应当决定驳回公诉或者宣告无罪的见解[②]，3）只能尊重在提起公诉之际的检察官的特别关照的见解[③]，4）应当作为亲告罪处理的见解[④]之间的对立。

我认为，1）说和 2）说，并不能说是符合刑法或者刑事诉讼法的规定的解释，3）说以及 4）说实际上也是放弃了法律解释，不能支持。因此，最终，虽然在根本上只能通过立法加以解决[⑤]，但由于对近亲属之间所发生的犯罪，一定要免除刑罚，所以，这种场合下，即便提起公诉也没有什么实质性的意义，因此，可以说，在犯罪发生在近亲属之间的场合，是国家放弃刑罚权，必须根据《刑诉》第 339 条第 1 款第 2 项中的准驳回公诉的决定，纠正二者间的不平衡。

纠正不平衡的措施　团藤重光博士认为，即便是近亲属之间的 235
犯罪，也应当和其他亲属间的犯罪一样，作为亲告罪处理，以解决上述的不平衡问题（团藤，582 页）。但这种见解是超越了现行法的解释的立法论的问题。另外，《草案》第 334 条中规定了和上述提案接近的，无论是近亲属之间的还是同居亲属之间的犯罪，都必须按亲告罪处理的原则。为了纠正不均衡的现象，这一修改是必要的。同时，植松正教授（植松，381 页）认为，在有排除处罚事由的场合，即便免除刑罚，但在由于是一开始就不可罚，所以，实际上应当被看作无罪的场合，检察官无权起诉，应当免诉。本书也基本上赞成这种观点。但是，这样处理，还不如根据《刑诉》第 339 条第 1 款第 2 项的规定，即“起诉状中所记载的事实即便是真实的，但在包含不应当成为犯罪的事实的时候”，驳回公诉。通常，

① 小野，总论，221 页；植松，381 页。
② 藤木，288 页。
③ 大塚，210 页。
④ 团藤，582 页；山口，205 页；前田，279 页。
⑤ 西田，180 页；草案，334 条。

在明确了亲属关系的时候，往往根据起诉方便原则，没有起诉，但是，在免除刑罚的场合，仍然起诉的话，就可以被看作公诉权的滥用，和免诉相比，驳回公诉更加适合。

（2）亲属关系的错误。在适用亲属间犯罪的特别规定的场合，要求亲属关系必须在行为时客观存在，而且仅此就够了。行为人对于亲属关系是否具有认识在所不问。因此，在没有亲属关系但行为人误以为有的场合，就不应当适用本特别规定。如在儿子误以为父亲保管的他人财物是父亲自己所有的财物而窃取的场合，虽然有1）是排除违法性事由的错误，不排除故意[①]，2）排除责任[②]，3）按照《刑法》第38条第2款的宗旨，应当适用亲属间犯罪的特别规定[③]等见解上的对立，但是，我认为，这种情况应当作为情节问题，应减轻刑罚。

亲属间犯罪的特别规定，对于特别刑法上的犯罪，如《森林法》中的盗窃罪也适用。[④] 反对这种观点的意见认为，第一，森林盗窃罪的目的不仅仅是保护私人财产权，还保护森林；第二，亲属间犯罪的特别规定仅仅对刑法上所规定的犯罪适用，而不涉及特别法中所规定的犯罪。[⑤] 但是，从不介入亲属间的财产秩序的观点来看，应当说，具有参照适用的根据。

236 **错误的处理** 如果按照是排除违法性事由说的观点，就作为有关违法性的事实错误，不成立故意；如果按照排除责任说的观点，在该种错误不可避免的场合，就排除责任。但是，从排除一身专属性的处罚事由的观点来看的话，在误以为他人的财物是亲属的财物而窃取的场合，至少具有盗窃的故意，因此，不排除故意或者责任。[⑥] 另外，福冈高等法院于1951年10月7日（高刑集第3卷第

① 中山，234页；中森，105页。

② 福田，总论，218页。

③ 曾根，126页；西田，180页；山中，302页。另外，前田，184页。福冈高判昭25、10、17高刑集3、3、487。

④ 前引最判昭33、2、4。

⑤ 植松，383页。

⑥ 广岛高冈山支判28、2、17判特31、67。

3 号第 487 页）在被告人误以为其继父所保管的亲属以外的人的财物是其继父的财物而盗窃的案件中，认为："对于本案，不应当根据《刑法》第 38 条第 2 款的规定，作为普通盗窃罪处罚，而应当比照亲属相盗的例子处罚"。这种不考虑行为人的错误，主张成立盗窃罪的判例，还有大阪高等法院于 1954 年 11 月 18 日（高刑集第 6 卷第 11 号第 1603 页）的判决。通说也坚持这种立场。①

第三节　抢劫犯罪

一、概说

抢劫罪，就是使用暴力或胁迫强取他人财物或财产性利益，或者使他人获得上述财产或者利益，以及实施以上类似行为的犯罪。抢劫犯罪中，有（1）抢劫罪（《刑法》第 236 条第 1 款），（2）抢劫利益罪（同条第 2 款），（3）事后抢劫罪（《刑法》第 238 条），（4）昏醉抢劫罪（《刑法》第 239 条），（5）抢劫致死伤罪（《刑法》第 240 条），（6）抢劫强制性交等罪、抢劫强制性交等致死罪（《刑法》第 241 条），以及（7）上述犯罪的未遂罪（《刑法》第 243 条），（8）抢劫预备罪（《刑法》第 237 条）。其中，事后抢劫罪和昏醉抢劫罪被合并称为准抢劫罪。 237

抢劫犯罪和盗窃犯罪在违反他人意思，侵害他人对财物的占有，取得财物这一点上是相同的，但是，第一，盗窃罪是对财物的犯罪，而抢劫犯罪除了以财物为对象之外，也以财产性利益为其对象，因此，二者在对象范围上不一致。第二，抢劫犯罪在使用暴力、胁迫为手段这一点上和盗窃罪在行为形态上也不一致。这样，抢劫罪中虽然包含人身侵害，但是，不应将其看作暴行罪或胁迫罪和盗窃罪相结合的犯罪类型，

① 反对，藤木，287 页；内田，267 页。

而应该看作以暴力、胁迫为手段夺取财物的独立的犯罪。

抢劫犯罪和敲诈勒索罪，在将财物以及财产性利益作为对象这一点上是相同的，在敲诈勒索罪中也以暴力、胁迫为手段，在这一点上和抢劫罪有相近的地方，但二者在胁迫的程度上不同：抢劫犯罪中，暴力或胁迫必须达到压制对方反抗的程度，而在敲诈勒索罪中，暴力、胁迫是使对方产生恐惧心理，因为该罪的本质在于使人在不安的心理状态之下作出交付或处分财物等的行为，因此，只要是达到上述程度的暴力、胁迫就够了。另外，抢劫犯罪的保护利益以及对象，均和盗窃罪的相同。

抢劫罪的特别罪 本罪的特别罪，有《盗犯等防止法》第2条至第4条、《破坏活动防止法》第39条、《有关处罚绑架、诱拐航空器等的法律》第1条至第3条所规定的犯罪。《草案》增设了加重抢劫罪（第325条）、惯犯抢劫罪（第332条），将抢劫致死伤罪分别规定为抢劫杀人罪（第332条）和抢劫致死伤罪（第327条）。

二、抢劫罪

以暴力、胁迫手段强取他人财物的，是抢劫罪，处5年以下有期徒刑（《刑法》第236条第1款）。

未遂犯，处罚之（《刑法》第243条）。

1. 对象

本罪的对象，是他人占有的他人财物，尽管是自己的财物，但在他人平稳占有之下，或根据公务机关的命令而被他人占有的时候，也视为他人财物（《刑法》第242条）。以暴力、胁迫侵夺不动产的时候，不动产不是这里所说的财物，而成立以下所说的抢劫利益罪。

2. 行为

本罪的行为，是（1）使用暴力或胁迫，（2）压制对方的反抗，（3）违反他人意思，将他人财物转移为自己或第三人占有。

（1）暴力、胁迫。抢劫罪中的暴力、胁迫是最狭义的暴力、胁迫，在客观性质上，必须达到足以抑制对方反抗的程度。[①] 实施没有达到该种程度的胁迫，使对方恐惧，从而交付财物的，成立敲诈勒索罪。

1）判断方法。抑制对方反抗的暴力、胁迫，不仅指足以抑制实际 238
反抗场合的暴力、胁迫，还包括使所预想的反抗不可能或明显难以实施的暴力、胁迫在内。达到什么程度就可以说是足以抑制反抗的暴力、胁迫呢？要在行为当时的具体情况下，参照对方的特征，以如果实施该暴力、胁迫的话，通常，他人是不是难以抵抗或不可能抵抗为标准来判断。也即，综合考虑 i. 被害人的人数、年龄、性别、特征等被害人方面的情况；ii. 犯罪行为的时间、地点等行为时的情况；iii. 暴力、胁迫自身的行为形态以及行为人的特征等行为人方面的情况，以在通常情况下，是否达到对方不能或难以反抗的程度为基准来判断。[②] 因此，即便行为人具有抑制对方反抗的意思而实施暴力、胁迫，但就行为当时的具体状况来看，没有达到抑制对方反抗的程度的，就只成立敲诈勒索罪。简单地说，以一般人为标准，在社会一般观念上，必须是让人感到如果被害人反抗的话，就马上制止该反抗并夺取其财物的暴力、胁迫。[③]

2）判断的标准。只要实施了足以抑制对方反抗的暴力、胁迫，对方的反抗是否实际被抑制，在所不问。关于达到什么程度才能说是“足以抑制对方反抗”，有 i. 只要是明知在抑制对方的反抗而实施行动就够了的主观说[④]，和 ii. 必须是在客观上称得上抢劫手段的客观说（通说）之间的对立。如在被害人是非常勇敢的人，对该种程度的暴力、胁迫根本不在乎的场合，也仍成立抢劫的实行行为[⑤]，在此意义上讲，客观说是妥当的。

但是，在所使用的暴力、胁迫手段通常并不足以抑制对方的反抗，

---

① 最判昭 24、2、8 刑集 3、2、75。

② 最判昭 24、2、8，最决昭 61、11、18 刑集 40、7、523；大山，百选Ⅱ（第 5 版），72 页。

③ 最判昭 23、11、18 刑集 2、12、1614；长井，百选Ⅱ（第 7 版），78 页；十河，判例讲义Ⅱ，45 页。

④ 团藤，587 页；大塚，213 页；中森，121 页；山中，304 页；山口，218 页。

⑤ 最判昭 24、2、8 刑集 3、2、75。

但由于被害人是个胆小鬼，所以，起到了抑制其反抗效果的场合，有i. 犯人知道该种情况而特地使用暴力、胁迫的，就是抢劫。在此意义上讲，主观说妥当。ii. 也有认为只要不是客观上足以抑制对方反抗的暴力、胁迫，即便犯人知道对方的特殊情况，仍不是抢劫罪的实行行为的
239 见解。① 但是，是不是实行行为应当根据是否具有发生结果的现实危险来加以判断，该危险，应当以行为当时行为人特别认识到的情况以及一般人能够认识到的情况为基础，以在该种情况下实施某种行为的话，是不是能够类型性地实现构成要件为内容。行为人利用被害人是胆小鬼的特点而进行胁迫的话，在类型上是可以抑制对方的反抗的，因此，在这种场合，应当看作具有抢劫的手段的暴力（胁迫）。

3）“暴力”的特殊性。抢劫罪中的暴力，只要是其使用将使对方不能反抗或难以抗拒的有形力量就够了，不要求对人身实施。即便是对物实施的有形力量，只要足以抑制对方的意志和行动自由，就是本罪中的暴力。② 杀害对方的行为，因为是完全抑制对方反抗的行为，所以，是本罪中的暴力。③ 对于只是将暴力作为夺取财物的手段而实施的场合，有i. 只是利用被害人的不注意的行为，而不是抑制对方反抗的手段，所以，只构成盗窃罪④；ii. 只要实施了足以抑制对方反抗的暴力，就应当成立抢劫罪⑤等见解之间的对立，但是，由于压制反抗是关键点，因此后一种见解比较妥当。

4）暴力、胁迫的对象。作为抢劫手段的暴力、胁迫的对方，只要是妨害劫取财物的他人就够了，不要求是财物的所有权人或占有人。⑥ 如对没有完全的意思能力、留在家中看家的10岁小孩实施暴力的场合，也构成本罪中的暴力。⑦ 相反地，有力学说认为，“妨害劫取财物的他

---

① 前田，186页。
② 反对，中森，123页（作为胁迫处理）。
③ 大判大2、10、21刑录19、982（实际上，成立抢劫杀人罪）。
④ 泷川，127页；井上、江藤，126页。
⑤ 木村，181页；江家，296页；大塚，214页；前田，187页。
⑥ 大判大元、9、6刑录18、1211；大塚，214页；前田，189页。
⑦ 最判昭22、11、26刑集1、28。

人”的概念太广泛，应当被限定于辅助占有人或者处于帮助保持财物立 240
场的人①，但是，既然对“妨害者”施加暴力、胁迫就能使取财更为容易，则该暴力、胁迫就成为抢劫的手段，成立抢劫罪没有任何问题。

抢夺和抢劫　在乘人不注意而夺取财物的场合，行为状况是不是达到了足以抑制对方反抗的程度，成为是构成盗窃罪还是抢劫罪的分歧点。有学者认为，“小偷作为窃取他人财物的手段而冲撞对方程度的暴力，由于不是为了抑制对方的反抗而实施的”，所以是盗窃罪；“乘人不注意的时候，从背后将他人摔倒，然后夺取财物的场合，由于有抑制对方反抗的暴力”，所以，应当认为是抢劫罪。② 从此意义上讲，犯人冲入他人住宅，用手枪逼住他人使对方不敢反抗的时候，即便取财行为碰巧是在被害人所不知道的间隙中实施的，也成立抢劫罪。③ 最高法院于1970年12月22日（刑集第24卷第13号第1882页）在出于夺取的目的，从汽车窗户中伸出手来抓住被害人的手提包往前拖拽，被害人坚持不松手，由于汽车在行驶，结果被害人受伤的案件中，认为，原审判决认为“如果被害女性不松手的话，就会被汽车拖拽或者摔倒，对被害人的生命、身体造成重大危险。因此，存在足以抑制对方女性反抗的暴力”的判断是“妥当”的。这个判例是有关抢夺和抢劫的界限的妥当判例。只是，对该种暴力、胁迫必须作为夺取财物的手段加以评价。④

（2）强取。所谓“强取”，就是以暴力、胁迫抑制对方的反抗，违反其意志，将对方财物转为自己或第三人占有的行为（夺取）。

1）因果关系。抢劫是以暴力、胁迫为手段的财产犯罪，该暴力、胁迫和夺取财物之间必须具有因果关系。另外，先夺取财物，后施加暴

① 中森，122页；山中，307页；山口，216页。

② 东京高判昭38、6、28高刑集16、4、377。

③ 最判昭23、12、24刑集2、14、1883。

④ 札幌地判平4、10、30判例泰晤士报817、215；十河，判例讲义Ⅱ，46页。

力、胁迫的场合也是抢劫。[①] 不要求行为人亲自从被害人手中夺取财物，接受被害人交付财物的也是强取。在反抗被抑制的情况下，在即便是在被害人不知道的情况下转移财物的占有的场合，该不知道只要是基于暴力、胁迫而实施的，也是强取。[②] 不要求被害人已经产生了恐惧。
241 但是，意图强取财物而施加暴力，被害人因为恐惧而逃跑，在逃跑过程中丢失财物，行为人乘机获得该财物的，因为胁迫和获取财物之间没有相当的因果关系，所以，不是抢劫既遂，而是抢劫未遂和盗窃既遂的观念竞合。[③] 行为人实施了暴力、胁迫，被害人出于怜悯等动机而自愿向对方交付财物的，应看作抢劫未遂。尽管判例将这种情况看作抢劫罪既遂[④]，但是，只要要求具有上述因果关系，就不可能成立既遂（通说）。

2）强取的意思。抢劫是故意犯，因此，在实施暴力、胁迫的阶段如果没有强取财物的意思，就不能成立。而且，在施加暴力、胁迫抑制了被害人的反抗之后，产生夺取财物的意思的场合，就不是抢劫，而是盗窃。

第一，暴力、胁迫和夺取财物。暴力、胁迫必须是强取财物的手段，因此，在仅出于暴力、胁迫的意思而实施暴力、胁迫，使对方不能反抗，之后产生夺取财物的意思而夺取财物的场合，构成暴行罪或胁迫罪与盗窃罪两个罪。[⑤] 出于强奸的目的而施加暴力、胁迫，使对方丧失反抗能力之后，产生夺取财物的意图的，是盗窃罪。[⑥] 判例认为，出于暴力、胁迫的意思而实施暴力、胁迫之后，产生夺取财物的意思，之后，又施加暴力、胁迫，使对方不能反抗的状态持续，在此状态之下而夺取财物的，因为是基于抢劫的故意而实施暴力、胁迫的，所以，构成

---

① 最判昭24、2、15刑集3、2、164。另外，最决昭61、11、18刑集40、7、523；十河，判例讲义Ⅱ，48页。

② 最判昭23、12、24刑集2、14、1883。

③ 名古屋高判昭30、5、4裁特2、11、501。

④ 最判昭24、2、8刑集3、2、75。藤木，294页。

⑤ 东京高判昭48、3、26高刑集26、1、85。反对，藤木，294页（是抢劫）。

⑥ 札幌高判平7、6、29判例时报1551、142。

抢劫罪。① 但我认为，这种场合，应被看作暴行罪或胁迫罪和抢劫罪两个罪。在杀死对方之后产生夺取财物的故意的场合，判例认为构成盗窃罪和杀人罪两个罪②，但是，死者的占有不应该被认可，所以，应看作占有脱离物侵占罪和杀人罪两个罪。

第二，利用恐惧的场合。关于强奸之后，利用女性的恐惧而夺取财 242
物的行为，有构成盗窃罪说③和构成抢劫罪说④之间的对立。但由于不能说是利用了暴力、胁迫这种抢劫的实行行为而获取财物，因此，应当构成强奸罪和盗窃罪两个罪。在这种场合，在产生夺取财物的意思之后再实施暴力、胁迫而夺取财物的话，本来就是强取。如在施加暴力使被害人难以反抗之后，对被害人说“有钱没有”并伸手在被害人的怀中寻找，取得金钱的场合，因为是在抵抗的话不知道会发生什么结果的情况下实施的，因此，该行为可以被考虑为胁迫。⑤

在出于抢劫的故意夺取财物之后，对被害人施加暴力、胁迫抑制其反抗的场合，只要完全占有的取得和暴力、胁迫之间具有因果关系，就是抢劫罪，而不是后述的事后抢劫罪。⑥ 暴力、胁迫的犯人离开现场之后，从倒下的被害人手中取得财物的场合，构成盗窃罪。

利用恐惧状态和抢劫　大审院于1944年11月24日认为，“利用行为对象处于恐惧状态而夺取他人所持的财物的，和使用暴力、胁迫强取财物的情形没有什么区别，都构成抢劫罪”，因此，认为行为人在出于强奸的目的而施加暴力、胁迫，被害人由于恐惧而给

---

① 东京高判昭48、3、26；大阪高判平元、3、3判例泰晤士报712、248；十河，判例讲义Ⅱ，47页。另外，东京高判平20、3、29高刑集61、1、1。嶋矢，百选Ⅱ（第7版），84页。

② 最判昭41、4、8刑集20、4、207。

③ 大判昭8、7、17刑集12、1314。大塚，215页；中山，244页；曾根，130页；西田，184页；山中，308页；前田，189页；山口，218页。

④ 大判昭19、11、24刑集23、252；东京高判昭57、8、6判例时报1083、150。藤木，294页。

⑤ 袖珍，542页；大塚，215页。东京高判昭48、3、26刑集26、1、85

⑥ 最判昭24、2、15刑集3、2、164。

行为人钱，行为人接受该金钱的行为，成立抢劫罪。[①]

第三，抢劫杀人和夺取财物。出于抢劫的意思而杀人，之后夺取财物的话，构成抢劫杀人罪。出于抢劫的意思而杀害，夺取财物的话，原则上构成抢劫杀人罪，杀人行为和夺取财物之间不要求具有时间、场所上的连接性。但是，取得和抢劫行为无关的财物，不应当成立抢劫罪。[②] 因此，在杀害被害人之后埋藏尸体，一周后想到被害人嘴里镶嵌着金牙，便挖掘尸体取得金牙的场合，由于该取得行为没有强取的意思，不成立抢劫杀人罪，而成立侵占占有脱离物罪。

243 3. 未遂、既遂

只要是出于强取的目的而实施了暴力、胁迫，就是抢劫的着手。因为没有暴力、胁迫行为就没有着手，所以，仅是出于抢劫的目的而侵入他人住宅的，就是抢劫预备罪和侵入住宅罪之间的观念竞合。尽管具有抢劫的目的但没有使用暴力、胁迫夺取财物的时候，除了应当被认定为抢劫预备罪的场合以外，只成立盗窃罪。着手实施盗窃之后，突然改变主意，以暴力、胁迫取财，在开始实施暴力、胁迫的时候就是抢劫的着手时期。所谓突然改变主意的抢劫，就是着手实行盗窃之后，由于被他人发现而以暴力、胁迫夺取财物的情况，和后述的事后抢劫罪不同。在这种场合，先前的盗窃罪和后来的抢劫罪都成立，但盗窃罪被较重的抢劫罪所吸收。[③] 在盗窃犯人在夺取财物之后突然改变主意实施暴力、胁迫的场合，由于暴力、胁迫没有成为夺取财物的手段，所以，即便成立本条第2款的抢劫罪或事后抢劫罪，但也不成立本条第1款中的抢劫罪。[④]

在被害人对财物的占有被排除，行为人或第三人取得该占有的时候，就是既遂。[⑤] 为了保护出于抢劫的故意而取得的财物，对对方施加

---

① 大阪高判平元、3、3判例泰晤士报712、248（必须具有新的暴力、胁迫）；山口，百选Ⅱ（第6版），81页。

② 东京高判昭53、9、13判例时报916、104；西田，171页。

③ 前引最判昭24、2、15。

④ 最决昭61、22、18刑集40、7、523。

⑤ 最判昭24、6、14刑集3、7、1066。

暴力、胁迫的，整体上看，应当作为抢劫既遂罪。[①] 本罪也是状态犯，既遂之后的处分被盗物品的行为，只要没有侵害其他法益，就是不可罚的事后行为。

4. 主观要件

本罪要求在实施暴力、胁迫阶段，具有故意和非法占有的意思。本罪的故意是施加暴力、胁迫，抑制对方的反抗，强取财物的认识。关于非法占有的意思，参见前述内容。其内容跟盗窃的场合相同。 244

抢劫罪的承继的共同实行犯　例如，X以抢劫为目的对A施加暴力、胁迫，使A陷入被压制的状态。在此情况下，X向偶然路过的Y提出一起夺取财物的合作要求，Y从A手上夺取财物的情况下，有以下分歧：（1）Y成立盗窃罪的共同实行犯的见解；（2）Y利用X的先行行为夺取财物，所以构成抢劫罪的共同实行犯的见解；（3）Y参与X的强行抢夺行为，因此成立抢劫罪的共同实行犯的见解。[②] 既然利用X的反抗压迫行为夺取财物，可以认为成立抢劫罪的承继的共同实行犯。

5. 罪数、与其他犯罪的关系

抢劫罪的罪数，由所侵害的占有个数来决定。因此，即便对数人施加暴力、胁迫，但只侵害了一个占有而取得财物的，就只成立一个抢劫罪。与此相对，实施一个胁迫行为而同时从数人那里强取了金钱的，就是抢劫罪的观念竞合。[③] 在同一机会，最初是实施盗窃行为，继而出于抢劫的意思实施暴力、胁迫取财的，只要盗窃、抢劫是对同一被害人实施的，前者就被后者所包括，只成立抢劫罪。[④] 但是，被害人不同，侵害了不同的占有的时候，就成立盗窃罪和抢劫罪两个罪。在侵入他人住宅进行抢劫的场合，成立侵入住宅罪和抢劫罪之间的牵连关系。在逮

---

① 前引最判昭24、2、15，广岛高判昭32、9、25高刑集10、9、701。同旨，大塚，216页；藤木，293页；前田，192页。反对，西田，191页（作为事后抢劫罪）。

② 大谷，总论，418页。

③ 最判昭22、11、29刑集1、36。

④ 高松高判昭28、7、27高刑集6、11、1442。

捕、监禁之后强取财物的场合，就成立逮捕、监禁罪和抢劫罪两个罪。在强奸后取财的话，成立强奸罪和抢劫罪两个罪。

三、抢劫利益罪

> 使用暴力、胁迫而获取财产性的不法利益，或者使他人获取该不法利益的，处5年以下有期徒刑（《刑法》第236条第2款）。
>
> 未遂犯，处罚之（《刑法》第243条）。

1. 对象

本罪的对象是财产性利益。所谓获取财产性的不法利益，不是指获得不法利益，而是指获得利益的方法不合法。如对债权人施加暴力、胁迫，使其不能请求履行债务或提出免除自己的债务的场合[①]，或以暴力
245 要求他人免除自己的饮食费用的场合[②]，都属于这种情况。由于对不动产的占有也是财产性利益，所以，以暴力、胁迫侵夺不动产的场合，也构成本罪。

“不法利益”，虽然也意味着不法地获取利益，但即便该利益自身是不法利益，也能成为本罪的对象。这是因为，通过法律所禁止的手段而取得的财产性利益，如果是民法上大致合法的利益的话，就和在财产犯罪中对平稳占有予以保护一样，同样值得保护。明知是赃款而接受现金支付委托的人为了不返还该赃款而将委托人杀害的场合[③]，乘客为了不交出租车费而对司机实施暴力、胁迫的场合[④]，都构成本罪。为了不返还兴奋剂这种非法寄托物而将他人杀害的场合，只要寄托人在民法上具有请求返还该物的权利，就应当适用本罪。[⑤] 对于使用暴力、胁迫手段免除嫖娼费用的场合该如何处理，存在争议[⑥]，但是，由于明显是违反

---

① 最判昭32、9、13刑集11、9、2263。安田，百选Ⅱ（第6版），79页；十河，判例讲义Ⅱ，49页。

② 大阪地判昭57、7、9判例时报1083、158。

③ 大阪高判昭36、3、28下刑集3、3和4、208。

④ 名古屋高判昭35、12、26高刑集13、10、781。

⑤ 最决昭61、11、18刑集40、7、523。

⑥ 前田，195页。

公序良俗的债务，所以，应当说，在刑法上不值得保护。①

应当支付的劳动报酬，当然可以成为财产性利益，即便是所谓无偿劳动，只要具有社会一般观念所认可的、应当支付对价的质和量，也应当是财产性利益。因此，在用凶器逼着出租车司机让其开车的场合，因为乘坐出租车是以支付对价为前提的，所以，也构成本罪，但是，正在逃跑中的盗窃犯人拦住他人自己使用的私家车，要捎他一段的场合，因为自己驾驶私家车的行为是不用支付报酬的行为，所以，只成立强要罪而不成立抢劫罪。②

2. 行为

只要实施了抑制对方反抗的暴力、胁迫而获取了财产性利益，就成立本罪。

（1）财产上的处分行为。在后述的诈骗利益罪（《刑法》第 246 *246*
条）、敲诈勒索利益罪（《刑法》第 249 条）中，被害人如果没有处分财产性利益的行为，如没有作出免除债务的意思表示，就不成立既遂。本罪是和上述犯罪相同的财产性利益犯罪，但犯人根据被害人的处分行为而取得财产性利益的情形，并不是犯罪的成立要件。

1）和交付罪的比较。一款抢劫罪中，正如前述，在暴力、胁迫和取得财物之间具有因果关系的，就构成抢劫罪，因此，在本罪中当然应作同样的理解。但是，判例认为，对方的处分财产性利益的行为是抢劫利益罪的要件③，学说上也有支持这一立场的见解。但是，之后，判例认为，让债权人在事实上不能请求履行债务的场合，就成立抢劫利益罪；在卡住出租车司机的脖子使其不敢要出租车费的场合，在为了不履行债务而杀害债权人，从而实现了免除债务的目的的场合④，即便没有被害人的处分行为，也构成本罪。

---

① 广岛地判昭 43、12、24 判例泰晤士报 229、264。反对，大评注（9），326 页；条解，674 页。

② 内田，273 页。

③ 大判明 43、6、17。

④ 大阪高判昭 59、11、28 高刑集 37、3、348（将讨还高利贷的人杀害的事例）。

有关处分行为的学说和判例 学说中，关于处分行为，有必要说和不要说之分。财产性利益和财物不同，作为行为对象，不仅其内容不明确，而且在利益转移或者取得的时间上也有不明确之处。因此，必须讨论被害人的处分行为（意思表示）。[①] 也有判例认为，成立抢劫利益罪，要求对“处分财产性利益的行为（包括作为和不作为）进行强制，债务人出于不履行债务的目的而将债权人杀死的行为，不能作为本条款中的抢劫罪论处”[②]。

但是，对由于遭受暴力和胁迫而失去意思自由的被害人，不可能要求其实施作为处分行为的意思表示，该意思表示在法律上也没有什么意义。另外，也不存在将有关意思表示的一项抢劫和两项抢劫的场合区别开来的根据。因此，学说上不要说占优势，判例也采用了这种观点。大审院于1931年5月8日（刑集第10卷第205页）认为，“《刑法》第236条第1款和第2款都规定，成立抢劫罪，暴力、胁迫和强取财物或者不法利益之间只要具有因果关系就够了，不一定要求被害人具有意思表示”，因此，在行为人对自己所乘坐的出租车的司机卡脖子，使其不
247 要车费的行为中，认定成立抢劫罪。另外，最高法院也明确地变更了前述主张处分行为必要说的大审院于1909年判决的宗旨，认为和一款抢劫罪中一样，只要行为人使用了足以压制对方反抗的暴力、胁迫手段而获取财产性利益就够了，不要求强迫对方根据行为人的意思表示，作出某种处分行为，因此，认定在为了免除债务而伤害债权人的事件中，适用抢劫利益罪的条款，构成抢劫杀人未遂罪。[③] 但是，本罪中，财产性利益的获得并不容易确定，因此，必须按照必要说的意图，要求财产性利益转移在具体程度和确定程度上等同于第1款抢劫罪中的财物转移。[④]

2）二款抢劫的界定 但是，抽象地考虑二款抢劫中的利益转移，

---

① 木村，120页。

② 大判明43、6、17刑录16、1210。

③ 最判昭32、9、13。林（干），百选Ⅱ（第7版），82页；十河，判例讲义Ⅱ，49页。

④ 西田，174页。

认为在杀害债权人或共同继承人的场合，马上成立犯罪的话，那么，处罚的范围就会不当扩大。因此，为了成立抢劫利益罪，必须是以暴力、胁迫现实地取得财产性利益，至少实际上可能取得利益。在仅为了取得财产性利益而实施了杀害行为的场合，不成立本罪。在为了独占遗产，法定继承人将其他继承人杀害的场合，该行为并不是现实地取得财产性利益的行为，所以，也不符合抢劫利益罪的构成要件。

对于为了开始继承而获得财产性利益，作为法定继承人的儿子将其父亲杀害的案件，判例认为，作为继承对象的财产性利益并不是被害人可以任意处分的东西，所以，不是二款抢劫罪①，但是，是否能够任意处分并不重要。在仅取得继承人地位的场合，由于并没有实际取得财产性利益，所以，不构成抢劫杀人罪。② 相反地，由于杀害行为而使各个财物或财产性利益实际转移到行为人手中的时候，就构成抢劫杀人罪。③

（2）取得利益。成立本罪，和成立抢劫罪以取得财物为既遂的要件一样，要求行为人或第三人在实际上或法律上，取得了财产性的利 248
益。④ 如实施暴力不交出租车费而逃走，或吃饭后不付账而逃走的，由于被害人在事后事实上不可能要他们交钱，所以，可以说行为人实际上取得了财产性利益。在被要求还债的债务人将债权人杀害的场合，由于并不因此而在法律上消灭这一债务关系，所以，不能说行为人已经实际上取得了该利益；但是，由于债权人被杀害，因此，债务人实际上处于不可能被请求履行债务的状态，即被免除了在一定期限之内还债的义务，在此时此刻，就可以说，行为人已经现实地取得了财产性利益。⑤

认定利益转移的判例　（1）东京高等法院于 2009 年 11 月 16 日（判例时报第 2103 号第 158 页）的判决认为，只要行为人取得

---

① 东京高判平元、2、27 高刑集 42、1、87；十河，判例讲义Ⅱ，50 页。

② 神户地判平 17、4、26 判例时报 1904、152；中森，124 页。

③ 植松，391 页。

④ 东京高判昭 37、8、7 东时 13、8、207。

⑤ 平野，209 页；大塚，214 页；曾根，132 页；西田，186 页；山口，224 页。另外，内田，273 页；中森，107 页（有履行债务的紧迫性和必要性就足够了）。

利益和被害人的财产损失有关联性，二款抢劫罪就可以成立，财产性利益不需要从被害人处直接转移到行为人处。因此，在于任何时候都可以轻易取得现金卡的情况下，对该卡的占有人加以胁迫，强行获得密码的行为构成二款抢劫罪。我认为，如果使用现金卡及其密码，就相当于获得了处于在银行从该存款账户退还存款时可以接受这笔存款的地位这一财产性利益，在利益转移方面不存在问题。(2) 大阪高等法院于1984年11月28日的判决（刑集第37卷第3号第438页）认为，杀害来收取高利贷的人的案件，在继承的人在短时间内不可能迅速地行使债权的场合，行为人有转移利益，构成二款抢劫罪。[①] 按照这个思路，所有杀害债权人的行为都会构成二款抢劫罪，因而遭到反对[②]，但是，由于一次延期支付相当于财产上的不法利益，以暂时推迟偿还借款的意图实施杀害行为的，应被认定为取得了财产上的不法利益。[③]

(3) 故意。本罪的主观要件，除了要有非法占有的意思，还必须具有故意，这是毫无疑问的。其内容正如以暴力、胁迫为手段而现实地取得财产性利益一样，必须对符合抢劫利益罪的客观事实具有认识，在因此而产生了转移利益的现实危险的时候，可以认为有本罪的实行行为。

249 3. 排除违法性事由

在行使权利的时候，使用了达到抑制对方反抗程度的暴力、胁迫，对这种情况该怎么看待？理论上，有只成立暴行罪、胁迫罪的见解[④]和成立抢劫利益罪的见解（通说）之间的对立。正如即便是强制返还已经到期的贷款，也不能采用暴力、胁迫的手段一样，后一种见解妥当。

4. 罪数、与其他犯罪的关系

关于抢劫利益罪，在与一款抢劫罪的关系上，存在问题。如在对出

---

① 神户地判平17、4、26判例时报1904、152。

② 西田，176页；曾根，133页。

③ 大津地判平15、1、31判例泰晤士报1134、311。

④ 泷川，134页；泷川、竹内，177页。

租车司机施加暴力，使其不要自己交车费之后，又强夺其载客收入的场合，有人认为应当构成一款抢劫罪和二款抢劫罪之间的观念竞合，但由于被害人是同一个人，而且是以同一个暴力、胁迫行为为基础而实施的，因此，两者应当包括性地成立一个抢劫罪。①

那么，对于已经将财物骗到手，为了不给对方钱而对被害人施加暴力、胁迫，抑制了其反抗的场合，该怎么处理呢？对此，有三种判例意见：（1）认为成立一款诈骗罪和二款抢劫罪②；（2）认为成立二款抢劫罪，诈骗罪被其所吸收③；（3）认为成立一款诈骗罪和暴行罪两个罪。④既然已经成立诈骗罪，再讨论抢劫财产性利益的罪责，是就同一法益在刑法上进行重复性评价，因此，采取（1）说的判例不妥。另外，在支付对价的时候，产生抢劫意思的话，就成立抢劫利益罪。因此，从与这种结论平衡的角度来看，（3）说的见解也不妥当。结局上，认为该种行为成立二款抢劫罪，对同一财产的诈骗罪被其所吸收的（2）说妥当。

四、事后抢劫罪

> 盗窃犯人在得财之后为防止被夺回，被抓捕或者为了隐灭犯罪痕迹，而实施暴力或胁迫的，以抢劫论（《刑法》第238条）。
>
> 未遂犯，处罚之（《刑法》第243条）。

1. 意义 250

就本罪而言，有见解认为，是认可了在盗窃犯人取得财物以后，行使作为其完成手段的暴力、胁迫，从实质的角度来看，可以被评价为通过暴力、胁迫取得财物，整体上具有类似于抢劫特点的犯罪类型。⑤但是，本罪着眼于盗窃犯人在行为实行终了之后，或放弃盗窃的意图而离

① 内藤，注释（6），105页；大塚，220页；佐久间，188页。

② 札幌高判昭32、6、25高刑集10、5、423。

③ 大阪地判昭57、7、9判例时报1083、158，前引最决昭61、11、18。

④ 神户地判昭34、9、25下刑集1、9、2069。

⑤ 山中，317页。

开现场的时候，常常有使用暴力、胁迫的实际情况，从保护人身安全的观点出发，规定暴力、胁迫的加重类型，作为抢劫罪进行处罚。它和昏醉抢劫罪一并被称为准抢劫罪。法条中规定“以抢劫论”，就是在刑罚以及其他罚条的适用上，都按照抢劫处理的意思。因此，在法定刑上，除了准用《刑法》第236条之外，在抢劫致死伤罪（《刑法》第240条）、抢劫强制性交等罪以及抢劫强制性交等致死罪（《刑法》第241条）等条款的适用上，也作为抢劫罪处理。

2. 主体

本罪的主体是盗窃犯。所谓“盗窃犯”就是着手实行盗窃的人即盗窃犯人，通说和判例认为，包括未遂犯人和既遂犯人在内。有见解认为，如果包括盗窃的未遂犯在内的话，则其只要是为了抗拒抓捕而实施暴力的话，仅此就能适用本条。这显然是不当的。① 但是，从“得财”仅和“防止被夺回”有关的规定方法来看，应当说，在出于“避免抓捕”“隐灭罪证”的目的的场合，包括未遂犯的情况在内。因此，在得财之后为了防止被夺回而施加暴力、胁迫的场合，只有既遂犯人才能成为其主体②，但是，在其他场合，即便是未遂犯人也能成为主体。只是不包括抢劫犯人在内。因此，抢劫犯人出于避免抓捕等目的而施加暴力，伤害他人的，只单独成立伤害罪。只是，在实施抢劫之际施加伤害的，就是抢劫伤人罪。

251 就本罪而言，有（1）是真正身份犯③，（2）是不真正身份犯④，（3）是结合犯⑤这样三种见解的对立。（1）说以因为具有身份所以成立事后抢劫罪为根据，（3）说以本罪是犯盗窃罪的人事后实施暴力、胁迫而成立为根据。但是，本罪是以任何人都能够实施的暴行罪、胁迫罪为前提，再加上盗窃犯人这种身份，所以才加重其刑的犯罪，所以，本罪

① 西田，191页。

② 前田，200页。

③ 崛内，135页；前田，201页。大阪高判昭62、7、17判例时报1253、141。另外，最决平21、10、8判例泰晤士报1336、58。

④ 团藤，总论，420页；大塚，225页；大评注（9），366页。

⑤ 中森，126页；山中，290页；山口，318页。

应当是不真正身份犯。[①]

3. 行为

本罪的行为，根据目的的内容分为三种情形，分别是（1）盗窃犯人为了防止取得的财产不被夺回，（2）为了避免抓捕，（3）为了隐灭罪证，而施加暴力、胁迫。因此，本罪是目的犯。暴力、胁迫的对方，不要求是盗窃的被害人，看见犯罪而制止的其他人、为了逮捕现行犯而追赶的警察等也包括在内。由于本罪是作为抢劫罪加以处理的，因此，暴力、胁迫必须达到使对方难以抗拒或不能抗拒的程度。也有判例认为，必须是比抢劫罪中的暴力、胁迫程度更高的情形。[②] 但是，我认为，没有必要将其和抢劫罪特意区别开来。只要实施了上述程度的暴力、胁迫，取得了财物，就是本罪的既遂，至于该暴力、胁迫是否现实地防止了“被夺回”，或是否“抗拒了抓捕、隐灭了罪证”，则和是否成立本罪没有关系。[③]

本罪的暴力、胁迫，是为了防止财物被夺回、行为人自己被抓捕而实施的，因此，要求暴力、胁迫是在盗窃的机会即在盗窃的现场及其延续的情形之下，或者在能够逮捕犯人的情况之下所实施的。对暴力、胁迫不要求是在盗窃的现场所实施的，只要是在“能看作现场的延续的地方”[④]或者“现场及其机会的继续之中”[⑤]所实施的，就足够了。 252

盗窃机会的事例　（1）肯定例。最高法院于1959年6月12日（刑集第13卷第6号第960页）的判例（盗窃犯人在离盗窃现场数十米的地方，被巡逻警察作为现行犯逮捕，在被带走的途中逃跑，为了抗拒抓捕而对追赶上来的该警察施加暴力），前述广岛高等法院于1953年5月27日的判例（在离犯罪现场约一公里远的地方，

---

① 东京地判昭60、3、19判例时报1172、155（不真正身份犯）。同旨，内田，281页。反对，中森，111页（抢劫以有部分盗窃实行行为为必要）；山口，229页。

② 东京高判昭61、4、17高刑集39、1、30（以强烈的暴力、胁迫为必要），大阪高判平7、6、6判例时报1554、160。

③ 最判昭22、11、29刑集1、40。

④ 广岛高松江支判昭25、9、27裁特12、106。

⑤ 福冈高判昭29、5、29高刑集7、6、866。

对试图夺回其物品的被害人施加暴力、胁迫），最高法院于2002年2月14日（刑集第56卷第2号第66页）的判决［犯罪一小时之后，被被害人发现躲在天井里，3小时之后，对接到通报赶来的警察施加暴力的事例。船山，百选Ⅱ（第5版），79页］。（2）否定例。最高法院于2004年12月10日（刑集第58卷第9号第1047页）的判决（乘别人家里没人而侵入他人家里盗窃钱包，在一公里之外的公园里数钱，发现钱太少，于是折返回去再行盗窃，在人家大门口被他人发现，于是持刀胁迫的案件）。①

4. 既遂、未遂

从《刑法》第238条的规定来看，可以说，只要本罪的主体是盗窃犯人就够了，不问盗窃是否既遂，都成立本罪的既遂犯。而且，在规定了和本罪相同类型犯罪的《刑法》第240条中，抢劫行为不管是既遂还是未遂，都成立抢劫致死伤罪。在本罪中可以作同样的解释。② 但是，在和本罪一样以暴力、胁迫为手段的抢劫罪中，只有取得财物才成为既遂，因此，在应当“以抢劫论”的本罪中，如果将盗窃未遂的场合也看作既遂的话，则和抢劫罪的场合相比，明显地不平衡。因此，既然暴力、胁迫开始时是本罪的实行着手，则本罪的未遂就是没有取得财物的场合。盗窃既遂犯，常常成立本罪的既遂犯，而盗窃未遂犯常常成立本罪的未遂犯（通说）。③ 按照反对意见的话，就不太容易认定本罪的未遂犯。另外，事后抢劫罪成立的话，前面的盗窃行为就为本罪所吸收，而不再构成其他犯罪。

5. 共犯

本罪是为了制止在盗窃之际实施暴力、胁迫的情况而设立的，具有
253 人身犯罪的性质，因此，本罪是加重的暴行、胁迫犯罪的不真正身份犯。没有该种身份的人，出于实施本罪的目的，和盗窃犯人一道实施了

① 冈上，百选Ⅱ（第7版），86页；十河，判例讲义Ⅱ，55页。

② 内田，284页；大判昭7、12、12刑集11、1839。本书的观点来源于此。

③ 最判昭24、7、9刑集3、9、1188。曾根，136页；西田，195页；山中，323页。

暴行、胁迫的话，按照《刑法》第 65 条第 2 款的规定，构成暴行罪或胁迫罪。另外，在共同伤害被害人的场合，盗窃犯人成立抢劫伤人罪，对不具有盗窃犯人身份的共犯仅按照伤害罪进行处罚。[①]

事后抢劫罪是不是真正身份犯　大阪高等法院于1987 年 7 月 17 日（判例时报第 1253 号第 141 页）认为，事后抢劫罪是只对作为财产犯的盗窃犯人适用的真正身份犯，没有身份的人虽然可以成立事后抢劫罪的共同实行犯[②]，但既然是不真正身份犯，则对不是盗窃犯人的人不能适用事后抢劫罪。另外，本罪中的盗窃，只是暴力、胁迫的先行行为而已，所以，认为本罪不是身份犯而是结合犯的学说当中，又有两种见解：一是仅就参与暴力、胁迫的人而言，在暴力、胁迫乃至伤害罪的限度之内承担责任的见解[③]；二是认为作为承继的共同正犯而成立本罪的见解。[④] 但是，从本书的立场出发，难以赞成上述见解。

五、昏醉抢劫罪

使人昏醉窃取其财物的，以抢劫罪论处（《刑法》第 239 条）。

未遂犯，处罚之（《刑法》第 243 条）。

1. 意义

本罪是出于夺取财物的目的而使用麻醉药[⑤]、睡眠药等，不法侵害对方的意识作用而夺取其财物的犯罪。在使对方不能反抗或难以反抗这一点上，可以和暴力、胁迫同等看待，因此，适用抢劫罪的规定进行处罚（准抢劫罪）。

2. 行为

本罪的行为是使人昏迷而窃取其财物。所谓“使人昏迷”，就是使

① 东京地判昭 60、3、19。团藤，592 页；藤木，注释刑法（6），117 页。

② 西田，196 页；前田，总论，443 页。

③ 山中，325 页；山口，229 页。

④ 中森，127 页。

⑤ 奈良地判昭 46、2、4 判例时报 649、105。

人的意识作用产生障碍，陷入对财物不能支配的状态。不要求使人完全丧失意识。[①] 使人昏迷的方法不受限制，但是，必须是犯人亲自使被害
254 人丧失意识，利用他人行为造成的昏迷状态而夺取财物的行为是盗窃罪。使用使人昏迷以外的方法使人昏倒而窃取其财物的，构成抢劫罪。"窃取"就是夺取对财物的占有。之所以不使用"强取"一语，是因为考虑到这种情况下利用了不能反抗的状态。

3. 故意

本罪的故意，是对使人昏迷和窃取财物的行为有认识而实施该行为的意思。对于是否要有在使人昏迷之际夺取财物的故意，存在争议，但是，应作积极的理解。[②] 即便是在抢劫罪中，行为人单纯实施暴力、胁迫，使对方不能抗拒之后，产生夺取财物的故意而夺取财物的，只是成立盗窃而已，因此，在不法侵害对方的意识作用之后，起意盗取的场合，只是成立盗窃罪而已（通说）。成立本罪，必须具有非法占有的意思。

六、抢劫致死伤罪

> 抢劫使人负伤的，处无期徒刑或6年以上有期徒刑；致人死亡的，处死刑或无期徒刑（《刑法》第240条）。
>
> 未遂犯，处罚之（《刑法》第243条）。

1. 意义

从刑事学的立场来看，犯人在抢劫之际造成他人死伤的情况很多，为了对生命、身体进行特别保护，作为抢劫罪的加重类型，《刑法》规定了本罪。因此，在使他人负伤之后产生抢劫的故意的场合，就不适用本条的规定。[③] 本罪除了包括作为结果加重犯的抢劫致伤罪、抢劫致死罪之外，还包括作为故意犯的抢劫伤人罪、抢劫杀人罪，一共四种类

---

① 横滨地判昭60、2、8刑月17、1、2、11，东京高判昭49、5、10东时25、5、37。

② 藤木，注释（6），118页（消极说）。

③ 新潟地判昭45、12、11刑月2、12、1321。

型。另外，根据2004年的修改，抢劫致伤罪的法定刑从“无期或者7年以上的徒刑”改为了“无期或者6年以上的徒刑”。这是考虑到存在裁量减轻之后缓期执行更为合适的案件。 255

> **本罪的宗旨**　大审院于1931年10月29日的判决（刑集第10卷第511页）中认为：“在抢劫之机会，实施致人死伤的惨无人道的虐待行为的情况并不少见。由于这种行为危害大并且恐怖，因此，刑法特地将这种行为认定为抢劫罪的加重情节。只要行为人实施了该种行为，其目的如何，则在所不问”。

2. 主体

本罪的主体是“抢劫犯”，也就是着手实施抢劫犯罪的人；是抢劫未遂犯还是抢劫既遂犯，在所不问；也包括事后抢劫罪、昏醉抢劫罪的犯人在内。盗窃犯人为了避免抓捕而对追赶者实施暴力，产生死伤的结果的，按照《刑法》第238条的规定，构成本罪。

3. 行为

本罪的行为是使人负伤，或使人死亡。对“人”不要求是抢劫行为的被害人。

（1）抢劫致伤罪、抢劫伤人罪。所谓“使人负伤”，是对他人施加伤害的意义，作为抢劫手段的暴力、胁迫的结果加重犯，在致人伤害的场合，是抢劫致伤罪；在故意实施伤害的场合，是抢劫伤人罪。有见解认为，由于法条中有“使人负伤”的规定，所以，至少必须是出于实施暴力的故意，而纯粹由过失引起的抢劫致人伤害的场合，则应当从抢劫致伤罪中排除。① 但是，在抢劫之际，根据胁迫，而非根据暴力引起伤害结果的情况是常有的，因此，上述见解并不妥当（通说）。

关于本罪中的“负伤”的意义，通说认为应当和伤害罪中的伤害作同样的理解，判例过去也坚持这样的立场。② 但是，2004年修改之前本罪的法定刑为7年以上的有期徒刑，即便裁量减轻，只要没有法律上的

① 团藤，595页；大塚，233页。

② 大判大4、5、24刑录21、661，最决昭37、8、21裁判集刑144、13。

减轻事由，也不能判处缓期执行，因此，如果将发红程度的轻微伤害也包含在本罪之内的话，就会不当地加重刑罚，并不妥当。[①] 因此，本罪
256 中的伤害，是比伤害罪中的伤害程度更重的情形，通常情况下，是达到要由医生治疗程度的伤害。[②] 但是，由于刑法修改为“6 年以上徒刑”，所以，可以采用和伤害罪中同样的解释。

（2）抢劫致死罪、抢劫杀人罪。所谓“致人死亡”，是指在实施强取行为之前[③]或强取行为之后，使他人死亡。作为结果加重犯，在发生致人死亡的结果的场合，就是抢劫致死罪；故意将人杀死的场合，就是抢劫杀人罪。判例过去认为抢劫杀人罪就是抢劫致死罪和杀人罪的观念竞合[④]，但后来作了修改，从本罪是抢劫罪和杀人罪的结合犯，或抢劫罪和伤害致死罪的结合犯，抢劫杀人为抢劫致死罪所包含的立场出发，主张只要适用《刑法》第 240 条的规定就够了。[⑤] 最高法院也采用了这一见解。[⑥] 学说上，这一见解也正在变为通说。

我认为，解释上之所以有上述分歧，是由于《刑法》第 240 条在规定“致人死亡的”时候，使用了好像不包括故意杀害的场合在内的表述。因此，在法条上看，说不包括抢劫杀人在内，在字面上也说得过去。但是，该条规定的法定刑特别重，这表明在立法者看来，只有在抢劫之际的故意杀伤行为才是符合《刑法》第 240 条的典型表现，另外，考虑到没有使用结果加重犯中通常使用的“因而”一词[⑦]，应该说，通说的见解是妥当的。

在抢劫致死伤罪中，致人死伤的事实是发生在强取财物之前还是发生在强取财物之后，并不重要。但是，在以杀人为手段夺取财物的抢劫

---

① 平野，211 页；大塚，227 页；吉川，156 页；冈野，147 页；中森，129 页；前田，209 页。另外，山口，235 页。

② 东京地判昭 31、7、27 判例时报 83、27，名古屋高金泽支判昭 40、10、14 高刑集 18、6、691。

③ 大判昭 8、10、11 新闻 3616、13。

④ 大判明 43、10、27 刑录 16、1764。

⑤ 大判大 11、12、22 刑集 1、815。

⑥ 最判昭 32、8、1 刑集 11、8、2065。

⑦ 团藤，594 页。

杀人的场合，由于夺取财物的时候，被害人已经死亡，因此，如何看待
死者的占有，就成为问题。学说上对此有分歧，但是，在以杀害为手段
夺取财物的场合，由于杀害本身就侵害了占有，所以，应看作是对活着 257
的人的占有的侵害。[①] 因此，在出于杀害他人强取他人财物的意思而将
被害人杀害的场合，杀害的时候就是抢劫实行的着手从死者怀中拿出财
物的时候，或者在被害人死后完全占有财物的时候，就是抢劫罪的既
遂。这种场合，不是对继承人或死者的占有的侵害。但是，在实务中，
即便抢劫处于未遂状态，但由于成立抢劫杀人罪，在此意义上讲，死者
的占有并不重要。

有关死者占有的学说　1）主张对占有的侵害应当横跨死亡前后，从整体上进行观察，根据杀害、窃取的一连串行为来判断侵害了被害人的占有的见解极为有力[②]，但是，这种见解在将死者的占有自身置于考虑之内这一点上不妥。2）主张在被害人死亡的同时，财物的占有就转移给继承人的判例见解[③]，只是采用了民法上的占有概念，和刑法上的占有概念不符合。另外，还有 3）认为在杀害的瞬间，占有就转移到了行为人身处的见解，4）主张侵害了死者的占有的观点。但是，认为作为抢劫手段的杀害，是侵害死者在生前的占有的抢劫的实行行为，因此，即便是在被害人死后完全取得财产的占有，它也是侵害生前占有的结果的观点，即本书所主张的观点，是妥当的。

（3）抢劫之机。由于本罪是为了制止在抢劫之际容易发生的致人死伤的结果而设置的犯罪类型，所以，对死伤的结果，不要求是作为抢劫手段（手段说）的暴力、胁迫所导致的，只要是在着手实施抢劫之后，在该抢劫之际（机会说）所实施的行为所导致的结果就行（通说）。[④]

---

① 大判大 2、10、21 刑录 19、982；宫本，363 页。另外，藤木，302 页。

② 团藤，571 页；大塚，230 页；前田，311 页。山中，302 页；山口，236 页。

③ 大判明 39、4、16 刑录 12、472。

④ 大判昭 6、10、29 刑集 10、511，最判昭 24、5、28 刑集 3、6、873。小野，244 页；团藤，594 页；内田，288 页。另外，东京高判平 23、1、25 高刑集 64、1、1。

尽管有人认为死伤必须是作为抢劫手段的行为所导致的[①]，但从本罪的犯罪性质来看，该说法并不妥当。但是，也并不是说，所谓在抢劫之际，只要是以抢劫行为为契机而发生的死伤结果都包括在内，按照《刑法》第240条的立法宗旨，只限于该原因行为在性质上通常是伴随抢劫
258 而实施的场合，即和抢劫行为有密切关系的场合（密切关联性说）。[②]

不应当认定为"抢劫机会"的场合 从本书的角度出发，抢劫过程中过失将婴儿踩死的场合，为了报平日结下的私怨而利用抢劫的机会将仇敌杀害的场合，抢劫的共同犯罪人在实施抢劫之际，拉帮结派将其他共犯人杀害的场合等，都不能说是在抢劫之际实施的行为。[③] 另外，作为参考判例，还有：1）被告人在作为第一现场的被害人的出租车内，为了不交车费并夺取现金，用手枪指着被害人要其拿出钱来。由于被害人没有答应，于是下了车。之后，再次上了该出租车，五六分钟之后，在五六千米之外的第二现场即离派出所不远的地方，为了逃走而在车内和司机扭打起来，并在车内用手枪击打被害人的头部，使其受伤的行为，应当是在抢劫机会实施的行为。[④] 2）最高法院于1957年7月18日（刑集第11卷第7号第1861页），在用船搬运前一天夜里抢来的被盗物品，正准备离岸的时候，被警察发现，于是，对警察施加暴力，致使该警察负伤的案件中，没有认定为抢劫致伤罪。另外，最高法院于1949年5月28日（刑集第3卷第6号第873页）认为逃走过程中的暴力就是在抢劫机会所实施的暴力。还有，在X为了防止窃取来的被盗物品被夺回就对Y施加暴力（第一暴力），而且对试图将其抓获的Y施加暴力（第二暴力），结果Y受伤，但到底是哪一个暴力引起了结果，查不清楚的场合，就将第一暴力和第二暴力作为一连串实施的

---

① 泷川，131页；泷川、竹内，182页。

② 柏木，453页；中，156页；大塚，230页；曾根，138页。

③ 反对，藤木，299页；中森，130页。另外，前田，207页。

④ 最判昭34、5、22刑集13、5、801；十河，判例讲义Ⅱ，53页。另外，最判昭24、5、28刑集3、6、873；丹羽，百选Ⅱ（第7版），90页。

行为，看作一个事后抢劫罪的暴力，因此，应当认定为事后抢劫罪的包括一罪。[①] 但是，伤害是一连串暴力引起的结果，应成立伤害罪。

(4) 因果关系。致人死伤的结果，和作为抢劫手段的暴力、胁迫以及与在抢劫之机所实施的抢劫行为之间具有密切关系的行为之间，必须具有因果关系。[②]

胁迫致人伤害　如果行为人具有伤害的故意，则对其伤害手段可以不考虑。这是没有问题的。但是，在胁迫致人伤害的场合该如何处理呢？按照"成立《刑法》第240条的规定，必须具有暴力的故意"的立场的话，在该种场合下，抢劫罪和过失致死伤罪之间就是观念竞合。但是，从一般经验来看，胁迫可以使被害人由于畏惧而铤而走险，导致死伤结果，因此，即便在行为人对死伤没有故意的场合，也应当认为是本罪的原因行为。[③] 259

4. 既遂、未遂

抢劫致死伤罪，抢劫杀人、伤害罪，在产生致人死伤的结果的时候，就是既遂。在强取财物这一点上，是既遂还是未遂，在所不问。因此，抢劫犯人在杀死他人之后没有夺取财物而逃走的，也成立本罪。[④]

关于本罪的未遂（《刑法》第243条），有（1）主张抢劫自身在未遂状态而终止的场合是未遂的见解[⑤]，和（2）在具有杀意的抢劫杀人罪中，在杀人这一点上以未遂而告终的场合是未遂的见解（通说）之间的对立。(1) 说从抢劫致死伤罪是结果加重犯的立场出发，主张没有夺取到财物的场合是未遂，但是，抢劫致死伤罪是以生命、身体为首要法益的，所以，本罪的未遂应当是指杀伤这一点上的未遂。同时，在出于

---

① 名古屋高金泽支判平3、7、18判例时报140、125。

② 大塚，231页；最判昭46、6、17刑集25、4、567。

③ 正面认可这一点的判例是，大阪高判昭60、2、6高刑集38、1、50。另外，西田，186页。

④ 最判昭23、6、12刑集2、7、676，最决昭32、6、25裁判集刑119、357。

⑤ 中山，258页；香川，534页。

伤害的意思实施暴力但止步于此的场合，因为只是施加了作为抢劫手段的暴力而已，所以，只成立抢劫罪，而不可能有抢劫致伤未遂。结局上，在抢劫杀人罪的场合，只有在杀人行为以未遂而告终的时候，才是本罪的未遂。[①]

有关抢劫致死伤罪未遂的学说 （1）平野龙一教授（平野，211页）认为，杀人、强取只要有一种情况以未遂而告终，就可以成立未遂[②]，但是，这种观点有轻视本罪是人身犯罪的特点之嫌；（2）大塚仁教授（大塚，232页）认为，在杀人或者伤害以未遂而告终的场合，本罪就是犯罪未遂[③]，但是，这种见解由于没有注意到伤害未遂就是暴力这一点，所以，仍然不妥。

在出于杀意进行伤害，但以中止而告终的场合，就是中止犯；相反地，在没有杀意的场合，就是抢劫致伤害罪的既遂，不能成立中止犯。这岂不是不平衡吗？关于这一点，大审院于1933年11月30日（刑集第12卷第2177页）认为："在抢劫杀人中止的场合……减轻或者免除其刑，和抢劫伤害罪的刑罚相比，虽说在结果上比较轻，但这是由于前者可以被认定为故意犯的中止犯，相反地，后者则不能成立结果犯的未遂犯的当然结果"。按照现行的中止犯的规定，虽然这是无可奈何的结
260 果，但是，根据情节，可以依照中止犯处理。

5. 主观要件

在作为结果加重犯的抢劫致死伤罪中，对死伤结果不要求有认识。但是，在有暴力或伤害的故意的时候，就是抢劫伤害罪。有人认为，既然是"使人负伤"，则至少要有实施暴力的意思。[④] 但是，应当说，在抢劫之机所实施的过失致人死伤的结果也是从重处罚的根据。另外，在"使人负伤"的用语中也很难看出必然以实施暴力的故意为前提。同时，

---

① 大连判大11、12、22刑集1、815，大判昭4、5、16刑集8、251。中空，百选Ⅱ（第7版），92页；十河，判例讲义Ⅱ，54页。

② 同旨，中山，259页；曾根，140页。

③ 同旨，内田，195页。

④ 团藤，595页；大塚，232页。

即便在胁迫行为引起死伤结果的场合，也成立本罪。[①] 在抢劫杀人罪中，对于杀人必须具有故意。

6. 罪数、与其他犯罪的关系

本罪具有人身犯罪的性质，因此，即便是一个抢劫行为但有数个被害人的，按照其人数成立抢劫致死伤罪。在这种场合，只要不是一个行为引起致人死伤的结果，就成立数罪。[②] 在以一个侵入住宅的行为为手段犯本罪的场合，由于该侵入住宅的行为和各个抢劫致死伤罪之间成立牵连犯，所以，整体上作为一个犯罪处理。[③]

对于为了不返还基于不法原因而交付的物品而将交付人杀害的，判例认为成立抢劫杀人罪。[④] 但是，学说上，有力见解认为，基于不法原因而交付物品的交付人没有请求返还该物的权利（《民法》第 708 条），因此，只成立杀人罪。[⑤] 我认为，对于基于不法原因而交付的物品，在交付的同时，其所有权也转移给了被交付人，所以，这种场合下，只能成立杀人罪。但是，对于不法原因寄托物即基于不法原因而用于担保、借贷或委托他人保管的物，因为交付人在民法上具有请求返还的权利，所以，在这种场合应当成立抢劫杀人罪。如为他人保管购买毒品用的资金的人为了不返还该资金而杀害他人的，就成立抢劫杀人罪。 261

七、抢劫强制性交等罪、抢劫强制性交等致死罪

> 犯抢劫罪及其未遂罪的人又犯强制性交等罪及其未遂罪（第 179 条第 2 款规定的犯罪行为除外。在本款中下同），或者犯强制性交等罪及其未遂罪的人又犯抢劫罪及其未遂罪的，处无期徒刑或

---

① 最判昭 24、3、24 刑集 3、3、376，最决昭 28、2、19 刑集 7、2、280。反对，中野，判例丛书（10），196 页。

② 大判明 42、6、8 刑录 15、728。

③ 袖珍，550 页。

④ 最判昭 35、8、30 刑集 14、10、1418，最决昭 61、11、18 刑集 40、7、523。

⑤ 大塚，234 页。

7年以上有期徒刑（《刑法》第241条第1款）。

在前款情形中，所犯罪行均未遂的，除非致人死伤，可以减轻处罚。但是，基于自己的意思中止上述其中一罪行的，减轻或者免除处罚（同条第2款）。

符合第1款规定的行为致人死亡的，处死刑或者无期徒刑（同条第3款）。

1. 意义

考虑到犯罪学上抢劫行为人借抢劫的机会实施强制性交等行为的情况经常出现，另外，借强制性交等的机会实施抢劫行为的情况也并不少见，根据犯罪的实际情况，为了防止此类行为以及对重大、恶劣的犯罪行为予以适当的处罚，刑法特意将抢劫罪和强制性交等罪相结合，作为结合犯，规定独立的构成要件，并科处和抢劫致死伤罪相同的刑罚，故有本罪。

2. 行为

本罪的成立，必须在同一机会实施（1）抢劫罪（及其未遂罪）和强制性交等罪（及其未遂罪），或者（2）强制性交等罪（及其未遂罪）和抢劫罪（及其未遂罪）。抢劫行为和强制性交等行为的先后顺序在所不问。包括抢劫着手后实施强制性交等的场合、强制性交等着手后实施抢劫的场合、抢劫和强制性交等的实行顺序不明的场合以及两行为同时着手的场合。抢劫着手后，对不能反抗的被害人产生强制性交等犯意，着手实施强制性交等行为后又放弃抢劫的故意而返还财物，仍然是借抢劫的机会实施强制性交等行为。

本罪中的“抢劫罪”，包括狭义的抢劫罪（《刑法》第236条）、事后抢劫罪（《刑法》第238条）以及昏醉抢劫罪（《刑法》第239条）。同时，“强制性交等罪”包括狭义的强制性交等罪（《刑法》第177条）以及准强制性交等罪（《刑法》第178条第2款）。另外，在现实中对未
262 满18岁的被害人予以监护的人，利用其影响力实施性交等行为的场合，在与该性交行为的相同机会，以暴力、胁迫夺取财物的事件在现实中很

难想象，因此，监护人性交等罪被排除在“强制性交等罪”之外。[①]

3. 未遂的处理

本罪以“抢劫罪及其未遂罪”和“强制性交等罪及其未遂罪”在同一机会实施的场合作为处罚对象，因此，无论抢劫行为和强制性交等行为是否未遂，都成立本罪。但是，在这些未遂行为并未致人死伤的情况下，由法官酌定（裁量）减轻处罚。另外，在抢劫、强制性交等未遂的情形下，抢劫或者强制性交等未遂是行为人“出于自己的意思”而中止的，必须减轻或者免除处罚（同款但书）。例如，在以持刀胁迫的方式抢劫财物，看见被害人害怕便突发情欲把被害人抱起来，但又觉得被害人可怜而离开的场合，抢劫行为和强制性交等行为都有未遂，但是，由于行为人是“出于自己的意思”中止强制性交等行为，成立中止犯，必须减免刑罚。

4. 抢劫强制性交等致死罪

本罪是对抢劫强制性交等行为“致人死亡”的处罚，处以“死刑或者无期徒刑”这一极其严重的刑罚。

本罪处罚的是与抢劫行为及强制性交等行为在“同一机会”实施的行为。但是，该行为产生死亡结果，可能有以下情形：(1) 由于抢劫行为产生死亡结果；(2) 由于强制性交等行为产生死亡结果；(3) 抢劫行为和强制性交等行为共同产生死亡结果；(4) 不知道是抢劫行为产生死亡结果还是强制性交等行为产生死亡结果。但是，从上述任何一种情形都是值得加重处罚的恶劣、严重的犯罪的宗旨来看，在概括性规定这些情形的宗旨指引下，新设了抢劫、强制性交等致死罪。

那么，借同一机会实施抢劫行为和强制性交等行为，在发生致人死
亡结果的场合成立本罪，所以本罪的成立与杀人故意没有关系。在抢劫 263
犯人对其被害人实施强制性交的场合，不是抢劫罪、强制性交等罪和抢劫杀人罪的观念竞合，只成立抢劫罪、强制性交等致死罪一罪。另外，本条没有规定抢劫、强制性交等致人伤害的规定。抢劫、强制性交等罪

① 松田、今井，前引 285 页。

的法定刑是“无期徒刑或者 7 年以上有期徒刑”，根据本条的宗旨，致人伤害的结果已经被纳入本条的规制范围，不必专门为其另设法律条文。[①]

八、抢劫预备罪

> 出于抢劫的目的，而实施预备行为的，处 2 年以下的有期徒刑（《刑法》第 237 条）。

1. 意义

抢劫预备罪是自己出于抢劫的目的而做准备的行为。这相当于所谓的自己预备罪。预备的判断标准是，有能够客观认识抢劫目的的外在动作，而该行为对实施抢劫有直接帮助。

2. 行为

本罪的行为，是出于抢劫的目的而实施预备行为。和杀人预备罪（《刑法》第 201 条）、放火预备罪（《刑法》第 113 条）不同，本罪没有根据情节免除刑罚的规定。本罪也属于自己预备犯，必须是自己出于抢劫的目的而实施准备行为。和杀人预备的场合一样，将准备行为类型化，是一件很困难的事情，但是，应当以客观上是不是存在能够判断出行为人意图的外观上的动作，该动作是不是直接对实行行为起作用为基准来判断。如为了强夺金钱而买手电筒或菜刀，并予以携带，在附近徘徊的行为，就是预备行为。[②] 准备凶器、准备侵入等本来的准备行为，
264 根据其对目的的巩固程度而成为预备。

3. 目的

本罪的目的是以暴力、胁迫为手段而强取财物的意图。预备行为的范围比较暧昧，有必要根据目的加以限定。仅有不确定的目的还不够，目的必须是确定的。准抢劫的目的是不是也包含在本罪的目的之中？学说上的有力学说是消极说，它认为，抢劫预备罪被规定在准抢劫罪之

---

① 松田、今井：《关于刑法部分修改的法律》，《法曹时报》，69 卷 11 号，211 页。

② 最判昭 24、12、24 刑集 3、12、2088，最决昭 54、11、19 刑集 33、7、710。

前，并且事后抢劫是以盗窃为前提的，因此，不处罚盗窃预备，但对事后抢劫的预备要处罚，这并不妥当。①

但是，（1）由于《刑法》第238条将事后抢劫罪作为抢劫罪处理，因此，在预备行为上，应当和抢劫罪同样处理；（2）正如在为了在极有可能被发现的场所盗窃而准备凶器的场合，尽管是出于准抢劫的目的，但由于其意图极为明显，转化为抢劫行为的可能性极高；（3）在盗窃准备行为被发现的场合，准备实施暴力、胁迫的行为和实行行为被区别开来，因此，应当被看作抢劫预备罪。② 另外，出于使他人昏迷之后进行抢劫的目的而准备安眠药的，也只能被看作本罪。所以，从本条文的位置来看，也不能否定事后抢劫的预备。另外，虽然事后抢劫罪是预备犯，但是没有身份的人也能实施该预备，因此，对其可以肯定成立预备罪。

事后抢劫目的的预备　关于生活费拮据的X决定在夜晚潜入事务所盗窃，在携带开山刀和仿真手枪来回走动时被警察盘查的案件中，最高法院于1979年11月19日的决定（刑集第33卷第7号第710页）中认为："刑法第237条中的'抢劫的目的'，应包括该法第238条规定的作为准抢劫的目的"。

4. 中止犯

已经开始实施预备行为，但在着手实行以前自愿放弃了该目的的，
265 就是预备中止，适用《刑法》第43条但书的规定（通说）。其理由和杀人预备罪的场合一样，但是和杀人预备罪、放火预备罪、劫持航空器预备罪不同（《关于航空器的劫持等的处罚的法律》第3条），本罪中，没有根据情节减免刑罚，或在自首的场合减免刑罚的规定。由于即便是自愿中止也不可能免除刑罚，因此，不承认本罪的中止犯的话，和杀人预备的场合相比，在未遂犯方面的不平衡就更加显著。但是，判例没有认

① 大塚，237页；香川，524页；内田，284页；冈野，140页；曾根，136页；中森，127页。

② 团藤，598页；福田，284页；西田，182页；前田，218页；山口，227页。最决昭54、11、19刑集33、7、710。远藤，百选Ⅱ（第7版），88页；十河，判例讲义Ⅱ，56页。

可这种中止犯的概念。①

5. 罪数

为了抢劫而携带凶器侵入被害人的住宅的场合，是侵入住宅罪和抢劫预备罪的观念竞合。② 预备之后着手实行抢劫的话，不管既遂还是未遂，都为预备所吸收。③

第四节　诈骗犯罪

一、概说

1. 意义

诈骗犯罪，是欺骗他人，使其交付财物，或者得到财产性利益，或者使他人得到财产或财产性利益，从而使自己或者他人获得财产上的不法利益的行为，以及其他与此类似的犯罪行为。在根据对方的意思而取得财物或处分财产性利益这一点上，诈骗犯罪同盗窃和抢劫犯罪不同。另外，在欺骗对方陷入错误，使其基于有瑕疵的意思而交付财物或者处分财产性利益这一点上，虽然和“恐吓他人，使其害怕”而交付财物或者处分财产性利益的敲诈勒索罪（《刑法》第 249 条）类似，但在其手段是引起有瑕疵的意思状态这一点上，二者不同。诈骗犯罪中，包括（1）诈骗罪（《刑法》第 246 条第 1 款），（2）诈骗利益罪（同条第 2 款），（3）准诈骗罪（《刑法》第 248 条），（4）使用电子计算机诈骗罪（《刑法》第 246 条之二），（5）上述犯罪的未遂犯（《刑法》第 250 条）。其中，使用电子计算机诈骗罪，是 1987 年《刑法》部分修改的时候，
266 为了处罚非法使用计算机获得财产性利益的行为而新设的犯罪。

---

① 最大判昭 29、1、20 刑集 8、1、41。
② 东京高判昭 25、4、17 判特 12、14。
③ 大阪高判昭 30、12、15 裁特 2、24、1284。

2. 保护法益

诈骗罪的保护法益是个人财产（通说）。相反地，有人认为，本罪的保护法益除个人财产之外，还有交易的安全或者说是“交易中的诚实信用”这样的社会利益。[①] 但是，诚实信用或交易的安全自身并不是刑法上的保护法益，诈骗罪的本质，是用违反诚实信用的诈骗手段取得他人财产。由于诈骗罪的保护法益是个人财产，所以用欺骗手段获取财产以外的利益的行为，如假装结婚而骗取女性贞操的行为，或用欺骗手段与他人结婚的行为，都不构成诈骗犯罪。

关于对国家、地方公共团体等国家利益的欺骗行为，是否构成诈骗罪，理论上有争议。否定说认为，诈骗罪本是对作为个人法益的财产性利益的犯罪，针对国家利益的欺骗行为，不具有诈骗罪的类型性。[②] 但判例认为，即便在侵犯国家利益的场合，只要同时又侵犯了诈骗罪的保护法益即财产性利益，就应认为构成诈骗罪。[③] 支持这种见解的肯定说是通说。

我认为，既然国家及地方公共团体也能成为财产权的主体，对其财产性利益也应当根据财产犯罪来进行保护。尽管欺骗行为是指向国家管制作用的诈骗行为，但只要其同时又侵犯了诈骗罪的保护法益即财产权，并且按照行政法规的处罚规则，不排除诈骗罪的适用，那么，就应当构成诈骗罪。[④] 如在不当支取生活保护费[⑤]以及健康保险保险人证 267
书[⑥]、简易生命保险证书[⑦]等取得和财产价值转移相关的利益的案件中，判例都认定成立诈骗罪；同时，判例虽然否认应被视为侵害公法上的征

① 长岛敦：《刑法的实体和法解释》（1986），117 页。

② 团藤，607 页；福田，249；大塚，241 页。

③ 大判昭 17、2、2 刑集 21、77；最判昭 23、4、7 刑集 2、4、298；最决昭 51、4、1 刑集 30、3、425；菊池，百选Ⅱ（第 7 版），96 页；十河，判例讲义Ⅱ，58 页。

④ 条解，716 页。

⑤ 东京高判昭 49、12、3 高刑集 27、7、687。

⑥ 福冈高判平 6、6、29 高检速报。

⑦ 最决平 12、3、27 刑集 54、3、402。

税权的逃税[①]，用欺骗手段取得护照[②]、印鉴证明[③]等行为成立诈骗罪，但是，与逃税有关的偷逃租税犯罪是诈骗罪的特别形式。另外，用非法手段取得各种证明书的行为，由于不是有关财物或者财产性利益的行为，所以，不成立诈骗罪，而不是像否定说所主张的，由于该行为是指向国家的统治作用的诈骗行为，所以不成立诈骗罪。[④]

判例的态度 最高法院于1976年4月1日的决定（刑集第30卷第3号第425页）中认为："被告人等的行为尽管具有侵害农业政策这种国家利益的一面……但并不因此而当然不构成刑法上的诈骗罪。在诈骗行为侵害国家利益的场合，该行为同时也侵害了诈骗罪的保护利益即财产权，既然如此，则只要作为特别法的该行政刑罚法规，没有规定要排除适用诈骗罪，就成立诈骗罪，这是自大审院以来确立的判例意见"。最高法院于2000年3月27日的决定（刑集第54卷第3号第402页）认为，欺骗负责简易生命保险合同业务的邮政局职员，从而签订简易生命保险合同的行为，是欺骗保险证书的行为。最高法院于2007年7月10日的决定（刑集第61卷第5号第405页）中认为，来自地方公共团体的自来水工程承包人，对于作为转包款汇入自己账户的预付金*，擅自给转包商开设账户，欺骗银行工作人员，使其将预付金汇入该账户的行为构成诈骗罪。

3. 亲戚间犯罪的特别规定的适用（《刑法》第251条）

对诈骗犯罪，可以适用亲属间犯罪的特别规定（《刑法》第244条）。和犯人具有亲属关系的被害人，一定是由于诈骗犯罪而受到财产损失的被害人。[⑤]

---

* 按约定该预付金必须用于特定用途。行为人对该预付金没有处分的自由。——译者注

① 大判明44、5、25刑录17、959，东京地判昭61、3、19刑月18、3、180。

② 最判昭27、12、25刑集6、12、1387。

③ 大判大12、7、14刑集2、650。

④ 平野，219页；中森，134页；西田，206页；山口，245页。

⑤ 大判大13、8、4刑集3、608。

二、诈骗罪（一款诈骗罪）

欺骗他人，使其交付财物的，处 10 年以下有期徒刑（《刑法》第 246 条第 1 款）。

未遂犯，处罚之（《刑法》第 250 条）。 268

1. 对象

成为对象的财物是他人（自然人、法人）占有的动产或不动产。即便是自己的财物，在被他人占有的时候，或者根据公务机关的命令由他人看管的时候，也被看作他人财物（《刑法》第 251、242 条）。电力被视为财物（《刑法》第 251 条、第 245 条）。盗窃罪和抢劫罪中，“财物”仅限于动产，但本罪不同，被欺骗的对方可以根据自己的自愿处分行为，转移对不动产的占有，所以不动产也可以成为本罪的对象。[1] 但是，没有支付租金的意思却借他人房屋并入住其中的行为，尽管也是欺骗他人取得对他人的不动产的占有，但是，这不过是取得利用的权利而已，并没有取得不动产自身，因此，应成立二款诈骗罪。

存折的财物性　最高法院于 2002 年 10 月 21 日的决定（刑集第 56 卷第 8 号第 670 页）就冒充他人开设银行账户，从银行窗口的工作人员那里接受存折的行为，认为“存折自身不仅可以成为所有权的对象……还具有财产价值”。另外，最高法院于 2000 年 3 月 27 日的决定（刑集第 54 卷第 3 号第 402 页）认为，保险证书也是本罪的对象。[2] 关于现金卡，参见最高法院于 2007 年 7 月 17 日的决定（刑集第 61 卷第 5 号第 521 页）。[3]

2. 行为

本罪的行为，是欺骗他人，使其交付财物。诈骗罪的构成要件是（1）诈骗行为，（2）对方的错误，（3）交付、处分行为，（4）转移（取

---

① 大判大 12、11、12 刑集 2、784。

② 松宫，百选Ⅱ（第 5 版），94 页。

③ 十河，判例讲义Ⅱ，59 页。

得）财产、利益，这种因果发展过程。因此，第一，必须有欺骗，即对人实施的，以引起财产上的处分为目的的欺骗行为。第二，该行为必须使对方陷入现实的错误，对方没有陷入错误时，便是未遂。第三，具有由于错误而处分财物的行为。虽然是具有瑕疵的意思，但也必须是基于被害人的意思的交付、处分行为。第四，由于该处分行为而转移财物，
269 行为人或第三人取得财物。简单地说，在具有欺骗行为→对方陷入错误→处分行为→转移财物这种相当因果关系过程的时候，就构成诈骗罪的既遂。无论如何复杂的事例，都能够用这种图形来说明。以下，对上述问题分别论述。

机械不会陷入错误 诈骗罪是利用他人的错误的犯罪，本来就是对人实施的犯罪，因此，以机械为对象实施的诈骗行为不构成诈骗罪。如用金属片从自动售货机中套出商品的行为，成立盗窃罪而非诈骗罪。① 对于捡到他人的银行卡之后，利用该银行卡从自动柜员机中取出现金的行为，应同样处理。② 另外，不法使用金属片在公用电话机上通话的场合也是盗窃利益的行为，但是，现行刑法不处罚盗窃利益的行为。还有，参见使用电子计算机诈骗罪（《刑法》第246条之二）。

（1）欺骗行为。成立诈骗罪，必须具有欺骗他人的行为。所谓“欺骗他人”，是为了让他人交出财物而使其陷入错误，捏造对方实施财产处分行为所赖以判断的基础事实，也就是说，如果没有对这方面事实的错觉，对方就不会实施处分行为，这是作为判断基础的重要事实。因此，捏造物品的名称，但没有改变该物品的品质和价格，买家也不拘泥于名称而购买该物品的场合不是诈骗。③ 由于旧法中规定的是“诈骗他人”，所以，该行为又被称为诈骗行为，但是，现在被改为“欺骗他人”，所以，诈骗行为又被称为欺骗行为。欺骗行为，不管使用的是言语还是动作，是直接还是间接，都可以进行；也不限于是有关过去、现

① 最判昭29、10、12刑集8、10、1591。

② 东京高判昭55、3、3判例时报975、132。

③ 大判大8、3、27刑录25、369，最判平26、3、28刑集68、3、582。

在的事实，也包括在将来的事实上进行欺骗；在作为形式之外，不作为的形式也行。

自己名义的存款存折的交付和一款诈骗　对于隐瞒转让给第三人的意图，以自己的名义向银行职员申请开设存款账户的行为，最高法院于2007年7月17日的决定（刑集第61卷第5号第521页）认为：“隐瞒把存折及现金转让给第三人的意图而实施上述申请的行为，无外乎诈骗罪中欺骗他人的行为，因此，接受了银行交付的存折的行为构成《刑法》第246条第1款规定的诈骗罪”①。也有观点认为，冒充他人以他人名义申请开设存款账户的行为属于诈骗 270
行为，但以自己名义申请开设存款账户的行为不是诈骗行为。但是，如果知道转让给第三人的意思，对方就不会交付存折，本判决是合理的。作为对相同问题的处理，最高法院于2007年7月10日（刑集第61卷第5号第405页）（提取自己账户中的预付金），最高法院于2010年7月29日的决定（刑集第64卷第5号第829页）（隐瞒让第三人搭乘的意图，接受交付给自己的搭乘券的行为），都认定构成诈骗行为。另外，东京高等法院于1980年3月3日的判决（判例时报第975号第132页）认为，将伪造的CD卡或窃取的CD卡从自动柜员机中取款的行为不是诈骗而是盗窃。

1）不作为的欺骗。诈骗行为，可以不作为的方式实施。不作为的诈骗，以明知对方已经陷入错误，但不告知事实真相为内容。成立不作为的欺骗，其前提是事先让对方陷入错误。只有认识到对方已经陷入错误之后，行为人才负有告知事实真相的法律上的义务。如，在已经认识到对方错误地多付给了自己钱，但不说明而收下的场合（所谓找钱诈骗），因为不告知事实的话，确实有可能不当地多拿别人的钱，所以，行为人便负有了诚实信用上的告知义务，不履行这种义务而拿人钱的话，便是利用对方的错误获取钱财。②

---

①　十河，判例讲义Ⅱ，59页。

②　反对，小暮等（中森），206页（赋予一般交易关系的当事人保护对方财产的义务，这是有疑问的）。

告知义务虽然以法律、合同、习惯等为根据[①]，但仅有告知义务还不够，按照成立不作为犯的一般原则，只在行为人在具有应当告知的保证人义务的场合，才能成立欺骗。[②] 而且，成立不作为的欺骗，还必须从一般经验来看，使对方不知道某种事实而陷入错误的行为具有能够获取某种财物的性质。如判例在限制产业活动人隐瞒该事实而从他人那里借钱的案件[③]，在签订生命保险合同时隐瞒正患有某种疾病[④]，或在不动产的买卖中隐瞒该不动产已被用于抵押的事实的场合[⑤]，均认定具有
271 告知义务。

成立不作为的欺骗必须行为人负有告知义务，但是，成立作为（举动）的欺骗则不需要行为人负有告知义务。例如，在无钱吃住的欺骗行为中，完全没有付账的意思而欺骗别人，订购饭菜，或预订房间，这便是作为形式的欺骗，而不是违反应当告知身无分文的告知义务的不作为形式的欺骗。[⑥] 同样，在经营困难之际实施的所谓赊账欺诈也是如此。没有交付货款的可能，也根本没有交付的意思，而和别人签订买卖商品合同的，该签订合同的行为也是作为形式的欺骗。[⑦] 这样，存在尽管没有积极的欺诈行为，但通过一定动作欺骗对方的默示的诈骗行为的场合。[⑧] 但是，在这种场合也成立作为犯，不能说成立不作为犯。因此，以确认不是暴力团成员的方式而在银行申请开设账户等、接受账户等的交付的场合，是作为形式的诈骗行为。

找钱诈骗 在明知对方多给了自己钱的场合，在诚信上负有告知对方多给钱的义务，如果违反该义务取得该钱，就是不作为的诈骗罪。将多找的钱拿回家之后才意识到多拿了人家的钱，但是不返

---

① 大判昭 8、5、4 刑集 12、538。

② 大谷，总论，131 页。

③ 大判大 7、7、17 刑录 24、939。

④ 大判昭 7、2、19 刑集 11、85。

⑤ 大判昭 10、3、23 刑集 14、294。

⑥ 大判大 9、5、8 刑录 26、348。

⑦ 最决昭 30、7、7 刑集 9、9、1856。

⑧ 山中，316 页；最判平 26、3、28 刑集 68、3、582（不告知是暴力团成员的事实而申请利用高尔夫球场的行为）

还的，就成立占有脱离物侵占罪，因为，它不是利用对方的错误而取得财物，只是取得了自己偶然占有的财物而已。成立 i）侵占罪，或 ii）诈骗罪之后，多找钱给别人的人意识到了该问题而向多拿了钱的人询问此事，但多拿了钱的人否认此事的，有见解认为成立诈骗利益罪①，但是，这样的话，就是对同一财物进行两次评价，因此，i 的情况下，侵占罪中包括了诈骗利益罪，ii 的情况下，诈骗罪中包括了诈骗利益罪，分别应当成立一罪。与之相对，中森（中森，120 页）认为："成立不作为的诈骗，需要有保护对方财产的义务"；"找钱诈骗不应构成本罪"。这个见解有一定道理，但在这种场合很难否定在诚信上的告知义务。

2）欺骗行为的性质。欺骗行为，是使一般人陷入错误，作出有关处分财产或者财产性利益的行为的行为。成立欺骗行为，必须以行为对象的知识经验等为基准，虚构能够使一般人陷入错误的事实。在明知被
害人特别容易被骗的场合，虽然是一般人不可能上当的手段，也能成立 272
欺骗行为。另外，利用被害人的不安或者无知也是诈骗行为。② 即便被害人具有过失，但只要欺骗手段具有使人陷入错误的性质，就构成欺骗行为。在交易上一般所使用的"讨价还价"的范围内，即便多少有些夸张和歪曲事实的情况，但只要没有达到通常会使对方陷入错误的程度，就不能说是欺骗行为。③ 例如，在贩卖商品时，仅仅假冒某一商品名称，而在商品的质量、价格上没有任何变化，而消费者也并不计较该名称，而是根据自己的判断买下该商品的场合，就不构成诈骗罪。④ 所谓"虚假广告"，如果是在上述情况的范围之内的话，也谈不上是欺骗手段。但是，超过该范围时，即便是属于价值判断或其他意见的事实也能成为欺骗的内容。⑤ 投标人在拍卖等过程中，事先协议投标价格以获取

① 大塚，245 页；藤木，315 页。

② 富山地判平 10、6、19 判例泰晤士报 980、278。

③ 最决平 4、2、18 刑集 46、2、1（通过杀客的经营方法诈骗期货交易中的委托保证金）。

④ 大判大 8、3、27 刑录 25、396。

⑤ 大判昭 6、11、26 刑集 10、627。

利益的串通行为也可构成欺骗行为。

商业欺骗和诈骗罪 在商业买卖方面，历来，尽量避免适用诈骗罪。但是，在所谓丰田商事事件①之类的假冒实物交易，投资周刊事件②之类的投资顾问诈骗事件、期货交易诈骗事件中，法院开始适用诈骗罪对其进行处理。而且，最高法院于1992年2月18日对所谓“杀客”经营方法，即在外观上看似是普通的商业交易，但为了将即便是对商业买卖具有一定常识的人也拉入必定会受损的“杀客”交易中来而实施的取得委托保证金的行为，认为其就是骗取保证金的诈骗行为。即是说，“杀客”经营方法，尽管装扮成为了顾客利益，进行正常业务活动而取得保证金，但该行为是诈骗行为。这可以说是扩大诈骗罪的适用范围的体现。

3）诈骗行为的对象。成立诈骗罪，必须有用欺骗手段使对方陷入错误并基于该错误而进行财产上的处分行为（以下简称为“处分行
273 为”），所以，欺骗行为的对方，必须是具有在事实或法律上处分该财产的权力或地位的人③（处分权人），即：被欺骗的对方和具有处分权的人，通常必须是同一人。如，欺骗登记人员，让其进行消灭抵押权的登记的，由于该登记人员并没有处分抵押权的权限，所以，该行为不能成立诈骗罪。④ 但是，为使本罪成立既遂，要求行为人或第三人基于处分行为而取得财物，但并不要求具有处分权的人是该财物的占有人或所有权人。诈骗罪的本质是基于他人的意思瑕疵而非法取得财物，所以，只要具有基于处分权人的意思而取得财物的事实就够了，是不是基于财物的所有权人或占有人的意思而取得财物，在所不问。诈骗罪的本质，是欺骗他人，使其基于认识错误而交付财物，因此，是基于处分权人的意思交付财物就足够了。在一般情况下，被欺骗和被害人是同一人，但就本罪的构成来说，不要求二者是同一人。

---

① 大阪地判平、3、29判例时报1321、3。

② 东京地判昭62、9、8判例时报1269、3。

③ 最判昭45、3、26刑集24、3、55。

④ 大判大12、11、12刑集2、784。

第一，三角诈骗。所谓三角诈骗，是指被欺骗人和被害人不是同一人的场合。在行为人、被欺骗人和被害人三者间构成的犯罪被称为三角诈骗。例如，在欺骗银行支行行长而获得贷款的场合，被欺骗人是支行行长，被害人则是银行。与三角诈骗是否成立诈骗罪的相关问题有诉讼诈骗和信用卡的不当使用。

所谓诉讼诈骗，是指向法院提出虚假事实，欺骗法院，使法院作出判决，并依据该判决骗取财产或免除自己的债务。关于诉讼诈骗是否构成诈骗罪，在学说上观点尖锐对立。否定说[1]认为：首先，法院受当事人的主张的约束，即便明知是虚假事实，也不得不作出判决，所以，这种利用制度的行为不能成为欺骗手段。其次，败诉一方被强制交付财物，这种交付不是自愿交付，因此，诉讼诈骗不能成为诈骗罪。对这种行为应当采用设置恶意利用裁判机关这一新罪名的方式来解决。[2] 与此
相对，判例当中，以认定在为了诈骗债券以及分红，申请法院公告该债 274
券丢失的场合成立诈骗的判例[3]为先导，大致肯定成立诈骗罪。[4] 学说上肯定说也正在成为通说。[5]

我认为，即便在诉讼诈骗中，也存在欺骗法院，使其陷入错误认识，作出错误的处分决定，并因处分决定而处分财物的关系。问题是，虽然在形式的真实主义的立场上，法院的处分行为是不应当被认可的，但是，即便是在民事审判中，证据的价值也是根据自由心证来确定的，因此，由于错觉而作出的处分行为也是完全可以考虑的。只是，存在作为法院明知是假的却不得不作出判决的拟制自首（《民诉》第 159 条第 1 款）场合，在这种场合，虽然法院的处分行为是无法考虑的，但是，由于是明知缺席就会败诉，却不参加口头辩论的情况，因此，将这种情

---

① 团藤，614 页；福田，256 页。

② 团藤，614 页。

③ 大判明 44、11、27 刑录 17、2041。

④ 最判昭 45、3、26 刑集 243、55（否定例）。森永，百选Ⅱ（第 7 版），112 页；十河，判例讲义Ⅱ，60 页。

⑤ 平野，217 页；曾根，148 页；川端，379 页；中森，141 页；前田，279 页；山口，263 页；佐久间，218 页。另外，西田，212 页；青木（纪），百选Ⅱ（第 4 版），94 页。

况，作为具有被害人的同意的不符合诈骗罪的构成要件的情况就够了。[1]

剩余的问题是，被欺骗者和处分权人、交付人是否一致的问题。被欺骗人是法院，另外，法院根据判决也可以实施强制执行，因此，也是处分权人，二者是一致的。本来，在法院没有处分权限的场合，不成立诉讼诈骗。[2] 虽然被害人当然是败诉方，必须进行事实上的财物转移，但在此场合，如前所述，只要被欺骗者和处分财产者是一致的，则诉讼诈骗也符合诈骗罪的构成要件。被害人只是交付的辅助者而已。[3] 因此，诉讼诈骗，可以说是被欺骗者和被害人不同的三角诈骗的一种形式。虽然有人认为交付人是败诉人[4]，但败诉方是被法院强制交付财物
275 的，所以，不能将其认定为交付人。这种场合的交付人应当说是法院。[5]

第二，信用卡的不当使用。在信用卡交易中，采用会员向指定的店铺出示信用卡，在销售发票上签字之后购入商品，而该购物款由作为中介的信用卡公司向指定店铺的银行账户转账的形式代为垫付，之后，再从信用卡会员的储蓄账户上提取该金额的形式。这里所说的信用卡的不当使用，是指信用卡会员尽管没有支付货款的意思或能力，但是，使用自己名义的信用卡，从指定店铺中购买物品的行为。

甲．学说。关于这种行为是否成立诈骗罪，学说上有肯定说与否定说之分。否定说认为，指定店铺只要确认信用卡自身的有效性和签名的同一性就够了，因此，上述不当使用中，不存在对指定店铺的诈骗行为，指定店铺方面也不存在错误，所以，出示信用卡的购物行为不成立诈骗罪。[6] 肯定说中，有 i. 认为是通过指定店铺的间接实行犯，被欺骗者、处分者以及被害人都是信用卡公司，在让信用卡公司代为垫付金钱

① 西田，212页。

② 最决昭42、12、21刑集21、10、453。

③ 山中，334页。

④ 大塚，249页。

⑤ 平野，217页；西田，212页；山中，368页；前田，272页（旧说）。

⑥ 中山，概说Ⅱ，59页；松宫240页；吉田敏雄，百选Ⅱ（第3版），91页。

这一点上，成立二款诈骗罪的见解①，ii. 认为是虽然对指定店铺而言成立诈骗罪，但是，被害人是受到财产上的损失的信用卡公司的三角诈骗的见解②，iii. 认为成立被欺骗者和处分者都是交付财物的指定店铺，被害人也是指定店铺的一款诈骗罪的见解③之间的对立。

乙．对学说的分析。没有支付货款的意思以及能力的人，假装具有该意思和能力，用信用卡履行购物手续的行为，明显是对指定店铺的诈骗行为。另外，指定店铺在顾客没有支付货款的意思以及能力的时候，根据信义原则，当然会拒绝该交易，因此，没有出示信用卡的行为，就 276
不会有交付货物的行为，因此，没有支付货款的能力以及意思的信用卡会员出示信用卡购入货物的行为，就是欺骗指定店铺使其交付财物的行为，应当说侵害了指定店铺对商品的占有，构成一款诈骗罪。iii 说是妥当的。

关于这一点，肯定说中的 i 说认为：被骗取财物的指定店铺可以从信用卡公司得到垫付货款，自己并没有受到任何损失，因此，不成立一款诈骗罪。在信用卡公司向指定店铺支付货款的时候，信用卡公司就是被欺骗者，成立诈骗利益罪。但是，由于出示信用卡而陷入错误的是指定店铺，它基于该错误而交付了货物，因此，这种场合下，被欺骗者和交付者就是指定店铺。肯定说中的 ii 说，在认定成立一款诈骗罪这一点上，和 iii 说的结论相同，但是，只要成立一款诈骗罪，就应当承认取得占有、发生被害，不承认这一点，在道理上是讲不过去的。因此，只要承认没有被欺骗就没有交付，就应当说被害是财物的“占有”，被害人是失去了支配财物的指定店铺。④ 因此，行为人从指定店铺中取得财物的时候，就是既遂。顺便说一下，在非法使用不当取得的他人名义的

① 藤木，370 页。

② 中森，123 页；曾根，154 页；西田，218 页（旧说）；山口，261 页。

③ 名古屋高判昭 59、7、3 判例时报 1129、155，东京高判昭 59、11、19 判例泰晤士报 544、215（十河，判例讲义Ⅱ，68 页）。福田，156 页；大塚，251 页；前田，239 页。

④ 前引东京高判昭 59、11、19。川崎（友），百选Ⅱ（第 7 版），110 页；十河，判例讲义Ⅱ，68 页。

信用卡的场合，同样考虑。①

> **最高法院的判例** 最高法院于2004年2月9日的决定（刑集第58卷第2号第89页）认为，将他人的信用卡入手的被告人在作为加盟店的加油站，冒充卡的主人，尽管其没有使用该卡的正当权利，但是假装有，使工作人员产生误解，接受加油的行为是诈骗罪。即便被告人错误地相信，自己得到该信用卡的主人的允许而使用该卡，并且自己所利用的该卡的利用费用，按照会员规则，也由卡的名义人加以支付，也仍然成立诈骗罪［荒川，百选Ⅱ（第6版），107页］。

（2）错误。成立诈骗罪，必须使用欺骗行为使对方陷入错误。尽管有欺骗行为，但对方没有陷入错误的，就是未遂。但是，对方的错误在哪一点上产生，并不重要。作为法律行为，并不限于在民法上无效的场合（《民法》第96条），单纯的应当取消的行为的也是欺骗行为。如在
277 为借钱而在该钱的用途上编造谎言的场合，即便在法律行为的动机上让人陷入错觉，根据情况，也会构成诈骗罪。② 总之，在对方如果知道事实真相的话，就不会在交付财物的重要事项上作虚假的意思表示，就构成诈骗。而且，让已经陷入错误的对方一错再错，并对该种错误进行利用的行为，也构成诈骗。③

使对方在事实判断上产生错误的场合，如谎称马上会得到朋友的援助而向他人借钱的场合，也可能构成诈骗罪。与这种事实判断相关的"将来的事实"是否能成为诈骗的内容，成为问题。如"将来地价会上涨"这一预测性的意见，一般来说，该预测能否兑现并不确定，通常人们不会因此而产生错觉，所以，它不是欺骗行为。但是，谎称某不动产开发商已有买下该土地的计划，即在现在的事实上编造谎言，以对将来的情况进行预测的场合，则构成欺骗行为。④

---

① 东京高判平3、12、26判例泰晤士报787、272。

② 大判大12、11、2刑集2、744。

③ 大判大6、11、29刑录23、1449。

④ 大判大6、12、24刑录23、1621。

（3）交付行为。成立诈骗罪，必须使对方陷入错误，在该错误意思之下，作出处分财产的行为。在一款诈骗罪中，该处分行为被称为“交付”。“交付”一语是1995年修改《刑法》之后开始使用的用语。所谓“交付财物”，是利用对方的处分行为而取得对财物的占有。处分行为是诈骗罪中没有记载的构成要素，是区分盗窃罪和诈骗罪的关键。交付，必须是基于对方的错误而实施的，因此，必须具有基于交付意思的交付事实。欺骗没有交付意思能力的幼儿和重度精神病人而取得财物的行为，是盗窃罪而不是诈骗罪。财物交付的对方，通常是行为人，但是，使人将财物交给行为人以外的第三人的，也是转移占有（通说）。[1] 第三人的范围，包括作为行为人的工具而活动的人，作为行为人的代理人、为了行为人的利益而接受财物的人，或行为人出于使第三人得利的目的而让向第三人交付财物的场合等，仅限于和行为人之间存在特殊关系的人。[2] 278

（4）转移财物的占有。成立诈骗罪，必须交付和财物占有的转移之间具有因果关系。对于欺骗他人使他人放弃财物，自己拾得该财物的行为，有的主张成立盗窃罪[3]，有的主张成立诈骗罪（通说）。在使他人放弃而行为人能够马上拾到的场合，可以说是基于对方的意思而转移了占有，因此，以成立诈骗罪为妥。成立交付，必须是将财物的占有转移到行为人手中。于假装购买商品，将商品拿到手中掂量，趁店员不注意的时候，拿着该商品逃走的场合，在行为人掂量商品的阶段，该商品的占有还是属于商店，由于是行为人逃走而获得该商品的占有的，因此，是盗窃罪而不是诈骗罪。[4] 诈骗罪中之所以必须有交付财物行为，是因为，成立本罪，必须具有由于对方——而非行为人——的处分行为而使财物的占有转移到行为人手中的行为。因此，成立交付而转移财物的占

---

① 最判昭26、12、14刑集5、13、2518。另外，最决昭61、11、18刑集40、7、523。

② 大判大5、9、28刑录22、1467。

③ 团藤，616页。

④ 广岛高判昭30、9、6高刑集8、8、1021，东京高判平12、8、29判例泰晤士报1057、263。

有，必须是被欺骗者的处分行为直接使财物的占有转移到了行为人手中（直接性要件），通过行为人自身的行为将占有转移到行为人手里的，就是盗窃罪。

> **自由支配之内**　最高法院于1951年12月14日的判决认为：在以谎言欺骗被害人，使其带来70万日元的纸币，在被害人将装有纸币的洗澡布拿出，放在大门口的“被告人实际上可以自由支配的地方”以后，就上厕所去了，被告人乘此机会将现金拿走的场合，成立诈骗罪。即便占有没有被完全转移，但只要处于被告人自由支配之内，该取财行为，就应当被看作是根据对方的处分行为而实现的。另外，在假装试车而将汽车开走的场合，也被认定为诈骗罪。在这种场合，也是由于“处于自由支配的范围之内”的缘故（东京地八王子支判1991年8月28日判例泰晤士报第768号第249页）。①

3. 实行的着手、既遂

成立诈骗罪，必须是使对方基于诈骗行为而产生错误，并基于该错误意思而交付财物。

279 （1）实行行为。诈骗罪的实行的着手，就是行为人出于诈骗的意思而开始对他人实施诈骗行为的时候。出于骗取保险金的目的而对作为保险标的物的房屋放火，或使船舶沉没的时候，由于还没有对人实施诈骗行为，所以，仅此还不能说是实行的着手。谎称船舶是由于失火或不可抗力而沉没，向保险公司要求支付保险金的时候，就是实行的着手。②在诉讼诈骗的场合，在向法院提起诉讼时就是实行的着手，而不要求是在法庭辩论阶段进行陈述时。③ 赌博诈骗的着手，在向对方开始实施诈骗行为时就可以认定，不要求陷入错误的对方开始就财物进行赌博。④在以骗取财物为目的，取得交付约定的情况下，虽然判例认定不是诈骗

---

① 十河，判例讲义Ⅱ，60页。
② 大判昭7、6、15刑集11、859。
③ 大判大3、3、24刑录20、336。
④ 最判昭26、5、8刑集5、6、1004。

未遂，而是诈骗利益罪的既遂，但因为没有实现财物的取得，所以应当被认定为诈骗未遂。①

（2）既遂。对方交付财物，并因此而使行为人占有、控制了财物的时候，就是既遂。因为在不具有诈骗行为→错误→交付行为→财物的转移这种相当因果关系的链条的时候，就不成立既遂，所以，在尽管有诈骗行为，但是被对方看破，或者对方出于怜悯的意思而将财物交给行为人的时候，就构成诈骗未遂罪。② 由于交付而转移对财产的占有，在动产的场合，以交付时刻为准；在不动产的场合，以占有已经实际上转移或取得所有权的转移登记已经完成时为准，成立既遂。③ 只要具有上述行为，财产性利益究竟归谁所有，对于成立犯罪来说，没有关系。

4. 财产上的损失

诈骗罪是财产犯罪的一种类型，被害人必须具有财产上的损失。④

（1）支付相当的对价。诈骗行为在多数场合是以交易形式实施的， 280
因此，作为诈骗手段在向对方支付了相当对价的场合，在被害人的财产损失上，就有若干问题。对此有 1）个别占有乃至财产性利益损失的形式个别财产说⑤和 2）交付乃至处分行为前后，被害人的财产状态发生变化，就是发生了财产上的损害的实质个别财产说⑥之间的对立。但是，由于本罪是以个别财产为对象的，损害的有无应当根据成为骗取对象的财物自身来判定⑦，因此，损害的内容是财物的占有或其他权利，支付了相当对价自身并不影响本罪的成立。⑧ 既然可以说不受欺骗的话

---

① 最决昭 43、10、24 刑集 22、10、946。

② 大判大 11、12、22 刑集 1、821。

③ 大判大 12、11、12 刑集 2、784。

④ 否定例子——大判大 12、7、14 刑集 2、650（受骗而交付印鉴证明的行为），最判昭 27、12、56 刑集 6、12、1387（受骗而交付护照的行为）。

⑤ 团藤，619 页；福田，250 页；大塚，256 页；前田，350 页。

⑥ 西田，207 页；山中，379 页；山口，263 页。

⑦ 最判昭 34、8、28 刑集 13、10、2906。

⑧ 大判大 2、11、25 刑录 19、1299，最决昭 34、9、28 刑集 13、11、2993。伊藤，百选Ⅱ（第 7 版），98 页；十河，判例讲义Ⅱ，62 页。最决平 16、7、7 刑集 58、5、309（支付相当对价，使人放弃抵押权的行为）。

就不会交付财物，则可以说，即便是支付了和财物价格相当的金钱，或即便是支付了其价格以上的金钱，也还是构成诈骗罪。这是因为，支付对价，无非是诈骗的手段而已。而且，假装具有领取供应物的资格而领取供应物的行为[1]，假装具有务农的意思而低价买下国有土地的行为[2]，都是诈骗。

（2）交付自身。将诈骗罪中的“交付自身”理解为损害的话，批判意见认为，未满18周岁的人假装已满18周岁而购买成人杂志的行为也成立诈骗罪。[3] 但是，该种行为说不上是指向交付财物的诈骗行为，因为，即便了解真相，对方通常也会将杂志卖给他。另外，即便伪造医生的处方签购入药品，也不成立诈骗罪。[4]

（3）各种证明书。与损失额相关、骗取各种证明书的行为成为问
281 题。判例对于骗取印鉴证明书[5]、护照[6]的行为，认为不成立诈骗罪。关于其根据，有1）主张欠缺诈骗罪的定型性的见解[7]，2）主张缺乏财物性的见解[8]，3）主张为了和在驾驶执照等上面不作如实记载的犯罪（《刑法》第157条第2款）进行比较平衡，不应受处罚的见解[9]之间的对立。伪造执照、护照的行为被视作间接无形伪造而受到处罚，但因为其本身财产性价值比较低，所以，不被作为诈骗罪而受到处罚，因此，主张骗取与护照、驾照类似的证明书的行为，不应作为诈骗罪进行处罚的3）说的见解妥当。但是，骗取健康保险证[10]、生命保险证[11]等各种证件的行为具有侵害财产权之类的社会经济上的重要价值的场合，就构

① 最大判昭23、6、9刑集2、7、653。

② 最决昭51、4、1刑集30、3、425。

③ 西田，205页；前田，287页。

④ 东京地判昭37、11、29判例泰晤士报140、117。

⑤ 大判大12、7、14刑集2、650。

⑥ 最判昭27、12、25刑集6、12、1387。另外，大判昭16、3、27刑集30、70。

⑦ 团藤，608页。

⑧ 平野，219页；藤木，317页；曾根，353页；中森，135页；前田，221页。

⑨ 西田，205页；山中，379页。

⑩ 最决平18、8、21判例泰晤士报1227、184，大阪高判昭59、5、23高刑集37、2、328。

⑪ 福冈高判平8、11、21判例时报1594、153，最决平12、3、2刑集54、3、402。

成诈骗罪。

（4）骗取存折。如果冒充他人开设储蓄账户，从银行窗口取得以他人名义开立的存折，就构成诈骗罪。[1] 隐瞒将存折交给第三人的意图，以自己名义接受存折的交付也是骗取财物。[2] 关于这些最高法院的判例，也有见解认为："对于银行方面来说，并没有造成有关经济损失的重要事实的错误"，但从形式的个别财产说来看，判例的结论是理所当然的。有人指出，假名账户和借名账户的存折作为诈骗罪对象的背景是其被用作电信诈骗的载体，我认为确实如此，但存折是财物是不会引起争议的。

（5）正当权利和损失额。在欺骗他人而获得财物的场合，行为人对于其中一部分财物即便具有取得的正当权利，但只要是骗取财物的，其损失额就是该财物的整体。判例最初对整体财产认定成立诈骗罪[3]，之后将超过部分认定为损失额[4]，但是，之后的判例，又对财物的整体认定成立诈骗罪。如在游戏机房中，将大约 43 个正当获得的弹子和大约 700 个不当取得的弹子混合在一起领取奖品的，对于其整体都认定成立
诈骗罪。[5] 只要以财物的占有为中心来考虑，就应当考虑为被交付的财 282
物的整体。[6] 但是，在非法地将本来就有权领取的转包价款提前领取的场合，不能说成立诈骗罪，至少，"所谓不使用非法手段就能得到的转包价款的支付，必须是在属于社会一般观念上个别支付程度的期间的支付时间的提前"[7]。

5. 主观要件

本罪的故意是对骗取他人的财物有认识而有实施行为的意思，对于

---

① 最决平 14、10、21 刑集 56、8、670。

② 最决平 19、7、17 刑集 61、5、521。

③ 大判明 43、2、17 刑录 16、267。

④ 大判大 2、12、23 刑录 19、1502。

⑤ 最判昭 29、4、27 刑集 8、4、546。

⑥ 植松，425 页。

⑦ 最判平 13、7、19 刑集 55、5、371；樋口，百选Ⅱ（第 7 版），100 页；十河，判例讲义Ⅱ，64 页。

诈骗行为、对方的错误、基于错误的处分行为以及它们和取得财物之间的因果关系也必须具有认识。在本罪中，除须具有故意之外，还必须具有非法占有的意思。

6. 排除违法性事由

首先，串通投标是否排除违法性的问题。所谓串通投标，是指在竞争投标的时候，投标人在事先商定标价的同时，又在外表上作出角逐中标架势的投标行为。通说、判例[①]认为，这种行为是一种交易上的策略，不具有诈骗行为的定型性[②]，但是，对招标人而言，这种表面上的公正价格使其产生错误认识，因此，应当说是诈骗行为。所以，只要具有非法占有的意思，并且根据该行为能够获取不正当利益，就应当成立诈骗罪。[③] 但是，属于一般交易习惯所认可的范围内的情况的话，就不具有违法性。

其次，行使权利和诈骗罪的关系问题。在作为行使权利的手段而实施诈骗行为取得对财物的占有的场合，符合诈骗罪的构成要件。虽说夺取型犯罪的保护法益是平稳占有，但只要实施了实际支配，就能被推定为平稳的占有，当对其以不法手段进行侵害的时候，就应当说符合诈骗
283 罪的构成要件。例如，通过欺骗手段从盗窃犯人手中夺取被盗窃的物品时，应当符合诈骗罪的构成要件。另外，为了使债务人偿还已经到期的债务，而使用欺骗手段骗取其相当数额的金钱的时候，由于对于作为财物的金钱，债权人并没有任何权利，只有让债务人偿还债务的权利而已，因此，上述欺骗行为不可能是行使权利范围之内的行为。在被害金额的算定上，虽然过去有判例认为，在对被害人的财产具有权利的场合，仅就其获取的有权支配以外的部分财产成立诈骗罪[④]，但是，倒不如说，包括有权支配部分在内的全部财产都应当被计算在被害额之

① 大判大8、2、27刑录25、252。

② 大塚，257页；福田，注释（6），184页。另外，《刑法》第96条之三第2款。

③ 牧野，700页；江家，310页；木村，150页。

④ 大连判大2、12、23刑录19、1502。

内。[1] 当然，在使用诈骗手段使他人交付财物的行为具有社会相当性的场合，排除违法性。

7. 罪数、与其他犯罪的关系

实施一个欺骗行为，从同一人那里数次骗取财物的，成立概括[2]一罪，但是，从数人那里骗取财物的，因为财产权的主体不同，侵害了数个占有，因此，是观念竞合。[3]

在和其他犯罪的关系上，应当注意的问题是：(1) 对于利用窃取或骗取的邮政储蓄存折，欺骗邮局工作人员领取存款的，有人认为，除成立对存折自身的占有罪之外，还成立诈骗罪，二者之间是牵连犯[4]，但是，二罪之间并不具有一般意义上的关系，因此，应当成立数罪。[5] (2) 对于出于骗取保险金的目的而放火烧毁作为投保物的房屋，从保险公司领取了保险金的，因为放火罪和诈骗罪之间并不是一般的关系，所以，成立数罪。(3) 伪造文书罪或使用伪造文书罪和诈骗罪之间是牵连犯。诉讼诈骗和伪证罪之间是同样的关系。(4) 公务员利用职务之便骗取他人财物的，和受贿罪之间成立观念竞合。

关于为他人处理事务的代理人欺骗被代理人，使其交付财物，如在 284
山林中的树木的买卖上，买方公司的从业人员和卖主之间共谋，向公司多报树木的数量，不当地抬高销售价格的场合，有 (1) 成立诈骗罪[6]，(2) 成立诈骗罪和背信罪之间的观念竞合（通说）等见解之间的对立。由于上述行为也符合背信罪的构成要件，因此，是背信罪和诈骗罪的观念竞合。在二重抵押的场合，有见解认为成立诈骗罪和背信罪之间的观念竞合，但是，只成立背信罪而已。诈骗罪也是状态犯，处分骗取的财物的行为即毁弃、运输等行为，是不可罚的事后行为。但是，如果事后的处分行为侵害了别的法益的话，就构成新的犯罪。在欺骗消费金融公

① 东京高判昭 54、6、13 东时 30、6、81。
② 大判明 43、1、28 刑录 16、46。
③ 大判明 44、4、13 刑录 17、552。
④ 大塚，260 页。
⑤ 最判昭 25、2、24 刑集 4、2、255。
⑥ 最判昭 28、5、8 刑集 7、5、965。

司的职员，使其交付借记卡，然后使用该卡从该公司的自动柜员机上取出现金的场合，得到卡的行为和取出现金的行为在社会一般观念上属于不同的行为类型，因此，得到卡的行为是诈骗罪，和盗窃罪之间成立数罪。[①]

三、诈骗利益罪（二款诈骗罪）

> 欺骗他人，获得财产性不法利益，或使他人获得该利益的，处10年以下有期徒刑（《刑法》第246条第2款）。
>
> 未遂犯，处罚之（《刑法》第250条）。

1. 意义

本罪是欺骗他人，使其陷入错误，并基于该错误意思而转移财产性利益，行为人获取该财产性利益的犯罪。本罪中诈骗的构造和一款诈骗一样，但本罪的对象是财产性利益，另外，交付是处分行为，在这两点上本罪和一款诈骗罪不同。所谓获取“财产性不法利益”，就是诈骗对方，使其实施处分行为，从而使行为人或第三人获得财产性不法利益。所谓“不法”，是指不法手段，不是指财产自身不法。

（1）对象。本罪的对象是财产性利益。所谓财产性利益，是指财物以外的一切财产性利益，如以诈骗手段骗取他人承诺免除自己的债务。
285 延期偿还债务、提供劳役或获得担保等都是财产性利益。暂时性的利益也行。[②] 利益的取得即“利得”必须以被欺骗者的特定的处分行为为根据，该处分行为在法律上是否有效，在所不问。在只要没有该欺骗行为就不会有处分行为的场合，成立诈骗罪。如以赌博诈骗的形式使对方背上赌博债或者抽头钱名义的债务的场合，该债务自身尽管在民法上无效，但作为获得利益的对象，可以成为财产性利益。[③]

（2）处分行为。本罪的行为是欺骗他人，不法获得利益，或者使第三人获得利益。因此，欺骗行为→对方的错误→处分行为→利益转移，

---

① 最决平14、2、8刑集56、2、71。

② 大判大4、3、5刑录21、254。

③ 最决昭43、10、24刑集22、10、946。

各个步骤之间必须有因果关系。也就是说，成立诈骗利益罪，必须是作为诈骗行为的结果，被诈骗者陷入错误，并基于该错误实施处分行为，因而使行为人或第三人取得财产性利益。本罪中，行为对象是财产性利益，但是，由于现实中许多情况下，财产性利益是不是转移到了行为人手中并不明确，同时，和现行刑法上不予处罚的利益盗窃之间的区别该如何划分，还存在问题，因此，必须对处分行为的意义加以探讨。

1）财产性利益的转移。处分行为是转移财产性利益的行为，如基于免除自己的债务的目的而欺骗债权人，使债权人陷入错误而作出放弃债权的意思表示，行为人因此而实现了其目的的场合。处分行为，不仅有作为形式的处分行为，还有不作为形式的处分行为。

2）处分意思。在一款诈骗的场合，虽然作为处分行为的交付行为也成为问题，但财物的占有转移在外观形态上则是很明确的，另外，在财物的转移上通常伴随转移的意思，因此，关于交付行为自身并没有成为问题。与此相对，在二款诈骗中，由于财产性利益的转移并不具有明确性，特别是处分的意思成为问题，所以，在学说上存在对立。但是，只要利益转移是基于对方的意思而实施的，就可以说具有处分行为，并
不要求具有处分财产性利益的意识，即便是无意识的处分行为也可 286
以。[①] 有一种观点认为，正如免除债务或放弃财产权等一样，对于转移利益及其结果都必须具有认识[②]，但是，本罪中的“利得”，只要是被欺骗者基于其有瑕疵的意思而将财产性利益转移到行为人方面就够了，在不实施欺骗行为对方就会作出必要的作为的场合，即便被欺骗者没有意识到法律上的效果，也应看作处分行为。如为了不交旅馆住宿费而谎称“散步去!”，从而被允许外出的场合，只要对引起利益转移的“允许外出”的事实具有处分意思和处分行为，不管该行为是作为还是不作为，只要据此而直接将财产性利益转移到了行为人一方，就应当说是处分行为。

① 平野，215页；大塚，262页；中森，141页；西田，212页；高桥，326页。
② 曾根，149页；山中，388页；前田，340页；林，237页。另外，山口，253页。

关于处分行为的典型判例 有关诈骗利益罪中的处分行为的典型判例，是最高法院于1955年4月8日（刑集第9卷第4号第827页）的判决。甲和乙就买卖苹果签订了合同，并从乙那里取到了定金，但是，过了履行合同的期限，甲还没有履约，于是乙就来催促甲。甲尽管没有履约的意思，但是仍将乙带到运送苹果的车站参观，假装已经办妥了发送苹果的手续。乙放心回家而暂时没有要求甲履行债务。在这一事件中，法院认为“被告人欺骗行为的结果，仅是使被害人乙陷入错误，放心回家而已。第一审判决中，被害人方面作出了什么样的处分行为，并不明确，而且在被告人方面，根据上述被欺骗者的行为，获取了什么样的财产性利益，在该判决的事实认定中，也并不明确”，因此，撤销适用诈骗利益罪的原判决，发回一审法院重审。① 这一判决的宗旨是，要求有明确的“处分行为”和确定的利益。之外，便是于同年7月7日的判决。在白吃白住的事例中，法院认为“由于诈骗罪而获取财产上的不法利益，免除自己的债务，必须要有欺骗对方即债权人，使其作出免除债务的意思表示”，即对处分行为的意义作了严格理解。② 上述判例的宗旨，在划定二款诈骗罪和利益盗窃之间的界限上具有意义，但是，即便对免除债务等利益转移自身不要求有意思表示，但是，按照本书的理解的话，也能和利益盗窃之间划清界限（通说）。另外，认
287 可了无意识的处分行为的判例，有东京高等法院于1958年7月7日的判决（对欺骗他人说“今天夜里一定回来”，但实际上逃走了的行为，适用诈骗罪处理）。

2. 诈骗利益罪的具体情况

在诈骗利益罪中成为问题的，主要是被欺骗者的处分行为，特别是不作为的处分行为。对这些问题的理解不同，和不可罚的利益盗窃之间的界限也不同。

---

① 古川，百选Ⅱ（第7版），114页；十河，判例讲义Ⅱ，65页。
② 高山，百选Ⅱ（第7版），106页；十河，判例讲义Ⅱ，66页。

(1) 无钱吃喝住宿。所谓无钱吃喝住宿，是指吃喝住宿之后不付账的行为。其中包括两种形态：一是根本没有付账的意思而吃住的场合（犯意先行型）。此时，点菜、办理入住手续行为便是作为（举动）形式的欺骗，对方基于错误而提供食物等的场合就相当于交付财物，所以，毫无疑问成立一款诈骗罪。[①] 二是最初出于付账的意思而吃住，之后产生不付账的念头而欺骗对方免除债务，或乘对方不注意之机溜走的场合（吃住先行型）。在逃走的场合，由于对方没有实施处分行为，所以，属于盗窃财产性利益的行为。这种情况同乘管理人员不注意而偷看演剧，或不通过检票口的逃票乘车的情况一样。

成为问题的是，如在旅馆住宿的人在结账的时候，突然发现自己所带的钱不足，于是使用诡计让人免除自己付账的场合。判例在无钱吃住之后，假装送开车回家的朋友而从店里逃走的案件中，认为，由于没有处分意思，所以不是诈骗。[②] 但是，认可送朋友的事实成为免除支付的结果，因此，应当说，能够认可处分行为即无意识的处分行为。如只要对客人的“散步去”或者“外出”的要求表示同意，那么，费用债权这种财产性利益就基于被害人的意思而发生了转移，应当成立二款诈骗罪。但是，仅仅假装“送人”而从大门口逃走的，由于仅仅被认可出大 288
门而已，行为人不是基于被害人的认可而外出的，而是基于自己的意思脱离了旅馆主人的控制，应当说，行为人取得了免交费用的利益，应当是盗窃财产性利益的行为。

成为问题的是，在没有必要和服务员见面的酒店。根据判例，即使是这种酒店，如果客人提出申请，酒店方面同意的话，成立诈骗利益罪（大阪高判平 2、4、19 判 739、241）。入室行为是欺骗行为，在酒店员工确认入室时，应理解为有处分行为，故上述判例是正当的。

(2) 逃票乘车。所谓逃票乘车，如以乘火车从甲站出发到丁站的目的，购买从甲站到最近的乙站之间的车票，向甲站的乘务员 A 提交检

---

① 大判大 9、5、9 刑录 26、348。另外，东京高判昭 31、11、28 高刑裁特 3、1138。

② 前引最决昭 30、7、7。

票后乘坐电车，又向丁站乘务员B提交事先购买好的丙站和丁站之间的月票，从而验票出站，逃交乙站和丙站之间的运费的行为。

利用自动检票装置 利用现在正在普及的自动检票装置而逃票的行为，由于机器不能被骗，因此，不是诈骗罪。《草案》第339条第2款试图将这种行为犯罪化，规定“使用不正当手段，不支付对价而利用公共交通工具的，与前款同”。

1）学说的对立。逃票乘车的行为是否构成诈骗财产性利益罪，有肯定成立二款诈骗罪的肯定说，和不成立该罪、仅成立《铁路运营法》中的无票乘车罪［第29条（处2万日元以下罚金、小额罚金）］的否定说。肯定说当中，又有i. 乘车站标准说和ii. 下车站标准说之分。其中，多数说是肯定说①，但否定说②也很有力。

肯定说中的i见解认为，行为人在甲站的检票口，向检票人员出示了到乙站的车票，这种行为就是伪装成普通乘客的欺骗行为，检票人员的放行行为和其他工作人员的运送行为作为有偿的提供劳务的行为，相当于基于错误的处分行为，因此，在行为人获得乘车利益时，就构成了诈骗财产性利益的犯罪；肯定说中的ii见解认为，行为人在丁站的检票口，欺骗检票员，假装已支付了全部运费，是通过检票人员的不作为的
289 处分行为而获得免除债务的财产性利益的行为，因此，构成诈骗财产性利益的犯罪。相反地，否定说认为，行为人虽然在甲站的检票口出示了至乙站的车票，只要是出示有效车票的行为，就不能说是欺骗行为。另外，即便通过欺骗检票员的方式从丁站出来，但只要出示了真实的车票，就不能说工作人员有错误，所以不成立诈骗财产性利益的犯罪。③

2）处理。那么，对上述情况该如何处理呢？以下区分乘车站和下车站，考虑是否成立诈骗罪。

---

① 植松，421页；福田，258页；大塚，264页；藤木，315页；内田，318页；中森，140页；前田，331页，高桥，328页。大阪高判昭44、8、7刑月1、8、795。本间，百选Ⅱ（第7版），108页；十河，判例讲义Ⅱ，67页。

② 西原，249页；平川，372页；曾根，148页；齐藤信治，155页；山中，392页。东京高判昭35、2、22东时11、2、43；广岛松江支判昭51、12、6高刑集29、4、651。

③ 另外，山中，392页。

（a）乘车站。就一开始就是出于逃票乘车的意图而出示从甲站到最近的车站之间的车票的行为来看，检票员之所以让行为人通过，是因为相信乘客会按车票的表示乘车，或者，之后还会按正常的票价付费。如果知道了行为人逃票乘车的意图，检票员是不会让他进入车站的。所以，上述行为同出示假车票或过期车票的行为一样，是假装成正常乘客的欺骗行为。

行为人因这种欺骗行为而得到了检票人员的许可进入车站，行为人通常便直接获得了全线乘车的利益，因此，检票员的行为，不能被看作仅仅允许进入车站，而是允许进入列车乘车以及包括途中区间在内的全线范围内的乘车许可，因此，上述许可，应被视为提供劳务这样一种提供财产性利益的处分行为。行为人便获得了从甲站到丁站之间的，若不付出对价就不可能得到的铁路公司的运输服务。行为人乘坐的火车从甲站出发时起，诈骗就达到既遂。之后的乘坐行为就是不可罚的事后行为。由于被害人是铁路公司，所以是三角诈骗；被害金额是列车全线的
价额。① 有见解认为，这种场合的实行着手是在出发站购入车票时②， 290
但是，将购买车票行为看作欺诈行为是过于宽泛地理解了诈骗行为，因此，应当将在检票口向工作人员出示车票时看作实行的着手。

（b）下车站。就在乘车之中或下车之后，突然产生不付车费的念头，出示从丙站到丁站之间的车票或月票，从而通过检票口的情况来看，行为人在乘车途中或下车之后，对无票乘坐的线路，具有交付车费的义务，下车车站的工作人员有向其请求支付车费的权利。因此，行为人出示部分线路的月票欺骗检票员，逃避交付车费，这种行为是免除交付车费的债务的行为。又，检票员因为陷入错误而没有要行为人交纳应当支付的车费，反而让其通过检票口，该种行为是不作为的处分行为。总之，乘车途中或下车之后，产生不交纳车费的念头的，构成诈骗财产性利益的犯罪。

---

① 大塚，264 页；藤木，315 页。

② 植松，428 页。

出于不交钱坐车的意思而坐车的，在乘车时的行为方面，是否构成以提供服务为对象的诈骗利益罪，成为问题；而在下车时的行为方面，是否成立以支付车费债务为对象的诈骗利益罪，成为问题。但由于二者实质上是有关同一利益的犯罪，因此，应当作为包括的一罪处理。另外，行为人不通过检票口而逃走的，由于没有对方的处分行为，所以是盗窃利益的行为，不受处罚。同样，在上车车站、下车车站的检票口都是根据自动设备装备成机械化系统的时候，就是利益盗窃的问题。

有关逃票乘车的判例 基于肯定说立场的代表性判例有，大阪高等法院于1969年8月7日的判决，其中认为，“行为人像按照乘车区间支付车费的正常乘客一样，对检票口的工作人员出示”到离上车车站最近的车站的车票的行为，“明显是作为为了达到非法乘车的目的的手段而实施的……以上被告人的行为，不单纯是对事实保持沉默，而是对检票口的工作人员的积极欺骗”。基于否定说立
291 场的著名判例有，东京高等法院于1960年2月22日的判决，其中认为，“由于仅仅对事实保持沉默而使他人陷入错误的场合，如果没有应当告知事实的法律上的义务的话，就不能说该行为是诈骗罪中的诈骗”。据此，否定了入场时的诈骗行为。同时，认为“即便乘客在下车站没有补票，而且装扮成像是持有正常车票的人一样，欺骗车站工作人员而出站，但只要车站工作人员没有表示免除的意思”，就没有获取财产上的不法利益，仅成立《铁路营业法》第29条所规定的“没有有效车票而乘车”的犯罪。另外，无票利用高速公路，自开离出口时起被认定为诈骗利益罪的例子有，福井地方法院于1981年8月31日的判决（《刑月》第13卷第8、9号第547页）。①

3. 有关问题

和诈骗罪有关，存在（1）诈骗罪和诈骗利益罪之间的关系以及

① 逃费利用高速公路，被认定在出口成立诈骗利益罪的判例有，福井地判昭56、8、31刑月13、8和9、547。

（2）不法原因给付和诈骗罪之间的关系问题。

（1）诈骗罪和诈骗利益罪之间的关系。二者在保护法益上是相同的，只是在对象上不同而已，因此，在成立诈骗罪的时候，就不可能成立诈骗利益罪。如基于诈骗财物的目的而欺骗他人，使他人作出交付财物的意思表示的，成立诈骗未遂罪。根据该意思表示，行为人即便获得了财产性利益，成立诈骗利益罪的既遂。两者成立包括一罪。是成立诈骗罪还是诈骗利益罪，以在行为形式上，最终目的是获取财物还是获取财产性利益来决定。① 因此，在最终以骗取财物为目的的场合，只有诈骗罪才成为问题。在交付财物的意思表示的阶段，事发的场合，就只成立未遂。在根据意思表示债务人日后履行了该债务的时候，就是诈骗罪的既遂。② 根据一个诈骗行为取得了获取货款的权利，以后又基于该权利而使他人交付了金钱的，只概括性地成立诈骗罪。③ 当诈骗行为使他人往银行账户里汇款的时候，由于已使财物处于行为人能够自由支配的状态，所以，也成立诈骗罪。 292

（2）不法原因给付和诈骗罪。《民法》第 708 条规定“由于不法原因而实施给付的，对该给付物不得请求返还。但是，不法原因仅存在于受益人一方的时候，不在此限”。据此，谎称帮助杀死其妻子而从丈夫手中骗取“杀人费”的，丈夫不能请求返还该费用。那么，是否也不成立诈骗罪，成为问题。但是，判例在作为伪造纸币的资金而骗取金钱的场合④，为买黑市上的大米而骗取预付金的场合⑤，谎称卖淫而先收取费用的场合⑥，都认定成立诈骗罪。其理由是“只要是使用欺骗手段侵害了对方对财物的支配权，即便对方交付财物是基于不法原因，属于民法上不能请求返还或不能请求损害赔偿的情况，也成立诈骗罪”⑦。学

---

① 最决昭 43、10、24 刑集 22、10、946。

② 福田，注释（6），249 页；曾根，150 页；中森，142 页。

③ 大判明 44、5、23 刑录 17、747。

④ 大判明 42、6、21 刑录 15、812。

⑤ 最判昭 25、12、5 刑集 4、12、2475。

⑥ 最决昭 33、9、1 刑集 12、13、2833，最决昭 43、10、24 刑集 22、10、946（诈骗赌博）。

⑦ 最判昭 25、7、4 刑集 7、4、1168；田山，百选Ⅱ（第 7 版），94 页。

说上，有人以《民法》第708条为根据，主张因为没有财产上的损害，所以不成立诈骗罪。但是，被害人不受欺骗的话，就不会交付财物，因此，应看作诈骗行为引起的不法原因给付。所以，应适用《民法》第708条的但书规定，认为成立诈骗罪。①

问题是，采用欺骗手段，使人卖淫，而后不付“卖淫费”的行为是否构成诈骗利益罪的。在学说上，有民法上所不保护的经济利益在刑法上也不受保护的否定说②，和在刑法上应当受到保护的肯定说③之间的对立。这种场合，在不受欺骗的话，就不会有违反公序良俗的卖淫行为或犯罪行为这一点上，和前面的情况相同，因此，认为在刑法上值得保护的肯定说是妥当的。这种情况下，诈骗利益罪的对象是，提供作为卖淫行为或犯罪行为的劳务。该结论，对不按情人合同提供生活费用，或
293 按卖淫合同支付嫖娼费用的诈骗行为也适用。这种场合的诈骗利益罪的对象，是支付生活费或卖淫费用这种财产性利益。

有关卖淫费的判例 有关卖淫费的下级法院的判决，有肯定说和否定说之分。1）采用肯定说的有名古屋高等法院于1955年12月13日的判决（裁特第2卷第24号第1276页），认为“即便合同中因为包括有卖淫内容，违反公序良俗，按照《民法》第90条的规定无效，但是，合同在民事上是否无效和刑事上是否有责任，在本质上并不相同”，“因此，在扰乱社会秩序这一点上，即便是在签订卖淫合同之际所实施的欺骗行为，其和通常的交易中所实施的行为，并没有任何不同”，进而判定卖淫费也可以成为诈骗利益罪的对象。2）采用否定说的有札幌高等法院于1952年11月20日的判决（高刑集第5卷第11号第2018页），认为：“卖淫是违反善良风俗的行为，该合同本身是无效的，因此，也不用承担支付卖淫费的债

① 泷川，157页；松原，295页。

② 江家，311页；平野，220页；大塚，253页；中森，135页；西田，229页；曾根，152页。

③ 团藤，618页；福田，注释（6），242页；内田，306页；前田，296页。

务。所以，欺骗他人不付卖淫费，不能说获得了财产性的利益”[1]。

四、准诈骗罪

利用未成年人的知识浅薄或他人的心神耗弱，使其交付财物，获得财产性不法利益，或者使他人得到的，处10年以下有期徒刑（《刑法》第248条）。

未遂犯，处罚之（《刑法》第250条）。

1. 意义

本罪是不使用诈骗手段，而是利用他人的知识浅薄或心神耗弱而使他人交付财物，获得财产性利益，或者使他人获得该财产性利益的行为。这种行为在利用对方的意思瑕疵这一点上，与诈骗罪类似，所以，比照诈骗罪的规定予以处罚。

2. 行为

本罪的行为对象是未成年人以及心神耗弱者。所谓未成年人，是按照民法规定，不满20周岁的人（《民法》第4条）。根据本罪的宗旨，不适用通过结婚而拟制为成年人的规定（《民法》第753条*）。由于本罪的行为是利用未成年人的知识浅薄，因此，单是未成年人还不够，还要求对该具体事项，由于知识欠缺，认识不够。实质上，是指不需要使用欺骗手段，只要使用单纯的诱惑手段就能使对方作出财产上的处分行为——这种程度上的判断能力的人。所谓心神耗弱者，就是由于精神障 294
碍而不具有通常的判断能力的人。[2] 因为关键是使对方被诱惑性手段所吸引，所以，并不要求和限定责任能力人（《刑法》第39条第2款）一致，即便是心神丧失者也可以构成。现行刑法上，只是规定了“心神耗

* 日本《民法》第753条规定：“未成年人结婚时，即视为成年”。但是，根据2018年法律第59号，日本民法已被修改。据此修改，成年人的年龄降低到18岁，而男性和女性的适婚年龄都改为18岁，2022年4月1日施行。在2022年4月1日至2024年3月30日的期间内，《民法》第753条只适用于女性。在2024年3月31日该条文将彻底失效。——译者注

[1] 林干人，刑法的基本判例，155页。

[2] 大判明45、7、16刑录18、1087。

弱”，但是利用心神耗弱者的行为也构成准诈骗罪，因此，当然地，明显具有精神障碍的心神丧失者的行为也包括在内。但是，如前所述，对象属于完全不具有意思能力的人时，构成盗窃罪（通说）。[①]

所谓“利用”，就是利用易于被诱惑的状态。除积极利用的场合以外，放任未成年人自愿处分财产的行为也包括在内。另外，即便是对这里所谓的未成年人等使用欺骗手段的，也构成诈骗罪。

五、使用电子计算机诈骗罪

除前条规定的情况以外，往他人处理事务用的计算机中输入虚假信息或不当指令，从而制作与丧失、取得财产权或作出和变更财产权有关的不真实的电磁记录，或者将与丧失、取得或变更财产权有关的虚假的电磁记录提供他人处理事务使用，获取财产性不法利益，或者使他人获取该利益的，处10年以下有期徒刑（《刑法》第246条之二）。

未遂犯，处罚之（《刑法》第250条）。

1. 意义

随着电子计算机的普及，以银行业务为代表，在各种交易领域内，在取得、丧失、变更财产权的事务上，不经过人手，而是基于电磁记录自动处理的形态正在不断增加。在滥用这种交易形态而获取财产上的不法利益的行为中，由于不存在作为诈骗罪的构成要件的欺骗他人的行为，另外，也没有盗窃罪的构成要件中所要求的财产占有的转移，因此，就产生了处罚上的空当。1987年《刑法》部分修改的时候，为了对和计算机有关的犯罪行为作出合适处理，就新增加了本罪。本罪之所
295 以被视为诈骗罪的一种类型，是因为在行为形态上，和欺骗他人，获取财产性不法利益的诈骗罪类似。

本罪是在基于电磁记录自动处理财产权的取得、丧失或者变更等事务中，往他人处理事务用的计算机中输入虚假信息或不当指令，使人丧

---

① 反对，植松，430页（构成诈骗罪）。

失、取得财产权或作出和变更财产权有关的不真实的电磁记录，或者将与丧失、取得或变更财产权有关的虚假的电磁记录提供他人处理事务使用，以获取财产性利益，或者使他人获取该利益的犯罪，其保护法益是财产性利益，因此，本罪在是利益性犯罪的同时，也具有二款诈骗罪的补充类型的特征。

2. 行为

（1）与取得、丧失或者变更财产权相关的电磁记录。使用电子计算机诈骗罪是通过制作、提供与取得、丧失或者变更财产权相关的电磁记录，取得不法利益的犯罪。所谓与取得、丧失或者变更财产权相关的电磁记录，是指记录财产权的取得、丧失或者变更等事实的电磁记录，其制作、变更直接导致财产权的取得、丧失或者变更，例如，公司注册债券的注册文件记录、银行等的顾客分类文件中的存款余额记录、预付卡的剩余次数和余额记录等。与之相对，其制作、变更不直接引起财产权的取得、丧失或者变更的电磁记录，如现金卡和信用卡的磁条部分的记录，是为了证明一定的事实，所以不属于这里的电磁记录。

（2）作为获取不法利益手段的加害行为，有两种行为类型。

1）制作虚假的电磁记录，即往他人处理事务用的计算机中“输入虚假信息”或“不当指令”，使人制作出与丧失、取得财产权或变更财产权有关的不真实的电磁记录（所谓“制作型”）。所谓“虚假信息”，是指对照该计算机信息系统预定事务处理的目的，其内容违背真实情况的信息。[①] 如尽管没有存入现金，却向银行业务用的电子计算机中输入已经存入的信息，或者尽管已经取出了存款，却不输入该信息，就是这种情况。所谓他人处理事务用的电子计算机，是他人用来处理事务的电子计算机。所谓“不当指令”，是指电子计算机的设置人、管理人下达的违反原来设定的指令。例如，为了免除国际通话费而改变程序，发送 296
不当信号的场合就在此列。[②] 有力的见解认为，对于通过制作不真实的

① 东京高判平 5、6、29 高刑集 46、2、189。神例，百选Ⅱ（第 7 版），116 页。

② 东京地判平 7、2、13 判例时报 1529、158。

电磁记录而获得的不法利益，应重视积极获得不法利益的积极利得型①和免除电话费之类的债务免除型②的区分③，但是，这似乎没什么意义。所谓“制作电磁记录”，就是向供他人处理事务用的电磁记录中输入虚假信息，作出违反真实内容的电磁记录。

虚假信息 神田信用金库的分行行长为了还清自己的债务，在没有金钱进账的事实的时候，却让储蓄科的工作人员操作计算机终端，作金钱进账处理。对于本案，东京地方法院在1992年10月30日（判例时报第1440号第158页）的判决中认为，分行行长具有进款和汇款的权力，因此，上述行为不是制作虚假信息，从而判定其行为只是构成背信罪。但是，东京高等法院于1993年6月29日的判决中认为：“被告人让有关人员向计算机中输入金钱进账的信息，但均没有与其相应的现金进账的事实，完全不具有经济的、资金的实体存在的时候”，该信息是虚假信息。我认为，后一判决的判断是妥当的。最高法院于2006年2月14日（刑集第60卷第2号第165页）的决定中认为：“信用卡名义人没有申请购买电子货币，但在本计算机中输入相同的卡号，冒充名义人本人购买电子货币”，构成“虚假信息”。

2）让他人使用该电磁记录，即将有关财产权的取得、丧失或者变更的电磁记录提供他人处理事务使用，从而获得不法利益的情形（所谓“供用型”）。所谓“将虚假的电磁记录提供他人处理事务使用”，就是指行为人将其所持有的内容虚假的电磁记录插入他人用于处理事务的电子计算机，进行使用的情况。所谓“虚假的电磁记录”，就是内容虚假的电磁记录。是不是行为人自己作出的，在所不问。所谓“供处理事务用”，就是将自己所持有的电磁记录，在他人处理事务用的电子计算机上使用，如将内容虚假的记录替代真实记录，进行错误的检索、演算，

① 最决平18、2、14刑集60、2、165。铃木（左），百选Ⅱ（第7版），120页；十河，判例讲义Ⅱ，72页。

② 东京地判平7、2、13判例时报1529、158。永井，百选Ⅱ（第7版），118页。

③ 西田，253页；山口，276页。

使用内容虚假的预付卡等，就属于这种情况。拾到他人遗失的电话卡而
使用的，由于不是使用虚假的电磁记录，所以，不构成本罪。另外，伪 297
造的现金卡不是有关财产权的得失、变更的电磁记录，所以，使用该卡的场合，不是“输入不当指令”。

（3）获取不法利益。构成本罪，必须发生获得财产性不法利益的结果。所谓“获取不法利益”，就是指不法取得财物以外的财产性不法利益。如使用虚假的电磁记录，在银行的存款记录上作出具有一定财产权的记录，然后取出该存款，或取得能够转账的资格等，这就相当于获得了在事实上能够自由处分财产性利益的状态。[①] 让存款余额增加的行为也是获取利益的行为。[②] 接受根据所制作的增值卡而提供的一定债务，或者篡改罚款记录而免除交付罚款的场合也可以。[③] 但是，在他人的计算机上不法获取具有财产性价值的情报，然后出卖获利的行为，由于不符合上述（1）中的1）要件，所以，不构成本罪。

3. 着手、既遂时期

本罪的着手时期，是开始实施输入虚假信息或者不当指令的行为的时期，以及开始实施使用虚假的电子记录处理他人事务的行为的时期。既遂时期，是制作不真实的电子记录，或者使用虚假的电子记录处理他人事务，获取财产上的不当利益的时期。[④]

本罪是为了补充《刑法》第246条第2款规定的诈骗利益罪而设立的罪名，因此，计算机处理事务的过程中有人的介入，在可以认定为对
人的欺诈行为的场合，成立诈骗利益罪。[⑤] 298

4. 罪数、与其他犯罪的关系

数次时间密接地往他人处理事务用的计算机输入错误信息，获取财

① 大阪地判昭63、10、7判例时报1295、151。

② 东京地八王子支判平2、4、23判例时报1351、158，名古屋地判平9、1、10判例时报1627、158。

③ 米泽，前引69页。

④ 西田，239页。

⑤ 冈山地判昭6、10、7判例时报1295、151。

产上的不当利益的场合，成立包括的一罪。但是，有判例认为，即使多次实施相同形态的侵害行为，在犯罪之日不同的场合，构成不同的犯罪。[①] 另外，非法制作、供用电磁记录罪，非法制作支付用卡电磁记录罪、供用非法制作的电磁记录卡罪和本罪有不同的保护法益，所以在成立本罪的场合，也成立其他各罪的，应作为牵连犯处理。

有见解认为，通过实施本罪，获得了一定的存款余额的记录，此后又提取现金的情况下，后一行为是不可罚的事后行为，但是，制作不当的电磁记录，并据此而获得了现金，后一行为不能完全被评价在前一行为之中，应构成包括的一罪。CD卡的不当使用与输入虚假数据使得储蓄账户余额记录改变，除成立《刑法》第161条之二第1款和第3款规定的非法制作电磁记录罪之外，还成立使用电子计算机诈骗罪中制作、供用电磁记录的犯罪，但都是由一个行为触犯这些罪名，所以是观念竞合。在本罪成立后，从银行窗口或者CD机上提取现金，构成诈骗罪或者盗窃罪，但其行为是为了取得财物或者财产上的利益，所以构成包括罪。

第五节　敲诈勒索犯罪

一、概说

所谓敲诈勒索犯罪，就是敲诈他人，使其交付财物，以及使自己或者他人得到财产性利益的犯罪。刑法中规定了（1）敲诈勒索罪（《刑
299 法》第249条第1款）、（2）敲诈勒索利益罪（同条第2款）、（3）上述犯罪的未遂罪（《刑法》第250条）。和诈骗罪一样，对敲诈勒索犯罪也适用亲属间犯罪的特别规定（《刑法》第252条、第244条）。另外，必须注意的是，和诈骗犯罪中的被害人不同，在被敲诈者和财物的交付者

① 前引东京地八王子支判平2、4、23。

不是同一个人的场合，敲诈行为的对方即被敲诈者也是被害人。

敲诈勒索犯罪是以敲诈勒索为手段，使他人产生恐惧心理，侵害其意思决定和行动的自由，进而取得财产或财产性利益的犯罪，故伴随对自由的侵害。本罪的保护法益除了财产，还有自由，但其在本质上是财产犯罪。本罪在基于被害人的有瑕疵的意思决定而获取财产这一点上，和诈骗罪有共同之处。因此，除手段之外，在诈骗罪下所讨论的问题，在本罪下也是问题，故为了避免重复，对于本罪和诈骗罪共同的特点本节不加叙述。另外，敲诈勒索犯罪和抢劫罪，不仅对象相同，而且由于都以胁迫为手段，所以在行为形态上也类似。但是，敲诈勒索犯罪，以暴力、胁迫没有达到抑制对方反抗的程度为内容，在这一点上和抢劫罪不同。

二、敲诈勒索罪

敲诈勒索他人使其交付财物的，处 10 年以下有期徒刑（《刑法》第 249 条第 1 款）。

未遂犯，处罚之（《刑法》第 250 条）。

1. 对象

本罪的对象是他人占有的他人财物。即便是自己的财物，在处于他人占有，或根据公务机关的命令而由他人看守的场合，也被看作他人的财物（《刑法》第 251 条、第 242 条）。电力也能成为本罪的对象（《刑法》第 251 条、第 245 条）。被盗物品、违禁品也是本罪的对象。

2. 行为

本罪的行为是敲诈勒索他人，使他人交付财物。成立敲诈勒索罪，必须使用了暴力、胁迫，使对方陷入恐惧，结果使对方交付财物或将财物转移给行为人。敲诈勒索行为→恐惧→交付→转移财物之间必须具有相当因果关系。即便实施了胁迫行为，但被害人完全没有感到害怕，而是出于同情，交付财物的，是敲诈勒索未遂。 300

（1）敲诈勒索。所谓敲诈勒索，是使人交付财物的手段，换句话说，是为了使人交付财物的暴力或胁迫，但是，没有达到能够抑制对方反抗的程度。

1）胁迫。本罪中的胁迫，以告知足以使他人恐惧的不利后果为内容，但是，和抢劫罪中的胁迫不同，不要求达到抑制对方反抗的程度。

第一，胁迫的程度。单纯地使对方感到有压力或为难的，不是敲诈勒索。[①] 被告知的不利后果的内容，在种类上不受限制，但和胁迫罪（《刑法》第222条）中的“胁迫”不同，其对象不局限于对方或对方亲属的生命、身体、自由、名誉或财产，还包括家庭安宁、损害信用等。[②]

暴露他人隐私的行为也是敲诈。[③] 另外，被告知的不利后果是否能实际实现，在所不问；也不要求告知行为人将亲自实现该不利后果。但是，在由第三人实现该不利后果的场合，行为人必须处于能够影响该第三人的地位，或敲诈勒索的对方处于能够推测该事实的状况。[④] 告知天地变异或预测祸福凶吉之类的警告，原则上不是胁迫行为。即便在仅告知不利后果尚不足以使他人感到恐惧的场合，在和损害名誉等其他事情结合在一起产生使人恐惧的结果的，也是敲诈勒索。[⑤] 关于不利后果的内容，并不要求其自身是不法的。即便是在声称“告发”之类的告知对方将要行使权利的场合，在将这种“告发”用作不法取财的手段的时候，就是这里所说的胁迫。[⑥]

凶吉祸福 使他人相信自己的力量能够左右凶吉祸福的时候，告知此类预测能够成为胁迫。广岛高级法院于1954年8月9日的判例（高刑集第7卷第7号第1149页），甲被乙请求为其母亲祷告，以消除其病，甲借此机会，对乙说，“你母亲为鬼魂附体，为了驱除该鬼魂只有向神求助，但是得要10万日元，否则，你母亲

① 东京高判平7、9、21判例时报1561、138，大阪高判平9、2、25判例时报1625、133。

② 大判明44、2、28刑录17、230。

③ 大判明45、3、14刑录18、337。

④ 大判昭5、7、10刑集9、497。

⑤ 大判昭8、10、16刑集12、1807。

⑥ 最判昭29、4、6刑集8、4、407。

就有生命危险”，乙等感到恐惧，于是，分数次向甲交付了32.7万余日元中，认为，本案成立敲诈勒索罪。 301

被告人经营《日刊新闻》的发行，他为了获取金钱，连日在《日刊新闻》上登载有关医生的人气投票结果。对于这种行为，虽然大审院在1933年10月16日的判决中认为，“构成敲诈勒索罪的敲诈勒索手段，不限于揭发丑事恶行、告发犯罪或其他类似的不利后果的行为，还包括上述之外的其他使一般人感到困惑的行为”，从而认定上述行为成立敲诈勒索罪，但是，我认为，不应当将使人困惑的行为自身当作胁迫。

第二，告知的方法。告知不利后果的方法、手段，不受限制。不要求以明示的方法告知，语言、文字方法之外的举动、动作也包括在内。利用自己的经历、脾气以及职业上的不法威力的行为也是敲诈勒索。① 在不利后果的告知中包括诈骗行为的场合，例如声称“你儿子强奸了我姑娘”，要求他人赔偿精神损害，不赔偿就告发，威胁他人交付财物的，因为对方的处分行为的原因中，具有错误和恐惧的竞合，因此，成立诈骗罪和敲诈勒索罪的观念竞合。② 相反地，完全是基于恐惧而交付财物的，就只成立敲诈勒索罪。③

2）暴力。敲诈勒索的方法中也包括暴力。因为实施暴力并表示之后还会继续实施的话，就会使人产生恐惧心理。④ 这里的暴力是指对人所施加的广义上的暴力，只要能使对方产生恐惧心理就够了。对第三人的暴力也能成为对被害人的胁迫。但是，必须没有达到压制对方反抗的程度。

（2）交付行为。成立本罪，和诈骗罪一样，必须使用敲诈手段的结果是使对方产生恐惧，从而基于其意思，实施转移财物占有的交付行

---

① 最判昭26、4、12裁判集43、69。

② 大判昭5、5、17刑集9、303。小野，262页；木村，126页；植松，434页；团藤，623页；大塚，275页。反对，江家，320页（法条竞合）。

③ 最判昭24、2、8刑集3、2、83。反对，山中，400页；山口，281页（将暴力自身当作恐吓行为）。

④ 前引最判昭24、2、8。木村，140页；袖珍，574页；大塚，275页。

302 为。通过该处分行为，财物被转移到行为人或与行为人有一定关系的第三人的手中。

1）恐惧。成立敲诈，必须是基于暴力或胁迫，对方产生恐惧心理。使用暴力、胁迫以外的方法使人感到恐惧，从而交出财物的，不是本罪。

2）交付。所谓交付，是在恐惧状态之下转移财物的占有。交付必须包括交付的事实和交付的意思。乘人不注意而夺取财物的，是盗窃罪。不要求他人亲自交付，行为人乘他人陷入恐惧状态而取得财物之类的不作为的交付，也是交付[①]，因为，只要是他人基于恐惧而转移财物的占有就成立交付。

交付财物的被害人和被敲诈勒索的对方不要求是同一个人，但和诈骗罪中一样，被敲诈勒索的对方必须是对财物具有处分权限和地位的人。因此，被敲诈勒索人和处分行为人必须是一致的（通说）。[②] 被害人和被敲诈勒索人不一致的，是三角敲诈勒索。在被害人和被敲诈勒索人不一致的场合，并不要求被害人具有恐惧心理，恐惧行为和交付之间只要具有因果关系就够了。另外，诈骗罪的处分行为，由于是基于被欺骗而作出的，因此，在实施交付时即便无意识也可以，但在敲诈勒索罪中，由于是受到胁迫而作出处分行为，所以和诈骗罪的场合不同，光有无意识的不作为的处分行为还不够，至少要求对交付财物具有意识。即便是由于不法原因而交付财物，也构成本罪。

3. 未遂、既遂

本罪的着手是开始敲诈勒索行为的时候。在排除了被害人对财物的占有，在该财物上设定了行为人或第三人的占有的时候，就是既遂。因此，未能使对方产生恐惧，对方出于其他理由交付财物的情形构成未
303 遂。成立本罪的既遂，要求被害人具有财产上的损失。受胁迫而往指定的银行账户上汇款，但是根据警察的指示，采取了一定措施，使行为人

① 最判昭24、1、11刑集3、1、1。
② 反对，团藤，624页；内田，331页。

根本不可能取出该汇款的，是敲诈勒索罪的未遂。[①] 行为人在接受财物时即便支付了相应的对价，但是，因为如果没有敲诈勒索行为就不会有财物的交付，所以，受害的就是所交付的财物的整体。[②] 另外，在作为敲诈勒索的手段而提供了对价的场合，受害数额就是没有减去对价的财物整体。[③]

4. 主观要件

除故意之外，本罪主观上还必须具有非法占有的意思。本罪的故意是，对使对方感到恐惧而处分财产，因而取得对该财产的占有的事实有认识。

5. 罪数、与其他犯罪的关系

利用暴力引起被害人恐惧之机，继续在现场附近使其交付财物的，是恐吓取财。[④] 这种场合下，即便没有实施新的胁迫行为，但由于是在他人处于恐惧状态时取得财物的，所以，成立敲诈勒索罪。基于一个敲诈行为从同一被害人那里数次获取财物的，成立包括的一罪。[⑤] 一个敲诈行为使数人感到恐惧，行为人从数人那里获取财物的，就是观念竞合。[⑥] 过去的判例认为，出于敲诈勒索的目的而将人监禁的，是本罪和监禁罪之间的牵连犯。这种结论本来是对的，但最高法院作了变更，认为“即便是作为敲诈手段而实施监禁的场合，但两罪不具有作为犯罪通常形态的手段和结果之间的关系，因此，认为二者之间不具有牵连关系的判断是妥当的”[⑦]。在实施作为敲诈勒索手段的妨害业务行为的时候，是妨害业务罪和本罪的牵连犯[⑧]；公务员以敲诈勒索行为为手段在有关

① 浦和地判平 4、4、24 判例时报 1437、151。

② 大判明 44、12、4 刑录 17、2095。

③ 大判明 42、6、22 刑录 15、832。

④ 东京高判平 7、11、27 东时 46、1 和 12、90。

⑤ 大判昭 6、3、18 新闻 3283、15。

⑥ 大判明 43、9、27 新闻 16、1558。

⑦ 最决平 17、4、14 刑集 59、3、283。另外，变更前的判例，大判大 15、10、14 刑集 5、456。

⑧ 大判大 2、11、5 刑录 19、1114。

职务上收受他人贿赂的，就是受贿罪和敲诈勒索罪的观念竞合。[①] 出示手枪进行胁迫，要求拿钱来之后从该场所逃走的行为，是抢劫未遂；
304 30分钟之后，又向被害人打电话进行胁迫，要求在第二天将钱汇往指定的银行账户的行为，就是敲诈勒索，但由于它为抢劫未遂所包括，所以，只成立抢劫未遂一罪。[②]

三、敲诈勒索利益罪

> 敲诈勒索他人，不法获得财产性利益的，或者使他人得到财产上的不法利益的，处10年以下有期徒刑（《刑法》第249条第2款）。
>
> 未遂犯，处罚之（《刑法》第250条）。

本罪是以敲诈勒索他人，不法获得财产性利益为内容的犯罪。如敲诈勒索房东，要求其免除自己的房租或延长借房期限的场合[③]，或在有关不动产的问题上，进行敲诈勒索，单纯让他人作转移所有权的意思表示的场合等[④]，就属于此。在本罪中，也要求具有基于处分意思转移财产性利益的行为，也就是要有处分财产性利益的行为，因此，被害人必须由于恐惧而实施处分行为，向行为人或与行为人有一定关系的第三人转移财产性利益。处分行为可以是作为，也可以是不作为。

敲诈勒索行为和取得财产性利益之间必须具有因果关系。患者要求医生注射麻药的行为，由于不是有关财产的处分行为，因此，只构成强要罪。[⑤] 与此相对，以恐吓为手段不支付嫖娼费用的，根据具体情况，可以构成本罪。[⑥] 只要以敲诈手段取得了交付财物的形式上的名义，就完全可以构成本罪的既遂。[⑦]

---

① 大判昭10、12、21刑集14、1434。

② 东京高判平6、5、16东时45、1和12、32。

③ 大判明45、4、22刑录18、496。

④ 大判明44、12、4刑录17、2095。

⑤ 高松高判昭46、11、30高刑集24、4、769。

⑥ 反对，大塚，279页。

⑦ 大判昭2、4、22新闻2712、12（暂时免除付饭钱的案件）。

是不是要有处分行为　判例中，成立敲诈勒索利益罪是不是要以处分行为为要件，并不清楚。但是，最高法院于1968年12月11日（刑集第22卷第13号第1496页）在被告人在小吃店吃完饭后，正要回家，服务员拿出账单，请其支付2 440日元的费用，被告人向服务员威胁说“要这么多钱，是不是要给我脸上摸黑？你太过分了，不把我放在眼里。这种店，砸垮是轻而易举的事!”，服务员感到害怕，于是不敢要客人付账的案件中，认为，“只要被告人具有使用一审判决中所示的胁迫语言，使被害人等感到恐惧，并不敢向 305
行为人要求付账的事实的话，那么，在被害人方面，至少具有默许的（免予付账）至少是暂缓付账的处分行为”。这里，从正面谈到了处分行为。但是，在敲诈勒索的场合，由于恐惧而转移利益的默认形态是很常见的，结局上，是承认了只要具有恐惧，就可以承认不作为的处分行为。[①] 对比诈骗罪中的处分行为，应当说，上述判断是妥当的判断。相反地，有见解认为，处分行为并不必要，而应当看暴力、胁迫的程度是否达到抢劫的客观基准。[②] 但是，这样一来，抢劫和敲诈勒索的区别就变得困难起来。当然，无意识的不作为的处分行为不能被认可。[③]

四、行使权利和敲诈勒索罪

1. 意义和学说

债权人以敲诈勒索为手段要求债务人偿还债务，即具有从对方取得财物或财产性利益的权利的人，作为行使权利的手段而实施了敲诈勒索行为的，该如何处理？学说上，有（1）不构成犯罪[④]，（2）是超出允许范围行使债权的行为，构成胁迫罪[⑤]，（3）原则上构成敲诈勒索罪

---

① 田寺，百选Ⅱ（第7版），124页；川崎，判例讲义Ⅱ，65页。

② 西田，245页。

③ 前田，236页。

④ 柏木，478页。

⑤ 小野，261页；泷川，167页；江家，280页；吉川，182页；内田，337页；西田，247页；林，164页；中森，136页；山中，408页；松原，305页。

（通说）[①] 等见解之间的对立。虽然是自己的财物，但只要被他人实际占有，该占有基本上就应当受到保护，如果以敲诈勒索为手段进行侵害的话，和到此为止所叙述的各种夺取犯罪一样，应当说，符合敲诈勒索罪的构成要件，只要不存在自救行为、正当防卫等排除违法性事由，就构成敲诈勒索罪，因此，（3）说的见解妥当。

2. 排除违法性

例如在借钱的时候低声下气地求别人，在返还期限届满的时候，突然改变态度，说借钱的人太坏而拒绝见面，享有正当债权的人不得已使
306 用敲诈手段，取回其财物的场合，是否排除违法性，成为问题。一般认为，这种情况下，符合以下三个条件，即（1）具有行使权利的正当目的，（2）在权利的范围之内，（3）其手段在社会相当性的范围之内，就排除违法性。[②] 但是，在债权人为了使他人还债而敲诈对方，使对方交付财物的场合，如果该敲诈行为有滥用权利之嫌，就失却了行使权利的性质，这时候，即便行为人具有讨还债务的正当权利，但对于使用敲诈手段所得到的财物或财产性利益的整体，成立敲诈勒索罪，被害额是所得到的财物或财产性利益的整体。

关于行使权利的判例的态度 判例，最初认为，如果是在权利范围之内的话，就不成立敲诈勒索罪。[③] 之后，在1913年12月23日的大审院联合部判决[④]认为：为了行使权利而使用敲诈手段获取财产或财产性利益，如果是在其权利范围之内的话，就不成立敲诈勒索罪，但是，超过权利范围的时候，在超过部分和权利部分能够分开的范围内，对超过部分成立敲诈勒索罪，在不可分割的场合，就整体来说，都成立敲诈勒索罪。而且，即便有正当权利，但在只是借行使权利之名的时候，整体上成立敲诈勒索罪。受这一判例意

① 大判昭9、8、2刑集13、1011，最判昭30、10、14刑集9、11、2173。末道，百选Ⅱ（第7版），122页；川崎，判例讲义Ⅱ，75页。

② 前引大判昭9、8、2，东京高判昭57、6、28刑月14、5和6、324（日本缺陷汽车受害者团体的庭外和解交涉的相关事件）。

③ 大判大2、11、19刑录19、1261。

④ 刑录19、1502。

见的影响，出现了在行使权利的范围之内不构成敲诈勒索罪的场合，应当适用胁迫罪的判决。①

另外，大审院于1934年8月2日的判决认为，为了行使权利而对他人实施敲诈行为的场合，在其方法上，如果超出了社会一般观念上被害人应当忍受的程度，就构成敲诈勒索罪。最高法院于1955年10月14日在别人欠自己3万日元却以敲诈的手段向别人索要6万日元的案件中，认为："对他人具有权利的人行使该权利，在该权利的范围之内并且其方法也不超过社会一般观念所认可的限度时，就没有任何违法的问题，但是，超出上述范围和程度的时候，就是违法，能够成立敲诈勒索罪"，因此，对于6万日元，判定全部成立敲诈勒索罪。尽管上述判例的立场一直在动摇，但是总的来说，都认为作为行使权利的手段而实施敲诈勒索行为的，原则上不排除违法。从本书的宗旨出发，我认为这种判例态度是正确的。② 307

第六节　侵占犯罪

一、概说

1. 意义

侵占犯罪，就是非法占有不在他人占有之下的他人财物，或由公务机关保管的自己的财物。它和盗窃罪、抢劫罪、诈骗罪以及敲诈勒索罪一样，都是获取型犯罪的一种，但是，在不侵害他人占有这一点上，和上述犯罪有性质上的差异。《刑法》第三十八章中规定的侵占犯罪包括侵占罪（第252条）、业务侵占罪（第253条）以及侵占遗失物等罪（第254条）。本罪的本质是不侵害他人的占有而得到他人的财物，因此，具有（1）正如遗失物一样不属于任何人占有的场合，（2）他人的

① 大判大11、11、7刑集1、642，大判昭5、5、26刑集9、342。

② 末道，百选Ⅱ（第7版），122页；川崎，判例讲义Ⅱ，75页。

财物偶然归自己占有的场合，（3）根据委托属于自己占有的场合这样三种形态。其中，（1）（2）的场合是侵占遗失物等罪，（3）的场合是侵占罪或业务侵占罪。

侵占罪以及业务侵占罪的本质是将受委托而占有的他人财物据为己有，因此，上述两者可以被合并称为侵占委托物罪。之所以将侵占委托物罪和侵占遗失物等罪区分开来，从重处罚，是因为该行为破坏了作为委托基础的委托信任关系。在这一点上，侵占委托物罪和背信罪相通。与此相对，侵占遗失物等罪则不具有背叛信任这一背信的特征，倒不如说其和盗窃罪接近，现行刑法虽然从不侵害占有的获取的角度出发，将侵占委托物罪和侵占遗失物等罪规定在同一章中，但是，将侵占遗失物等罪和盗窃罪，将侵占委托物罪和背信罪，放在一起认识更好一些。①

2. 保护法益

侵占犯罪的保护法益，和盗窃罪等夺取型犯罪不同，是财物的所有权。在侵占委托物罪中，对物的占有，按照委托归于行为人自身，因此即便将该物据为己有也不侵害他人的占有。又，在侵占遗失物等罪的场
308 合，是将脱离他人占有的物据为己有，因此，即便将该物据为己有，也不直接侵害占有。另外，侵占由公务机关代为保管的自己财物的，也受到处罚（《刑法》第252条第2款），这种场合的保护法益是财物的保管安全。

3. 亲属间犯罪的特别规定

本罪也适用亲属间犯罪的特别规定条款。在侵占代为保管的他人财物的场合，行为人和代为保管的财物的所有权人以及保管人之间必须具有亲属关系。虽然有见解认为，不要求行为人和保管人之间具有亲属关系，但是，在只和保管人或者所有权人一方具有亲属关系的场合，和“法律不进入家庭”的亲属间犯罪的特别规定的宗旨不符，因此，不应

① 团藤，626页；中森，147页。另外，《草案》第350条以下也将侵占罪和背信罪规定在同一章当中。

当适用亲属间犯罪的特别规定。[①] 在侵占遗失物等罪中，由于不可能存在保管人，所以，只要行为人和所有权人之间具有亲属关系就可以了。

> **监护人的侵占和亲属相盗的判例**　在监护人与被监护人之间有《刑法》第244条所规定的亲属关系情况下，关于监护人侵占其管理的被监护人之财物的案件，最高法院的重要判决认为，(1)《刑法》第244条是出于“法不入家庭”的政策理由；(2) 未成年人的监护人，在管理被监护人的财产时，有妥善管理的注意义务；(3) 家庭法院对监护人有监督权，未成年监护人的监护事务具有公共性质，因此，“不能适用《刑法》第244条第1款关于免除处罚的规定”[最高法院于2008年2月18日（刑集第62卷第2号第37页）的决定]。另外，关于被告人是由家庭法院选任的成年监护人，也是成年被监护人的养父，其监护事务之一是在业务上事先保管成年被监护人的存款，但是，其擅自将该存款取出，进而侵占的案件，最高法院在2012年10月9日（刑集第65卷第2号第88页）的决定中认为，“由家庭法院选任的成年监护人的监护事务具有公共性质，应负有为成年的被监护人诚实地管理其财产的法律义务，成年监护人侵占其在业务上占有的被监护人的财物时，即使成年的监护人与成年的被监护人之间有《刑法》第244条第1款所定的关系”，也不适用亲属相盗特别规定。该判决认为，由于成年监护人的监护事务具有“公共性质”，因此，成年监护人有诚实管理被监护人的财产的“法律义务”。 309

二、侵占罪

侵占自己占有的他人财物的，处5年以下有期徒刑（《刑法》第252条第1款）。

虽然是自己的财物，但在经公务机关命令其加以保管的情形下侵占该财物的，和前款规定同样处理（同条第2款）。

---

① 大判昭6、11、17刑集10、604；大塚，282页；中森，129页；西田，249页。

1. 意义

本罪是基于他人的委托而占有财物的人，将该财物据为己有的犯罪。侵占罪在背叛信任关系这一点上，具有智能犯的特征；从保护所有权等合法权利的角度来看，它是和夺取型犯罪同样重要的犯罪。但是，对于自己支配之下的他人财物，同侵害他人占有而获取的行为相比，比较容易得手，具有诱惑性；同时，在被害人方面，也有将财物委托给不值得信赖的人保管的轻率的一面，因此，和盗窃罪、诈骗罪等相比，侵占罪的法定刑较轻。[1]

2. 主体

本罪的主体是占有他人财物的人或根据公务机关的命令保管财物的人，因此，本罪是《刑法》第65条第1款所说的真正身份犯。[2]

3. 对象

本罪的对象是自己占有的他人财物（第1款），以及根据公务机关的命令所保管的财物（第2款）。

（1）物。所谓“物”就是财物，包括动产和不动产，与盗窃罪等中的物没有什么区别。金钱以及其他在种类、品质、数量上能够和其他财物互相替代的物，也能成为本罪的对象。另外，电力以及其他可以管理的物是不是本罪的对象？有肯定说[3]和否定说[4]之间的对立。由于本罪没有规定准用《刑法》第245条的规定，因此，主张电力不能成为本罪的对象的否定说妥当。

（2）自己占有。本罪的对象，必须是自己“占有的”他人财物。将
310 他人占有的财物占为己有的时候，是盗窃罪。所谓“占有”，就是在事实上或法律上能够对物进行支配的状态。盗窃罪中的占有，是对物的实际支配。与此相对，在本罪中，是对物的法律支配，但这种支配也是

① 团藤，628页。
② 最判昭27、9、19刑集6、8、1083。
③ 团藤，637页；大塚，282页。
④ 平野，212页；内田，261页；西田，252页；前田，372页；山口，291页。

"占有"[①]。本罪中占有的内容之所以和盗窃的场合不同，是因为，盗窃罪是以侵害他人的占有为特征的获取型犯罪，重要的是排除他人对物的占有，而侵占罪中，行为人在法律上处于能够随意处分他人财物的状态（处分的可能性），重要的是有滥用处分之虞的支配能力。如不动产登记簿上的名义人，由于具有上述意义上的支配能力，所以，成为占有人。

引发疑问的是存款。确实，存款的名义人履行一定手续的话，是可以将存款取回的，因此，其在法律上看起来似乎具有支配力量。但是，邮局或者银行不是说只要履行手续就自动地让名义人取款，而是在确认对方是真正的权利人之后才让取款，因此，存款的事实上、法律上的支配能力还是在邮局、银行的手中。

法律上的支配关系　具有法律上的支配关系的事例，能够被区分为动产的场合和不动产的场合。

1）关于动产的例子，是银行存款的场合。如在甲银行有 100 万日元存款的 A 对甲银行所拥有的现金中的 100 万日元，处于在法律上能够支配的状态。对此能够认定 A 的占有（通说）。村主任在将自己保管的本村的基本金存入银行的时候，尽管事实上支配该基本金的是银行，但是，在法律上，该基本金处于村主任的支配之内，因此，村主任出于非法占有的意思取出该款的时候，就构成侵占罪。[②] 库存货物、船运货物的提货单的持有人在该货物的交付上，享有物权上的效力，因此，只要占有该提货单，就是该委托管理物自身的占有人。[③]

2）关于不动产，判例原则上将登记簿上的所有权名义人作为法律上的占有人。[④] 登记名义人以外的人基于法律上的权限，如未成年人的亲权者或监护人占有该未成年人的不动产的，就是本罪中的占有人。相反地，租借在登记簿上属于他人名义的不动产的人，以及仅在事实上支配不动产的场合，不是占有人。对于没有登记的不动产，因为不可能有

① 大判大 4、4、9 刑录 21、457，最判昭 30、12、26 刑集 9、14、3053。

② 大判大元 10、8 刑录 18、1231。

③ 大判大 7、10、19 刑录 24、1274。

④ 大判昭 7、3、11 刑集 11、167，最判昭 30、12、26。

311 登记簿上的占有，因此，事实上管理支配该不动产的人就是占有人。①另外，从滥用对不动产的占有的观点来看，如为了设定抵押权而保管他人的土地登记证、空白委任状的人，也可以说是该土地的占有人。② 总之，对于动产或不动产而言，只要在外观上处于能够有效处分状态的话，就是占有。③

3）在汇款错误的场合，占有也是核心问题。所谓错误汇款，是指弄错汇款地址，向别人的银行账户转账汇款。如汇款人将汇款对象的账号弄错而寄错了汇款，收到汇款的人以为天上掉馅饼，隐瞒真实情况，请求取出该汇款的行为，是偶然取得在自己占有下的他人财产，成立占有脱离物侵占罪。④ 但是，银行不必然答应名义人的提款请求，所以错误转账的款项应归银行占有。因此，请求返还存款的行为是诈骗罪中的欺骗行为。另外，和有无汇款错误有关的银行窗口职员的错误，应当属于诈骗罪中的错误，因此，行为人从陷入错误的银行窗口职员那里取出了汇款的，构成诈骗罪。⑤ 另外，在使用银行卡取出该汇款的场合，成立盗窃罪。⑥ 有见解认为，在这种场合，占有存款的是取款人，因此，无论上述哪一种情况都成立侵占遗失物等罪⑦，但是，说甲银行对存款具有事实上和法律上的支配更为妥当一些。⑧ 使用自动取款机给他人账号汇款的，由于现金的占有没有受到侵害，另外，成立诈骗罪所必要的欺诈行为也没有被认可，因此，就不成立盗窃罪或者诈骗罪，而是构成使用电子计算机诈骗罪。

（3）电信诈骗。电信诈骗是指以不特定的多数人为对象，主要通过

---

① 最决昭32、12、19刑集11、13、3316。

② 福冈高判昭53、4、24判例时报905、123。

③ 最判昭34、3、13刑集13、3、310。

④ 东京地判昭47、10、19研修337、69。

⑤ 最决平15、3、12刑集57、3、322。西田，255页；山口，292页；松泽，百选Ⅱ（第7版），104页；十河，判例讲义Ⅱ，70页。

⑥ 东京高判平6、9、12判例时报1545、113。

⑦ 东京地判昭47、10、19研修337、69（认可成立侵占遗失物罪）。同旨，曾根，171页；林，281页。

⑧ 西田，256页。

打电话撒谎，让被害人从其账户汇出一定数额金钱到虚构或者以他人名义设立的银行存款账户，然后从该账户提取现金的诈骗形式。负责打电话的叫“拨子”（X），负责从ATM机等取现金的叫“出子”（Y）。X对被害人撒谎，使其交钱，成立诈骗既遂罪。关于Y，虽然做了各种说明[①]，但当事银行不必然答应名义人的提款请求，汇入的款项由银行占有，通过ATM机将钱取出的行为构成盗窃罪。312

（4）委托信任关系。成立本罪，虽然必须具有上述法律上或事实上的占有，但是，关于占有他人之物的原因，法律上则没有作明文规定。但是，第一，因为对侵占遗失物的场合有特别规定，所以，不属于任何人占有的他人财物，以及偶然归自己占有的财物，都不属于本罪的对象。第二，在将通过盗窃、抢劫、诈骗、敲诈勒索等夺取型犯罪而占有的物据为己有的时候，因为夺取之后处分该物的行为是不可罚的事后行为，所以，不能构成侵占罪。结局上，于占有他人之物的原因只限于具有委托信任关系的场合，只有在将基于委托信任关系而占有的他人之物据为己有的时候，才构成侵占罪。没有委托信任关系的话，就是侵占遗失物等罪。

委托信任关系的产生，一般是以使用借贷（《民法》第593条及以下）、租赁（《民法》第601条及以下）、委任（《民法》第643条及以下）、寄托（《民法》第657条及以下）、雇佣（《民法》第623条及以下）等合同关系为基础的，但并不限于上述场合。在依交易的诚实信用原则，对物的占有，只要具有委托信任关系，存在对他人的物能够有效处分的状态，就可以了。如接受他人委托帮他人卖东西所得的金钱，在收受的当时，就成为委托保管物；财物的卖主在买卖合同成立之后、将该物转移给买主之前一阶段的保管状态，就是基于委托信任关系的占有。而且，不是根据所有权人的意思的无因管理（《民法》第697条）、监护（《民法》第838条）等法律上所规定的场合，也包括在内，如对由自己支配，但属于被监护人的不动产的占有，就是以法律所规定的委

① 井田，302页；大塚裕史：《基本刑法（Ⅱ·各论）》（第2版，2018），284页。

托信任关系为基础的占有。

> **侵占收款的场合** 在一开始就出于占有的意思而收款的场合，有成立诈骗罪的余地[①]，但是，应当说对具有收款权限的人的交款是有效的，因此，这种委托关系不能被否定，对非法占有收款的行为应当作为侵占罪处理（西田，第204页）。

313 (5) 他人的财物。基于委托信任关系而占有的“物”，除按照公务机关的命令而加以保管的场合以外（《刑法》第252条第2款），必须是他人的物。所谓他人的物，是指该物属于行为人以外的自然人或法人所有。该物是不是属于他人所有，以民法上的所有权为基础，从刑法的立场出发，站在法律、经济的角度，考虑其保护的必要性，加以决定。从这种立场出发，在是否他人财物的问题上，有以下情况，值得研究。

1）买卖的标的物。在动产或不动产的买卖中，随着买卖合同的成立，标的物的所有权就转移给买主（《民法》第176条）。因此，在签订了买卖合同，但标的物尚未交付，或所有权转移的登记手续还没有实施完毕的时候，对于卖主来说，该标的物就是他人的物。在该时点上，如果卖主将该物卖给他人，就是二重买卖，构成侵占罪。[②] 同样，即便是在买卖合同签订之后，在分期付款的场合，原则上在价款交付完毕之前所有权归于卖主（《分期付款法》第7条），因此，在标的物已经转移而价款完全付清以前，买主处分该财物的话，由于标的物的所有权属于他人（卖主），因此，构成侵占罪。[③]

问题发生在让与担保的场合。所谓让与担保，是指不采用利用物的担保价值的质押权等物权设定方法，而采用使所有权自身转移的形式，只是对该物的利用权，根据合同，可以由债务人保留这种形式的担保。让与担保的标的物的权利关系，根据合同内容，有多种形式，不可能千篇一律，但在将标的物的所有权看作已转移给债权人的类型[④]中，债务

① 千叶地判昭58、11、11判例时报1128、160。

② 最判昭34、3、13刑集13、3、310。

③ 最判昭55、7、15刑集972、129。反对，藤木，372页；中森，131页（构成背信罪）。

④ 大连判大13、12、24民集3、555。

人未经占有该标的物的债权人同意，而实施将其卖给其他人的行为的话，就构成侵占罪。

2）是不是他人占有的金钱。在是不是他人占有的金钱的问题上，有争议的主要有受委托占有金钱的场合，可以分为三种类型：

第一，不得使用的委托保管金。在为了对方利益而约定保管金钱等，以不能消费该金钱作为委托宗旨的场合（《民法》第657条），由于只是委托保管而已，因此，从该委托宗旨出发，委托人的所有权必须受到保护。如作为特定物而寄托的委托保管金或提存金等，由于是委托人 314
所有的财产，对于占有该财产的人来说，是他人的物，受托人将该财物转归自己或第三人消费的话，就构成侵占罪。

第二，作为不特定物的金钱。在消费寄托即受托人按照合同可以使用委托保管物的场合（《民法》第666条），由于所有权被转移给了受托人，所以，不成立侵占罪。作为不特定物而被委托保管的金钱等的所有权，从金钱的性质来看，应当说在被委托保管的同时也转移给了受托人①，所以，受托人任意处分该金钱的，是背信行为，而不是侵占行为。

第三，指定了用途的金钱。如将用于买股票而被交付的金钱任意挥霍的②，判例认为是侵占罪。③ 在民法理论上，金钱不仅具有替代性，而且具有高度的流通性，所以，通说认为，所有和占有常常是一致的。④ 但是，刑法上所强调的是，按照委托人的委托意思保管财物，没有必要从民法的角度来考虑问题，因此，对于被指定了用途的托管金钱，应当尊重委托人的意思，从法律上保证受托人按照预定的用途来使用该金钱，因此，那种认为被委托保管的金钱的所有权属于委托人的见解是妥当的。另外，即便被指定了用途的委托金，作为货币没有被特

① 最判昭29、11、5刑集8、11、1675。

② 大判大15、12、16刑集5、570。

③ 大判昭9、4、23刑集13、517，最判昭26、5、25刑集5、6、1186。桥本，百选Ⅱ（第7版），128页；川崎，判例讲义Ⅱ，76页。

④ 我妻荣，新订物权法（民法讲义Ⅱ），236页。

定，但只要金额被特定，就可以将该金额看作特定的财物[①]，金额自身成为所有权的对象。如作为申请营业执照以及公关的费用而被交付的现金的所有权也属于委托人。[②] 因此，不法将该公关费用之类的被委托保管的金钱据为己有的话，就是侵占罪。

不违反委托人的委托宗旨，在必要的时候，在确实能以其他款项代替的状态之下，出于代替的意思将该金钱暂时挪作他用的时候（金钱的
315 暂时挪用），该怎么处理？有人认为，在这种场合，从被挪用的那一刻开始，所有权就转移给了受托人。[③] 但是，只要属于被指定了用途的委托物，所有权就应该属于委托人，因此，不如说因为没有非法占有的意思，所以，不构成本罪。[④] 在自己家里拥有被消费金额以上的金钱或者存款的，就相当于这种情况。在其他场合，如 i. 持有有价证券，ii. 受托人具有消费金额以上的一般财产，iii. 日后具有弥补意思或弥补能力，尽管在客观上符合侵占罪的构成要件[⑤]，但是，应当看作没有非法占有的意思。[⑥]

被委托的金钱的消费 作为特定物而被委托保管的金钱等是侵占罪的对象，这是没有问题的。有一种见解认为，由于被指定了用途的委托保管金不是所有权的对象，因此，可将其理解为本人的财产性利益，所以，消费上述金钱的行为，应当被看作为他人处理事务的人的背信行为，而没有必要考虑是否成立侵占罪。但是，正如团藤重光教授（团藤，638页）所说的一样，现行刑法中背信罪的法定刑的下限比侵占罪的要低，而且，也没有像侵占罪中一样，对业务者设置了加重处罚类型，因此，如果在委托保管了一定金额的场合就只成立背信的话，那么，和侵占不得使用的委托保管金的场合相比，就会产生法定刑上的不均衡。而且，和占有作为特定物的

① 藤木，332页。
② 大判大3、12、12刑录20、2401。
③ 大塚，286页；另外，前引最判昭29、11、5。
④ 反对，西田，208页；前田，270页（没有非法占有行为）。
⑤ 大判大2、11、25新闻914、28。
⑥ 东京高判昭31、8、9裁特3、17、826。

财物相比，消费不特定物所造成的财产上的损害更大一些的场合也不少，因此，应当说，在消费被指定了用途的一定金钱时，就成立侵占罪，而背信罪和侵占罪之间处于法条竞合的关系。

3）根据委托行为而获得的金钱。为了委托人的利益而获得的金钱，归于委托人，因此，受托人将拿到的金钱任意消费的时候，构成侵占罪。受托帮他人讨回债务的人所收回的金钱，其所有权属于委托人[①]；受托代人收钱的人所收受的金钱，其所有权属于其委托人。[②] 被指定了用途的委托物，只要没有特殊约定或特别情况，其所有权就属于委托
人，如买卖股票的人，受顾客的委托，以顾客的名义进行买卖股票的短 316
期业务，作为该业务的保证金的替代而从顾客那里拿来的有价证券的所有权，属于顾客。[③] 西服裁缝业者接受顾客的要求，对从顾客那里拿来的西装布料进行裁剪的时候，该被裁剪的布料属于顾客所有。[④]

共有物　就共有物而言，由于共同者各自享有所有权，因此，占有该物的人排除其他占有者而非法占有的话，构成侵占罪。在这种场合，不光是不属于自己所有的部分，而是包括自己所有的部分在内，就共有物整体构成侵占罪。[⑤]

4）不法原因给付物、寄托物。出于不法原因而给付、寄托的物品，是否能成为侵占罪的对象？

第一，不法原因给付物。《民法》第 708 条规定“由于不法原因而给付的，该给付物不得请求返还”，即不法原因的给付人，不能以该不法原因为理由主张给付行为无效而请求返还不当利益。因此，在为了继续保持情人关系，甲男给乙女赠送房子的场合，甲男当然不能要求乙女返还该不当利益。[⑥] 判例认为，在该种场合不能根据所有权而行使物权上的请求权，“作为其反射效果，目的物的所有权就离开赠与人（甲男）

---

① 大判昭 8、9、11 刑集 12、1599。

② 大判大 11、1、17 刑集 1、1。

③ 最判昭 36、10、31 刑集 5、9、1622。

④ 最决昭 45、4、8 判例时报 590、91。

⑤ 大判昭 6、12、10 刑集 10、739。

⑥ 最大判昭 45、10、21 民集 24、11、1560。

而归属于受赠人（乙女）”。按照这种考虑的话，甲男请乙女杀死丙，作为报酬先交付了100万日元，乙女即便没有杀害丙，而是将该100万日元归自己使用，也不成立侵占罪。[①] 对于不法原因给付物的所有权，不能以原因不法为理由而请求返还。作为其反射效果，如果财物离开了赠与人或转让人的手，其所有权就属于接受赠与的人或受让人。因此，不法原因给付物，对于接受人来说，不是“他人之物”，而是自己的物，不能成为侵占罪的对象。

第二，不法原因寄托物。不法原因寄托物是不是可以成为侵占罪的
317 对象呢?

甲．意义。它是指，仅仅是出于不法原因而将占有转移给对方，并没有转移所有权的意思的场合。和不法原因给付物的场合不同，不适用《民法》第708条的规定。这种物是否能够成为侵占罪的对象，引发争议。如请他人购买兴奋剂而将钱交给他人，或请求他人代为行贿而将贿赂物放他人那里，就相当于这种情况。在这些场合，受托人只是受托占有财物而已，可以说只是他人财物的占有者；同时，在基于不法原因而寄托财物的时候，该寄托不具有受法律保护的价值，因此，该寄托物和前述的不法原因给付物一样，不能成为侵占罪的对象。在这一点上，学术界有肯定说、否定说以及折中说之间的尖锐对立。

判例的见解　判例从不法原因给付物的所有权属于给付者的立场出发，在i. 受委托向他人行贿而为他人保管贿赂物，但是自己将该贿赂物消费掉的案件[②]，ii. 将他人为了购买向国外走私用的金质金而存放在自己手中的资金侵吞的案件[③]等中，认定成立侵占罪。但是，上述案件都是和不法原因寄托物有关的，对于不法原因给付物是不是可以进行同样的考虑，尚不清楚。

乙．肯定说，认为即便是不法原因寄托物也能适用《民法》第708

① 西田，261页；林，149页。

② 最判昭23、6、5刑集2、7、641；丰田，百选Ⅱ（第7版），126页；川崎，判例讲义Ⅱ，77页。

③ 大判昭11、11、12刑集15、1431。

条的规定。以此为前提，又有：交付人、委托人只是没有民法上的请求返还权，但并没有丧失所有权，因此，对于接受人和受委托的人来说，不法原因寄托物依然是“他人的物”的见解[1]，以及从处罚行为或行为人的必要性的角度来看，即便是民法上不被保护的寄托关系，在刑法上也必须予以保护的见解。[2]

丙．否定说。这种观点从不管是不法原因给付物还是不法原因寄托物，一律适用《民法》第708条的规定的前提出发，认为，对于民法中不被保护的不法原因给付物的给付人，作为刑法上的侵占罪的被害人予以保护的话，会破坏法秩序的统一。从这种角度出发，否定说中又有以下两种见解：一种见解认为，由于没有所有权，因此，不法原因给付物
不是“他人之物”[3]。另一种见解认为，给付人不能请求返还的所有权 318
在刑法上不值得保护。[4]

丁．折中说。这种观点以区分不法原因给付物和不法原因寄托物为前提，认为，在前者的场合，因为所有权已经被转移给了接受人，因此，不可能有侵占罪的问题，但是，在后者即非法将不法原因寄托物据为己有的场合，则有：因为不违背信任关系，所以，只成立侵占遗失物等罪的见解[5]，以及成立侵占罪的见解[6]之间的对立。

我认为，立足于法律、经济财产说的立场的时候，不允许得出明显和民法规定相矛盾的结论，因此，将不法原因给付物作为侵占罪的对象明显是不妥当的。在此意义上讲，肯定说是不能获得支持的。另外，否定说以不法原因寄托物也适用《民法》第708条的规定为前提，认为不法原因给付、寄托物不大可能成为侵占罪的对象。但是，认为《民法》第708条对不法原因寄托物也适用这一见解本身就有问题。即便在民法

① 藤木，340页；内田，363页；前田，267页。另外，植松等，现代刑法论争Ⅱ，171页。

② 小野，267页；木村，155页。

③ 植松，444页；西原，252页；冈野，186页。

④ 团藤，637页；大塚，290页；中森，149页；井田，305页；松原，330页。

⑤ 江家，324页。

⑥ 井上、江藤，175页；西田，262页；林，151页。

上，对不法原因寄托物，也还有请求返还的余地。的确，因为是基于不法原因而寄托财物，所以，可以说，寄托自身是不法的，不受法律保护。但是，不管是不是基于不法原因，财物的寄托关系即委托信任关系自身是值得保护的。在这一点上，不法原因寄托物和没有寄托信任关系的不法原因给付物，具有决定性的不同。另外，对于不法原因寄托物，认可寄托人具有请求返还的权利，不仅对于在未然之中防止实现犯罪目的（购买兴奋剂、行贿等）有好处，而且对于防止受托人从不法原因中得利来说，也有必要。[①] 只要民法上并不否定寄托人的请求返还的权利，则从法律、经济财产说的立场出发，将不法原因寄托物理解为侵占罪的对象，也是妥当的。[②]

刑法上的他人占有 前田雅英教授（前田，258页）认为：在对刑法中的他人占有的解释上，必须考虑适用刑罚进行保护的因素。对于不法原因寄托物，应当从刑法的立场出发，将其理解为他人的物。但是，我认为，必须考虑财产犯罪应当保护什么的问题，
319 完全不考虑民法上的权利或者利益的要保护性是没有意义的。

5）处分被盗物品等的价额。和不法原因寄托物有关的，是擅自将被寄托的被盗物品处分掉的场合，或者被请求处分被盗物品的人将处分被盗物品等之后所得的对价（金钱等）私吞的场合，该怎么处理的问题。

判例上有成立侵占罪的见解和不成立侵占罪的见解之间的对立。[③] 应当说，财物的所有权在民法上属于其本来的所有权人，行为人可以说是从盗窃犯人那里接受委托，为了自己之外的人的利益而实施占有，因此，对于受托人来说，该财物是自己占有的“他人财物”。所以，接受盗窃犯人的委托处分被盗物品的人，将该被盗物品或被盗物品的对价据为己有的话，在和盗窃等本犯的被害人的关系上，成立有关被盗物品的

---

① 谷口知平：《不法原因给付研究》（第3版，1970），199页。

② 林，152页。

③ 最判昭36、10、10刑集15、9、1580（肯定例），大判大8、11、19刑录25、1133（否定例）。

犯罪（《刑法》第256条）的同时，在和盗窃犯人的关系上，成立侵占罪，两罪之间是观念竞合。[1]

或许会有这样的见解，即和盗窃犯人之间的委托信任关系，在法律上不值得保护，但是，只要认为盗窃犯人的实际占有在刑法上也值得保护的话，则应该说和盗窃犯人之间的委托信任关系也值得保护。拾得遗失物的甲委托乙将其交到派出所，而乙将其私吞的，不是构成侵占罪，而是构成侵占遗失物等罪。从与这种认定平衡的立场出发，有见解认为，前述行为成立侵占罪的观点不妥。[2] 但是，乙的占有，不是偶然的占有，而是基于甲的委托的占有，因此，这种情况下，认可委托信任关系也未尝不可，因此，应当说，乙的行为成立侵占罪。有的判例认为，在和对盗窃等本犯的被害人的所有权的关系上，只要承认是有关被盗物品的犯罪，就不应该成立侵占罪。[3] 但是，这里所说的有关被盗物品的犯罪，仅以通过买卖、交换被盗物品等进行斡旋的行为来侵害所有权人对该被盗物品的追索权为对象，因此，对于盗窃犯人平稳占有的物，应当单独认定成立侵占罪。

对于受托人在接受寄托物的时候并不知道是被盗物品，之后才发现是被盗物品，但是，将其卖给了不知真相的第三人，并将对价私吞的， 320
有成立侵占罪的见解[4]、成立有关被盗物品等的犯罪的见解[5]和成立侵占遗失物等罪的见解[6]之间的对立。但是，如前所述，只要委托信任关系值得保护，在明知是被盗物品而出卖这一点上成立有关被盗物品等的犯罪，同时在私吞对价这一点上，成立侵占罪，两罪之间是观念竞合。

处分被盗物品等的价额和判例　i. 前述最高法院在1961年10月10日的判决认为“由于被告人是为了自己以外的他人的利益而

① 藤木，340页；前田，267页。反对，大塚，292页；内田，363页；西田，262页；山口，348页。

② 西田，262页。

③ 大判大11、7、12刑集1、393。

④ 东京高判昭24、10、22高刑集2、2、203；齐藤，318页。

⑤ 大塚，292页；冈野，187页。

⑥ 江家，325页。

占有该物，既然是在占有该物当中私吞该物的，就难免侵占罪的罪责”，也即采用了肯定说。ii. 相反地，前述大审院于1919年11月19日在被告人根据犯人的委托将被盗物品卖给他人，之后非法占有了该对价的案件中认为，根据《民法》第90条的规定，委托合同自身无效，盗窃犯人对该对价没有所有权，因此，在和该人的关系上不成立侵占罪，也即采用了否定说。iii. 前述大审院于1922年7月12日的判决认为，既然成立有关被盗物品等的犯罪，则即便获得了目的物也不对所有权构成新的侵害，因此，不成立侵占罪。i的观点妥当。

6）根据公务机关的命令所保管的自己的物。即便是自己的物，但在受公务机关之命令加以保管的场合，也成为本罪的对象。被公务机关在没收之后命令加以保管的物的占有属于公务机关，他人予以占有的话，就构成盗窃罪。未被没收的自己的物，只有在被命令自己保管的场合，才成为侵占罪的对象。①

4. 行为

本罪的行为就是侵占。所谓“侵占”，就是将他人占有的物非法据为己有，即占有他人之物的人违反委托的宗旨，超越权限，处分他人的财物。

（1）侵占的意义。关于侵占的意义，有越权行为说和获取行为说
321 之间的对立。越权行为说②将侵占理解为破坏委托信任关系，认为侵占是行为人对基于委托信任关系而占有的他人的物，违反委托协议，对占有物实施的超越权限的行为，即脱离其权限的行为。因此，毁弃、隐匿占有物的行为，也是侵占。获取行为说（通说，判例）认为，将自己占有的他人财物不法据为己有的行为，是一切实现不法所有意思的行为。

从获取型犯罪的观念是考虑财产犯罪的保护利益时不可或缺的概念

① 袖珍，588页。

② 牧野，777页；木村，158页；植松，444页；中，168页；内田，364页；川端，397页。另外，前田，268页。

这一本书的立场来看的话，即便在侵占罪中，也应当将非法占有的意思作为其主观的构成要件。但是，即使从这种立场出发，侵占罪的本质也是背叛委托信任关系，从而获得财物，因此，必须具有违反对财物的占有的委托任务，对不是所有权人就不能处分的物进行处分，即超越权限处分占有物的行为。在此意义上讲，越权行为说是妥当的。但是，侵占罪是获取型犯罪，其主观要件中必须具有非法占有的意思。在此限度之内，获取行为说是妥当的。判例也采取获取行为说的立场，认为，即便是超越权限处分占有物，但在为了委托人本人的利益的场合，就不成立侵占罪。① 因此，成立侵占罪，客观上必须有超越权限的行为，主观上必须有非法占有的意思。

> **取得行为说的难点**　取得行为说是和非法占有意思必要说连在一起的，但是，按照这种观点的话，侵占行为的客观方面是非法占有意思的表现行为，主观方面是非法占有的意思，因此，非法占有的意思就不是主观的超过要素。② 正因如此，侵占行为的客观方面，在观念上必须是脱离权限的不法处分行为，而其主观方面，必须以非法占有的意思为要件。

（2）超越权限。侵占行为是违反委托任务即超越权限，处分自己占有的他人财物。判例将侵占定义为，为了实现非法所有自己占有的他人
财物的意图而采取的一切行为。③ 但是，侵占罪的本质是违背委托信任 322
关系将财物据为己有，因此，单有实现不法占有的意思的行为还不够，其前提是，具有违反委托宗旨，超越权限，对占有物实施的客观的处分行为。④

超越权限的行为，只要是超越一般权限的行为就够了，既可以是事实上的处分行为（消费、私吞、携带逃走、隐匿、拒绝返还等），也可

---

① 大判大 15、4、20 刑集 5、136，最判昭 28、12、25 刑集 7、13、2721，最决平 13、11、5 刑集 55、6、546。另外，西田，263 页。

② 前田，269 页；大塚，296 页。

③ 大判大 6、7、14 刑录 23、886，最判昭 24、3、8 刑集 3、3、276。北川，百选Ⅱ（第 7 版），132 页；川崎，判例讲义Ⅱ，78 页。

④ 林，291 页。

以是法律上的处分行为（出卖、抵押、借贷、赠与等）。超越权限的抵押[①]或设定抵押权的行为也是侵占。出于违法目的的侵占也能成为侵占。[②] 处分行为既可以是作为，也可以是不作为。作为，以出卖、赠与为典型。在私吞等携带潜逃的侵占中，仅有携带潜逃的意思而在道路上步行还不够，必须具有能够被认定为携带潜逃的行为。即便是纯粹的不作为也行。如警察对于在职务上保管的他人之物，迟迟不办理扣留手续的行为，就是超越权限的行为。[③]

只要着手实施了超越权限的行为，即便处分行为没有实施完毕，也是既遂。意图将代为出售的物的对价作为娱乐费用而逃跑的话，马上成立侵占的既遂，而不管行为人是否实际上使用了该金钱。侵占罪中，没有处罚未遂的规定，只要着手实施超越权限的处分行为，马上就是既遂。对未遂的观念原则上不予认可。本罪之所以没有未遂概念，其理由也在于此。关于对侵占的未遂在理论上是不是应当予以认可，有肯定说（通说）与否定说[④]之分。如不动产的侵占既遂，必须是登记完毕[⑤]，对于在此之前的阶段可以把握为未遂，因此，理论上认可未遂观念的肯定说妥当。[⑥]

323 （3）实行行为的性质。关于本罪的实行行为，只要有超越权限的行为就够了。因此，建筑物的占有人，以该建筑物的真正的所有权人为对象，提起虚假的主张所有权的民事诉讼的话，仅此，就能成立侵占罪的既遂。[⑦] 诈骗行为为侵占行为所吸收。如在他人请求返还所寄托的物，而行为人说“不记得有寄托一事”的时候，即占有之后用诈骗手段确保对该财物的支配的行为，应被看作不可罚的事后行为。另外，保管在登记簿上已经是他人所有的不动产的人，对于该不动产，提起转移所有权

① 最决昭45、3、27刑集24、3、76。
② 东京高判平8、2、26判例时报1575、131。
③ 大判昭10、3、25刑集14、325。
④ 植松，447页；泷川，刑事法讲座，886页。
⑤ 最判昭30、12、26刑集9、14、3053。
⑥ 平野，227页；大塚，301页。
⑦ 最判昭25、9、22刑集4、9、1757。

登记手续的诉讼的，只要有主张是自己的所有权而进行争诉的行为就够了。[①] 这是因为，其不仅仅具有非法占有的意思，而且还具有超越权限的行为。

侵占罪是以所有权为保护利益的犯罪，实行行为的结果，必须是对他人的所有权，具有事实上或法律上的侵害。受质押权人的委托替其保管质押物的人，即便将该质押物交付给所有权人，也不侵害所有权，因此，该行为并不成立背信罪，连侵占罪也不成立。[②] 另外，某共有人在共有金被分割以前，为了自己的利益，将该共有金全部花光的，其所侵占的共有金额，由于是在分割之前实施的，各人所应得份额还没有被确定，因此，对于该共有金全体都成立侵占罪。[③] 即便委托人对侵占人具有欠账，但于侵占人所侵吞的金额，也仍成立侵占罪。再者，毁弃由自己保管的他人财物也是超越权限的侵占，但是，如后所述，因为欠缺非法占有意思，所以不成立侵占罪。

5. 故意和非法占有的意思

本罪的故意，必须具有超越自己的权限，处分自己占有的他人财物的意思。本罪是获取型犯罪，因此，主观上，在故意之外，行为人还必须具有非法占有的意思。

（1）非法占有意思的内容。本罪中的不法占有的意思，是占有他人之物的人违反委托任务，对于该物尽管没有权限，但是按照该物的经济用途，进行只有所有权人才能进行的处分的意思。因此，隐匿、毁弃自 324
己占有的他人财物的行为，虽然是超越权限的行为，但是由于没有非法占有的意思，所以不是本罪。[④] 基于暂时使用的目的而处分占有物（使用侵占）的时候，尽管没有非法占有的意思，但是，有在不是本权者就不能使用的形态上进行利用的意思的，可以说具有非法占有的意思。因

① 最决昭35、12、27刑集14、14、2229。

② 大塚，299页；大判明44、10、13刑录17、1698。

③ 大判明44、2、9刑录17、59。

④ 平野，225页；中森，149页；西田，263页。

此，将允许短时间使用的汽车在外兜风8天的行为[①]，为了复印而将自己保管的秘密资料拿到公司之外，之后返还的行为[②]，即便具有返还的意思，也都符合本罪。

（2）为第三人占有的意思。有见解认为，非法占有的意思只限于为了自己的利益而将目的物占有的场合。但是，在侵占罪中，没有理由这样特定，并不要求占有人出于为了自己的利益的意思，出于为了和行为人具有特殊关系的第三人的利益的意思（第三人侵占）也行。[③] 由于侵占罪也是取得型犯罪，所以为和行为人完全无关的第三人的利益而侵占的行为，不是构成背信罪就是构成毁弃罪。[④]

（3）为了本人利益的意思。在出于为了委托人本人的利益的意思的场合，即便超越权限对他人的物实施了处分行为，由于不具有非法占有的意思，因此，不能构成侵占罪。村主任为了村里的利益而将村里的公积金挪作他用的行为[⑤]，农业合作社的社长未经合作社的决议机构的同意，违反章程，自作主张，将合作社的资金用于以合作社名义经营的事业的行为[⑥]，都是背信罪的问题，而不是侵占罪的问题。

（4）暂时挪用的意思。在暂时挪用的场合，即便具有日后返还、补偿的意思，在相当期限内挪用，造成经济上的损失的，可以认定具有非法占有的意思。[⑦] 另外，对于金钱等能够替代的物，出于补偿的意思而
325 暂时挪用，也可以说没有非法占有的意思。

（5）侵占收款。这是指收款人为了填补所花费的金钱上的空洞，顺次将所收上来的款项加以填充，拆东墙补西墙的行为。对于填补空洞所用的金钱，是不是具有非法占有的意思，成为问题，但能认可有尽管没

① 大阪高判昭46、11、26高刑集24、4、741。

② 东京地判昭60、2、13刑月17、1和2、22（一时侵占）。城下，百选Ⅱ（第6版），133页；川崎，判例讲义Ⅱ，81页。

③ 大判大12、12、1刑集2、895。

④ 西田，247页。

⑤ 大判大3、6、27刑录20、1350。

⑥ 最判昭28、12、25刑集7、13、2721，最决平13、11、5刑集55、5、546。镇目，百选Ⅱ（第7版），134页；川崎，判例讲义Ⅱ，79页。

⑦ 最判昭24、3、8。

有权限但进行非所有权人不能进行的处分的意思。[①]

判例中的非法占有的意思　判例认为："非法占有的意思，是保管他人财物的人违反保管任务，对于该物尽管没有权限，但是进行非所有权人不可能实施的处分的意思"[②]。这个定义和盗窃罪中的非法占有的意思的定义不同，其理由在于，在侵占罪中，侵害占有并不是犯罪成立要件。但是，从认为市长助理将自己保管的市政府的重要文件带到外面藏匿起来的行为也成立业务侵占罪[③]的立场来看，可以说，不要求具有利用、处分的意思。但是，由于侵占罪是贪利型犯罪，应当说，行为人必须具有按照物的经济用途进行利用、处分的意思。

关于非法占有的意思，引人注目的问题是抗缴。最高法院于 1958 年 9 月 19 日（刑集第 12 卷第 13 号第 3047 页）在电器行业工会作为劳动争议手段，将为公司所收的电费不上缴给公司，出于暂时保管的意思而以工会执行委员会主席的名义存入银行的案件中，认为，将电费存入银行的行为，完全是出于替公司进行保管的目的，工会成员没有非法占有的意思，因此，判定该行为不成立业务侵占罪。

6. 二重买卖

所谓二重买卖，就是物在已被出卖，但移交之前，或完成所有权转移登记之前，暂处于卖主的保管之下，卖主利用这一状态，将该物又出卖给第三人的行为。如将土地卖给甲并已经收取价款的 X，在转移登记尚未完成的时候，又将该土地出卖给乙，并完成转移登记的情况。

（1）认为构成侵占罪的通说、判例。通说和判例认为，在二重买卖中，随着买卖合同的成立，所有权就转移给了买主（《民法》第 176
条），合同生效后，卖主的占有就成为对他人之物的占有，卖主将此物 326
又卖给第三人的行为，原则上构成获取行为。对于动产来说，在转移之

---

① 大判昭 6、12、17 刑集 10、789。

② 最判昭 24、3、8 刑集 3、3、276。北川，百选Ⅱ（第 7 版），132 页；川崎，判例讲义Ⅱ，78 页。

③ 大判大 2、12、16 刑录 19、1440。

前，卖主将其卖给第三人的话，就成立侵占罪。在以已经登记完毕的不动产为目的物的场合，在所有权转移登记完毕之前出卖给第三人，完成该登记的话，就成立侵占罪。①

（2）通说、判例的问题。从通说、判例的观点来看，在不动产的场合，占有人是登记名义人即卖主，通过第一次买卖将不动产的所有权转移给买主，卖主在法律上就占有了他人的不动产，之后，通过第二次买卖，侵害了第一次的买主的所有权，不法地将其财产据为己有，因此，认为不动产的二重买卖成立侵占罪。② 但是，关于买卖中所有权的转移时间，民法学说也在不断发生变化，在刑法上也认为，不具有作为侵占罪加以保护的所有权的实质的话，就不应当加以处罚。因此，通说、判例的见解具有下列问题：

1）停留于意思表示的场合，即第一次买卖仅仅是意思表示，既没有交付款项，也没有提交登记所必要的材料的场合。在这种场合下，判例的立场并不明确。③ 但是，虽然可以在形式上说是占有他人的不动产，但仅有单纯的意思表示而已，买主对卖主的信赖也很弱，应当说不具有达到在刑法上值得处罚程度的所有权的实质。④

2）交付了价款的场合，即，在第一次买卖时，和买主甲之间具有金钱交付，在第二次买卖时，卖主X对于买主乙只有买卖的意思表示而已，对于甲却具有完成所有权转移登记的可能性的场合。这种场合下的问题在于，超越权限的行为是不是已经具有侵害甲的所有权的现实危险，既然只要有出卖的意思表示，第一买主就有可能完成上述登记，那么，该行为就只停留在侵占未遂的阶段，只有在完成登记之后，才构成侵占罪。

327 3）恶意背信的场合，即，经过登记，第二买主乙在签约的时候，

① 关于动产，大判明30、10、29刑录3、139。关于不动产，最判昭30、12、26刑集9、14、3053。

② 前引最判昭30、12、26。

③ 最判昭34、3、13刑集13、3、310。

④ 大塚，389页；小暮等（中森），228页；西田，258页；藤木英雄：《经济交往和犯罪》（1966），115页。

对二重买卖的事实有认识，即乙具有恶意的场合。在只对二重买卖的事实有认识的时候，即便是民法上的恶意者，经过登记取得了完全的所有权的，能够对抗第三人，因此，不能将民法上的合法行为作为刑法上的违法行为，故乙和犯侵占罪的卖主 X 之间不成立共同实行犯或教唆犯。①

与此相对，在行为人乙超越民法上所保护的正常的交易范围，是违反诚实信用原则的恶意背信者的场合，乙就和 X 之间成立侵占罪的共同实行犯或教唆犯。单纯的恶意人，由民法规定来调整，刑法上不予处罚，但是，背信的恶意人，即便经过登记取得了所有权，也不能以此来对抗第三人。② 由于该行为在民法上也是重大违法行为，不受法律保护，因此，可以说其在刑法上也具有可罚的违法性。③

二重买卖和诈骗罪　有判例认为，二重买卖构成诈骗罪。大审院于 1912 年 9 月 10 日（新闻第 2746 号第 16 页）的判决认为，在不动产已经被转卖给他人，只是由于尚未进行过户登记，在房产登记本上该不动产的所有权依然归于自己，行为人利用这一点欺骗第三人，又将该不动产转卖给他，并进行了过户登记的案件中，如果能够查明第二买主没有受害，但是第一买主具有蒙受损害的事实的话，可以成立诈骗罪。对于第二买主（乙）而言，出卖人（X）的行为成立诈骗罪，出卖人没有告知第二买主第一次买卖（甲和 X 之间）的事实的话，该行为就是不作为的诈骗行为。由于行为人据此骗取了第一买主甲的金钱，所以，构成一款诈骗罪，被害人是甲。按照上述见解，对于甲而言，X 的行为无疑成立侵占罪。因此，乙二重买卖的场合，原则上成立侵占罪和诈骗罪，二者之间是观念竞合或者数罪。但是，既然 X 是登记名义人，则其在法律上就处于能够向乙转卖房产的地位，而且，乙若完成了所有权转移登

① 最判昭 31、6、26 刑集 10、6、874。

② 最判昭 36、4、27 民集 15、4、901。

③ 福冈高判昭 47、11、22 刑月 4、11、1803；穴泽，百选Ⅱ（第 7 版），130 页；川崎，判例讲义Ⅱ，87 页。

记手续的话，就能够优先取得该不动产，因此，乙并没有受到财产上的损失，X对于乙也没有告知该不动产已经被卖的义务。另外，由于乙没有处分甲的财产的权限，所以，乙是处分行为人、甲是被害人的三角诈骗也不成立。在二重买卖中，没有成立诈骗罪的可能。相反，虽然X和乙之间已经进行了交付费用的行为，但是在甲已经预先进行了转移登记的场合，对甲而言，也不成立侵占罪，
328 只对乙成立诈骗罪。①

三、业务侵占罪

侵占业务上自己占有的他人财物的，处10年以下有期徒刑（《刑法》第253条）。

1. 意义

业务侵占罪，是由于身份而加重对侵占罪的处罚的刑罚加重犯（不真正身份犯）。本罪，是以侵占业务上自己占有的他人财物为内容的犯罪。之所以本罪比侵占罪处罚更重，有见解认为，是因为侵害法益的范围广，发生的可能性较大，即违法性严重。② 但是，倒不如说，在业务上占有他人财物的人犯侵占罪的可能性较大，基于从一般预防的角度出发，加重其责任的宗旨，特地对其规定了较重的法定刑。③

2. 主体

本罪的主体，是在业务上占有他人之物的人。侵占罪，是占有他人之物的人才能成立的真正身份犯，与此相对，本罪是因此而另外加重其刑罚的犯罪，因此，本罪是兼有占有人身份和业务人身份的复合身份犯（所谓二重意义上的身份犯）。

（1）业务的意义。所谓业务，是基于社会生活上的地位而反复继续实施的事务。不要求是维持自己生活的营业或职业。④ 业务的基本内容

---

① 东京高判昭48、11、20高刑集26、5、548。

② 大塚，308页；小暮等（中森），232页。

③ 中山，313页；曽根，177页；西田，263页。

④ 大判大3、6、17刑录20、1245。

和业务上过失致死伤罪中的业务不同，在本罪中，由于反复或继续实施保管、占有他人财物的人，极有可能侵占他人财物，所以，才加重其刑罚，所以，本罪中的业务人，必须是反复、继续实施受委托保管、占有他人财物的事务的人。

（2）业务的根据、内容。业务的根据，可以是法令、合同，也可以是习惯。是为自己的事务还是为他人的事务，是不是公务，都在所不问。对于他人的事务，也不管其是否具有处理该事务的自由裁量权。另 329
外，即便是受特定人的委托而占有、保管财物的人，只要反复或继续实施该事务的话，也是业务人。从业务的性质来看，没有必要继续实施，只要是反复进行占有、保管就行了。业务不仅包括主业也包括副业，代替他人实际实施的业务也是业务。由于自己的业务而保管他人财物的人，都是业务上的占有人。因而和本职工作有关而附带实施的事务也是业务。正如没有资格的人所实施的业务活动一样，即便在程序上有不妥之处，只要该事务自身并不违法，也是业务。即便在丧失业务上的地位之后，到终止实施业务为止，由于作为保管人仍然具有保管责任，所以，还是本罪的主体。

本罪的业务，只要是基于他人的委托而反复或继续实施保管、占有他人财物的事务就够了。其典型是当铺业者、仓储业者、运输业者、修缮业者、暂时寄存业者、清洁业者等所从事的业务。职务上保管公款的公务员，在公司、团体中保管金钱的公司从业人员，公共团体的职员，银行工作人员等，也是业务人员。律师保管从交涉对象那里拿来的和解金的，也是业务上的占有。[①]

伴随性业务　大审院于1921年5月17日（刑集第1卷第282页）的判决中，对斡旋艺妓的人在斡旋之际，保管从艺妓的雇主那里拿来应当交付给艺妓的工资预付款的行为，认为，“成立业务上的占有，不限于以保管占有他人财物为主要业务的场合，只要是作为职业或者业务而附带地保管占有他人财物，特别是在法律上没有

① 大判昭6、11、18刑集10、609。

将该保管占有行为从其职务或者业务范围中除外的话，就算本条款中所说的业务上的占有”，也即，承认了上述行为的业务性。但是，伴随性业务中，业务的范围难以划定。[①] 总的来说，要根据保管他人财物，是否可以说与其履行业务密切相关来判定。

3. 对象

本罪的对象，是和业务有关而保管、占有的他人财物。即便是业务
330 人，在占有与业务无关的财物的时候，也不成立本罪。

4. 行为

本罪的行为，和侵占罪的场合一样，是侵占。本罪中，特别是在侵占方面，如何处理业务上的保管人、占有人违反委托宗旨，将金钱等目的物挪用，即挪用所保管的金钱的行为，成为问题。但是，在出于非法占有的意思而不法挪用金钱等的时候，就相当于侵占。如将规定了用途、完全不准挪作他用的金钱用于其他目的，就是超越权限的处分行为。镇长将镇上的公款用于宴请镇议会议员这种不属于镇上的公共行政事务范围之内的事项的时候[②]，或者，农林部的派出机构的头目，为了该派出机构的事务顺利展开，将其所保管的人工费挪用于自己以及部下的出差费用以及接待费用的时候[③]，都构成本罪。

四、共犯

1. 侵占罪的场合

侵占罪是真正身份犯（构成的身份犯），因此，在没有身份的人实施该罪的场合，根据《刑法》第 65 条第 1 款的规定，成立共同实行犯[④]或者教唆犯、帮助犯。[⑤] 有见解认为，《刑法》第 65 条第 1 款不包括共同实行犯的场合，但是，既然没有身份的人的共同实行行为可以构

---

① 团藤，624 页。

② 大判昭 9、12、12 刑集 13、1717。

③ 最判昭 30、12、9 刑集 9、13、2627。

④ 大判昭 10、7、10 刑集 14、799。

⑤ 最判昭 27、9、19 刑集 6、8、1083。

成侵占罪，则没有理由将无身份者排除在共同实行犯的范围之外。[①] 另外，于不动产的二重买卖，虽然单纯具有恶意的人即买主和卖主之间不成立共同实行犯，但是，在第二买主是恶意背信者的场合，其可以和卖主成为共同实行犯或者成为对卖主的教唆犯。[②]

2. 业务侵占罪的场合

业务侵占罪虽然是不真正身份犯，但它也是包含了侵占罪这种真正身份犯的复合身份犯（二重身份犯）。以下场合，成为问题。 331

（1）共同占有的场合。关于共同占有他人财物场合下的共同实行犯的关系，在一方是业务者而另一方不是业务者的场合，有 1）主张作为真正身份犯，适用《刑法》第 65 条第 1 款，成立侵占罪的共同实行犯，对业务者，根据《刑法》第 65 条第 2 款的规定，成立业务侵占罪的见解[③]，和 2）主张成立业务侵占罪的共同实行犯，对无身份的人按照侵占罪的法定刑处罚的见解[④]之间的对立。业务侵占罪，应当被看作侵占罪的不真正身份犯（加减的身份犯），因此，对于无身份的人，不能成立业务侵占罪，所以，1）说的见解妥当。

（2）不是共同占有的场合。在既不是业务者也不是占有者的人，对业务者的侵占行为进行帮助的场合，该如何处理？有 1）应当按照《刑法》第 65 条第 1 款的规定，成立业务侵占罪的共犯（共同正犯），按照《刑法》第 65 条第 2 款的规定，对没有身份的人，科处侵占罪的刑罚的判例、通说的见解[⑤]；2）业务者的身份是责任身份，因此，对非业务者不起作用，对于非占有者，根据《刑法》第 65 条第 1 款的规定，认定成立侵占罪的共犯的见解[⑥]；3）由于非业务者完全不具有作为占有者的身份，因此，不能适用《刑法》第 65 条第 2 款的规定，成立业务

---

① 大谷，总论，456 页。

② 福冈高判昭 47、11、22。

③ 平野，总论，373 页；西田，269 页。

④ 大判昭 15、3、1 刑集 19、63，最判昭 25、9、19 刑集 4、9、1664。团藤，643 页；大塚，311 页；内田，372 页；中森，156 页。

⑤ 最判昭 25、9、19。

⑥ 平野，总论，373 页；西田，269 页。

侵占罪的共犯的见解[①]；4）业务者的身份和非占有者无关，因此，根据《刑法》第 65 条第 1 款的规定，成立侵占罪的见解[②]；5）非业务者实施业务侵占的场合，成立侵占罪，与此相应，其应当成为单纯侵占罪的共犯的见解[③]；6）侵占罪是真正身份犯，因此，根据《刑法》第 65 条第 1 款的规定，成为侵占罪的共犯，根据《刑法》第 65 条第 2 款的规定，业务者成立业务侵占罪，而非占有者成立侵占罪的见解[④]之间的
332 对立。按照《刑法》第 65 条第 2 款的宗旨，6）说妥当。另外，1）说之中，主张《刑法》第 65 条第 1 款不包括真正身份犯的共同实行犯的见解认为，在这种场合，非占有者的帮助行为完全不具有实行行为性，所以，不能成立共同实行犯，而只能成立教唆犯或者从犯。[⑤] 但是，《刑法》第 65 条第 1 款明显可以适用于真正身份犯的共同实行犯，因此，这种见解的前提是不能获得支持的。[⑥]

五、罪数、与其他犯罪的关系

1. 罪数

侵占罪的罪数，以委托信任关系的个数为标准加以确定。[⑦] 这是因为，侵占罪的特征是违背信任关系而取得财物。即便寄托物的所有权人有数个，但占有是以一个委托信任关系为基础而成立的时候，就只成立一罪。基于单一的委托信任关系，在时间上连续地非法占有占有物的时候，尽管该目的物各不相同，但是，仍只成立包括的一罪。侵占罪也是状态犯，因此，侵占之后，行为人对于同一目的物而实施处分行为的，判例认为，只要没有另外侵犯新的法益，就是不可罚的事后行为，不成

---

① 植松，450 页；香川，575 页。
② 中，171 页。
③ 内田，372 页；小暮等（中森），234 页；中森，156 页。
④ 前田，274 页。
⑤ 大塚，312 页。
⑥ 大谷，总论，457 页。
⑦ 大判大 5、10、7 刑录 22、1505。

立侵占罪。[①] 但是，最高法院变更了历来的判例，认为在侵占后仍然占有该目的物的时候，该非法占有行为独立构成侵占罪。[②] 相反地，以在业务上所保管的他人名义的银行存款擅自设定抵押权的人解除约定，将该付还的客户存款贪污挪用的（侵占后的侵占），就不是不可罚的事后行为。利用侵占的存折欺骗邮局工作人员取出存款的时候，就重新成立诈骗罪。另外，侵占成立之后，为了隐瞒罪迹而伪造、使用文书的，因为该行为是和侵占行为完全不同的行为，故应成立数罪。对于业务上的占有物和非业务上的占有物，通过一个行为加以侵占的时候，侵占罪被吸收，只成立业务侵占罪。[③] 333

侵占后的侵占 以往的判例认为，侵占罪是状态犯，所以侵占行为完成后实施财物的处分行为的，只要对侵占行为已经充分评价，就以之为共罚的事后行为，不认定为侵占罪。[④] 但是，最高法院改变了以往判例的立场，对于在他人的土地上随意设定抵押权并登记侵吞后，再将该土地出售给他人，从而重复侵占的案件，认为成立侵占罪。[⑤] 侵占罪是将自己占有的他人财物出售或消费而全面侵害所有权的形态，像本案中那样超越占有人的权限设定抵押权，在先前设定抵押权的侵占行为不能充分评价出售等转移所有权的行为，因此，不是共罚的事后行为。对该判例应该支持。[⑥]

2. 和其他犯罪的关系

侵占罪和背信罪的关系很重要，关于这一问题在后面再讲。在侵占罪和诈骗罪的关系是：诈骗罪是使用欺骗手段使行为人获得财物，而在侵占罪方面，是行为人将已经处于自己占有之下的财物据为己有。侵占

---

① 大判明 43、10、25 刑录 16、1747，最判昭 31、6、28 刑集 10、6、874。

② 最大判平 15、4、23 刑集 57、4、467。

③ 最判昭 24、2、15 刑集 3、2、179。

④ 最判昭 31、6、26 刑集 10、6、874（提供担保后，为其他债务向同一人提供担保的判例）。

⑤ 最大判平 15、4、23 刑集 57、4、467。伊东，百选Ⅱ（第 6 版），137 页；川崎，判例讲义Ⅱ，85 页。

⑥ 山口，312 页。另外，前田，272 页；佐久间，242 页。

的手段中即便包括了诈术，但由于没有基于对方的处分行为转移占有，所以，不构成诈骗罪。① 有一种说法认为，在为了不返还委托物而欺骗委托人的场合，由于委托人事实上已经放弃了返还请求权，所以，不成立诈骗罪。但是，此时，如果委托人有放弃返还请求权的意思表示的话，就成立二款诈骗罪，和侵占罪之间是观念竞合。② 在有义务返还委托物的场合，只要使用诈术而被免除了返还义务，虽然可以成立二款诈骗罪，但是，这种场合下的欺骗手段是确保侵占物不被收回的不可罚的事后行为。另外，如果承认上述见解的话，就是对同一财物进行了两次刑法评价，并不妥当。③ 与此相对，将自己保管的他人财物像自己的财物一样，为他人提供担保，从第三人手中骗取财物的，提供担保的行为就是侵占行为，同时该行为又成为诈骗罪中的欺骗手段，所以是诈骗罪
334 和侵占罪的观念竞合。④

六、侵占遗失物等罪

侵占遗失物、漂流物以及其他脱离他人占有的物的，处1年以下的有期徒刑或10万日元以下的罚金或小额罚金（《刑法》第254条）。

1. 意义

侵占遗失物等罪是侵占不属于他人占有的他人财物的犯罪。在不侵害占有这一点上本罪和侵占委托物罪有共同之处，但在没有委托关系这一点上，与其不同。所谓“脱离占有”，是非基于占有人的意思而脱离占有。因此，不仅未被任何人占有的物，即便是由于偶然或由于占有人的错误而被行为人占有的物也包括在内。

2. 对象

本罪的对象是遗失物、漂流物，以及其他脱离占有的他人财物

---

① 大判明44、4、17刑录17、587。
② 牧野，806页；藤木，342页。
③ 植松，448页；前田，273页。
④ 东京高判昭42、4、28判例泰晤士报210、222。

（占有脱离物）。所谓遗失物，就是丢失物，是指不是根据占有人的意思而脱离占有，但目前不属于任何人占有的物。所谓漂流物，是指遗失物落在水中的场合。所谓其他脱离占有的物，是《遗失物法》第12条中所说的“错误占有的物件”，如邮递员错误投递的邮件[1]，在电车、公共汽车、食堂等处遗留的“他人丢失的物品”[2]，“走失的家禽”即脱离占有者的支配而出走的家禽，偶然进入自己支配范围之内的家禽，随风飘来的邻家的洗濯物等。即便是从养殖专业户的池塘中逃逸到湖沼中的鲤鱼，如果能和野生的鱼区别开来的话，也能成为本罪的对象。[3] 即便无法判明物的所有权人是谁，也没有关系。[4] 无主物，即便是财产性价值相当高的物，也不是本罪的对象。所有关系不明的文物，如过去的古墓中所收藏的1 500年到1 600年之前的宝剑或宝石之类的东西，只要被埋葬者的权利被其子孙或其他人所继承，就是本罪的对象。[5]

3. 行为 335

本罪的行为也是侵占。本罪的主观要件，除要求认识到对象是遗失物等之外，还要求具有非法占有的意思。最初就是出于非法占有的意思，进行像所有权人一样的处分的话，在该时刻，就成立既遂。例如，最初出于交给警察的意思而拾起该物，但后来产生了非法占有该物的意思，当该意思在外部体现出来的时候，就成立本罪。本来是被害人所占有的物却误认为是遗失物等而拿走的，按照《刑法》第38条第2款的规定，成立侵占遗失物等罪。[6] 本罪也是状态犯，因此，侵占了作为遗失物的乘车券的人，将该乘车券拿到自动补票机上办理退票手续，领取金钱的行为，是侵占遗失物等罪的不可罚的事后行为，而不另外成立诈

① 大判大6、10、15刑录23、1113。
② 大判大15、11、2刑集5、491。
③ 最决昭56、2、20刑集35、1、15。
④ 最判昭25、6、27刑集4、6、1090。
⑤ 大判昭8、3、9刑集12、232。反对，小野，271页；平野，228页；山口，316页。
⑥ 东京高判昭35、7、15下刑集2、7和8、989。

骗罪。[1] 将侵占的脱离占有物损坏的，也是一样。[2] 有见解认为，是不可罚的事后行为的话，成立法定刑较重的损坏器物罪。但是，侵占遗失物等是预定了之后加以扔掉或者加以损坏在内的行为的犯罪类型，因此，损坏遗失物等的行为是不可罚的事后行为。

第七节　背信犯罪

一、概说

1. 意义

背信犯罪，是以（1）为他人处理事务的人（事务处理人），（2）意图为自己或第三人谋取利益，或出于损害本人利益的目的，（3）实施违背其任务的行为，（4）从而给委托人造成财产上的损害为内容的犯罪。刑法虽然将背信犯罪规定在“诈骗和敲诈勒索犯罪”（第二编第三十七
336 章）一章之下，但是，本罪的本质在于，事务处理人尽管和委托人之间具有法律上所认可的信任关系，但却损害这种关系，从而造成委托人财产上的损失。在违背信任关系这一点上，是和侵占委托物罪相类似的犯罪。由于背信犯罪具有所谓二款侵占罪的特点，和以对方的具有瑕疵的财产处分行为为要素的诈骗犯罪以及敲诈勒索犯罪之间具有本质上的不同，因此，目前一般认为，有必要采取将侵占委托物和本罪一并认识的体系。在《草案》中，也采用了将其和侵占委托物罪一并规定的方法。另外，由于背信犯罪中也包含专以损害委托人为目的的行为，因此，它还具有毁弃犯罪的一面。

《草案》的规定　《草案》第二编第四十三章也采取了这种态

---

① 东京地判昭 36、6、14 判例时报 268、32。反对，西田，252 页；山口，317 页（成立诈骗罪）。

② 西田，271 页（作为不可罚的事后行为）。反对，林，298 页（和损坏器物罪成为包括的一罪）。

度，而且，《草案》第二编第三十九章在“侵占和背信犯罪”的题目下，在侵占犯罪之后，列举了背信犯罪的同时，新设了业务背信罪（第 353 条）。另外，现行法律上，《商法》（第 486 条至第 488 条）、《股份有限公司法》（第 77 条）、《保险业法》（第 322 条及以下）中，都设立了特别背信罪，在成立条件上，除了主体不同，在其他方面都和本罪一样。

2. 罪质

关于本罪的性质，有背信说、滥用职权说以及背信的滥用职权说等的严重对立。

（1）学说的对立。（1）背信说认为，本罪的本质是违反诚实信用义务，对委托人的财产造成损害（通说，大判大 3、6、20 刑录 20、1313）；（2）滥用权限说认为，背信罪的本质在于具有代理权的人，滥用委托人所授予的代理权（法律上的处分权限），侵害委托人的财产[①]；（3）限定背信说对背信说加以限定，认为背信罪的本质在于违背有关产生特定的高度信赖关系的事务自身的信赖关系而侵害财产[②]；（4）背信的滥用职权说，从明确背信罪的成立范围的观点出发，扩大“代理权的滥用”，认为本类罪的本质在于，滥用委托人所授予的法律上以及事实上的处分权限，侵害财产。[③]

（2）判例的立场。判例以 1）保管质押物的人违背其任务将质押物 337
返还的场合[④]为开端，在 2）在账本上进行虚伪记载[⑤]以及 3）在计算机中输入不当程序等事实行为的违背行为的场合[⑥]，都认可了成立背信罪，因此，基本上采用了背信说，这是没有问题的。同时，在二重抵押当中，抵押权设定人本来没有设定第二个抵押权的权限，因此，不是滥

---

① 泷川，173 页。

② 中森，158 页；曾根，184 页；山中，452 页；林，268 页。

③ 大塚，317 页；藤木，343 页；内田，345 页。另外，前田，332 页。另外，山口，319 页。

④ 大判明 44、10、13 刑录 17、1698。

⑤ 大判大 3、6、20 刑录 20、1313。

⑥ 东京地判昭 60、3、6 判例时报 1147、162。

用权限，无非是脱离权限。尽管如此，判例还是认定二重抵押构成背信罪，因此，可以否定背信的滥用权限说。

(3) 学说的探讨。我认为，处理他人事务的人，在违背其任务对委托人施加侵害的场合，即便该行为不是法律行为，而是事实行为，也会对委托人造成财产上的重大损害，其当罚性，有时候，和滥用代理权中的情况没有什么差别，因此，主张在滥用代理权方面对背信行为加以限定的滥用权限说并不妥当，而应当支持背信说。但是，在历来的背信说之中，由于背信行为的范围并不一定明确，因此，只限定在和委托人之间具有财产上的权限的场合，将滥用或超越权限所实施的违反诚实信用义务，对委托人造成财产上的损害作为背信犯罪的本质。因此，2）说是妥当的。如受托看管货物的人，疏忽看管而让别人将货物盗走的，由于不是滥用权限造成他人财产上的损失，所以，不是背信行为。

> **滥用权说**　将该说的观点进行概括的话，就是：第一，虽然背信罪是比较轻的犯罪，是作为侵占、诈骗犯罪的补充而规定的，但应当作为独立的犯罪类型对待；第二，其独立性在于，在法律上具有处理一定事务权限的人滥用其权限，造成本人财产上的损失；第三，行为人，作为委托人的代理人，必须具有处理事务的概括性权限，因此，只能在对第三人的法律行为（对外关系）上认可违反职责的行为，和委托人关系上的事实背信行为，如受托管理财物的人由于疏忽管理而给委托人造成财产上的损失的行为，必须从背信罪中剔除。① 另外，也有人主张，在维持滥用职权说的同时，把事务
> 338 管理人的范围扩张到受托决策人。②

(4) 事务的内容。本罪，在违背委托人和事务管理人之间成立的信任关系这一点上，和侵占委托物罪类似，但是，本罪以违背基于信任关系的财产上的任务为对象，而侵占犯罪是以违背占有财物这一委托事务为对象，因此，其范围不同。简单地说，背信犯罪中的事务，是基于信

① 泷川，171页。

② 上嶌一高：《背信罪理解的再构成》（1997），230页。

任关系的管理财产上的事务，而侵占犯罪中的事务，是基于信任关系而占有财物这种特定的事务，因此，在上述以外的违背财产管理上的任务的行为，对委托人造成财产上的损害的，是不是成立背信罪，成为问题。正因如此，背信犯罪和侵占犯罪是一般法和特别法的关系（通说）。①

（5）对整体财产的犯罪。成立背信罪，必须背信行为造成“财产上的损害”。本罪，不是因对个别财产造成侵害，而是因对被害人的财产整体造成侵害而成立，因此是对整体财产的犯罪。

3. 亲属间犯罪的特别规定

对于背信罪也适用亲属间犯罪的特别规定（《刑法》第 251 条、第 244 条）。亲属关系，只要在犯人和委托人之间存在就够了。

二、背信罪

> 为他人处理事务的人，意图为自己或第三人谋取利益，或出于损害委托人利益的目的，实施违背其任务的行为，从而给委托人造成财产上的损失的，处 5 年以下有期徒刑或 50 万日元以下罚金（《刑法》第 247 条）。
>
> 未遂犯，处罚之（《刑法》第 250 条）。

1. 主体

本罪的主体，仅限于为他人处理事务的人，故本罪是只有为他人处理事务的人才能实施的真正身份犯。

（1）处理事务的人。所谓“为他人处理事务的人”即事务处理人，是为了委托人的利益而处理他人事务的人。所谓“他人”，是行为人以外的人，就是刑法分则条文中所谓的“委托人”，除包括自然人之外，还包括法人或没有法人资格的团体。国家以及地方公共团体也是他人。“事务”，既可以是公事也可以是私事，既可以是法律行为也可以是事实行为，还可以是暂时性的工作。 339

① 反对，平野，288 页（因为包括毁弃行为，所以，具有独自性）。

（2）事务的范围。关于本罪中所说的“事务”的范围，有仅限于财产上的事务的限定说，和没有范围限制的无限定说之间的对立。无限定说认为：由于现行刑法在事务内容上没有作任何限制，因此，将事务范围限定为财产上的事务，并没有法律上的根据。在医生为了对患者造成财产上的损害，故意不进行妥当的治疗，使其病情恶化，由此而使病人产生商务上的麻烦，造成其财产损失的场合，也构成背信罪。[①] 但是，我认为，由于1）现行法将背信罪规定为财产犯罪，2）法条上将背信行为规定为对委托人施加财产上的损害的类型性行为，因此，主张将他人事务限定为财产管理上的事务的限定说更加妥当。

事务处理人，必须是处理“他人事务”的人。所谓处理他人事务，是代替他人即委托人处理事务。[②] 即便是为了他人利益，但在处理自己事务的场合，也不是事务处理人。如卖主根据买卖合同，将标的物转移给买主的事务，即便是为了买主的利益而实施的，也是自己的事务，因此，疏忽该事务的行为，只是单纯的不履行债务而已，而不是背信罪。

> **他人的事务、自己的事务** 返还自己所借的债务、建筑承包商建筑房屋等都是自己的事务，相反地，有判例认为，搬运业者对搬运物的保管义务，是为了持有提货单的人的利益的他人事务[③]；设定抵押权的人所具有的帮助设定抵押登记的义务，是为了抵押权人的利益的他人事务。[④]

（3）信任关系。事务处理人，和委托人之间必须具有法律上的信任关系，即必须是对委托人承担诚实地处理该事务的义务——诚实信用义务的人。信任义务的产生根据并不重要，法令（亲权人、监护人、公司
340 的经理）、授权代理之类的法律行为（委任、雇佣、承包、寄托）、习惯或者无因管理等（《民法》第697条），都可以成为信任义务的来源。

---

① 袖珍，566页；木村，145页；江家，334页；植松，454页；柏木，495页。

② 大判大3、10、12新闻974、30。

③ 大判明44、4、21刑录17、622。

④ 最判昭31、12、7刑集10、12、1592。高桥，百选Ⅱ（第5版），140页；川崎，判例讲义Ⅱ，88页。

背信罪的本质是违反诚实信用义务，对委托人造成财产上的损害，因此，事务管理人应被限于有代理权的人等，即基于能够支配委托人的权利和义务的权限，处理他人事务的人。[1] 事务在某种程度上必须是概括性的，监视等机械性的事务不包括在内。[2] 只要是概括性的事务，不仅行为人能够单独处分的事务，根据其他人的裁决所实施的事务[3]，运输业者所雇佣的人之类的辅助人员所实施的事务，也是业务。信息的管理人也是事务处理人。[4] 事务处理人的身份，必须在实施实行行为的时候存在。[5]

债权人的任务　最高法院于 2003 年 3 月 18 日（刑集第 57 卷第 3 号第 356 页）认为，以股份为目的的质权设定人，在将股票交给债权人之后，到返还融资资金时为止，负有为债权人保全该股份的担保价值的任务，其中，当然包括以不得通过除权判决使该股票失效的不作为为内容的任务，这种任务，是为了他人即债权人的利益而负担的。

2. 行为

本罪的行为是背信行为，即违背任务的行为。这里所谓的“任务”，是指处理事务的人，在该具体情况之下，当然应该实施的为法律上所期待的行为。所谓“违背”，就是违背信任关系。如银行工作人员眼见不可能收回却仍然发放贷款，当铺的雇员以高出通常价格的抵当价格借钱给他人。

背信行为，不要求是法律行为，只要是事实行为就够了。催收赊账的事务处理人员，在账册上记载接受商品退货的虚假事实的时候，就是
背信。[6] 另外，被委托催收债务的人疏忽大意，使债权过了消灭时效 341
的，是不作为的背信行为。此外，受托管理财物的人疏忽管理，对委托

① 藤木，344 页。

② 团藤，652 页；大塚，321 页。反对，柏木，495 页。

③ 最决昭 60、4、3 刑集 39、3、131。

④ 东京地判昭 60、3、6 判例时报 1147、162。

⑤ 大判昭 8、12、19 刑集 12、2360。

⑥ 前引大判大 3、6、20。

人造成财产上的损害的，就是不作为的事实行为。毁损保管物、泄露秘密也是背信行为。

是不是违背信任关系，要按照诚实信用的原则，比照社会观念，根据是否偏离了通常的事务处理的范围（事务处理的通常性）来判断。关于事务处理的通常性，根据具体情况，在考虑了针对该事务所规定的法令，公务机关的通知、内部规定，一般组织之内有关业务执行的规定、章程，业务内容，法律行为中的委任宗旨等之后，按照诚实信用原则，比照社会一般观念来确定。将自己管理的数据泄露给外部或擅自使用的行为[①]，不当输入计算机程序的行为[②]，也能成为背信行为。只要对该事务的处理没有超越一般社会观念，即便是根据所谓冒险交易而给委托人造成了经济上的损失的行为，也不是背信行为。但是，公司经理将虚构利益做账、分配利益的“动用资本金充作股息的分红”的行为，在商法上被严格禁止，除了特殊场合，成立特别背信罪。[③]

动用资本金充作股息的分红 实际上是赤字，但是采用使人看起来是在赢利一样的方法进行会计操作的行为，又被称为“粉饰决算”。将根据这种方法计算出来的虚假利益给股东分红的行为就是“动用资本金充作股息的分红”。商法严格禁止这种行为，并对其予以处罚（《公司法》第963条第5款第2项），因此，它应当是一种背信行为。但是，为了保障股市安定，在赢利的时候，少算利益而将其储存起来，在亏损的时候，就将过去的赢利拿来进行弥补的行为，由于没有后述的营利、加害目的，所以，不是背信行为。[④]

3. 主观要件

背信罪是目的犯，除须具有故意以外，还必须具有作为主观的构成要件要素的获利目的或加害目的。

---

① 神户地判昭56、3、27判例时报1012、35。

② 东京地判昭60、3、6。林（干），百选Ⅱ（第5版），130页；川崎，判例讲义Ⅱ，81页。

③ 大判昭7、9、12刑集11、1317。

④ 大判昭2、10、16刑录20、1867。

（1）故意。本罪的故意，就是对自己的行为违背任务，会对委托人 342
造成财产上的损害的结果有认识，而实施该行为的意思。因此，误以为自己的行为符合任务的宗旨而实施行为的，就是事实错误，排除故意。① 另外，对于存在无法准确预测财产上的损害的场合，虽说只要认识到有可能发生就够了②(通说)，但由于背信罪是目的犯，因此，对于自己的行为违反任务的本来宗旨的认识必须是确定的。③

（2）目的。本罪的目的，包括 1）为自己或第三人谋取利益的目的，以及 2）对委托人造成损害的目的。在前者支配之下而实施行为的，是财产性利益犯罪，在后者支配之下造成损害的，是财产毁弃型犯罪。

1）图利、加害目的。本罪，第一，必须是在为自己或第三人的利益即图利的目的（图利目的）之下实施的。所谓自己，就是事务处理人；所谓第三人，就是事务处理人和委托人以外的人，如粉饰决算中，专门为股东牟利的场合，就是这种情况。共犯人也是第三人。④ 关于“利益”，判例以及通说认为，身份上的利益以及其他非财产性利益也包括在内⑤，但是，本罪是财产犯罪，作为其当然的归结，应当限于财产性利益。⑥ 第二，必须是出于给委托人造成财产上的损害的目的（加害目的）。这里所谓“损害”，从本罪的性质来看，应当限于财产性的损害。⑦ 目的，既可以是图利目的也可以是加害目的，二者并存时，要判断何者是主要目的，将主要目的看作背信的目的。⑧

2）图利、加害目的和为委托人谋利的目的。出于为委托人谋取利

---

① 大判大 3、2、4 刑录 20、119。

② 大判大 13、11、11 刑集 3、788。

③ 同旨，木村，148 页；藤木，348 页；内田，348 页。反对，大塚，327 页；中森，161 页；西田，273 页（未必的认识就足够）；山口，321 页；前引大判大 13、11、11。

④ 大判明 45、6、17 刑录 18、856。

⑤ 大判大 3、10、16 刑录 20、1867，最决平 10、11、25 刑集 52、8、570；品田，百选Ⅱ（第 7 版），146 页；川崎，判例讲义Ⅱ，89 页。

⑥ 团藤，655 页；前田，284 页。

⑦ 新潟地判昭 59、5、17 判例时报 1123、3（以自己保身为目的）。

⑧ 江家，337 页。

益的目的（为委托人谋利的目的）而实施行为的时候，即便违背任务给
343 委托人造成了损害，也不是背信罪。[①] 问题是：图利、加害目的和为委托人谋利的目的并存时，该怎么处理？在主要是为了自己或第三人的利益而实施行为的时候，即便附带地有为委托人谋取利益的目的，仍然成立背信罪。[②] 如在银行支行行长为了使自己实施的不当垫付不被发觉而继续进行该不当垫付的时候，即便具有避免出借一方破产的目的，但主要是为了自己的利益的场合，就构成背信罪。总之，图利、加害目的和为委托人谋利的目的并存时，要看哪一种目的是主要目的，然后决定是否成立本罪。[③]

3）目的的内容。关于图利、加害的目的，有 i. 只要对图利、加害目的有认识就够了的未必故意说[④]，ii. 必须有认识并至少要有容允的认识容允说[⑤]，iii. 必须具有确定认识的确定认识说[⑥]，iv. 必须具有图利、加害意愿的意欲说[⑦]之间的对立。

我认为，加害目的是与有关发生损害结果即有关构成要件结果相对应的主观要素，和故意是重复要素，因此，如何区分二者，成为问题。但立法者既然将“目的”规定出来，则应当将其看作对故意内容的限定，即要求具有确定的认识。

4. 财产上的损失

本罪是结果犯，必须背信行为给委托人的财产造成了损失。在造成了财产上的损失的时候，就是既遂。所谓“财产上的损失”，包括现有财产的减少（积极损失）和将来能够获得利益的丧失（消极损失）。[⑧]

---

① 大判大 3、10、16 刑录 20、1867。

② 大塚，327 页；最判昭 29、11、5 刑集 8、11、1675。

③ 最决昭 63、11、21 刑集 42、9、1251；川崎，判例讲义Ⅱ，89 页。另外，最决平 10、11、25 刑集 52、8、570；品田，百选Ⅱ（第 7 版），146 页；川崎，判例讲义Ⅱ，91 页。

④ 牧野，749 页；中森，161 页；山中，462 页。大判昭 7、9、12 刑集 11、1317，最决平 17、10、7 刑集 59、8、779。

⑤ 袖珍，566 页。

⑥ 大塚，327 页；藤木英雄：《经济来往和犯罪》（1966），67 页；中森，141 页。

⑦ 内藤，注释（6），322 页。

⑧ 大判大 11、9、27 刑集 1、483，后引最决昭 58、5、24。

所谓“财产”，是所有财产的意思。因此，对于损失，必须从委托人财
产状态的整体来考虑。在一方面造成损失，而在另一方面又有与此相应
的收益的时候，就是没有损失。如将 1 000 万日元借给了甲，但在甲名 344
义的相同银行账户上又有 1 000 万日元的进账的时候，就不能说具有财
产性损失。

关于如何判断是不是具有财产性损失，有法律损失概念说和经济损失概念说之分。按照法律损失概念说，例如在没有希望收回 1 000 万日元的借贷的场合，因为存在 1 000 万日元的债权，因此，从法律上讲，财产整体上并没有减少。相反地，按照经济损失概念说，从经济的角度来考虑，只要没有收回的希望或者没有相应的担保，就应当说，损失在借贷的阶段就已经发生。我认为，尽管能够取得法律上的债权，但只要不可能返还，在财产上就是无价值，即便在履行债务之前，就应当说，已经发生了损失，所以，经济损失概念说妥当。最高法院也认为，所谓财产上的损失，是“在经济的角度上对委托人的财产状态进行评价，是指由于被告人的行为而委托人的财产价值减少，或应当增加的价值没有增加”[①]。因此，在没有担保的情况下，对不可能返还的人提供借款的，尽管有的判例认为，因为在法律上还有请求返还的余地，该行为只具有造成实际损失的危险而已[②]，但是，应当说，在借出的同时，就已经发生了和借贷本金相当的财产上的损失[③]，日后即便全额收回，也成立背信罪。

透支债务的返还　最高法院于 1996 年 2 月 6 日（刑集第 50 卷第 2 号第 129 页）的判决中，根据活期透支合同从甲银行接受融资的乙金融公司由于经营恶化，陷入无法用票据决算的境地，于是，乙公司的代表人和甲银行支行行长共谋，让乙公司伪装还有资力，预谋再向甲银行贷款，在乙公司开出的期票上，甲银行进行支票保

---

① 最决昭 58、5、24 刑集 37、4、437。内田（幸），百选Ⅱ（第 7 版），144 页；川崎，判例讲义Ⅱ，93 页。

② 最判昭 37、2、13 刑集 16、2、68。

③ 前引最决昭 58、5、24。

证，在兑换之后，甲银行向乙公司在甲银行开设的账户中注入了和支票保证金额相应的资金，以返还活期透支债务。法院认为，“在公司处于该种经营状态之下，很难说和上述支票保证金额相应的经济利益就一定归属于银行”[①]。我认为，在负担债务的场合，只要和该债务相应的补偿没有确定的话，就财产的整体上看，损失不可
345 避免，因此，可以说，上述判决意见是妥当的。[②]

5. 二重抵押和背信罪

所谓二重抵押，是如X将自己的不动产抵押给债权人A之后，乘尚未登记之机，又重新将其抵押给债权人B，并和B办理了设定抵押权的登记手续的行为。

（1）学说、判例。关于二重抵押，有1）在对A的关系上成立背信罪，在对B的关系上成立诈骗罪，二者之间是法条竞合的关系的见解[③]，2）在对A的关系上是背信罪，在对B的关系上是诈骗罪，二者之间是观念竞合的见解[④]，3）仅对A成立背信罪而已的见解（通说）之间的对立。

判例过去认为，二重抵押构成诈骗罪，但是现在采取主张只对A成立背信罪的3）的见解。[⑤] 主张成立诈骗罪的观点[⑥]认为，X负有将对A设定了抵押权的事实告诉B的义务，但是，违反该义务，在上述不动产上设立抵押权这一点上，对B有欺骗行为，同时，A因此失去了第一顺位的抵押权，所以，成为被害人。但是，后来的抵押权人B，既然是接受了第一顺位的抵押权的设定登记的人，就不会有任何财产上的损失，因此，X没有将对A设定了抵押权的事实告知B的义务，所以，二重抵押不应该构成诈骗罪。

（2）背信罪的成立。在考虑二重抵押成立背信罪的时候，必须考虑

① 川崎，判例讲义Ⅱ，92页。
② 西田，281页；前田，287页。
③ 宫本，393页。
④ 牧野，695页；木村，130页；青柳，511页。
⑤ 最判昭31、12、7刑集10、12、1592。
⑥ 大判大元、11、28刑录18、1431。

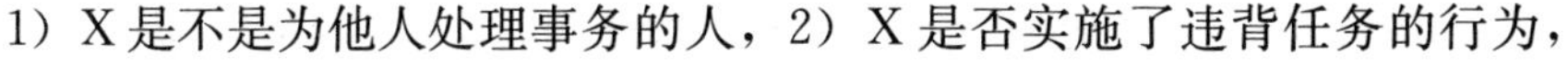

1）X是不是为他人处理事务的人，2）X是否实施了违背任务的行为，3）财产上的损失是什么等问题。

首先，考虑1）的问题。设定抵押权的人X，对第一顺位的抵押权人A具有帮助登记的义务，因此，该履行义务的行为就是为A处理事务，X负有处理A申请登记所必要的事务，以保全抵押权的法律上的诚实义务。问题是，登记任务人X的任务是A的事务还是X的事务。
的确，登记义务人的任务是设定抵押权，完成自己的财产抵押行为，因 346
此，具有自己（X）的事务的特征。[①] 但是，从登记权利人A的角度来看，没有登记义务人X的帮助的话，A就不可能完成抵押权的设定登记和保全财产。因此，应当说，登记义务人X的履行义务的行为，是A的保全抵押权行为的一部分。[②] 因此，可以说，满足1）的要件。

那么，2）又如何呢？由于X是负有保全抵押权义务的人，到A的第一顺位的抵押权设定登记完成为止，A的地位应当受到保障，因此，即便将空白委任状、居民票以及权利证书全部交给对方，完成A的登记所必要的事务，在A完成登记以前，X完成对B的登记的话，就是违反保全抵押权义务的违背任务的行为。因此，可以说，2）的要件也满足。

最后，A由于X的行为而成为第二顺位的抵押权人，因此，作为第一顺位抵押权的现已存在的财产性价值就减少了。因此，3）的要件即财产上的损失的要件也被满足。

所以，认为二重抵押构成背信罪的判例、通说的见解是妥当的，这个结论，对于二重转让电话加入权的行为也适用。[③]

三、和其他犯罪的关系

1. 背信罪和侵占罪的区别

背信罪是以为他人处理事务的人为主体的犯罪，而侵占罪是以占有

---

① 平野，229页；山口，323页。

② 大塚，324页；曾根，184页；中森，159页；西田，249页；前田，238页。最决昭38、7、9刑集17、6、608，最决平15、3、18刑集57、3、356。

③ 大判昭7、10、31刑集11、1541，东京高判平11、6、9判例时报1700、168。

他人财物的人为主体的犯罪，二者之间的构成要件明显不同，似乎没有讨论其区别的余地。但是，历来在二者之间的区别上，见解对立。为什么会有这种情况呢？

（1）问题的所在。如银行分行行长 A 明知不可能收回贷款，却在
347 没有任何担保的情况下，以银行名义向甲公司贷款，并接受该公司的酬谢的，恐怕有成立业务侵占罪的问题，同时，由于 A 违背自己的任务而给银行造成了损害，所以，又有成立背信罪的问题。因此，通说、判例认为，为他人处理事务的人，不法处理自己占有的他人财物或由公务机关命令代为保管的自己财物的，该违背任务的行为，既有成立侵占罪的问题，又有成立背信罪的问题，在成立侵占罪的时候，两罪之间是法条竞合的关系，最终应以处罚较重的侵占罪定罪。但是，在什么范围内成立侵占罪，难以认定。

（2）学说。关于背信罪和侵占罪的区别，学说上围绕背信罪的本质，有以下观点的对立：1）背信说，即侵占罪是超越对委托物的权限的处分行为，而背信罪是对财产性利益的背信行为的见解。2）滥用权限说，即滥用职权所实施的法律行为是背信罪，而侵害特定物的事实行为是侵占罪的见解。3）背信的滥用职权说。该说又分为两个路径。路径一是，根据对象区分两者，以财物为对象的场合是侵占罪，而以其他财产性利益为对象的场合是背信罪。路径二是，根据行为形态区分两者，实施取得行为的场合是侵占，而实施其他背信行为的场合是背信。

（3）区别的基准。在侵占罪和背信罪的区别上，成为问题的是，违背信任关系，将自己占有的他人财物挪作他用的场合。因此，在以对象是不是财物作为判断是否成立侵占罪的基准时，二者的区别成为关键。因此，是否出于非法占有的意思，违反委托宗旨，超越权限对占有物进行处分，换句话说，是否违反委托宗旨，将他人的物随便按照其经济用途进行利用、处分，就成为区分是侵占罪还是背信罪的基准。3）说中的路径一是妥当的。因此，为了自己或第三人的利益而将自己占有的他人财物用掉的话，当然构成侵占罪，但违反委托宗

旨，超越权限的行为，如损坏或者暂时使用占有物的行为，却成立背信罪。另外，不超越权限，而是滥用所赋予的权利造成委托人财产上的损害的，就是背信罪。此外，背信罪和侵占罪是一般法和特别法的关系，成立侵占罪的时候，根据法条竞合的关系，就不成立背信罪。 348

（4）判例。判例的主流主张是，在委托人的名义或考量之内处分财物的话，就是背信罪，在行为人的名义或考量之内处分财物的话，就是侵占罪。如村主任不经过村委会的同意，将自己职务上所保管的村有财产在村（本人）的考量之下，交付第三人的，法院认为成立背信罪。① 另外，信用社的分店长为了提高业绩，支付特别存款谢礼，为了填充该不足的部分，便虚构给信用社会员借款的事实，将因此而周转出的金钱以高利贷的形式借给信用社会员以外的人的，法院认为，该行为就不是在信用社（本人）而是在分店长（自己）的考量下实施的，成立侵占罪。② 于前一场合，其经济效果属于村（本人），因此，不能说具有非法占有行为，相反地，于后一场合，尽管以信用社的名义发出谢礼，而且还借出了金钱，但是，其仅仅是名义上的而已，其实质是，先将这些钱非法占为己有，然后将其借贷给第三者。③

另外，最高法院于 1959 年 2 月 13 日的判决④，在森林合作社社长将供合作社成员用于造林植树用的、用途被指定的政府贷款，以该合作社的名义，借给第三者地方公共团体的案件中，认为，即便是以合作社（委托人）的名义，但将完全不得挪作他用的资金借给第三者的行为，是“没有任何正当理由的、随心所欲的被告人个人考量之内的行为”，是具有非法占有意图的行为，成立业务侵占罪。上述判例，在从委托的宗旨来看绝对不允许的处分行为中，认可了非法占有的意思。⑤ 但是，

---

① 大判昭 9、7、19 刑集 13、983。浅田，百选Ⅱ（第 6 版），135 页。
② 大判昭 33、10、10 刑集 12、14、3246，东京地判昭 58、10、6 判例时报 1096、151。
③ 平野，231 页；西田，243 页。
④ 刑集 13、2、101。川崎，判例讲义Ⅱ，96 页。
⑤ 曾根，182 页。

虽然作为本人的事务来处理，该事务处理人没有得到任何经济上的好处时，仍要说其具有非法占有的意思，是不妥当的，所以，应当只构成背信罪。①

2. 和诈骗罪等的关系

诈骗罪和背信罪尽管在构成要件上完全不同，但是，保险公司的外勤人员或代理人，欺骗公司，与被保险人签订保险合同，并从公司领取
349 斡旋费用的，即替他人处理事务的人，欺骗委托人，使其交付财物的，是否成立诈骗罪？对于这种场合，有（1）因为违背任务被诈骗罪所包含，所以，只能认可诈骗罪的见解②，（2）只成立背信罪的见解③，（3）是诈骗罪和背信罪的观念竞合的见解（通说）之间的对立。背信罪中的背信行为和诈骗罪中的诈骗行为具有各自不同的性质，因此，主张两罪之间是观念竞合的（3）说妥当，而主张背信行为被诈骗罪所吸收的判例意见④则不妥。

至于背信罪和使用电子计算机诈骗罪的关系，如在通过操作计算机终端，以转账收入款项的方式实施不良贷款的场合，即便是背信行为，如果该贷款在民法上是有效的，则该操作具有资金的实体内容，不能说是“虚假信息”，因此，不能成立使用电子计算机诈骗罪。⑤

背信罪具有毁弃型犯罪的特征，因此，在背信行为造成委托人财产上的损失的场合，两者的关系就成为问题。学说上，有观念竞合说⑥和法条竞合说⑦之间的对立。但是，背信罪是对整体财产的犯罪，而毁弃型犯罪是侵害财物的利用价值的犯罪，二者在犯罪性质上不同，因此，观念竞合说妥当。⑧

---

① 西田，285页；最决平13、11、5刑集55、6、546。
② 牧野，759页；齐藤，311页；条解，747页。
③ 小野，275页。
④ 大判大3、12、22刑录20、2596，最判昭28、5、8刑集7、5、965。中森，162页。
⑤ 东京高判平5、6、29高刑集46、2、189。
⑥ 木村，152页；植松，461页；福田，292页；大塚，330页；内田，357页。
⑦ 宫本，396页。
⑧ 内藤，注释（6），338页；大评注（13），242页；小暮等（中森），242页。

第八节 有关被盗物品等的犯罪

一、概说

1. 意义和学说

有关被盗物品的犯罪，是对财产犯罪中的所谓获取型犯罪，即盗窃、抢劫、诈骗、敲诈勒索以及侵占等犯罪所非法获得的财物，进行（1）无偿收受（原来的“收受”），（2）搬运，（3）保管（原来的“寄藏”），（4）有偿收受（原来的“故意收买”），（5）斡旋有偿处分（原来的“牙保”）的犯罪。上述行为被概括地称为有关被盗物品的犯罪。所谓被盗物品，就是根据获取型犯罪所取得的财物。上述场合下的获取型 350
犯罪被称为本犯，而实施该种行为的人被称为本犯人。

关于本罪的性质，有（1）是使由于犯罪而不法形成的财产状态继续维持、存续的违法状态维持说①，（2）是使本犯的被害人即财产的合法权利人难以行使私法上的追索权（请求返还权）的追索权说②，（3）认为对本犯的被害人来说，追索权说是妥当的，但是，从有关被盗物品的犯罪的犯人方面来看，违法状态维持说以及利益参与说、事后帮助犯说更为妥当的折中说③，（4）无偿收受被盗物品等罪是代为保管犯罪利益的行为，而其他的各种犯罪是以帮助利用被盗物品等为内容的利益参与说或事后帮助犯说④之间的对立。

从“赃物”到“被盗物品等” 根据1991年的修改，《刑法》

---

① 木村，166页；前田，295页。

② 大判大11、7、12刑集1、393；小野，277页；柏木，512页；香川，582页；冈野，202页。

③ 江家，342页；团藤，660页；植松，463页；福田，293页；大塚，332页；藤木，357页；内田，379页；中森，166页；西田，291页；山中，476；山口，338页；佐久间，254页。

④ 平野龙一：《赃物罪考察》，《小野还历》(1)，356页。

第二编第三十九章“有关赃物的犯罪”被改为了“有关被盗物品等的犯罪”，同时，对象被规定为“被盗物品以及其他财产犯罪行为所获得的财物”，因此，本罪的财产犯特性更为鲜明。

2. 学说上的探讨

我认为，本罪，从其和本犯的被害人的关系来看，是使被盗物品难以被发现，从而使被盗物品所有权人等本权人不能取回该物的犯罪。从此意义上讲，追索权说妥当。但是，从其与本犯的关系来看，本罪具有干预本犯所得利益的事后共犯的性质，也是诱发、帮助本犯的犯罪，因此，单从保护追索权的方面来把握本罪是不妥当的，对于其所具有的防止诱发、帮助本犯的危险行为的一面，也得考虑。① 从此意义上讲，(3) 说妥当。

3. 保护法益

351 问题在于：这种复杂的犯罪特征在解释论上该如何体现出来？采用违法状态维持说的话，可以毫无遗漏地将有关被盗物品的犯罪所具有的参与本犯利益或是本犯的事后共犯的一面体现出来，但是，正如民事上无权请求返还的不法原因给付物也是有关被盗物品的犯罪的对象，从维持违法状态的观点来看，将被盗物品搬进被害人的住宅之类的不侵害请求权的行为，也必须被认定为有关被盗物品的犯罪。② 这样，就会违反将本罪规定为财产犯的刑法典的意图，不当扩大处罚范围。因此，应当按照财产追索权说来划定“被盗物品等”的概念。③ 另外，追索权说将追索权理解为民法上的物权返还请求权，但是，和夺取型犯罪中的保护法益不是本权而应是平稳的占有一样，本罪中应当保护的追索权没有必要是民法上的返还请求权，只要是事实上的返还请求权就够了。正如从盗窃犯人那里购买作为被盗物品的麻药的场合④一样，就违禁品而言，

---

① 最判昭26、1、30刑集5、1、117。

② 前田，295页。

③ 西田，295页；山口，340页。

④ 前田，299页。

也能成立本罪。这样理解，既可以考虑到本罪的复杂犯罪性质，也能合理地确定其处罚范围。

二、对象

1. 财产犯罪所得的物

本罪的对象是“被盗物品以及其他财产犯罪行为所得的物”。

（1）动产、不动产。本罪的对象是财产犯罪所获得的财物，也就是说，要求通过财产犯罪直接获得财物。因此，暂时拿走公司的机密材料，复印后又归还的，即使构成盗窃罪和侵占罪，但该复印资料因为不是通过财产犯罪获得的财物，所以不是“被盗物品等”。如受贿罪中所收受的贿赂，赌博罪中所取得的财物，不法获得的死人尸体或棺材内的陪葬物，特别是违反《狩猎法》所捕获的鸟兽等，不具有“被盗物品等”的性质（被盗物品性）。只要是财产犯罪所取得的物就够了，该物 352
是动产还是不动产，在所不问。关于不动产的被盗物品性，一部分人有不同见解[①]，但是，不动产，也能根据上述有关被盗物品的犯罪行为，使所有权人难以请求返还，应当说，具有成为被盗物品的特征（通说）。但是，权利自身并不是财物，所以，不能成为“被盗物品等”。作为权利的载体的证券等，当然可以成为“被盗物品等”[②]。

（2）违法行为。本罪的对象只要是通过“对财产的犯罪行为”所获得的物就够了，不要求该行为构成犯罪，只要是符合财产犯的构成要件的违法行为就够了。[③] 因此，即便是无责任能力人的行为，也可以。另外，根据亲属间犯罪的特别规定而免除刑罚的场合[④]，以及由于诉讼时效完成，对本犯不能予以处罚的场合，也可以。[⑤] 此外，即便本犯是外国人在国外的犯罪行为，按照我国刑法不能被判定有罪，但从保护被害

① 袖珍，596 页；植松，465 页；平野，34 页；林，308 页。

② 最决昭 29、6、1 刑集 8、6、787。

③ 大判大 3、12、7 刑录 20、2382。

④ 最判昭 25、12、12 刑集 4、12、2543。

⑤ 大判明 42、4、15 刑录 15、435。

人的追索权的角度出发，也应认可其所获财物“被盗物品等”的特征。①

（3）所得的财物。要成为“财产犯罪行为所得的物”，必须本犯在对财产的掌握上达到既遂形态。这是因为，在本犯既遂之前参与实行行为的话，一般是本犯的共犯。因此，按照意图实施盗窃犯罪的人的请求，答应在将来帮助贩卖其所盗窃的财物的，也仅成立盗窃罪的帮助犯而已。② 抢劫杀人没有导致被害人死亡的场合，即使是抢劫杀人罪的未遂犯，只要是抢劫既遂也就够了。③

有争议的是本犯是侵占行为的场合。判例认为，只要有作出法律上的处分行为的意思表示或请求，就是侵占行为的完成，因此，对明知对方是在将他人的委托物不法贩卖，而仍从对方手中买下来的买主，判例认为，该买主不是侵占罪的共犯，其行为构成有偿收受被盗物品等罪。④ 由于在不动产的场合，仅有单纯的意思表示还不能说侵占行为已
353 经完成，所以，可以说上述判决中有存疑之处，但至少对于动产来说，上述判决是妥当的。

2. 能够追索的物

要成为“被盗物品等”，必须是被害人能够请求返还的物。在丧失该权利的时候，就不具备“被盗物品等”的特征。

（1）民事上的返还请求权。在民事上有权请求返还的话，当然就能成为被盗物品等。与此相对，被害人对于该财物明显没有返还请求权，或已经丧失了该权利的，该物就失去了作为被盗物品等的特征。如按照《民法》第192条的规定，第三者根据即时取得的规定而取得了该物的所有权的时候，该物作为被盗物品等的特征就消失。然而，尽管判例将

---

① 团藤，663页；大塚，335页；藤木，359页。反对，西田，299页；山中，472；山口，341页；佐久间，272页；大评注（10），445页。

② 大判昭9、10、20刑集13、1445，最决昭35、12、13刑集14、13、1929。

③ 团藤，664页；中森，165页；前田，301页；山口，341页。

④ 大判大2、6、12刑录19、714。

追索权看作物权性质的返还请求权[1]，但追索权应被看作法律上、事实上的追索可能性，对于被盗物品或遗失物而言，即便具备即时取得的要件，所有权人自被盗或遗失之日起 2 年以内，可以要求占有人返还该物。在此期间，该物仍具有“被盗物品等”的特征。[2] 另外，根据《民法》第 246 条的规定，由于加工而使财物丧失同一性，该物所有权属于加工者的时候，该物不能成为“被盗物品等”[3]。被盗伐的木材，是“被盗物品等”[4]。

（2）不法原因给付物。问题是，不能根据民事判决实现请求返还的物，特别是不法原因给付物，是不是具有“被盗物品等”的特征？关于这一点，尽管因对本罪的犯罪性质的看法不同，其理解也不一致，但是，在因抢劫或者诈骗不法原因给付物而成立犯罪时，由于事实上的所有状态受刑法保护，作为反射效果，被害人享有返还请求权，因此，在此范围之内，即便是不法原因给付物，也应当说，具有“被盗物品等”的性质。对于不法原因给付物，尽管被害人不能通过民事诉讼请求返还，但是，使用其他方法强迫返还的时候，并不具有任何违法性，请求
的结果是不法原因给付物返回到被害人手中的时候，在法律上就作为被 354
返还的物看待。刑法保护事实上的所有状态，也能被理解为对这种以民事裁判以外的方法请求返还的情况予以保护。和侵占不法原因给付物不成立犯罪一样，在有关不法原因给付物的行为不成立犯罪的场合，不法原因给付物当然就不具有“被盗物品等”的性质。

在本犯的行为是诈骗或敲诈勒索，该行为作为法律行为不是无效，而只是根据《民法》第 96 条的规定，可以被取消的行为的场合，有见解认为，该物是合法转移的物，不是被盗物品。[5] 但是，从刑法也保护

---

① 大判大 10、7、8 民录 23、1317。

② 大判大 6、5、23 刑录 23、517。

③ 最判昭 24、10、20 刑集 3、10、1660（将偷来的自行车的车座替换）。设乐，百选Ⅱ（第 7 版），154 页；川崎，判例讲义Ⅱ，99 页。

④ 大判大 13、1、30 刑集 3、38。

⑤ 牧野，826 页。反对，大塚，336 页；藤木，359 页。

可以撤销的事实的宗旨来看，即便以所有权为根据的民法上的请求权未被认可，但应从事实上具有请求返还的权利的角度出发，承认该物具有成为“被盗物品等”的特征。另外，对于作为财产犯罪的损害对象的违禁品，被害人有追索权。

3. 金钱的“被盗物品等”性

被害人能够请求返还的是“被盗物品等”自身。作为“被盗物品等”的对价而获取的物不是“被盗物品等”，对以作为“被盗物品等”的金钱所购入的物同样考虑。但是，这并不意味着和金钱一样具有可替代性的物品自身是所有权的对象，由于成为所有权对象的是金额或一定的数量，因此，即便是将作为“被盗物品等”的金钱兑换成其他金钱，也仍然是“被盗物品等”。将盗窃的现金和手头持有的现金混合之后，再交给他人的，也还是“被盗物品等”[①]。判例对于支票之类的在经济来往中几乎可以和金钱同等看待的物，认为，在出示作为被盗物品的支票就能取得现金的场合，该现金自身就是被盗物品。[②] 但是，在这种场合，应该说，行为人是实施了超出事后处分行为特征的新的诈骗行为，因此，通过该诈骗行为所获取的金钱应当被看作“被盗物品等”[③]。用盗窃来的邮政储蓄存折欺骗邮局工作人员而获得现金，是同
355 样的情况。

三、无偿收受被盗物品等罪，搬运、保管、有偿收受、斡旋有偿处分被盗物品等罪

无偿收受被盗物品以及其他财产犯罪行为所得之物的，处3年以下有期徒刑（《刑法》第256条第1款）。

搬运、保管或有偿收受，或斡旋处分前款所规定的物的，处10年以下有期徒刑以及50万日元以下罚金（同条第2款）。

---

① 大判大2、3、25刑录19、374。反对，泷川，147页；团藤，666页；西田，293页。另外，前田，296页。

② 大判大11、2、28刑集1、82。

③ 内田，384页；前田，428页；中森，166页；前田，297页。

1. 主体

本犯的实行犯和共同实行犯不能成为本罪的主体。本犯处分自己的犯罪行为所得之物的行为，通常被包含在其所实施的财产犯罪之中，是不可罚的事后行为。[①] 不可罚的事后行为的法律性质，应被理解为排除处罚事由[②]，本犯即便教唆、帮助他人实施有关被盗物品等的犯罪，也不可罚。从本犯那里有偿收受被盗物品等的人，将该被盗物品等转卖给其他人的时候，本犯参与了该行为的，本犯的行为就超出了不可罚的事后行为的处罚范围，构成本罪。教唆、帮助本犯的共犯行为，通常不被包括在本犯之内，因此，他们可以成为本罪的主体。[③]

2. 行为

本罪的行为，可以分为以下类型。

（1）无偿收受被盗物品等罪（原来的“收受赃物罪”）。本罪是图利性犯罪，但仅是将本犯所获得的利益予以保管的行为而已，因此，其法定刑比第 2 款犯罪的法定刑要轻。所谓无偿收受，是无偿地取得被盗物品而作为自己的物。在作为赠与而接受的场合，在作为不要利息的消费借贷而接受的场合，都构成本罪。[④] 在作为自己的物而接受这一点上，和保管有区别。仅有口头约定或合同还不够，必须有交付被盗物品等的行为。成立本罪，以本犯达到既遂为要件。在盗窃现场无偿接受正在被窃取的财物的一部分的行为，不成立本罪，而是成立盗窃的共犯。 356

（2）搬运被盗物品等罪（原来的“搬运赃物罪”）。所谓搬运，就是接受委托，转移被盗物品等的所在。不要求是受本犯人的委托。既可以是有偿的也可以是无偿的。不知道是被盗物品等而接受委托，在搬运途中得知，之后仍然搬运的，就是本罪。但是，不可能中止搬运行为的，就不构成本罪。[⑤]

---

① 最判昭 24、10、1 刑集 3、10、1629。
② 大谷，总论，484 页。
③ 最判昭 24、7、30 刑集 3、8、1418。
④ 大判大 6、4、27 刑录 23、451。
⑤ 袖珍，597 页。反对，山口，346 页（必须从取得占有的阶段开始就有认识）。

本罪和第2款规定的其他犯罪相同，是助长或帮助本犯的行为。其主要处罚根据是使被害人难以恢复其对财物的占有，因此，场所的转移，必须达到影响被害人对被盗物品等的追索、恢复的程度。另外，为了将被盗物品等返还给被害人而实施的搬运行为，即便是受本犯人委托而实施的，也不构成本罪。同时，即便是为了本犯人的利益而不是为了被害人的利益，将被盗物品等往被害人的家里搬运的行为，也不应构成本罪。①

成立本罪，必须是接受了搬运的委托，因此，即便知道遗失物是被盗物品等而搬运，该行为也是侵占遗失物等罪的不可罚的事后行为。但是，在和本犯人共同搬运被盗物品等的场合，搬运人对被盗物品等的整体要承担本罪的刑事责任。②

> **有疑问的判例**　最高法院于1952年7月10日（刑集第6卷第7号第876页）的判例。对于搬运人在返还被盗物品等给被害人的时候，对被害人实施敲诈勒索行为的案件，法院认为，“本案中，运输赃物不是为了被害人的利益，而是为了盗窃犯人的利益，即为了其继续占有该赃物，所以才转移赃物”，因此，认为搬运人将被盗物品等搬入被害人家里的行为是搬运被盗物品罪，但是，这种行为并不是使被盗物品等难以追索的行为，因此，上述判决并不妥当。③ 这是因为，从采用追索权说的判例立场来看，对本罪的成立来说，重要的应当是是否使对被盗物品等的追索权的行使变得困难。④

（3）保管被盗物品等罪（原来的“寄藏赃物罪”）。所谓保管，就是接受委托保管被盗物品等的行为。有偿还是无偿，在所不问。包括作为
357 抵押物而接受的场合，作为贷款的担保而接受的场合，以及作为借贷物

① 大塚，338页；曾根，194页；西田，295页；山中，447页。反对，中森，167页；前田，419页；山口，338页。

② 最决昭35、12、22刑集14、14、2198。

③ 川崎，判例讲义Ⅱ，99页。另外，后引最决平14、7、1。

④ 最判昭33、10、24刑集12、4、3368。

而接受的场合在内。使被害人难以追索财产，只有保管的约定还不够，必须具有实际接受被盗物品的行为，但并不要求直接从本犯那里直接接受委托。[①] 对于不知道是被盗物品等而加以保管，尽管之后又知道其为被盗物品等，但是，仍然保管的场合，有人认为，由于本罪是状态犯，所以，必须在转移占有的时候就认识到是被盗物品等。[②] 但是，本罪是继续犯，而且考虑到保管行为是帮助本犯行为这一点，应当说，知情之后继续保管的，也成立本罪。[③] 但是，不可能返还或返还明显困难的，从期待可能性的角度来看，不构成本罪。

（4）有偿收受被盗物品等罪（原来的"故意收买赃物罪"）。所谓有偿收受，就是以买卖、交换、偿还债务等名义支付价款，取得被盗物品等。[④] 和是否接受了本犯人的委托没有关系。以支付利息的消费借贷[⑤]以及出卖担保的名义获得被盗物品等的，也构成本罪。要成立本罪，仅签订了合同还不够，还必须实际上收受了被盗物品等[⑥]（通说）。这是因为，在仅签订合同的时候，还不能说被害人难以行使追索权。相反地，只要收受了被盗物品等，即便没有支付价款，或没有决定价款数额，都构成本罪。[⑦] 不是从本犯那里直接获得，而是转手倒卖获得被盗物品等的，也成立本罪。在签订合同的时候，不知道是被盗物品等，在交货的时候才意识到是被盗物品等的，也构成本罪。但是，在实际拿到该物之后才认识到是被盗物品等的，由于本罪是即成犯，所以，不成立犯罪。

（5）斡旋有偿处分被盗物品等罪（原来的"牙保赃物罪"）。所谓斡旋有偿处分，是居中斡旋，对被盗物品等进行有偿的法律上的处分（买卖、交换、质押等）的行为。[⑧] 是不是接受了本犯人的委托而实施行

---

① 最判昭 34、7、3 刑集 13、7、1099。

② 平野，235 页；曾根，196 页；中森，168 页；前田，300 页。

③ 西田，251 页；山中，429 页。最决昭 50、6、12 刑集 29、6、365。大山，百选Ⅱ（第 7 版），152 页；川崎，判例讲义Ⅱ，97 页。

④ 大判大 12、4、14 刑集 2、336。

⑤ 福冈高判昭 26、8、25 高刑集 4、8、995。

⑥ 大判大 12、1、25 刑集 2、19，最判昭 24、7、9 刑集 3、8、1193。反对，植松，469 页。

⑦ 大判昭 8、12、11 刑集 12、2304。

⑧ 大判大 3、1、21 刑录 20、41。

358 为，在所不问。对被盗物品等斡旋买卖、交换、质押等行为就是其例。斡旋行为是有偿还是无偿实施的，不必考虑。斡旋，既可以是以行为人自身的名义进行，也可以是以委托人的名义进行。是直接对买主实施，还是通过他人实施，也无关紧要。① 成立本罪，必须被盗物品等自身事先存在。斡旋买卖将要到手的被盗物品等的行为，不构成本罪。②

是不是只要有斡旋买卖的事实，即便与该斡旋有关的买卖合同不成立，也仍然成立本罪？判例③对此持肯定态度，另外，考虑到本罪具有助长财产犯罪的一面，主张只要有斡旋行为，就应当说成立本罪的见解也极有力。④ 但是，只有斡旋行为并不会对被害人行使追索权造成妨害，因此，应该说，此种场合下，不构成本罪。

一般情况下，行为人在斡旋使合同成立之后，就不再参与财物的转移行为，因此，那种认为只要没有物的授受，就不成立本罪的见解⑤是没有道理的。⑥ 在与斡旋有关的合同成立的时候，就应当成立本罪。⑦

以被害人为对方的处分 最高法院于2002年7月1日（刑集第56卷第6号第265页）遵循前述最高法院于1952年7月10日判决的宗旨，认为，在以盗窃等本犯的被害人为对方，进行斡旋有偿处分被盗物品等的场合，由于有使被害人的正常恢复变得困难，助长本犯的嫌疑，因此，属于斡旋有偿处分被盗物品等。但这种情况是不是侵害了追索权，值得发问。⑧

3. 故意

有关被盗物品等的犯罪是故意犯，作为故意的内容，在各种犯罪类
359 型中，行为人必须对被盗物品等有认识（知情）。认识只要求是未必的

① 前引大判大3、1、21。
② 最决昭35、12、13刑集14、13、1929。
③ 最判昭23、11、9刑集2、12、1504。设乐，百选Ⅱ（第5版），140页。
④ 前田，301页。
⑤ 曾根，195页；西田，294页。
⑥ 内藤，注释（6），567页。
⑦ 高田，刑事法讲座，4卷，901页；福田，300页；大塚，339页；内田，383页；冈野，206页。
⑧ 深町，百选Ⅱ（第7版），150页；川崎，判例讲义Ⅱ，101页。

认识[①]，对于目的物，只要认识到是通过某种财产犯罪而获得的物就够了。不要求本犯人对谁是被害人有认识。[②] 关于和本犯之间是不是要有意思联络或合意，有肯定说[③]和否定说[④]之间的对立。因为本罪的本质是使被害人难以行使追索权，因此，只要认识到目的物是被盗物品等就够了。关于认识的时期，由于保管、搬运被盗物品等罪是继续犯，因此，这种场合，是在行为开始之后也行[⑤]，但其他犯罪由于是即成犯，所以，在行为开始的时候不知情的话，就不成立犯罪。

4. 法定刑

本罪的法定刑，在《刑法》第 256 条第 1 款和第 2 款的规定上有明显的差别，即：无偿接受被盗物品等罪的法定刑为 3 年以下有期徒刑，而搬运、保管、有偿接受以及斡旋有偿处分被盗物品等等各种犯罪的法定刑，除 10 年以下有期徒刑之外，还有并处 50 万日元以下的罚金。对于后者之所以处罚特别重，是因为本罪是营利犯，能够助长、诱发本犯。另外，有期徒刑和罚金并处（刑法典中唯一的并科刑），也是考虑到了其营利犯的特点。

四、罪数、和其他犯罪的关系

1. 罪数

行为人相继实施了本罪中各种类型的犯罪行为的时候，原则上只成立包括的一罪。第一，在保管之后取得被盗物品等的场合，无偿收受被盗物品等罪就被保管被盗物品等罪所包括，保管之后有偿取得的话，整体概括起来成立有偿收受被盗物品等罪。第二，为了有偿处分而搬运、保管，之后又斡旋有偿处分被盗物品等的，成立斡旋有偿处分被

① 最判昭 23、3、16 刑集 2、3、227。

② 大判昭 8、12、11 刑集 12、2304。

③ 大塚，339 页；山中，433 页；西田，274 页。另外，最判昭 23、12、24 刑集 2、14、1877。

④ 牧野，833 页；中森，148 页。

⑤ 最决昭 50、6、12 刑集 29、6、365。另外，平野，235 页；曾根，195 页；中森，168 页；前田，301 页（有疑问）。

盗物品等罪。① 第三，将保管的被盗物品等返还之后，又斡旋有偿处分的，就成立保管被盗物品等罪和斡旋有偿处分被盗物品等罪两个
360 犯罪。②

教唆盗窃的人从被教唆人手上收买被盗物品等的，该如何处理？有数罪说③和牵连犯说④之间的对立。盗窃教唆罪和有偿收受被盗物品关联罪之间并不一定具有手段和结果关系，因此，主张应当成立盗窃罪的教唆犯和关于被盗物品等的犯罪两个罪的数罪说妥当。⑤ 本犯即便是其他的获取型犯罪，另外，即便被盗物品关联罪是搬运、保管、斡旋有偿处分的各个犯罪，也都一样。⑥

2. 和其他犯罪之间的关系

因为被盗物品等也是财产犯罪的对象，因此，认识到是被盗物品等而实施财产犯罪的话，就成立该财产犯罪；将作为遗失物的被盗物品等据为己有的话，就是侵占遗失物等罪。有见解认为，在获取型犯罪以外，还应成立关于被盗物品等的犯罪⑦，但是，关于被盗物品等的犯罪已被获取型犯罪所概括评价，所以，只成立获取型犯罪（通说）。被盗物品等的保管者将该被盗物品等私吞的话，成立侵占罪。⑧ 斡旋有偿处分被盗物品等的行为人，从不知情的对方收受价款的行为，由于是伴随斡旋行为而实施的，所以，不成立诈骗罪，只成立斡旋罪。⑨

① 大判明 44、5、23 刑录 17、948。

② 最判昭 25、3、24 刑集 4、3、407。

③ 泷川，150 页；植松，469 页；柏木，520 页。

④ 小野，283 页；江家，348 页；大塚，340 页；泷川、竹内，235 页；曾根，192 页；中森，169 页；前田，301 页。

⑤ 最判昭 24、7、30 刑集 3、8、1418。

⑥ 大判大 4、4、29 刑录 21、438（教唆盗窃和有偿收受被盗物品等的数罪），前引最判昭 24、7、30（教唆盗窃和有偿处分被盗物品等的数罪）。

⑦ 牧野，833 页。

⑧ 最判昭 36、10、10 刑集 15、9、1580。同旨，藤木，340 页；山中，481 页；前田，302 页。

⑨ 大判大 8、11、19 刑录 25、1133。

五、亲属间犯罪的特别规定

配偶之间或者直系亲属、同居亲属或者上述人员的配偶之间犯前条所规定之罪的，免除其刑（《刑法》第 257 条第 1 款）。

前款规定，对于没有亲属关系的共犯，不适用（同条第 2 款）。

1. 宗旨

设计本特别规定，是考虑到有关被盗物品等的犯罪具有庇护犯人的 361
特点，认为具有一定亲属关系的人为了给本犯人提供人道庇护、维护其利益而参与处理本犯的被盗物品等，具有值得同情、宽恕的一面。因此，这里所规定的身份关系，必须存在于有关被盗物品等的犯罪的犯人和本犯人之间（通说）。[①] 学说上，有见解认为，本特别规定和《刑法》第 244 条规定的宗旨相同，这种身份关系是有关被盗物品等的犯罪的犯人和本犯的被害人之间的关系。[②] 但是，（1）本犯的被害人和有关被盗物品等的犯罪的被害人之间即便具有亲属关系，也不能类型性地认定具有应当同情、宽恕的因素；（2）本犯的被害人和有关被盗物品等的犯罪的犯人之间具有亲属关系，纯粹是因为偶然，并不存在需要特别对待的社会实际需要，因此，上述见解并不妥当。另外，虽然有关被盗物品等的犯罪的犯人之间也有值得同情的场合，但这种情况可以个别地在责任中反映出来。还有见解认为，免除刑罚规定也适用于有关被盗物品等的犯罪的犯人之间[③]，但是，本特别规定是着眼于有关被盗物品等的犯罪的罪犯对本犯人提供人道庇护或者属于事后帮助犯这一点而设置的，因此，本特别规定中的亲属关系不应当是指和本犯无关的有关被盗物品等的犯罪的犯人之间的亲属关系。

免除刑罚的根据　即便是亲属涉及的有关被盗物品等的行为，

---

① 大判大 3、1、21 刑录 20、41，最决昭 38、11、8 刑集 17、11、2357。反对，内田，392 页；曾根，196 页；中森，148 页。

② 小野，284 页；植松，470 页；香川，592 页。

③ 木村，172 页；江家，349 页；中山，353 页；内田，392 页；曾根，196 页；中森，169 页；前田，302 页。

从保护追索权的角度来看，也应当构成犯罪。但是，本特别规定的制定根据是，在类型上，不可能期待具有一定亲属关系的人不出于人性的考虑对本犯人进行庇护，助长其利益。所以，它被认为是人的排除处罚事由。[①] 另外，还有主张由于没有期待可能性而排除责任的见解[②]，以及主张没有身份的处罚事由的见解。[③] 但是，即便是亲属之间所实施的行为也应当成立犯罪，所以，上述见解并不妥当。

2. 要件

本特别规定，只在本犯人和有关被盗物品等的犯罪的犯人之间，具
362 有配偶、直系亲属、同居亲属关系或者属于上述人员的配偶的场合，才适用。亲属关系的范围，按照民法的规定理解。所谓同居，是在同一场所，在共同的家政计划之下共同经营日常生活。[④] 在本犯人是共同实行犯的场合，即便其中有一人和有关被盗物品等的犯罪的犯人之间具有亲属关系，正如从具有亲属关系的共同实行犯那里买来被盗物品等的场合，只要该共同实行犯和有关被盗物品等的犯罪无关，就不能适用本特别规定。[⑤]

第九节　毁弃以及隐匿的犯罪

一、概说

所谓毁弃型犯罪，是指没有非法占有的意思，单纯侵害他人财物的犯罪。所谓隐匿型犯罪，是指妨害他人看见其信件的犯罪。《刑法》上规定了(1) 毁弃公用文书等罪（第258条），(2) 毁弃私文书等罪（第

---

① 小野，284页；大塚，342页；香川，593页；冈野，209页；川端，448页；山中，483页。

② 泷川，149页；佐伯，172页；福田，307页；西田，299页。

③ 井上、江藤，206页。

④ 最判昭32、11、19刑集11、12、3093。

⑤ 最判昭23、5、6刑集2、5、473。

259 条），（3）损坏建筑物等罪以及损坏建筑物致死伤罪（第 260 条），（4）损坏器物等罪（第 261 条），（5）损坏界标罪（第 262 条之二），（6）隐匿信件罪（第 263 条）。另外，在 1987 年为对付计算机犯罪而部分修改刑法的时候，在（1）和（2）中增加了有关毁弃电磁记录的内容。

不具有非法占有的意思而侵害他人物品的犯罪，如损坏外国国旗国徽罪、损坏桥梁等妨害交通罪、破坏汽车电车罪等不以非法占有他人财物为目的的侵害型犯罪，在刑法中规定得较多。但是，毁弃型犯罪，是以作为个人财产的物或物的用途为保护法益的犯罪，和上述与毁坏、损害有关的犯罪在保护法益上有别。另外，本罪虽然是财产犯，但在不以非法占有的意思为要件这一点上和盗窃、抢劫、侵占等获取型犯罪不同。因此，在侵害财物这一点上，尽管毁弃型犯罪的危害比获取型犯罪的危害更为重大，但是，法定刑要轻得多。这主要是因为，和获取型犯罪相比，对毁弃型犯罪的责任谴责在类型上要轻。

另外，虽然毁弃型犯罪是财产犯罪，但本罪也包括以公用文书为对 363
象的场合在内。但是，毁弃公用文书等犯罪，在性质上，倒不如说具有侵害公务的性质，因此，应当将其和毁弃型犯罪区别认识。《草案》也考虑到这一点，将损坏公文罪规定在妨害公务的犯罪之中（《草案》第 148 条）。隐匿信件罪只限于对象为信件的场合。本罪在排除信件占有人的占有方面，和盗窃罪类似，但在不具有非法占有的意思这一点上，与其有本质的不同。

二、毁弃公用文书等罪

> 毁弃供公务机关使用的文书以及电磁记录的，处 3 个月以上 7 年以下有期徒刑（《刑法》第 258 条）。

1. 对象

本罪的对象是，供公务机关使用的文书以及电磁记录。

（1）公用文书。所谓“供公务机关使用的文书”，就是公务机关正在使用，或为了使用而保管的文书。不要求是公务机关或公务员制作的文书。即便是私文书，如作为证据而保管的私人信件，只要是供公务机关使用的文书，就是公用文书。使用可以是为了私人的利益。① 判例认为，即便是没有完成的文书也能成为本罪的对象。② 即便是制作中的文书，只要具备供公务机关使用的文书的意义、内容，也是本罪的对象。本罪旨在通过保护文书所表现出来的意义、内容来保护公务，因此，只要是表示一定意义、内容的文书，就是公用文书。即便是在制作方法上有缺陷或内容违法的文书，也是文书。③ 即便是用白粉笔在黑板上写的字，根据其内容，也可以成为公用文书，因此，将其抹去的话，构成
364 本罪。④

未完成文书 最高法院于1977年7月14日（刑集第31卷第4号第713页）在被告人将警察官正在制作的、与自己有关的辩解口供夺过来并撕毁的案件中，认为“公务员履行公务机关的职能，根据其职务权限而正在制作的文书，只要具有文书的意义和内容……就是公务机关正在使用中的文书”。也即认为只要达到了表示一定意义、内容的阶段，就是“公用文书”。相反地，有学者认为，本罪保护的是“文书的作用”，因此，只有自供公务机关使用时起，才可以称得上是本罪的对象（香川，596页）。但是，这种理解显然过于狭窄。

(2) 电磁记录。所谓“电磁记录”，就是使用电子方式、磁力方式等依人的知觉不能认识的方式所制作的记录，供电子计算机进行情报处理时使用（《刑法》第7条之二）。所谓供公务机关用的电磁记录，是公务员或公务机关现在正在使用，或出于将来使用的目的而保管的电磁记录；既可以是公用电磁记录（如汽车登记档案、居民登记档案、不动产登记档案等），也可以是私用电磁记录（《刑法》第161条之二第1款、

---

① 最判昭38、12、24刑集17、12、2485。

② 最决昭33、9、5刑集12、13、2858。

③ 最判昭57、6、24刑集36、5、686。

④ 最判昭38、12、24。

第2款）。

2. 行为

本罪的行为，就是毁弃文书。所谓“毁弃”，包括破坏文书用途的一切行为。弄坏扔掉就是其典型。将文书中记载事项的部分抹消的行为①，毁损公用文书形式的行为，如将在文书上粘贴的印花揭下来的行为，包括在内。藏匿公用文书，使其暂时不可能使用的无形毁损，也是毁弃。

所谓毁弃电磁记录，就是使电磁记录失去其证明作用。另外，毁坏记录物自身、消去记录、使记录的意义不清等，只要是妨碍电磁记录发挥作用的行为，就是毁弃。

隐匿公用文书　大审院于1934年12月22日（刑集第13卷第1789页）认为，所谓毁弃文书，不只是对文书进行有形毁弃的场合，暂时使该文书处于不能被使用的状态的无形毁弃也包括在内……被告人将供拍卖法院使用的有关拍卖事件的记录，在拍卖期限内从拍卖法院中盗窃出来并加以藏匿，使拍卖一时难以进行的行为，就是毁弃供公务机关使用的文书的行为。与此相同的，还有最
高法院于1969年5月1日（刑集第23卷第6号第907页）的判 365
决。因为，按照不需要有非法占有的意思的见解，只要是将文件藏匿起来，使公务机关丧失了对文件的占有的行为，尽管是出于隐匿的目的，也构成盗窃罪，所以，不剥夺公务机关的占有的隐匿、妨害公务机关使用公用文书的行为，也构成本罪②，但是，不剥夺公务机关对文书的占有的藏匿，实际上是难以想象的。③另外，将隐匿作为毁弃的一种的话，后述的隐匿信件罪的存在理由就值得怀疑。④

① 大判大11、1、27刑集1、16。
② 大塚，346页。
③ 江家，274页。
④ 植松，478页。

三、毁弃私文书等罪

毁弃他人的有关权利或义务的文书或电磁记录的，处5年以下有期徒刑（《刑法》第259条）。

前条规定的犯罪，告诉的才处理（《刑法》第264条）。

1. 意义

只要是破坏有关他人权利、义务的文书或电磁记录的用途的行为，不管是公用文书还是私文书，都构成毁弃私文书等罪。

2. 对象

本罪的对象是有关权利、义务的文书或电磁记录即证明是否存在权利、义务及其得失、变更的文书或电磁记录。所谓“他人的文书”，不是指该文书的名义人是谁，而是指他人占有保管。所谓“他人”，是指行为人以外的人，包括法人在内。公务机关保管、持有的时候，就是公用文书，不能成为本罪的对象，但是，在此之外的法人、私人所有的有关权利、义务的文书，都是本罪的对象。所谓他人的电磁记录，是指他人使用的电磁记录，既可以是公用电磁记录，也可以是私用电磁记录（如银行账户上的存款余额记录、电话交费记录、电话卡的使用度数记录部分等）。以自己的名义所制作的文书就不用说了，有价证券由于也是证明权利、义务的文书，所以，也是私文书。[1] 即便是自己所持有的文书，在是由于接受没收、负担物权，或者由于借贷而获得的时候，也成为本罪的对象（《刑法》第262条）。如将已经被抵押的自己的债权证
366 明书毁坏的行为，也构成本罪。

证明事实的文书 由于本罪的对象只限于有关权利、义务的文书或者电磁记录，因此，当毁弃对象是证明有关事实的文书的时候，就不是本罪的对象，毁损该文书的话，就适用《刑法》第261条的规定。另外，后述的信件是有关权利、义务的文书的时候，也是本罪的对象。

[1] 最决昭44、5、1刑集23、6、907。

3. 行为

本罪的行为和毁弃公用文书罪中的行为一样。如改变他人持有的以自己名义制作的文书中的日期的，或者不改变文书的内容，而是将文书中数个签名中的某一个签名抹掉而重新加上其他签名的，不是构成变造文书罪，而是构成毁弃文书罪。[①]

4. 亲告罪

本罪是亲告罪。由于文书的所有权人是被害人，原则上该所有权人享有告诉权。但是，在自己所有的文书成为本罪的对象的时候，对该文书享有物上权利的人享有告诉权。

四、损坏建筑物等罪、损坏建筑物等致死伤罪

> 损坏他人的建筑物或船舶的，处5年以下有期徒刑。因而致人死伤的，和伤害罪相比较，依照刑罚较重的处理（《刑法》第260条）。

1. 对象

本罪的对象，是建筑物或船舶，不包括电车等类似于船舶的物件在内，因为，建筑物和船舶，同其他物件相比，价值较高。

（1）“他人”的意义。“他人的建筑物、船舶”中的“他人的”，是指他人所有的建筑物、船舶。在是否“他人的”判断上，判例认为，不需要达到他人的所有权在将来的民事诉讼等中不可能被否定的程度。[②]这种见解，和夺取型犯罪中有关保护法益的平稳占有说相近，但是，在有确实的理由否定享有民事上的所有权的时候，就应当否定属于他人。[③] 是不是“他人的”，和民事法上是否享有所有权基本无关（独立说），只要在外观上能够推定是否属于特定的人所有，就能判定是否属于“他人的”。 367

---

① 前引大判大11、1、27。

② 最决昭61、7、18刑集40、5、438。只木，百选Ⅱ（第7版），156页；齐藤，判例讲义Ⅱ，45页。

③ 最决昭61、7、18判决中长岛法官的补充意见。另外，西田，259页。

（2）建筑物。所谓建筑物，是住宅以及其他与此类似的房屋，即有屋顶，有四壁，用柱子作支撑，固定在土地上，人们能够出入其中。[①]放杂物的小屋也是建筑物[②]，但外面的围墙、门等不是建筑物。只是搭了架子，但是屋顶和四周的墙体尚没有建起来的未成品不是本罪的对象。不是建筑物的东西，就是后述的器物。

当器物被看作构成建筑物的一部分的时候，该器物必须处于既不能被毁坏也不能被拆卸的状态。[③] 天花板、屋顶、门楣、瓦是建筑物的一部分，但是，地板上铺的草席、窗户上遮雨用的帘子、分隔房间用的拉门等可以被自由拆卸的东西，只能成为损坏器物罪的对象。住宅的用金属铝制作的大门之类，虽然可以被取下来，但是，被看作建筑物的一部分的时候，就是建筑物。[④] 另外，即便是被看作建筑物的一部分的屋顶上的瓦楞等，由于可以用其他的物进行简单修补，所以，应被看作损坏器物罪的对象。[⑤] 虽然通说、判例没有作这样的限定[⑥]，但是，从损坏建筑物等罪在法定刑的上限和下限上都比损坏器物罪要重，而且也不是亲告罪来看，与能够拆卸的制造物就是器物的观念相应，应当以能否容易修补为标准对对象进行限定。

建筑物是不是器物的判断标准 关于用金属球棒叩击市政住房1楼的玄关隔断门，使其损坏的案件，最高法院于2007年3月20日（刑集第61卷第2号第66页）的判决认为："关于建筑物上安装的物件是不是毁坏建筑物罪的对象的问题，除了要考虑该物件与建筑物的接合程度，还要综合考量该物件在建筑物的建筑功能上的重要性。住宅的玄关隔断门，与外墙接触，有与外界隔离、防盗、防风、隔音等重要作用，即使使用适当的工具可以在不损坏的情况下将其卸载，其也是毁坏建筑物等罪的对象"，成立毁坏建筑物

---

① 大判大3、6、20刑录20、1300。
② 大判明41、12、15刑录14、1102。
③ 大判明43、12、16刑录16、2188。
④ 大阪高判平5、7、7高刑集46、2、220。前田，307页。
⑤ 团藤，675页；曾根，202页；山中，490页。
⑥ 大判昭8、11、8刑集12、1931。

等罪。 368

其宗旨是，在“在不损坏的情况下将其卸载”的场合其也是建筑物的一部分，但考虑到本罪与损坏器物罪有不同的犯罪性质，应该以“在不损坏的情况下就不能将其卸载”作为判断标准。

(3) 船舶。船舶，当然必须具有航行能力，故废船以及解体中的船舶，都不是船舶。① 建筑物、船舶中现在是不是有人，都无关紧要。有见解认为，由于本条款没有将电车包括在内，所以，与此相应，小船、小艇就不应被包括在船舶之内，但是，在现行刑法中，不可能推论出这种限定。② 另外，破坏目前有人居住的船舶的，就是和破坏船舶罪（《刑法》第126条第2款）的法条竞合。即便是自己的船舶、建筑物，只要已被查封、承担物权义务、或被租借，就是本罪的对象。

2. 行为

本罪的行为是损坏。所谓损坏，就是在物理上进行毁损，以及用其他方法消灭或减少建筑物、船舶的全部或部分使用价值（效用）。不仅破坏屋顶或柱子等主要部分的行为，拆卸之后就破坏了其作用的行为，如取下天井板的行为，也是损坏。将物从建筑物的所在地移开的行为也包括在内。③ 只要是减少或毁坏建筑物等的使用价值的行为，即便是泼洒污物、大量张贴标语的行为，也是毁损。建筑物的美观是否被包括在建筑物的使用价值之内，成为问题④，但是，由于美观也是建筑物的重要机能，因此，只要是为了损害美观，破坏建筑物的使用价值，达到和建筑物的本来用途难以匹配的程度的时候，就是损坏。

张贴标语和损坏建筑物罪　最高法院于1966年6月10日（刑集第20卷第5号第374页）的判决认为：“作为劳动争议中的斗争手段，将载有对当局的要求的事项的标语，分三次用糨糊张贴在建筑物及其组成部分的大厅的墙壁、窗户玻璃、玻璃门、电梯等处，

---

① 广岛高判昭28、9、9高刑集6、12、1642。

② 香川，注释（6），599页。

③ 大判昭5、11、27刑集9、810。

④ 平野龙一：《刑法各论的诸问题》，《法学演习》，215号，83页。

369 并且标语的数量一次约为四五百张甚至达到2 500张之多，而且张贴方法又是在同一场所的一个墙面上……数百张地密集张贴，这种行为是损坏建筑物的行为”①。当然，并不是所有的张贴标语的行为都构成损坏建筑物罪，如何设定其和损坏器物罪的区别标准，并不容易。虽然有判例认为，在比较容易恢复原貌的场合，不构成本罪②，但是，应当以在社会一般观念上，是否可以说该行为减少、破坏了建筑物的使用价值为标准，进行判断。另外，关于涂鸦行为，最高法院于2006年1月17日（刑集第60卷第1号第29页）的判决认为“严重破坏了建筑物的外观或美观，使其恢复原状存在相当大的困难，从而减损其效用”，因此判定为损坏。

3. 损坏建筑物等致死伤罪

损坏他人的建筑物、船舶，因此而致人死伤的场合，成立本罪。它是结果加重犯，是否造成了使现在建筑物、船舶中的人死伤的结果，在所不问。

五、损坏器物罪、伤害动物罪

除前三条的规定之外，损坏他人器物或伤害他人动物的，处3年以下有期徒刑或30万日元以下罚金或小额罚金（《刑法》第261条）。

第261条的犯罪，告诉的才处理（《刑法》第264条）。

1. 对象

毁弃公用文书等罪、毁弃私文书等罪以及损坏建筑物等罪的对象以外的物，都是本罪的对象。对于损坏自己的物的行为，和前两条的场合一样，适用《刑法》第262条的特别规定。“物”就是财物，包括动物在内。规定伤害，就是以物包括动物为前提的。建筑物以外的不动产也能成为本罪的对象。如将他人为了盖房子而平整好的土地挖成农地种农

① 冈本，百选Ⅱ（第6版），160页；川崎，判例讲义Ⅱ，101页。

② 最判昭39、11、24刑集18、9、610。

作物的，构成本罪。[1] 违法的物，如违法张贴的有关政党演说会的布
告，也是本罪的对象。电力不能成为本罪的对象，但是，电磁记录，在 370
不是毁弃公用文书等罪和毁弃私文书等罪的对象的时候，就是本罪的对
象。另外，即便是自己的物，但在被查封、负担物权或者被借贷的时
候，能够成为本罪的对象（《刑法》第 262 条）。如借给他人的自己的自
行车，就是如此。

2. 行为

本罪的行为是损坏和伤害。所谓损坏，就是变更用一定材料做成的器物自身的形象或使其灭失，也包括使人在事实或感情上不能按照该物的本来用途使用的情况在内，即使该物丧失其本来用途（损坏器物等罪）。如在他人的餐具里撒尿[2]，或出于妨害利用的目的而将物隐匿，如将牌子摘下并扔到空地上的行为[3]，在违反《公共选举法》的布告上贴纸条的行为[4]，都是损坏。

所谓伤害，就是杀伤动物，和损坏一样，是使动物丧失作为动物的机能的行为。如将鸟笼打开，将他人养的鸟放飞的行为（伤害动物罪），将他人池塘里的网打开，把养的鲤鱼放跑的行为，也是伤害。[5]

3. 亲告罪

本罪是亲告罪（第 264 条）。亲告权人，是遭受损害的物的本权人或合法占有人。[6]

六、损坏界标罪

损坏、移动或除去界标，或采用其他方法使土地界限难以辨认的，处 5 年以下有期徒刑或 50 万日元以下罚金（《刑法》第 262 条

---

① 大判昭 4、10、14 刑集 8、477。
② 大判明 42、4、16 刑集 15、452。
③ 最判昭 32、4、4 刑集 11、4、1327；镇目，百选Ⅱ（第 5 版），148 页。
④ 最决昭 55、2、29 刑集 34、2、56。
⑤ 大判明 44、2、27 刑集 17、197。
⑥ 最判昭 45、12、22 刑集 24、13、1862。

之二）。

1. 意义

本罪和侵夺不动产罪一道，是于1960年所增设的犯罪。将侵夺不
371 动产罪的预备行为作为犯罪，目的是保护在土地权的范围内具有重要关系的界标的明确性。所以，对破坏土地界标的行为也予以处罚。

2. 对象

本罪的对象是界标，即地界标志。所谓地界，是区分不同权利人的土地的界线；所谓标志，就是柱子之类的用以表示土地界限的标志，可以是树木等自然物。土地权，不仅仅指所有权、地上权等物权，也包括租借权之类的债权在内。界线的明确性极为重要，因此，基于公法上的权利关系而划定的府县之间的边界、市镇村之间的边界等也包括在内。只要是被看作界限的标志就够了，是否真正地体现了法律关系上的界限，不用考虑。①

3. 行为

本罪的行为是损坏、移动或除去界标，或采用其他方法使土地界限难以辨认。由标志所表示的边界极为重要，因此，不管该标志是自己的所有物还是他人的所有物，即便被埋藏在地下也行。损坏、移动、除去只是表示行为形态的例示而已，所谓其他方法，就是类似于上述行为的情况。如改变流经边界的河流走向的行为，也包括在内。②

成立本罪，必须具有由于损坏等行为而对边界难以判明的结果。该结果，不是指无法判明边界，而是指不采取新的判别方法的话，就不可能判明。只要不是无法判别，就只成立损坏器物罪。本罪是侵夺不动产罪的预备行为，同时也是侵夺不动产的手段行为，因此，本罪和侵夺不动产罪之间是牵连犯。破坏土地界限，使其不能判别的，是本罪和损坏

---

① 东京高判昭41、7、19高刑集19、4、463，东京高判昭61、3、31高刑集39、1、24。

② 袖珍，609页；大塚，354页。

器物罪的观念竞合。①

有关损坏界标的判例　最高法院于1968年6月8日（刑集第22卷第6号第569页），在行为人将作为界标而设置的并挂有带刺的铁丝网的直径约8厘米、长约1米的原木三根，从根部锯倒，从而破坏了边界线的案件中，认为，“成立损坏界标罪，必须发生使 372
边界线难以辨认的结果，如果是虽然损坏了界标，但边界线仍然明确的，成立损坏器物罪，但不成立损坏界标罪”。本案中，由于边界线并不是特别难以被发现，所以，不成立本罪。②

七、隐匿信件罪

隐匿他人信件的，处6个月以下有期徒刑或监禁，或处10万日元以下罚金或小额罚金（《刑法》第263条）。

前条所规定的犯罪，告诉的才处理（《刑法》第264条）。

1. 对象

本罪是将他人信件隐匿起来的犯罪，其对象是信件。所谓信件，是特定人写给特定人的表达意思的文书。和披露信件罪（《刑法》第133条）中的信件不同，并不是特指被封口的信件。写有内容的明信片也是本罪的对象。另外，作为信件的目的完全实现之后，就不再是信件。这种情况下的信件，不是本罪的对象。

2. 行为

本罪的行为是隐匿。所谓隐匿是妨害发现信件的行为。前面已经说过，将物隐匿也是损害的一种形态，使信件难以或不可能被发现，从而丧失其用途的，是损坏器物罪，因此，隐匿，就是没有达到该种程度的情节较轻的藏匿行为。③ 但是，情节较轻的藏匿行为的内容并不明确，另外，既然解释说损坏包括藏匿，则本罪没有其存在的理由。④ 但是，

① 东京高判昭41、7、19。
② 菊池，百选Ⅱ（第6版），162页；川崎，判例讲义Ⅱ，104页。
③ 团藤，680页。
④ 植松，478页。

既然本罪存在，以解释来抹杀其存在并不妥当。因此，本罪中的“隐匿”，应当是“以可能发现的方法进行隐匿”。

373 关于撕毁信件的行为，有（1）主张因为信件的财产价值很低，所以才将本罪作为损坏器物罪的特别犯罪看待，而隐匿是损坏的一种形态，所以，撕毁信件的行为构成本罪的见解[①]，和（2）主张信件的财产价值并不比其他器物的财产价值要低，所以，撕毁信件的行为构成损坏器物罪的见解[②]之间的对立。本罪并不是着眼于对象的价值，而是着眼于隐匿的程度，因此，见解（2）妥当。

3. 亲告罪

374 本罪是亲告罪（《刑法》第264条）。

---

① 小野，286页；泷川，180页；福田，308页；井上、江藤，210页；西田，307页；前田，312页；山口，361页。

② 藤木，373页；内田，408页。

第二编　对社会法益的犯罪

社会法益是公共法益的一种。所谓公共法益，是和具体的个人法益相区别的，对于一般国民的幸福追求来说所必要的法益。公共法益之中，除了国家法益，其他的就是社会法益。所谓社会法益，是保护国民中各个个人的具体利益所必要的社会利益。在此意义上讲，社会法益就是个人法益的抽象化或一般化，在此范围内形成了其单独的领域。所谓国家法益，就是国家的存在以及作用的安全，在保护社会一般利益这一点上，是社会利益的一种，但是，国家法益，从保护、增进国民福利的国家权力机关顺利运行的角度来看，值得保护，因此，有必要将国家法益和社会法益区别开来进行认识。在此意义上讲，将公共法益分为国家法益和社会法益，另外再加上个人法益，即将法益划分为三种的法益三分说的立场是妥当的。本书也按照这一立场展开分析。

对社会法益的犯罪，就是侵害或者威胁上述意义上的法益的犯罪，大致可以分为（1）对公众的安宁、安全的犯罪，（2）对公众健康的犯罪，（3）对公众信用的犯罪，（4）对风俗的犯罪，共四大类。另外，这里使用“公众”一语，并不是将社会法益从个人利益中独立出来加以把握，而是从作为个人集合的公众的利益的角度出发，认为应当将其和个人利益结合起来考虑。一般来说，就是“公共”一语。

第一章　对公共安宁和安全的犯罪

对公共安宁的犯罪是骚乱犯罪。对公共安全的犯罪，是对不特定人或多数人的生命、身体、财产具有侵害危险的犯罪，分为（1）放火以及失火犯罪，（2）决水以及有关水利的犯罪，（3）妨害交通的犯罪。对公共安全的犯罪也被称为公共危险犯，公共危险犯中是否包括骚乱犯罪，尚有争议。判例认为，骚乱犯罪的保护法益是公共安宁，支持这一见解的学说也很有力。① 少数学说认为，倒不如从公共安全的角度来把握骚乱犯罪保护的法益。但是，骚乱犯罪的本质是多数人组成的暴乱集团扰乱公众的安宁的生活状态，因此，将其和公共危险犯大致区别开来进行认识的做法是妥当的。当然，公众所持有的不安的内容，主要是是否会危及其生命、身体、财产的恐惧感，因此，在本书中，将其作为与公共危险犯相类似的犯罪，和公共危险犯在同一章中进行探讨。

---

① 最判昭28、5、21刑集7、5、1053。团藤，173页；大塚，359页；佐久间，248页。反对，平野，241页；内田，415页；中森，179页；西田，309页；林，324页；山口，366页（作为公共危险犯）。

第一节 骚乱犯罪

一、概说

377 骚乱犯罪，就是聚集众人，实施暴力和胁迫，侵害一定地域中的公众安宁的行为。聚集众人、实施暴力、胁迫的犯罪是骚乱罪（《刑法》第106条）；为了实施暴力、胁迫而聚集众人，在接受有关公务员的解散命令之后而不解散的真正不作为犯是聚众不解散罪（《刑法》第107条）。上述两种情况，都是以众人的行为为内容的。本罪是作为必要共犯的集团犯（聚众犯），它和后述的侵害国家法益的内乱罪（《刑法》第77条），在是聚众犯这一点上是相同的，但在不具有该罪中的“目的”这一点上，有异。

有关法益的学说 虽然判例和通说认为，骚乱罪的保护法益是公共安宁，但认为公共安宁只是观念性的东西，将其作为犯罪的保护法益，会使本罪的成立要件模糊化，因此，主张像对待放火罪等一样，将本罪理解为公共危险犯①的见解很有力。② 但是，如果将像本罪一样的聚众犯理解为公共危险犯的话，则在危险性的判断上，反而会使处罚范围不明确。公众的安宁生活以及受法秩序保护的公众的安全感自身，也是重要的保护法益。另外，在1995年刑法修改以前，本罪被称为“骚扰犯罪”。《草案》虽然在“骚动犯罪”的题目之下，基本上沿袭了现行法的规定（《草案》第167条），但是在第167条第2款中增加了参与谋议者的规定，在该条第3款中又以“其他参加、参与骚动的人”对“附和随行者”进行修改，并规定处以2年以下的有期徒刑。此外，虽然也增设了“骚

① 平野，241页；中山，369页；内田，415页；中森，179页；西田，309页；林，324页。

② 伊藤司：《骚扰罪的保护法益考察（一）》，《北大法学论集》，34卷1号，79页。

动预备罪”（《草案》第 168 条），但是法务省在草案中删除了该规定。本罪的特别规定是《破坏活动防止法》第 40 条第 1 款。

二、骚乱罪

聚集众人实施暴力或胁迫的，是骚乱罪，依照下列各款区别，进行处理。(1) 对于首谋者，处以 1 年以上 10 年以下的有期徒刑或监禁。(2) 指挥他人或带领他人助威的，处 6 个月以上 7 年以下有期徒刑或监禁。(3) 跟随附和的，处 10 万日元以下罚金（《刑法》第 106 条）。

1. 主体

本罪的主体是聚集的众人。所谓“众人”，就是由多数人组成的集团。关于几个人以上才是多数人，法律上没有明文规定，因此，应当从保护法益的角度来确定。本罪的保护法益是公众的安宁与和平，因此，至少必须侵害一定地域中根据法秩序所形成的对公众的保护状态，使不 378
特定人或者多数人对其生命、身体、财产的安全感到不安，即必须是达到根据该集团的暴力、胁迫，足以侵害一定地区内的公众安宁程度的多数人。因此，对于是不是“众人”，不能仅从人数，还必须考虑参加者的性质、所持有的凶器、集合的场所和时间等，以一般人为标准，进行客观判断。

所谓“聚集”，就是使多数人处于同一时间和场所。一般认为，多数人之间通常具有共同的目的，但也并不一定如此。① 即便不是内乱罪中被严密组织的暴力集团，也是众人。如，乌合之众，虽然没有集团的首谋者，但只要各人出于实施骚乱行为的意思而聚集在一起，就是聚集众人。② 劳动工会的集会之类，虽然是合法组织的，或者是出于进行合法的组织活动的动机的聚众，但只要实施了骚乱行为，该组织就成为本罪的主体。③ 成立本罪，不要求一开始就是出于实施暴力、胁迫的目的

---

① 大判明 45、6、4 刑录 18、815。

② 最判昭 24、6、16 刑集 3、7、1070。

③ 大判昭 6、12、17 新闻 3386、13。

而聚集在一起。[1]

判例中的“众人” 大审院1912年10月3日（刑录第19辑第910页）的判决认为，“《刑法》第106条所谓的众人，是指多数人的集团，成为法律上的‘多数人’，该集团所必须达到多少人，或者其他判断标准如何，法律上没有明确规定，但是，必须是达到实施暴力、胁迫，破坏一地的公共安宁所必要程度的多数人”。对于这种判决宗旨，最高法院也基本上维持下来了。[2] 顺便说一句，在对于战后被起诉的骚乱事件中的参加人员，尽管都是从数十人到数百人，但是，最高法院在1953年5月21日（刑集第7卷第5号第1053页）的判决中，将30余人也作为多数人。另外，平野龙一教授（法学论坛，220号，64页）认为，“将足以危害一地安宁作为要件，没有意义”，“不能起到限制作用”。因此，他认为，所谓众人就是“该集团的各个个人的意思所不能支配的集团”[3]。的确，判决以及法条中所规定的要件很模糊，但是，从公众感觉到危险的
379 观点来看，自然会明确一定的界限。

2. 行为

本罪的行为是，聚集众人实施暴力或胁迫。本罪中的暴力、胁迫，是达到足以侵害某一地区的安宁，即使周围地区的人产生在生命、身体、财产上的不安、动摇的程度的危害，也即最广义的暴力、胁迫。[4] 暴力、胁迫的对方，既可以是个人也可以是公众，既可以是特定人也可以是不特定人。不法使用有形力量的行为就是“暴力”；在“胁迫”的场合，只要求被告知有不利后果，至于其内容，在所不问。暴力、胁迫只要达到足以危害某一地区安宁的程度就够了[5]，是否现实地破坏了某个地区的安宁，是否发生了某种具体的危险，都不是本罪的成立要件，

---

① 大判大4、11、6刑录21、1897。

② 最判昭35、12、8刑集14、13、1818。

③ 平野，241页。同旨，中森，179页；西田，309页；山口，367页。反对，大塚，360页；山中，504页。另外，曾根，210页（仅仅扫一眼，难以把握人数的大集团）。

④ 前引最判昭35、12、8。

⑤ 小野，68页；团藤，176页；前引最判昭35、12、8。

即本罪是准抽象危险犯。

是抽象危险犯还是具体危险犯　最高法院于1953年5月21日的判决认为，“在聚集众人实施暴力或者胁迫的时候，该行为中当然包含侵害地方的安宁以及公共和平的危险，正因如此，《刑法》第106条将该行为作为骚乱犯罪予以处罚。所以，成立本罪，除上述暴力、胁迫之外，不需要有发展为群众暴动，产生动摇社会治安的危险以及动摇社会治安的事实”。这一判决的宗旨，虽然有将本罪理解为具体危险犯的余地[①]，但是，判例一向没有将发生危害公共安宁的危险作为要件，因此，成立本罪，不要求有发生结果的具体危险。但是，它表明，聚集以及暴力、胁迫行为，是不是可以说具有本书意义上的危险，必须具体判断（准抽象危险犯）。另外，最高法院于1984年12月21日的判决（刑集第38卷第12号第307页）表明了同样的宗旨。[②] 学说上，虽然具体危险说[③]有力，但是，并没有提供有力的根据。

3. 主观要件

骚乱罪是聚众犯，暴力、胁迫必须是在众人的共同意思下实施的。关于共同意思，在其性质和内容上均存在问题。

(1) 共同意思的性质。关于共同意思，有（1）是作为组织共同施 380
加暴力、胁迫的意思，是主观的构成要件要素的见解[④]，（2）是和其他的人纠合在一起，施加暴力、胁迫的意思，是责任要素的见解[⑤]，（3）不需要有共同意思的见解[⑥]之间的对立。我认为，共同意思，就是将所聚集的众人的单个的暴力、胁迫评价为组织的暴力的要素，因此，

① 团藤，注释（3），151页。

② 松林，百选Ⅱ（第6版），164页；安田，判例讲义Ⅱ，106页。

③ 大塚，362页；香川，159页；曽根，211页；西田，313页；林，324页。

④ 团藤，180页；大塚，363页；内田，420页；曽根，212页；西田，313页。大判明43、4、19刑录16、657，最判昭35、12、8刑集14、13、1818。另外，山中，406页。

⑤ 平野龙一：《刑法各论的诸问题》，《法学演习》，220号，65页；小暮等（冈本），269页。

⑥ 平场安治：《骚扰罪的构造》，《法学论丛》，71卷5号，12页；江藤，基本讲座，6卷，177页。

(3)说不妥。另外，只有形成了共同意思，单个人的暴力、胁迫才能成为集团的暴力、胁迫，对社会造成威胁，因此，将共同意思只看作责任要素的（2）说也不妥当。共同意思是超越了个人的、作为集团的众人共同的整体意思，和参加者即各个行为人的故意相区别，是将暴力、胁迫看作众人行为的基础的主观要素，因此，（1）说妥当。

（2）共同意思的内容，就是将暴力、胁迫作为集团（组织）自身的行为而实施的意思。具体而言，包括（1）依托众人的力量实施暴力、胁迫的意思，（2）让众人实施暴力、胁迫的意思，以及（3）参加到众人的力量中的意思，这样三个内容。所聚集的众人，只要具有上述其中一种意思，就可以说他们具有共同的意思。不是基于这种共同意思的暴力、胁迫，即便是由众人中的一员实施的，也不构成本罪。另外，在合法组织出于共同意思而开始实施暴力、胁迫的时候，意图对其予以制止的人，或者意图从该集团中脱离的人，都应当被看作没有共同意思的人。

只有在共同意思支配之下，众人以集团的力量的实施暴力、胁迫，才有可能成为具有妨害公众安宁的危险的行为，因此，共同意思是本罪的主观的构成要件要素，是主观的违法要素。共同意思就是将暴力、胁迫作为组织自身的行为的意思，因此，不要求构成众人的各个个人之间具有意思联络或相互认识，也不要求该认识在聚集众人的一开始就存在。另外，也不要求参加者对暴力、胁迫的具体内容有预见。有学者认
381 为，共同意思不是参加者个人的意思，而是整体的意思，因此，讨论未必的共同意思没有什么意义。[①] 但是，对上述意思（3）而言，只要具有行为人预见到众人可能合力实施暴力、胁迫，但竟然加入其中的意思，即未必的共同意思，就可以。[②]

有关共同意思的判例 最高法院在1960年12月8日的判决（平事件）对共同意思有如下说明：“第一，依仗众人的共同力量，

---

① 中山，375页。

② 最判昭35、12、8刑集14、13、1818；庄子邦雄：《集团犯的构造》，《刑法讲座》，5卷，15页。

亲自实施暴力或者胁迫的意思，或者聚集众人实施的意思”；“第二，表示同意有关暴力或者胁迫，或者加入该众人之中的意思”，也是共同意思；第三，“聚集的众人是由具有前者（第一种）意思的人和具有后者（第二种）意思的人组成的时候，就是具有共同意思的众人”；第四，“共同意思和共谋或者通谋不是同义词……本来，成立骚扰罪所必要的共同意思是，只要预见到众人的共同力量会导致暴力、胁迫事态的发生，但竟然有意加入该骚扰行为就够了，不要求对确定的、具体的个别暴力、胁迫具有认识”。另外，最高法院于1978年9月4日（刑集第32卷第6号第1077页）的决定（大须事件）认为，骚乱罪所必要的“共同意思，虽说必须是参加骚乱行为的意思中的确定性要素，但是，对于众人合力引发暴力、胁迫的事态而言，并不要求达到确定认识的程度，只要具有预见就够了”。对于这一判决意见，虽然批评意见认为，在承认未必的共同意思这一点上不妥当，但是，不要求对具体个别的暴力、胁迫具有确定认识，对于本罪之类的聚众犯罪来说，是理所当然的。

4. 行为形态和处罚

本罪的行为是众人实施暴力、胁迫。由于本罪是聚众犯，所以，在与该骚乱行为有关的集团中，各个行为人的作用是不同的。《刑法》第106条以存在共同意思的众人的暴力、胁迫为前提，又设计了各个构成要件，将首谋者，指挥者、率先助威者以及附和随行者区分开来，在法定刑上也进行了区分。

（1）首谋者。所谓“首谋者”就是中心人物，其行为是，出于共同实施的意思，提倡、策划酿成骚乱的集团行动，让众人齐心协力实施暴力、胁迫。[①] 对于该组织来说，只要是起到了这样的作用的人，就是首 382
谋者，并不限于只有一人，也不要求在现场亲自进行统领指挥，更不要

① 前引最判昭28、5、21。

求亲临现场实施暴力、胁迫。[1] 中途参与的人也能成为首谋者。骚乱状态，在没有首谋者的乌合之众的状态下也能形成[2]，因此，成立骚乱罪，不要求首谋者的存在。成立本罪除共同意思之外，还必须具有故意。本罪的故意是，对为了实施暴力、胁迫而聚集众人，以及让众人实施暴力、胁迫有认识。

（2）指挥者、率先助威者。指挥者和率先助威者，虽然在集团之内所起的作用有所不同，但按照同一法定刑予以处罚。所谓“指挥者”，就是在骚乱的时候，指挥集团的全部人马或部分人马的人，但并不要求亲临暴力、胁迫的现场进行指挥。事前在其他场合进行指挥也行。包括率领众人向现场移动的指挥者在内。[3] 本罪中的故意，必须是对指挥行为有认识。所谓“率先助威者”，正如发表演说、说明暴动的意义、鼓励大家参与该行动的人一样，是让群众站出来增大暴乱势力的人。即便在集团形成暴力、胁迫的共同意思以前，也能构成本罪。[4] 不仅包括在现场率先实施暴力、胁迫行为的人，也包括在现场之外实施行为的人。为了保障集团活动顺利进行而站岗放哨、增强气势的行为也能被称为率先助威。[5] 率先助威的特点在于为增强气势而积极活动，因此，并不要求站在群众的前头进行活动。本罪的故意，就是对率先助威有认识。

（3）附和随行者。在众人为实施暴力、胁迫而正在形成的集团或已经形成的集团中，出于共同实行的意思而附众同行的参加者就是“附和
383 随行者”。不光亲自实施暴力、胁迫的人，仅仅参加多数人的集团的人也是附和随行者。[6] 这种场合下的故意，必须是对已经形成实施暴力、胁迫的集团，或者正在形成的事实，以及附和参加该集团的事实具有认识。另外，附和随行行为即便构成暴行罪或胁迫罪，也是以本罪进行处罚的，因此，同单独犯相比，其处罚要轻。其理由在于，该行为是在群

---

① 前引最判昭28、5、21。

② 最判昭24、6、16刑集3、7、1070。

③ 大判昭5、4、24刑集9、265；泷川，212页（要求在现场进行指导）。

④ 大判大8、6、23刑录25、800。

⑤ 大判昭2、12、8刑集6、476。

⑥ 大判大4、10、30刑录21、1763。

众心理的支配下实施的。在对骚乱事态有认识但仅仅混在一般群众中不作为的场合，由于没有共同意思，所以，不在本罪处罚范围之内，连骚乱罪的从犯也不构成。

5. 集团外的参与者

关于对在实施暴力、胁迫的集团之外参与暴乱的行为，是不是要适用共同犯罪的规定进行处罚，有积极说和消极说之争。消极说认为，在作为聚众犯罪的骚乱罪中，因为规定了首谋者、指挥者、率先助威者、附和随行者这样三种参与形态，因此，不应当适用刑法总则中的共同犯罪规定。① 的确，和内乱罪②中的情况不同，参与谋议者在法律上没有被规定，因此，单纯参加谋议的人不受处罚。另外，本罪是必要共犯，因此，对集团内的参与行为不应当适用共同犯罪规定，但是，对和首犯共谋但不属于集团内的人，教唆率先助威、劝诱他人参加集团的人不予处罚的话，不合理，而且他们也并非不具备成立共犯的条件，因此，应当根据其参与形态，适用共同犯罪的规定。③

6. 和其他犯罪的关系

骚乱罪中的暴力、胁迫，虽说是没有达到暴行罪、胁迫罪要求程度的轻微情况，但是，达到危害某一地方安宁的程度的暴力、胁迫，当然
包括暴行罪、胁迫罪中所说的暴力、胁迫在内，因此，暴行罪、胁迫罪 384
被本罪所吸收。暴力、胁迫行为同时触犯其他罪名的，判例认为，是本罪和杀人罪、侵入住宅罪、损坏建筑物等罪、敲诈勒索罪、妨害执行公务罪的观念竞合。④ 学说上，有（1）以骚乱罪的首谋者的法定刑为标准，成立比其更重的犯罪的场合，就是观念竞合的见解⑤，（2）其他犯罪的刑罚，只有在比指挥者、率先助威者的刑罚重的场合，才和本罪之

① 大判明 44、9、25 刑录 17、1550。小野，69 页；团藤，182 页；福田，62 页；大塚，362 页；香川，164 页；吉川，229 页；内田，427 页；小暮等（冈本），276 页。

② 《刑法》第 77 条第 1 款第 2 项。

③ 牧野，82 页；宫本，426 页；木村，185 页；江家，85 页；植松，92 页；藤木，81 页；曾根，213 页；中森，182 页；山中，468 页；西田，314 页。

④ 最判昭 35、12、8 刑集 14、13、1818。

⑤ 泉二，125 页。

间形成观念竞合关系，而轻的场合就被本罪所吸收的见解[①]，（3）和法定刑没有关系，暴力、胁迫被骚乱罪中所预定的行为所吸收，而其他行为和本罪之间则是观念竞合的见解[②]，（4）支持判例立场的见解[③]之间的对立。

我认为，之所以说暴行罪、胁迫罪为本罪所吸收，是因为这些行为作为骚乱行为，已在预料当中。这样说来，即便是其他犯罪，只要是作为骚乱行为已经被预料到，则其应被本罪所吸收。也即，作为对人的暴力的逮捕、监禁罪，妨害执行公务罪，作为对物的暴力的损坏器物罪，损坏建筑物罪，侵入住宅罪等，都被本罪所吸收，而和上述之外的犯罪之间，则是观念竞合，这样说来，（3）说的见解妥当。

三、聚众不解散罪

在为实施暴力、胁迫而聚集众人的场合，三次以上收到有权公务员的解散命令而仍不解散的，对首谋者处 3 年以下有期徒刑或监禁，对其他人处 10 万日元以下罚金（《刑法》第 107 条）。

1. 主体

本罪的主体是为了实施暴力、胁迫而聚集的众人。本罪是目的犯，目的的内容和骚乱罪中的共同意思相同。在接受解散命令的时候，集团具有共同意思的话就足够。是出于加害目的而集合，还是在集团形成之
385 后产生加害目的，在所不问。本罪，是将骚乱罪的预备阶段的聚众行为规定为犯罪，因此，只要聚集的众人开始实施暴力、胁迫行为，就构成骚乱罪，本罪被它吸收。[④] 关于众人的规模以及聚集的形态等，和骚乱罪中作同样的理解就可以了，但是，在集团内部，仅有共同意思还不够，至少必须有造成暴力、胁迫程度的现实危险。

---

① 牧野，29 页；木村，182 页；团藤，181 页；大塚，365 页；内田，427 页。

② 江家，83 页；西原，423 页。

③ 小野，66 页；植松，91 页；香川，162 页；中森，182 页；西田，314 页。

④ 大判大 4、11、2 刑录 21、1831。

2. 行为

本罪的行为是虽然三次收到有职权的公务员的解散命令，而仍不解散的不作为（真正不作为犯）。所谓“有职权的公务员”，就是维持公共秩序、具有发出解散命令权限的公务员，通常就是警察官。该公务员对于形成集团的个人，以能够直接认识的方法发出命令，达到三次以上而仍不解散的，马上就成立本罪的既遂。

关于三次以上的意义，有（1）达到三次以上，就马上构成本罪的观点①，和（2）根据情况，有可能是达到三次以上才是本罪的既遂的观点②之间的对立。但从规定为三次“以上”的情况来看，（2）说的见解妥当。对表达命令的方式没有特别限制，可以是通过他人来实施的。由于命令无非是促使解散的手段，因此，即便连呼三声“解散!”，也不过是一次命令而已。每次命令之间，必须考虑到使集团解散所必需的充裕时间。

所谓解散，就是从集团中自由离开。因此，以集团形式转移场所的行为，不是解散。另外，只要成立犯罪就是犯人，因此，为了逃避抓捕而从集团中脱逃的，也成立本罪。集团之中，有一部分人解散，但另有多人仍然不解散而滞留的，也构成本罪，但是，解散的人数较多，剩下的人数量没有达到危害某一地方的安宁程度所要求的人数的，对其就不能以本罪进行处罚。 386

3. 处罚

本罪也是依行为人在集团中的不同作用而规定了不同的法定刑，并将首谋者和其他人作了区分。首谋者，和骚乱罪中的情况不同，是指即便三次收到解散命令而仍不解散的场合的主导者。因此，在集团形成过程中起主导作用的人按照解散命令呼吁众人解散，但其他人在众人的不解散中起到了主导作用的，该其他人就是本罪的首谋者。

---

① 植松，93 页；团藤，185 页；福田，63 页；大塚，366 页；香川，166 页；藤木，82 页；内田，430 页；曽根，208 页；中森，183 页；前田，183 页。

② 平野，243 页；中山，378 页；山中，468 页；西田，315 页；山口，373 页。

第二节　放火和失火犯罪

一、概说

1. 意义

放火和失火犯罪，是不当使用火力而烧毁建筑物或其他物件，对公众的生命、身体、财产产生危险的犯罪。其和决水罪、妨害公共交通罪一道，属于公共危险犯；其保护法益是公众（不特定人或多数人）的生命、身体、财产的安全。作为放火以及失火的犯罪，有（1）对有人居住的建筑物等放火罪（《刑法》第108条），（2）对无人居住的建筑物等放火罪（《刑法》第109条、第115条），（3）对非建筑物等放火罪（《刑法》第110条、第115条），（4）延烧罪（《刑法》第111条），（5）对有人居住的建筑物等放火未遂罪、对无人居住的建筑物等放火未遂罪（《刑法》第112条），（6）放火预备罪（《刑法》第113条），（7）妨害灭火罪（《刑法》第114条），（8）失火罪（《刑法》第116条），（9）业务失火罪、重过失失火罪（《刑法》第117条之二），（10）爆炸罪（《刑法》第117条第1款），（11）过失爆炸罪（《刑法》第117条第2款），（12）业务过失爆炸罪、重过失爆炸罪（《刑法》第117条之二），（13）泄漏煤气等罪（《刑法》第118条第1款），（14）泄漏煤气等致死伤罪（《刑法》第118条第2款）。

公共危险的内容　所谓公共危险犯，就是以公众的生命、身体以及财产安全为保护法益的犯罪。公共危险犯当中，有具体公共危险犯和抽象公共危险犯。前者是将发生具体的公共危险作为构成要件内容的犯罪，如对非建筑物等放火罪（《刑法》第110条第1款）就是其典型；后者是指具有符合构成要件的事实的话，就推定会发生危险的犯罪，如对有人居住的建筑物等放火罪就是其典型。公共
387 危险中的“危险”，是指对生命、身体或者财产的侵害可能性，但

这种可能性并不一定是科学法则上的可能，而取决于一般人的恐惧感。关于公共危险的意义，有（1）是对不特定或多数人的生命、身体以及财产的危险的见解（通说），（2）不管特定还是不特定，是对多数人的生命、身体以及财产的危险的见解（泷川，220 页），（3）是对不特定的生命、身体以及公共财产的危险的见解（小野，73 页）之间的对立。即便是特定，但是对多数人的生命、身体以及财产造成危险的，也应当说是公共危险。另外，对不特定的人的生命、身体以及财产造成危险的，也应当说是公共危险，因此，（1）说妥当。

在放火以及失火的犯罪中，有抽象的公共危险犯和具体的公共危险犯之分。《刑法》第 108 条、第 109 条第 1 款中的罪等是抽象的公共危险犯，而《刑法》第 109 条第 2 款、第 110 条、第 116 条第 2 款、第 117 条中的各种犯罪都是具体的危险犯。后者中，在构成要件上特地规定发生“公共危险”。同时，放火罪以及失火罪也具有财产犯罪的特征。放火等行为不仅侵害了建筑物等财产，刑法还根据对象物是他人的物还是自己的物的不同，在法定刑上设置了差别。这是考虑到了本罪是财产犯罪，特别是毁弃型犯罪的性质。另外，刑法在对建筑物放火方面，根据现在是不是有人居住而在法定刑上设置了差别。这也是考虑到了本罪所具有的对生命、身体犯罪的性质。但是，要注意的是，本罪首要保护法益是公共安全，财产、生命、身体，是次要的或间接的保护法益。

2. 行为

放火及失火犯罪，以故意或过失不当地使用火力，烧毁财物为内容。在放火的场合（《刑法》第 108 条、第 109 条、第 110 条）是故意犯，在失火的场合是过失犯。上述两种行为在作为烧毁的原因上，具有共同之处。但是，在失火的场合（《刑法》第 116 条），只有达到烧毁的程度，才产生罪责。在这一点上和放火不同。

所谓“放火”，就是烧毁对象物，可以作为形式，也可以不作为形式实施。积极点燃对象物的是作为（点火），在法律上具有防止已经发生的火力的义务的人，故意不采取灭火措施的不作为，也是放火。放火

犯罪的实行行为的着手，在作为、不作为产生烧毁的现实危险的时候成
388 立。如点燃导火物的时候，就是实行的着手。①

不作为的放火　不作为的放火，是不真正不作为犯的代表形态。对比已经在总论中作了详细讨论，在此只列举三个代表性判例。②

第一个是大审院1917年12月18日（刑录第24辑第1558页）的判决。被告人已经将养父杀死，正在考虑处理其遗体的时候，看见养父在和自己搏斗时投过来的正在燃烧的木棍火星四溅，将院子里的毛草引着，心想遗体和房子一起烧毁的话，就可以毁灭罪迹，于是，放任房子烧毁。法院认为，“可以归责于自己的故意行为的原因而导致上述物件着火的时候，被告人有灭火的法律义务，在其处于容易灭火的地位而出于利用已经发生的火灾的意思，不采取措施灭火的时候，这种不作为就相当于法律上的放火行为”。

第二个是大审院1938年3月11日的判例（刑集第17卷第237页）。房子的主人在屋里的神案上点蜡烛做礼拜的时候，看见蜡烛倾倒，心想放任不管的话，就能认定房屋烧毁，从而获取火灾保险金，于是外出，以致房子全部烧毁。法院认为，在自己的房屋有被烧毁之虞的场合，不采取防止措施，反而出于利用已经发生的危险的意思外出，这在观念上和作为放火是一样的。一般认为，它是根据法律上的灭火义务、容易灭火的特点、利用已经发生的危险的意思，而认定该行为可以被看作放火情况的。③

第三个是最高法院1958年9月9日的判例（刑集第12卷第13号第2882页）。在会计办公室中，看见由于不小心自己座席上的火炉引燃了附近的东西的公司职员，为了掩盖自己的过失，就放任该事实不管而外出，以致公司的办公室被烧毁。法院认为，“在现场目睹由于自己的过失……而使财物正在被烧毁，但出于容允该失火

① 大判大3、10、2刑录20、1789。
② 大谷，总论，132页及以下。
③ 藤木，注释（3），169页。

> 烧毁办公室的意思，不采取必要并且容易实施的灭火措施的，就是不作为的放火。”一般认为，本判决中，从“利用意思”到“容允意思”的变化，是对意思内容之要求的缓和。

3. 烧毁

放火行为，在烧毁时达到既遂。

（1）学说上的对立。关于“烧毁”的意义，有独立燃烧说、效用丧失说、燃烧说、毁弃说之间的对立。1）独立燃烧说，强调本罪是公共危险犯，认为在火力离开点火物而烧至对象物，使对象物达到独立燃烧状态时，就是烧毁，达到既遂。[①] 2）效用丧失说，认为火力使对象物
的重要部分消失，丧失其本来用途的时候，就是烧毁。[②] 3）燃烧说，389
认为在对象物的主要部分开始燃烧的时候，就是烧毁。[③] 4）毁弃说，认为火力使对象物达到毁弃型犯罪中所谓毁坏程度的时候，就是烧毁。[④]

（2）判例的立场。判例采取独立燃烧说的立场，如在用报纸点燃建筑物放火的场合，认为火力离开报纸而使建筑物的一部分开始独立燃烧起来的话，就是既遂。[⑤] 具体来说，在天花板上烧了一尺见方的场合[⑥]，在能推入拿出的地板以及其上部各烧了三尺见方的场合[⑦]，都被认定为烧毁。因此，即便为了烧毁建筑物的一部分而放火，只要是出于放火的故意，就足以构成本罪。[⑧] 但是，要注意的是，即便是判例，也认为由于地上铺的草席、家具等不是建筑物的一部分，所以，仅烧毁这些东西

① 团藤，194 页；藤木，88 页；冈野，223 页；中森，184 页；西田，332 页；林，333 页；高桥，443 页。另外，山口，385 页。

② 牧野，85 页；泷川，216 页；木村，189 页；植松，97 页；香川，172 页；曾根，219 页；小暮等（冈本），288 页。

③ 小野，75 页；福田，87 页；松原，395 页。

④ 江家，92 页；大塚，372 页；中山，383 页；川端，481 页；山中，524 页。

⑤ 大判大 7、3、15 刑录 24、219，最判昭 23、11、2 刑集 2、12、1443。

⑥ 前引最判昭 23、11、2。

⑦ 最判昭 25、5、25 刑集 4、5、854；伊东，百选Ⅱ（第 7 版），162 页；安田，判例讲义Ⅱ，103 页。

⑧ 大判昭 3、2、1 刑集 7、35。

的时候，就不是烧毁建筑物。①

（3）对判例、学说的分析。独立燃烧说是德国的判例和通说的立场，但是，从木制房屋仍然占大部分的我国的实际情况出发，采用独立燃烧说的话，在我国，认定既遂可能太早，从而使认定未遂，特别是中止犯的余地过小，因此，并不妥当。就效用丧失说而言，对象物的本来用途没有丧失的话，就不是既遂，这就不能显示出本罪的公共危险犯的性质。关于燃烧说，虽然将对象物的主要部分开始燃烧作为烧毁，但在主要部分的范围难以明确一点上存在问题。②

我认为，所谓“烧毁”，其本来意义是根据火力而损坏财物，因此，
390 在判断是否被烧毁的时候，不能脱离对象物自身的毁弃或损坏的意义来考虑。因此，主张根据火力对对象物的损坏程度来判断损坏的意义的4）说是妥当的。另外，达到毁弃型犯罪中所说的损坏程度的话，就可以说具有抽象的公共危险，因此，从公共危险犯的角度来看，这一学说也是妥当的。

关于用火力损坏耐燃性或耐火材料做成的建筑物的，是不是烧毁，有肯定说③和否定说④的对立。否定说以成为烧毁必须具有某种程度的燃烧为根据，但是，火力使对象物损坏，产生有毒气体等，这和燃烧一样，具有公共危险，因此，也应当看作烧毁，可见，考虑到放火罪的保护利益，应当说，肯定说妥当。⑤ 另外，作为具体危险犯的放火罪（《刑法》第109条第2款、第110条第1款）要达到既遂，除了烧毁之外，还必须发生公共危险。

独立燃烧说 大审院在1917年3月15日（刑录第24辑第219页）的判决中认为：“既然放火罪是对公共安全的犯罪，那么，只

① 最判昭25、12、14刑集4、12、2548。

② 大塚，372页。

③ 河上和雄：《关于放火罪的若干问题》，《搜查研究》，26卷3号，42页。另外，团藤，195页。

④ 中森，185页；西田，323页；山口，386页。东京地判昭59、6、22刑月16、5和6、467，东京高判昭49、10、22东时25、10、90。另外，大塚，374页。

⑤ 前田，旧版372页（燃烧的高温达到具有延烧危险的程度的时刻）。

要针对一定目的物实施放火行为，在脱离点火物之后，目的物独立燃烧，达到了威胁公共安全的程度，则即便该目的物没有达到全部燃烧、丧失其效用的程度，也可以说是发生了烧毁的结果，达到了既遂的程度”。也即只要开始独立燃烧，就是烧毁。关于烧毁的解释，之所以具有重要意义，是由于《刑法》第 108 条规定的法定刑较重，如果既遂认定时间过早的话，成立中止犯的范围就很小，在具体案件的解决上，招致欠缺具体妥当性的结果。因此，虽然在二战前支持独立燃烧说的见解不少，但是，由于在二战后修改了刑法，《刑法》第 108 条所规定的犯罪也可以适用缓刑，因此，认为支持判例所提倡的独立燃烧说也没有什么困难的见解①变得有力起来。②

同时，判例在由于放火而使用防火材料建造的建筑物内壁的表层脱落、剥离，使天井表面的石棉损坏的案件中，认为“不能说在火力脱离点火物之后，延及建筑物自身，达到了独立燃烧的程度，因此，该行为只能成立未遂犯”③。这是将烧毁和燃烧同等看待的结论，但是，烧毁完全可以被看作“用火烧坏对象物”，因此，主张根据用语的意义而采用否定说的见解④是不妥当的。另外，在 12 层高的塔楼住宅的电梯的轿厢内放火，将轿厢内壁的钢板烧毁 0.3 391
平方米的案件中，最高法院在 1988 年 7 月 7 日（判例时报第1326 号第 157 页）的决定中认为成立烧毁。⑤ 同时，东京地方法院 1984 年 6 月 22 日（刑月第16 卷第 5、6 号第 467 页）的判决，在对垃圾处理场上的纸屑等可燃性垃圾点火，使该处理场的钢筋混凝土墙壁表面上石灰层剥离、脱落的案件中，认为“尽管石灰层剥离、脱落，但火离开了媒介物，没有证据表明该火焰能够延烧到

① 团藤，194 页。
② 吉田敏雄，刑法的基本判例，176 页。
③ 前引东京地判昭 59、6、22。
④ 西田，323 页。
⑤ 金，百选Ⅱ（第 7 版）；安田，判例讲义Ⅱ，109 页。

建筑物自身，并且达到维持独立燃烧的程度”，没有认定既遂，而认定为未遂。独立燃烧说，在这两个判例之间，应当说没有什么差别。

4. 罪数

放火罪是公共危险犯，因此，即便是一个放火行为烧毁了数个对象，只要因此而发生的对公共安全的危险被概括地评价为一个的话，就只成立一罪。[①] 而且，一个放火行为导致数个处罚规定不同的对象被烧毁的时候，适用处罚最重的放火罪的规定。也即一个放火行为烧毁了有人居住的建筑物以及其中存放的他人财产的时候，或者即便一个放火行为使数间有人居住的建筑物燃烧，也只成立《刑法》第108条所规定的一个犯罪。同样，同时烧毁有人居住的建筑物和没有人居住的建筑物的话，后者为前者所吸收，也只成立《刑法》第108条所规定的一罪。[②] 另外，数个放火行为使数个有人居住建筑物被烧毁的话，只要仅侵害了一个合法利益，就只成立一罪。[③] 但是，以放火为手段杀害有人居住的建筑物之内的人的话，由于放火罪和杀人罪在性质上不同，因此，就是对有人居住的建筑物放火罪和杀人罪的观念竞合。

二、对有人居住的建筑物等放火罪

放火烧毁现在供人作为住宅使用或现在有人在内的建筑物、火车、电车、船舶或矿井的，处死刑、无期徒刑或5年以上有期徒刑（《刑法》第108条）。

392 未遂犯，处罚之（《刑法》第112条）。

1. 意义

本罪是以现在供人作为住宅使用或现在有人在内的建筑物、汽车、电车、船舶或矿井为对象的犯罪，对这种犯罪规定了极为严厉的法定

---

① 大判大11、12、13刑集1、754。
② 大判明42、11、19刑录15、1645。
③ 团藤，188页。

刑。之所以要如此严刑对待，关于其根据，有（1）因为严重危及人的生命、身体以及生活上所必要的财产的见解[1]和（2）强调是对人的生命、身体的危险的见解[2]之间的对立。由于是将“现在有人”作为要件加以规定，可见，是考虑到要保护人的生命、身体免遭火灾的侵害，所以，才予以特别重的处罚，因此，（2）说的见解妥当。因此，建筑物、船舶或矿井只要能满足人的起居、出入要求就足够了。

2. 对象

本罪的对象是现在供人当住宅使用或现在有人在内的建筑物、火车、电车、船舶或矿井。

（1）住宅。所谓“现在作为住宅使用”，是指在放火的当时，他人作为起居饮食（日常生活）的场所而在日常中使用。[3] 所谓“他人”，就是犯人以外的人，包括犯人的家属在内。[4] 如放火烧毁行为人自己一个人居住的房子，就只构成《刑法》第109条规定的犯罪。在行为人和其家属或其他人居住在一起的时候，就是供他人居住使用的建筑物。不要求昼夜不断地有人在此居住。[5] 如即便是学校的值班室之类的仅在夜间或休息日供人使用的场所，只要是作为日常生活的场所加以使用的，就是住宅。[6] 虽然是住宅但是没有人居住的，也不是本罪的对象，只在一定期限内使用的别墅，只要可能有人，也是本罪的对象。[7] 在会客室和主建筑不在一起，会客室只在有客人时才使用的场合，判例认为，根据其使用方法的不同，该会客室也是作为住宅的建筑物。[8] 因为，是不是住宅是以是不是用于歇息和饮食起居的场所为标准来判断的，所以， 393
一般不应将本罪中的住宅扩大到包括旁边的小房屋。

---

① 植松，99页；另外，平野龙一：《刑法各论的诸问题》，《法学演习》211号，46页。

② 大判大14、2、18刑集4、59；小暮等（冈本），284页。

③ 大判大2、12、24刑录19、1517。

④ 最判昭32、6、21刑集11、6、1700。

⑤ 前引大判大2、12、24。

⑥ 前引大判大2、12、24。

⑦ 最决平9、10、21刑集31、9、755。金，百选Ⅱ（第7版），168页；安田，判例讲义Ⅱ，110页。反对，藤木，89页；西田，297页。

⑧ 最判昭24、6、28刑集3、7、1129。

住宅的界限 最高法院在1949年6月28日的判决中认为，“被害人的家里，甲所居住的住房和旁边的小屋虽说是分开的，但是，该小屋是在被使用，里面的壁橱里有坐垫，常年备有睡觉用具，被告人也数次在该房间内睡觉，并且在实施犯罪行为的当天晚上，有一名客人来使用过”，因此，认定“该建筑物是供饮食起居使用的场所”。这可能是说明住宅的界限的例子。大审院1914年6月9日的判例（刑录第20辑第1147页）认为，公务机关的值班人员在下班之后，通常要巡视公务机关大楼，虽然值班室是和大楼分开的建筑物，但该大楼仍然是“人们用作住宅的建筑物”。这种见解显然是不对的。①

（2）复合建筑物的现实居住。本罪是为了保护他人的生命、身体而特意从重处罚的犯罪类型，因此，只要公务机关、公司、学校等建筑物的一部分是供饮食起居的场所，那么，整个建筑物就是住宅。②如在厕所放火的行为③或在某栋大楼只有一户在使用而其他房间都空着的场合而对该空房间放火的行为，只要在整体上是在一个独立的建筑物之内，就是对住宅整体的放火。④ 整体上是不是一个独立的建筑物，要从建筑物的外观、构造、外形上的关联性、功能的一体性、延烧的可能性等各种事项来综合考虑，从在一般社会观念上是否考虑为一个建筑物的角度来判断。⑤ 关于耐火材料做成的高层住宅中的没有人的房间是不是现在有人居住的建筑物，判例中有肯定论⑥和否定论⑦之间的对立。从物理的观点来看尽管可以说其是一体的，但是，在放火的时候，完全没有延烧到建筑物中的住宅部分的危险的场合，就应当说，没有一

---

① 中森，186页。

② 大判昭14、6、6刑集18、337。

③ 最判昭24、2、22刑集3、2、198（在剧院的一部分的厕所放火）。

④ 大判昭9、11、15刑集13、1502。

⑤ 最决平元、7、17刑集43、7、641。星，百选Ⅱ（第7版），169页；安田，判例讲义Ⅱ，111页；福冈地判平14、1、17判例泰晤士报1097、305。另外，山口，382页。

⑥ 东京高判昭58、6、20刑月15、4和6、299，东京地判59、6、22刑月16、5和6、467。

⑦ 仙台地判昭58、3、28刑月15、3、247。

体性。 394

一体性的判断基准　仙台地方法院于1983年3月26日在对位于高10层的钢筋混凝土建造的建筑物内，医生在为经营业务而使用的医院放火的案件中，认为，建筑物的一体性，不应仅仅从外形来判定，还要考虑建筑物的功能的相关性、接触程度、连接和管理的方法、是否可能烧及住宅部分等因素，进行综合判断，而不能仅以外观上是一个建筑物为由而认定其具有一体性。① 另外，最高法院于1988年7月7日在塔楼式住宅内部所设置的电梯内放火，使电梯内壁的钢板表面约0.3平方米的面积被烧毁的案件中，认定成立对有人居住的建筑物等放火罪（判例时报第1326号第157页）。虽然有见解认为，判断是否具有一体性，主要是看火势是否可能蔓延②，但是，由于本罪是抽象危险犯，因此，以蔓延可能性为主要标准的观点并不妥当。另外，福冈地方法院在2002年1月17日（判例泰晤士报第1097号第305页）的判决中认为："在完全没有延烧可能性的场合，不能将上述数个建筑物评价为一个现住建筑物"。

（3）现在有人。没有作为住宅使用的建筑物、火车、电车、船舶、矿井，只要现在没有人居住，就不是本罪的对象。所谓"现在有人"，是指在放火的当时，其内部实际上有人居住。建筑物等的用途在所不问。另外，建筑物不管是不是行为人所有的物，都能成为本罪的对象。关于建筑物前面已经讲过，要注意的是，容易被取下来的遮雨窗户、地上铺的草席、门、拉门、隔窗等都不是建筑物。③ 判例认为，茅草搭的一间半见方的小屋也是建筑物。④ 在将被害人杀害之后对其住宅放火的场合，不是本罪。⑤ 火车、电车，包括作为其代用车的内燃机车在内。⑥

---

① 东京高判昭58、6、20，最决平元、7、14。

② 大塚，各论，下，751页；山中，483页；西田，300页。

③ 最判昭25、12、14刑集4、12、2548。

④ 大判昭7、6、20刑集11、881。

⑤ 大判大6、4、13刑录23、312。

⑥ 大判昭15、8、22刑集19、540。

所谓“船舶”，是指军舰以及其他船舶。其大小在所不问。[①] 所谓“矿井”，是指为采掘矿物而设置的地下设备，当然，包括煤矿矿井在内。

3. 行为

395 本罪的行为是放火，达到烧毁程度的就是既遂。放火行为和烧毁结果之间必须具有因果关系。

4. 故意

本罪的故意，必须对是供他人现在作为住宅使用，以及是现在有人在内的建筑物、火车、电车、船舶、矿井有认识，以及对放火烧毁该对象具有认识。只要是未必的故意就够了。对无人居住的建筑物等放火，而预见到有可能烧毁与此相连的有人居住的建筑物的，就是本罪的故意。[②] 误认为住宅是无人居住的建筑物而实施放火行为的，按照《刑法》第38条第2款的规定，构成对无人居住的建筑物等放火罪。[③]

5. 罪数、被害人的同意

出于杀人、伤害的故意而放火，致人死伤的，就是杀人罪或伤害罪与本罪之间的观念竞合。尽管现在有人却误以为没有人而放火致他人死伤的，按照《刑法》第38条第2款的规定，是对无人居住的建筑物等放火罪和过失致死罪之间的观念竞合。[④] 出于骗取保险金的目的而烧毁住宅，骗取保险金的，就成立诈骗罪和本罪两个罪。[⑤] 尽管有人认为二者之间是牵连犯，但是，两罪在性质上，通常不具有手段、结果之间的关系。放火罪是公共危险犯，因此，被害人的同意不排除违法性。当然，对于他人的所有物，如果他人同意放火的话，那么，该物就不成为他人的所有物。另外，在住宅主人同意的场合，以及在有人居住的建筑物中居住者表示同意的话，就可以看作现在没有人居住的建筑物。[⑥]

---

① 大判昭10、2、2刑集14、57。反对，江家，90页；柏木，181页；中，200页；内田，438页；小暮等（冈本），287页。

② 大判昭8、9、27刑集12、1661。

③ 反对，名古屋高金泽支判昭28、12、24判例时报33、164（对故意没有影响）。

④ 大塚，376页；前田，450页。

⑤ 大判昭5、12、12刑集9、893。

⑥ 中森，187页。反对，内田，444页。

三、对无人居住的建筑物等放火罪

放火烧毁现在没有供人作为住宅使用，并且现在没有人在内的建筑物、船舶以及矿井的，处 2 年以上有期徒刑（《刑法》第 109 条第 1 款）。

未遂犯、处罚之（《刑法》第 112 条）。

前款（《刑法》第 109 条第 1 款）之物是自己所有之物的时候，处 6 个月以上 7 年以下有期徒刑。但是，没有发生公共危险的时候，不处罚（《刑法》第 109 条第 2 款）。 396

第 109 条第 1 款……所规定的物是自己所有的物，但在被没收、担保物权、被租赁或上了保险的场合，烧毁上述建筑物的，就按照烧毁他人之物的情况处理（《刑法》第 115 条）。

1. 对象

本罪的对象是现在没有供人作为住宅使用，并且，其内部现在也没有人的建筑物、船舶、矿井。刑法修改以前是使用“或”一词，现在改为“并且”。因为，“或”，从形式理论上理解的话，就是尽管现在没有人，但是，现在在作为他人的住宅而使用的话，就是本罪的对象，结果与《刑法》第 108 条的规定相矛盾。因此，对有人居住的建筑物等放火罪和本罪之间，是法条竞合的关系（择一关系）。只要建筑物、船舶、矿井有供人起居、出入的可能就足够了。

猪圈是不是建筑物　东京高等法院于 1953 年 6 月 18 日（东时第 4 卷第 1 号第 5 页）对于放火烧毁猪圈一案，认为“《刑法》第 109 条中所说的建筑物，即便不具有适合人生活的构造，但只要是固定在土地上，人能够生活或能出入其中，就可以说是建筑物。从本条的立法宗旨来看，它是预定为以人能够生活或出入其中为前提的……若是在性质上完全没有预定人的出入或生活的建筑（如狗屋、堆放肥料用的小屋等），就不是该条中所说的建筑物”①。判例

① 大判大元、8、6 刑录 18、1138。

认为，储物室、掘地立柱所建的小房子也是本罪中的建筑物。

（1）对他人所有的无人居住的建筑物等放火罪（第109条第1款）。本罪是抽象危险犯，所以不需要以公共危险的发生作为犯罪的成立要件。本罪中的他人是犯人以外的人，因此，在犯人单独作为住宅而使用的场合，对该住宅物放火的，就不是本罪的问题，考虑到“他人所有”这一财产犯罪特征，不以“公共危险”作为处罚要件。另外，在杀害居住人之后产生放火的意图而烧毁该房屋的场合，就是本罪和杀人罪之间的数罪。本罪的对象，在不包括火车、电车这一点上，和对有人居住的建筑物等放火罪中的情况不同。因此，对汽车、电车放火的，就是《刑法》第110条中的问题。

397 即便是自己所有的物，但是，在被查封、担保物权、被租赁、被上了保险的情形，就和他人的所有物同样看待（《刑法》第115条）。之所以将这些物作为他人的所有物，是因为烧毁它们，就侵犯了他人的财产权。其中，所谓担保物权，是指设定了民法上的物权即设定了质押权或抵押权的物或根据留置权而被留置。租赁物是租赁借贷合同中的目的物，租赁借贷合同一经成立，该物就被看作他人之物。上了保险的物，是指上了火灾保险、海上保险、运送保险等损害保险的物。

（2）对自己所有的无人居住的建筑物等放火罪（《刑法》第109条第2款）。对建筑物、船舶或矿井属于自己所有的物放火的，只要不发生公共危险，就不受处罚。所谓“自己所有”，是指行为人对对象物具有所有权，但是，考虑到本罪具有财产犯罪的特征，即便是对无主物放火，也构成本罪。只要对象物不是他人的所有物，就适用本罪。在共同放火的场合，在对方具有所有权的时候，也作为自己的所有物处理。但在对象物属于行为人和他人的共有物的场合，只要没有共有人的同意，就看作他人的所有物。即便是他人的所有物，在他人同意的时候，也看作自己的所有物。

2. 行为

本罪的行为是放火烧毁对象物，但是，第1款的场合和第2款的场合，在既遂的认定上不同，即：第1款的场合是抽象的公共危险犯，因此，只要发生烧毁的结果就是既遂。第 2 款的场合是具体的公共危险犯，只要烧毁没有具体发生公共危险，就不是既遂（不处罚未遂犯）。放火罪在属于公共危险犯的同时也具有财产犯罪的特征，因此，考虑到烧毁自己的所有物自身合法的情况，应当说，第 2 款的罪是以发生公共危险为构成要件结果的具体危险犯。

3. 发生公共危险

所谓“发生公共危险”（《刑法》第 109 条第 2 款），一般是指延烧特定的对象物，使不特定人或多数人有相当的理由感到对其生命、身体、财产具有危险的状态。① 因此，是否发生公共危险，其判断应当以该具体情况之下的一般人的理解为准，进行客观判断，即便在科学法则 398
上（从自然的、物理的观点出发），不存在延烧的危险，但是，从一般人的感觉来看，达到危险程度的话，就可以说发生了具体的公共危险。② 有观点认为，发生具体危险是客观的处罚条件③，但是，发生具体危险应被理解为构成要件的结果，因此，放火行为和对象物的烧毁以及发生具体危险之间必须具有因果关系。

没有发生公共危险的判例　在离人家三百多米远的半山腰上，将周围的杂木全部砍倒，在没有任何引火物的情况下，将自己所有的烧炭用的小木屋烧毁——其时，正在下小雨，而且行为人为了防止火势蔓延，一直在旁边密切监视着。对于这种情形，下级法院认为，根本没有火势蔓延的危险，附近的村落中也没有人感觉到有火势蔓延的危险，从而否定其具有“公共危险性”④。另外，在目的物是自己所有的物的时候，由于只要没有公共危险，就不受处罚，因此，对其预备、未遂形态也不予处罚。但是，如果适用《刑法》第 115 条的话，就可以适用《刑法》第 109 条第 1 款，当然也可以

① 大判明 44、4、24 刑录 17、655。最决平 15、4、14 刑集 57、4、445。松宫，百选Ⅱ（第 7 版），170 页；安田，判例讲义Ⅱ，112 页。

② 反对，山口厚：《危险犯研究》（1982），150 页；同，389 页。

③ 西田，308 页；前田，455 页。

④ 广岛高判冈山支判昭 30、11、15 裁特 2、22、1173，大判昭 7、6、15 刑集 11、841。

适用第112条（未遂）、第113条（预备）的规定了。

4. 故意

对他人所有的无人居住的建筑物等放火罪的故意，只要认识到（1）是他人所有的物（参照《刑法》第115条），（2）现在没有作为住宅使用，而且现在其中也没有人，（3）放火烧毁对象物，就够了。与此相对，关于对自己所有的无人居住的建筑物等放火罪，则有（1）必须具有发生公共危险的认识的必要说[①]和（2）不要求有该认识的不要说[②]之间的对立。在本罪中，因为发生公共危险是构成要件要素（结果），因此，在对放火烧毁自己的所有物有认识之外，对于发生公共危险也必须具有认识，因此，（1）说的见解妥当。烧毁自己的所有物的行为，其自
399 身是合法行为，因此，仅有该认识还不能说具有故意。这在理论上是清楚的。[③] 如果对发生公共危险没有认识的话，就只构成失火罪。另外，虽说发生公共危险的认识就是对发生公共危险的预见，但应当将其理解为对延烧没有具体认识的心理状态。

对发生公共危险的认识 大审院在1941年7月2日（刑集第10卷第303页）的判决中认为“虽然以发生公共危险作为构成该犯罪的要件，但只要认识到放火燃烧该条款规定的物品就足够了”，所以关于2款罪该判例是明确采取认识不要说。另外，最高法院在1985年3月28日（刑集第39卷第2号第75页）的判决中认为，关于《刑法》第110条第1款规定的犯罪，“必须认识到烧毁该条款所规定的物品，但不用认识到作为烧毁结果的公共危险的发生”[④]。不要说的根据在于：首先，如果对公共危险要有认识的话，则认识的内容就和对延烧可能性的认识相同，结果

① 木村，187页；江家，96页；团藤，199页；平野，249页；吉川，243页；内田，454页；冈野，228页；曾根，222页；中森，189页；林，332页；山口，390页。另外，山中，534页。

② 最判昭60、3、28刑集39、2、75；香川，168页；藤木，92页；前田，329页；西田，329页。

③ 江家，96页。

④ 丸山，百选Ⅱ（第7版），172页；安田，判例讲义Ⅱ，113页。

就是对延烧对象具有放火故意，另外，像本书一样，就对发生公共危险的认识进行修正的话，则实体内容将一无所有。但是，正如本书所说，仅仅根据烧毁自己的所有物的认识，就认为本罪具有故意是不当的。另外，支持必要说的判例有，名古屋高等法院1964年4月27日（高刑集第17卷第3号第262页）的判决。另外，《草案》第178条规定“烧毁自己所有的前项物品，引起公共危险的……”。这就是考虑到了要以发生公共危险作为故意的内容。

四、非建筑物等放火罪

放火烧毁前两条（《刑法》第108条、第109条）中所规定的物之外的物，因而引起公共危险的，处1年以上10年以下有期徒刑（《刑法》第110条第1款）。

前款所规定的物属于自己所有的物的时候，处1年以下有期徒刑或10万日元以下罚金（同条第2款）。

……第110条所规定的物，虽然是自己所有的物，但在被查封、担保物权、租赁或被上了保险的时候，而将其烧毁的，按照烧毁他人之物的情况处理（《刑法》第115条）。

1. 对象

本罪的对象是《刑法》第108条和第109条所规定的物以外的物。对于在火车、飞机、门、桥、地上铺的草席、拉门等之外，用作燃料的废弃物等点火的时候，只要出于造成公共危险的认识，并且造成了该种危险，就构成本罪。对象是不是属于行为人所有，在所不问。但是，考 400
虑到放火罪所具有的财产犯罪的特征，因此将自己所有的物作为对象物的时候，法定刑就比较轻。对无主物放火的行为也构成本罪。[①] 即便是他人的物，在他人同意烧毁的时候，也应作为犯人的物。自己的物，在被查封、担保物权或租赁、被上了保险的时候，就是他人所有的物

① 大阪地判昭41、9、19判例泰晤士报200、180（他人垃圾箱上的牛皮纸）。

（《刑法》第115条）。

2. 发生公共危险

在本罪当中，作为放火的结果，必须发生公共危险。关于“公共危险”的理解，参看前述。

本罪中的“公共危险” 最高法院于2003年4月14日（刑集第57卷第4号第445页）认为“《刑法》第110条中所说的‘公共危险’，并不限于《刑法》第108条以及第109条第1款中所规定的对建筑物等延烧的危险，而应当理解为对不特定人或者多数人的生命、身体以及前述建筑物以外的财产的危险也包括在内”，被告人虽然对在市内停车场所停泊的无人的被害车辆洒上汽油点燃烧毁，但在对数米之外停泊的其他两台无人的车辆有延烧的危险的时候，肯定发生公共危险。①

3. 故意

本罪的故意，除了对烧毁对象物的事实有认识之外，对发生公共危险也要有认识。《刑法》第110条中规定“因而引起公共危险”，这种规定方式和《刑法》第109条第2款规定的方式不同，因此，也可以将本罪看作烧毁这一基本行为所引起的结果的结果加重犯。但是，如果将本罪理解为结果加重犯的话，则其基本行为就是“烧毁”，由于烧毁行为自身是不受处罚的，因此，不得不说，其基本行为是损坏器物罪等毁弃型犯罪。结果加重犯对于所发生的重结果，之所以规定比本来应当处罚的刑要重的法定刑，是因为基本行为在其性质上有导致重结果发生的危险。这样说来，由于毁弃型犯罪自身不具有发生公共危险的性质，所以，本罪不是结果加重犯。本罪之所以被看作公共危险犯，正是因为其具备发生公共危险的要件。因此，本罪无非是具体危险犯，和《刑法》第109条第2款中规定的犯罪一样，在本罪中，也必须具有作为故意内
401 容的发生公共危险的预见（通说）。② 另外，对于他人所有的物件，只

① 松宫，百选Ⅱ（第7版），170页；安田，判例讲义Ⅱ，114页。

② 反对，藤木，92页；山中，538页；西田，331页；前田，329页。

要具有烧毁的认识，就可以说具有损坏器物罪的故意，因此，在没有发生公共危险的时候，就只成立损坏器物罪。

判例的立场　最高法院1985年3月28日的判决，显示了最高法院最初从正面认可了认识不要说的立场，即认为，“成立《刑法》第110条第1款的放火罪，虽然对放火烧毁该条所规定的物要有认识，但并不要求对烧毁的结果是发生公共危险这一点要有认识”。另外，明确说明认识必要说的理论根据的，是最高法院于1984年4月12日（刑集第38卷第6号第2017页）以及最高法院于1985年3月28日的判决中谷口法官的意见［星，百选Ⅱ（第6版），177页］。

五、延烧罪

犯《刑法》第109条第2款以及前条第2款的罪，因而导致第108条以及第109条第1款所规定的物延烧的，处3个月以上10年以下有期徒刑（《刑法》第111条第1款）。

犯前条第2款之罪，因而导致同条第1款所规定的物延烧的，处3年以下有期徒刑（同条第2款）。

本罪是对自己所有的物的实施放火罪的结果加重犯。如果对延烧的结果有认识的话，对于该对象就成立放火罪，所以，必须是对延烧的结果没有认识。本罪中的放火对象，是自己所有的无人居住的建筑物等（《刑法》第109条第2款）以及自己所有的“其他物”（《刑法》第110条第2款）；作为结果所产生的延烧的对象，是有人居住的建筑物等以及无人居住的建筑物（《刑法》第109条第1款）。对自己的所有物放火而导致公共危险，并因此而引起延烧上述物的结果的时候，就构成本罪。

所谓“延烧”，就是引燃行为人所没有预计到的物，并将其烧毁。如点火燃烧自己所有的小汽车，产生公共危险，但并没有烧毁行为人所没有预计到的其他物件的时候，就不构成延烧罪。烧损对象物和延烧的结果之间，必须具有因果关系。

出于实施较重的放火罪的故意，如对有人居住的建筑物点火，结果延烧至较轻的放火罪的对象如无人居住的建筑物的时候，鉴于其所具有的公共危险犯的特征，只认定成立较重的放火罪就够了。相反地，为了
402 实施《刑法》第109条第1款的犯罪而放火，结果导致《刑法》第108条的犯罪对象被延烧的，就只成立前者的犯罪。在延烧的对象是《刑法》第115条中规定的自己所有的物，但结果使被查封、担保物权、被租赁或被保险的物延烧的场合，是否构成本罪，有肯定说①和否定说②之间的对立。由于《刑法》第111条中没有明文规定，加上《刑法》第115条仅适用于故意烧毁的场合，所以，应该说，不应构成作为结果加重犯的延烧罪。

六、预备放火罪

> 出于实施《刑法》第108条以及第109条第1款之罪的目的，而实施预备行为的，处2年以下有期徒刑。但是，根据情节，可以免除其刑（《刑法》第113条）。

所谓“预备”，就是放火的预备行为，是实行着手前的行为，如准备放火材料的行为，设置定时起火装置的行为等。尽管实施了放火行为，但只要没有达到使对象物有被烧毁的具体、现实的危险的程度，就应看成是预备。因此，尽管设置了起火装置，但是该装置在科学上不能引起火灾，在一般人感觉不到危险的时候，就是不能犯，而不是预备行为。在没有点燃导火物的阶段只是成立预备罪而已，如为了放火而在对象物的周围泼洒汽油的行为，就是预备阶段的行为，但是在起火的可能性极高的场合，就是实行的着手。③ 成立本罪，必须具有实施放火烧毁有人居住的建筑物等（《刑法》第108条）或他人所有的无人居住的建筑物等（《刑法》第109条第1款）的目的。他人所有的无人居住的建筑物等也包括《刑法》第115条中所规定的物在内。④ 放火预备行为，

---

① 袖珍，284页；柏木，183页；内田，463页。

② 大塚，381页。

③ 广岛地判昭49、4、3判例泰晤士报316、289。

④ 大判昭7、6、刑集11、841。

达到未遂、既遂的阶段的话，该放火预备行为就被上述犯罪所吸收。 403

七、妨害灭火罪

> 火灾之际，隐匿、损坏灭火器具，或用其他方法妨害灭火的，处 1 年以上 10 年以下有期徒刑（《刑法》第 114 条）。

1. 行为状况

行为作为构成要件要素，必须发生在“火灾发生之际”。所谓“火灾发生之际”，是指火灾正在发生或正要发生的时候。火灾，必须是社会一般观念上所认可的火灾。火灾的原因，可以是放火、失火以及偶然因素引起的起火。即便是自己的原因所导致的火灾也行。放火之后行为人自己妨害灭火，由此而导致公共危险的，因为已经被放火罪所评价，因此，该行为被放火罪所吸收。①

2. 行为

本罪的行为是“妨害灭火”，即妨害灭火活动的行为。隐匿以及毁损，只是该种方法的举例而已，妨害的手段、方法不受限制。所谓“隐匿”，就是使灭火的人不能或难以发现灭火用的器具。所谓“损坏”，就是进行物理性的破坏，使其不能或难以使用。所谓“其他方法”，如使消防车不能行驶、对灭火者施加暴力等，是妨害灭火活动的一切行为。

妨害行为原则上是作为，但也包括不作为。但是，在不作为的妨害行为中，只有法律上具有作为义务的人才能成立，如居住者、警备人员、消防人员、警察官、事务管理人员等。另外，违反作为义务，必须达到不作为放火的程度。在火灾之际，收到公务员的请求而不帮助的，不构成本罪，只成立《轻犯罪法》第 1 条第 8 款所规定的犯罪。本罪是抽象危险犯，只要有妨害行为就马上达到既遂，不要求现实地妨害了灭火行为。 404

八、失火罪

> 失火而烧毁《刑法》第 108 条所规定的物或者他人所有的《刑

---

① 关于《刑法》第 108 条规定的犯人，松江地判昭 52、9、20 刑月 9、9 和 10、744；内田，465 页；中森，170 页。

法》第109条所规定的物的，处50万日元以下罚金（《刑法》第116条第1款）。

由于失火而烧毁《刑法》第109条所规定且为自己所有的物，或《刑法》第110条所规定之物，因此而产生公共危险的，和前款同样处理（同条第2款）。

1. 对他人所有的建筑物等失火罪（第1款）

本罪的对象是《刑法》第108条所规定的有人居住的建筑物以及第109条所规定的他人所有的无人居住的建筑物。行为是过失烧毁对象。所谓“失火”，就是“过失着火”的意思。尽管具有防止烧毁对象物的注意义务，但由于不注意而起火，或，使已经发生的火力烧毁对象物的，都是本罪的行为。是否产生公共危险，则在所不问（抽象的危险犯）。

2. 对自己所有的无人居住的建筑物等失火罪（第2款）

本罪的对象，是《刑法》第109条所规定的自己所有的建筑物以及第110条所规定的建筑物以外的物，后者既可以是他人所有的物，也可以是自己所有的物。但是，由于本罪的成立以产生公共危险为前提，因此，本罪是具体危险犯。本罪的行为是过失引起火灾，烧毁对象，产生公共危险。具体来说，在对于发生公共危险尽管具有注意义务，但由于不注意而没有预见以致发生公共危险的场合，对于发生公共危险具有过失。对于建筑物以外的物，即便对象物是他人所有的物，只要没有引起公共危险，就不应当成立本罪。因此，即便是故意放火烧毁财物的行为，但对发生公共危险没有过失的话，也只成立损坏器物罪。在对发生公共危险有过失的场合，就是损坏器物罪等毁弃型犯罪和失火罪之间的法条竞合。

九、业务失火罪、重过失失火罪

由于疏忽业务上所必要的注意，或由于重过失而实施《刑法》第116条的行为的，处3年以下的有期徒刑或150万日元以下的罚
405 金（《刑法》第117条之二）。

1. 业务失火罪

本罪是疏忽业务上所必要的注意而触犯《刑法》第116条的情况，是刑罚比失火罪的法定刑要重的犯罪。由于是对业务上具有注意义务的人（业务者）的加重刑罚，因此，本罪是身份犯。一般来说，业务过失中的业务，是人们基于社会生活中的地位而反复、继续实施的事务。但是，与火打交道是日常生活中许多人（家庭主妇、吸烟的人）所反复、继续实施的，所以，上述定义并不能明确表示业务的意义，和对特别要注意的人的过失从重处罚的宗旨不符。因此，本罪的"业务"，应当说，特指作为职务，在小心火灾方面应当给予特别注意的社会生活中的地位的事务。[①] 从这种角度来将业务加以分类的话，就是（1）直接与火打交道的职务（厨师、锅炉工），（2）与发生火灾的可能性极高的物质、器具打交道的职务（经营汽油、罐装煤气的业者），（3）以发现、防止火灾为任务的职务（警备人员、防止火灾的责任人等）。

有关"业务"的判例 最高法院在1958年7月25日的判决（刑集第12卷第12号第2746页）中，关于车站食堂的工人将电熨斗通电之后就回家了，当天夜里在食堂从事警备职务的被告人由于没有发现该熨斗，结果引起火灾的案件，认为："该条款前段中所说的'业务'，正如所说的一样，并不全部或者部分地限定于直接操作成为火灾原因的火力的业务，本案中的在夜晚担任警备任务的行为也包括在内"。从此以后，判例上，贩卖、装入罐装煤气的经销商必须将煤气用具装配好的任务[②]，柴油车的驾驶员在引擎的操作上必须防止可能发生的火灾的任务[③]，也都被认定为业务。另外，最高法院在1979年11月19日（刑集第33卷第7号第728页）的决定中，关于组合式桑拿浴用具由于产品缺陷而引起火灾，使桑拿浴澡堂被烧，致客人死亡的案件中，认为，"在长时间使用本案中组合式桑拿浴用具的时候，由于电热炉的加热，使其中的木制座

① 最决昭60、10、21刑集39、6、632；大塚，385页。
② 最决昭42、10、12刑集21、8、1083。
③ 最决昭46、12、20刑集25、9、1086。

椅部分有起火的危险，被告人作为该产品的开发和制造商，在业务上有义务考虑该产品的防火性能，采取措施防止可能发生的火灾"，因此，支持原审法院认为该行为是业务上失火罪和业务上过失致死罪的观念竞合的判决。在和起火没有直接关系的事例上认定行为人具有业务性，就最高法院而言，这是头一次，应当说是妥当的判决。另外，认可有关承包工程业者的业务性的判例，参照最高法院在2000年12月20日（刑集第54卷第9号第1095页）的决定中的

406 有关说明。

2. 重过失失火罪

所谓重过失失火，是明显不注意的场合。在这种场合下，行为人只要稍微注意的话就能预见，并且能够防止烧毁结果。

重过失失火的具体例子 最高法院在1958年6月8日（裁判集刑第2号第329页）中的判决认为，炎热的盛夏，在离汽油库内的储油罐数十厘米远的地方使用打火机的人，难逃重过失失火罪的罪责。另外，东京高等法院于1976年6月29日的判决（判例时报第831号第121页）中，关于因为喝得太多，就想在店铺内住宿，于是将几张椅子并起来作为床，同时，为了驱寒，将电炉放在离椅子仅30厘米远的地方，并将短外套搭在下半身上睡觉，结果该外套滑落到电炉上，引起火灾的案件，认为："明显是疏忽了一般人应当注意的义务，而且在一般社会生活中，该行为对法益的侵害性也极为明显，违法性的程度重大，因此，判定构成重过失失火罪"。

十、爆炸罪

使火药、锅炉以及其他爆炸物品发生爆炸，毁坏《刑法》第108条所规定的物以及他人所有的《刑法》第109条所规定的物的，按放火罪处理（《刑法》第117条第1款前段）。

毁坏《刑法》第109条所规定的并且属于自己所有的物，或《刑法》第110条所规定的物，因而发生公共危险的，亦同（同款

后段）。

1. 意义

引发爆炸物的行为，不仅对个人的生命、身体、财产直接造成危害，而且会造成危害公共安全的结果，因此，作为公共危险犯被规定在“放火和失火犯罪”一章之中。

2. 对象

本罪的对象是“爆炸物”。所谓“爆炸物”，是具有瞬间爆裂，对生命、身体、财产造成危害程度的破坏力的物质。火药、锅炉等就属于爆炸物。另外，高压煤气、液化气等，也属于爆炸物。开枪不是爆炸，所以，子弹不是爆炸物。

3. 行为

本罪的行为是“爆炸”。所谓使爆炸物爆炸，包括释放其破坏力的一切行为。在《爆炸物取缔规则》中，规定禁止使用物理化学上伴有爆炸现象的药品以及其他产生爆炸作用的材料（第 1 条），其中所说的爆 407
炸物也包括在本罪所说的爆炸物之内。判例认为，本罪和使用爆炸物罪之间是观念竞合的关系①，但是，使用爆炸物罪的行为应当是本罪的特别情况，因此，只成立爆炸罪。另外，要注意的是，有关爆炸物的特别法还有，《液态煤气保护法》第 80 条及以下条文、《破坏活动防止法》第 39 条、《轻犯罪法》第 1 条第 10 款、《取缔火药等法》第 50 条及以下条文等。火焰瓶不是爆炸物，使用、制造、持有火焰瓶的行为，按照《火焰瓶》处罚（《火焰瓶》第 2 条、第 3 条）。

4. 损坏

成立本罪，必须具有由于爆炸物的爆炸而损坏建筑物等的结果。根据对象物的不同，分别适用放火罪中规定的不同档次的法定刑（《刑法》第 117 条第 1 款前段）。所谓“按放火罪处理”，就是这种宗旨。关于对本罪的预备犯、未遂犯是否也应当予以处罚，有肯定说②

---

① 大判大 11、3、31 刑集 1、186。

② 袖珍，287 页；内田，470 页；大塚，386 页。

与否定说[①]之分。否定说认为，法律没有明文规定，因此，不应处罚，但是，《刑法》第3条第1项中规定了本罪的未遂犯，另外，从危险性来看，也没有理由将本罪和放火罪区别看待，因此，肯定说妥当。

十一、过失爆炸罪、业务过失爆炸罪、重过失爆炸罪

过失实施前款（《刑法》第117条第1款）行为的，按照失火罪的情况处理（《刑法》第117条第2款）。

疏忽业务上必要的注意或由于重过失而实施前条第1款（《刑法》第117条第1款）的行为的，处3年以下有期徒刑或50万日
408 元以下罚金（《刑法》第117条之二）。

过失爆炸罪是处罚不注意而引发爆炸物的行为，其处罚按照失火的情况处理。对于业务过失爆炸罪以及重过失爆炸罪，都加重其刑（《刑法》第117条之二）。

十二、泄漏煤气等罪、泄漏煤气等致死罪

泄漏、流出或截断煤气、电力或蒸汽，因而对人的生命、身体或财产造成危险的，处3年以下有期徒刑或10万日元以下罚金（《刑法》第118条第1款）。

泄漏、流出或截断煤气、电力或蒸汽，因而造成他人死伤的，和伤害犯罪相比较，依照刑罚较重的处理（同条第2款）。

1. 意义

《刑法》第118条中所列举的行为，在引起公共危险这一点上，是类似于放火的行为。第1款的犯罪，是以发生对人的生命、身体、财产的危险为要件的具体的危险犯，第2款的犯罪是结果加重犯。

发生具体危险 东京高等法院于1976年1月23日（《判例时报》第818号第107页）认为："成立《刑法》第118条中所谓的发生对生命的具体危险，不要求具有由于瓦斯泄漏，造成可能确实

① 团藤，207页。

致人死亡的状态或者所说的他人即将死亡的危险状态，只要在泄漏瓦斯的时刻、量、动机、泄漏场所的结构等当时的情况下，通常具有侵害生命之虞就够了”。根据上述宗旨，认定行为人在凌晨2点（其时，丈夫已经睡着，妻子躺在其身边），偷偷潜入由两间房子、厨房、厕所组成的，空气流通很不好的他人家里，将灶上的煤气开关全部打开，使天然气泄漏的行为，是危及上述两人生命的危险行为。

2. 泄漏煤气等罪

本罪的对象是煤气、电力、蒸汽（限制列举规定）。《草案》除列举上述对象之外，还将“放射线”“放射性物质”列入其中（《刑法》第172条），但是，现行刑法，没有将上述物质包含在本罪的对象中。本罪的行为是泄漏、流出、截断。所谓“泄漏、流出”，就是将所管理的物全部放出，置于无人管理的状态。而所谓“截断”，就是断绝供给的意思。上述行为必须对人的生命、身体、财产发生具体危险，发生危险是构成要件要素，因此，本罪的故意，必须对发生危险具有认识。[①] 应当认识的危险的内容，只要达到在具体情况之下，根据条件的变化，极有可能发生结果的程度就够了。如果说对发生结果的概然性要有认识的
话，那么，在由于本罪而发生致人死伤的结果的时候，就应该成立杀人 409
罪、杀人未遂罪或伤害罪，这样，就会丧失设置泄漏煤气等致死伤罪的实质意义。在有伤害或杀人的故意的时候，就是本罪和杀人罪、伤害罪的观念竞合。

3. 泄漏煤气等致死伤罪

本罪是泄漏煤气等罪的结果加重犯。所谓“和伤害犯罪相比较，依照刑罚较重的处理”，意思是在致人死亡的场合，将伤害致死罪的法定刑，在致人受伤的场合，将伤害罪的法定刑，和《刑法》第118条第1款的法定刑相比较，按照上限、下限均较重的情况处理。

---

① 团藤，208页；福田，733页；大塚，388页。反对，袖珍，289页。

第三节　有关决水和水利设施的犯罪

一、概说

有关决水的犯罪，是不法使用水力危害公众安全的犯罪，和放火罪一样，是公共危险犯。[①] 水害同火灾一样，直接危及公众的生命、身体、财产，因此，同放火犯罪一样，受处罚较重。同时，妨害水利设施犯罪是以水利权为直接保护利益的犯罪，和决水罪的犯罪性质不同。但是，妨害水利设施的行为通常伴随决水的危险，二者在这一点上具有共同的性质，因此，将这两者规定在同一节之中。有关决水的犯罪，分为（1）决水浸害有人居住的建筑物等罪（《刑法》第 119 条），（2）决水浸害无人居住的建筑物等罪（《刑法》第 120 条），（3）妨害防水罪（《刑法》第 121 条），（4）过失决水浸害建筑物等罪（《刑法》第 122 条），（5）决水危险罪（《刑法》第 123 条后段）。有关水利设施的犯罪，只有破坏水利设施罪（《刑法》第 123 条前段）。

二、决水浸害有人居住的建筑物等罪

决水浸害现在供人作为住宅使用或现在有人的建筑物、火车、电车或矿井的，处死刑、无期徒刑或 3 年以上有期徒刑（《刑法》
410 第 119 条）。

1. 对象

本罪的对象是现在供人作为住宅使用，或现在有人的建筑物、火车、电车或矿井。关于其解释，可以参照对有人居住的建筑物等放火罪中的有关说明。但要注意的是，从犯罪性质来看，船舶之类的对象要除外。

---

① 大判明 44、11、16 刑录 17、1987。

2. 行为

本罪的行为是决水造成浸害。所谓“决水”，就是将被控制的水力释放出来，导致泛滥。所谓“浸害”，就是因为水力而使本罪的对象流失、损坏或灭失、减损其用途。水既可以是流水也可以是静水，释放的手段在所不问。浸害可以是暂时的，在非常轻微的场合，只成立决水危险罪。本罪是抽象危险犯，具有浸害的话，就达到既遂。

3. 故意

本罪的故意，是对决水浸害上述对象的行为有认识。在对浸害的事实没有预见的时候，就是决水危险罪。

三、决水浸害无人居住的建筑物等罪

> 决水浸害前条（《刑法》第 119 条）规定的物以外的物，因而造成公共危险的，处 1 年以上 10 年以下有期徒刑（《刑法》第 120 条第 1 款）。
>
> 浸害的物属于自己所有，但是被查封、承担物权、租赁、保险的场合，按照前款的规定处理（同条第 2 款）。

1. 对象

本罪的对象是决水浸害有人居住的建筑物等罪的对象以外的物，要注意的是，正如放火罪一样，本条对无人居住的建筑物等和其他物没有加以区别，而是概括性地作为对象。建筑物以外的物有田地、牧场、森林等。犯人自己所有的物，当被查封、承担物权、租赁或被保险的时候，也是本罪的对象。在这种场合，和放火罪中一样，在所有权人同意浸害的时候，就按浸害自己的所有物处理。浸害自己所有的物的，除适用第 2 款的场合之外，即便浸害行为造成公共危险，也不构成犯罪。 411

2. 行为

本罪的行为是决水浸害上述对象，因而造成公共危险。在本罪中，因为法条中规定有“因而造成公共危险”，因此，有见解认为，发生公共危险是本罪的客观处罚条件①，但是，发生公共危险是构成要件要素，所以，本罪应当是具体的公共危险犯（通说）。本罪中所谓的“公共危险”，是决水浸害本罪中所规定的物，结果，波及有人居住的建筑物，发生浸害不特定人或多数人的生命、身体、财产的危险。至于危险的程度，只要使不特定的人或多数人产生恐惧感就够了。②

3. 故意

本罪的故意是对决水浸害的事实有认识，以及对发生公共危险具有认识。对危险性没有认识的时候，只成立毁弃型犯罪以及过失决水罪，二者之间是观念竞合。③

四、妨害防水罪

> 在水害之际，隐匿、损坏防水用的物资或者用其他方法妨害防水的，处1年以上10年以下有期徒刑（《刑法》第121条）。

1. 行为状况

本罪是与放火犯罪中的妨害灭火罪相对应的犯罪，是对决水罪的补充规定。作为构成要件的行为状况，必须发生在“水害之际”。所谓“水害之际”，是水害实际上在蔓延或即将发生水灾的场合。所谓水害，就是由于决水以及浸害而可能发生公共危险的状态。其，既可以是人为原因造成的，也可以是台风之类的自然现象造成的。

2. 行为

412 本罪的行为，就是妨害防水活动。除了对预防、中止决水行为进行阻止之外，也包括破坏防止水灾所造成的被害进一步扩大的行为。所谓“防水用的物”，是指木材、石材、船只等用于防水的一切物品；可以是公有物，也可以是私有物，还可以是自己所有的物。妨害防水的行为包括不作为。

---

① 香川，199页。

② 大判明44、6、22刑录17、1242。

③ 江家，103页；泷川、竹内，270页；大塚，391页。

五、过失决水浸害建筑物等罪

> 过失决水，浸害《刑法》第 119 条所规定的物以及第 120 条所规定的物，因而造成公共危险的，处 20 万日元以下罚金（《刑法》第 122 条）。

前段是抽象危险犯，后段是具体危险犯，二者与有关失火罪的《刑法》第 116 条的规定类似，但是，本罪中没有规定业务过失以及重过失的加重类型。

六、决水危险罪

> 决溃堤防、破坏水闸或进行其他决水行为的，处 2 年以下有期徒刑或监禁，或处 20 万日元以下罚金（《刑法》第 123 条后段）。

本罪的行为是决水行为。所谓“决水行为”，是造成决水危险的一切行为。决溃堤防、破坏水闸，只是举其例而已。本罪是抽象危险犯，不要求由于决水行为而造成浸害的危险，另外，也不要求有决水的危险。在造成决水结果的场合，只要不是浸害《刑法》第 119 条、第 120 条所规定的物，包括其预备、未遂形态在内，都成立本罪。

七、妨害水利设施罪

> 实施使堤防崩溃、破坏水闸以及其他妨害水利设施的行为的，处 2 年以下有期徒刑、监禁或 20 万日元以下罚金（《刑法》第 123 条前段）。

1. 意义

本罪是为了保护他人的水利权而设置的犯罪，行为同决水危险罪类似，因此，和该罪被放在同一条文中加以规定。本罪的保护法益是水利权，因此，对没有水利权的人实施的妨害其利用水力的行为不构成本罪。[①] 所谓“水利”，是指灌溉、发动水车、发电、水渠用水等所有利 413

① 大判昭 7、4、11 刑集 11、337。

用水力的行为。对于水上交通以及饮用水的利用，分别根据《刑法》第124条及以下条文规定的犯罪（妨害交通罪）、第142条及以下条文规定的犯罪（关于饮用水的犯罪）来加以保护，因此，不包含在本罪之中。但是，破坏不经过水管的、提供生活用水的净水设施的行为，包括在本罪之中。水利权既可以根据合同而设定，也可以根据习惯而确定。

2. 行为

本罪的行为是实施破坏堤防、水闸以及其他妨害水利设施的行为。所谓“妨害水利设施的行为”，是堵塞、变更水流，使存水流失以及其他所有具有妨害水利设施之虞的一切行为。即便是成立决水危险罪的行为，只要没有妨害水利设施之虞，就不构成本罪。决水危险行为构成妨害水利罪的，从犯罪性质的不同来看，能够构成决水危险罪和妨害水利设施罪的观念竞合，但是，由于上述两罪被规定在同一条文之中，手段也类似，因此，只成立《刑法》第123条中所规定的一罪。① 一个行为侵害数个水利权的时候，也会产生上述问题，但本罪之中本来就预定有数个有关侵害水利权的行为，因此，上述场合，只相当于一个妨害水利设施罪的行为。当然，妨害水利的行为，不要求发生现实的结果。

第四节　妨害交通的犯罪

一、概说

妨害交通的犯罪，是以现代社会生活中不可缺少的道路、铁路、船舶的交通安全为保护法益的犯罪，在交通受到妨害的时候，公众的生命、身体、财产就面临危险，因此，本罪是公共危险犯。妨害交通的犯罪，有（1）妨害交通罪（《刑法》第124条第1款），（2）妨害交通致死伤罪（同条第2款），（3）威胁交通罪（《刑法》第125条），（4）颠

① 袖珍，294页；大塚，394页。

覆、破坏火车等罪（《刑法》第126条第1、2款），（5）颠覆、破坏火车等致死罪（同条第3款），（6）威胁交通的颠覆、破坏火车等罪（《刑法》第127条），（7）妨害交通未遂罪，威胁交通未遂罪，颠覆、破坏火车等未遂罪（《刑法》第128条），（8）过失威胁交通罪（《刑法》第129条第1款前段），（9）过失颠覆、破坏火车等罪（同条款后段），（10）业务过失威胁交通罪（同条第2款），（11）业务过失颠覆、破坏火车等罪（同条第2款）。上述犯罪只是危害交通安全的行为中的重要情形。另外，在特别法中也规定了许多交通犯罪。 414

> **交通犯罪**　在《道路交通法》《道路运输法》《高速公路法》《有关处罚妨害新干线铁路上运行的列车安全的特别法》《有关处罚威胁航空的行为的法律》等中，规定了许多有关交通的犯罪。另外，《草案》也将危害火车、电车、船舶以及飞行器、公共汽车运行的行为在刑法中作了规定（《草案》第194条至第198条）。

二、妨害交通罪

> 破坏、堵塞陆路、水路或桥梁，妨害交通的，处2年以下有期徒刑或20万日元以下罚金（《刑法》第124条第1款）。
>
> 未遂犯，处罚之（《刑法》第128条）。

1. 对象

本罪的对象是陆路、水路和桥梁。虽然必须是供公众使用的，但既可以是公有的也可以是私有的。[①] 所谓“陆路”，是给公众通行的陆上道路，只要事实上在供公众使用就够了。另外，铁路是威胁交通罪（《刑法》第125条）的对象，不包括在本罪的对象之内。所谓“水路”，是供船只等航行用的河川、运河、港口等。海洋、湖泊中的水路也能被破坏、闭塞，因此，也是本罪中的水路。[②] 另外，“桥梁”包括河川、湖泊上架设的桥梁等，包括天桥和栈桥。

① 最决昭32、9、19裁判集刑120、457。
② 青柳，185页；高田，注释（3），208页；大塚，396页；藤木，112页。

2. 行为

本罪的行为是实施破坏、堵塞，妨害交通。破坏、堵塞以外的行为
不包括在内。[①] 所谓“破坏”，是对道路的全部或部分进行物理上的破
415 坏。把粪尿泼洒在马路上，即使在心理上让人觉得不可能通行，也不构
成本罪。所谓“堵塞”，是设置障碍物，断绝交通来往。在障碍物部分
隔断道路的时候，只要阻碍了通路的通行，造成了交通上的危险，就是
堵塞道路。[②]

本罪在破坏或堵塞的结果，妨害了交通来往的时候，成立既遂。所谓妨害了交通来往，就是造成不能或难以通行的状态。但是，本罪是公共危险犯，不要求实际造成了影响公众中的某一个人通行的结果。换句话说，本罪是具体公共危险犯。[③] 本罪的未遂是已经着手实施造成上述状态的行为，但没有造成妨害交通来往的结果。成立本罪的故意，仅有对破坏、堵塞的事实的认识还不够，对发生妨害交通的具体危险必须有预见。[④]

三、妨害交通致死伤罪

> 犯前款（《刑法》第124条第1款）所规定的罪，致人死伤的，和伤害罪相比较，依照刑罚较重的处理（《刑法》第124条第2款）。

本罪是妨害交通罪的结果加重犯。由于要求具有妨害交通的行为，并造成导致他人死伤的结果，因此，在破坏、堵塞行为自身引起他人死伤的结果时，就不成立本罪。[⑤] 如破坏桥梁的行为自身过失致人伤害的，就是妨害交通罪和过失伤害罪之间的观念竞合。相反地，破坏桥梁的结果，妨害了行人的通行，致其掉入河中而受伤的场合，就是本罪

① 木村，198页。
② 最决昭59、4、12刑集38、6、2107；森川，百选Ⅱ（第5版），166页。
③ 大塚，397页；内田，483页。另外，大判昭3、5、31刑集7、416。
④ 木村，198页；袖珍，298页；高田，注释（3），209页。
⑤ 团藤，224页。

（通说）。① "人"不限于行人，指犯人以外的所有的人。在使正在施工的人从桥上落下而受伤的场合，也成立本罪。② 妨害交通罪是结果加重 416
犯，在对致死的结果有预见的时候成立杀人罪，和本罪的第 1 款之间是观念竞合。在一个妨害行为造成数人死伤的场合，从本罪所具有的公共危险犯的特点来看，应当成立包括的一罪，将本罪和伤害罪相比较，按照较重的刑处罚。

四、威胁交通罪

破坏铁路或其信号，或者用其他方法，造成火车、电车来往危险的，处 2 年以上有期徒刑（《刑法》第 125 条第 1 款）。

破坏灯塔或浮漂，或者用其他方法，造成船舶交通危险的，和前款同样处理（同条第 2 款）。

未遂犯，处罚之（《刑法》第 128 条）。

1. 意义

本罪是破坏铁路或其信号，或者用其他方法威胁火车、电车交通，以及破坏灯塔、浮标，或用其他方法造成船舶交通危险的犯罪。其保护法益是火车、电车、船舶的交通安全，从保护这些主要交通手段安全的角度出发，以发生交通危险为要件，比妨害交通罪受处罚更重。

2. 行为

本罪的行为是，（1）破坏"铁路或信号"，或者用其他方法，威胁火车、电车交通；（2）破坏"灯塔或浮标"，或者用其他方法，造成船舶交通危险。

（1）对铁路、信号等的损坏。所谓"铁路"，不仅单指铁轨，而是指火车运行所直接必要的一切设施。因此，枕木、道钉、隧道也是铁路。所谓"信号"，是火车、电车运行所必要的信号机以及其他标志物。

---

① 最判昭 36、1、10 刑集 15、1、1。

② 名古屋高金泽支判昭 31、8、11 裁特 3、20、931。

所谓“破坏”，是指物理性的破坏。所谓“其他方法”，是威胁电车、火车来往的一切行为，如在铁轨上放置石头或其他障碍物。[①] 使电车在无人驾驶的状态下疾驶的行为也包括在内。[②] 所谓“火车”，是靠蒸汽机
417 车牵引、在铁路线上行使的交通工具。所谓“电车”，是依靠电力而在铁轨上行使的交通工具。火车、电车是否包括内燃机车，曾经引发争议，但是，由于它们与火车、电车在一次性地运载较多的人或物，并在铁轨上行驶这一点上具有共同之处，因此，上述内燃机车等应被看作火车或电车的代用工具，包括在本罪的对象之中。[③] 单轨电车、缆车是电车，但索道、无轨电车，飞机等不是在轨道上行走的交通工具，不能说是电车。

（2）对灯塔、浮标等的破坏。所谓“灯塔”，是在陆地上设置的、船舶航行所必要的灯火标志。所谓“浮标”，是在水面上设置的、提示船舶安全航行的标志物。所谓破坏，就是进行物理性的破坏。所谓“其他方法”，就是威胁船舶来往安全的一切行为，如熄灭灯塔中的灯火、设置虚假的浮标等。所谓“船舶”，就是军舰或其他船舶。关于船舶，有力见解认为，只限于和电车、火车一样的规模较大的船舶。[④] 但是，本罪是以交通安全为保护法益的，只要威胁到不特定或者多数的船舶的交通安全，就构成本罪。小型船只或摩托艇等的交通安全也是本罪的保护法益，因此，船舶大小和形状，在所不问。[⑤]

3. 交通危险

本罪成立既遂，必须造成火车、电车以及船只交通危险。而所谓造成交通往来的危险，就是造成出轨、颠覆、冲突或足以颠覆、沉没等危险状态。并不要求现实地发生灾害，只要发生具体危险就够了（具体危险犯）。具体危险，不要求达到必然或极有可能发生实际损害的程度，

---

① 大判大9、2、2刑录26、17。

② 最大判昭30、6、22刑集9、8、1189。

③ 大判昭15、8、22刑集19、540。

④ 小野，84页；泷川，232页；中山，404页。

⑤ 大判昭10、2、2刑集14、57（长4间2尺的木造船）；木村，199页；袖珍，301页；高田，注释（3），215页；大塚，400页；中森，176页。

只要“具有发生妨害交通来往结果的可能性”就够了（通说）。① 本罪的未遂是已经着手实施足以威胁火车、电车、船舶正常往来的行为，但尚未发生该种具体危险的场合。 418

> **交通危险的意义**　最高法院在 2003 年 6 月 2 日（刑集第57 卷第 6 号第 749 页）的判决中认为：“所谓‘交通的危险’，是指火车或电车脱轨翻车，撞车，破坏等使交通工具发生危险的状态，单纯阻碍交通还不足以成立本罪，但不需要有火车脱轨等实害结果发生的必然性或者高度可能性，只要有实害结果发生的可能性就足够了”。

4. 故意

本罪的故意，是对使有人乘坐的火车、电车、船舶发生出轨、颠覆、冲突等灾害的具体危险有认识（通说）。② 对发生实际损害，不要求有预见。③

五、颠覆、破坏火车等罪

> 颠覆、破坏现在有人的火车、电车的，处无期徒刑或 3 年以上有期徒刑（《刑法》第 126 条第 1 款）。
>
> 颠覆、沉没或破坏现在有人的船舶的，亦同（同条第 2 款）。
>
> 未遂犯，处罚之（《刑法》第 128 条）。

1. 对象

本罪的对象，是现在有人的火车、电车、船舶。人是指犯人以外的人。关于“现在有人”的意义，有（1）必须在开始实行的时候就有人的见解④，（2）必须在发生结果的时候有人的见解⑤，（3）从着手实行

---

① 最判昭 35、2、18 刑集 14、2、138，最判昭 36、12、1 刑集 15、11、1807，最决平 15、8、2 刑集 7、6、749。

② 反对，藤木，114 页。

③ 大判大 12、7、3 刑集 2、621。

④ 木村，200 页；袖珍，302 页；青柳，188 页；小暮等（冈本），325 页。大判大 12、3、15 刑集 2、210。

⑤ 牧野，112 页；团藤，230 页；高田，注释（3），218 页；内田，485 页。

时开始到发生沉没等结果时为止，中间有人的话，就是现在有人的见解[①]之间的对立。本罪不单是公共危险犯，也是具体保护个人的生命、身体的犯罪，因此，对于实行行为的任何时间内所在场的人，都必须对其生命、身体的安全加以保护，因此，（3）说妥当。现在有人的火车、电车，不管是在运行状态还是停止状态，都是本罪的对象。另外，船舶不管是在停泊中还是在航行中，都没有关系。但是，在不能发挥其作为交通工具的机能的时候，如正在大修中的船舶，就不能在本罪的对象
419 之内。[②]

2. 行为

本罪的行为是（1）颠覆、破坏火车、电车，（2）颠覆、破坏船舶或使其沉没。

（1）颠覆、破坏火车等。所谓“颠覆”，就是使火车、电车翻车、横转或落到桥下。单纯的出轨，不是颠覆。关于“破坏”，有1）必须达到足以威胁到不特定或多数人的生命、身体程度的破坏，其大小在所不问的见解[③]和2）破坏火车、电车的性能，达到使其不能全部或部分发挥作为交通工具的性能程度的损害的判例、通说的见解[④]之间的对立。但是，因为，只要实施了达到破坏交通工具固有性能程度的损害，就有公共危险，因此，2）说的见解妥当。因此，与交通工具的性能无关的、破坏电车玻璃窗户的行为只构成损坏器物罪[⑤]，本罪是必须达到造成某种公共危险程度的准抽象危险犯。

（2）颠覆、破坏船舶或使其沉没。对于船舶，除颠覆之外，还包括使其沉没。所谓“颠覆”，是指使船舶侧翻。所谓“沉没”，是指使船体被浸没于水中。沉没不要求船体的全部没入水中，只要其主要部分沉入

① 植松，127页；福田，79页；大塚，401页；冈野，239页；中森，198页；西田，341页；西田，341页；山中，558页；井田，498页；高桥，477页。

② 柏木，214页；大塚，401页；西田，341页；中森，215页。

③ 牧野，111页；木村，200页。

④ 最判昭46、4、22刑集25、3、530。

⑤ 大判明44、11、10刑录17、1868。

水中就够了。关于触礁是沉没还是颠覆，尚有争议。但是触礁自身不能说是颠覆、沉没，由于触礁而引起损坏，使船舶作为交通工具的性能全部或部分丧失的，属于“破坏”①。所谓“破坏”，就是对船舶造成实质性的损害，使其作为航行工具的性能全部或部分丧失。② 颠覆、沉没、破坏的方法，没有限定。作为威胁交通罪的手段，破坏铁路及其标志、破坏灯塔或浮标的行为也成立本罪。 420

沉船人事件　最高法院于1980年12月9日（刑集第34卷第7号第513页）在所谓“沉船人事件”，即行为人将渔船搁浅在严寒的千岛列岛中的乌尔夫岛的海滩上，使其触礁，然后使大量海水流入驾驶室，并将启动引擎用的压缩空气全部排空，使该渔船不能航行的案件中，认为：“即便船体自身没有被损坏，但本案中的行为也是符合《刑法》第126条第2款中所说的对船舶的‘破坏’”。另外，团藤法官补充认为，“必须对目前在船舶中的人的生命、身体具有危险”；谷口法官补充认为，“考虑行为当时的具体情况，必须具有威胁多数人的生命和身体、使船舶全部或者部分丧失航行能力的行为”③。

3. 故意

本罪的故意，是对于火车、电车、船只中现在有人具有认识，并对颠覆、沉没、破坏的结果具有认识。④ 威胁交通罪中的故意，是对发生交通危险有认识，但是，本罪中的故意，必须是对发生颠覆等具体结果具有认识。在这一点上，二者不同。

六、颠覆、破坏火车等致死罪

犯前两款（《刑法》第126条第1款、第2款）的罪，因而致人死亡的，处死刑或无期徒刑（《刑法》第126条第3款）。

---

① 高田，注释（3），219页。

② 大判昭2、10、18刑集6、386。

③ 关，百选Ⅱ（第6版），181页；安田，判例讲义Ⅱ，115页。

④ 大判大12、7、3刑集2、621。

1.“因而致人死亡”的意义

本罪是结果加重犯，必须是颠覆、破坏现在有人的火车、电车，或者颠覆、破坏船舶或者使船舶沉没，引起致人死亡的结果。因此，对于颠覆、破坏火车等但以未遂而告终的场合，就不适用本罪。在颠覆等手段自身造成他人死伤的场合，如在火车内放置炸弹进行破坏的同时，又造成了他人死亡的场合，就不构成本罪。[①] 在实施颠覆、破坏火车等罪，结果造成他人伤害的场合，该如何处理，有（1）从规定的性质以及法定刑来看，伤害结果被颠覆、破坏火车等罪所吸收的观点[②]和（2）是颠覆、破坏火车等罪（《刑法》第204条）和伤害罪或过失伤害
421 罪（《刑法》第209条）之间的观念竞合的观点[③]之间的对立。本罪对致人死亡的场合，作出予以特别的从重处罚的规定，因此，认为包括伤害情况在内的（1）说正确。

关于“致人死亡”中的人，有（1）只限于火车、电车或船舶中的人的见解[④]和（2）不限于车船之内的人，也包括周围的人的见解[⑤]之间的对立。从法律将颠覆、沉没、破坏，“因而”致人死亡作为要件加以规定，以及本罪的危害公共安全的特征来看，并不限于火车等内部的人。因此，行人以及其他火车、船舶、电车附近的人也是这里所谓的人。[⑥]

2.具有杀人故意的场合

在出于杀人故意而颠覆、破坏火车等，因而致人死亡的场合，该如何处理，有（1）只成立本罪，在杀人未遂的场合，从刑罚均衡的角度

---

① 平野龙一：《刑法各论的诸问题》，《法学演习》，221号，48页；大塚，403页；中森，199页；小暮等（冈本），328页；反对，东京高判昭45、8、11高刑集23、2、524。

② 袖珍，302页；柏木，214页。

③ 高田，注释（3），221页；大塚，403页；内田，486页。前引东京高判昭45、8、11。

④ 柏木，215页；高田，注释（3），220页；平野，前引，法学演习，221号，49页；中森，199页。

⑤ 袖珍，303页；团藤，232页；大塚，403页；藤木，115页；小暮等（冈本），328页；冈野，240页；西田，295页。

⑥ 最大判昭30、2、22刑集9、8、1189。吉田，百选Ⅱ（第6版），183页；安田，判例讲义Ⅱ，117页。

来考虑，成立颠覆、破坏火车等罪的观念竞合①，（2）因为在没有杀人故意的场合成立本罪，所以，从刑罚均衡的角度来考虑，是杀人罪和本罪之间的观念竞合②，（3）是颠覆、破坏火车等罪和杀人或杀人未遂罪之间的观念竞合③等见解之间的对立。

本罪的法定刑是死刑和无期徒刑，比杀人罪的法定刑要重，从这一点来考虑，应当说，即便出于杀人故意而实施本罪的场合，也应包括在本罪之内。另外，也不否定具有故意的结果加重犯，所以，在对致死结果具有预见的场合，也只成立本罪一个罪名，只是，在杀人未遂的场合，由于《刑法》第126条第3款中没有处罚未遂的规定，因此，应当适用杀人未遂罪的规定，成立颠覆、破坏火车等罪和杀人未遂罪之间的 422
观念竞合，从此意义上讲，（1）说的见解妥当。

七、威胁交通的颠覆、破坏火车等罪

> 犯《刑法》第125条之罪，因而使火车被颠覆、破坏，或使船舶被颠覆、沉没、或被破坏的，也按前条的规定处理（《刑法》第127条）。

1. 意义

本罪是威胁交通罪（《刑法》第125条）的结果加重犯。由于威胁交通罪自身包含使火车、电车受到颠覆、破坏，或者使船舶沉没、颠覆、破坏的危险，因此，只要现在发生了颠覆、破坏、沉没的结果，就是结果加重犯，和故意颠覆、破坏火车等犯罪一样进行处罚。正是基于这种宗旨，设置了本罪。

2. 对象

本罪以发生威胁交通安全的危险结果即火车等被颠覆、沉没、破坏

---

① 木村，201页；江家，108页；中山，407页；内田，486页；冈野，240页；曾根，230页；中森，190页；小暮等（冈本），328页；西田，287页；前田，342页。

② 大判大7、11、25刑录24、1425；牧野，112页；小野，84页；团藤，232页；植松，128页；香川，220页。

③ 柏木，215页。另外，大塚，391页。

为成立要件，但是，是不是要求火车等中现在有人，则有（1）在被参照处罚的《刑法》第126条的犯罪中，要求火车等中必须现实地有人，为了与此平衡，本罪的火车等中必须现在有人的必要说①，和（2）威胁交通安全的危险行为中本来就包含使火车等颠覆、沉没、破坏的危险，另外，法条上并没有特地将其中必须有人作为要件，因此，不要求火车等中现在必须有人的不要说②之间的对立。从二者所叙述的理由等来看，（2）说妥当。由于故意颠覆现在没有人的火车、电车以及船舶的行为，不是《刑法》第126条规定的犯罪，而是构成本罪。因此，本罪中的火车、电车或船舶中即便现在没有人也行，另外，在此限度之内，本罪还包括故意颠覆等情况在内。

3. 致死结果

关于在威胁交通使火车等颠覆、破坏，结果致人死亡的场合，是否适用《刑法》第126条第3款的规定，有（1）《刑法》第127条中，作为《刑法》第125条的结果加重犯的要件所规定的，只有颠覆、沉没、
423 破坏的场合，而没有包括致人死亡的情况在内，因此，主张不应适用的否定说③，（2）如果不适用《刑法》第126条第3款的话，则《刑法》第127条中就应当规定“按照前条第2款处理”，因此，主张从文理上看，当然应当适用《刑法》第126条第3款的规定的肯定说④，（3）“前条第3款”是要求现在必须有人，因此，主张只有在颠覆、破坏现在有人的火车等，结果致人死亡的场合，才能适用该规定的折中说⑤之间的对立。

我认为，《刑法》第127条中规定“按照《刑法》第126条的规定”，而没有规定“按照前条第1款、第2款的规定”，就应当说，从文理上看，没有将前条第3款除外的意思。另外，从实质上看，《刑法》

① 团藤，229页；平野，244页；高田，注释（3），222页；曾根，223页；中森，218页；前田，399页。

② 袖珍，304页；大塚，405页；小暮等（冈本），329页。

③ 泷川、竹内，280页；大塚，405页；曾根，231页；小暮等（冈本），330页。

④ 前引最大判昭30、6、22。

⑤ 团藤，228页。

第125条的行为，在性质上，不仅包括颠覆、破坏火车、电车，也包含因此而发生致人死亡的结果的危险，因此，只要发生了上述结果，就应当按照前条的各款同样进行处罚。如当威胁电车交通的行为致使有人电车被颠覆的时候，不仅在造成了车内的人死亡的场合，而且在使无人电车颠覆，致使旁边的人死亡的场合，也应该根据《刑法》第126条第3款的规定，作相同的处罚。因此，(2)说的见解妥当。在仅发生致伤结果的场合，因为不适用《刑法》第126条第3款的规定，所以，是过失伤害罪和威胁交通的颠覆、破坏火车等罪之间的观念竞合。

三鹰事件判决中的少数意见　前述大审院于1955年6月22日的法庭意见中，有五位法官发表了少数派的意见："与前条规定做同样处理（依照前条的规定处理）的规定，在文理上有不当然排除前条3款的宗旨，但是，《刑法》第125条规定的行为在本质上包含了导致火车、电车的颠覆和破坏，进而致人死亡等损害结果发生的危险，因此，其结果已经发生的情况下，即使按照第125条各款规定处以相同刑罚实际上也无大碍"。这种意见，概括起来就是，《刑法》第127条中，作为第125条的结果犯的要件所列举的，仅仅是"致使火车或者电车被颠覆、破坏，或者使船舶沉没或者破坏的人"，对致人死亡的情况则没有作规定，因此，将多数意见所主张的严格解释作为刑法解释，是很困难的。另外，即便在实施《刑法》第125条所规定的犯罪，但过失致人死亡的场合，也仅仅是处2年以上的有期徒刑，而犯第125条所规定的犯罪，结果使现在无人的火车、电车颠覆，致人死亡的，就只能判处死刑和无期徒刑，424
这显然是刑罚不平衡，因此，应当不适用前条第3款的规定。

八、过失威胁交通罪，过失颠覆、破坏火车等罪

过失造成火车、电车或船舶交通危险，或者过失使火车或电车被颠覆或被破坏，或使船舶被颠覆、沉没或被破坏的，处30万日元以下的罚金（《刑法》第129条第1款）。

从事业务的人实施前项犯罪的，处3年以下监禁或50万日元

以下的罚金（同条第2款）。

1. 过失威胁交通罪

过失使火车等的交通发生具体危险的，成立本罪，是《刑法》第125条所规定的犯罪的过失犯。所谓“造成交通危险”，是造成火车、电车被颠覆、破坏或者船舶被颠覆、沉没或破坏的具体危险。

2. 过失颠覆、破坏火车等罪

过失造成火车等被实际颠覆、沉没、破坏的结果的，成立本罪，而不管火车等中现在是不是有人（通说）。[①] 致人死伤的时候，就是过失致死伤罪（《刑法》第209条、第210条）和本罪之间的观念竞合。

3. 业务过失威胁交通罪，业务过失颠覆、破坏火车等罪

在具有业务过失的场合，按照《刑法》第129条第2款的规定，加重法定刑。其主体是从事业务活动的人，即直接或间接从事火车、电车、船舶的交通来往业务的人。[②] 如维修工、电车司机、列车长、船长等就是业务人员。因此，以驾驶火车为业务的人就不是本罪中的业务人员。和其他业务一样，本罪中的业务是基于社会生活中的地位而反复、继续实施的事务，可以是本职事务，也可以是兼职事务。[③] 在本罪中，和过失致人死伤的犯罪等不同，不包括重过失在内。作为本罪的结果，发生致人死伤的结果的时候，就是和业务上过失致死伤罪（《刑法》第
425 211条）的观念竞合。

① 反对，小暮等（冈本），331页。

② 大判昭2、11、28刑集6、472。

③ 最判昭25、6、7刑集5、7、1236。

第二章　对公众健康的犯罪

保护公众健康，是维持、发展健全社会的重要基础。另外，在工业化社会中，为了维护公众健康，有必要采取积极的措施。刑法在危害公众健康的犯罪方面，有关饮用水的犯罪（《刑法》第二编第十五章）和有关鸦片烟的犯罪（《刑法》第二编第十四章），由于以水俣病为代表的公害事件大量发生，于是，于 1970 年制定了《处罚有关危害人体健康的公害犯罪的法律》（简称《公害罪法》），以强化对公害的刑法规制。

第一节　有关饮用水的犯罪

一、概说

有关饮用水的犯罪，它是以公众健康为保护法益，以损害饮用水的用途或破坏饮用水的水道等行为为内容，从而对公众的生命、身体造成危险的犯罪，是公共危险犯的一种。因此，“供人饮用的净水”的规定（《刑法》第 142 条、第 144 条）中，其所谓的人，是不特定的人或多数人；供某个特定的人饮用的水不包括在内（通说）。[①] 有关饮用水的犯罪，包括（1）污染净水罪（《刑法》第142条），（2）污染水道罪（《刑法》第143条），（3）净水投毒罪（《刑法》第144条），（4）污染净水致死伤罪、污染水道致死伤罪、净水投毒致死伤罪（《刑法》第145条），（5）水道投毒罪（《刑法》第146条前段），水道投毒致死罪（《刑法》第146条后段），（6）破坏、堵塞水道罪（《刑法》第
426 147条）。

二、污染净水罪

污染供人饮用的净水，因而导致不能饮用的，处6个月以下有期徒刑或10万日元以下罚金（《刑法》第142条）。

1. 对象

本罪的对象，是“供人饮用的净水”。“人”是指不特定或多数的人。因此，供特定人饮用的净水，如供特定的病人饮用的杯子里面的饮用水，不是本罪的对象。[②] 但是，因为，应当不是供“公众”而是供“人”所饮用的净水，因此，在某种程度上，只要是多数人即只要是数人就可以。在没有水道设施的农家，往贮存的供客人或家庭使用的饮用水里投入泥浆的话，就成立本罪。所谓净水，是能够供人饮用的清洁水，可以是自然水，也可以是自来水之类的人工水，但是，不包括纯净水。[③]

2. 行为

本罪的行为是污染净水，使其丧失饮用水的性能，达到使一般人在物理上、生理上或心理上感到难以饮用的程度。[④] 所谓污染，就是使水丧失清洁状态。所谓“因而导致不能饮用”，就是使失去作为饮用水的用途，如往井里撒尿的行为。本罪的故意，是对造成不能饮用的状态有

---

① 反对，植松，191页（个人连日饮用的水）。

② 大判昭8、6、5刑集12、736。

③ 袖珍，330页。

④ 最判昭36、9、8刑集15、8、1309。

认识。

三、污染水道罪

> 污染供公众饮用的水道净水或水源，因而造成不能饮用的，处
> 6 个月以上 7 年以下有期徒刑（《刑法》第 143 条）。 427

水道，是供大面积饮水的设备。因为公众对所供给的饮用水寄予很高的信任，所以，刑法对此专门作了特别规定。所谓“水道”，就是保持净水的清洁性并在一定地域供水的人工设施。设施的大小、公设还是私设，都在所不问。净水的水道虽然没有必要根据法令、习惯加以确认①，但是，没有经由人工设施的自然流水，即便是供公众饮用的，也不是水道。

所谓“供公众饮用的净水”，就是供不特定的人或多数人饮用的净水。即便铺设有人工设施，但并不是给公众提供饮用水的水道，如污水处理场等，就不包括在内。② 所谓“污染水源”，是使净水在流入净水池、贮水池等水道之前，就失去其清洁状态。③

四、净水投毒罪

> 往供人饮用的净水中投入毒物或其他损害人体健康的物质的，处 3 年以下有期徒刑（《刑法》第 144 条）。

所谓“毒物”，是如氰化钾之类的由于其化学作用而危害人体健康的物质。所谓“投入危害人体健康的物质”，就是投入如细菌、寄生虫之类的，毒物之外的有害人体健康的物质。虽说将这些物质投入净水之中的话，就构成本罪，但至少要使净水达到危害人体健康的程度。当然，实际上是否危害了人体健康，在所不问。④

---

① 大判昭 7、3、31 刑集 11、311。
② 大判昭 12、12、24 刑集 16、1635。
③ 袖珍，331 页。
④ 大判昭 3、10、15 刑集 7、665。

五、污染净水致死伤罪、污染水道致死伤罪、净水投毒致死伤罪

> 犯前三条（《刑法》第 142 条、第 143 条、第 144 条）的罪，因而致人死伤的，和伤害罪相比较，依照较重的刑罚处断（《刑法》
> 428 第 145 条）。

因为本罪是污染净水罪（《刑法》第 142 条）、污染水道罪（《刑法》第 143 条）、净水投毒罪（《刑法》第 144 条）的结果加重犯，因此，在对致人死伤有预见的场合，还成立杀人罪（《刑法》第 199 条）和伤害罪（《刑法》第 204 条），二者是观念竞合（通说）。[①]

六、水道投毒罪、水道投毒致死罪

> 向经水道供给公众的饮用水或水源中投放毒物或其他损害人体健康的物质的，处 2 年以上有期徒刑（《刑法》第 146 条前段）。
>
> 因而致人死亡的，处死刑、无期徒刑或 5 年以上有期徒刑（同条后段）。

前段是有关水道投毒罪的规定，投放毒物只要达到有害人体健康的状态就可以了。后段是有关水道投毒致死罪的规定，只适用于发生了致死结果的场合。因此，在发生了致伤结果的场合，只适用前段的规定。在对致伤的结果有预见的场合，由于水道投毒罪的法定刑比伤害罪要重得多，因此，伤害罪就被水道投毒罪所吸收（通说）。[②] 另外，后段是有关结果加重犯的规定，由于其法定刑比杀人罪要重得多，因此，在出于杀意而造成了致人死亡结果的场合，仅适用本条就足够了。但是，由于没有处罚未遂犯的规定，所以，在尽管具有杀意但没有造成致死结果的场合，就是水道投毒罪和杀人未遂罪之间的观念竞合。

---

① 团藤，242 页；小暮，注释（3），280 页（牵连犯）。

② 反对，内田，498 页（观念竞合）。

七、破坏、堵塞水道罪

破坏或堵塞供公众饮用的净水的水道的，处 1 年以上 10 年以下的有期徒刑（《刑法》第 147 条）。

1. 对象

本罪是妨害供公众饮用的水的犯罪，以堵塞或破坏净水的水道为内容。本罪的对象，是供公众饮用的净水的水道。所谓公众，是不特定的人或多数人。所谓“净水的水道”，是为了保证供不特定的人或多数人饮用的水的清洁而在一定地域设置的人工设施。因此，第一，自然流水 429
不是水道；第二，必须具有为了不使净水污浊而设置的必要设施[1]；第三，必须具有使净水沿着一定方向流淌的设施。

2. 行为

本罪的行为是堵塞或破坏。本罪中，因为妨害供给净水尤为重要，因此，所谓“破坏”，必须达到不能或难以供应净水的程度。[2]所谓“堵塞”，就是以有形的障碍物截断水道，达到不能或难以供应净水的程度。没有达到成立本罪所必要程度的损坏，就是损坏器物。[3]将水道的铁管锯断而窃取的，就是本罪和盗窃罪之间的观念竞合。

第二节　有关鸦片烟的犯罪

一、概说

有关鸦片烟的犯罪，是吸食鸦片或其他有助长吸食鸦片之虞的行为。鸦片、麻药、兴奋剂等容易形成习惯的药物，在医学方面是必要

---

① 大判昭 12、12、24 刑集 16、1635。
② 福冈高判昭 26、12、12 高刑集 4、14、2092（将水道的水表拆除）。
③ 大阪高判昭 41、6、18 下刑集 8、6、836。

的，但任意使用上述药物，就会出现滥用，产生中毒者，不仅使国民生活颓废，而且有产生种种不利后果的危险。本罪是对公众健康的抽象危险犯，目的是防止间接出现的有害事态。

刑法中有关鸦片的犯罪，有（1）走私进口鸦片烟罪（《刑法》第136条），（2）走私进口吸食鸦片烟用具罪（《刑法》第137条），（3）海关职员走私或允许走私进口鸦片烟等罪（《刑法》第138条），（4）吸食鸦片烟罪（《刑法》第139条第1款），（5）提供吸食鸦片烟场所罪（《刑法》第139条第2款），（6）持有鸦片烟等罪（《刑法》第140条），（7）上述各罪的未遂罪（《刑法》第141条）。但是，现代社会中，由于
430 滥用麻药和兴奋剂成为重大社会问题，因此，制定了《取缔兴奋剂法》《取缔麻药以及精神药法》《鸦片法》《取缔大麻法》的所谓“药物四法”。对稀释剂等有机溶剂，有《毒物以及剧毒物取缔法》加以规制。另外，在1991年，制定了在国际协助下为了防止助长和管制药物有关的非法行为的《麻药法》以及《取缔精神药法》等有特别规定的法律，增设了非法进口等犯罪（第5条）、隐匿非法收益罪（第6条）、收受不法利益罪（第7条）等。此外，除了刑法中有关鸦片烟的处罚规定，还制定了《鸦片法》，以求扩大处罚范围，因此，有关鸦片的行为，是由《刑法》和《鸦片法》这两部法律加以规制的。也正因为如此，《鸦片法》第56条规定，符合该法的罚则所规定的行为又触犯了刑法所规定的犯罪的，和刑法所规定的犯罪相比较，依照刑罚较重的处断。另外，《草案》中没有规定现行刑法中所设置的“有关鸦片烟的犯罪”，而是将其委诸特别法。

二、走私进口鸦片烟罪

走私进口、制造、贩卖或者以贩卖为目的而持有鸦片烟的，处6个月以上7年以下有期徒刑（《刑法》第136条）。

未遂犯，处罚之（《刑法》第141条）。

1. 对象

本罪的对象是鸦片烟。所谓“鸦片烟”，就是供吸食用而制造出来

的鸦片烟膏。① 不包括作为原料的生鸦片在内。另外，因为实际上所交易的是成为烟膏以前的生鸦片，所以，《鸦片法》对使用生鸦片的行为也予以取缔（第 3 条）。

2. 行为

本罪的行为是走私进口、制造、贩卖以及以贩卖为目的的持有。所谓“走私进口”，就是从国外带进国内。关于走私进口的既遂，有（1）主张带进日本国领域之内就成立的领海说②和（2）主张仅是带进领海还不够，通过海路的场合必须登陆，通过空路的场合必须降落的登陆说③之间的对立。之所以处罚走私进口，是因为该种行为对公共卫生产 431
生危险，而这种危险，只有在登陆、降落的阶段才能被认可，因此，（2）说的见解妥当。所谓“制造”，就是生产出鸦片。其仅是制造生鸦片的行为，还不能说是制造鸦片烟。所谓“贩卖”，是指出于反复的意思而有偿转让。所谓“持有”，就是在事实上置于自己的支配之下。即便是为他人保管的，只要具有实际上的支配的话，就是持有。在持有罪中，必须具有贩卖的目的（目的犯）。

三、走私进口吸食鸦片烟用具罪

走私进口、制造、贩卖或出于贩卖的目的而持有吸食鸦片烟用具的，处 3 个月以上 5 年以下有期徒刑（《刑法》第 137 条）。

未遂犯，处罚之（《刑法》第 141 条）。

本罪的对象是为吸食鸦片烟而制作的用具，如烟斗。

四、海关职员走私进口或允许走私进口鸦片烟等罪

海关职员走私进口或允许走私进口鸦片烟或用于吸食鸦片烟的器具的，处 1 年以上 10 年以下有期徒刑（《刑法》第 138 条）。

未遂犯，处罚之（《刑法》第 141 条）。

---

① 大判大 8、3、11 刑录 25、314。

② 小野，129 页；植松，196 页；大塚，510 页；藤木，123 页。

③ 大判昭 8、7、6 刑集 12、1125；木村，203 页；香川，226 页。

1. 意义

本罪分为走私进口罪和允许走私进口罪，是为了彻底规制走私进口鸦片烟等而对海关职员特别重处的规定。此处的走私进口罪，是根据身份而加重走私进口鸦片烟罪、走私进口吸食鸦片烟用具罪的刑罚的规定(不真正身份犯)。此处的允许走私进口罪，是走私进口鸦片烟罪以及走私进口吸食鸦片烟用具罪的共犯，考虑到行为人是负有取缔职责的公务员，而规定为独立犯罪。本罪是真正身份犯。

2. 主体

本罪主体仅限于海关的职员。所谓海关职员，特别指在海关从事有
432 关规制进口鸦片烟等业务的公务员，而不是指在海关工作的所有职员。

3. 行为

本罪的行为是走私进口或允许走私进口。所谓允许走私进口，是故意，是明确或暗示允许他人进口。在他人的走私进口行为达到既遂的场合，本罪就成立既遂。

五、吸食鸦片烟罪

> 吸食鸦片烟的，处5年以下有期徒刑（《刑法》第139条第1款）。
>
> 未遂犯，处罚之（《刑法》第141条）。

所谓“吸食”，就是通过呼吸器官或消化器官享用鸦片烟的行为。吸食的目的在所不问。有人认为，吸食鸦片烟是一种自伤行为，因此，有没有必要处罚这种行为，值得怀疑。[①] 但是，吸食鸦片烟，不仅损害吸食者自己的身心健康，而且会诱发其他犯罪，同时，个人的吸食行为还会波及公众，该恶习有导致社会颓废的危险，因此，不能对这种行为放任不管。现行法，不管吸食的方法和目的如何，一律禁止任何个人使用。在吸食之际，持有鸦片烟以及吸食鸦片烟用具的，就只构成本罪，不再重新适用《刑法》第140条的规定。[②] 但是，在以前就开始持有鸦

① 平野，246页。

② 大判大6、10、27刑录23、1103。

片烟以及吸食鸦片烟用具的人，使用该用具而吸食鸦片烟的，构成本罪和持有鸦片烟等罪的数罪。①

六、提供吸食鸦片烟场所罪

为吸食鸦片烟提供建筑物或房间，谋取利益的，处 6 个月以上 7 年以下有期徒刑（《刑法》第 139 条第 2 款）。

未遂犯，处罚之（《刑法》第 141 条）。

尽管刑法中规定有“为吸食鸦片烟”，但它并不是指行为人的目的，而是指供吸食鸦片烟用的意思，为此而提供吸食场所的，就是“提供建筑物或房间”。本罪是从吸食鸦片烟罪的帮助行为中，将“谋取利益”的场合单独提出，目的是对比帮助犯予以更重的处罚。所谓“谋取利 433
益”，就是指为了获得利益，但实际上是否获取了利益，在所不问。

七、持有鸦片烟等罪

持有鸦片烟或吸食鸦片烟用具的，处 1 年以下有期徒刑（《刑法》第 140 条）。

未遂犯，处罚之（《刑法》第 141 条）。

这里所说的持有和《刑法》第 136 条以及第 137 条所说的持有不同，是指没有贩卖目的的场合。 434

① 大判大 9、3、5 刑录 26、139。

第三章 对公众信用的犯罪

所谓对公众信用的犯罪，就是侵害已成为社会生活的交易手段的货币、文书、有价证券、电磁记录用卡、印章、签名的真实信用的犯罪。所谓“交易”，通常指人们相互之间在成为利益的交换条件之下处理事务，该种交换以经济、财产性的东西为基础，涉及人们的社会生活的所有方面，因此，只要对这种交易安全造成危害的话，就难以维持社会秩序。为了保证交易的安全，就必须对作为物的交换媒介或证明事实的交易手段而被制度化的货币、文书、有价证券、电磁记录卡、印章以及签名的真实性进行维护，确保公众对交易手段的信任。《刑法》为了通过保护公众信用来保证交易安全，规定了各种侵害交易手段的真实性的犯罪，有（1）伪造货币的犯罪（第二编第 16 章），（2）伪造文书的犯罪（同编第 17 章），（3）伪造有价证券的犯罪（同编第 18 章），（4）有关支付用卡电磁记录的犯罪（同编第 18 章之二），（5）伪造印章的犯罪（同编第 19 章），（6）关于非法指令的电磁记录的犯罪（同编第 19 章之二），并将这些合称为伪造犯罪。因此，伪造犯罪的保护法益就是对公众信用的保护，刑法试图以此来保证交易的安全。

对交易安全的犯罪 历来都被称为“对公众信用的犯罪”，但是，近年来，正如“对交易安全的犯罪”[1]、“伪造犯罪”[2]、“伪造罪”[3]的称呼一样，对其称呼正在发生变化。但是，因为其保护法益是人们对交易手段的真实性的信用，因此，称其为“对公众信用的犯罪”是妥当的。 435

第一节　伪造货币的犯罪

一、概说

1. 保护法益

伪造货币的犯罪，是侵害公众对作为交换媒介的交易手段即货币的信用的犯罪。关于伪造货币罪的保护法益，有（1）首先是公众的信用，其次是国家的货币发行权（货币高权）的见解[4]，和（2）只是公众的信用的见解[5]之间的对立。对货币的公众信用，是通过保障货币发行权人的发行权来加以保证的，因此，在考察伪造货币的犯罪的保护法益的时候，完全不考虑对货币发行权的侵害是不妥当的，但是，它只有在确保对货币的信用的限度之内才能认可，而对货币发行权的侵害，应当在伪造货币的犯罪以外的犯罪中考虑。因此，即便是侵害货币发行权的行为，但在没有侵害公众对货币的信用之虞的时候，从侵害货币发行权的角度来看，也只是成为《纸币类证券取缔法》的对象而已。[6]

新币替换事件　最高法院于1947年12月17日（刑集第1卷第94页）的判决。在1946年实施以新货币替换旧货币的时候，因为

---

① 中森，184页；西田，327页；山口，420页；高桥，475页。

② 前田，483页。

③ 林，350页。

④ 木村，232页；植松，131页；青柳，205页；大塚，411页；西田，351页；山口，421页。

⑤ 团藤，247页；平野，256页；香川，240页；中山，414页；小暮等（村井），359页；内田，546页；冈野，248页；中森，206页；山口，421页；井田，411页。

⑥ 江家，117页。

来不及发行纸币，作为应急措施，政府就给每个国民发了相当于百元金额的验讫标签，各人只要在所持有的旧币上贴上这种标签的话，旧币就可以作为新元（新银行券）进行流通。在被告人通过不正当手段获取该标签，超过限额制作新银行券的事件中，最高法院认为“伪造货币罪是通过保障货币发行权人的发行权来确保社会对货币的信用的，因此，只要制作人没有发行货币的权限，该制作行为就是伪造货币的行为”①。在此事件中，即便是超过限额贴附标签的旧银行券，只要该标签和旧银行券是真实的，就是在作为真正的新银行券在使用，所以，并没有侵害公众对新银行券的信用，所
436 以，上述判决是有疑问的。

2. 对外国货币的保护

随着国家间经济交往的发达，保护公众对外国货币的信用，变得同对本国货币的保护一样重要。在欧洲诸国，有关伪造货币犯罪的立法大多是基于世界主义的立场而制定的，在我国也规定了伪造外国货币罪等。

3. 各种类型

《刑法》对于伪造货币的犯罪，规定有（1）伪造货币罪（第148条第1款），（2）使用假币罪（同条第2款），（3）伪造外国货币罪（第149条第1款），（4）使用伪造的外国货币罪（同条第2款），（5）收取假币罪（第150条），（6）上述各种犯罪的未遂罪（第151条），（7）收取假币后知情使用等罪（第152条），（8）准备伪造货币罪（第153条）。另外，《刑法》规定，在外国人在国外犯罪的场合也适用伪造货币罪，因此，可以说，世界主义的立场已被部分认可（第2条第4款）。

二、伪造货币罪

出于使用的目的而伪造或变造通用的货币、纸币或银行券的，处无期徒刑或3年以上有期徒刑（《刑法》第148条第1款）。

① 同旨，大判昭22、2、22刑集26、5。

未遂犯，处罚之（《刑法》第151条）。

1. 对象

本罪的对象是通用的货币、纸币以及银行券。所谓“货币”，就是硬通货即金属货币。所谓“纸币”，就是政府发行的代替货币的证券，过去是作为小额纸币（不满1元）而发行，但现在已不存在。所谓“银行券”，就是根据政府的许可，代替由日本银行发行的货币的证券。在目前的日本，只有政府制造、发行的货币（所谓“硬币”）和日本银行发行的银行券（日银券——纸币）是通用的货币［《关于通用货币单位及货币发行等的法律》（1987年法律第42号）］。所谓“通用”，就是根据法律规定，赋予强制通用的效力。因此，伪造没有强制通用的效力的古钱、废币，就不成立本罪。关于正处于和新货币交替期间的旧货币是不是货币，学说上有争议，由于已经失去了强制通用的效力，所以不能说是货币（通说）。① 437

2. 行为

本罪的行为是伪造或变造。

（1）伪造。所谓伪造，就是没有制造、发行货币的权力的人，制造和真货币类似的外观的物。至于类似的程度，只要是足以让一般人误认为是真货币就够了。② 制作尽管和真货币类似，但是一般人只要注意的话，就不会误认为是真货币的物的，不是伪造而是仿造。③ 伪造的方法不受限制。对真货币进行加工的场合，通常是变造，但是，进行达到丧失同一性程度的加工的话，就是伪造。对于所制造的假货币，是不是必须具有相对应的真货币的存在，学术上有肯定说和否定说之争，但是，在伪造外国货币或预计将来要发行的货币这一点上，因为有可能使一般人误认为是真货币，因此，不要求有对应的真货币的存在（通说）。④

---

① 反对，植松，132页（事实上流通就足够了）。

② 大判昭2、1、28新闻2664、10。

③ 仿造货币1条。大判大15、6、5刑集5、241（具有与真货币同样外观的物）。

④ 反对，植松，133页；小暮等（村井），263页。

（2）变造。所谓变造，就是没有制造、发行货币的权力的人对真货币进行加工，制造出类似于真货币的物的行为。和伪造的场合一样，根据真货币加工出来的物，必须具有使一般人误认为是真货币程度的类似性。对于变造的假货币，不要求实际存在与该假货币相对应的真货币。但是，以真货币为基础进行加工，使其失去真货币的外观，而制作成具有使人误认为是真货币的外观的物的话，就是伪造。正如对1 000日元的纸币进行加工，做成5 000日元的纸币的形式一样，对真货币进行加工，制作出与其币值不符的货币的行为，有变造说[①]和伪造说[②]之间的对立。因为应当以是否使真货币丧失了其同一性为标准，因此，根据其程度有可能成立变造，也有可能成立伪造。利用作废的货币制作成与真
438 货币类似的货币的行为是伪造，而不是变造。

变造的判例 变造，不要求超出真币的币制（如将500日元的纸币变成1 000日元的纸币）（东京高等法院于1955年12月6日的判决）。[③] 作为变造的案例有，改变银行券的号码、削去货币的周边使其分量减少等。变造和伪造是属于同一构成要件的行为，将二者加以区别并没有太大的实际意义。因此，在判例中即便将伪造误认为变造，上诉审也并没有因此而改判。[④] 另外，最高法院于1975年6月13日（刑集第29卷第6号第375页）的判决认为，将千元纸币的正面和反面揭下，将它们各自剪成两半，然后将各自都插入厚纸，对折或四折之后用胶水粘贴，在被折的状态下就像是可以使用的真货币一样的行为，是变造。[⑤]

3. 主观要件

成立本罪必须具有使用的目的。没有使用目的，对通用货币真实性的公共信用就没有损害的危险。因此，本罪中的主观要素，除了必须具

① 大塚，413页。东京高判昭30、12、6东时6、12、440。另外，小暮等（村井），364页。

② 判例刑法研究（6）［熊谷］，106页。

③ 前引东京高判昭30、12、6。

④ 最判昭36、9、26刑集15、8、1525。

⑤ 松原，判例讲义Ⅱ，112页。

有伪造或变造货币的认识（故意）以外，还必须具有使用的目的（目的犯）。使用的目的就是使经伪造、变造的货币像真货币一样流通的目的。因此，作为学校教材或作为装饰品使用的目的，就不是这里的目的。未必的目的就足够了，不要求具有一定意欲。另外，不仅包括具有让自己使用的目的，也包括让他人使用的目的在内。① 他人，可以是特定的人，也可以是不特定的人。

4. 既遂

出于使用的目的而伪造、变造货币的话，即便没有使用也是既遂（抽象危险犯）。只要准备足以伪造货币的原料、器材，着手伪造货币，由于技术不成熟而没有达到目的，或仅达到仿造的程度的时候，就构成未遂。②

三、使用假币罪

使用，或出于使用的目的而交付，或走私进口伪造、变造的货币、纸币或银行券的，处无期徒刑或 3 年以上有期徒刑（《刑法》第 148 条第 2 款）。

未遂犯，处罚之（《刑法》第 151 条）。 439

1. 对象

本罪的对象是伪造或变造的货币、纸币或银行券，这些总称为假货币。假货币不要求是出于使用的目的而伪造、变造的。另外，也不问是谁制造、变造的。将他人不是出于使用的目的而制造的假货币置于流通领域的，就构成本罪。

2. 行为

本罪的行为是（1）使用，或出于使用的目的，（2）交付他人，或（3）走私进口。

（1）使用。所谓使用，就是将假货币当作真货币置于流通领域。所

---

① 最判昭 34、6、30 刑集 13、6、985。

② 大判昭 3、6、12 新闻 2850、4；大塚，413 页。

谓“置于流通”，就是将假货币转移给自己以外的他人占有，置于使一般人能够误信假货币为真货币的状态。而且，使用的对方必须是他人即自然人。用作担保金或用于兑换①的行为都是使用。

关于在公用电话或自动贩卖机上使用的行为是不是使用，存在争议。有一种观点认为，因为没有对他人主张是真货币的事实，因此，不是使用②，但是，所使用的假货币也会被一般人看到，也可能被人误认为是真货币，因此，应当是使用。③ 因为只要是置于流通领域就够了，所以，在使用方法上是不是违法，在所不问，如在当作赌博金而使用的场合，也是使用。另外，也不要求通过使用而获取对价。如赠送假货币的行为也是使用。用置于流通领域以外的方法来使用的话就不是使用。如将假货币作为商品出卖④，为了取得信用而亮给对方看，作为标本出卖，等等，都不是使用。

对于为了让不知情的人购物而亲手交给其假货币的场合，该怎么看待？学说上有1）是使用的见解⑤，2）是使用的间接实行犯的见解⑥，
440 3）是交付的见解⑦之间的对立。我认为，交给行为自身是已经预想到将要流通而实施的，和向自动贩卖机中投进假币是一样的，在此意义上讲，应当是使用。因此，没有必要将这种行为看作间接实行犯。另外，认为该行为是交付的见解，在无视交付是告知对方是伪造、变造的货币之后而交给对方的事实这一点上不妥。使用的对方，只限于不知是伪造、变造的货币的事实的人。告知真相之后而转交的行为是“交付”。将假货币在伪造的共犯人之间分配的行为，只要根据伪造货币罪加以处罚就够了，不应看作使用。

---

① 最决昭32、4、25刑集11、4、1480。

② 牧野，143页。

③ 东京高判昭53、3、22刑月10、3、217。

④ 袖珍，338页。大判明28、12、9刑录1、5、63。

⑤ 团藤，252页；植松，136页；大塚，415页；香川，245页；西原，305页；中森，209页；西田，353页；井田，420页；山口，425页。

⑥ 木村，237页；福田，85页；内田，551页；山中，583页。

⑦ 牧野，145页；柏木，234页；平野，258页；中山，418页。

（2）交付。所谓交付，就是告知是假货币的真相之后交给对方，包括交给已经知道事实真相的对方的场合（通说）。[①] 有人认为，对于不知道事实真相的对方，在没有告知真相的情况下而交给的行为也是交付[②]，但是，出于使用的目的而向不知情的对方交给假货币的行为应被看作使用，因此，对上述见解不能赞成。处罚交付，实质上是将教唆、帮助使用的行为独立出来而进行处罚，交付的结果是，即便被交付者具有使用行为，交付者也不成立使用伪造货币罪的共犯人。[③] 即便将假货币在伪造的共犯人之间分配，它也是在伪造货币罪的共犯之内的行为，并不另外单独构成交付罪。交付是带有使用的预备性质的行为，因此，在使用的共谋者之间为了使用而授受的行为，就是交付。[④]

（3）走私进口。所谓走私进口，是指将假货币从国外运进国内。关于走私进口的含义，有领海说和登陆说之间的对立，但是，仅仅运进领海、领空之内的话，连危害公共信用的抽象危险都不会产生，因此，为了成立走私进口，必须是登陆或着陆。[⑤]

3. 主观要件

交付、走私进口，除须具有故意之外，还必须具有使用的目的（目的犯）。“使用的目的”，不仅指自己使用的目的，还包括使他人使用的目的。关于使用目的的内容，前已述及。被交付、走私进口的假货币是 441 否被使用，对于成立本罪来说，不必考虑。[⑥]

4. 未遂

行使的未遂，是指意图将假货币作为真货币交给对方，但被对方看破的场合。例如，只要作为对价而将假货币交付给对方，就是置于流通领域，即便对方觉得可疑而将该假货币返还给了交付方，也构成既遂。

---

① 大判明 43、3、10 刑录 16、402。

② 牧野，145 页。

③ 前引大判明 43、3、10。

④ 袖珍，388 页；最大判昭 41、7、1 刑集 20、6、623。

⑤ 大判明 40、9、27 刑录 13、1007。反对，大塚，416 页（搬入就够了）。

⑥ 前引大判明 40、9、27。

交付的未遂，是指出于交付的目的而将假货币的真相告诉对方，对方拒绝接受该种交付的场合。走私进口的未遂，是指在登陆或着陆之前被警察抓获的场合。

5. 罪数、与其他犯罪的关系

伪造、变造货币的人使用该假货币的话，就成立本罪和伪造货币罪之间的牵连犯。走私进口假货币的人走私进口之后又使用的，就成立走私进口罪和使用罪之间的牵连犯。使用假货币而骗取财物，或取得财产性利益的，在学说上，有人主张，由于诈骗罪和本罪是侵害不同法益的犯罪，因此，二者之间是牵连关系[①]，但是，（1）作为货币使用的时候，通常伴随诈骗行为，因此，应当说，使用假币罪的构成要件中就预定了诈骗罪。（2）如果说成立本罪之外还成立诈骗罪的话，则和包括诈骗行为在内的取得假币后知情使用罪的法定刑特别轻的宗旨不符合。（3）本罪的法定刑明显较重。从以上三个理由来看，应当说，相当于诈骗罪的行为在本罪当中已经被全部评价，属于不可罚的事后行为（通说）。[②] 将假货币在自动贩卖机中使用的时候，只构成盗窃罪，其道理也是一样。

四、伪造外国货币罪

> 出于使用的目的，而伪造、变造在日本国之内流通的外国货币、纸币或银行券的，处2年以上有期徒刑（《刑法》第149条第1款）。
>
> 442 未遂犯，处罚之（《刑法》第151条）。

本罪是以使用为目的，在日本国内流通伪造、变造的外国货币、纸币或者银行券的行为。本罪的对象是在日本国内流通的外国货币、纸币或者银行券。所谓“外国的货币、纸币或银行券”，是基于该外国的货币发行权而发行的货币。所谓“在日本国内流通”，是指事实上在日本国之内流通，不要求是在日本全国或仅在日本国民的经济交往中流

---

① 木村，235页；西原，306页。

② 大判明43、6、30刑录16、1314。

通。① 法律上禁止在国内流通的外国货币，不能成为本罪的对象。② 另外，和本罪相比，《刑法》第 148 条第 1 款规定的伪造、变造通用货币罪的法定刑要重，我认为，这是由于一个是具有强制流通效力的货币，一个是事实上流通的货币，二者之间存在差别而引起的。

五、使用伪造的外国货币罪

> 使用或出于使用的目的而向他人交付或走私进口伪造、变造的外国货币、纸币或银行券的，处 2 年以上有期徒刑（《刑法》第 149 条第 2 款）。
>
> 未遂犯，处罚之（《刑法》第 151 条）。

使用，或出于使用的目的而向他人交付或走私进口伪造、变造的外国货币、纸币或银行券的行为，也予以处罚。除了其对象是伪造的外国货币一点之外，《刑法》第 148 条第 2 款的解释对本罪都适用。另外，将伪造的外国货币和本国货币进行兑换的行为，也是使用。③

六、收取假币罪

> 出于使用的目的而收取伪造、变造的货币、纸币或银行券的，处 3 年以下有期徒刑（《刑法》第 150 条）。
>
> 未遂犯，处罚之（《刑法》第 151 条）。

1. 对象

本罪的对象是伪造、变造的货币、纸币或银行券。尽管本条中没有
明确说明这一点，但从和前面两条的关系来看，本罪中的对象，在日本
货币的场合，仅限于与有强制流通效力的货币相对应的假货币，而在外 443
国货币方面，仅限于与事实上在日本国内流通的货币相对应的假货币，
即《刑法》第 148 条和第 149 条所说的假货币。不要求是出于使用的目
的而伪造的假币。

① 东京高判昭 29、3、25 高刑集 7、3、323。

② 袖珍，340 页；大塚，418 页；中森，228 页。

③ 最决昭 32、4、25 刑集 11、4、1480。

2. 行为

本罪的行为是出于使用的目的而取得。所谓“取得”，就是转移到自己占有之下的一切行为，如赠与、交换、买得、窃取、骗取等，其原因在所不问。关于侵占是不是取得，有肯定说[①]和否定说[②]之分。侵占不转移占有，不是取得，所以，否定说妥当。因此，不知是假币而受委托占有该假币的人，之后了解了实际情况而将其占有的，也不成立本罪。由于窃取或骗取而取得的时候，就是盗窃罪、诈骗罪和本罪之间的观念竞合。取得之后，又使用的话，就是本罪和使用假币罪之间的牵连犯。当然，诈骗罪被本罪所吸收。共谋使用的人之间具有授受的场合，虽说接受假币的行为也是取得，但之后使用的话，该取得行为就被使用假币罪所吸收。[③]

3. 主观要件

本罪必须具有“使用的目的”（目的犯）。既可以是取得人自己使用的目的，也可以是让他人使用的目的，当然，必须是行为人明知是假货币而取得。虽然在取得之后才了解到是假货币而产生使用的念头的，不构成本罪，但这种情况下，只要有使用的行为，就构成收取假币后知情使用罪（《刑法》第152条）。

七、收取假币后知情使用等罪

取得货币、纸币或银行券之后，明知其为伪造或变造之物，而使用或出于使用的目的而交付他人的，处该假货币票面价值3倍以下的
444 罚金或小额罚金。但是，不得低于2 000日元（《刑法》第152条）。

1. 意义

本罪是使用假币罪（《刑法》第148条第2款）、使用伪造的外国货币罪（《刑法》第149条第2款）的减轻类型。减轻处罚的根据在于，不知情而取得假币的人为了转嫁损失而使用或交付假币的行为，具有值

① 牧野，146页；植松，140页。
② 木村，236页；福田，86页；大塚，419页；中山，421页。
③ 袖珍，341页。

得同情的地方。也即在一般人看来，难以期待其实施合法行为。这便成为减少其责任的根据。因此，本罪的法定刑为“票面价值 3 倍以下的罚金或小额罚金”，相当轻。所谓“票面价值”，就是该假货币的面值。如在收受 1 万日元的假货币之后，知情使用的场合，处 3 万日元以下的罚金。在是外国货币的场合，根据行为当时的外汇市场价格换算为日本货币的价值之后，再予以确定。

2. 对象

本罪的对象是《刑法》第 148 条以及第 149 条所规定的伪造、变造的日本或者外国货币、纸币或银行券。

3. 行为

本罪的行为是取得上述货币之后，知情而使用，或为了让他人使用（使用目的）而交付他人。所谓取得，必须是不知情的情况下，通过合法手段取得的。因为，在不知道是假货币而窃取之类的场合，将违法取得的假货币在知情之后加以使用的行为并不值得同情（通说）。[①] 这种场合下，就是盗窃罪和《刑法》第 148 条第 2 款或第 149 条第 2 款所规定的使用假币罪之间的数罪。另外，使用假货币而骗取财物或取得财产性利益的场合，是不是成立诈骗罪，成为问题，但是，由于本罪的法定刑特别轻，所以，不应当成立诈骗罪。 445

八、准备伪造货币罪

> 出于伪造、变造货币、纸币或银行券的目的，而准备工具或原料的，处 3 个月以上 5 年以下有期徒刑（《刑法》第 153 条）。

1. 意义

关于本罪的意义，有（1）将伪造货币罪的预备行为中的特定形态（准备原料、工具的行为）作为独立的犯罪加以处罚的判例、通说的见解[②]和（2）将《刑法》第 148 条、第 149 条中的伪造、变造货币罪的

---

① 反对，内田，550 页。

② 大判大 5、12、21 刑录 22、1925。

预备或帮助行为中的某一形态作为独立的犯罪类型的见解[①]之间的对立。从刑法没有说是“预备”而是说“准备”，以及伪造货币罪是严重犯罪，对其预备阶段的帮助行为也必须独立地进行处罚的情况来看，后一种观点妥当。因此，和自己预备罪不同，本罪既可以是为了自己的伪造、变造而做准备，也可以是为了他人的伪造、变造而做准备。[②] 另外，本罪为独立的犯罪类型，只要有购入器材或购入原料的行为，就马上成立本罪，不要求准备达到能够着手实行伪造、变造的程度。

2. 对象

本罪的对象是工具和原料。所谓“工具”，就是供伪造、变造用的一切工具。并不要求是直接要用的工具。[③] 所谓“原料”，就是纸张、墨汁、金属等。

3. 行为

本罪的行为是出于伪造、变造货币、纸币或银行券的目的，而准备工具或原料。所谓“准备”，就是预备纸张、原料等，以便于实施伪造、变造的行为。只要是出于伪造、变造的目的而“准备”的话，就构成本
446 罪，不要求达到实际上能够实现伪造、变造目的的程度。[④]

4. 主观要件

本罪除须具有故意之外，还必须具有“供伪造、变造之用的目的”（目的犯）。既可以是出于供行为人自身伪造、变造之用的目的（作为预备罪的准备），也可以是出于供他人伪造、变造之用的目的（作为帮助的准备）。除上述目的之外，是不是还要求具有使用假币的目的？对比，有不要说[⑤]和必要说[⑥]之分。既然在伪造货币罪中要求具有使用的目的，那么，即便在侵害法益的危险比较小的准备行为中，应当说，也必须具

---

① 团藤，255页；福田，88页；大塚，421页；中山，423页。

② 大判昭7、11、24刑集11、1720。

③ 大判大2、1、23刑录19、28。

④ 大判明44、2、16刑录17、88。木村，238页；团藤，257页；大塚，421页。

⑤ 前引大判明44、2、16；木村，238页。

⑥ 大判昭4、10、15刑集8、485。团藤，255页；大塚，421页；冈野，254页；中森，208页；西田，355页；井田，423页。

有使用的目的或让他人使用的目的。

5. 共犯、罪数

在帮助准备器材、原料的时候，构成本罪的帮助犯。如提供资金购入伪造工具的行为，就是帮助犯。① 否定预备罪的共犯的见解也否定本罪可以成立共犯，但是，前面已经讲过，这种解释不当。超出本罪的范围，实施了其他犯罪，达到未遂、既遂的程度的时候，本罪就被其他罪所吸收。②

第二节　伪造文书的犯罪

一、概说

1. 意义

《刑法》为了保护公众对文书的信用，实现社会生活中的交往的安
全，将伪造文书的行为作为犯罪，大体上设计了两类构成要件：一类是
对象为公文的犯罪，包括（1）伪造诏书等罪（第154条），（2）伪造公文
等罪（第155条），（3）制作虚假公文等罪（第156条），（4）在公证书等
的原件上作不真实记载等罪（第157条），（5）使用伪造公文、虚假公
文等罪（第158条）。另一类是以私文书为对象的犯罪，包括（1）伪造 447
私文书等罪（第159条），（2）制作虚假诊断书等罪（第160条），（3）
使用伪造私文书、虚假诊断书等罪（第161条）。另外，作为文书的替
代物的电磁记录也被广泛使用，为了确保电磁记录的公共信用，1987
年《刑法》部分修改的时候，增设了（9）非法制作电磁记录罪（第161
条之二第1款、第2款），（10）供用非法制作的电磁记录罪（同条第3
款）。另外，伪造文书犯罪，是否现实地侵害了公众对该文书的信用，或

---

① 大判昭4、2、19刑集8、84。

② 前引大判大5、12、21。

是否具有侵害的危险，都不是成立要件，故本罪是抽象危险犯。①

2. 保护法益

伪造文书犯罪的保护法益是公众对文书的信用。文书是准确保存、传递意思或观念的存在，并对其予以证明的手段。合同书、毕业证书、执照等各种证明书就属于此。这些文书将合同当事人或公务员所表示的意思固定，因此，具有证明力，另外还具有作为证据的价值。公众相信这些文书的真实性，并经营社会生活。如果上述文件是虚假的，不可信赖的话，交往就不可能进行，社会生活也不可能顺利，因此，有必要设立伪造文书犯罪，取缔虚假文书。②

3. 名义人的真实性与内容的真实性

另外，在说文书是真正的或虚假的时候，具有两个意思：一是，正如甲擅自以乙的名义打收条，本来的制作名义人甲伪称自己为乙的场合，就是在文书的制作上造假的情况；二是，正如甲以自己的名义打内容虚假的收条的场合，在文书的形式上是真实的，但是，在内容上则是虚假的情况。上述两种情况下都存在虚假文书，在侵害文书的公共性这一点上是相同的。但是，在前一种情况下，在按照该文书进行交易的时候，
448 文书的名义人本来应该是甲，却变成了乙，即在责任主体上有假，因此，难以追究责任。相反地，在后一种场合，尽管意思、观念的内容确实是虚假的，但是，在名义人方面并不假，对于虚假的内容还可以追究责任，因此，没有必要像对前一种一样予以严厉禁止。总之，文书的公共信用性在于，首先是对文书的内容承担责任的人是谁，其次是内容是否真实。③

二、伪造文书犯罪的基本概念

1. 文书的概念

成为伪造文书犯罪的对象的“文书”，是使用文字以及其他可读的

① 大判明43、12、13刑录16、2181；大塚，434页。

② 川端博：《伪造文书罪的理论》（1986），19页。川端，526页；西田，376页；中森，216页；山口，429页；井田，426页；松原，444页。

③ 川端，530页；中森，213页；西田，377页；山口，428页。

方法，在某种程度的持续状态之下，在物体上表示特定人的意思或观念，该被表示的内容能够成为法律上或社会生活中的重要事项的证据（通说）。[①]

（1）可视性和可读性。为了把一个人的意思或者观念（想法）作为证据留下来，必须通过可视、可读的方法在物体上表达出来。因此，文书，必须通过可视、可读的方法表达人的意思或者观念。这就是文书的可视性和可读性。为了保证文书的证据价值，文书需要具备视觉上可识别的可视性以及从中可以理解一定意思和内容的可读性。在此意义上讲，盲文、速记符号、微型胶卷是文书。但是，通过机器处理转换的唱片、录音磁带等就不是文书。

（2）意思、观念的表示。所谓文书，是指通过表达意思、观念，证明一定事实的东西，因此，文书必须以一般人在客观上能够理解的方式表示特定人的意思、观念。[②] 仅是在当事人之间通用的暗号牌、号码牌等，即便上面载有数字或文字，也不是文书。表示人格以及事物的同一性而已的名片或门牌，由于不是表示特定人的意思或观念，所以，也不 449
是文书。另一方面，由于文书中所记载的意思、观念只要是一般人能够理解的东西就够了，因此，只要在法令或交易习惯上被赋予了一定意义，是客观上能够被理解的东西，即便是被简化了的省略文书或短缩文书也是文书。如表示物品税的验讫证明[③]、银行的支付传票[④]等也是文书。

（3）持续性。文书具有保存特定人的意思或观念，作为有关事实的证据的意义，故必须具有达到作为证据程度的持续性。如在沙上书写的文字、在黑板上用水笔书写的文字之类，在短时间之内会消失的文字不

① 大判明 43、9、30 刑录 16、1572；中森，212 页（法律上重要事实的表示）。

② 前引大判明 43、9、30。

③ 最判昭 35、3、10 刑集 14、3、333。

④ 大判大 3、4、6 刑录 20、478。

是文书。文书至少要具有达到在黑板上用白粉笔书写程度的持续性。[①]

（4）社会生活中的重要性。要成为文书，必须其中所表示的观念或意思，是在有关社会生活或法律的重要事项上，能够成为某种证据的东西。[②] 仅仅表示思想的小说、诗歌、绘画等艺术作品，不是文书。[③]

> **有关文书的事例** 从判例来看，银行的支票、印鉴纸也是文书。[④] 关于图画，有判例认为，装香烟的纸箱子的外包装上表明是专卖品的图画也是文书。[⑤] 从刑法另外规定伪造签名、印章罪的情况来看，在可以将文书看作非常简化的签名、画押、记号的时候，就不应当将其看作文书，而应当看作伪造记号等罪的对象。[⑥] 这样看来，将邮局的带有日期的邮戳看作公文的判例[⑦]是存在问题的。[⑧]

（5）存在名义人。文书之所以具有公共信用，是因为其中表示了特定人的意思以及观念。文书作为证据的价值，在于能够对名义人所表示
450 的意思、观念追究责任，因此，名义人不明的，就不是文书。[⑨]

文书中所表示的意思或观念的主体是名义人（通说）。[⑩] 名义人通常是自然人、法人，也可以是没有法人资格的团体。[⑪] 正如某某棒球俱乐部一样，该团体只要在法律上的交往关系中，似乎在以独立的社会地位展开活动，就够了。对于文书中所表示的意思观念的主体，必须从文书本身以及文书的性质能够加以判别，并且仅此就足够，并不要求名义人在文书中表示其姓名。在名义人的判别上，虽说判例认为只要从文书的内容、形式、笔迹或其他与此有关的附随物中能够判断出来就行[⑫]，

① 最判昭38、12、24刑集17、12、2485。

② 最决昭33、9、16刑集12、13、3031。

③ 大判大2、3、27刑录19、423。

④ 大判明43、2、10刑录16、189，大判大2、1、21刑录19、20。

⑤ 最判昭33、4、10刑集12、5、743。

⑥ 团藤，272页。

⑦ 大判昭3、10、9刑集7、683。

⑧ 大塚，438页。

⑨ 大判明43、12、20刑录16、2265。

⑩ 另外，川端，460页。

⑪ 大判大7、5、10刑录24、578。

⑫ 大判昭7、5、23刑集11、665；大塚，439页。

但是，由于是涉及文书的公共信用性的问题，因此，要求能够从文书自身进行判别。另外，名义人必须是具体的、能够特定的人。名义人不特定的文书就缺乏信用，其真实性不值得保护。[①] 但是，只要能够特定就够了，因此，文书的名义人是活着的人还是死人，是实际存在的自然人、团体还是虚构的人，在所不问。

名义人的实在性　判例在过去曾经将公文和私文书区别对待。对此可以参看大审院在1912年10月31日的判决（刑录第18辑第1313页，其中，主张公文不要求有实在性），以及大审院在1912年2月1日的判例（刑录第18辑第75页，其中主张私文书要有实在性）。但是，到二战后，只要可能使一般人误以为是真实的，不管是公文还是私文书，都不要求名义人是实在的。[②]

（6）文书的确定性、原件性。为使文书具有公共信用，要求其必须是在特定时间、场所所显现的，确定的人的观念或意思的直接表示，必须是不能被替代的唯一的东西。所表示的意思必须是确实的要求是所谓“确定性”；是不能被替代的唯一的要求是所谓“文书的原件性”。因此，作为不确定的意思、观念的表示的草稿、草案由于没有确定性，就不是
文书；另外，只是代替物而已的抄本等由于没有原件性，所以，也不是 451
文书。抄本虽然表示特定人的意思、观念，但是，在其性质上，可能混入制作抄本的人的意思、观念，从而改变原件的意思、观念，即名义人的意思、观念可能不能原样表示出来，因而在社会观念上，公众对抄本中所表示的内容的信赖，应当说不是很强，因此，在刑法上对该制作的真正性没有必要加以保护。当然，在载有说明是抄本或誊本的宗旨的认证字样的时候，由于具有这种记载，所以，该文书就具有原件性。另外，没有记载接受委托的人或受委任事项等的空白委任状，只要具体地表示一定意思，就是文书。

复印件的文书性　与原件相对应的复印件中，有正本、抄本以

① 大判昭3、7、490。

② 最判昭28、11、13刑集7、11、2096（私文书），最判昭36、3、30刑集15、3、667（公文）。

及狭义的复写本之分。所谓正本，是指按照法定形式制作的文本。正本和原件具有同样的效力。判决书的正本就是这种情况。所谓抄本，是对原件整体的复制。户籍抄本就是这种情况。另外，所谓复写本，是在对原件的摘抄。上述文书中都附有认证字样，因此，其自身都具有和原件一样的效力。所谓狭义的复写本，是在存在原件的前提下，才具有作为文书的作用的东西。关于制作本来就不存在原件的"复印件"的问题，最高法院（最决1959年8月17日刑集第13卷第10号第2757页）认为，"即便书面中载有'复印件'的字样，在最初就没有原件的场合，其实质上不是复印件，而是原件"，因此，维持了原判。该案的事实是，村议会的决议书并不存在，但是行为人制作了题为"村议会决议书（复印件）"的文书。

(7) 复印件和文书。在复印件是不是文书，特别是是不是原件的问题上，具有争议。

1）判例的见解。由于复印技术的进步，和原件一模一样地在纸面上成像便成为可能。社会生活中，在为了证明事实等而需要提交公共机关所发行的证明文件的场合，在提出原件事实上比较困难的时候，或者出于方便起见，经常是以电子复印装置所复制出来的文件来代替原件。与此相应，便出现了提交假复印件，使人误以为其原件存在的反社会行为，因此，在1965年以后，复印件是不是文书就成为问题。

452 在下级法院的判决中，存在肯定见解①和否定见解②之间的对立，而且，后者处于优势。但是，最高法院在1976年第二小法庭的判决中认为，复印件作为证明文书，和原件具有同样的社会机能和信用，虽然其是原件的复印件，但也是伪造公文罪的对象。③ 作为伪造公文罪的对象的文书不只有作为原件的公文，只要是和原件具有相同的意思内容，

① 名古屋高判昭48、11、27高刑集26、5、568。

② 东京高判昭49、8、16高刑集27、4、357。

③ 最判昭51、4、30刑集30、3、453。南，百选Ⅱ（第7版），176页；松原，判例讲义Ⅱ，119页。

作为证明文书和原件具有同样的社会机能与信用的东西，就应当被认为是和原件具有同样意思内容的原件制作人名义的公文，在复印件中所复印的印章、签名也应被看成是原件制作名义人的印章、签名。在将复印件作为真实原件的复印件而制作的场合，也构成伪造有印公文等罪（《刑法》第155条第1款）。最近，下级法院的判决中，还出现了认为用传真机发送被改动过的文书，将其作为复印件而使用的行为成立伪造公文等罪的判例。[①]

2）学说。学说上，有肯定说[②]和否定说[③]之分。另外，肯定说之中，有和判例一样认为是伪造有印公文的见解[④]，和在原件中有印章、签名的场合，即便伪造文书中没有该印章、签名，但也是文书，构成伪造无印公文罪的见解（《刑法》第155条第3款）。[⑤]

3）复印件的文书性。肯定说以i）和原件具有同样的意思内容，ii）复印件的名义人就是原件的名义人，iii）作为证明文件和原件具有同样的社会机能和信用，为根据，认为复印件也是文书。

但是，有以下疑问。第一，伪造罪的本质是冒用制作名义，即便是公文，由于是允许私人自由复印的，因此，公文的复印件明显不是“公 453
务机关或公务员所制作”的文书，只要复印件中没有注明认证文书的名义人，就只能说该复印件的制作人（制作复印件的人）就是名义人。

第二，复印件不管怎样精确地表达了原件的意思，但除和原件的内容相同之外，它仍然是和原件相独立的物。因此，除制作附有原件作成名义人的认证字样，说明其不是原件，而是复印件的场合之外，一般情况下，不得不说复印件的制作名义人和原件的制作名义人是两个人。

---

① 广岛高冈山支判平8、5、22高刑集49、2、246；松原，判例讲义Ⅱ，121页。

② 团藤，273页；平野龙一：《犯罪论的诸问题》（下），1982，413页；吉川，292页；中山，429页；内田，566页；曾根，242页；町野，324页；中森，214页；西田，378页；平川，444页；山中，599页；山口，433页；小暮等（村井），383页。

③ 大塚，444页；藤木，144页；西原，289页；宫泽浩一：《复印件和伪造文书罪（下）》，《判例泰晤士报》，335号，59页；井上、江藤，252页；冈野，271页；川端，544页；前田，443页。

④ 宫泽，59页。

⑤ 大塚，444页；藤木，144页。

第三，肯定说认为，在复印件上显示制作名义的场合，就是超出了制作名义人的承诺范围，在这一点上就是冒用制作名义。但无论怎样对原件进行精确复印，也还是复印件，只要这一点没有改变，复印件的制作名义人，就应该说是复印件的制作人。①

作为结论，虽说复印件的社会机能应当得到保护，但它毕竟是证明原件的存在及内容的手段，而不是现行刑法上的伪造文书犯罪的对象中的“文书”。因此，将其作为文书，超出了刑法的严格解释的范围，和罪刑法定原则相悖，因此，否定说的见解妥当。上述问题，希望通过立法来解决。

主张肯定说判例的确定　1976年的判决出现之后，在复印件是不是文书的问题上，尽管反对意见也存在，但是，判例上肯定说已经成为基本结论，而且，近期也没有改变这一倾向的可能。② 另外，有原审判决认为，关于对公文的内容进行造假，并且制作成复印件后发送传真的行为，通过目前普及的传真机所发送的图像并不清晰可知，其在社会功能和信用性方面，不能等同于刑法通过伪造文书罪要保护的文书。与此相反，广岛高等法院冈山支判于1996年5月22日（高刑集第49卷第2号第246页）认为，根据文书的本来性质，其存在本身就具有法律和社会的重要意义，就行使重要权利所必需的文书等而言，通过传真机印刷的文书复印件不能替代原件，但是，这些复印件在相隔两地的人之间可以直接用作证明文
454 书，因此，通过传真机印刷的复印件也是“文书”③。

2. 伪造的意义

（1）广义伪造。为了保护文书的公共信用，文书的制作以及内容都必须是真实的。刑法为了确保文书的真实，将在文书的制作以及内容上

---

① 东京高判昭49、8、16高刑集27、4、357。

② 关于公文，参见最判昭54、5、30刑集33、4、324，最决昭58、2、25刑集37、1、1，最决昭61、6、27刑集40、4、340。关于私文书，参见东京地判昭55、7、24判例时报982、3。

③ 松原，判例讲义Ⅱ，115页。

作假而制作文书的行为作为犯罪加以处罚。这就是最广义的伪造。刑法上将广义伪造类型化，规定了 1）伪造以及变造，2）虚假文书的制作以及变造。

（2）狭义伪造。法条上所规定的“伪造”“变造”（《刑法》第 154 条、第 155 条、第 159 条）被合并称作狭义伪造。这里所说的伪造，是指没有制作权的人擅自制作他人名义的文书（最狭义的伪造），或者进行变更。其本质是冒用制作人名义。冒用制作人名义制作不真正文书的，是有形伪造；对真文书的非本质部分变更，制作出新的证明力的，是有形变造。有形伪造、变造而制作的文书，被称为伪造文书（《刑法》第 156 条）。

（3）制作虚假文书和变造。所谓“制作虚假文书”，就是指具有制作权限的人制作内容虚假的文书；所谓变造虚假文书，就是指有制作权限的人对已经存在的文书进行变更，使其内容虚假。前者是无形伪造，后者是无形变造。就公文而言，既处罚有形伪造、变造，也处罚无形伪造、变造（《刑法》第 160 条）。但是，对于私文书，只例外地处罚无形伪造（《刑法》第 160 条），对于无形变造不处罚。

（4）形式主义和实质主义。以处罚广义伪造即有形伪造为原则的立场是形式主义，以处罚制作虚假文书即无形伪造为原则的立场是实质主义。前者重视文书成立的真正性，后者重视文书内容的真正性。刑法，已如前述，对于公文，是形式主义和实质主义并用，而对于私文书以形式主义为原则。① 从文书的公共信用出发，对于公文，应当保证文书在成立以及内容上具有高度的信用，因此，制作内容虚假的文书也必须受到处罚。但是，私文书的公共信用在于，该文书是否真的是由该制作人所制作的，因此，对制作内容虚假文书的行为倒不一定要予以处罚。 455

（5）有形伪造。狭义的伪造即有形伪造，分为伪造和变造。

1）狭义伪造的内容。这里所说的“伪造”，是指没有制作权的人冒

① 平野，261 页；曾根，259 页。

用他人名义制作文书，也就是说制作名义的冒用。关于伪造，有i. 没有制作权的人冒用他人名义制作文书的（制作名义的冒用）见解（通说），ii. 擅自使用他人名义的见解①，iii. 使名义人和制作人的人格之间产生不一致的见解②之间的对立。判例历来采取i说的见解③，但是，近年来，认为，“（伪造）是冒充制作名义，即不是私文书的名义人的人无权却冒用名义人的姓名，制作文书，其本质在于虚构和文书制作人之间的人格上的同一性”④。

我认为，之所以使用伪造是虚构人格的同一性的定义，是因为在如使用在一定范围内的通用名称制作文书的场合，同作为冒用他人名义相比，作为是否将别人作为名义人来进行表示的问题，更好理解一些。因此，冒用他人名义和虚构人格的同一性可以说是一样的意思，其核心在于，对于该文书，在文书的性质上，是不是允许使用他人名义来制作文书，因此，主张这种宗旨的i说是妥当的。⑤

第一，名义人和制作人。所谓名义人，就是该文书中所表示的意思或观念的主体；所谓制作人，就是制作文书的人。关于谁是制作人，有i. 是实际上（物理上）制作文书的人的事实说（行为说），ii. 是文书所记载的意思的主体的观念说（意思说）之间的对立。⑥ 文书中重要的是文书自身所表示的意思、观念，因此，和谁实际上制作了文书的问题相
456 比，表示了谁的意思、观念的问题更为重要，因此，ii说妥当。如在秘书受总经理之命以总经理的名义制作文书的场合，根据事实说，名义人是总经理，制作人是秘书，因此其行为符合伪造的构成要件，因承诺而排除违法性。但是，该文件的意思或观念的主体是社长，所以文件的名义人是社长，制作人也是社长的结论更为合理。

---

① 中森，239页。

② 前田，321页。

③ 最判昭51、5、6刑集30、4、591；金泽，百选Ⅱ（第7版），182页；松原，判例讲义Ⅱ，124页。

④ 最判昭59、2、17刑集38、3、336。

⑤ 山口，435页。

⑥ 伊东研祐：《“伪造罪”刑法的现代展开》（2008），11页；西田，380页。

第二，伪造的程度。被冒用的他人名义，必须是从文书自身能够判断出来的东西。对于名义人不清楚的文书，不能认为是伪造。另外，伪造的文书，必须具有达到使一般人误认为是有合法的制作权的人在其职权范围之内所制作的真文书的程度的形式、外观。

第三，伪造的方法、手段。关于伪造的方法、手段，没有限定，采用间接实行犯的方法也行。除利用第三人的场合以外，对名义人进行欺骗，使其制作文书的行为，如利用对方是文盲，误信文书的内容的机会，使其在文书上签名、盖章的，就是伪造罪的间接实行犯。施加强烈胁迫的场合也一样。在使名义人认识内容的基础上制作文书的情况下，即使通过欺骗使其误认为记载的内容真实，也不能否认是名义人制作的文书，不能构成伪造（间接无形伪造）。① 如果要处罚该行为，就需要有第 175 条这样的特别规定。② 重新制作文书的情况当然就不用说了③，对已经完成的真文书进行更改，或者对没有完成的文书进行加工而完成的场合，也是伪造。④ 对一度无效的驾驶执照上的照片进行替换的行为，只要该执照具有足以让人以为是真正制作而成的真实之物的外观，就是伪造。⑤

2）变造。所谓文书的变造，就是名义人以外的人在没有权限的情
况下，对已经成立的真文书的非本质部分的内容进行改变。因此，变造 457
是有形变造。

第一，要件。成立变造，必须具有以下三个要件。

甲．行为主体必须是没有权限的人。有权限的人对真文书进行虚假加工是无形变造，不是这里所说的“变造”即有形变造。

乙．行为对象必须是已经完成的他人名义的真文书。因此，没有权限的人完成未完成的文书的行为是伪造而不是变造。另外，即便对不真

---

① 大判明 44、5、8 刑录 17、817，大判昭 2、3、26 刑集 6、14。

② 中森，197 页。

③ 最判昭 24、9、1 刑集 3、10、1551。

④ 前引最判昭 24、9、1。

⑤ 东京高判昭 50、9、25 东时 26、9、163，大阪地判平 8、7、8 判例泰晤士报 960、293；松原，判例讲义Ⅱ，122 页。

正文书即伪造文书的非本质部分进行改变，也不会对公共信用造成新的危险，因此，不是变造。与此相对，对伪造文书的本质部分进行变更，重新引起侵害公共信用的危险的，就是伪造。

丙．行为必须是对文书的非本质部分进行变更，使现存的文书具有新的证明力。本质和非本质的区别并不明确，应当以变更前的物和变更后的文书之间是否具有同一性为基础，在具有同一性的场合，就是对非本质部分的变更，是变造。① 如在实际存在的借条上的金额的旁边记入别的金额②，或在有效的债权证书中改变某一字而变更其内容的行为，就是变造。③ 另外，有判例认为，变更学生证中的学生姓名的行为也是变造④，但是，改变姓名应当说是对本质部分的变更。

伪造和变造的区别 两者是同一构成要件之内的差别，其界限虽然比较模糊，但没有产生太大问题，但在判例上，对这一问题存在争议的事例比较多。二战后的代表性事例有，部分篡改粮食供应证上所记载的户主的姓名⑤，将外国人登记证明上的本人照片揭下，换上别人的照片⑥，偷换汽车驾驶执照上的照片并篡改出生年
458 月日⑦等。上述情况都被认定为伪造犯罪。另外，在篡改公文的内容之后，制作复印件的场合，该篡改如果是针对原件自身所进行的话，即便只达到变造的程度，也成立伪造公文罪。⑧ 从复印就是伪造文书的判例立场来看，这是当然的结论。

第二，变造的方法、手段。并于变造的方法、手段没有限制，删除对行为人来说不利的文字，或追加有利的文字，也是变造。间接实行犯的形式也可以，但是，使他人删除文字的行为，如将金额100万日元中

---

① 袖珍，378页；植松，149页；福田，98页；大塚，454页；大判大3、11、7刑录20、2054。

② 大判明44、11、9刑录17、1843。

③ 大判明45、2、29刑录18、231。

④ 大判昭11、4、24刑集15、518。

⑤ 最判昭24、4、9刑集3、4、511。

⑥ 最决昭31、3、6刑集10、3、282。

⑦ 最决昭35、1、12刑集14、1、9。

⑧ 最决昭41、6、27刑集40、4、340。

的 0 字删除，变成 10 万日元的行为，就是为了作出新的证明能力的变更，但是，如果是将 100 万日元的文字删除，侵害到文书的整体意义的话，就是毁弃文书。[①] 变造和伪造的场合一样，从一般人的角度来看，也是对文书的非本质部分的变更，必须达到使人误认为具有新的证明力的程度。

(6) 无形伪造（制作虚假文书）。所谓无形伪造，就是具有文书制作权的人制作违反真实内容的文书，也称制作虚假文书。

1）和有形伪造的区别。有形伪造和无形伪造的区别，在于有无制作文书的权限。因为现行法律是立足于形式主义的，因此，有关公文的犯罪，只限于《刑法》第 156 条以及第 157 条所规定的犯罪；有关私文书的犯罪，只限于《刑法》第 160 条所规定的犯罪。

无形伪造即虚假文书的制作，是将有制作权的人的行为作为犯罪，因此，其主体，只限于有制作文书的权限的人（身份犯）。有制作权的人在职权范围内制作的时候，该文书既可以是自己名义的文书，也可以是他人名义的文书。因此，具有代理权的人，在权限范围之内，以被代理人名义，制作内容虚假的文书的话，也是制作虚假文书。另外，只要是在权限范围内制作文书，在滥用权限制作虚假文书的时候，也是制作虚假文书。[②] 459

伪造和制作虚假文书之间的错误　在甲教唆乙制作虚假公文，但乙制作了公文的场合，甲应当承担什么样的罪责？有的学者认为，两者之间具有本质上的差别，不具有构成要件上的重合，因此，甲不具有教唆伪造公文的故意。[③] 但是，制作虚假文书和伪造公文两者之间在侵害法益和行为形态上是一样的，从日常生活中的实际情况来看，实质上也具有构成要件上的重合，因此，应当说，甲具有教唆的故意。最高法院于 1958 年 10 月 23 日（刑集第2卷第 11 号第 1386 页）在上述类似事件中认为，“两者尽管在犯罪的构

① 大判大 11、7、27 刑集 1、16。

② 大判大 11、12、23 刑集 1、841。

③ 团藤，总论，401 页。

成要件上不同，但在罪质和法定刑方面一致，而且两者的动机也完全一样”，因此，认定行为人具有教唆伪造公文的故意。[①]

2）无形伪造的手段和方法。制作虚假文书，只要是制作内容不真实的文书就够了，其方法在所不问。如村议会的议长在制作村议会议事录的时候，故意遗漏某件事实的安排，导致在开会中，好像没有该事实一样，这就是不作为形式的伪造。[②] 在制作虚假公文罪中，和（有形的）伪造、变造一样，记载虚假事实的公文也必须达到使一般人误以为该记载内容是真实事实的程度。

3. 使用

所谓使用，是指将伪造、变造以及虚假制作的文书作为真正或者内容真实的文书使用。在伪造文书犯罪中，在处罚使用伪造公文等罪（《刑法》第158条）、使用伪造私文书等罪（《刑法》第161条）的同时，在伪造公文犯罪（《刑法》第154～156条）以及伪造私文书等罪（《刑法》第159条）中，还必须具有使用的目的。

（1）意义。伪造文书犯罪的保护法益是公共信用，只要公众没有误信为真实之物之虞，就不会侵害公众信用，因此，成为“使用”，首先，应具备使一般人误认为是真正或者真实文书的外观；其次，必须达到使不特定人或多数人能够认识该伪造文书的程度，即具有认识的可能性。[③] 因此，所谓使用，就是将伪造、变造或虚假制作的文书，作为真文书或内容真实的文书提交给他人，或置于他人能够认识的状态。[④] 不
460 要求按照文书的本来用途进行使用。如害怕犯罪被发觉，为了伪装清白而向巡逻警察出示伪造、变造的合同文本的行为，也是使用。

（2）对象。作为使用对象的文书，是和伪造、变造有关的伪造文书以及和虚假制作有关的虚假文书。不要求是行为人亲自伪造、变造的文

---

① 大谷，总论，465页。

② 最决昭33、9、5刑集12、13、2858。

③ 最决昭52、4、25刑集31、3、169。

④ 最判昭44、6、18裁判集刑3、7、950。

书或有虚假记载的文书。① 另外，也不要求该文书是出于使用目的而伪造或进行虚假记载的。② 但是，必须是伪造文书、虚假文书的原件。判例认为誊本、抄本也能成为使用的对象③，但是，誊本、抄本不能成为虚假文书或伪造文书。

（3）使用的方法、程度。在使用的方法上没有限制，具有足以危害公众信用的行为就行。使对方阅读文书，了解其内容，或者只要置于对方能够认识的状态就是使用。但对方必须是自然人。除交付、出示给对方的行为之外，邮送等也是经常采用的方法。在采用邮寄手段的时候，不要求向对方表述该文书的内容。④

将文书置于可以随时阅览的状态的行为也是使用。⑤ 使用也可以通过间接实行犯的形式实施。如提出伪造、变造的离婚证书，让户籍管理人员在户口本上作不实记载，并置于可能被阅览的状态，就是利用户籍管理人员之手使用有不实记载的公证书的行为。但是，只要没有被置于公众能够认识的状态，即便作为使用也不可能侵害公众信用，因此，仅有携带的行为，不可能成立使用罪的既遂。⑥ 向人出示伪造文书的抄写本，或者仅以口头或书面形式向他人转达该文书的内容、形式的，还不是使用。使用，在达到使对方能够认识该文书的状态时，就是既遂，而对方实际上是否认识到了该文书的内容，则在所不问。对于使用的结果，也不要求发生了实际危害。 461

有关使用罪的判例　虽然最高法院在 1961 年 5 月 23 日（刑集第15 卷第 5 号第 812 页）的决定中认为："在携带伪称公安委员会制作的驾驶执照开车的时候，成立使用伪造公文罪"。但是，最高法院在 1969 年 6 月 18 日中的判决则认为："使用伪造公文罪是为了防止具体侵害公文的真实性的公共信用的犯罪，因此，为成立该

① 大判明 43、10、18 新闻 682、27。

② 大判明 45、4、9 刑录 18、445。

③ 最判昭 51、4、30 刑集 30、3、453。

④ 大判明 41、12、21 刑录 14、1130。

⑤ 大判大 6、12、20 刑录 23、1541。

⑥ 最大判昭 44、6、18 刑集 23、7、950。

> 罪中所说的使用，必须具有将文书作为真实文件交付或者呈示给他人，达到能够被使用或者能够被认识的状态。因此，即便行为人在开车的时候携带驾驶执照，具有在一定场合下接受检查的法定义务，但仅仅在开车的时候携带伪造的驾驶执照，还不能说处于他人能够阅览，认识其内容的状态。”该判决认为，在这一阶段，连使用未遂罪都不成立。① 另外，最高法院在2003年12月18日（刑集第57卷第11号第1167页）的决定中，对于被告人在司法书士事务所出于行使的目的，伪造内容虚假的金钱消费借贷合同证书之后，像真文书一样将该合同证书交付给司法书士的行为，认为，“从该证书的内容、交付目的和对方的情况等来看，有损害文书公共信用之嫌疑”，因此，是“使用”。

（4）使用的对方。关于使用的对方，法律上没有作特别的限定。但是，使用的本质在于，作为真正文书或内容真实的文书向对方出示，因此，已经知道是伪造或内容虚假的文书的实际情况的人，应当除外。即便向伪造的共犯人出示的行为也不是使用，其原因就在于此。②

不知道事实真相的人，对他人使用虚假文书的话，是否成立本罪？对此有积极说③和消极说④之间的对立。消极说认为，伪造文书的犯罪是通过对文书的公众信用的保护，来保障法律上或社会生活中的重要交易的安全的，因此，只要不是通过让使用的对方在权利、义务或社会生活中的重要事项上采取某种行动的形式来使用的话，就不应该成立本罪。但是，即便在向没有利害关系的人出示的场合，当不特定人或多数
462 人能够认识该内容的时候，文书的公众信用就可能受到侵害，因此，消极说并不妥当。另外，在以为对方不知道事实真相而加以使用，碰巧对方知道事实真相的场合，就是使用未遂罪。⑤

---

① 须之内，百选Ⅱ（第6版），209页；松原，判例讲义Ⅱ，134页。
② 大判大3、10、6刑录20、1810。
③ 藤木，150页；西田，392页；山中，570页；前田，393页。另外，中森，220页。
④ 大塚，458页。
⑤ 东京高判昭53、2、8高刑集31、1、1；大塚，459页。反对，袖珍，349页。

主张积极说的判例 最高法院于1967年3月30日（刑集第21卷第2号第447页）在为了使父亲高兴而伪造公立高中的毕业证书，给自己的父亲看的案例中，认为被告人（甲）在和同伙共谋的基础上，伪造福冈县立M高中校长签发的毕业证书，并作为真实文凭给其父亲A看的行为，成立使用伪造公文罪，因此，原审判决妥当。①

（5）使用的目的。使用的目的，作为有形伪造以及无形伪造文书的主观构成要件要素，常常是必备的要素。所谓使用的目的，就是使他人误将伪造文书、虚假文书看作真正、真实文书的目的。不限于对文书的收件人具有使用目的的场合。②

使用的目的，作为广义的伪造文书犯罪的主观要素，是侵害公共信用法益的基础，因此，即便没有按照文书的本来用途使用该文书的目的，但只要意识到具有使某人误认为是真实、真正文书的危险，就应当说具有使用的目的。③ 因此，使用的目的只要是未必的东西就够了。成立伪造文书罪，只要具有这种目的就够了，至于之后是否有实际的使用行为，在所不问。也不要求具有侵害他人有利于自己等的目的。④ 另外，在认为复印也是伪造的场合，对于该复印，要考虑使用的目的。⑤

三、伪造诏书等罪

出于使用的目的，使用御玺、国玺或御名，伪造诏书或其他文书，或者使用伪造的御玺、国印或御名，伪造诏书或其他文书的， 463
处无期徒刑或者3年以上有期徒刑（《刑法》第154条第1款）。

盖御玺、国玺或签署御名，变造诏书或其他文书的，和前款同样处理（同条第2款）。

① 松原，判例讲义Ⅱ，126页。

② 大判大2、4、29刑录19、533。

③ 大判大2、12、6刑录19、1387；最判昭28、12、25裁判集刑90、487。

④ 大判明41、11、9刑录14、994。

⑤ 东京高判昭52、2、28高刑集30、1、108。

1. 意义

本罪是特地对以天皇的名义伪造（第1款）、变造（第2款）公文的行为进行处罚的规定。天皇，即便在现行宪法之下，也在一定程度上参与重要国事（《宪法》第6条、第7条）。另外，以天皇名义制作的文书，和一般的公文相比，公众信用度更高，保护的必要性更大。由于这一原因，本罪的法定刑比一般的伪造、变造文书罪的法定刑要高。但是，天皇在国家现行法律上的权限，明显比在旧宪法下要小，只有一定的处理国事的权限，因此，伪造诏书等实际上并不成为问题。所以，对于诏书等只要作为公文加以保护就足够了（《草案》第225条）。

2. 对象

本罪的对象，是诏书以及其他文书。所谓“诏书”，是表示天皇对有关国事意见的文书，采用诏书的形式（如召集国会的诏书）。所谓“其他文书”，是诏书以外的、以天皇名义发布的公文，不包括天皇的私文书在内。所谓“御玺”，是天皇的印章。所谓“国玺”，是日本国的印章。所谓“御名”，是天皇的签名。

3. 行为

本罪的行为，是使用御玺、国印或御名，伪造诏书或其他文书行为。所谓“使用”，是将其作为文书的一部分加以使用。

四、伪造公文等罪

出于使用的目的，使用公务机关或公务员的印章或签名，伪造应当由公务机关或公务员制作的文书或图画；或使用伪造的公务机关或公务员的印章或签名，伪造应当由公务机关或公务员制作的文书或图画的，处1年以上10年以下有期徒刑（《刑法》第155条第1款）。

变造公务机关或公务员盖印或签名的文书以及图画的，按前款的规定处理（同条第2款）。

除了前二款的规定以外，伪造应当由公务机关或公务员制作的
464 文书或图画的，或者变造应当由公务机关或公务员制作的文书或图

画的，处3年以下的有期徒刑或20万日元以下罚金（同条第3款）。

1. 意义

本罪是以文书之中的公文为对象的犯罪。公文是公务机关根据法律上的规定所制作的，在其性质上，和私文书相比较，证明力更强，公众信用度也更高，而且，伪造公文所造成的危害比私文书的场合也更大。刑法之所以对本罪比对伪造、变造私文书罪处罚得更重，其原因就在于此。①

2. 伪造有印公文等罪（《刑法》第155条第1款、第2款）

本罪是伪造、变造盖有印章或签名的公文的犯罪。

（1）主体。本罪在主体方面没有限制。非公务员当然也能犯本罪。公务员擅自制作其制作权限范围之外的文书②，或制作与其职务没有关系的公文的时候，也能成为本罪的主体。

公务员助理的制作权限　被告人在市政府市民科负责印章证明的发行事务，为了借盖房子用的贷款，在没有履行提交申请、由工作人员验证确认、交纳手续费等正常手续的情况下，就制作了印章证明书。对于本事实，最高法院在1975年5月6日（刑集第30卷第4号第591页）的判决中认为："伪造公文罪中的伪造，是公文制作名义人以外的人在没有授权的情况下，使用有权限的人的名义，制作公文。不仅不需要经过制作名义人的判断，根据自己的判断，一般就能制作公文的代为决定者具有这种制作权限，经过一定程序，在特定条件下，允许制作公文的辅佐者，在文书内容等没有问题的时候，在以授权为基础的一定基本条件之下，也具有这种制作权限"。虽然没有履行正规手续，但只要印章证明的内容正确没有问题，按照"基本条件"，应当说是在其权限之内。③ 但是，本

① 最决昭34、9、22刑集13、2、2985。

② 大判大元、11、25刑录18、1413。

③ 植田，百选Ⅱ（第5版），178页；松原，判例讲义Ⅱ，117页。

案中的问题是：按照形式主义，该行为是不是伪造？因为，内容表示是否正确，和有无制作权限无关，因此，本判决在结论上姑且不说，在说理上，存在问题。[①]

465 (2) 对象。本罪的对象是公文。所谓公文，是公务机关或公务员，根据其名义在其职权范围内，按照所规定的形式所制作的文书或图画[②]，称公文、公图画。公文制作权的根据，可以是法规、内部规定或判例。[③] 称不上职务权限内的文书的私人性质的问候信之类的联络信、辞职申请等，即便在其中载有公务员的头衔，也不是公文。但是，从保护公众信用的角度出发，该文书具有足以使一般人误认为是公务机关或公务员在其职务权限之内所作成的形式、外观的话，即便不是其权限之内的文书，也应该被看作公文。

公文，只要是公务机关或公务员所作成的文书、图画就够了，至于是基于公法上的关系所制作的，还是基于私法上的关系所制作的，在所不问。[④] 如即便是购入物品的合同书，也能成为公文。公文，既可以是写给公务机关以外的部门的，也可以是写给公务机关内部的上司或下属的。[⑤]

> **公文的例子** 驾驶执照、印章证明书等是公文。大审院于1912年4月15日的判决中认为："公务机关或者公务员，以其名义，在其职权范围内，按照规定的形式所制作的文书都是公文。其职权是根据法令所获得的，还是根据内部规定或者习惯所获得的，在所不问。只要求是在其执行职务范围内制作"。村长在处理村有财产时所写的收条，是公文。[⑥] 关于电报是不是公文，见解不一致。我认为，制作名义人是公务机关或者公务员的话，就是公文；是私人的话，就是私文书，即应当根据

① 西田，328页。
② 大判明45、4、15刑录18、464。
③ 最决昭38、12、27刑集17、12、2595。
④ 最判昭28、2、20刑集7、2、426。
⑤ 大判大6、3、19刑录23、233。
⑥ 大判昭10、12、26刑集14、1446。

> 制作名义人来决定是公文还是私文书。政党的机关报的广告栏中所登载的“祝贺发展”之类的广告，即便使用了公务员的头衔，也还属于该公务员名义的私文书。① 466

就公文而言，在数个文件并存的场合，1）在一张纸上既有公文又有私文书的场合，如在私人的印章证明书的背面，写有公务员的证明的场合，该印章证明书就和证明文件一体，成为公文②；2）数份公文并存的场合，如一本汽车驾驶执照中载有数种资格的场合，就存在与该资格相应的数份公文。③

（3）行为。本罪的行为，是出于使用的目的，1）使用公务员、公务机关的印章、签名，伪造、变造公文、公图画，2）使用伪造的公务员、公务机关的印章、签名，伪造、变造公文、公图画。

因为具有签名、印章的公文在交往中信用度较高，所以，伪造、变造有印公文的犯罪，和《刑法》第 155 条第 3 款中的伪造、变造无印公文犯罪相区别，所受处罚较重。

1）印章、签名。所谓公务机关、公务员的“印章”，是为了表示公务机关、公务员的人格而在物体上所显现出来的文字、符号的影迹即影印（盖印）。只要是体现人格之物就够了，所以，公务员的印章，不一定要证明是公务员，只要是该公务员为在公务上盖印而使用的物，不管是私章、公章、职印、认印，都在所不问。关于“签名”的意义，有只限于自己亲笔签名④和自己亲笔签名以及记名（代签、印刷等表记姓名）都是签名⑤的见解之分。刑法将签名与印章并列规定，并对使用签名和印章伪造公文的场合从重处罚，其理由在于具有印章或签名的文书的公众信用度更高。因此，从与记名相比，更能体现人格的意义来看，

---

① 最决昭 33、9、16 刑集 12、13、3031。

② 大判明 43、6、23 刑录 16、1267。

③ 东京高判昭 42、10、17 高刑集 20、5、707。

④ 江家，149 页；团藤，302 页；大塚，469 页；吉川，318 页；中山，588 页；川端，589 页。

⑤ 木村，253 页；植松，158 页；平野，260 页；西田，327 页；前田，387 页。大判大 4、10、20 新闻 1052、27。

签名只应限于自己亲笔签名。因此，不应当承认公务机关的签名观念。另外，在不是签名而只是记名的场合，只要使用了印章的话，就成立本罪，因为，印章或签名，只要使用了一种就够了。

2）印章、签名的使用。所谓使用“印章或签名”，在伪造公文的场合，是非法地盖上真实的印章，或不当使用合法签署的公务机关、公务员的签名或者印章。[1] 所谓盖章、签名，是没有权限的人在有关文件上不法显现公务机关或公务员的影印或签名。不要求所盖的是伪造的印
467 章，只要达到使一般人误认为是公务机关、公务员的印章的程度就够了。[2] 如在用红铅笔描画盖印的场合，根据其程度可以认为是使用伪造的印章。[3] 使用的印章、签名，可以是他人伪造的，但是，在使用自己伪造的印章等伪造公文的场合，伪造、使用印章、签名的行为被本罪所吸收。[4]

3）伪造、变造。本罪的行为是伪造（第1款——伪造有印公文罪）和变造（第2款——变造有印公文罪），其意义均如前述。

3. 伪造无印公文等罪（《刑法》第155条第3款）

本罪是处罚伪造、变造有印文书以外的公文的犯罪，“前二款规定之外”的规定，就表示了不使用盖印、签名的公文、公图画的宗旨。如表示国营铁路的铁路站牌[5]、已被征收物品税的标签等，就属如此。本罪的行为是伪造（伪造无印公文罪）和变造（变造无印公文罪）。

五、制作虚假公文等罪

公务员出于使用的目的，利用职务便利，制作虚假文书或图画，或变造文书或图画的时候，根据有无印章或签名，分别按照前面两条的规定处理（《刑法》第156条）。

---

① 大判大3、6、13刑录20、1182。
② 最决昭31、7、5刑集10、7、1025。
③ 最判昭29、2、25裁判集刑92、663。
④ 大判大12、4、23刑集2、351。
⑤ 大判明42、6、28刑录15、877。

1. 意义

本罪是为了处罚无形伪造或变造公文的行为而规定的，是以职务上具有制作文书权限的公务员在文书中进行虚假记载为内容的犯罪。考虑到公文的社会信用，将其和私文书分别处理，对公务员制作虚假文书的行为一般都进行处罚。 468

2. 主体

本罪的主体是有制作文书权限的公务员（真正身份犯）。制作文书的权限，通常由法令、内部规定加以规定，但是也可以以授权、惯例为根据。因此，在公文的名义人根据法令，或制作权人根据授权而委托某人制作文书的时候，该代为制作公文的人，当然能够成为本罪的主体。[①] 如村公所的秘书作为村长的临时代理进行户籍登记的行为，就属于这种情况。[②]

关于实际上制作文书的公务员的辅佐人员是否能够成为本罪的主体，判例上，有（1）因为其在形式上没有制作权限，所以，不能成为本罪的主体的见解[③]，和（2）只要将其看作实质的制作权人，就能成为本罪的主体的见解[④]之间的对立。公务员只要在实质上具有制作权限，就不问其根据如何，因此，（2）说的见解妥当。这里的“实质的制作权限”，是为了保证内容的正确性等，以对该人的授权为基础，在遵循一定基本条件的限度之内所认可的制作权限。与此相对，在将发行证明书、誊本之类的没有自由裁量余地的事项委托给下级职员（公务员的辅佐人员）的场合，该职员只能在机械地处理事务的范围之内来制作文书而已，并没有实质上的制作权限。因此，在利用其地位制作虚假证明书的场合，就是冒用制作权人的名义制作公文，应当按照伪造公文罪来处理。[⑤]

---

① 大判明44、7、6刑录17、1347（助理能够代理村长的场合）。

② 大判大5、12、16刑录22、1905。

③ 最判昭25、2、28刑集4、2、268。

④ 前引最判昭51、5、6。

⑤ 袖珍，360页。

3. 行为

本罪的行为，是出于使用的目的，（1）制作虚假的文书、图画，以及（2）变造文书、图画。

（1）制作虚假公文。所谓制作虚假公文，就是有制作权的公务员，出于使用的目的，在该公文中记载虚假内容。

469 1）虚假记载。所谓虚假记载，就是明知不符合事实而制作该公文。如明知是虚假的意思表示而在登记簿中记入与此有关的转移所有权的事实，就是属于这种情况。①

在根据当事人所提交的材料或申请而登记的文书方面，行为人明知该提交材料的内容虚假但仍然进行登记的场合，是不是也不构成本罪？通说认为，在公务员对所提交材料具有实质的审查权的场合（如在土地登记本中进行记载的场合等），因为要求该文书的记载内容必须和事实一致，因此，明知提交材料的内容虚假而仍在文书中记载的话，就当然构成本罪。但是，在对户籍本、登记本之类的，该公务员只是具有形式上的审查权限的时候，除公务员和提交人、申请人共谋不法利用自己职务上的职责的场合以外，如在偶然知道是虚假的场合，就不应当成立本罪。② 但是，在即便只有形式的审查权的场合，在该事项上也不允许作虚假的记载。这一点从处罚上述共犯关系的情况中也能看出。因此，只要明知该提交材料中明显地有假而仍然受理、记载，就应当说该行为符合本罪的构成要件，最多也只能在实质的违法性的问题上，对其进行考虑而已。③

2）间接实行犯。关于制作虚假公文罪是否具有间接实行犯，有 i. 认为有的肯定说④，ii. 认为由于《刑法》第 157 条将本罪的间接实行犯

---

① 大判大 6、6、25 刑录 23、699。

② 前引大判大 6、6、25，大判大 7、7、25 刑录 24、1016；福田，103 页；大塚，473 页。

③ 小野，101 页；前引大判大 7、7、26（在其虚假一看就明白的场合成立本罪）。另外，中森，248 页。

④ 牧野，224 页；柏木，247 页；江家，150 页；平野，263 页；藤木，147 页；中森，219 页；川端，553 页；山中，615 页。另外，西田，386 页。

作为独立的犯罪进行处罚，所以本罪不可能有间接实行犯的否定说[①]，
iii. 认为本罪在形式上是亲手犯，所以难以成立间接实行犯的见解[②]之
间的对立。我认为，不具有公务员身份的人进行虚假的申报，让不明真
相的公务员记载虚假事项的行为，也是本罪的一种间接实行犯，但是，
《刑法》第 157 条已将这种情况的间接实行犯作为独立的犯罪类型进行处
罚，而且在法定刑上比《刑法》第 156 条规定的刑要轻得多，因此，不 470
具有公务员身份的非身份者，不应该成立本罪的间接实行犯。[③]

但是，职务上参与制作公文的公务员，不采取《刑法》第 157 条中所说的“虚假申报”的形式，而是起草内容虚假的公文，在未经制作权人确认其内容的真实性的情况下而让其签名或记名，或盖印，完成虚假文书的制作的，比《刑法》第 157 条规定的行为更具有可罚性，因此，将有职务权限的公务员作为道具的本罪的间接实行犯应当被认可，因此，i 说的见解妥当。而主张由于本罪是身份犯，只有具有职务上的权限的公务员才能成为本罪的实行行为人，所以，以间接实行犯的形式不可能实施本罪的实行行为的否定说，并不妥当。当然，既然《刑法》第 157 条是对《刑法》第 156 条的间接实行犯进行处罚的形式，那么，只有在该行为以《刑法》第 157 条所规定的公文为对象的时候，才能成立间接实行犯。

承认间接实行犯的判例　二战前的判例采用肯定说。[④] 但是，二战后，最高法院采用了否定说。[⑤] 与此相对，最高法院在 1957 年 10 月 4 日（刑集第 11 卷第 10 号第 2464 页）的判决中认为：“《刑法》第 156 条的制作虚假公文罪，虽然是以具有制作公文权限的公务员为主体的身份犯，但是，帮助具有制作权限的公务员起草公文的职员，利用其地位，出于使用的目的，根据其职务权限，起

① 植松，166 页；香川，274 页；前田，389 页。
② 大塚，474 页；团藤，296 页。
③ 最判昭 27、12、25 刑集 6、12、1387。
④ 大判昭 11、2、14 刑集 15、113。
⑤ 前引最判昭 27、12、25。

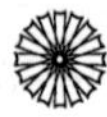

草内容虚假的公文草稿，提交给不知情的上司，使上司误以为该公文草稿是真实的，从而在上面签名盖章，并将该内容虚假的草稿制作为公文的场合，成立制作虚假公文罪的间接实行犯”。[①]

(2) 变造虚假公文。本罪的行为也包括变造在内。这里所说的变造是指无形变造，即具有制作权的公务员滥用权限，对现存的公文进行非法加工，使其内容虚假。

4. 处罚

虽然《刑法》规定按照“前面两条的规定处理”，但是，按照《刑法》第154条处理的，只有利用不知真相的天皇的间接实行犯的场合，对其他的都是按照《刑法》第155条的规定处理的。[②] 亦即，在制作虚
471 假的有印公文等罪中，对制作虚假的诏书等行为，处无期徒刑或者3年以上有期徒刑；对制作、变造虚假的有印公文、公图画的行为，处1年以上10年以下有期徒刑。另外，对于制作虚假的无印公文等的行为，处3年以下有期徒刑或者20万日元的罚金。

六、在公证书等的原件上作不真实记载等犯罪

> 对公务员进行虚假的申报，致其在登记簿、户口本等其他有关权利、义务的公证文书的原件上作不实记载，或者致其在作为有关权利、义务的公证文书的原件而使用的电磁记录上作不实记载的，处5年以下的有期徒刑或50万日元以下的罚金（《刑法》第157条第1款）。
>
> 对公务员进行虚假申报，致其在许可证书、执照或护照上作不实记载的，处1年以下有期徒刑或20万日元以下罚金（同条第2款）。
>
> 前两款的未遂犯，处罚之（同条第3款）。

1. 意义

本罪是对特别重要的证明文件即根据私人的申报而制作的公文，为

① 小名木，百选Ⅱ（第7版），184页；松原，判例讲义Ⅱ，133页。
② 袖珍，475页。

了确保其所记载的内容的真实性，将制作虚假公文罪（《刑法》第156条）的间接实行犯中的特殊场合独立出来，作为犯罪加以规定而成的。在电磁记录方面，也是对类似非法制作公电磁记录罪（《刑法》第161条之二第2款）的间接实行犯的行为进行处罚。因此，只有在公务员不知道私人的申报是虚假的场合，才构成本罪。[1]

2. 公证书原件不实记载罪（第1款）

本罪是使公务员在有关权利、义务的公证书的原件或有关相当于公证书原件的电磁记录上进行不实记载的犯罪。

（1）对象。本罪的对象是公证书。公证书，通常是指公证人作成的公证书，但是，此处的范围更加广泛一些，是指公务员在其职务上作成的对有关权利、义务的得失、变更的事实具有公正证明效力的文书。[2]
“权利、义务”，不仅指财产上的权利、义务，也包括身份上的权利、义 472
务在内。不动产登记簿、商业登记簿、土地登记簿、户籍簿等就属于此。按照《居民基本情况登记法》所制作的居民票（身份证），尽管其自身并不以证明权利、义务的得失、变更为直接目的，但由于是证明《公职选举法》《学校教育法》等规定的居民的权利、义务产生的前提事实的手段，因此，可以被看作具有公证性质的文书。[3]

同时，汽车驾驶执照登记[4]、各种纳税登记[5]等，由于不证明权利、义务的变更、得失等事实，所以，不是公证书。正本、誊本、抄本由于不是原件，所以，不是本罪的对象。

本罪的对象中，增加了“作为有关权利、义务的公证书的原件而使用的电磁记录”。它是公务员在其职务中所制作的相当于公证书原件的电磁记录，根据《道路运输车辆法》而作成的汽车信息登记库（第6条）、根据《居民基本情况登记法》而制作的居民基本情况登记库（第

---

[1] 西田，338页。

[2] 大判大11、12、22刑集1、828，最判昭36、6、20刑集15、6、984。

[3] 最决昭48、3、15刑集27、2、115，最决平16、7、13刑集58、5、476（政令上的船籍簿）。

[4] 福冈高判昭40、6、24下刑集7、6、1202。

[5] 名古屋金泽支判昭49、7、30高刑集27、4、324。

6条第3款）等就属于此。

（2）行为。本罪的行为是对公务员进行虚假申报，致使其在有关权利、义务的公证书原件上作不实记载，或在相当于公证书原件的电磁记录上作不实的记载。

1）公务员。所谓“公务员”，如登记官、公证人之类，有权在公证书的原件上进行记载，或在相当于公证书的原件的电磁记录上进行记录的公务员。听取申报的公务员，必须是不知道他人所申报的记载或记录事项属于虚假情况的人。如果其知道该申报事项是虚假情况而仍然往公证书上记载或往电磁记录上输入的话，则该公务员的行为就有构成制作虚假公文罪或不当制作公电磁记录罪之嫌。如此说来，由于当申报人在实施公证书原件不实记载罪的故意支配下，实施了相当于上述各罪的共同实行犯或教唆犯的行为的时候，其中虽然存在不一致的地方，但是，应当说，有关行为和结果的认识与所发生的事实之间具有在构成要件之
473 内一致的部分，所以，应当成立本罪。与此相对，通说认为，在接受申报的公务员对于该申报具有实质的审查权的场合，上述结论是正确的，但是在只有形式的审查权的时候，该公务员就没有罪责，对申报人只能以本罪追究其责任而已，但是，在这种场合，如果内容是虚假的，公务员就应拒绝申报，因此，申报人的行为应构成制作虚假公文罪。另外，公务员和申报人在取得意思联络之后，明知事实真相而做不实记载的话，该公务员的行为构成制作虚假公文罪，而申报人也按照《刑法》第65条第1款的规定，和该公务员之间成立共同实行犯。①

2）虚假申报。所谓“虚假申报”，是作违反事实的申报。既可以是口头申报，也可以是书面申报；既可以是以自己名义进行申报，也可以是以他人名义进行申报。如当事人双方没有离婚的真实意思，但在形式上假装已经离婚而提出离婚申请的情形，就是这种情况。② 欺骗申报人

① 小野，110页；中森，225页；西田，389页。反对，福田，103页；大塚，477页（申报人成立教唆犯或者帮助犯）。

② 大判大8、6、6刑录25、754，最决平3、2、28刑集45、2、77（假装入股，取得公司登记），最决平17、11、15刑集59、9、147。

而使其作虚假申报的，是本罪的间接实行犯。[①] 基于裁判决定而实施的申报也是申报。公务机关自身是有关登记手续内容的实体法上的权利关系的主体的场合，如，公务机关成为不动产交易的当事人的场合，和买卖当事人双方申请的登记，在实质上没有什么差别，其对公务机关所实施的不动产登记的陈述，就是本罪中的申报。[②] 但是，公务机关作为公权力的主体介入当事人的权利关系而请求登记的场合，不在此限。[③]

3）不实的记载、记录。所谓“不实的记载”，就是将不存在的事实当作存在的事实，将存在的事实当作不存在的事实而加以记载。[④] “不实”必须和所记载事项的重要问题有关。不仅指该事项内容不实的场合，如冒用申报人的名义之类的违反有关申告的真实性的情况也包括在 474
内。[⑤] 所谓“不实的记载”，是输入不真实的情报，在电磁记录上进行记录。

4）着手、既遂时期。本罪的着手时期，是开始对公务员进行虚假的申报的时期，尽管作了虚假申报，但是没有在公证书的原件上进行记载的，就是未遂。既遂时期，就是公务员在公证书的原件以及相当于原件的电磁记录中进行不实记载，以及已经记载了的时候。

5）中间省略登记。中间省略登记不构成本罪。所谓中间省略登记，如在不动产的所有权从甲转移到乙，再从乙转移到丙，实际上经过了数次转移的场合，假装直接将所有权从最初的所有权人（甲）转移给最终的所有权人（丙）一样，将中间的所有权转移省略，进行申请登记，致使登记官按照该意思在登记簿上进行登记的情形。在过去判例将这种情况当作本款规定的犯罪。[⑥] 但是，通说认为，登记还是不登记是当事人的自由，而且，登记只是对抗第三人的要件而已，中间省略登记作为登记自身也是有效的，因此，不构成本罪。

① 大判明 44、5、4 刑录 17、753；袖珍，364 页。
② 最决平元、2、17 刑集 43、2、81。反对。袖珍，364 页；大塚，注释（4），145 页。
③ 大谷实：《判批》，《判例时报》，1321 号，236 页。
④ 大判明 43、8、16 刑录 16、1457。
⑤ 大判明 44、5、8 刑录 17、817。
⑥ 大判大 8、12、23 刑录 25、1491。

（3）故意。本罪的故意，必须是对该申报事项属于虚假情况有认识，并预见到基于该申报，就要在公证书的原件上作不实记载。错误地将客观上符合真实情况的事项认为是虚假事项而进行申报的，不构成本罪。①

3. 许可证书等不实记载罪（第2款）

本罪是对公务员进行虚假申报，致使其在许可证书、执照或护照上做不实记载的犯罪。

（1）对象。本罪的对象是许可证书、执照、护照。所谓“许可证书”，是由公务机关或公务员为了赋予特定人实施一定行为的权利而发行的证明书。医师许可证、驾驶许可证等就属于此。外国人登记证明
475 书，不是赋予进行特定行为的权利的证明，所以，不是许可证书。② 所谓“执照”，是证明已经获得公务机关的许可、登记的证明，已经获得者必须常备、携带。如古董商的许可证、狗的鉴定牌等就属于此。所谓“护照”，是《护照法》中所规定的去外国的许可证。

（2）行为。本罪的行为是对公务员进行虚假申报，致使其在许可证书、执照、护照上做不实记载。接受虚假申报的公务员，必须是对所记载的事实属于虚假情况不知情的人。关于“不实”的意义，参照前述。接受许可证书等的发放的行为，虽然和本罪的行为基本不同，但是，由于该行为当然是本罪中所预定的情况，所以，该行为不再构成其他犯罪。③

七、使用伪造公文、虚假公文等罪

> 使用从《刑法》第154条到前条为止（《刑法》第154条、第155条、第156条、第157条）的文书或图画，或者将前条第1款的电磁记录作为公证书的原件而提供使用的，与伪造或变造该文书或图画，制作虚假文书或图画，和使他人作不实记载或记录的，处

① 大判大5、1、27刑录22、71。

② 东京高判昭33、7、15东时9、7、201。

③ 大判昭9、12、10刑集13、1699。

以相同的刑罚（《刑法》第158条第1款）。

未遂犯，处罚之（同条第2款）。

1. 对象

与对象的性质相对应，可以分为使用伪造诏书罪、使用伪造有印公文罪、使用伪造无印公文罪、使用虚假有印公文罪、使用虚假无印公文罪、使用不实记载公证书原件等罪、供用不实记载公证书罪、使用不实记载许可证书等罪。文书，不要求是出于使用的目的而伪造、变造或不实记载的文书。[①] 另外，关于上述各罪的对象，请参照前述内容。

2. 行为

本罪的行为，是使用或提交。所谓“供用”，是将相当于公证书原件的电磁记录提供给公务机关，置于能够作为公证使用的状态。关于使用，参照前述内容。另外，使用不实记载公证书原件罪中的使用，是使 476
一般公众能够阅览的状态（通说）。[②]

八、伪造私文书等罪

出于使用的目的，使用他人的印章或签名，伪造有关权利、义务或事实证明的文书或图画，或者使用伪造的他人印章或签名，伪造有关权利、义务或事实证明的文书或图画的，处3个月以上5年以下有期徒刑（《刑法》第159条第1款）。

变造他人已经盖印或签名的有关权利义务或事实证明的文书或图画的，与前款相同（同条第2款）。

前两款规定的情况之外，伪造或变造有关权利、义务或事实证明的文书或图画的，处1年以下有期徒刑或10万日元以下罚金（同条第3款）。

1. 意义

伪造私文书等罪，是以伪造诏书、公文以外的文书为内容的犯罪。

---

① 袖珍，379页；大塚，481页。

② 大判大11、5、1刑集1、252。

本罪的形态，和伪造公文罪的场合一样，分为伪造、变造有印私文书罪，伪造、变造无印私文书罪。本罪中的私文书，同公文相比，是属于公众信用程度较低的文书，所以，本罪的法定刑比较低。另外，正如前述，刑法就私文书而言，除了制作虚假诊断书罪（《刑法》第 160 条）以外，不处罚无形伪造。这是因为，对公众信用性的侵害较小。

2. 伪造私文书等罪

本罪是伪造、变造盖有印章或已经签名的私文书的犯罪。

（1）对象。本罪的对象是有关他人权利、义务以及事实证明的文书、图画（私文书、私图画）。公文和私文书的区别在于，制作名义人是私人还是公务机关、公务员。本罪的对象是，制作名义人是私人的私文书中的“有关他人的权利、义务或事实证明的文书或图画”。因为，如果不是有关法律上或交易上的重要文书的话，该种伪造就不可能危害公共信用。

所谓“他人”，是自己以外的、不具有日本国的公务机关或公务员身份的人。因此，外国的公务机关、公务员所制作的文书也是私文
477 书。[①] 他人是自然人还是法人，是否具有法人资格的团体，都在所不问。所谓“他人的”文书、图画，是和他人的制作名义有关的文书、图画。至于谁是保管者，则不考虑。即便是在公务机关保管之下，也不失去其私文书的性质。[②] 所谓有关“权利、义务”的文书，是指以引起权利、义务的发生、存续、变更、消灭的法律效果为目的，以表示意思为内容的文书。权利、义务是公法上的权利、义务还是私法上的权利、义务，在所不问。[③] 如私人间的合同书就属于此。

关于“有关事实证明”的文书的意义，则有若干争议，判例认为，是指足以证明现实社会生活中有争议的事项的文书。[④] 但是，果如此的

① 最判昭 24、4、14 刑集 3、4、541。

② 大判昭 9、10、22 刑集 13、1367。

③ 大判大 11、9、29 刑集 1、505（请求送钱的电报信纸），最决昭 31、12、27 刑集 10、12、27 刑集 10、12、1798（没有记名的定期存款证书）。

④ 大判大 9、12、24 刑录 26、938。

话，文书在某种意义上是和实际社会生活相关的，结果，刑法关于本罪对象以“权利、义务或有关事实证明的文书”为限的宗旨就会被埋没。因此，这里所谓的有关事实证明的文书，应当是用于证明在法律上具有某种意义、在社会生活中具有利害关系的事实的文书，或者说，只限于在更加有限的范围之内，能够对在法律上成为问题的事实起证明作用的文书。[①]

判例中有关事实证明的文书　在最高法院于1994年11月29日的判决（刑集第48卷第7号第453页）中在私立大学入学考试之际，替人代考，在答题纸上的姓名一栏内填写没有参加考试的对方的姓名，以他人的名义答题的事例中，最高法院认为：答案“若被打分，该结果就成为表示参加考试的人的学力资料，以此为基础来判断是否合格，合格者就可以被允许入学，因此，答案是有关参加考试的人的学力的证明，所以，原审法院认为答案是证明‘社会生活中有争议的事项’的文书的理解是妥当的”[②]。另外，大审院于1920年12月24日的判决认为：“所谓证明事实的文书，所要证明的事实并不一限于法律上的事项。只要是对我们在社会生活中具有争议的事项进行证明的文件，就必须看作事实证明文书，对其公共信用要进行保护”。因此，判例虽然认为书画不是文书，即便伪造书画的落款也不构成本罪[③]，但是，记载作画时间、地点的题跋 478
或者说明书画真实性的鉴定文，则是有关事实证明的文书。[④] 另外，东京高等法院于1990年2月20日（高刑集第43卷第1号第11页）的判决中认为，虽说发放“汽车登记事项等的证明”的申请书是“有关事实证明的文书”，但是，该申请书可以是任何人在与本罪的目的、意图无关的意义上制作的文书，因此，以什么名义

① 江家，154页；团藤，293页；大塚，484页；反对，西田，394页。

② 井上，百选Ⅱ（第7版），178页；松原，判例讲义Ⅱ，128页。

③ 大判大2、12、19刑录19、1481。

④ 大判大2、3、27刑录19、423，大判昭元、10、10刑集4、599。

提交该申请书并不重要，没有必要特地以本罪来加以保护。[1]

(2) 行为。本罪的行为是伪造，也就是没有权限却冒用他人名义制作私文书。换言之，虚构名义人和制作人的同一性。只要是没有权限却制作了他人名义的私文书，即便其内容是真实的，也是伪造罪。如债权人擅自制作债务人名义的借条，就属如此。

1) 冒用代理名义。所谓冒用代理名义，如没有代理权、代表权的A以“甲的代理人A”的名义制作文书，或者并不是分行长的A以“甲银行分行长A”的名义制作文书。在这种场合，由于制作人A自身的名义被表示出来，所以，是不是冒用他人名义的伪造成为问题。在该文书的名义人是甲还是A的问题上，以无形伪造说和有形伪造说为中心，出现了多种学说。

问题在于：“甲的代理人A”中的“甲的理人”，是不是仅仅是表示资格的头衔而已？我认为，由于伪造罪的宗旨在于保护公众对文书的信用，所以，谁是名义人，也应当以公众信任什么为基础来决定的。由于代理人形式的文书是将私法上的效果归属于被代理人（委托人）形式的文书（《民法》第99条第1款），该文书作为表示委托人的意思、观念的文书，应当值得信赖，因此，文书中所表示的意思、观念的主体即名义人，应被看作被代理人（委托人）。这样，文书的名义人是甲，冒用甲的代理人这一代理名义制作文书的行为，就应当说是有形伪造（通
479 说）。[2] 在有代理权的人超越代理权制作文书的场合，也是如此。

有关冒用代理名义的学说 无形伪造说认为，不具有甲的代理人身份的A制作表明自己是“甲的代理人A”的文件的时候，“甲的代理人”仅仅是头衔，该冒用代理资格只是伪称资格而已，因此，不是冒用制作名义，而是伪造文书的部分内容的无形伪造。如此的话，该行为就是无形伪造私文书，不能受到处罚，所以，《刑

① 井上，百选Ⅱ，187页；松原，判例讲义Ⅱ（旧版），130页。

② 大判明42、6、10刑录15、738，最决昭45、9、4刑集24、10、1319。盐谷，百选Ⅱ（第7版），186页；松原，判例讲义Ⅱ，130页。

法》第159条第3款中包括了无形伪造私文书的情形在内。[①] 但是，认为《刑法》第159条第3款包括无形伪造的根据也很可疑，另外，为什么只包括本条中所规定的冒用代理资格的无形伪造呢？理由也不清晰。有形伪造说，除了本文的见解以外，还有1）冒用批准名义是伪造本人的批准名义，是有形伪造的见解[②]，2）代理人的表示和代理资格的表示成为一体，是一个制作名义，因此，冒用代理资格是冒用他人名义的有形伪造的见解[③]，3）该文件的名义人不是本人，而是其他具有正当代理权的人，在冒用该人的名义的时候，就是伪造的见解[④]之间的对立，但是，我认为，上述见解之间并没有本质上的冲突。

2）滥用代理权。有代理权、代表权的人，滥用代理权，制作被代理人名义的文书的行为，由于是在其权限范围内实施的，所以，不是冒用名义人的行为，不成立伪造。但是，关于在和被代理人的关系上，是否成立背信罪，存在争议。与此相对，在超出其权限范围的事项上制作委托人名义的文书的场合，由于在越权事项这一点上没有制作权限，所以，不能说是真文书[⑤]，是没有权限却冒用代理名义制作文书的行为。如有限制地保管他人名义的空白委任状的人，没有经过名义人的同意，出于其他目的而在其中记入文字的场合（白纸伪造），就是伪造。[⑥] 在对外关系上，即便是私法上的无效行为，在没有超越代理权限的时候，就不是伪造。[⑦]

滥用代理权和伪造文书　判例最初在公司经理完全是为了自己或者第三人的利益，而制作公司名义的文件的案件中，认为成立伪造私文书罪。之后改变了这一立场，认为在为了自己或者第三人的 480

① 木村，250页。
② 宫本，538页。
③ 植松，155页；福田，96页。
④ 江家，142页。
⑤ 最决昭42、11、28刑集21、9、1277。
⑥ 大判明42、12、2刑录15、1700。
⑦ 最决昭43、6、25刑集22、6、490。

利益而滥用代理权的场合，也不成立伪造私文书罪。[①] 学说上也将这一见解作为通说。

3）冒用头衔。如前所述，伪造是冒用他人名义，虚构人格的同一性，因此，文书中所表示的名义人和制作人之间必须具有不同人格。那么，在文书的制作人在自己的姓名之下附上虚假头衔的场合，该文书是不是伪造的文书？如在并非法学博士的甲野太郎自诩“法学博士甲野太郎”的场合，在从该文书的性质来看，由此而判断出来制作名义人和制作人不是同一个人的时候，由于是没有制作权限而使用他人名义制作文书，所以是伪造文书。但是，由于单纯虚构头衔的行为还不是以“他人名义”制作文书，所以只要制作名义人和制作人之间具有人格的同一性，就应当说具有制作权，因此，是无形伪造而不是有形伪造。与此相对，在根据文书的性质等具体情况，即便姓名同一，但是由于附上了头衔而成为表示别人的情况的场合，就是冒用他人名义，所以，在和冒用代理、代表资格同样的意义上，构成伪造犯罪。

最高法院在居住在大阪的甲明知和自己同名同姓的某律师住在东京，却以该律师头衔进行律师业务，制作律师报酬请求书的案件中，认为：“本案各个文书中所表示的名义人，是东京第二律师协会下属的律师甲，和没有律师资格的被告人是不同的人，这一点是很明显的，因此，应该说，本案中各个文件的名义人和制作人之间不具有人格上的一致性”[②]。我认为，这一判断是妥当的。

资格的冒用 最高法院在2003年10月6日（刑集第57卷第9号第987页）的决定中认为：“伪造私文书的本质在于虚构文书的名义人与制作人之间的人格同一性。”“如果按照涉案文书记载内容和性质等，就应该通过根据《日内瓦公约》有签发国际驾驶执照的权限的团体制作，可以说，这真正奠定了本案文书的社会信用基础，因此，本案文书的名义人应当是‘根据《日内瓦公约》有签发

481 础，因此，本案文书的名义人应当是‘根据《日内瓦公约》有签发

---

① 大连判大11、10、20刑集15、558。

② 最决平5、10、5刑集47、8、7。今井，百选Ⅱ（第7版），194页；松原，判例讲义Ⅱ，125页。

国际驾驶执照的权限的团体即国际旅游联盟’。如此说来，国际旅游联盟根据该条约从缔约国获得签发国际驾驶执照的权限，因此，即使立足于委托被告制作本案文书的前提，被告冒用国际旅游联盟的名义制作本案文书的行为，也是虚构名义人和制作人之间的人格同一性”。

4）名义人的同意。伪造、变造私文书的行为，都是以没有权限却冒用他人名义为内容的，即虚构制作人和名义人的人格同一性。因此，事前得到名义人的同意（嘱托、承诺）而使用其名义的，文书中所表示的意思、观念的主体和制作人之间就具有人格上的同一性，没有虚假，不是冒用他人名义。因此，在经过同意的场合，即便制作文书也不构成伪造文书罪。名义人的同意，既可以是明示的也可以是暗示的，但是必须在制作文书时存在。① 在得到事后承诺的时候是伪造。② 即便是出于违法目的的同意，只要没有冒用制作人的名义，根据该同意而制作的文书就是真文书。

但是，最高法院在因为无照驾车、违反交通规则而被捕的X，在事前得到持有驾驶执照的朋友Y的承诺，在交通事故记录本（罚单）上填写Y的名字的事件中，认为“交通事故记录本中的供述栏，在该文书的性质上，作成名义人以外的人进行填写，在法律上是不允许的，在以他人的名义制作上述供述书的时候，即便事先得到了他人的承诺，也成立伪造私文书罪”③。其根据虽然不一定清晰，但是，从该文书的性质来看，是属于即便有名义人的同意，名义人以外的其他人也不得制作之物，因此，该行为是冒用名义的行为。

在学说上，有i. 既然名义人有承诺，则只要不采用事实说，就不成立伪造罪的见解④；ii. 因为出于违法目的的同意无效，因此，即便是 482

① 东京高判昭50、9、10东时26、9、148。

② 大判大8、11、5刑录25、1064。

③ 最决昭56、4、8刑集35、3、57。城下，百选Ⅱ（第7版），196页；松原，判例讲义Ⅱ，126页。

④ 林，355页；曾根，253页；平川，451页。

站在观念说的立场，也是伪造的见解[①]；iii. 在文书的性质上，因为不可能将责任转嫁给名义人，所以，该同意无效的见解[②]；iv. 在文书的性质上，因为要求必须是自己签名，所以，是伪造的见解[③]之间的对立。

我认为，在“伪造”方面，只要是站在观念说的立场，就不得不说，从形式上看，名义人的意思、观念和制作人的意思、观念是一致的。[④] 但是，在文书的性质上，对所表示的意思、观念的责任不能转嫁，只能由名义人亲自制作即只是预定由名义人亲自签名的文书，即便事先有名义人的同意，由于该名义人不能成为文书的意思、观念的主体，所以，即便是基于同意，该同意是无效的，也应被看作无权冒用他人名义的行为。因此，同意使用自己名义制作文书的人，能够成为本罪的共犯（共同实行犯、教唆犯、帮助犯）。同样的情况，对于找“枪手”替代考试的情况也适用。[⑤] 如在得到A的许诺之后，B出面接受考试，在以A的名义制作答案的时候，在答案的性质上，应当说是A使用自己名义所制作的答案，和有无同意无关，B使用A的名义的行为，就是冒用名义的行为。

与此相对，即便是在旅馆的住宿登记上填写他人姓名，由于在文书的性质上不要求填写真实姓名，所以，该行为不是冒用。

5）常用名的使用。行为人即便使用本名以外的名称（通用名、笔名、雅号、艺名）制作文书，只要该名称在社会上通用，马上就知道是他的时候，不是冒用他人名义。

但是，被告人在因犯盗窃罪而服刑的时候脱逃，之后使用和其表弟相同的姓名生活，因为犯无照驾驶罪，在交通事故记录的供述栏中填写上述签名的案件中，法院认为，即便该姓名碰巧在一定范围内是作为被

---

① 木村，248页；福田，97页。

② 中森，218页；前田，396页；山口，462页。另外，西田，398页。

③ 川端博：《判批》，《判例评论》，410号，228页。

④ 林，355页。

⑤ 东京高判平5、4、5判例泰晤士报828、275。

告人的情况而使用的，也仍然是冒用他人名义。[①] 即便在一定地域通 483
用，但是，在文书的性质上，只要是填写自己以外的人的姓名就是表示别的人的时候，就是名义人和制作人在同一性上的虚构，是冒用名义的行为。

同时，在 X 偷渡进入日本国之后，以具有 25 年以上的合法在住资格的甲的名义生活，而且以甲的名义填写允许出入境申请书的案件中，最高法院认为，“文书的名义人和制作人之间不具有人格的同一性”，构成伪造。[②] 对此判决，有 i. 既然甲这一名称作为识别 X 的标志已经被固定，则在人格的同一性上没有作假，不属于伪造的见解[③]，和 ii. 从允许出入境申请书的性质来看，该文书中所填写的名义人，应当是具有合法的滞留资格的人，因此，行为人的上述行为是和通用名（常用名）的固定程度无关的虚构人格的同一性的行为的见解[④]之间的对立。本案中的允许申请书，在其性质上，很明显，要求使用真名来填写，行为人没有使用本名以外的名义来填写的权限，因此，不使用本名而使用别的名称来填写制作私文书的行为，就是无权而使用本名以外的名义的行为，因此，ii 说的见解妥当。

化名、假名的使用　最高法院于 1999 年 12 月 10 日（刑集第 53 卷第 9 号第 1495 页）[⑤] 对于在他人的履历书中贴上被告人自己的登记照的案件，认为：“从该文件的性质、作用等来看，即便贴上了被告人自己的登记照，但由于文件中所表示的名义人是被告人以外的人的情况是清楚的，因此，应当说，该行为是使名义人和制作人在人格的同一性上产生差异的行为”。因为仅仅根据照片并不能得出人格的同一性，所以，既然冒用了他人名义，就应当说是伪造，因此，这一判决的宗旨值得支持。

---

① 最判昭 56、12、22 刑集 35、9、953。

② 最判昭 59、2、17 刑集 38、3、336。石井，百选Ⅱ（第 7 版），188 页；松原，判例讲义Ⅱ，129 页。另外，东京地判平 10、8、19 判例时报 1653、154（以自己签名为必要）。

③ 林，365 页；曾根，253 页；平川，453 页；松原，450 页。

④ 西田，349 页；中森，218 页；井田，457 页；高桥，530 页。

⑤ 葛原，百选Ⅱ（第 7 版），192 页；松原，判例讲义Ⅱ，132 页。

3. 伪造有印私文书罪

本罪是出于使用的目的，（1）使用他人的印章、签名，伪造有关权
484 利、义务、事实证明的文书、图画，以及（2）使用伪造的他人印章、签名，伪造有关权利、义务、事实证明的文书、图画的行为。

所谓“印章”，就是表示特定人的人格的东西，不包括单纯的记号在内。因为，印章是通过在该文书中的存在来提高文书的公众信用的，因此，要求是具有提高公众信用性质的印章，纯粹只是使用手边存在（具有）的印章的时候，就不是使用他人印章。与此相对，书画的雅号印，不仅用于表示特定人，而且还具有提高公众信用的效果，因此是印章。①“签名”，应限于自己亲自签名的情况。只要是自己亲自签署的，而且是以表现特定人的方式签署的，就是“签名”。只是盖印，或只是签名而已，也行。另外，“伪造他人印章或签名”的行为，可以是行为人亲自实施的，也可以是他人实施的。

> **判例中的签名** 判例也认为，如果能够表示特定人，就是签名。只以片假名写明姓氏的场合②，以商号、屋号、雅号记名的场合③，以盖印代替签名的场合④，让人代笔的场合，或者用印刷记号表示的场合⑤，都是签名。

4. 变造有印私文书罪（《刑法》第159条第2款）

本罪在对他人已盖印或签名的有关权利、义务或事实证明的文书、图画进行变造的场合成立，可处3个月以上5年以下有期徒刑。

关于变造的意义，已如前述。另外，本罪也要求具有使用的目的。

5. 伪造无印私文书罪、变造无印私文书罪（《刑法》第159条第3款）

本罪是伪造、变造证明有关权利、义务或事实但没有盖章或签名的
485 文书的行为。当然也要有使用的目的。无印私文书的例子，有银行的取

---

① 大判大14、10、10刑集4、599。
② 大判明43、1、31刑录16、74。
③ 大判明43、9、30刑录16、1572。
④ 大判昭12、10、7刑集16、1338。
⑤ 大判明45、5、30刑录18、790。

款单、银行的支付单、已经放进信筒的没有签名的文书等。[①]

九、制作虚假诊断书等罪（制作虚假私文书罪）

医师在向公务机关提交的诊断书、检验报告以及死亡证明书中做虚假记载的，处3年以下的监禁或30万日元以下的罚金（《刑法》第160条）。

1. 主体

本罪的主体是医生或者牙科医生。本罪是有关无形变造私文书的规定。医生（包括牙医在内）向公务机关提交的诊断书等文书，是证明有关权利、义务的发生、变更、消灭以及其他法律关系的重要文件，因此，刑法特地将无形伪造应当由医生制作、提交的私文书规定为犯罪。本罪是真正身份犯。由于具有公务员身份的医生在实施本罪的时候，成立制作虚假公文罪，因此，本罪主体，只限于具有《医师法》等规定的医师资格，作为私人而进行医疗行为的人。

2. 对象

本罪的对象，是医生向公务机关所提交的诊断书、检验报告以及死亡证明书。它既可以由医生自己亲自提出，也可以通过其他人提出。所谓“诊断书”，是医生对自己所诊察的结果进行判断之后，制作的对人体健康状态进行证明的文书。所谓“检验书”，是医生对尸体的死因、死期、死去地点等有关事实进行医学上的确认之后，将该结果进行记载的文书。“死亡证明书”，是对死者从生前就实施诊断的医生，在对该人已经死亡的事实进行医学上的确认之后，将该结果进行记载的文书（《医师法》第20条）。

3. 行为

本罪的行为是做虚假的记载。所谓“虚假的记载”，就是违反医学判断或事实而记载结果。本罪只处罚违反自己的认识、判断而制作证明文书的行为。在医生将实际上的真实情况误信为虚假情况而在证明文件

---

① 大判明42、3、25刑录15、318。

486 上记载的时候，由于本罪是为了保护公众对客观真实的信用，因此，该种情况不构成本罪。[①] 刑法条文中虽然没有明确规定必须有使用的目的，但是规定了“向公务机关提出”的字样，所以，成立本罪，必须具有向公务机关提交的目的。

本罪在制作了虚假的诊断书的时候，就成立既遂，不要求已经向公务机关提交。

十、使用伪造私文书、虚假诊断书等罪

> 使用前两条（《刑法》第159条、第160条）中的文书或图画的人，和伪造、变造该文书或图画，或在该文书中做虚假记载的人，按同一的法定刑处罚（《刑法》第161条第1款）。
>
> 未遂犯，处罚之（同条第2款）。

本罪的行为对象是伪造、变造的有关权利、义务以及事实证明的私文书、私图画，以及医生制作的向公务机关提交的有虚假记载的诊断书、检验报告、死亡证明书。是谁伪造、变造的，在所不问。另外，是否具有使用的目的也在所不问。本罪的行为是使用。对于虚假诊断书等而言，向公务机关提交就是使用。

十一、罪数、与其他犯罪的关系

1. 一般标准

伪造文书犯罪的罪数，以伪造文书以及虚假文书的个数为标准来判断。[②] 这是因为，就一个文书而言，具有侵害其公众信用的危险。如一次使用数个文书的话，不管该文书是同一性质的文书还是不同性质的文书（如公文或私文书），都是观念竞合。[③] 问题是，文书的个数该如何确定。学说和判例中，有（1）以被冒用的制作名义的个数为标准来确

---

① 大判大5、6、26刑录22、1179。

② 大判明43、2、24刑录16、313。

③ 袖珍，350页；大判明43、3、11刑录16、429。

定的学说[①]，(2) 以文书自身的件数为标准来确定的学说[②]，(3) 以制作文书的意思个数为标准来确定的学说[③]，(4) 以成为文书内容的事项 487 的个数为标准来确定的学说[④]，(5) 主要考虑作成名义，同时也应当考虑到事项的个数以及被侵害的公众信用的意义的学说[⑤]等之间的对立。

文书的重要性在于，证明社会生活中或法律上成为问题的事实，因此，作为文书内容的事项在社会生活关系或法律关系上是一个事实的时候，就应当看作一个文书，因此，(4) 说妥当。从这种观点来看，本类犯罪的个数和文书自身的个数、制作名义人的人数无关，文书的内容、事项，在社会生活关系或法律关系的观念上被看作一个的时候就是一罪，被看作数个的时候就是数罪。

2. 伪造、变造等犯罪及其使用罪

实施伪造、变造等犯罪的人，又实施使用犯罪的话，具有原因和结果之间的关系，所以是牵连犯。根据该使用行为而实施诈骗罪的话，使用犯罪和诈骗罪之间构成牵连犯（通说）。[⑥] 使用伪造文书的行为，通常和对对方的诈骗行为重复，故有人认为两罪之间是观念竞合。[⑦] 确实，使用中虽然常伴随诈骗行为，但是其并不一定和作为财产犯罪的诈骗罪相关，因此，这种学说不妥。

让他人在公证书原件上作不实记载，准备使用之后，出示该公证书的抄本借钱而犯诈骗罪的，判例认为，上述在公证书原件中作不实记载、使用该有不实记载的公证书以及诈骗行为之间顺次形成牵连关系。[⑧] 但是，在让他人在公证书上作不实记载，准备使用的场合，因为

---

① 宫本，559 页；大判明 42、3、11 刑录 15、205。

② 柏木，244 页；前引大判明 43、2、24。

③ 木村，260 页。

④ 江家，157 页；泷川、竹内，313 页；大判明 44、5、2 刑录 17、722。

⑤ 大塚，465 页；内田，577 页；中森，221 页。

⑥ 大判明 44、11、10 刑录 17、1871，最决昭 42、8、28 刑集 21、7、863。

⑦ 宫本，559 页；植松，146 页；大塚，482 页。

⑧ 前引最决昭 42、8、28。

只有一个行为，所以应当是观念竞合，其和诈骗罪之间成立牵连犯。如对于使用他人的印章、签名伪造委任状，然后使用该委任状，使公务员在公证书原件上作不实记载，之后再使用的，判例认为，该行为构成伪造私文书罪、使用伪造私文书罪、在公证书原件上作不实记载罪以及使
488 用有不实记载的公证书原件罪之间的牵连犯[①]，但是，后二者之间应当是观念竞合，整体上看，应当按照《刑法》第54条第1款后段的规定，作为一罪处理。[②]

十二、非法制作电磁记录罪

> 为使他人错误处理事务，非法制作供该处理事务用的有关权利、义务或事实证明的电磁记录的，处5年以下有期徒刑或50万日元以下罚金（《刑法》第161条之二第1款）。
>
> 前款之罪与应当由公务机关或公务员所制作的电磁记录有关的，处10年以下的有期徒刑或100万日元以下罚金（同条第2款）。

1. 意义

本罪是以非法制作磁盘和集成电路储存器等的电磁记录为内容，在1987年部分修改刑法的时候新设的犯罪。该被修改的规定，和伪造文书的犯罪一样，在处罚非法制作、使用电磁记录行为的同时，区分非法制作、供用私电磁记录罪和非法制作、供用公电磁记录罪两种形态，对后者处罚较重。但是，本罪的实行行为被单一化为“非法制作”，相当于对伪造无形文书的行为也采用了一般处罚的方式，在这一点和伪造文书犯罪有很大的区别。也就是说，对制作虚假私文书的行为一律予以处罚。其理由是，很难像文书犯罪那样以冒用名义的观念来划分处罚范围[③]，但不可否认的是，其处罚范围比文书犯罪大幅扩张。有必要尽量将不受处罚的私人文书制作行为从本罪中排除出去。因此，应将非法制

---

① 大判明42、3、11刑录15、210。

② 大谷，总论，493页及以下。

③ 米泽：《部分修改刑法解释》(1988)，80页。

作宽泛地理解为“违反本来意图的事务处理”，同时，为了限定处罚范围，应当与文书犯罪中的“伪造”一样，将“非法”划分为“没有权限”和“滥用权限”：在非法制作私电磁记录罪中，将“没有权限”制作的场合作为实行行为，而在非法制作公电磁记录罪中，将“没有权限，或滥用权限”制作的场合作为实行行为。为了使处罚正当化，把同一句话解释成不同的意思，缩小处罚范围，是罪刑法定原则允许的解释 489
方法。

2. 非法制作私电磁记录罪（第 1 款）

本罪是非法制作供处理他人事务用的有关权利、义务以及有关事实证明的电磁记录（私电磁记录）的犯罪。

（1）对象。本罪的对象是有关权利、义务以及事实证明的电磁记录。所谓电磁记录，是 1）根据电子方式、磁力方式以及其他凭借人的知觉不能认识的方式所制作的，2）供计算机进行信息处理用的东西。也即，正如利用电子记录方式或利用磁力的磁盘一样，是以凭借人的感官作用对记录的存在和状态不能认定的方式所制作的，并且供电子计算机进行演算、检索等处理情报用的记录。

“处理他人事务”中的“他人”，是指自己以外的人（自然人、法人以及没有法人资格的团体）。所谓“事务”，是指财产上、身份上以及其他能够对他人生活产生影响的一切事情。业务或非业务的，法律的或非法律的，财产上的或非财产上的，都在所不问。所谓“提供使用”，是指具有为处理该事务而使用的性质。

电磁记录，“必须与权利、义务以及事实证明有关”。所谓“有关权利、义务”的电磁记录，是证明和权利、义务的发生、存续、变更、消灭有关的事实的电磁记录。如银行存款原始记录、乘车券等。[①] 所谓“有关事实证明”的电磁记录，是有关法律上或社会生活中的重要事实的证明的电磁记录，如现金卡的电磁条纹部分，会计账册记录等。记录程序的电磁记录自身，不过是有关电子计算机指令的编排记录而已，不

---

① 甲府地判平元、3、31 判例时报 1311、160；松原，判例讲义Ⅱ，135 页。

是这里所说的电磁记录。

（2）行为。本罪的行为是非法制作电磁记录。

关于对“非法”的理解，有1）“没有权限说”和2）“没有权限或
490 者滥用权限”等两种见解的对立。我认为，所谓非法制作，是违背电磁记录制作权人即设置计算机系统，因此而处理一定的事务或意图处理一定的事务的人的意图，无权或者超越权限，按照自己的意愿制作电磁记录。① 判例认为，在马票上的电磁条纹部分印上中奖信息、进行篡改的行为，改变现金卡的电磁条纹部分的存款信息②，改变计算机通信用的主机内的顾客个人数据库③，市政府工作人员在居民票档案中作不实记载的行为④，就是非法制作。无权使用计算机的人输入信息，被计算机的设置、运营主体授权制作电磁记录的事务管理辅助人员超出其权限制作记录的场合，都包括在内。

电磁记录制作权是决定制作什么样的内容的记录的权利，电磁记录制作权人不管制作什么样的内容的记录，都不是非法制作。作为计算机系统的设置、运营主体的个体店主即便出于逃税的目的而在文档中输入虚假的交易数据，也不是非法制作。所谓制作，就是在记录媒体中重新设置电磁记录，包括通过改变、抹去现存的电磁记录而设置新的电磁记录的场合。但是，只是抹去记录的场合，是毁弃电磁记录罪（《刑法》第259条）。

关于制作虚假记录是不是非法制作，“非法”一语是否包含有权限的人制作内容虚假的记录的情况在内，存在争议。⑤ 的确，如果说“非法”也包含“滥用权限”的意思的话，那么，对有权制作电磁记录的人就可能适用非法制作罪。但是，由于本罪完全是出于补充伪造文书犯罪

---

① 团藤，687页；曾根，261页；川端，567页；山中，594页；林，284页。反对，中森，229页；西田，405页；山口，470页。

② 东京地判平元、2、17判例泰晤士报700、279。

③ 京都地判平9、5、9判例时报1613、157。

④ 仙台地判平2、9、11刑事裁判资料273。

⑤ 山口厚：《电磁记录和文书犯罪规定的修改》，ジユリ，885号，8页；中森，254页；米泽，大コン（6），182页。

的目的而增设的，因此，和伪造私文书罪相对应，应当将相当于无形伪造的情形除外。这样，将所谓“非法”解释为“没有权限”的做法是妥当的。[①] 问题是对制作公文性质的电磁记录的处理。根据对象来区分行为形态不仅在规定形式上不妥，而且，实际上，和制作公文性质的电磁 491
记录相比，制作私文书性质的电磁记录更具有处罚的必要性，因此，没有必要特地对无形伪造类型的非法制作进行处罚。

（3）主观要件。本罪是目的犯，除具有故意以外，还必须具有使人错误处理事务的目的。确立这一要件是为了限定本罪的成立范围，特别是为了不处罚无权复制电磁记录的情况而设置的。所谓“使人错误处理事务的目的”，就是妨害他人根据该电磁记录正常地处理事务，使他人偏离其本来意图而实施行为的目的。因此，仅将他人的电磁记录中所记录的数据擅自打印出来的话，就不成立本罪。另外，仅输入和已经储存的电磁记录相同内容的数据，制作出新的电磁记录的行为，也不成立本罪。为了使用银行的自动柜员机而在现金卡的磁条部分加上他人的银行账号，意图使银行在存款单交易中确认资格的时候产生错误的场合，就具有本罪中的“目的”。在仅具有取出现金的目的的场合，因为不能说具有使他人错误处理事务的目的，因此，难说该目的是本罪的目的。

3. 非法制作公电磁记录罪（第 2 款）

本罪的对象，是“公务员或公务机关制作的电磁记录”，是公务机关或公务员为了履行职务而预定制作的电磁记录。如汽车登记文档、专利登记文档、居民登记文档等，就属于此。公电磁记录，社会信用较高、证明力较强，因此，和非法制作私电磁记录罪相比，本罪所受处罚较重。另外，如上所述，对于公文犯罪，也应处罚无权限和滥用权限的制作行为。[②]

4. 和其他犯罪的关系

在非法制作电磁记录之后，又将其打印，制作成文书的场合，可以

① 另外，神山敏雄：《非法制作电磁记录罪》，《刑法基本讲座》，6 卷（1993），250 页。

② 神山敏雄：《非法制作电磁记录罪》，《刑法基本讲座》，6 卷（1993），250 页。

492 构成非法制作电磁记录罪以及伪造文书罪，二者之间是数罪。在将后者考虑为前者的结果的场合，也可以将其看作牵连犯，但是，非法制作和打印行为之间的关系很难说是一般关系。事先非法制作电磁记录，让不知真相的文书制作权人将该内容打印出来并制成文书的场合，成立间接实行犯形态的伪造文书或制作虚假文书罪和本罪之间的数罪。在一次机会输入数个数据的场合，构成几个非法制作罪？要根据所制作的记录的个数来认定。记录的个数，根据成为记录内容的事项的个数来确定。

十三、供用非法制作的电磁记录罪

出于使他人错误处理事务的目的，将非法制作的有关权利、义务以及事实证明的电磁记录，提供给他人进行处理事务之用的，和非法制作该电磁记录的人，按照同一的法定刑处理（《刑法》第161条之二第3款）。

未遂犯，处罚之（同条第4款）。

1. 意义

本罪是将非法制作的有关权利、义务以及事实证明的电磁记录，出于使他人错误处理事务的目的，而提供给他人处理事务之用的行为。本罪和非法制作该电磁记录的犯罪作同样处罚，并处罚未遂犯的规定。因此，本罪分为供用非法制作的公电磁记录罪（10年以下徒刑或者100万日元以下罚金）和供用非法制作的私电磁记录罪（5年以下徒刑或者50万日元以下罚金）两种形态，前者比后者受处罚要重。

2. 对象

本罪的对象是非法制作的有关权利、义务以及事实证明的电磁记录。是不是提供的行为人自己制作的电磁记录，在所不问。又，即便不是出于使他人错误处理事务的目的而制作的也行。在对象是有关公电磁记录的场合，就是供用非法制作的公电磁记录罪；在与私电磁记录有关
493 的场合，就是供用非法制作的私电磁记录罪。

3. 行为

本罪的行为是将电磁记录供他人处理事务之用。该行为相当于伪造

文书犯罪中所说的“使用”，但是，“使用”一般用于以人为对象的场合，而本罪针对使用电子计算机处理他人的事务的场合，因此，使用了“提供”一语。所谓提供，就是为了处理他人事务，将非法制作的电磁记录放在使用该记录的电子计算机中，使其处于能够使用的状态。提供行为的着手就是开始实施提供行为的时候，将非法制作的电磁记录放在该系统中达到能够被使用的状态的时候，就是既遂。

4. 主观要件

本罪也以具有“使他人错误处理事务的目的”为要件。其和《刑法》第 161 条之二第 1 款中的规定意义一样。之所以除了要求对非法制作有认识，还要求具有该种目的，是因为即便是非法制作的东西，如果内容真实的话，就不能对证明动能造成损害，所以，对这种场合仍然不能处罚。

5. 未遂犯

对于供用非法制作的电磁记录罪，和伪造文书犯罪一样，也处罚未遂犯。这是因为，如果将非法制作的电磁记录置于可以用来处理他人事务的状态的话，不用经过人的识别，就能被机械地处理，因此，发生实际危害的可能性比较大。其典型例子是，行为人意图将磁力部分属于非法制作的现金卡插入自动柜员机，但由于其举止受到怀疑而没能插入的场合。①

6. 罪数和与其他犯罪的关系

关于罪数：首先，非法制作电磁记录罪和供用犯罪之间，毫无疑问地构成牵连犯。其次，在非法制作现金卡的磁条部分，一周大约使用三次，每次大约取出 100 万日元的场合，制作磁条部分的行为就构成非法
制作电磁记录罪，三次提供的话就是三个供用罪，提供罪和非法制作罪 494
之间构成牵连犯。另外，由于提供而取出现金，成为盗窃，供用罪和盗窃罪之间构成牵连犯，三个盗窃罪也由于是非法制作罪的牵连犯，所

① 鹤田六郎、横帛裕介：《刑法等部分修改法概说（3）》，《警察学论集》，40 卷 10 号，206 页。

以，总体上将其作为科刑上的一罪加以处罚。①

那么，在将从计算机上检索到的他人名义的银行账号印制在自己名义的存折的磁条部分，将该存折插入银行的自动柜员机，取出现金的场合，该如何认定？由于检索数据的行为是不可罚的不法获取情报的行为，所以，成立往磁条部分印磁的非法制作罪、将磁卡往自动柜员机中插入的供用罪、取出现金的盗窃罪，各罪之间构成牵连犯。虽然供用犯罪和盗窃罪看起来是一个行为，但是，应当将占有现金的取得行为看作和供用行为不同的行为。

第三节　伪造有价证券的犯罪

一、概说

1. 意义

伪造有价证券的犯罪，是出于使用的目的而伪造、变造有价证券，或在有价证券中作虚假记载，或使用、交付、运输伪造、变造的有价证券或含有虚假记载的有价证券的行为。《刑法》，关于伪造有价证券的犯罪，规定了（1）伪造有价证券等罪（第162条第1款），（2）在有价证券中作虚假记载罪（同条第2款），（3）使用伪造的有价证券罪（第163条第1款），（4）上述犯罪的未遂罪（同条第2款）。伪造有价证券的犯罪，以对有价证券的公众信用为保护法益。

2. 和货币类似

由于有价证券是文书的一种，所以，可以将伪造有价证券的犯罪看作伪造文书罪的特别罪；另外，有价证券是财产权的体现，在可以流通方面具有货币的机能，因此，有的教科书将这种犯罪放在伪造有价证券

① 大谷，总论，493页及以下。

罪和伪造文书罪的中间位置上进行论述[①]，《草案》（第二编第十七章） *495*
也是这样处理的。但是，在本书中，按照兼顾了伪造文书犯罪和伪造货币犯罪的两面性的特征的现行法的排列顺序来讲述。另外，在有价证券中，虽然也包括邮政汇款凭证或公债证书之类的具有公文性质的东西，同时也包括公司证券之类的具有私文书性质的东西在内，但是，由于无法从公信力的角度将二者加以区别，因此，《刑法》着眼于二者具有的有价证券的特征，规定在同样的法定刑之下予以处罚。另外，考虑到有价证券的货币性质，有必要和货币的场合一样，在国际范围内予以取缔，因此，即便对外国人的国外犯也能够适用本刑法（《刑法》第2条第6项）。

伪造有价证券的特别犯罪　特别法中规定的犯罪，有《有关伪造、变造以及仿造外国流通的货币、纸币、银行券、证券的法律》中的第1条到第6条，《取缔仿造货币以及证券的法律》中的第1、2条，《取缔与纸币类似的证券的法律》中的第1、2条，《印花犯罪处罚法》中的第1条到第3条，《取缔仿造印花等的法律》中的第1、2条等所规定的各种犯罪。另外，《草案》新设了伪造、使用印花、邮票罪（第222条）。

二、伪造有价证券罪等罪

出于使用的目的，伪造、变造公债证书、政府证券、公司的股票以及其他有价证券的，处3个月以上10年以下有期徒刑（《刑法》第162条第1款）。

1. 对象

本罪的对象，是在我国国内发行或流通的公债证书、政府的证券、公司股票以及其他有价证券。[②]

1）有价证券的意义。有价证券制度，是指通过作为有体物的证券将不能被感知的无形财产权的存在明确、显现出来，在保持、转移、行使

① 团藤，257页；平野，258页；大塚，422页；内田，555页；冈野，255页；西田，357页；前田，360页。

② 大判大3、11、14刑录20、2111。

该权利时，以占有该证券为必要，从而实现交易的便利和安全的制度。

所谓“有价证券”，是将财产权利在证券上加以表示，在被表示的
496 权利的行使以及处分上，必须具有对证券的占有。[①] 有价证券也是文书的一种，所以，被伪造的有价证券中必须具有名义人的存在。被表示的财产权，可以是债权（票据、支票等）、物权（提货单等），也可以是其他权利。表示的方式，有无记名方式（商品券等）、记名方式（票据、支票等）、指名式（记名债券等）。另外，是不是法律上所要求的一定形式（票据、支票等），在所不问。在按照该证券中所表示的权利使用、处分有价证券的场合，必须持有该证券。在这一点上有价证券和其他证券不同。如有在一定场合下，即便不持有，但能证明是正当权利人的话，就能够使用的证券，那这种证券是免责证券而不是“有价证券”。

所谓“公债证书”，是由国家、地方公共团体发行的，证明国家或地方公共团体承担债务（国债、地方债）的证券。所谓“政府证券”，是以政府名义发行的有价证券，如大藏省（日本财政部——译者注）证券、邮政汇兑凭证等。所谓“公司股票”，是股份有限公司发行的表示股东地位的有价证券。“其他有价证券”，除了在商法上作为有价证券的票据、支票、提货单等之外，还有火车票、奖券、马票、自行车赛的奖票、商品券、入场券等。[②] 但是，只限于在我国发行并且流通的有价证券，不包括在外国发行、流通的有价证券在内。另外，由于本罪是对在我国发行、流通的有价证券的公共信用进行保护的，因此，在外国发行但在本国流通的有价证券，以及在我国发行但在外国流通的有价证券，都是本罪的对象。[③]

有价证券是不是要有流通性？有判例认为必须有，但是，刑法之所以将有价证券和其他证券区别保护，与其说是由于考虑其流通性，还不如说由于更看重其是表示财产权的证券这一点，因此，即便没有流通

---

① 大判大5、5、12刑录22、732，最判昭32、7、25刑集11、7、2037。

② 大判大3、11、14。

③ 最判昭28、5、29刑集7、5、1171（事实上在日本国内流通的外国银行所发行的外国贸易支付票）。

性，也能成为刑法上的有价证券。 497

不是有价证券的东西　合同书，邮政存款存折，无记名存折①，货物寄托凭证，存鞋用的凭证，高尔夫球俱乐部入会保证金预付款凭证②，都不是有价证券。另外，已经交纳赋税的证明、邮票也不是有价证券。伪造这些东西的，根据《印花犯罪处罚法》《邮政法》等的规定进行处罚。

2）电话卡的有价证券性。所谓电话卡，是作为支付日本电报电话公司所设置的磁卡电话机的费用的方式之一，由日本电报电话公司所发行的磁卡的一种。在名片大小的卡的背面的磁条部分，含有可以利用的次数等情报。

第一，问题。对电话卡背面的磁条部分所含有的利用次数做手脚，将能够利用的次数从 50 改为 105，然后贩卖被改动的电话卡的行为，构成什么罪？首先，篡改作为电磁记录的磁力部分的行为构成非法制作电磁记录罪（《刑法》第 161 条之二第 1 款），如果使用该电话卡的话，就构成供用非法制作的电磁记录罪（同条第 3 款），同时构成使用电子计算机诈骗罪（《刑法》第 246 条之二），这些都没有问题，问题是：对告知他人是被篡改过的电话卡，尔后卖给他人的行为该如何处理？《刑法》第 161 条中如果规定有交付罪的话，就不存在问题，但是，由于没有规定这一犯罪，所以，就存在是否适用伪造有价证券的犯罪的问题。关键在于：1）电话卡是不是有价证券？2）篡改磁条部分的情报的行为是不是伪造、变造有价证券？3）将被篡改的电话卡在电话机中使用的行为是不是使用？

第二，有价证券性。关于电话卡是不是有价证券，有 i. 只要是财产权的凭证，就是有价证券，因为电磁记录也能成为有价证券，所以，白卡* 也是有价证券的磁条部分说③，ii. 既然有价证券是文书，而电磁

---

* 刻有电磁记录部分，能够在公用电话机上使用，但是，没有写明制作发行该卡的名义人的卡。——译者注

① 最决昭 31、12、27 刑集 10、12、1798。

② 最决昭 45、12、22 刑集 34、7、747。

③ 古田佑纪：《判批》，《研修》，95 号，41 页。

记录不是文书，那么，就只有卡上的记载部分是有价证券的文书性说①，iii. 两者合为一体，成为有价证券的一体性说②之间的对立。判例中，尽管有的下级法院的判例认为电话卡不是有价证券，但是，最高法院认为，从电话卡的磁条的情报部分和其表面上的记载以及外观的整体
498 来考虑的话，可以说，接受电话服务的财产性权利在该电话卡上已被表示出来，将该卡插入磁卡公用电话机的行为，就是使用，因此，将电话卡理解为有价证券是妥当的。③ 也即采用了一体说的见解。

我认为，将财产权具体化的是电话卡的磁条部分，在此意义上讲，磁条部分说是妥当的，但是，考虑到伪造有价证券犯罪是对公众信用的犯罪，应当说，必须具有达到使一般人误认为真实的有价证券程度的外观，所以，在结局上，主张磁条部分和可视、可读部分结合成一体而成为有价证券的一体说妥当。但是，如后所述，根据2001年的《刑法》修改而增设的有关支付用卡电磁记录的犯罪（《刑法》第十八章之二）已在立法上解决了这个问题。

> **贴上了透明胶的电话卡**　对即将使用完毕的电话卡进行篡改，即将打孔的部分用胶布贴上，使之成为能够通话105次的电话卡，但是从该卡的外观上看，一眼就能看出是假卡的行为，名古屋地方法院在1993年4月22日（判例时报第840号第234页）的判决中认为，"如果是一眼就能看出是非法制作的卡的话，就不可能危害社会一般人对电话卡的信用，"因此，不成立伪造有价证券罪。相反地，东京高等法院在1994年8月4日（判例时报第1524号第151页）的判决中，对于同样的行为，认为该卡达到了足以使一般人误信为真正的电话卡的程度，所以，成立本罪。从一体说的角度来看，前者的结论是妥当的。④

---

① 团藤，259页；中森，208页；西田，336页；山中，602页。

② 大塚，425页；冈野，257页；前田，498页。

③ 最决平3、4、5刑集45、4、171；松原，判例讲义Ⅱ，136页。

④ 反对，前田，426页。

2. 行为

本罪的行为是出于使用目的而伪造、变造有价证券。

（1）伪造。所谓伪造，就是冒用他人名义制作有价证券。被伪造的有价证券，在形式、外观上只要达到足以使一般人误认为是真实的有价证券的程度就够了。例如，正像没有背书的连续票据一样，即便不具备法律上的有效形式、要件也可以。冒用他人名义制作没有记载出票地的期票的场合[1]，越权制作他人名义的有价证券的场合[2]，银行的董事长 499
或总经理对与银行业务无关的事项在票据上进行背书并盖上银行的印章的场合[3]，都属于伪造。与此相对，有代理权、代表权的人，在其权限内滥用职权制作有价证券的场合，即便是为了自己或第三人的利益而实施，也不是伪造。[4]

在被伪造的有价证券上，原则上必须记载制作名义人，但是，如果达到足以使一般人误认为是真实的有价证券的程度的话，即便没有记载制作名义人，或者记载了虚构的人的名义的，也是伪造。另外，和伪造文书犯罪不同，本罪中不存在有印、无印有价证券的差别。因此，不冒用他人印章、签名而伪造有价证券的，也构成本罪。问题是：冒用他人印章、签名而制作有价证券的场合，除构成本罪之外，是不是还构成非法使用印章罪？对于伪造有价证券的行为，当然可以预想到冒用他人印章的情况，所以，上述行为被本罪所吸收，不再构成其他犯罪。[5]

冒用虚构的人的名义　最高法院于 1955 年 5 月 25 日（刑集第 9卷第 6 号第 1080 页）在以虚构的人的名义开出期票的案件中，认为，“本来，伪造票据之类的具有流通性的有价证券的行为，只要具有出于使用的目的，达到外观上足以使一般人误认为是真正的有价证券的程度的伪造的话，即便该证券的名义人是不存在的虚构的

① 大判明 35、6、5 刑录 8、6、42。

② 最决昭 43、6、25 刑集 22、6、490；桥田，百选Ⅱ（第 7 版），198 页；松原，判例讲义Ⅱ，138 页。

③ 大判明 43、4、19 刑录 16、663。

④ 大判大 11、10、20 刑集 1、558。

⑤ 大判明 42、2、5 刑录 15、61。

人，或者其中所记载的事项只有一部分是真实的，也成立伪造”。

（2）变造。所谓变造，就是没有权限的人，在真实有效的他人名义的有价证券上进行非法变更。变造必须制造出达到足以使一般人误认为是真实的有价证券的程度的外观和形式。但是，对有价证券的本质部分进行变更的话，就是制作新的有价证券，是伪造。如将他人签发的票据
500 的签出日期或收受日期进行变更①，将以他人名义发出的支票的金额数字进行更改②，将电话卡的可使用次数信息进行非法更改③，都是变造。反之，对因过期而无效的车票进行增减变更，使其好像是重新有效一样的行为就是对其本质部分的变更，属于伪造。④

3. 主观要件

本罪是以“使用目的”为要件的目的犯，除须具有故意之外，还必须具有使用目的。所谓“使用目的”，就是作为真正的有价证券加以使用的目的。不要求具有使他人流通辗转该有价证券的目的。⑤ 只要意识到其可能被误以为是真实的有价证券，就可以说具有使用目的。⑥ 即便是出于让他人使用的目的也行。⑦ 出卖被篡改的电话卡的行为，是不是出于“使用目的”的“交付”，成为问题。尽管判例对此持肯定态度⑧，但由于增设了《刑法》第163条之二，所以，这个问题在立法上被解决了。

三、在有价证券中作虚假记载罪

出于使用的目的，在有价证券中进行虚假记载的，和前款（《刑法》第162条第1款）同样处理（《刑法》第162条第2款）。

---

① 大判大3、5、7刑录20、782。
② 最判昭36、9、26刑集15、8、1525。
③ 前引最决平3、4、5。
④ 大判大12、2、15刑集2、78。
⑤ 大判大14、10、2刑集4、561。
⑥ 最判昭28、12、25裁判集刑90、487。
⑦ 袖珍，385页。
⑧ 前引最决平3、4、5。

1. 对象

本罪的对象是有价证券。不要求是私法上有效的有价证券，只要是具有达到足以使一般人误认为是真实的有价证券的程度的外观、形式的物就可以了。

2. 行为

本罪的行为是在有价证券上进行虚假记载。

所谓“虚假记载”，本来是指记入违反真实的事项。关于其意义，判例和通说之间有尖锐的对立。判例认为：所谓虚假记载，是指在有价证券中，违反真实，进行记载的一切行为；既可以是使用自己名义进行 501
记载，也可以是使用他人名义进行记载。但是，在冒充他人的名义制作有价证券的场合，即在有价证券的发行或签发之类的基本的证券行为上作虚假记载的话，构成伪造有价证券，因此，只有实施有关背书、承担、保证等伴随的证券行为的场合，才是虚假记载。[①] 反之，通说认为，虚假记载就是具有制作权限的人在有价证券上进行内容虚假的记载，因此，不仅是伴随的证券行为，即便是基本的证券行为，也能成立虚假记载。

判例和通说的差别在于，在没有权限的人在基本的证券行为上进行虚假的记载的场合，成立的是伪造有价证券还是虚假记载。由于对上述两种情况都是在同一法定刑之下进行处罚，无论适用于上述哪一种情况，在本质上都没有差别，因此，要解决这一问题，不过分地说，只能以何者在理论上更为明快来判断。[②] 在此问题上，通说主张的根据有无制作权限来区别有形伪造和无形伪造的见解在本罪中也能得到贯彻，认为虚假记载就是具有制作权的人以自己的名义在有价证券上记载不真实的事项。这一点，和主张冒用他人名义在伴随的证券行为上进行虚假记载的话，就是虚假记载罪的判例见解相比，应当说，更为明快。[③]

---

① 大判大 12、12、10 刑集 2、942，最决昭 32、1、17 刑集 11、1、23。木村，274 页；袖珍，390 页；西原，299 页；藤木，159 页；内田，556 页。

② 团藤，263 页。

③ 大塚，431 页。

因此，所谓虚假记载，就是具有制作权限的人以自己的名义，违反事实，记载使文书作为有价证券而发生效力的事项的行为。它既可以是有权在现存的有价证券上进行记载的人的虚假记载，也可以是有制作权的人重新制作虚假的有价证券。另外，按照这种见解的话，在伪造的有价证券中进行虚假记载的话，不构成本罪，而是构成伪造有价证券罪的问题，因为，对于伪造的有价证券而言，不可能存在有权记载使文书作
502 为有价证券发生效力的事项的权限人。

3. 目的和罪数

本罪也是以使用目的为要件的目的犯。目的的内容，和伪造有价证券的场合一样。出于使用的目的“伪造”他人名义的期票，之后在背书栏里冒用他人名义进行虚假记载的场合，通过概括性的评价，只构成伪造有价证券罪一罪。[①] 欺骗制作权人，使其制作违反事实的有价证券的行为，是虚假记载罪的间接实行犯。[②]

四、使用伪造的有价证券罪

使用伪造或变造的有价证券以及有虚假记载的有价证券，或者出于使用的目的而将上述证券交付他人，或者进口的，处3个月以上10年以下有期徒刑（《刑法》第163条第1款）。

未遂犯，处罚之（同条第2款）。

1. 对象

本罪的对象是伪造、变造的有价证券或有虚假记载的有价证券。关于其意义，参见前述内容。另外，伪造、变造、虚假记载的有价证券，是否由行为人亲自伪造、变造或虚假记载，在所不问。另外，是否出于使用的目的而伪造、变造或进行虚假记载，也不考虑。

2. 行为

本罪的行为是使用，以及出于使用的目的而交付他人或进口。

---

① 最决昭38、5、30刑集17、4、492。

② 大判大8、2、12刑录25、100。

所谓“使用”，就是将伪造的有价证券作为真实的有价证券，或者将有虚假记载的有价证券当作真实记载的有价证券加以使用。① 没有必要像伪造货币犯罪一样，要求其被置于流通领域。为了向亲友炫耀而将伪造的支票交付给不知情的他人的行为也是使用，为了让他人打折而出示伪造的有价证券给他人看的行为也是使用。② 善意取得伪造的支票的人，在得知系伪造之物以后，为了请求兑现而对真实的背书人、接受人出示该支票的行为，虽然符合本罪的构成要件，但是由于请求兑现的是自己的权利，所以，在此限度之内排除违法性。③ 使用，在将伪造的有 503
价证券置于一般人能够认识的状态之下的时候，就是既遂，不要求他人实际上有认识。

所谓“交付”，就是向不知情的他人告知是伪造、变造或有虚假记载的有价证券之后而转移占有，或者向知情的他人转移该占有。有偿还是无偿，在所不问。在伪造的共犯人之间即便有授受的行为，也不是交付。④ 但是，为了在共谋使用的人之间进行使用而授受该物的，就是交付。关于进口（输入），参见伪造货币犯罪中的有关内容。

3. 目的

本罪中的交付、进口，必须出于使用的目的。所谓“使用目的”，就是将伪造、变造或有虚假记载的有价证券作为真正或内容真实的有价证券进行使用的目的。在交付的场合，有使第三人或被交付者使用的目的。被交付者实际上是否使用，和本罪的成立无关。

4. 罪数

在犯伪造有价证券罪的人又犯本罪的场合，分别构成独立的犯罪，成立牵连犯。⑤ 本罪和诈骗罪之间也是牵连犯。另外，本条规定的犯罪只在对象为有价证券的场合成立，在一次使用或交付数个有价证券的场

① 大判明 44、3、31 刑录 17、482。
② 大判昭 13、12、6 刑集 17、907。
③ 大判大 3、11、29 刑录 20、2277。
④ 大判昭 6、3、16 评论 20，刑诉 106。
⑤ 大判明 43、11、15 刑录 16、1941。

合，就是观念竞合。① 进口之后使用的话，也是牵连犯。

第四节　有关支付用卡电磁记录的犯罪

一、概说

1. 意义

以信用卡、增值卡等电磁记录为构成要素的支付用卡，近年来在国
504 民中间迅速普及，作为现代社会当中代替现金的支付手段，具有类似于货币以及有价证券的社会机能。另外，近年来，在用卡之际，使用电子机械秘密获取卡上电磁记录信息，大量制作其复制品后购入商品的行为正在国际范围内实施（侧录）。这些伪造支付用卡的不当行为的积聚增加，成为动摇支付用卡的社会信用的深刻社会问题。

但是，由于窃取电磁记录信息自身历来是不可罚的，因此，持有伪造或者变造的磁卡或者仅仅窃取磁卡中的信息的行为都是不可罚的，对磁卡的真正性的社会信用就难以确保，这些已经为人们所诟病。现行法将信用卡作为私文书或者电磁记录，相反地，将增值卡看作有价证券。本来，它们作为支付用卡的社会机能是相同的，然而在其伪造等的处罚上并不统一。这种情形是否合理，也成为问题。

以这种形势为背景，从保证支付用卡的真实性，保障社会系统的公共信用的角度出发，2001年《刑法》进行了修改（2001年法律第97号），新增加第十八章之二“有关支付用卡电磁记录的犯罪”，增设了（1）非法制作支付用卡电磁记录等罪（第163条之二），（2）非法持有电磁记录卡罪（第163条之三），（3）非法制作支付用卡电磁记录准备罪（第163条之四）。

2. 保护法益

本罪的保护法益是使用支付用卡进行支付的系统的公共信用。这里

① 大判昭7、6、30刑集11、911。

所谓的“支付用卡”，是在购入商品、提供服务时候，作为支付对价的现金的替代的支付体系中的磁卡。现在的支付用卡有信用卡（现金后面支付）、借记卡（从存款中当即划拨支付）、增值卡（现金先行支付）等。没有支付机能的计点卡、借贷卡等不包括在内。

有问题的是借记卡。多数现金卡具有从存款中当即划拨支付即银行
卡的机能，但不具有这种机能，仅仅具有付还存款机能而已、纯粹的现 505
金卡，由于不具有支付用的电磁记录，所以，按照本来的道理，其不是本罪的对象。但是，借记机能不是现金卡自身所有的，而是后来所附加的，因此，具有借记机能的磁卡和没有借记机能的磁卡通过电磁记录完全识别不出来。因此，如果说纯粹的现金卡不被包含在内的话，在误以为具有借记机能的磁卡是纯粹的现金卡而进行复制的时候，结局上就是没有故意，就不能实现对具有借记机能的支付用卡的真正保护。所以，纯粹的现金卡也必须为本罪的对象。从这种背景出发，《刑法》规定了第 163 条之二第 1 款后段（“取款卡”）。

二、非法制作支付用卡电磁记录等犯罪

> 出于扰乱他人处理财产事务的目的，非法制作供处理事务用的信用卡以及其他供支付价款和费用的磁卡的电磁记录的，处 10 年以下徒刑或者 100 万日元以下罚金。非法制作储蓄金支取卡的电磁记录的，同样处理（《刑法》第 163 条之二第 1 款）。
>
> 出于上款的目的，将非法制作的前款中的电磁记录，用于为他人处理财产上的事务的，和前款同样处理（同条第2款）。
>
> 出于前款的目的，将印有非法制作的第 1 款的电磁记录的磁卡，进行转让、借与或者走私进境的，和前款同样处理（同条第 3 款）。
>
> 未遂犯，处罚之（《刑法》第 163 条之五）。

1. 非法制作支付用卡电磁记录罪（《刑法》第 163 条之二第 1 款）

（1）意义。本罪是以非法制作供财产上处理事务时使用的电磁记录中的信用卡等的对价或者费用的支付用卡为构成要素的犯罪，是和非法

制作电磁记录罪（第161条之二第1款）中的“构成支付用卡的电磁记录”有关的特别规定。因此，成立本罪的时候，就不成立非法制作电磁记录罪。另外，考虑到支付用电磁记录卡具有仅次于货币和支票等有价证券的社会机能，这种犯罪的法定刑的上限和伪造有价证券罪的上限相同，都是10年。此外，考虑到可能存在一些情节轻微的案件，作为选择，也规定了罚金刑。

506 (2) 对象。本罪的对象是供处理财产事务用的电磁记录，是构成支付用卡的电磁记录以及构成取出存款用卡的电磁记录。所谓“构成支付用卡的电磁记录”，是将在支付系统中供处理事务用的信息，以电磁的形式在所规定的卡中记录下来。具体来说，其是构成信用卡、借记卡、增值卡等的构成要素的电磁记录。因此，供户籍等身份上的事务处理之用的情形不包括在内。由于对象是电磁记录，所以，不要求具有正规支付用卡的外观，所谓白卡之类的明显和正规支付用卡在外观上不同的东西，只要处于机械能够处理的状态，就是本罪的对象。

所谓“取出存款用卡”，就是邮局、银行等金融机构所发行的和存款有关的现金卡。正如前述，考虑到取出存款用卡多半具有当即决定划拨支付机能即具有作为借记卡而履行支付结算的机能，刑法特地将其和支付用卡一样对待。因此，和储蓄金以外的金钱交易有关的借贷卡等，不在本卡的范围之内。

(3) 行为。本罪的行为是非法制作构成支付用卡的电磁记录。所谓“非法制作”，就是无权而制作出能够作为支付用卡即正规磁卡处理信息的状态。如将秘密获取的磁卡信息印在卡板上，就是如此。当电磁记录和卡板成为一体的时候，就达到既遂。由于只要电磁记录和卡板成为一体就足够了，因此，在卡板上什么也没有记载的场合，也是制作出。

(4) 主观要件。本罪是目的犯，除须具有故意之外，还必须具有“使他人在财产的处理上出错的目的”。这种所说的“目的”，是使用非法制作的电磁记录，使他人在财产的处理上出错的目的。如出于退还现金的目的而非法制作支付用卡的场合等，在以支付结算以外的财产事务处理为目的的时候，也是本罪的目的。但是，作为身份证明的替代而使用的场合，就不包含在内。

（5）未遂罪、与其他犯罪的关系。本罪的既遂时期，是在电磁记录 507
和卡板成为一体，可以用于机械地处理事务的时候。将秘密窃取的用卡信息印到了卡板上，但没有达到能够处理事务的状态的时候，就是未遂（《刑法》第 163 条之五）。但是，出于制作支付用卡的目的而获取或者保管信息的场合，或者仅仅持有卡板的时候，就不是未遂，而是后述的持有非法制作的电磁记录卡罪（《刑法》第 163 条之三）以及准备非法制作支付用卡电磁记录的犯罪（《刑法》第 163 条之四）。

本罪是以把电磁记录和原始的卡板一体化，非法制作出支付用卡行为为内容的犯罪，因此，其是以处罚仅仅非法制作出电磁记录的非法制作公电磁记录、私电磁记录罪为一般法的特别罪，二者之间是法条竞合的特别关系。观念竞合也是可以考虑的，但由于本罪是以非法制作电磁记录罪为一般法而特别设计出来的，因此，视为法条竞合的特别关系更为妥当一些。另外，有判例认为，伪造、变造电话卡等增值卡的行为构成伪造有价证券罪[①]，但既然有关磁卡的电磁记录成立本罪，那么，应当说还是仅仅成立本罪。[②] 判例，正如前述，认为“从电话卡的电磁信息部分以及卡面上的记载和外观成为一体的情况来看，可以说，接受所提供的电话服务的权利已经在卡面上表示出来，并且，在将其插入卡式电话机的时候就能加以使用，因此，电话卡就是有价证券”[③]，即将电磁记录和卡的外观部分合为一体观察，考虑有无有价证券的性质。如此说来，由于电话卡也是支付用卡的电磁记录，因此，这种改变对本罪也应当适用，判例当中，或许会优先适用伪造有价证券罪，但对该判例结论，根据 2001 年的刑法修改，应当修正。

在 2001 年的刑法修改当中，增值卡等支付用卡是在公用电话机等机械
上使用的，这里，重要的要素是电磁记录，对其篡改、非法制作的，要以 508
《刑法》第 163 条之二以下的内容加以规制。同时，考虑到存在被害的数额

① 最决平 3、4、5 刑集 45、4、471。
② 井上宏：《“部分修改刑法的法律”概要》，《现代刑事法》，30 号，66 页。
③ 前引最决平 3、4、5。

很小的场合，法定刑当中规定了罚金刑，因此，对于非法制作、提供电话卡等支付用卡电磁记录的行为，今后就要适用《刑法》第 163 条之二了。在此意义上，就这种卡而言，判例所主张的依一体性说的判断方式被改变，同时，有关电话卡的一系列争论，在本次的修改当中，也被终结。

2. 供用非法制作的电磁记录卡罪（《刑法》第 163 条之二第 2 款）

（1）意义。本罪是对将非法制作的支付用卡提供给他人用于财产事务处理的场合，按照与非法制作该卡的场合同样的法定刑处理，而且一并处理未遂犯的规定。

（2）对象。本罪的对象是被非法制作的支付用卡电磁记录。不要求是提供者自己亲自制作的，也不管是不是出于误导他人财产事务处理之目的而制作的。

（3）行为。本罪的行为是将被非法制作的支付用卡电磁记录用于处理他人财产事务。所谓“用于”，相当于“使用”，但使用一般指以人为对象。为了明确是在计算机上进行机械处理这一点，刑法用了“用于”一语。所谓提供，就是将非法制作的支付用卡电磁记录用于处理他人的事务，如将现金卡在自动柜员机上使用。

（4）主观要件。本罪必须以“误导他人财产事务处理”为目的。意思是，即便认识到是非法制作的，但没有这种目的的话，也不能说具有达到值得处罚程度的违法性。

（5）未遂罪、与其他犯罪的关系。本罪处罚未遂犯。在将非法制作的电磁记录卡置于能够用于处理他人财产事务的状态的场合，由于不经过人的识别就会被机械地加以处理，所以，具有很大的发生实害的危险。本罪和制作罪（《刑法》第 163 条之二第 1 款）一样，是《刑法》
509 第 161 条之二第 3 款规定的供用非法制作的电磁记录罪的特别规定，因此，成立本罪的时候，就不成立供用非法制作的电磁记录罪。

3. 转让、借与、走私进口非法制作的电磁记录卡罪（《刑法》第 163 条之二第 3 款）

本罪是对将以非法制作的电磁记录作为构成部分的支付用卡，出于使他人在处理财产事务时出错的目的，而（1）转让、（2）借与和（3）走私进口的行为进行处罚的规定。本罪也是目的犯。

（1）转让罪。所谓“转让”，就是出于将处分权让给对方的目的而将物交付给对方的行为。转让基本上和使用伪造货币罪中的“交付”同义，但是，本罪当中，正如卖给金券店等，在对方不知情的情况下的交付行为也应当受到处罚，因此，才使用了“转让”一词。据此，出售篡改的电话卡的行为是不是相当于交付有价证券的问题，就通过立法解决了。包括对方知情和不知情两种情况在内。有偿或者无偿，在所不问。

本罪的行为人和知情而受让的对方之间处于必要共犯的关系，但是，受让方的违法性较弱，因此，不受处罚。但是，受让方接受之后，可能成立后述的持有犯罪。

（2）借与罪。所谓“借与”，就是出于借贷给对方的意图而交给对方。本罪也存在必要共犯的问题。知情而接受的场合，存在和转让罪中同样的问题。

（3）走私进口罪。所谓“走私进口”，就是将非法制作的电磁记录用卡从国外带进国内。成立本罪，必须达到进入日本口岸的程度。

三、持有非法制作的电磁记录卡罪

出于第163条之二第1款的目的，持有同条第3款的磁卡的，处5年以下徒刑或者50万日元以下罚金（《刑法》第163条之三）。

1. 意义

在伪造有价证券以及伪造文书的犯罪中，持有行为是不受处罚的。但是，非法制作的电磁记录卡，正如信用卡一样，和假币等不同，在许可的范围内，可以反复使用，因此，持有行为侵害法益的可能性也很
大。另外，非法制作的电磁记录，作为电磁记录和真正的电磁记录没有 510
什么差别，在信息处理阶段极难被发现，因此，对持有自身也要予以处罚。当然，考虑到持有本身仅仅是使用罪的预备行为，其法定刑的上限，仅仅是使用罪的一半。

2. 行为

本罪的行为是出于误导他人财产事务处理的目的而持有。所谓“持有”，在一般用语上是指“握在手上”、“携带”，但考虑到本罪具有提供的预备罪的性质，这里所说的持有，就是事实上的支配。放在自己家里的行为，当然也是持有。不管是自己亲自制作的还是受让和借来的持有，都行，其原因在所不问。另外，不是处于可以立即使用的状态，即使持有非法的电磁记录卡，也不成立本罪。① 本罪也是目的犯，必须具有“误导他人财产事务处理的目的”。但是，自己使用的目的不在此内。

四、准备非法制作支付用卡电磁记录的犯罪

出于供第163条之二第1款的犯罪行为使用的目的，取得同款所规定的电磁记录信息的，处3年以下徒刑或者50万元以下罚金。知情而提供信息的，同样处理（《刑法》第163条之四第1款）。

未遂犯，处罚之（《刑法》第163条之五）。

出于前款的目的，将非法取得的第163条之二第1款规定的电磁记录信息，加以保管的，和前款同样处理（《刑法》第163条之四第2款）。

出于第1款的目的，准备器械或者原料的，和前款同样处理（同条第3款）。

1. 意义

现实当中，存在从他人的信用卡等支付用卡上复制其中的磁条部分的电磁记录，盗取卡上的信息（侧录），并根据该信息制作卡的事例。在到非法制作出来为止的预备行为当中，作为完成该罪所不可或缺，具有较高的处罚必要性的行为，有（1）取得或者提供磁卡信息的行为，
511 （2）保管磁卡信息的行为，（3）准备器械或者原料的行为。本罪就是将上述行为犯罪化的结果，属于目的犯。

（1）对象。本罪的对象是“电磁记录信息”。“信息”，是在使用支

① 广岛高判平18、10、31高刑速报（平18）279。

付用卡进行支付决算的系统当中，成为其情报处理对象的一连串的信息；不是会员号、姓名等零碎的信息。

(2) 行为。本罪的行为是取得、供用、保管信息以及准备。

1) 取得、供用电磁记录信息罪。取得电磁记录信息罪，是非法取得构成支付用卡电磁记录的信息的犯罪，是取得电磁记录自身的行为。其典型方法是，从正规的磁卡的表面，使用一种名叫“侧录器”的电子器械，复制作为电磁记录的卡面信息，然后储存在该器械之内的行为。这种取得方法，被称为“信用卡侧录技术”。另外，秘密获得支付用卡自身的行为，是盗窃。这是理所当然的。所谓供用电磁记录信息罪，就是“知情”即明知提供给非法制作犯罪使用，而非法向对方提供构成支付用磁卡的电磁记录信息的犯罪。将构成磁卡的电磁记录信息置于对方能够利用的状态的行为，也构成本罪。

2) 保管电磁记录信息罪。所谓保管信息，就是受委托而保管非法取得的磁卡信息。所谓“保管”，就是将信息置于自己的管理、支配之下。如在信息机器的记录媒体中加以保管的行为，就是如此。有偿还是无偿，在所不问。

3) 准备电磁记录信息机器等罪。为了非法制作支付用卡，在取得信息之后，就要在空白卡上印制该信息。这样，当然，就需要有各种印刷机械、读写器械、制卡的原材料等。本罪，就是处罚这些出于取得磁卡信息的目的而准备器械或者原材料的行为的犯罪。所谓“准备”，就是实现准备原材料或者器械，以便于非法制作磁卡。

五、罪数关系

1. 适用

本章所规定的犯罪，一般来说，是经过非法准备支付用卡电磁记录 512
犯罪、非法制作支付用卡电磁记录犯罪、持有支付用电磁记录卡犯罪、提供非法电磁记录卡犯罪这样的过程而实施的。其罪数关系，加以整理的话，就是：第一，《刑法》第 163 条之四的各个犯罪即非法制作支付用卡电磁记录准备罪中所包含的非法取得、保管信息以及提供的各个犯罪，作为各个以非法制作支付用卡电磁记录为目的的准备行为，具有手段和结果的关系，因此，分别成立牵连犯。第二，从非法制作准备罪到非法制作的场合，准备罪作为不可罚的事前行为，为非法制作罪所吸收，仅仅成立该罪（《刑法》第163条之二）。第三，非法制作罪、持有罪、供用罪之间分别具有牵连关系。使用罪和作为其结果的诈骗罪之间也具有牵连关系。

2. 具体例子

如在非法制作5张支付用卡，携带这些卡分别到5个商店骗取商品的场合，分别成立5个非法制作罪、持有罪、使用罪、诈骗罪，由于非法制作、持有、使用、诈骗之间具有牵连关系，一个持有就起到插销的作用（“插销现象”），持有罪和5个使用罪以及诈骗罪就成立牵连犯，要作为科刑的一罪加以处理。相反地，在一张一张地持有这些卡骗取商品的场合，5个科刑上的一罪成为数罪。取得、提供、保管磁卡信息，均是为非法制作支付用卡电磁记录做准备的行为，因此，应当说取得和保管、取得和提供、保管和提供之间，分别成立牵连犯。[①]

第五节　伪造印章的犯罪

一、概说

1. 意义

伪造印章的犯罪，包括（1）出于使用的目的而伪造印章、签名，
513 （2）非法使用印章、签名，（3）使用伪造的印章、签名，共三种情况。其保护法益是公众对印章、签名的真实性的信用。本罪是只要具有抽象危险就成立的抽象危险犯，因此，只要有侵害公众信用的危险，就成立既遂，而不管是否对他人实际造成了侵害。[②]《刑法》中规定了（1）伪

① 川端博：《部分修改刑法的法律》，《法学教室》，253号，97页。

② 大判明45、3、11刑录18、331。

造御玺等罪（第164条第1款），（2）非法使用御玺等罪（同条第2款），（3）伪造公章等罪（第165条第1款），（4）非法使用公章等罪（同条第2款），（5）伪造公记号罪（第166条第1款），（6）非法使用公记号等罪（同条第2款），（7）伪造私章等罪（第167条第1款），（8）非法使用私章等罪（同条第2款），（9）上述各种非法使用罪的未遂罪（第168条）。

2. 对印章、签名的真实性的保护

作为表示特定人格、证明其同一性的手段，签名在欧美得到广泛使用，伪造、变造签名的行为受到处罚。而在我国，倒不如说，印章，在同一性的证明上，更具有效力。在日本，由于在一定文书或物体上使用印章或签名，就能证明该文书或物体和特定人之间具有一定关系，因此，损害其真实性的话，就会损害公众对印章、签名的真实性的信用，危及法律上的交易安全。这便是处罚伪造签印章、签名犯罪的根据。

另外，在制作文书、有价证券的时候，经常使用印章、签名，因此，伪造印章、签名在很多场合，也成为伪造文书、有价证券的手段。在这种场合，伪造文书、有价证券既遂的话，伪造印章、签名的行为就被伪造文书、有价证券罪所吸收，而不构成独立犯罪。因此，在伪造文书、有价证券以未遂而告终的时候，就成立伪造印章、签名罪。这就是说伪造印章、签名罪是伪造文书、有价证券罪的未遂形态的原因。[①] 同时，印章、签名和文书、有价证券相独立，其自身起着文书的作用，如有时候，仅仅是画押之类的盖印、签名，就能作为对一定事实的证明或认证而被使用。 514

二、印章、签名

1. 印章

所谓印章，是为了证明人的同一性而使用的象形（文字或符号）。一般是将姓名作为象形加以使用，但并不限于姓名，体现图形的拇指印

① 团藤，301页。

或画押也行。只要是能够证明人的同一性的东西就够了，所以，利用现成的印章（如粗制滥造的图章）也行。

（1）印章和印鉴。关于印章的意义，有只限于盖印的学说（通说）和盖印与印鉴两者都包括在内的判例见解①之间的对立。所谓盖印（印影），是为了证明人的同一性，而在物体（文书、有价证券等）上显现文字以及其他符号的影迹（盖章）。所谓印鉴，是作为显现影迹的手段而在其上篆刻了文字以及其他符号的物体（图章、印形）。因此，按照判例的见解的话，只要是出于使用的目的而制作与他人的印章类似的东西，就马上成立本罪。这是因为，印章在我国的社会生活中居于极为重要的位置。②

但是，第一，用来证明人的同一性的是盖印，因此，没有必要对只是其手段而已的印鉴的公共信用也予以保护。第二，鉴于刑法将伪造印章和伪造签名作为同等情况加以规定，与签名相类似的不是印鉴而是盖印，所以，即便从这一点来看，主张将印章限定为盖印的观点也是极为妥当的。第三，正如后述，只要将非法使用印章罪和使用伪造印章罪中的“使用”理解为使用盖印的话，从和这一观点相平衡的角度来考虑，也应该采取只限于盖印的见解。

（2）省略文书。和印章似是而非的还有省略文书。所谓省略文书，就是将一定的意思和观念简略表示的文书，如银行的支出传票或没有盖印的连带保证书等。成为问题的是，非常省略的文书如表示物品税的验讫标签，或邮局的表示日期的邮戳，是不是盖印。学说和判例上，有
515 1）将其看作公务机关的盖印的见解③（盖印说）和2）看作公务机关的签名的见解④（省略文书说）之间的对立。盖印和文书的区别标准在于，

① 木村，278页；植松，184页；香川，305页；藤木，160页；大判明43、11、21刑录16、2093。

② 植松，184页；山中，668页；袖珍，396页。

③ 小野，122页；江家，167页；团藤，303页；福田，118页；大塚，495页；大判明42、6、24刑录15、848，大判大11、3、15刑集1、147。

④ 柏木，242页；藤木，136页；前田，552页；大判明43、5、13刑录16、860，大判昭3、10、9刑集7、683。

该标志是表示名义人的一定观念、意思的东西，还是表示人的同一性的东西，因此，应根据带日期的印章被使用的场合加以区别，如用于表示收取金钱的场合，是表示一定的意思，就是文书；反之，仅是表示邮件经过了邮局之手而已，则是印章。[①]

（3）印章的范围。作为伪造印章罪的对象的印章，只限于其伪造或非法使用等，有可能侵害公众对印章的信用的场合，必须是在法律交易中具有意义的情况。[②] 但是，不要求和权利、义务有关[③]，书画的落款上所使用的雅号印也是印章。不是表示人的同一性而是表示名胜古迹纪念而加盖的印不是印章。印章有公章和私章之分。所谓公章，就是公务机关、公务员的印章（《刑法》第165条）。私章是指私人的印章（《刑法》第167条）。御玺、国玺也是公章的一种。另外，关于公务机关的印章，有狭义的印章和记号的区别，在伪造、不当使用后者的场合，从轻处罚（《刑法》第166条）。记号，可以分为公务机关、公务员的记号即公记号，和私人的记号即私记号。关于私记号，没有处罚的规定。

2. 签名

所谓签名，就是主体根据表现自己的文字所记述的自己姓名或其他称呼。[④] 只载有姓或者名的记载、商号、雅号、简称等也是签名。如即便是只载有“丰田村教务员”，但明显是指某一特定的公务员的话，也是签名。[⑤]

关于签名，有（1）不要求是主体自己亲自书写的签名，代笔、印 516
刷等记名形式也是签名的通说、判例见解[⑥]，与（2）只限于主体自己亲笔书写的签名的见解[⑦]之间的对立。记名只有伴随盖印的时候，在交

① 牧野，255页；平野，264页；中山，455页；西田，385页。

② 团藤，303页。

③ 大判大3、6、3刑录20、1108。

④ 大判大5、12、11刑录22、1856。

⑤ 大判明44、11、16刑录17、1989，京都地判昭56、5、22判例泰晤士报447、1。

⑥ 大判明45、5、30刑录18、790。

⑦ 牧野，191页；小野，121页；江家，165页；团藤，302页；大塚，496页；中山，455页；冈野，295页。

易上才被看作和自己签名一样。鉴于这一情况，签名应当只限于自己亲笔书写的情况。另外，在我国，规定在支票等或者在令状、判决书中的签名等，都只限于自己的签名。由此也可以看出，记名不包括在签名之中。于伪造记名和盖印的情形，只要作为伪造印章进行处罚就够了。[①]

主体是法人的时候，必须有代表人或代理人的亲笔签名。在签名的场合也存在和极端省略文书相区别的问题。如在签名栏里自己“写上”姓名，然后在其后加上“写”等文字的场合，如果该文字并不具有独立意义的话，就应被看作签名的一部分。签名也有公签名和私签名之分。前者是公务员的签名，后者是私人的签名（《刑法》第167条）。

三、伪造御玺等罪、非法使用御玺等罪

> 出于使用的目的，伪造御玺、国印或御名的，处2年以上有期徒刑（《刑法》第164条第1款）。
>
> 非法使用御玺、国印或御名的，或者使用伪造的御玺、国印或御名的，与前款同样处理（同条第2款）。
>
> 第2款之罪的未遂犯，处罚之（《刑法》第168条）。

本罪是伪造公章等罪（《刑法》第165条第1款）以及非法使用公章等罪（同条第2款）的加重类型。加重的宗旨与伪造诏书等罪（《刑法》第154条）相同。关于御玺、国印及御名，参照关于伪造诏书等罪的说明。另外，关于伪造及不正当使用，请参照关于伪造公章等罪、非
517 法使用公章等罪的说明。

四、伪造公章等罪

> 出于使用的目的，伪造公务机关或公务员的印章或签名的，处3个月以上5年以下的有期徒刑（《刑法》第165条1款）。

1. 对象

本罪的对象，是公务机关或公务员的签名或盖章。所谓“公务机关

---

① 团藤，302页。

或公务员的印章”，是指公务上使用的印章。职印、私章、认印都可以。[①] 所谓“签名”是公务员表示作为公务员的身份而自己书写的签名。因此，公务机关不可能有签名。[②]

2. 行为

本罪的行为是出于使用签名、印章的目的而进行伪造（目的犯）。不限于出于行为人自身使用的目的，也可以是出于让他人使用的目的。所谓伪造印章、签名，是指没有权限却在文书等物上进行不真实的盖印，或签名。方法在所不问，但是，必须具有达到使一般人误认为是真正的印章、签名的程度的形式、外观。只要具备达到上述程度的形式、外观，即便是使用虚构的公务机关、公务员的印章、签名的场合，也构成本罪。盖印，是使用为此而制作的印鉴，还是使用现有的印鉴，对成立本罪没有影响。但是，按照盖印中包含印章的判例见解的话，本罪在制作了印章的时候成立既遂[③]，反之，按照通说主张的仅限于影迹（盖印）的见解的话，只有在文件上显现出影迹（盖印）的时候，才构成既遂。

五、非法使用公章等罪

> 非法使用公务机关或公务员的印章或签名，或者使用伪造的公务机关或公务员的印章或签名的，和前款同样处理（《刑法》第165条第1款）。
>
> 未遂犯，处罚之（《刑法》第168条）。 518

1. 对象

本罪的对象，是公务机关、公务员的真实的盖印、签名，以及伪造的公务机关、公务员的盖印、签名。在伪造的场合，是否犯人自己伪造的，或是否出于使用的目的而伪造，都在所不问。[④]

---

① 大判明44、3、21刑录17、427。

② 反对，木村，380页；大判昭9、12、24刑集13、1817（公务机关的签名）。

③ 大判明43、11、21刑录16、2093。

④ 大判大5、12、11刑录22、1856。

2. 行为、故意

本罪的行为，是非法使用真正的盖印、签名，或使用伪造的盖印、签名。所谓非法使用，是无权却依照盖印、签名的用途对他人使用。有权者超越权限使用的时候也是不当（非法）使用。[①] 非法使用中的“使用”，仅将盖印、签名在文书等中显现出来还不够，还必须处于使他人能够阅览的状态。[②] 但是，他人已经阅览和本罪的完成无关。另外，也不要求他人实际遭受了财产上的损失。所谓使用伪造的盖印、签名，是按照其用途，将伪造的盖印、签名作为真正的盖印、签名，对他人使用。在其他问题上，和非法使用的场合一样。

本罪的故意，必须是对无权使用该盖印、签名，或使用伪造的盖印、签名有认识。

3. 和其他犯罪的关系

首先，对于作为伪造文书或伪造有价证券的手段而伪造或非法使用盖印、签名的，判例认为，上述行为就被伪造文书罪和伪造有价证券罪所吸收，不再另外构成别的犯罪[③]；其次，上述两罪以未遂而告终的时候，就成立伪造印章罪[④]；最后，伪造盖印、签名，并加以使用的，在
519 伪造印章罪和非法使用公章等罪之间成立牵连犯。[⑤]

六、伪造公记号罪

出于使用的目的，伪造公务机关的记号的，处3年以下的有期徒刑（《刑法》第166条第1款）。

1. 意义

本罪以对公记号的公众信用为保护法益。记号与印章或签名相比，公众信用较弱，因此，和伪造、非法使用印章、签名的犯罪相比，本罪

① 大判大5、7、3刑录22、1221。
② 大判大7、2、26刑录24、121。
③ 大判明42、6、24刑录15、841。
④ 大塚，500页。
⑤ 大判昭8、8、23刑集12、1434。

的法定刑较轻。另外，伪造、非法使用私记号的行为不受处罚，因此，记号和印章的区别就很重要。

2. 对象

本罪的对象是“公务机关的记号”。关于记号的意义，有（1）是盖在文书以外的物体（产品、商品、书籍、杂物等）上的影迹的所谓盖印物标准说[①]（使用目的标准说），和（2）是表示人的同一性之外的事项的影迹的所谓表示内容标准说（证明目的标准说［通说］）之间的对立。按照（1）说，盖在文书上的是印章；按照（2）说，表示人的同一性的是印章。判例中，有的采用（1）说的见解[②]，有的采用（2）说的见解。[③]

我认为，印章的本质在于表示人的同一性，因此，根据被盖印的物体自身的情况来区分是记号还是印章，并不妥当。之所以要区别记号和印章，是由于其二者对伪造等犯罪的法定刑的轻重的影响不同，而这种不同，来自它们在社会生活中具有不同的公众信用。其公众信用的强弱，和该物是否表示主体的同一性有关，因此，记号，应当是指在记录一定事实等表示人的同一性场合之外所使用的影迹，如检印、订正印等。因此，即便是盖印，如在文书中的订正印之类的作为表示已经订正的符号而使用的场合，也是记号。[④] 另外，有判例认为记号还包括显现影迹的物体（相当于印章）[⑤]，但是，记号应当仅指影迹。[⑥] 520

3. 行为

本罪的行为，是出于使用目的的伪造（目的犯）。所谓伪造，是指擅自在物体上显现公务机关的记号。其方法在所不问。伪造的程度、既遂时期等，和其他伪造罪的场合一样。

---

① 袖珍，400 页；藤木，161 页。
② 大判大 3、11、4 刑录 20、2008，最判昭 30、1、11 刑集 9、1、25。
③ 大判大 11、3、15 刑集 1、147。
④ 江家，168 页。
⑤ 大判明 45、4、22 刑录 18、491。
⑥ 福田，注释（4），232 页。

七、非法使用公记号等罪

非法使用公务机关的记号，或使用伪造的公务机关的记号的，处3年以下有期徒刑（《刑法》第166条第2款）。

未遂犯，处罚之（《刑法》第168条）。

所谓非法使用公务机关的记号，是指擅自在物体上显示真实的记号，置于他人能够阅览的状态，以及擅自利用、处分标有真实记号的物体的行为，如用有检印的空袋子装满没有检查的物品，作为已经检查的物品而交付的场合。① 所谓使用伪造的记号，是将假记号作为正常标记置于他人能够浏览的状态。

八、伪造私章等罪

出于使用的目的，伪造他人印章或签名的，处3年以下有期徒刑（《刑法》第167条第1款）。

本罪是与《刑法》第165条所规定的伪造公章等罪相对应的犯罪，不同之处仅是，本罪的对象是私人的印章、签名。因此，本罪是目的犯。所谓“他人”，是公务机关、公务员以外的私人。本罪以伪造自然人、法人、没有法人资格的团体的印章、签名为内容，关于详细情况，参见对《刑法》第165条的叙述。

本罪所固有的问题是：本罪中的印章中是不是包括私人的记号？判例认为，记号也包括在盖印中。② 但是，私人记号的公众信用程度较
521 低，因此，应当说，在刑法中并没有规定以刑罚保护私记号的宗旨的条款，所以，判例的立场应当改变。另外，前面已经说过，印鉴也是印章，因此，伪造印鉴的话，直接成立本罪。

九、非法使用私章等罪

出于使用的目的，非法使用他人的印章或签名，或使用伪造的

① 大判大11、4、1刑集1、194。

② 大判大3、11、4刑录20、2008（在树木上盖印的极印）。

印章或签名的，处 3 年以下有期徒刑（《刑法》第 167 条第 2 款）。

未遂犯，处罚之（《刑法》第 168 条）。

本罪除对象为私人的印章、签名这一点之外，在其他方面则和《刑法》第 165 条第 2 款的情况完全一样。在有他人签名、盖印的真实的合同书的末尾的空白处，记入新的条款的时候，是非法使用的行为。①

第六节　关于非法指令的电磁记录的犯罪

一、概说

1. 意义

关于非法指令的电磁记录的犯罪，是为了处罚制作、使用计算机病毒等的行为，而于 2011 年新设的犯罪。目前，电子计算机已在社会上普及，可以说社会生活中的大部分活动都依赖电子计算机进行信息处理。然而，近年来，制作计算机病毒，违背他人意图操作电子计算器，引发严重社会损失的事件时有发生，如果对此放任不管，就会失去对电子计算机的信息处理的信任，在不久的将来，依赖计算机网络的信息处理系统可能会崩溃。因此，防止网络犯罪成为世界性的课题；在 2001 年，欧洲评议会缔结了《关于网络犯罪的条约》。在我国也力求顺应该条约整理相关的法律，现在终于实现了法律修改。修改的内容是在《刑法》中追加了第十八章之二，新设制作非法指令的电磁记录等罪 522
（《刑法》第 168 条之二）和获取非法指令的电磁记录等罪（《刑法》第 168 条之三）。

计算机病毒　所谓计算机病毒，是指非法指令的电磁记录。亦即，为了造成电脑系统的破坏和混乱，下达导致他人使用的电子计算机不能正常运行，或者违背使用人的意图而运行等非法指令的程

① 大判明 42、7、1 刑录 15、901。

序。病毒可通过植入电子邮件或浏览网页感染计算机，而且由于增加和繁殖，病毒有可能在全世界蔓延。根据信息处理推进机构（IPA）的调查，在2010年度发现的病毒数量达到了约52万个。

2. 保护法益

如果电子计算机的电磁记录感染了病毒，引发损害、删除计算机数据等情形，则构成以破坏电子计算机等为手段的妨害业务罪等。本罪就是侵害个人业务等个人法益的犯罪。但是，计算机病毒不仅加害于个别的电子计算机，还在社会普遍范围内导致世界规模的重大损失，因此，本罪的保护法益是公众对计算机网络的安全性的信赖，应作为社会法益来看待。①

二、制作非法指令的电磁记录等罪

> 无正当理由，以在他人的电子计算机的运行中使用为目的，制作或者提供下列电磁记录或者其他记录的，处3年以下有期徒刑或者50万日元以下罚金：（1）在他人使用电子计算机之际，不让电子计算机按照其意图运行，或者发出与其意图相反的非法指令的电磁记录；（2）除前项规定的情形以外，记述该项非法指令的电磁记录或其他记录（《刑法》第168条之二第1款）。
>
> 无正当理由，将前款第1项规定的电磁记录在他人的电子计算机运行中使用的，按前款规定处罚（同条第2款）。
>
> 前款犯罪未遂的，处罚之（同条第3款）。

1. 对象

本罪的对象是非法指令的电磁记录，即“在他人使用电子计算机之际，不让电子计算机按照其意图运行，或者发出与其意图相反的非法指
523 令的电磁记录”，以及“记述该项不正当指令的电磁记录以及其他记录”。

① 杉山德明、吉田敏雄：《应对信息处理的复杂化等问题而修改刑法等部分内容的法律》，《法曹时报》，64卷5号，66页。西田，411页；前田，405页；佐久间，368页。

（1）非法指令的电磁记录。上述第 1 款第 1 项规定的“他人”，是指犯罪人以外的人。另外，“电子计算机”是指自动进行计算和数据处理的电子装置，包括个人电脑和手机。另外，“不让电子计算机按照其意图运行，或者发出与其意图相反的非法指令”中的“意图”，不是使用该程序的特定个人的意图，而是该程序通常被认识到的内容和功能。是否违反意图，应以该程序原有功能为基准进行判断。最后，“非法指令”中的“非法”，是指从程序的功能来看，不为社会所允许。违反意图的指令，当然属于“非法的指令”。如在软件制作公司擅自在用户的电子计算机上安装修改程序的场合，该程序也有可能违反“意图”，但在作为通常实施的行为而被社会允许的情况下，这应该不属于“非法”。

（2）其他记录。“记述非法指令的电磁记录或其他记录”，其内容是“人为下达不让电子计算机按照其意图运行，或者发出与其意图相反的非法指令”，虽然已经完成，但在保持原状的情况下，电子计算机不会处于非法操作的状态。记述源代码程序的电磁记录等就属于这种类型。“其他记录”包括如打印源代码程序的记录。这是对计算机病毒的可能危险的提前规制。

2. 行为

本罪的行为是“无正当理由”，但“制作或者提供”属于计算机病毒的电磁记录或其他记录。所谓“无正当的理由”，与《刑法》第 130 条规定的侵入住宅罪中的“非法”意思相同，没有必要特意写入法律文字之中，但是，可能存在为了进行杀毒软件的开发、试验等制作的情况，因此，国会在审议的过程中追加了这一表达。 524

（1）制作非法指令的电磁记录罪（《刑法》第 168 条之二第 1 款）。所谓“制作”，是指在记录媒介上新增非法指令的电磁记录等。如使用编程语言完成病毒程序源代码的行为就属于此。由于需要新增病毒，所以仅复制病毒程序并不构成制作。当达到可作为非法电磁记录发挥作用的状态时，即构成既遂。

（2）供用非法指令的电磁记录罪（同款）。所谓“供用”，是指对于明知是不正当指令的电磁记录而接受的人，将非法指令的电磁记录转移到其支配下，使指令处于可以利用的状态。如将印有非法指令的电磁记录源代码的纸张交付给知情的相对方的行为就属于此。

（3）使用非法指令的电磁记录罪（《刑法》第168条之二第2款）。“使用”是指无正当理由而在非法指令的电磁记录的运行中提供使用。所谓在“运行中提供使用”，是指电子计算机的使用者并没有运行电子计算机的意思，但将该计算机置于可执行的状态。如将记录了感染计算机病毒的正规程序的可录光碟安装在不知情的第三方的个人电脑的驱动器上，就属于这种情况。

（4）未遂罪（同条第3款）。对制作罪、供用罪、使用罪的未遂，应予以惩罚。

3. 主观要件

本罪是目的犯，除须具有故意外，还必须具有“在他人的电子计算机运行中使用的目的”。所谓在“运行中使用的目的”，是指在电子计算机使用者无意运行非法指令的电磁记录的情况下，使其达到可运行状态的目的。因此，电子计算机的使用者在运行电子计算机时，必须不知道是非法指令的电磁记录。本罪的故意是在明知是病毒程序的情况下仍进
525 行制作、供用、使用的意图。

三、获取非法指令的电磁记录等罪

无正当理由，以前条第1款的目的，获取或者保管同款各项规定的电磁记录或其他记录的，处2年以下有期徒刑或3万日元以下的罚金。（《刑法》第168条之三）

1. 行为

本罪的行为是无正当理由，以在他人的电子计算机运行中使用为目的，获取或者保管非法指令的电磁记录或者其他记录的行为。所谓“获取”，是指在知道是非法指令的电磁记录等信息的情况下，将其转移到自己的支配之下。如在邮件服务器的邮箱中接收附有非法指令的电磁记录的电子邮件的行为，就是获取。所谓“保管”，就是将非法指令的电磁记录置于自己的实力支配之下。

2. 罪数关系

制作罪和保管罪都是以使用为目的而实施的犯罪，所以立足于手段和结果的关系而构成牵连犯。制作罪、保管罪和供用罪都是以使用为目的而实施的犯罪，所以是牵连犯。制作非法指令的电磁记录等之后的保管行为，除制作的临时保管行为以外，成立保管罪，构成牵连犯。 526

第四章　对风俗的犯罪

维持社会生活中所成立的性生活、经济生活以及经济生活中的健全风俗，对于社会生活的正常经营，丰富个人的对幸福生活的追求来说，都是必不可少的。《刑法》对于破坏性生活风俗的行为，规定了猥亵、奸淫以及重婚的犯罪（第二编第二十二章），对破坏经济生活风俗的行为规定了有关赌博以及博彩的犯罪（第二十三章），对破坏宗教生活风俗的行为，规定了有关礼拜场所以及坟墓的犯罪（第二十四章）。

第一节　猥亵、奸淫以及重婚的犯罪

一、概说

1. 意义

猥亵、奸淫以及重婚的犯罪，是以侵害健全的性风俗为内容的犯罪，《刑法》规定了（1）公然猥亵罪（第174条），（2）散布淫秽物等罪（第175条），（3）重婚罪（第184条）。《刑法》第二编第二十二章规定了“淫秽、奸淫以及重婚的犯罪”，其本来的立法宗旨在于，保护公众的性秩序以及性风俗。但是，在本章中，包含性质不同的三种规定。第一是公然猥亵罪以及散布淫秽物罪，它们是为了保护公众的性风俗的犯罪。第二是强制猥亵、强制性交等犯罪，它们主要是保护个人性自由的犯罪。另外，劝诱淫行罪，其宗旨虽然并不明确，但也被当作上述性质的犯罪。第三是重婚罪，它是对公众的健全的性秩序即一夫一妻制的 527
犯罪。由于违反《宪法》第 14 条所规定的男女平等原则而在 1947 年的《刑法》部分修改中被废除的通奸罪，也可以说是基于上述宗旨的犯罪。在本节中，讨论侵害公众的性风俗的公然猥亵罪，以及侵害公众的性秩序的重婚罪。

另外，近年来，通过互联网或计算机通信，有偿或无偿发送与性有关的情报（图像）的行为引人注目，成为对公然猥亵罪的解释中的新课题，有关机关为了对性风俗进行保护，也采取了相应的立法措施。特别是，为了应对近年来成为问题的网络色情，在 2011 年修改了散布淫秽物等罪。

特别法的规定 《草案》中设置了“奸淫犯罪”一章（第二编第三十章），将保护性自由的犯罪作为对个人利益的犯罪而单独规定。这是妥当的。另外，将相当于所谓“猥亵以及重婚的犯罪”的犯罪，在第二十一章中作为“侵害风俗犯罪”加以规定。特别法中，有《防止卖淫法》。另外，为了保护青少年的健康成长，几乎所有的地方政府都制定了取缔和青少年有关的性行为以及毒害青少年健康成长的书刊的条例（如《青少年成长保护条例》）。另外，《有关规制风俗行业以及整顿营业的法律》，为了引导利用高科技的风俗行业，将“播放影像型性风俗行业”（第 2 条第 8 款）也增列为规制对象，要求从事该种行业的人必须向公安委员会登记，公安委员会有权对他们进行必要的指导（第 31 条第 7 款以下），禁止未满 18 周岁的客人入内（第 22 条第 4 项），如果经营者没有遵守上述规定，公安委员会可以采取必要的措施（第 15 条、第 22 条）。

2. 淫秽的意义和判断方法

（1）淫秽的意义。所谓淫秽，就是通过强烈刺激性欲以及其他露骨表现来伤害社会一般人的性的羞耻心，具有违反社会的性秩序以及性风俗的特征。判例，将淫秽定义为：（1）刺激或引发性欲；（2）伤害正常人的性的羞耻心；（3）违反善良的性的道义观念。[①] 是不是淫秽，根据是不是违反社会的性秩序即“善良的性的道德观念”来决定，因此，该判断，必须根据社会一般观念，客观地进行。但是，社会观念随着时代的变化而变化，另外，社会不同，社会观念也不同，因此，在进行上述判断的时候，应准确把握现存的一般人的性观念即社会一般观念，并且
528 要注意不得侵犯宪法保护的言论自由（《宪法》第21条）和学术自由（同第23条）。

作为规范的构成要件要素的淫秽性 淫秽性，是只有经过法官的判断活动之后才能确定的规范的构成要件要素的典型。历来，由于担心没有明确性并且为防止掺入法官的任意裁量，所以就有了其是不是违反《宪法》第13条、第21条、第31条的规定的问题。[②] 特别是关于社会一般观念，由于最高法院认为了不是作为实态或事实存在的社会舆论或社会意识，而是从防止社会道德颓废观点出发的、以“有良知的健全的人的观念”为基础的法律解释问题，[③] 因此，上述担心是有道理的。因此，对于判例理论，建议考虑以下两点：第一，不将社会一般观念作为法律解释的问题，而是应当将其还原为社会中作为实态存在的一般平均人的意识；第二，为了不是从支配者的立场，而是从一般人的角度出发考虑有关性表现自由的规制原理，应当重新考虑对于性秩序来说，什么是有害的东西。

（2）淫秽性的判断方法。在和表现的自由以及学问的自由的关系

① 最判昭26、5、10刑集5、6、1026，最大判昭32、3、13刑集11、3、997（查泰来事件）

② 但是，所有的判例都被认定为合宪。最判昭48、4、12刑集27、3、351。

③ 前引最大判昭32、3、13。

上，特别成问题的是该怎么认识科学作品、艺术作品中的淫秽性。

1）各种见解。在学说上，有 i. 主张即便有部分露骨的淫秽性描写，但是从作品整体来看，能够抵消该淫秽性的时候，就不是淫秽的见解；ii. 主张是否淫秽，应当从和该文书的贩卖、广告等的方法、和作为对象的读者群的关系来进行判断的见解（相对的淫秽概念）；iii. 主张应当从和写作、出版的意图的关系来进行判断的见解（主观的淫秽概念）；iv. 主张将被淫秽物所侵害的法益，和科学、艺术作品所具有的利益进行比较判断的见解（利益衡量论）等之间的对立。① 其中，ii 见解，在主张即便根据成为对象的读者群或贩卖方法，能够认定作品在整体上不具有淫秽性，也仍能成为淫秽物这一点上，不妥。iii 见解，不仅和没有将意图作为主观的构成要件的《刑法》第 175 条的规定相矛盾，而且有没有淫秽性，应当进行客观判断，因此，该种观点即便在这一点上也是不妥的。iv 见解在主张将艺术、学问上的价值的大小交由法院判断这
一点上不妥，按照这种观点的话，就不要讨论淫秽的概念，而要考虑实 529
质的违法性的问题。i 见解虽说妥当，但是，这一见解在，露骨的性描写以什么样的方法进行，另外，该种性表现和艺术、学问有什么样的关系的时候，就能够抵消其淫秽性的问题上，存在不明确之处。

2）判例。判例最初采用了部分或者说绝对的淫秽概念，认为作品中只要有淫秽描写，就是淫秽物。② 之后，采取了整体的考察方法，认为即便具有部分露骨的性描写，但从作品整体来看，也可以否定其淫秽性。③ 将整体考察方法进一步阐述的话，就是“在判断书刊的淫秽性的时候，要考察该书刊中露骨的性描写的详述程度和方法，上述描写在作品中所占比例、作品所表现的思想和上述描写之间的关系、作品的构成和展开，以及作品的艺术性思想性等对性刺激的缓和程度，在从这些观点出发来整体考察该作品的时候，主要考察其是不是唤起读者的好色兴

---

① 大谷实：《刑事责任论的展望》（1983），143 页。

② 前引最大判昭 32、3、13（高度艺术性并不一定能消除作品的淫秽性）。

③ 最大判昭 44、10、15 刑集 23、10、1239（恶德的荣誉事件）。

趣等各个方面，并将上述事情综合起来进行判断”①。

3）春宫画、春宫图。我认为，艺术性、科学性和淫秽性是不同层次的东西，一般而言，即便是艺术作品、科学作品也能成为淫秽物，这一点是不容否认的，因此，不得不说，艺术性、科学性有时候也并不能升华或消除淫秽性。但是，艺术、科学作品自身是表现的自由所保护的对象，另外，即便根据上述整体考察方法，个别的露骨的性描写在什么场合可以根据科学性、艺术性而升华或消除，也并不明确，因此，不得
530 不说，以科学性、艺术性作为消除淫秽性的基准的方法，存在局限性。

作为解释论，为了尽可能地将现行法上的淫秽概念和表现自由、学术自由相调和，应当将从客观来看，专门诉诸好色兴趣的物品，即纯粹的春宫图、春宫画作为淫秽物（硬核色情）。② 换句话说，从整体上对作品进行考察，在认为该露骨、详细的性描写，从一般社会观念来看，纯粹是诉诸好色趣味的时候，就是淫秽物。判例在“四叠半的纸隔门的糊裱底子事件”中也向这种方向迈出了第一步。

淫秽物的有害性 一般认为，危害健康风俗，对现在或将来的社会有害的，是纯粹的春宫图、春宫画。关于这些淫秽物品是否对青少年有害，是否对健康的社会生活有影响，并没有实证根据。因此，立法上可以有多种选择，但是，既然现行刑法中存在这种规定，就应当在该规定的范围之内，具体明确什么样的书刊对性秩序有害。在社会实际上对性作品已经持宽容态度的当今，可以说，制定将淫秽物限定为纯粹诉诸好色趣味的春宫图、春宫画的指南的时机已经成熟。在此限度之内，即便是用外文写的书籍，在我国也能成为淫秽物[最高法院于1970年4月7日的判例（刑集第24卷第4号第105页）中认为，英文写就的书籍的淫秽性的判断，应当以能够阅读英文的日本人以及在日本的外国人中的普通人、一般人为标准进行判断]。

① 最判昭55、11、28刑集34、6、433（“四叠半的纸隔门的糊裱底子事件”）。田园，百选Ⅱ（第7版），202页；安田，判例讲义Ⅱ，133页。

② 同旨，中森，2668页；前田，413页；山口，499页；西田，418页。

二、公然猥亵罪

公然实施猥亵行为的，处6个月以下有期徒刑或30万日元以下罚金，或处以拘留或小额罚金（《刑法》第174条）。

1. 行为

本罪的行为是实施公然猥亵行为。所谓“公然”，就是不特定人或多数人能够认识的状态。① 不要求实际上已经被不特定或多数的人认识到。即便是在密室之内仅让少数人看见的行为，只要反复实施的话，也满足公然的要件。②

所谓“猥亵行为”，是指“刺激、兴奋或满足行为人或其他人的性 531
欲的动作，它伤害普通人的正常的性的羞耻心、违反善良的性道德观念”③。不要求实际上已经使普通人产生了性的羞耻心，只要具有或达到使人产生性的羞耻心或厌恶感，伤害公众的健全的性感情的性质或程度就够了。

本罪不是为了维持性的道义观念，防止社会道德的颓废，而是为了保护现实社会生活中已经形成的性风俗，因此，判断是不是猥亵，应当比照以社会一般的性感情或风俗为基础的一般观念，客观地进行判断（规范的构成要件要素）。因此，猥亵行为的实质随着时代的变化而变化，猥亵的判断标准也应当随此而变迁。

有关猥亵行为的判例　黑白秀、砧板秀等公然表现性交的表演就是其典型，但是，显露性器官或者用手碰对方的生殖器的行为也能成为猥亵行为。对于显露乳房等性器官以外的部分的行为，《轻犯罪法》第1条第20款规定：“在公众场所，使用引发公众厌恶情绪的方法，过分露出臀部、大腿以及其他身体部位的”，处以拘留以及小额罚金。一般认为，猥亵行为，除了以动作实施之外，还包

① 最决昭32、5、22刑集11、5、1526，最决昭33、9、5刑集12、13、2844。

② 最决昭31、3、6裁集112、60。袖珍，412页；中森，246页［行为的反复（意思）］；渡边，百选Ⅱ（第6版），213页。

③ 东京高判昭27、12、18高刑集5、12、2314。

括使用猥亵语言的场合。关于这一问题，虽然有主张伴随色情动作的时候，该行为整体都是猥亵行为的见解[①]，以及主张按照现在的性风俗，对于短暂的以言语伤害性的羞耻心的行为，没有必要用刑法进行干涉的见解[②]，之间的对立。但是，从猥亵的定义来看，上述观点都有问题。

2. 脱衣舞

在脱衣舞中，露出性器官或表演伴随性交的动作的时候，就成立公然猥亵罪。[③]

1）演员和业主的关系。关于脱衣舞的演员和业主的关系，有1）演员构成公然猥亵罪，业主构成同罪的从犯或教唆犯的见解（通说），2）演员构成公然猥亵罪，但业主构成陈列淫秽物罪的见解[④]，3）演员
532 和业主双方都构成公然陈列淫秽物罪的见解[⑤]之间的对立。2）说和3）说的根据在于，对于让人观看淫秽电影的，按照《刑法》第175条的规定处罚，而对于让人观看淫秽程度更高的活生生的人的猥亵行为的，以本罪处以较轻的处罚，有失妥当。的确，二者之间在刑罚方面显失均衡，但是，将人的身体和物同等看待是类推解释，应当予以禁止。因此，对上述场合，主张演员成立公然猥亵罪，业主成立本罪的教唆犯或帮助犯的1）说妥当。[⑥]

（2）罪数。在跳脱衣舞的时候，一次表演中数次赤身裸体，分别进行独立表演的，成立数罪。[⑦] 公然实施强制猥亵的时候，因为强制猥亵罪是对个人利益的犯罪，因此，和本罪之间是观念竞合。[⑧] 对男女两组

---

① 泷川，190页；木村，208页；平野，271页；大塚，516页；小暮等（川端），427页；前田，566页。

② 植松正：《有关猥亵、奸淫以及重婚的犯罪》，《刑事法讲座》，7卷，1535页；吉川，326页；中山，462页；冈野，299页。

③ 前引最判昭32、5、22。

④ 江家，173页。

⑤ 植松，206页。反对，平野，271页；西田，419页。

⑥ 最判昭29、3、2裁判集刑93、59。

⑦ 最判昭25、12、19刑集4、12、2577。

⑧ 大判明43、11、17刑录16、2010。

的表演进行照明的行为，是帮助数人进行公然猥亵的行为，作为帮助犯，成立观念竞合。[①] 脱衣舞演员和纯粹的观众之间是一种必要共犯的关系，现行法上，对观众是不处罚的，因此，只要没有成为砧板秀的对手，就不能被作为实行犯或共犯处理。

三、散布淫秽物等罪

> 散布以及公然陈列淫秽文书、图画、有关电磁记录的记录媒介以及其他物品的，处 2 年以下有期徒刑或 250 万日元以下的罚金或小额罚金，或并处有期徒刑和罚金。以电子通信发送的方式散布淫秽的电磁记录或其他记录，亦同（《刑法》第 175 条第 1 款）。
>
> 出于有偿散布的目的而持有上述物品的，或保管同款的电磁记录的，亦同（同条第2款）。

1. 概说

为了应对近年来成为问题的网络色情（性表现图像），本罪在 2011 533
年被修正。(1) 在《刑法》第 175 条第 1 款前段追加“有关电磁记录的记录媒介”；(2) 将“散布”和“贩卖”统一为“散布”；(3) 并处有期徒刑和罚金。对于如果不进行放映、重置等加工作业就无法认识到其淫秽性的物品，历来在实务中难以将其作为淫秽文书、图画来处理，但上述修改解决了这一难题。同时，规制淫秽信息，不是规制淫秽的数据，而是规制记忆、储存其信息的硬盘本身等。

散布淫秽物等罪，处罚 (1) 散布或公然陈列淫秽文书、图画、有关电磁记录的媒介或其他物品的行为（《刑法》第 175 条第 1 款）；(2) 以电子通信发送的方式散布淫秽的电磁记录或其他记录的行为（同款前段）；(3) 出于贩卖的目的而持有、保管淫秽文书、图画、有关电磁记录的媒介或其他物品的行为。

2. 对象

本罪的对象，是 (1) 淫秽文书、图画，(2) 有关电磁记录的媒介，

---

① 最判昭 56、7、17 刑集 35、5、563。大塚，517 页；山中，635 页；前田，566 页。

(3) 其他物品，(4) 淫秽的电磁记录或其他记录。

(1) 文书、图画。所谓文书是根据发音符号所表示的物品，其典型是小说。所谓图画是以象形方法所表示的物品，绘画、照片是典型例子。以往，根据判例可以认定为文书、图画的例子有录像带[①]、录音带[②]、连接调谐度盘 Q^2 的数字信号的录音播放器[③]，记忆、储存网络淫秽图像数据的计算机硬盘[④]，但这些物品其实不是淫秽文书，而是后述的“关于电磁记录的记录媒介”，也属于本罪对象。

(2) 关于电磁记录的记录媒介。这是指用于记录和播放电磁数据的

534 媒介。如上所述，软盘和硬盘等属于该媒介，因此，淫秽图像所储存在的电脑主机硬盘，是关于电磁记录的记录媒介，但是，作为信息的图像数据自身不是记录媒介。

(3) 其他物品。这是指文书、图画以及关于电磁记录的记录媒介以外的记录媒介，如雕刻物、放置物、性器官的模拟物等诉诸视觉的物品。过去，存储淫秽图像的电脑主机硬盘也被视为“其他物品”[⑤]，但是，刑法修改后，如前所述，其被规定为“关于电磁记录的记录媒介”[⑥]。

(4) 电磁记录或其他记录。修改后的《刑法》第175条对通过电信发送淫秽电磁记录或其他记录的行为进行处罚。所谓“电子通信”，是指通过有线、无线等其他电磁方式发送、传递或接受声音或影像的行为。修改后的刑法对电子“发信”即“发送”行为进行处罚（《刑法》第175条第1款后段）。

所谓电磁记录，是指以电子方式、磁力方式或者其他以人的知觉所不能认识的方式所形成的记录，用于通过电子计算电机的信息处理（第7条之二）。但与通过传真方式发送淫秽图画的场合一样，可能存在电

① 最决昭54、11、19刑集33、7、754。

② 东京高判昭46、12、23高刑集24、4、789。

③ 大阪地判平3、12、2判例时报1411、128。

④ 东京高判昭46、12、23高刑集24、4、789。

⑤ 最决平13、7、16刑集55、5、317，最决平24、7、9判例时报2166、140。

⑥ 反对，前田，568页（“排除诉诸听觉的场合是没有道理的”）。

磁记录以外的形态的记录，因此，"其他记录"也被规定为本罪的对象。[1]

3. 行为

（1）散布。本罪的行为是散布、贩卖、公然陈列淫秽物。所谓散布，就是向不特定人或多数人无偿交付，不要求实际上已经交付[2]，但修改后的后刑法删除了以往的"贩卖"文言表达，所以，散布是向不特定人或多数人有偿或无偿交付，或使电磁记录存在于记录媒介。[3] 因此，贩卖也属于散布。将自己的淫秽录音带拷贝到顾客的录音带中，并 535
收取费用的行为被认为是贩卖罪。[4] 但是，这个案件，在修正的刑法中也作为散布。[5] 另外，"散布"是以交付为前提的，例如，发送淫秽影像后，如果接收方无法保存，则不属于"散布"，应以公然猥亵罪论处。[6]

散布的对象是必要的共犯，但既然没有处罚的规定，作为散布罪的共犯，其教唆和帮助行为就不会受到处罚。[7] 另外，由于新设了第 175 条第 1 款后段，对于用电子邮件发送淫秽的电磁记录的行为，以及用传真发送淫秽图像的行为，都将以散布罪定罪处罚。

（2）公然陈列。所谓公然陈列，是置于不特定的人或多数人能够认识的状态。放电影[8]、放录音[9]是其典型表现。将电话接上某种播放录音的装置，只要挂电话，就能使多数人同时听到淫秽声音的行为，也是公然陈列。[10] 将硬盘中记忆、储存的淫秽录像的数据通过计算机通讯，

---

① 杉山德明、吉田雅之：《为了应对信息处理的复杂化部分修改刑法等的法律》，《法曹时报》，64 卷 4、5 号，94 页。东京高判平 25、2、22 高刑集 66、1、6。

② 大塚，222 页。

③ 西田，420 页；前田，410 页；曾根，271 页。

④ 大阪地堺支判昭 54、6、22 刑月 11、6、584。

⑤ 反对，前田，410 页（作为"贩卖"）。

⑥ 今井猛嘉，法学家 1431（2011），71 页。

⑦ 大谷，总论，393 页。

⑧ 大判大 15、6、19 刑集 5、267。

⑨ 东京地判昭 30、10、31 裁时 69、27。

⑩ 大阪地判平 3、12、2 判例时报 1411、128。安田，判例讲义Ⅱ，135 页。

置于可以显示、浏览状态的设定行为也是陈列。① 还包括根据对方的要求进行连接、下载等操作的情况。即使让熟人等有特殊关系的人观看淫秽电影，也不属于公然陈列。② 使淫秽图像数据在个人计算机网络上以不特定人或多数人容易看到的形式传播的行为③，以及在网络主页上以可浏览的形式存储在服务提供商的服务器上的行为，都属于公然陈列。从日本向外国服务提供商的服务器中存储淫秽图像数据，使其处于可从日本访问的状态，属于公开陈列。④

（3）持有、保管。以贩卖为目的持有涉及淫秽文件、图画及电磁记录的存储媒介或其他物品，或者保管淫秽图像等电磁记录的行为也将受到处罚。持有、保管罪是目的犯，以“有偿散布的目的”为必
536 要。由于本罪处罚让不特定人或多数人支付对价，以散布为目的而持有或保管的行为，因此，“有偿散布的目的”也包括在内。关于以拷贝为目的持有等情形⑤，如果在刑法修改前可以被认定为具有贩卖目的，就属于本罪的“目的”。所谓持有，是指事实上支配作为有体物的淫秽文件、图画等。保管是相当于持有的行为，如将淫秽的电磁记录置于自己的实力支配之内。另外，《刑法》第175条是“为了维护我国健全的性风俗”而作出的规定，所以不包括在日本国外以有偿散布为目的的情况。⑥

4. 故意

因为淫秽性是本罪的规范的构成要件要素，所以，应将其看作故意的认识对象（通说）。只要具有使一般人怀有好奇心之类的社会一般观念意义上的认识就够了，不要求认识到该物件是本罪中所说的淫秽文

---

① 最决平13、7、16刑集55、5、317。

② 广岛高判昭15、7、24判例时报12、97。

③ 神奈川地川崎判平7、7、14（公刊物未登载）。另外，最决平24、7、9判例时报2166、140。

④ 西田，421页；前田，417页。

⑤ 东京地判平4、5、12判例泰晤士报800、272；安田，判例讲义Ⅱ，145页；最决平18、5、16刑集60、5、413；荒川，百选Ⅱ（第7版），206页。

⑥ 最判昭52、12、22刑集31、7、1176下刑集1、2、2559；前田，573页。

书、图画。

5. 罪数

由于本罪是对要反复实施该种性质的行为有预料的情况，因此，基于同一的意思而实施的数个行为是包括的一罪。散布、公然陈列、持有、保管等行为，如果是基于同一意思实施的连续行为，即使时间、地点等不同，也是包括的一罪。①

6. 法定刑

《刑法》第 175 条第 1 款以及第 2 款规定的法定刑是："处 2 年以下有期徒刑或 250 万日元以下的罚金或小额罚金，或并处有期徒刑和罚金"。散布淫秽物等罪，通常是以获利为目的进行的，为了让人们意识到这种犯罪不具有经济性，所以规定有期徒刑和罚金任意的并科处罚。 537

四、重婚罪

> 有配偶的人又结婚的，处 2 年以下的有期徒刑。与之相婚的，同样处理（《刑法》第 184 条）。

1. 意义

所谓重婚，就是有配偶的人在没有解除婚姻关系的时候又结婚。本罪以一夫一妻的性秩序或性风俗作为保护法益，但在其性质上，有（1）是为了保护法律婚的犯罪的见解（通说）和（2）是为了保护事实婚的犯罪的见解②之间的对立。在采用法律婚原则的法制之下，应当受到保护的婚姻应当只限于法律上的婚姻，另外，"有配偶的人"无非是具有法律上的婚姻关系的人，因此，（1）说的见解妥当。

2. 主体

本罪的主体，是有配偶的人以及成为其对象而与其结婚的人。所谓"有配偶的人"，只限于具有法律上的婚姻关系的人，不包括姘居以及事

---

① 名古屋高金泽支判昭 34、12、7 下刑集 1、2、2559；前田，573 页。

② 牧野，293 页。

实婚在内（通说）。[①] 前婚即便由于伪造离婚证等而在户籍本上被注销，但只要其是合法存在的，也不妨碍成立本罪。[②] 所谓“成为其对象而与其结婚的人”，是指明知对方有配偶而与其结婚的人。本罪，实际上只有在提出与伪造文书有关的虚假的结婚申请，致使户籍管理人员陷入错误而受理，在户籍的原件上进行结婚记载之类的场合，或者户籍管理人员自己亲自实施该行为的场合，才成为问题。本罪在受理了第二次结婚登记的场合，成立既遂。

> **通奸罪** 被删除的《刑法》第183条规定：有夫之妇通奸的，处2年以下有期徒刑。通奸对方同样处理（第1款）。前款之罪，只有在女方丈夫告诉的时候才受理。但在女方丈夫纵容通奸的场合，告诉无效。这一规定在违反夫妻平等、男女同权的宪法规定（《宪法》第24条）的同时，也违反了不得用刑罚干涉夫妻问题的刑法谦抑原则，因此，即便和丈夫的通奸行为一并处理，也不
> 538 妥当。

3. 行为

本罪的行为是又结婚。所谓“又结婚”，是和有配偶的人登记结婚。关于“婚姻”的意义，主张只要是事实婚就够了的事实婚说[③]认为，在和通说所主张的一样只限于法律婚的时候，本罪的成立，只限于和户籍管理人员通谋，或利用其错误的场合，这样，本罪的存在理由就比较薄弱，而应当对在实际上侵害一夫一妻制的行为广泛进行处罚。但是，首先，对于现在存在的婚姻，伪造协议离婚证书，然后再和别人结婚，这在实际上是很容易做到的[④]；其次，刑法上的婚姻一般意味着法律上的婚姻；最后，事实婚是习惯上的概念，其成立范围很模糊。由于这些理由的存在，可以说，通说的见解妥当。

---

① 反对，牧野，293页（结婚只要是在事实上就足够了）。

② 名古屋高判昭36、11、8高刑集14、8、563。

③ 牧野，293页；小野，138页。

④ 名古屋高判昭36、11、8高刑集14、8，563。植松，220页。

第二节　有关赌博和博彩的犯罪

一、概说

有关赌博以及博彩的犯罪，是指处罚根据偶然的事情而得失财物的情况。《刑法》规定了（1）赌博罪（第185条），（2）惯犯赌博罪（第186条），（3）开设赌场营利罪、聚众赌博营利罪（同条第2款），（4）博彩罪（第187条）。关于本罪的处罚根据，有两种考虑：第一是因为上述行为对他人的财产造成危害，所以，要进行处罚。按照这种观点，开设赌博场所、参与开设赌博场所、职业赌博等应受到处罚，而所谓单纯的赌博不应受到处罚。德国刑法（第284条及以下）就是基于这种考虑。第二是防止国民的健康的经济生活风气即依靠勤劳来维持生计的经济、劳动生活风气受到侵害，同时也防止与赌博或中彩票相随的抢劫或盗窃等犯罪。这是设立本罪的宗旨（通说）。① 539

虽说赌博、博彩的流行会激起人们的侥幸心理，使多数人丧失劳动意欲，但是，成为赌博原因的违反经济伦理的行为，在其他的场合也大量存在，因此，从维持勤劳意欲方面来寻求本罪的宗旨，是一种文化家长主义。所以，从立法论来看，前者的见解妥当。但是，考虑到现行刑法除处罚将供一时娱乐之用的物拿来赌博的情形之外，对于单纯赌博罪也要予以处罚的现实，不得不说，现行刑法是立足于后者的。同时，必须注意到，出于财政、经济政策以及其他理由的各种赌博、博彩行为也是公开允许的。涉及赌博行为的法律，有《证券交易法》《商品交易所法》，涉及博彩的法律，有《彩票法》《赛马法》《自行车比赛法》《有关体育振兴彩票实施的法律》《赛艇法》，这些法律将赌博、博彩行为规定为正当行为，根据《刑法》第35条的规定排除其违法性。上述公营赌

① 最大判昭25、11、22刑集4、11、2380。

博、博彩的存在，给人以处罚赌博、博彩犯罪，在目前只限于原则而已的印象。

二、赌博罪

> 赌博的，处50万日元以下罚金或小额罚金。但是，博取仅供一时娱乐之用的物的，不在此限（《刑法》第185条）。

1. 行为

本罪的行为是赌博。所谓赌博，本意是在偶然的胜负上，以财产上的利益得失来进行赌博游戏。①

（1）偶然的胜负。赌博是争夺偶然的胜负，所以，是两个以上的人通过和偶然的事情有关的胜负来争夺财物的得失的必要共犯。所谓偶然的事情，是指对当事人来说不能确切预见的事实，因此，只要是和当事人在主观上不能确定的事实有关就够了，不要求在客观上也是不确定的。② 如即便是根据当事人的技术对决定胜败有影响的围棋、象棋、麻
540 将等的胜负来赌财物的场合就是如此，只要或多或少地通过运气来决定胜负就够了。③ 只要是通过偶然的胜负来获取财物的话，就马上成立本罪（举动犯），而不要求胜负已经决定出来，或已经得到或丧失财物。偶然的事情，可以通过犯人的行为来实现，也可以通过其他事实来实现，而且，过去、现在或将来的事情均可。但是，由于要求对于当事人双方来说都是偶然的，因此，对于所谓赌博诈骗的被害人，不成立单方赌博罪（通说）。④

> **单方赌博** 江家义男教授（江家，182页）认为："行为主体必须是两人以上，但并不要求所有的人都成立该罪。即，只有符合该罪的构成要件的人，才能成立该罪"。因此，其承认单方赌博罪

---

① 大判昭10、3、28刑集14、346。

② 大判大3、10、7刑录20、1816。

③ 大判明43、5、27刑录16、955。

④ 大判昭9、6、11刑集13、730。

的存在。[1] 但是，一方是诈骗罪的对象即被害人，而且，由于不存在偶然的胜负，所以，该种情况应该不成立赌博罪（通说）。另外，诈骗者的行为构成诈骗罪。[2]

（2）财产的得失。和偶然的胜负相关，必须具有财物的得失。这里所谓财物，不限于金钱，包括一切财产性利益。价值多少，在所不问。但是，博取供一时娱乐之用的物，不成立本罪。赌博中的“博”，就是指博戏，是根据行为人自身或代理人的行动的结果来决定胜负。如打麻将就是赌博。所谓赌博罪中的“赌”是指博彩，是根据和行为人或代理人的动作无关的事情来决定胜负。如棒球赌博就是博彩。

2. 排除违法性事由

本罪在博取供一时娱乐之用的物的时候，不成立。这是因为其经济价值微小，在类型上不具有可罚的违法性。[3] 所谓供一时娱乐之用的物，是供有关的人即时娱乐消费的物。[4] 如在场即兴用饭菜、香烟赌博 541
等，就属于此。但是，在量太大的时候，就不在此范围之内。关于其范围，应根据具体情况，按照一般社会观念，进行客观判断。[5] 由于必须是供一时娱乐之物，所以，金钱，不管其数量为多少，原则上都不允许作为供一时娱乐之用的物。[6] 当然，在其为其他供一时娱乐之用的物的对价的时候，可以将其看作“供一时娱乐之用的物”[7]（通说）。另外，前面已经提到，老虎机、赛车、赛马、赛艇之类，尽管其在实质上是赌博，但是，特别法已经将其规定为合法的情况。这种场合下，违反该特别法的话，马上成立赌博罪。[8] 本罪不处罚国外犯，因此，在允许赌博的外国实施的赌博行为不受处罚。

---

① 同旨，牧野，298 页；木村，231 页。

② 最判昭 26、5、8 刑集 5、6、1004（关于出千赌博）。

③ 大塚，530 页。反对，中森，251 页（不符合构成要件）。

④ 大判昭 4、2、18 刑集 8、72。

⑤ 大判昭 9、9、28 刑集 13、1221。

⑥ 大判大 13、2、9 刑集 3、95。

⑦ 大判大 2、11、19 刑录 19、1253。反对，植松，226 页。

⑧ 最判昭 28、11、10 刑集 7、11、2067。

三、惯犯赌博罪

惯犯赌博的，处3年以下有期徒刑（《刑法》第186条第1款）。

1. 意义

本罪是在参加赌博的人具有惯犯性的场合才成立的犯罪，是赌博罪的加重构成要件，是刑法典中唯一规定的惯犯，是因为行为人具有惯犯的身份而加重其刑的赌博罪的加重类型，是加减的身份犯。

关于惯犯性，有（1）是行为人的属性，是责任要素的见解[1]，（2）是行为人的属性，是违法要素的见解[2]，（3）是行为人的属性的同时也是行为的属性的见解[3]之间的对立。所谓惯犯性，本来是指反复实施一定行为的习性，表示行为人的属性或特性，但是，在刑法上不应该认可可以撇开行为的行为人的概念，因此，主张惯犯性是行为的属性的
542 同时也是行为人的属性的（3）说妥当。如习惯在朋友之间打麻将，但因为没有表现出赌博的习惯，所以只是单纯的赌博。

2. 主体

本罪的主体，是具有赌博的惯犯性的人即赌博惯犯。[4] 所谓赌博惯犯，是具有反复实施赌博行为的习性的人。是不是惯犯，应当综合考虑赌博的方法、是否具有同种前科、反复的事实、赌金的数额、胜负的次数、结果等，客观地判断犯人是不是形成了赌博的习性，来加以认定。[5] 并不要求行为人是赌徒。只要具有赌博的习性，哪怕是一次行为，也构成本罪。

游戏房经营者的惯犯性 设置赌博机让客人赌博的游戏房的经

---

① 最大判昭26、8、1刑集5、9、1709；团藤，353页；吉川，337页；香川，339页；小暮等（川端），452页；西田，427页。

② 平野，252页；内田，524页；前田，422页。

③ 大塚，530页。

④ 大判大3、4、6刑录20、465。

⑤ 最判昭25、10、6刑集4、10、1951，最大判昭26、8、1刑集5、9、1709。

> 营者，因为置办机械，所以，可以说具有赌博的准备，在游客操作机械的时候，就完成赌博行为，因此对其适用赌博罪是没有问题的。但是，近年来，对游戏机的设置者适用惯犯赌博罪的判例越来越多。① 对于游戏机的设置者而言，在其赌博意图已经成为习惯，或者反复进行的意欲已经成为人格倾向的场合，当然可以说具有惯犯性。但是，在没有该种人格倾向的人，完全是出于追求利益的目的而设置游戏机的场合，是不是也可以认定其具有惯犯性呢？

最高法院 1979 年 10 月 26 日的判例（刑集第33 卷第 6 号第 665 页）：平常连一般的赌博都没有玩过的塑料工厂厂主，为了经营游戏机房而从友人那里借来 5 200 万日元资金置办游戏机，但在开业后的第三天就被揭发。对于本案，法院认为，“被告人基于反复长期营业的意思，投入多达 5 200 万日元的资金，设置赌博机 34 台，开始经营游戏房，到警察接到检举之后停业为止的 3 天之中，一直在营业，一共有 140 余名客人前来，营业额多达 70 余万日元，如果从原判所认定的各种事实来看，应当说被告人具有反复实施赌博的习性，作为其体现，就是其已经实施了赌博，对此是可以认定的。因此，可以说持与此相同见解的原判决是正确的”；并认为“资金上的或经济活动上的依存性也是习性的内容之一”，支持原判决的见解。赌博的惯犯性，不仅包括肉体、精神、心理上的依赖性，也包括“赌博不容易停止”意义上的经济活动上的依赖性在内，因此，这一判决值得赞成。② 另外，在这种场合，根据游戏机的种类、设置场所、台数与营业期间、投入的资金额等，也应当认定
惯犯性。③ 543

3. 行为

本罪的行为，是作为惯犯性的表现的赌博。只要被认定为惯犯性的表现，哪怕是一次赌博行为也适用惯犯赌博罪。作为惯犯性的表现而被认定的数回反复实施的赌博行为，作为集合犯是包括的一罪，而不构成

---

① 大谷实：《判批》，《法学家》，743 号，180 页。

② 反对，团藤，354 页；大塚，532 页（经济活动上的依赖性不能成为癖性的内容）。

③ 东京高判昭 60、8、29 高刑集 38、2、125。

数罪。[①]

4. 共犯、累犯加重

本罪是因为行为人具有惯犯性而加重其刑的加减的身份犯或不真正身份犯。

（1）共犯关系。关于不真正身份犯，由于《刑法》规定，加减的身份只对有身份的人起作用，因此，惯犯性对共犯没有影响。所以，首先，赌博惯犯和非惯犯进行赌博的时候，在赌博罪的限度之内成立共同实行犯，惯犯的行为独自成立惯犯赌博罪。[②] 虽然也有人认为成立惯犯赌博罪的共同实行犯，但该见解在将惯犯性波及非惯犯人这一点上不妥。其次，非惯犯教唆、帮助惯犯的时候，实行犯成立惯犯赌博罪，而共犯成立赌博罪的教唆、帮助犯。最后，惯犯教唆、帮助非惯犯赌博的时候，实行犯成立赌博罪，至于共犯，当共犯行为被看作惯犯性的表现时，就是惯犯赌博罪的教唆、帮助犯，但是，不是如此的时候，就成立赌博罪的教唆、帮助犯。[③] 通说认为一般应当成立惯犯赌博罪的教唆、帮助犯[④]，但是，由于成立惯犯赌博罪，要有作为惯犯性的表现的行为，因此，在不具有惯犯性的表现的时候，就应成立赌博罪的教唆、帮助犯。

（2）累犯。具有惯犯赌博罪的前科的人符合《刑法》第56条所规定的要件，然后又实施赌博行为的话，应当成立累犯加重。有见解认为，只要累犯的反复行为是作为惯犯性的表现而实施的，由于只构成了集合犯的一部分而已，所以，不能被认定为累犯加重，但是，累犯并不
544 常常是惯犯，所以，应当成立累犯加重。[⑤]

四、开设赌场营利罪、聚众赌博营利罪

开设赌场、或纠集赌徒营利的，处3个月以上5年以下有期徒

---

① 大判大12、4、6刑集2、309。

② 最决昭54、4、13刑集33、3、179。

③ 团藤，355页；大谷，总论，460页。另外，大塚，533页。

④ 大连判大3、5、19刑录20、932（《刑法》第186条第1款也能适用于共犯）。

⑤ 内田，525页。

刑（《刑法》第 186 条第 2 款）。

1. 开设赌场营利罪

本罪是以自己主持、设置赌博场所为内容的犯罪。

（1）行为。本罪的行为是自己成为主持者，在其支配之下开设赌博场所的行为。[1] 对于行为人没有特别的限定，也不要求是赌徒或赌博惯犯。关于赌博场所，不要求特地为赌博而设立。不要求诱惑他人参加赌博，这是理所当然的，同时，也不要求亲临赌博现场，或者自己亲自参加赌博。自己亲自赌博的话，就是赌博罪和本罪的数罪。赌博场所，即便不是专为赌博而设置的也行，另外，是否在开设者的支配之下，其支配程度如何，也在所不问。在股票交易所的看台上，为了用金钱赌交易所的股市的涨落而设置场所的[2]；为了赌博棒球输赢而在办公室设置电话，接受赌客的申请的，即便赌博的人没有在该场所聚集，也是开设赌场的行为。[3]

（2）主观要件。成立本罪，必须要有图利的意思即图利的目的（目的犯）。所谓图利，就是通过开设赌博场所来获取利益的目的，如在赌博中以从赌博者手中获取入场费、手续费等的名目，获取作为开设赌场的对价的财产性利益的意欲，就属于此。

（3）既遂。本罪在出于图利目的而开设赌场的时候达到既遂，不要求实际上已经获得了财产性利益。是否在该赌博场所实施了赌博行为，在所不问。[4]

（4）罪数。本罪不是集合犯，因此，基于不同的意思而在不同场所
开设赌场的话，分别构成犯罪，整体上构成数罪。[5] 本罪是继续犯，只 545
要开设了赌博场所，其间数次收钱的话，也只构成一罪。另外，开设赌场的行为当然包括教唆、帮助赌博的行为在内，因此，后者被前者所吸

① 最判昭 25、9、14 刑集 4、9、1652。

② 大判昭 7、4、12 刑集 11、367。

③ 最决昭 48、2、28 刑集 27、1、68。

④ 大判明 43、11、8 刑录 16、1875。

⑤ 前引最判昭 25、9、14。

收。明知是用于开设赌博场所而提供必要的房屋的，结局上即便方便了赌博者的犯行，也只是成立本罪的帮助犯而已。[①] 这是因为帮助开设赌场的行为当然也包括帮助赌博在内。[②]

2. 聚众赌博营利罪

本罪是以纠集赌徒进行营利为内容的犯罪。所谓"赌徒"，是惯犯或以赌博为业的人，是在严格的等级关系之下而纠集在一起的人。[③] 所谓"纠集"，就是以犯人自己为中心，赌徒之间结成严格的等级关系，在一定势力范围之内为赌博行为提供方便的行为。[④] 成立本罪，必须具有营利的目的，但不要求实际上获得了利益。犯人只要为其下属在其势力范围内参与赌博提供了方便，就成立本罪的既遂。[⑤] 本罪也是继续犯，只要犯人仍然在保持其大哥的地位，就是本罪的继续。[⑥] 在聚众赌博营利罪的犯人亲自开设赌场的场合，由于两罪的性质不同，所以，和开设赌场营利罪之间构成数罪。[⑦]

五、博彩罪（发行彩票罪、代理彩票罪、授受彩票罪）

发行彩票的，处 2 年以下有期徒刑或 150 万日元以下罚金（《刑法》第 187 条第 1 款）。

代理发行彩票的，处 1 年以下的有期徒刑或 100 万日元以下罚金（同条第 2 款）。

除前两款的规定以外，授受彩票的，处 20 万日元以下罚金或
546 小额罚金（同条第 3 款）。

1. 意义

本罪是有关发行、代理、授受彩票的犯罪。"发行"相当于开设赌

① 大判大 9、11、4 刑录 26、793。
② 袖珍，429 页。
③ 江家，184 页。
④ 团藤，358 页；大判明 43、10、11 刑录 16、1689。
⑤ 前引大判明 43、10、11。
⑥ 前引大判明 43、10、11。
⑦ 大判明 43、12、9 刑录 16、2157。

博场所营利罪，授受相当于单纯或惯犯赌博罪，但是，它们的法定刑都比赌博犯罪的刑要轻。博彩就像抽签一样，是单纯由偶然性来决定胜负。由于其在决定胜负这一点上，不具有使人玩物丧志的性质，所以，其法定刑比单纯赌博罪或惯犯赌博罪的刑要轻。[①] 博彩也是依靠偶然的胜负来获取财物的。所谓“彩票”，就是特定的发行人事先发行号码牌，之后根据抽签或其他具有偶然性的手段，在购买者之间进行不平等的利益分配。因此，赌博和博彩之间的差别在于，于前者的场合，所有当事人都要承担丧失财物的危险，而于后者的场合，发行人不承担这种风险，而仅让购买人承担风险（通说）。[②] 例如，没有中彩的人也完全不丧失财产的抽奖就不构成博彩罪。[③]

2. 类型

在发行彩票的场合是发行彩票罪（第 1 款），在代理的场合是代理彩票罪（第 2 款），在授受的场合是授受彩票罪（第 3 款）。所谓“发行”，就是为使购买人用抽签的方法获取偶然的利益而有偿转让彩票的行为。[④] 所谓“代理”，就是斡旋彩票的买卖。所谓“授受”，就是购买了彩票的人将其赠与、出卖给第三人之类的转移彩票所有权的行为，是指发行以外的情况。

第三节　有关礼拜场所以及坟墓的犯罪

一、概说

《宪法》第 20 条规定，保障信教的自由。因此，国家对于宗教或宗 547
教信仰，不但不能积极阻止，还不能消极干涉。但是，公众具有宗教生

① 袖珍，431 页。

② 反对，木村，226 页。

③ 大判大 3、7、28 刑录 20、1548。

④ 大判大 3、11、17 刑录 20、2139。

活上的风俗习惯，对此不保护的话，就会伤害公众的宗教感情，对个人追求幸福来说也会产生重大影响。因此，本罪的保护法益是现存的健全的宗教风俗、感情。《刑法》规定了（1）不敬礼拜场所罪（第188条第1款），（2）妨害传教罪（同条第2款），（3）发掘坟墓罪（第189条），（4）损坏尸体等罪（第190条），（5）发掘坟墓损坏尸体等罪（第191条）以及（6）密葬非正常死亡者罪（第192条），以求对上述法益进行保护。另外，密葬非正常死亡者罪是有关尸体的犯罪，出于方便上的考虑，而在本处规定，而其性质无非行政上的取缔规定。

二、不敬礼拜场所罪

> 对于神祠、佛堂、公墓以及其他礼拜场所，公然实施不敬行为的，处6个月以下的有期徒刑或监禁或10万日元以下的罚金（《刑法》第188条第1款）。

1. 对象

本罪的对象，是作为宗教礼拜场所的神祠、佛堂、公墓以及其他礼拜场所。对于宗教的种类、礼拜的形式没有限定。所谓“神祠”，是神道教祭祀神的设施（祠堂）。所谓“佛堂”，是佛教的寺院以及其他礼拜场所。其大小没有限定。所谓“公墓”，是埋葬、安放人的遗体、骨灰，对死者进行祭祀、纪念的场所。有没有墓碑、墓标，在所不问。所谓“其他礼拜场所”，如基督教、天理教的教堂等。上述地方，都必须是礼拜的场所，因此，和教职人员等的住所、祭坛等分开且独立的办公场所、仓库等就不包括在本罪的对象之内。安放了部分迷信者所崇拜、祭祀的性器官的场所也不包括在内。

2. 行为

本罪的行为是公然实施不敬的行为。所谓“公然”，就是使不特定的人或多数人能够听到或看到。所谓“不敬行为”，就是伤害礼拜场所
548 的尊严或神圣的行为。推倒墓前的佛像[①]，用侮辱性的言辞辱骂，脚踢

① 福冈高判昭61、3、13判例泰晤士报601、76。

神体，涂撒污物，或信笔涂鸦等行为，均属于此。有人认为可以不作为的方式实施本罪，但是，实际上，不作为的不敬行为难以想象。[①]

公然不敬的案例 最高法院在1968年6月5日的判决（刑集第22卷第6号第427页）中认为："被被告人等推倒墓碑的共同墓地，毗邻和县道相连的村道，散在于与他人住宅不远的地方，因此，虽然碰巧该行为是凌晨2点实施的，当时没有行人路过，但也可以是说公然的行为。因为天明之后，公众就会看到这一情况，因此，原审法院的判决是妥当的"。另外，作为不敬行为的参考判例，有东京高等法院于1952年8月5日的判例（刑集第5卷第8号第1364页）。为了表现对他人的厌恶之情，行为人在边骂道"他妈的，让你淋尿!"边作出在人家的墓地上撒尿的架势的事件中，法院认为，即便没有实际撒尿，但在其他人看来，明显给人以和对墓地的尊敬之念相反的感觉，因此，也成立本罪。

三、妨害传教等罪

妨害传教、礼拜或葬礼的，处1年以下有期徒刑或监禁或10万日元以下罚金（《刑法》第188条第2款）。

1. 对象

本罪的对象是传教、礼拜或葬仪。所谓"传教"是解说教义、宗旨。所谓"礼拜"，是向神佛表示宗教上的崇敬心的行为。所谓"葬礼"，就是埋葬死者的仪式，但是，埋葬死胎或家禽的仪式不是习惯上的葬礼。有关宗教的学术演讲、按宗教仪式举行的婚礼等不是本罪的对象。妨害正在实施的传教、礼拜或仪式就不用说了，连妨害马上就要实施的传教、礼拜或葬仪包括在内。

2. 行为

本罪的行为是妨害。所谓"妨害"，是对传教等的顺利进行施加阻碍，可以通过语言、动作、暴力、胁迫以及欺骗等的方式进行。只要有

① 中森，278页。

妨害传教等顺利进行的行为就够了，不要求该行为产生了阻止传教等进
549 行的实际结果。

四、发掘坟墓罪

发掘坟墓的，处2年以下有期徒刑（《刑法》第189条）。

1. 对象

本罪的对象是坟墓。所谓“坟墓”，就是埋葬人的尸体、遗骨、发辫等，祭祀死者，作为礼拜的场所。即便是埋葬死胎的地方，只要是成为礼拜的对象，也是坟墓。但是，过去的坟墓之类的古墓，已经不是礼拜的场所，所以，不是本处的坟墓。[①]

2. 行为

本罪的行为是发掘。所谓“发掘”，就是将坟墓上覆盖的土全部或部分除去，或者用破坏、解体墓石的方法来损坏坟墓的行为。不要求使坟墓之内的棺材等全部露出。[②] 虽然有人认为，没有达到从外部能看到坟墓之内的死尸、遗骨等程度的话，就不构成本罪[③]，但是，由于本罪没有未遂，所以，按照上述见解的话，只要坟墓内部的物不露出的话，就不成立本罪，这显然是不妥的。[④] 合法发掘，当然不构成本罪（《刑诉》第129条、第222条，《关于墓地和埋葬的法律》第5条第2款）。

五、损坏尸体等罪

损坏、遗弃或侵占尸体、遗骨、发辫以及棺内的其他物品的，处3年以下有期徒刑（《刑法》第190条）。

---

① 大判昭9、6、13刑集13、747。

② 最决昭39、3、11刑集18、3、99（覆土除去说）。另外，福冈高判昭59、6、19刑月16、5和6、420（在钢筋混凝土制的收藏遗骨构造的坟墓的场合，必须收藏遗骨的空间的墙壁、天井、门等重要部分遭到破坏）。

③ 植松，237页（内部露出说）。

④ 大塚，541页。

1. 对象

本罪是为了保护有关葬仪的良好风俗，因此而保护公众对死者的虔诚尊敬感情而设立的。本罪的对象是尸体、遗骨、发辫以及棺内的其他 550
物品四种。所谓“尸体”，是已经死亡的人的身体。死胎由于已经具备人的形态，所以，也是尸体。尸体包括成为尸体的一部分或其内容的脏器在内。[①] 遗弃行为实施当时，对象是否已经死亡尚不清楚的，即便在法医学上具有维持生命的可能，也应当从社会一般观念上是否可以追究遗弃尸体罪的罪责的角度来认定死亡。[②] 因此，固定在尸体之上的物，如金牙齿等，由于能够和人体成为一体，所以，应被看作尸体的一部分。取得该金牙齿的时候，就构成损坏尸体罪，生前没有看作人体的一部分的假牙等，即便仍附着在尸体上，但也应被看作装饰物。[③]

所谓遗骨以及发辫，是为了祭祀或纪念死者而保存，或应当保存的死者的骨头、发辫。所谓“棺内置放的物”，就是所谓随葬品，它是指在埋葬之际，和尸体、遗骨一起放在棺内埋葬的所有物品。棺材自身不是棺内收藏物，不是作为祭祀、礼拜对象的物，因此，不成为本罪的对象。[④] 捡骨后遗留在火葬场的骨片，不是遗骨。

2. 行为

本罪的行为是损坏、遗弃以及侵占。

（1）损坏、遗弃。所谓“损坏”，就是切断尸体的手足之类的物理上的破坏行为。解剖尸体也是损坏，但是，有时候可以被排除法律上的违法性。对尸体的侮辱行为，如奸尸行为不是损坏[⑤]，另外，奸尸也不是现行法上的犯罪。所谓“遗弃”，是不按习惯所认可的埋葬方法放弃尸体。因此，即便将尸体埋葬在共同墓地之中，只要没有遵循习惯上的

---

① 大判大 14、10、16 刑集 4、613。
② 札幌高判昭 61、3、24 高刑集 39、1、8。
③ 植松，238 页。
④ 大判明 43、10、4 刑录 16、1608。
⑤ 最判昭 23、1116 刑集 2、12、1535。

埋葬方法，也是遗弃。[1] 另外，遗弃除包括移动之后抛弃的作为方式，还包括不作为的方式。

不作为的遗弃尸体，是根据法令、合同、习惯以及其他道理，在法
551 律上具有埋葬尸体义务的人，对尸体放置不管的行为。[2] 杀人犯并不马上成为法律上的埋葬义务人，因此，即便杀人之后放任尸体不管而离去，并不一定构成不作为的遗弃尸体罪。但是，母亲在杀害婴儿之后，将尸体放在现场放置不管的话，就构成遗弃尸体罪。[3] 杀人罪或过失致死罪等的犯人，只要没有实施移动抛弃尸体的作为，通常不构成遗弃尸体罪。

放弃尸体不管和遗弃 从致人死亡的结果和放弃尸体不管的行为之间的关系来考虑，可以有以下结论：1）通过杀人行为将他人杀死之后，即便放置尸体不管，也不构成遗弃尸体罪。[4] 这是因为要求杀人犯埋葬该尸体的话，反而会伤害公众对尸体的虔诚尊敬的感情。但是，杀人犯为了隐藏罪迹而将尸体藏起来，就是妨害埋葬义务人进行埋葬的行为，当然构成遗弃罪。2）在过失致人死亡的场合，由于存在先行行为所引起的作为义务，因此，有人认为，放置不管而离去的话，就是遗弃尸体罪，但是，在这种场合，只要没有积极的遗弃行为，就不会伤害对死者的虔诚尊敬的感情。[5] 3）对于伤害致死等结果加重犯而言，基于和1）中同样的理由，也不成立遗弃尸体罪。但是，按照我个人的见解，1）、2）、3）场合下的放任尸体不管的行为也是不可罚的事后行为，只要没有另外实施遗弃尸体的行为，就不构成本罪。当然，必须注意，在以不作为的方式对待尸体的时候，可以成为特别法中的犯罪（《轻犯罪法》第1条第18项）。

---

① 大判昭20、5、1刑集24、1。
② 大判大6、11、24刑录23、1302。
③ 前引大判大6、11、24。
④ 大判昭8、7、8刑集12、1195。
⑤ 板仓，注释（4），361页。

（2）行为。本罪的行为是，就是非法占有尸体、遗骨、发辫以及棺内的陪葬物品。侵占的方法在所不问，非直接取得的场合，如购买或从侵占犯人那里取得的情形，也包括在内。[①] 成为侵占，判例认为必须具有占有的意思[②]，但是，本罪不是财产犯，因此，没有根据要求具有占有的意思。另外，对于占有来说，存在对侵占棺内陪葬物的行为是否可以根据财产犯罪来处理的问题。但是，尸体、遗骨、发辫一旦成为祭祀或纪念死者的对象物，就不再是所有权以及其他合法权利的对象；另 552
外，对安放在棺材之内的陪葬物品的占有，是已经被放弃了的占有，至少是较为缓和的权利，因此，财产犯罪的保护法益已经不存在。

棺内陪葬物和财产犯罪　团藤重光教授（团藤，363 页）认为，否定和财产犯罪竞合的根据并不充分，从刑罚平衡的观点来看，倒不如说，根据竞合犯的原理，成立财产犯罪更妥当一些。因此，他承认对象包括尸体在内的财产犯罪（损坏、遗弃、占有都包括在内）的竞合，主张财产犯罪和本罪之间是观念竞合。[③]

（3）和其他犯罪的关系。将人杀死之后不法损坏尸体的话，就是杀人罪和损坏尸体罪的数罪。另外，对于把人杀死之后遗弃尸体的行为，判例认为是杀人罪和遗弃尸体罪数罪[④]，但是，遗弃尸体是杀人行为的通常结果，因此，应看成牵连犯。[⑤]

六、发掘坟墓损坏尸体等罪

犯发掘坟墓罪（《刑法》第 189 条），损坏、遗弃或占有尸体、遗骨、发辫以及棺中的陪葬物品的，处 3 个月以上 5 年以下有期徒刑（《刑法》第 191 条）。

本罪是发掘坟墓罪和损坏尸体罪的结合犯，是不法发掘坟墓的人，

---

① 大判大 4、6、24 刑录 21、886。

② 大判大 13、10、7 新闻 2331、6。

③ 同旨，福田，144 页；内田，519 页。反对，平野，201 页；大塚，545 页；中森，255 页；山口，525 页。

④ 大判明 44、7、6 刑录 17、1388。

⑤ 小野，153 页；大塚，544 页；内田，519 页；中森，256 页。

在损坏、遗弃或占有尸体、遗骨、发辫以及棺中的陪葬物品的场合成立的犯罪。在合法发掘时实施侵占等行为的，只构成《刑法》第190条所规定的犯罪。①

七、密葬非正常死亡者罪

埋葬没有经过尸检的非正常死亡者的，处10万日元以下的罚金或小额罚金（《刑法》第192条）。

本罪是为了实现警察目的或调查犯罪目的而设立的一种行政犯，与
553 对风俗的犯罪无关。所谓“非正常死亡者”，就是以犯罪为死因的尸体，死因不明的非正常死亡的尸体以及具有该种嫌疑的尸体。所谓“尸检”，就是对尸体进行检验，如具有犯罪致死的嫌疑的时候所实施的司法检验《刑诉》第229条、具有传染病致死的嫌疑的时候所实施的行政检验（1958年国家公安委员会规则3号）等。不经过检验而埋葬的，构成本罪。所谓“埋葬”，就是安葬。安葬的方法不受限制。

有关非正常死亡者的判例 大审院于1920年12月24日（刑录第26辑第1437页）在从树上掉下来，虽经医生治疗但最终还是死亡的案件中，认为：“通常所谓非正常死亡者，就是泛指由于不自然的原因而死亡的人。本来，《刑法》第192条规定，埋葬非正常死亡者以前，必须先接受尸检。但是，对因为犯罪嫌疑而死亡的人而言，检查死因就是调查犯罪的开始，这种情况应当排除在外。因此，本条中所谓的非正常死亡者仅仅是指不自然地死亡，而其原因不明者”。根据这种理解，法院认为，上例中的死者不是非正常死亡者。以上判决结论当然是妥当的，但是，非正常死亡也应当包括明显是犯罪致死的场合以及具有不自然死亡之嫌的场合在内，因
554 此，我认为，上述判决的宗旨过于狭隘（通说）。

① 大判大，3、11、13刑录20、2095。

第三编　对国家法益的犯罪

法益，说到底是为了国家的利益而受到保护的，因此，说所有的利益都是国家利益也并无不妥，但是，作为刑法直接保护对象的国家利益，可以大致分为国家的存在和国家的职能。对国家存在的犯罪，可以分为从国家内部开始的侵害即有关内乱的犯罪，和外来的侵害即有关外患的犯罪。对国家职能的犯罪也分为来自内部的侵害即公务员自身的侵害，和外来的侵害即公务员以外的人的侵害。另外，严格来说，地方公共团体的职能应当和国家的职能区别开来，但是，在广义上，它也是国家职能的一部分，并且，作为公务职能，其和国家职能并没有什么区别，因此，在以下的叙述中，只要没有作特别说明，在说到国家职能的
556 时候，包括地方公共团体的职能在内。

第一章　对国家存在的犯罪

对国家存在的犯罪，是从内部破坏宪法规定的国家基本组织，危及国家自身存在的情况，因此，是最为重大的犯罪。从这一观点出发，我国《刑法》将其置于刑法分则之首。但是，在《宪法》日本国制定之前，《刑法》第二编第一章是“对皇室的犯罪”，规定对天皇、皇太子等加害的，判处死刑（第73条），对皇族加害的，判处死刑或无期徒刑（第75条）；另外，还规定了对上述各种人士实施不敬行为的犯罪（第74条、第76条）。但是，随着《宪法》的制定，对皇室的犯罪在1947年的《刑法》部分修改中被删除，现在，(1) 从国家内部威胁国家存在的内乱犯罪（第二编第二章），(2) 从国家外部威胁国家存在的外患犯罪（同编第三章）以及 (3) 有关危害国家外交的犯罪（同编第四章），成为有关危害国家存在的基本犯罪。行为人的意图一旦实现，原有的法秩序就会被否定，不能将该行为作为犯罪来处罚，因此，本罪是抽象危险犯。①

---

① 中森，233页。

第一节　有关内乱的犯罪

一、概说

所谓有关内乱的犯罪，是以瓦解宪法所规定的基本统治秩序为目的，以实施暴动为内容的犯罪。《刑法》对于出于上述目的的暴动，规定了（1）内乱罪（第77条第1款），（2）内乱未遂罪（同条第2款），
557 （3）阴谋、预备内乱罪（第78条），（4）援助内乱罪（第79条）。国家是以国家的统治机构或宪法所规定的基本统治秩序为基本要素所组成的，本罪就是以不法破坏这种国家的基本政治组织为目的的犯罪。所谓暴力革命，就是其典型。换句话说，内乱犯罪，是作为政治斗争的手段而实施的，是政治犯或确信犯的典型表现。因此，各国历来对其予以严惩。同时，在对犯罪人的处遇上，适用名誉刑之类的特别处遇。[①] 在我国，对于内乱罪，将作为自由刑的监禁作为其法定刑，也是基于上述考虑。

特别法　有关内乱罪的特别法，有《破坏活动防止法》和《电波法》，其中对威胁国家存在的行为进行处罚。刑法从保护主义的立场出发，规定不仅对外国人在日本国内犯内乱罪适用本法，即便在外国人在日本国以外犯本罪的场合，也适用本法（《刑法》第2条第2项）。

二、内乱罪

破坏国家的统治机构，或者在其领土之内排除国家主权，行使权力，或出于瓦解宪法所规定的基本统治秩序的目的而实施其他暴动的，是内乱罪，区分下列情形，进行处理：（1）首谋者，处死刑

---

① 大谷实：《新版刑事政策讲义》（2009），38页。

或无期监禁。(2) 参与谋议或指挥众人的，处无期监禁或 3 年以上的监禁；担任其他各种职务的，处 1 年以上 10 年以下监禁。(3) 附众随行、单纯参加暴动的，处 3 年以下监禁（《刑法》第 77 条第 1 款）。

前款的未遂犯，处罚之。但是，同款第三项中规定的情况，不在此限（同条第 2 款）。

1. 主体

本罪的行为是暴动，而暴动在性质上必须有众人作为集团聚集在一起，即其主体必然是众人。因此，本罪无非是作为必要共犯之一种的集团犯（聚众犯）。要成为众人，必须有与瓦解基本统治秩序的目的相匹配规模的人数，和达到实现该种目的的程度的组织结构。① 众人之中，当然预定了首谋者的存在，而且，对众人的行为，按照后述的参与形态进行区分。 558

2. 行为

本罪的行为是作为集团行为的暴动。所谓“暴动”，就是纠集众人，实施与破坏基本统治秩序的目的相匹配规模的暴力、胁迫。只要有作为集团的暴力、胁迫就够了，不要求参加者都实施了暴力、胁迫。② 通说认为，只要有达到危害社会安宁程度的暴力、胁迫就够了，但从本罪的性质来看，在内乱的规模和形态上，必须具有达到足以动摇国家基本组织程度的暴力行为。③ 另外，由于本罪是以破坏基本统治秩序为目的，因此，和骚乱罪中一样，仅是聚集众人的，不构成本罪，必须有以扰乱为目的的、具有一定程度的组织性的集团暴动。

暴动以暴力、胁迫为内容，但本罪中的暴力、胁迫以扰乱为目的，因此，该行为必须达到与目的相匹配的程度，即，至少必须是达到足以动摇国家的统治机构程度的行为。④ “危害一个地方的稳定的程度”的

---

① 团藤，注释 (3)，11 页。
② 香川，12 页；反对，内田，597 页。
③ 井上、江藤，312 页；内田，597 页；中森，284 页。
④ 小暮等（江口），471 页。

暴动是不够的。[①] 暴力、胁迫是指最广义的暴力、胁迫。暴力既可以对人实施，也可以对物实施，包括杀人、放火、伤害等程度较高的暴力在内。胁迫之中，成为告知内容的不利后果的种类，不受限定。因此，作为"破坏"的手段而实施的杀人、放火、伤害等犯罪行为，从社会一般观念来看，是与实现破坏目的相匹配的手段的时候，上述杀人罪、放火罪、伤害罪等就当然包括在暴动之中（吸收关系），而不和本罪之间形成观念竞合。[②] 本罪，在实施了达到动摇国家的基本组织程度的暴动的时候，达到既遂。出于上述目的而纠集众人开始实施暴动，但是，没有
559 达到足以动摇国家基本组织程度的，就是未遂罪。[③] 未遂并不意味着没有实现"扰乱目的"。

3. 主观要件

本罪的主观要件，必须是出自内乱的故意，同时具有破坏统治机构的目的。

(1) 故意。必须具有（1）加入作为集团的多数人的意思，（2）参加集团暴动的意思。

(2) 目的。本罪是目的犯，作为主体的众人，必须具有瓦解统治机构的目的。所谓瓦解基本统治秩序，就是不法变更、破坏日本国的基本政治组织。其典型表现就是破坏统治机构，排除国家主权，行使自己的权力。[④] 所谓破坏统治机构，就是非法破坏行政组织的中枢即内阁制度，而不是推翻各个具体内阁。[⑤] 所谓排除国家权力，如用武力占领四国宣告独立，就是实际上排除日本国主权的行使。[⑥] 所谓领土，就是日本国的领土。其他的表现形式，如不法变更、破坏日本国宪法所规定的作为国家基本组织象征的天皇、国会制度以及司法制度的行为，也是破

① 团藤，17页；大塚，550页。反对，中森，260页。

② 后引大判昭10、10、24。

③ 袖珍，318页；中森，285页。反对，大塚，550页。

④ 大判昭10、10、24刑集14、1267。

⑤ 大判昭16、3、15刑集20、263。

⑥ 朝鲜高判大9、3、22新闻1687、13。

坏基本统治秩序。本罪的目的，必须是直接扰乱基本统治秩序。[①] 因此，仅仅预见到实施暴动，就会以此为契机而发生新的暴动，导致“扰乱基本统治秩序”的结果的时候，就不是本罪。[②] 不以扰乱为直接目的的暴动，即便构成骚乱罪，也不成立内乱罪。

4. 处罚形态

在本罪中，根据参与者在集团内的地位、作用，分别加以处罚。

（1）首谋者。对首谋者处以无期监禁或死刑。所谓首谋者，就是作为核心，统率暴动的人。不一定是一人；也不要求亲临暴动的现场 560
指挥。

（2）参与谋议者、指挥众人者。对参与谋议者、指挥众人者，处以无期监禁或 3 年以上的监禁。所谓参与谋议者，就是参与谋划内乱计划，辅助首谋者的人；所谓指挥众人者，就是在暴动现场，或者在接近现场之际，指挥众人的人。无论是哪一种人，都不要求在暴动的全过程中一直参与谋议，或一直在指挥众人。

（3）担任职务者。对其他担任职务的人，处 1 年以上 10 年以下的监禁。所谓其他担任职务的人，正如负责或者指挥搬运弹药、粮食的人一样，是在暴动中，承担首谋、参与谋议以及指挥众人以外的任务的人。

（4）附众随行者、参加暴动者。对附众随行者、参加暴动者处 3 年以下的监禁。所谓“附众随行者”、参加暴动者，是明知实施暴动而加入集团，听从指挥者的命令进行行动，助长暴动势力的人。这些人在内乱以未遂而告终的时候，不受处罚（《刑法》第 77 条第 2 款但书）。作为暴动行为的一部分，他们即便实施了杀人、放火行为，也应当对该行为在暴动行为的整体中加以评价，就该行为整体，对首谋者予以重处，而对实行者只能处以 3 年以下的监禁，因为实行者的行为是在集团心理影响之下所实施的。[③]

---

① 团藤，注释（3），10 页。

② 前引大判昭 10、10、24。

③ 团藤，注释（3），12 页。

5. 共犯

本罪是聚众犯。在暴动集团的内部，不适用共犯规定，因此，首谋者即便呼吁附众随行者参加暴动，也不另外构成本罪的教唆犯。但是，对于在暴动集团之外，劝说他人参加暴动的，如何处理，则有争议。关于这一情况，虽然有适用共犯规定说和不适用共犯规定说之间的对立，但是，应当采用可以适用共犯规定的见解。否定说[①]认为，既然本罪是在一定形态和限度上对作为聚众犯而参加集团行动的人进行处罚，则上述以外形态的参与行为不在处罚对象之列，因此，不得适用共犯规定。
561 但这样的话，在上述场合，如果任何人的行为都不符合《刑法》第77条的规定的话，就会出现在不适用共犯规定的时候，只有不追究在集团外的教唆者的责任，实质上导致不当结果的局面。另外，认为对聚众犯不能适用共犯规定的否定说，即便作为共犯理论也难以被承认。[②]

三、预备、阴谋内乱罪

预备或阴谋实施内乱的，处1年以上10年以下的监禁（《刑法》第78条）。

在暴动之前自首的，免予处罚（《刑法》第80条）。

所谓“预备”，是指为了实施内乱而进行准备的行为，如做调配武器、弹药、粮食，招募人员等物质的准备。所谓“阴谋”，是指二人以上谋划内乱，达成合意的情况。实行了内乱的话，预备、阴谋就被内乱的未遂或既遂所吸收。因为自首而免予处罚，是基于在未然之中防止暴动的政策性考虑。所谓“暴动之前”，是指着手实行暴动以前。

四、援助内乱罪

提供武器、资金或粮食，或者以其他行为帮助内乱罪（《刑法》第77条第1款），内乱未遂罪（同条第2款），预备、阴谋内乱罪

---

① 团藤，18页；福田，7页；大塚，552页；吉川，424页；香川，10页；小暮等（江口），473页。

② 植松，6页；中森，261页；西田，436页。

（《刑法》第 78 条）的，处 7 年以下监禁（《刑法》第 79 条）。

在暴动之前自首的，免除其刑（《刑法》第 80 条）。

本罪是将帮助内乱的行为作为独立犯罪的规定。本罪的行为，除了提供武器、资金、粮食之外，还有与此类似的行为，如提供谋划场所等。本罪是鉴于内乱罪危害重大，从严厉取缔参与内乱行为的角度出发，将帮助内乱的行为作为独立犯罪，因此，即便在作为实行犯的内乱罪及预备、阴谋内乱罪不成立的时候，也能成立本罪。① 反对学说②认为，本罪仅是刑法总则中有关共犯规定的刑罚的特别规定而已，只有在实行犯成立的时候，才能适用。但是，本罪不仅对帮助方法在某种程度上进行了限定；而且认为对预备、阴谋也可以进行帮助，所以，应当 562
说，本罪是独立帮助罪，是不从属于实行犯的犯罪。对本罪也适用自首免除刑罚的规定。

第二节 有关外患的犯罪

一、概说

有关外患的犯罪，是为了防止从国家外部危害日本国的存在而设立的，原则上以为了敌对国家的利益而背叛对祖国的忠诚为内容。因为具有背叛祖国的因素，所以，本罪的法定刑不是监禁，而是有期徒刑。③关于本类犯罪，《刑法》规定了（1）诱致外患罪（第81 条），（2）援助外患罪（第82 条），（3）上述各罪的未遂罪（第87 条），（4）预备、阴谋外患罪（第88 条）。

虽然本罪是以我国和外国处于交战状态为前提而规定的，但是，根

① 同旨，小野，13 页；泷川，296 页；植松，9 页；香川，18 页；冈野，320 页；中森，260 页。

② 团藤，21 页；福田，8 页；中，260 页；大塚，554 页；吉川，425 页；中山，491 页；小暮等（江口），475 页；西田，457 页；井田，524 页；松原，636 页。

③ 小野，14 页。

据日本国《宪法》第9条的规定日本放弃国际法上的战争，因此，在1947年对本条作了根本性的修改，将“与外国通谋，对帝国挑起战端，或与敌国并肩对抗帝国”（旧《刑法》第81条）的规定修改为现行法中的规定。由于即便放弃战争，外国以武力不法入侵的可能性还是存在的，因此，《刑法》规定，对诱致或援助外国的非法武力行为的，予以处罚。

保护主义　在外患犯罪方面，不管是日本人还是外国人，即便是国外犯，也都要受到处罚（《刑法》第2条第3款）。对于外国人，是从保护主义的立场出发，进行处罚的。有见解认为，在这种场合，如果该行为符合国际法的话，就不应该作为犯罪处理。但是，倒不如说，根据国际法，处罚要受到限制而已。另外，和外患犯罪有关的特别法，主要有《破坏活动防止法》第38条、第41
563 条，《自卫队法》第118条及以下等。

二、诱致外患罪

和外国通谋，使对日本国使用武力的，处死刑（《刑法》第181条）。

未遂犯，处罚之（《刑法》第87条）。

所谓“外国”，是指外国政府、军队等代表外国的国家机关；所谓通谋，就是实施意思联络的行为。因此，和外国的私人或民间团体通谋，即便在结果上导致外国对本国使用武力的，也不构成本罪。所谓“使用武力”，是指使用军队危害日本国安全的行为。不要求是国际法上的战争，只要外国基于国家意志对日本国使用武力就够了。必须是和外国通谋才导致使用武力，即通谋和使用武力之间必须具有因果关系。即便在外国已经有了使用武力的意思的场合，只要是根据通谋而使用了武力，就构成本罪。具有通谋但是没有导致使用武力的场合，或者使用了武力但是和通谋之间没有因果关系的场合，是未遂罪。另外，在实施了通谋行为但是未能成功地和外国取得意思联络的场合，也具有实行行为，因此，对这种情况应当看作未遂。顺便说一句，《刑法》第81条只规定了作为绝对法定刑的死刑。

三、援助外患罪

> 在外国对日本国使用武力之际，加入其中，从事军务或给予其他军事上的利益的，处死刑、无期徒刑或 2 年以上有期徒刑（《刑法》第 82 条）。
>
> 未遂犯，处罚之（《刑法》第 87 条）。

所谓“在外国对日本国使用武力之际”，是使行为符合构成要件的状况（行为状况）。在外国已经开始对日本国使用武力的状况之下，在外国军队中工作，或给予其他军事上的利益的，就是本罪的行为。所谓“加入其中”，就是帮助外国政府。所谓“从事军务”，就是采取军事上的行动。所谓其他“军事上的利益”，就是为便于外国使用武力而提供各种有形或无形的帮助。在开始使用武力之前所实施的行为，如即便给 564
外国提供有价值的军事情报的行为，既不构成《刑法》第 88 条所规定的犯罪，也不构成本罪。在外国以及被占领的区域内，不得已而承担的有关军事利益方面的行为，在多数场合下，由于没有期待可能性而被排除责任。

四、预备、阴谋外患罪

> 预备或阴谋实施诱致外患罪（《刑法》第 81 条）或援助外患罪（《刑法》第 82 条）的，处 1 年以上 10 年以下有期徒刑（《刑法》第 88 条）。

第三节　有关国交的犯罪

一、概说

有关国交的犯罪，是以损坏、除去、污损外国的徽章，阴谋、预备私战，以及违反中立命令为内容的犯罪。现行《刑法》中规定了（1）损坏外国徽章罪（第92条），（2）预备、阴谋私战罪（第93条），（3）违反中立命令罪（第94条）。

关于有关国交的犯罪的保护利益，有（1）主张是根据国际法上的义务，为了保护外国的法益而规定的犯罪的见解（多数说）和（2）主张是为了保护国际交往的顺利进行，即以本国的国际地位为保护法益的犯罪的见解①之间的对立。（1）说的根据是，有时候外国政府的请求可以成为诉讼条件，而且，本罪并不以危及国家存在为内容。但是，刑法将本罪规定在有关外患的犯罪之后，因此，本罪是对国家的犯罪，这一点是不容置疑的，另外，难以想象，我国刑法对外国法益直接予以保护。而且，从实质来看，在现代国际关系错综复杂、和外国交往极为频繁的时代，允许实施违反国际道义的行为的话，就会危及我国的国际地位，因此，主张国家利益是本罪的保护法益的（2）说妥当。

关于本罪的立法形式，有相互主义和单独主义之分。所谓相互主
565 义，就是只有在外国法律规定了相同犯罪的场合，才适用本国法的原则。所谓单独主义，就是不考虑外国法中有无规定，一律适用本国法律的原则。我国刑法采用了单独主义。但是，按照（1）说的见解的话，就不得不采用相互主义，因此，即便从这一点来看，也应当说（2）说的见解妥当。

修改以前的规定 本来，刑法中有对外国君主、首相以及外交使节实施暴力、胁迫或者侮辱行为的话，要受到处罚的规定（《刑法》第90、91条），但是，在1947年《刑法》部分修改的时候，随着对皇室的犯罪被删除，上述犯罪也被取消，理由是，作为日本国元首的天皇在刑法上并不受到特殊保护，因此，外国君主也不应受到特别保护。结果，在现行法上，即便对外国君主实施暴力、胁迫等行为，也和一般人同样处理。《草案》曾经在第128条、第129条恢复了上述规定，但是，法务省的中期修改草案中没有上述

① 柏木，68页；平野，292页；西田，439页；中森，265页。

内容。

二、损坏外国徽章罪

出于侮辱外国的目的，损坏、除去以及污损该国的国旗以及其他徽章的，处2年以下有期徒刑或20万日元以下罚金（《刑法》第92条第1款）。

前款之罪，经外国政府请求的，才能提起公诉（《刑法》第92条第2款）。

1. 对象

本罪的对象，是外国的国旗或其他徽章。所谓“国旗”，就是作为国家的象征而规定的旗帜。所谓“其他徽章”，就是为了表示一定国家而规定的物件。如国旗以外的军旗、大使馆的徽章就属于此。所谓“外国”，是国际法上承认的日本国之外的独立国家，我国是否承认，在所不问。国旗以及其他徽章，只限于被外国的国家机关公开悬挂的场合。① 有见解认为：对私人悬挂的外国徽章实施侮辱行为的，也是侵害外国法益的行为②；在公共场所（如国际体育比赛的场馆）侮辱性地使用外国的徽章的行为也包括在本罪行为之内。③ 但是，从本罪的保护利益是我国的国际地位的立场来看，没有必要将私人的使用行为也列入保护范围之内。本罪（2年以下有期徒刑或20万日元以下的罚金）的法 566
定刑比损坏财物罪的法定刑（3年以下有期徒刑或30万日元以下的罚金）要轻，这是因为国旗等的财产性价值比损坏财物罪所预定的财物的价值在上限上要低的缘故。

2. 行为

本罪的行为是损坏、除去或污损象征外国的徽章。所谓“损坏”，

---

① 泷川，301页；中，264页；福田，58页；吉川，430页；香川，28页；中山，496页；冈野，322页；前田，584页。

② 江家，15页；植松，16页；大塚，649页；西原，412页；内田，694页；山中，737页。

③ 西田，440页。

是用破坏或损毁徽章自身的方法，消灭或减少徽章所具有的表现外国的威信、尊严的作用。所谓“除去”，不是对徽章自身进行损坏，而是采用转移场所、隐蔽等方法，消除或减少徽章在现在所在的场所中所起的表现威信、尊严的作用。所谓“污损”，就是往徽章上泼洒使人感到恶心的物质，使人对该外国徽章产生厌恶感，从而消灭或减少其作为外国国家象征的作用。[①]

行为的结果，是否使外国政府的名誉、感情受到了伤害，和是否成立本罪没有关系。关于本罪和损坏器物罪的关系，有（1）主张是观念竞合的见解（通说）和（2）主张是法条竞合的见解[②]之间的对立。考虑到两者之间的法定刑不同，适用本罪的话就不能适用损坏器物罪，因此，二者之间应当是法条竞合的择一关系。

3. 目的

本罪的行为，必须是在侮辱外国的目的支配下实施的（目的犯）。所谓“侮辱”，就是对该外国作出否定性评价。关于实施侮辱的目的，有（1）主张本罪是目的犯，“目的”是主观的违法要素的见解（通说），（2）主张本罪是倾向犯，“目的”是主观的违法要素的见解[③]，（3）主张目的是客观地描述侮辱行为形态的用语的见解[④]之间的对立。因为只有具有侮辱的意图、目的，损坏等行为才会有侵害外交作用的意义，
567 （1）说妥当。

4. 请求

本罪是未经外国政府的请求就不能提起公诉的犯罪。因此，请求是诉讼条件（《刑诉》第388条第4项）。尽管告诉和请求具有同样的效果，但由于不要求采用非常正式的方式，因此，刑法使用了请求一语。

---

① 大阪高判昭38、11、27高刑集16、6、708，最决昭40、4、16刑集19、3、143。

② 吉川，431页；中山，497页；内田，694页；小暮，注释（3），35页；中森，266页；西田，440页。

③ 佐伯千仞：《刑法中的违法性理论》（1981），266页。

④ 小暮等（佐伯［仁］），606页。

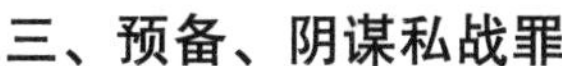

三、预备、阴谋私战罪

为了对外国展开私战而进行预备或阴谋的，处3个月以上5年以下的监禁。但是，自首者，免除其刑（《刑法》第93条）。

1. 行为

本罪是以私下即并非根据国家命令和外国展开战斗行为为目的，进行以预备、阴谋为内容的犯罪。一般认为，现行法上，只对预备、阴谋行为进行处罚（通说）。但是，一旦私战爆发，只要实施了相当于杀人、放火、骚乱等犯罪的行为，就成立上述犯罪和本罪。关于这两种犯罪的关系，有（1）数罪说①和（2）牵连犯说②之间的对立。本罪是被作为独立犯罪加以规定的，他人的预备行为也包括在其中，因此，（1）说的见解妥当。

2. 目的

本罪的目的，必须是对外国展开私战（目的犯）。“私战”，意味着不以国家命令为根据而使用在一定程度上有组织性的武力。③ 基于这种目的而实施预备或阴谋，就成为本罪中的行为。所谓预备，就是准备展开私战的行为，即准备武器、弹药等。其方法在所不问。所谓阴谋，就是谋议实行私战。自首者，必须免除其刑。 568

四、违反中立命令罪

在和外国交战之际，违反局外中立的命令的，处3年以下监禁或50万日元以下的罚金（《刑法》第94条）。

1. 意义

在外国已经爆发战争的场合，在国际法上，中立国要承担一定的义务，在我国国民实施违反局外中立命令的行为的时候，就是违反国际道

---

① 柏木，70页；小暮等（佐伯［仁］），609页。

② 江家，17页；大塚，651页；中森，266页。

③ 袖珍，228页。

义，危害我国的国际地位。因为上述理由，所以设计了本罪。

2. 行为状况

成立本罪，要求是“在和外国交战之际”实施本行为。所谓外国，是指日本以外的国家。是否被我国所承认，和我国是否具有外交关系，在所不问。[①] 交战之际，从本罪的性质来看，不仅是指国际法上的纷争，也应包括事实上的战争状态在内。

3. 行为

本罪的行为，是违反局外中立的命令。所谓“局外中立的命令”，就是在外国陷入战争之际，我国宣告不介入其中任何一方，并且向一般国民发布命令，不得给任何一方提供方便。中立命令不限于政令，也包括法律和基于法律的命令。

命令的具体内容，由在外国交战之际所发布的命令来决定，因此，本条是空白刑罚法规。关于在局外中立命令被废除之后，对在命令实施过程中的违反行为是否予以处罚，有（1）认为只要作为空白刑罚法规的本罪条款没有被废除，则废除中立命令就不是指废除刑罚，因此，应当予以处罚的肯定说[②]和（2）认为只要没有明文特别规定具有追溯效力，就应当视为该刑罚已经被废止的否定说[③]之间的对立。废除中立命
569 令，就表示构成要件或可罚的评价发生了变化，只要该行为已经不被处罚，则处罚也应当被废止，因此，（2）说的见解妥当。因此，在战争持续过程中，局外中立的命令被废止的，就是在可罚的评价上有了变化，应当承认刑罚被废止的事实，作出免诉判决。但是，由于战争结束而废止中立命令的，就仅是构成要件的状况消失了而已，因此，那种认为是
570 事实变化，而不是废止刑罚的见解[④]是不妥当的。

① 小暮等（佐伯［仁］），610页。

② 木村，116页；江家，16页；植松，18页；小暮，注释（3），40页。

③ 大塚，653页；香川，32页；山中，739页。

④ 小暮等（佐伯［仁］），610页。

第二章　对国家职能的犯罪

《刑法》为了保障国家的立法、司法、行政各方面的职能顺利且公正地履行，规定了（1）妨害执行公务罪（第二编第五章），（2）脱逃罪（同编第六章），（3）藏匿犯人以及隐匿证据的犯罪（同编第七章），（4）伪证罪（同编第二十章），（5）虚假告诉罪（同编第二十一章），（6）渎职犯罪（同编第二十五章）。承担国家职能的现实履行和实现的，是公务员，因此，对国家职能实施犯罪，无非就是对公务员实施加害行为，或者公务员自身实施了侵害行为。有人认为，前者是对公务员实施的犯罪，后者是在执行公务中的犯罪（公务员犯罪）。

另外，在说对国家职能的犯罪的时候，意味着也包括侵害地方公共团体的职能的情形，因此，上述（2）（3）（4）种犯罪完全是对国家职能的犯罪，而（1）（5）（6）种犯罪则不是和国家职能有关，就是和地方公共团体的职能有关的犯罪。

第一节　公务员和公务机关

一、概说

本章的犯罪中，公务员和公务机关的概念极为重要，即，妨害执行公务罪、脱逃罪、藏匿犯人以及隐匿证据罪，都是对公务员或公务机关实施的加害行为，相反地，渎职犯罪是公务员所实施的加害行为，是以公务员为主体的犯罪，因此，什么是公务员、什么是公务机关，事先必
571 须弄清楚。①

二、公务员的意义

刑法中所说的公务员，是国家或地方公共团体的职员以及其他依照法令从事公务的议员、委员和其他职员（《刑法》第7条第1款）。

1. 国家或地方公共团体的职员

在旧《刑法》第7条中所使用的官吏、公吏这种旧宪法时代的用语，现在已经被改为了“国家以及地方公共团体的职员”。国家的职员是国家公务员，地方公共团体的职员是地方公务员。但是，这些只是公务员的例示而已，其实质是“依照法令从事公务的议员、委员以及其他职员”。

2. 依照法令从事公务的人

公务员，必须是依照法令从事公务的人。所谓法令，是指法律、命令、条例。具有法律根据的训令、内规等也是这里所说的“法令”。有判例认为，仅是规定行政机关内部的组成而已的训令、内规也是法令②，但是，不以一般国民为对象的训令、内规等不值得作为法令。③

---

① 使用“公务机关”的条文有第155条、第160条、第161条之二第2款、第165条、第166条、第242条、第258条。

② 最判昭25、2、28刑集4、2、268。

③ 大塚，558页。

所谓“依照”法令，是指公务员在其资格上具有上述法令的根据，但不要求在法令上对其职务权限有明文的特别规定。[1] 如法令没有规定职务权限的税务机关的雇员也是公务员。

公务员必须是从事公务的人。所谓“公务”，就是国家或地方公共团体的事务。不要求是权力性事务，交通事业之类的非权力性事务或民间的事务也可以。关于公法人的事务，如水利合作社或土地改良合作社的事务，是不是公务，在学说上，有（1）将其一律作为公务的见解[2]和（2）按照公法人的职务性质进行判断的见解[3]之间的对立。判例似乎采用了（1）说。[4] 对于（1）说，可能会出现这样的批判，即，即便 572
是公法人，但存在实质上和私法人没有区别的情况，因此，将该种事务一律作为公务进行保护并不妥当。另外，对于（2）说，也可能会出现这样的批判，即根据公法人的性质，认为有时候是公务、有时候不是公务，在公务员的概念对成立犯罪有重大影响的事实之下，这显然是有疑问的。因此，最终，应限于在法律上被“视为公务员”的场合的事务。[5]

公务和公务员　大审院的判例将水利联合会（大判1930年3月13日，刑集第9卷第180页）、村镇学校联合会（大判1936年6月25日，刑集第15卷第833页）等公共团体的事务，广泛地认定为公务。但是，到最高法院之后，情况则发生了若干变化。如最高法院于1955年12月3日（刑集第9卷第13号第2596页）在特别供应厅的职员的性质问题上，认为：“当时的特别供应厅，虽然不是国家的行政机关，但从前述有关其目的、机构的情况来看，应当说是准国家行政机关，其事务也是公务”。这个判决，显示出从职务的性质来考虑公务的趋势。同时，就视为公务员的情况而

① 大连判大11、7、22刑集1、397。

② 袖珍，65页。

③ 团藤，39页；大塚，559页；小暮等（江口），492页；内田，606页；前田，509页。

④ 大判昭11、1、30刑集15、34。

⑤ 平野，277页；中森，294页；齐藤信宰，384页；西田，381页。

言，根据特别法，存在被视为从事公务的职员的人。这些人，由于根据《刑法》第7条的规定，在与刑法的关系上，作为公务员处理，所以，被“视为公务员”或被称为“准公务员”。日本银行的管理人员（《日本银行法》第30条）、住宅经营财团、农地开发经营财团、地方粮食经营财团、交易经营财团、复兴金融公库等的职员（《关于整备经济关系罚则的法律》第1条），准起诉程序中指定的辩护律师等，都属于此。上述之外的人，尽管没有被看作公务员，但由于其职务具有公共性，所以，在《破产法》（管财人、监察委员）、《商法》（公司发起人、经理）等特别法中，对他们设置了有关渎职犯罪的规定。

3. 议员、委员、其他职员

公务员必须是按照法令从事公务的议员、委员或其他职员。所谓“议员”，就是国家或地方公共团体的意思决定机构即议会的组成人员，即参、众两院的议员，地方公共团体的议会的议员。所谓“委员”，就是按照法令，被任命、选举、委托从事一定公务的兼职人员。如各种审议会的委员、教育委员、农业委员等，就属如此。所谓“职员”，是根据法令在作为国家或地方公共团体的机关中从事公务的人员。① 不限于意思决定机关的人，处于辅助意思决定机关的地位的人也包括在内。② 在职位上，不要求被称作职员，辅佐人员、事务人员
573 等也可以。③

问题是，是不是只要被看作公务员，就都是刑法上的公务员。判例认为，职员必须是担当属于精神的脑力劳动事务的人，听差之类的只是从事单纯的机械的肉体劳动的人不是职员。通说也支持这一见解。④ 但是，应当说，只要是担任国家或地方公共团体的公职的人就是公务员，该事务的内容是不是单纯的机械的肉体的劳动，不能成为确定职员的范

① 最判昭25、10、20刑集4、10、2115。

② 大塚，注释（1），49页。

③ 最决昭30、12、3刑集9、13、2596。

④ 大判昭12、5、10刑集16、717，最判昭35、3、1刑集14、3、209。

围的要素。①

虽然是依照法令从事公务，但不是担当机关公务的人，如从事体力劳动的佣人、打杂的勤务人员等，就不是职员。相反地，邮递员是日本邮政股份有限公司的雇员，因此，如今不是这里所说的职员。市长委托的摩托艇临时维修人员也是职员。②

机械劳动和职员 大审院的判例，从单纯从事机械、肉体劳动的人不是公务员的理由出发，认为邮递员不是公务员（大判1919年4月2日刑录第25辑第375页）。最高法院对此作了改变，认为“单纯从事机械、肉体劳动的人虽然不包括在公务员之内，但是，本案件中的邮递员是按照上述规定从事公务的人，其所担当的事务并不单纯是收集邮件然后投递之类的单纯的肉体的机械的劳动，其也同时从事《民诉》《邮政法》《邮件处理规则》等所规定的精神劳动，而从工作的性质来判断其不是公务员的做法并不妥当，因此，原判中所认定的，在该人执行职务的时候，对其施加暴力的被告人的行为，构成《刑法》第95条中规定的妨害执行公务罪”（前引最高法院于1960年3月1日的判决）。应当说，认为公务员应当被限定于承担精神上、智力上的事务的人的见解，揭示了只有具有一定程度以上的地位的人才能作为公务员，才能保持公务员的品位，使公务作用顺利、适当进行这一点③，但是，从公务作用顺利、适当进行的角度来看，即便是单纯的机械劳动，有时候，也有受保护的必要。 574

三、公务机关的意义

刑法中所说的“公务机关”，是指政府以及其他公务员履行职务的场所（《刑法》第7条第2款）。

---

① 牧野，总论，291页；平野，277页；小暮等（江口），493页；曾根，286页；中森，269页；林，429页；西田，445页；山口，541页。

② 最决昭39、6、30刑集18、5、236。

③ 大塚，560页。

在“公务员”的概念中，也包括“视为公务员”的情况在内。所谓“履行职务的场所”，不是有形的场所或建筑物，而是指政府部门、其他团体或机关。

第二节 妨害执行公务的犯罪

一、概说

妨害执行公务罪的保护法益是公务即国家或地方公共团体的职能。[①] 对于妨害私人业务的行为，按照暴力等妨害业务罪来处罚。之所以要根据妨害执行公务罪，在刑法上对妨害公务的行为提供比对妨害私人业务所提供的保护更有力的保护，是因为作为国民主权基础的公务来自全体国民的意志，具有权威性，其顺利公正的执行对于国民追求幸福来说，必不可少。因此，执行公务优先，并不会不当限制或侵害作为其对象的国民个人的权利。为了使国家、公共利益和个人利益之间能够调和一致，有必要谋求顺利、公正地执行公务。

《刑法》规定了（1）妨害执行公务罪（第95条第1款），（2）强要职务罪、强迫辞职罪（第95条第2款），（3）破坏封印等罪（第96条），（4）以妨害强制执行为目的的损坏财产等罪（第96条之二），（5）妨害强制执行行为等罪（第96条之三），（6）妨害有关强制执行的变卖罪（第96条之四），（7）加重破坏封印等罪（第96条之五），（8）妨害有关公共合同的拍卖等罪（第96条之六），另外，就妨害执行公务罪而言，根据2006年的《刑法》部分修改，考虑到暴力、胁迫等的程度，为了对案件进行合适的处分、量刑，新设了作为选择刑的罚金刑。

保护公务和《宪法》第14条 最高法院于1953年10月2日

① 最判昭28、10、2刑集7、10、1883（《刑法》第95条的相关情况）。

的判决认为："上诉意见的主旨是《刑法》第 59 条的规定违反了《宪法》第 14 条的规定，因而无效。但是，《刑法》第 95 条的规定并不是特地保护公务员的规定，而是保护由公务员所执行的公务的规定。因此，上诉意见在对本条的主旨的理解上有错误"。575
这一判决意见表明，本罪并非由来于因为具有公务员的身份，所以才将公务员在刑法上予以特别保护的官尊民卑的思想。所以，强要职务罪、强迫辞职罪，看起来似乎是对公务员的地位或者身份自身予以特别的保护的犯罪，其实它不过是对公务进行保护的反射效果而已。另外，妨害强制执行罪、妨害拍卖等罪以及串通投标罪，是在 1941 年《刑法》部分修改时所增加的罪名。再者，2003 年制定的《仲裁法》（同年法律第 138 号）中，关于仲裁员新设了贿赂罪的规定，因此，从刑法的贿赂罪的行为主体中删除了仲裁员。

二、妨害执行公务罪

在公务员执行职务之际，对其施加暴力或胁迫的，处 3 年以下有期徒刑、监禁或者 50 万日元以下罚金（《刑法》第 95 条第 1 款）。

1. 对象

本罪保护的对象虽然是公务自身，但行为对象是公务员。关于公务员的意义参见前述内容。准公务员的情况当然也包括在内，但是，外国公务员不能成为本罪的对象。①

2. 行为

本罪的行为是在公务员执行职务之际，对其施加暴力、胁迫。

（1）执行职务。本罪的行为，必须是在公务员处于"执行职务之际"的状况下所实施的。关于职务的范围，有（1）主张只应限于权力

① 最判昭 27、12、25 刑集 6、12、1387。

性公务或非劳务性公务的见解[①]和（2）主张包括所有的公务在内的通说、判例的见解[②]之间的对立。公务是服务于社会公共福利的东西，应当格外受到保护。另外，如果非劳务性公务（如县知事的公务）只有在受到暴力、胁迫的时候才能受到保护的话，则对公务的保护并不彻底。

576 换句话说，本罪的保护法益，在于公务员的职务行为的顺利实施，如果说非权力性公务或非劳务性公务也是公务的话，就没有理由将它们从本罪中排除，如即便是对公务员在机关的办公桌旁处理事务的职务行为进行妨害，也应当构成本罪，因此，通说的见解妥当。[③]

对职务不能抽象地、概括性地进行把握，而必须具体地、个别地特定。[④] 所谓"执行职务之际"，是指执行职务的时候。本来的职务和场所、时间紧密相关，从实质上看，和职务之间具有一体性。因此，在即将实施职务行为的场合施加暴力、胁迫的行为也包括在内。[⑤] 即便处于暂时中断状态，但从职务的性质来看，也有应当被视为继续的、不间断的职务的场合。[⑥]

"执行职务之际"的判例 1）肯定例。警察在巡逻中，偶尔在和他人交谈过程中遇袭的判例［东京高等法院于1955年8月18日的判决（高刑集第8卷第8号第979页）］；财务官员到没有及时交纳者的家中准备搬走冻结物件的时候遇袭的判例［福冈高等法院于1955年3月9日的判决（裁特第2卷第6号第148页）］；公务员在职务终了之后准备起身的时候，有人从背后扔来了算盘的判例［大阪高等法院于1951年3月23日的判决（判特第23号第56页）］；抓住宣布县议会特别委员会的审议结束，离开席位向门口走去的议

① 团藤，48页；吉川，350页；香川，37页；中山，503页；藤木，20页；冈野，278页；曾根，272页；中森，296页；前田，510页。

② 大判明42、11、19刑录15、1641，最判昭53、6、29刑集32、4、816，最判昭59、5、8刑集38、7、2621。

③ 平野，275页；大塚，563页；西田，486页；山口，542页。

④ 最判昭45、12、22刑集24、13、1812。

⑤ 最判昭24、4、26刑集3、5、637。

⑥ 最判昭53、6、29刑集32、4、816。

长的右手等施加暴力的判例［最高法院于1988年3月10日的决定（刑集第43卷第3号第188页）；生田，百选Ⅱ（4版），214页；安田，判例讲义Ⅱ，140页］。2）否定例。在为测量渔场而停泊的船上等待见证人上船的时候遭遇暴力的判例［大阪高等法院于1975年6月4日的判决（高刑集第28卷第3号第257页）］；车站站长助理在结束点名之后走向数十米开外的办公室的时候遭遇暴力的判例（前引最高法院在1970年12月22日的判决中认为："成为保护对象的执行职务，不应当被泛泛地、抽象概括地加以把握，而应当具体、个别地加以特定。因此，从上述条款中限定为'执行职务之际'的一点来看，泛泛地说属于公务员上班时间中的行为，不应当都是执行职务的行为，也不应当都作为保护对象。正如上述的在开始被具体、个别特定的职务执行之后到终了为止的时间范围之内以及正要开始该职务执行的场合一样，只限于和该职务执行之间时间上密切相关，具有难以割舍的一体关系的范围的职务行为"）。

（2）职务行为的合法性。执行职务必须是合法的，这便是执行职务的合法性。577

1）合法性的意义。合法性要素，在构成要件中没有被明确规定，因此，有学说认为，只要有执行公务的行为就够了，是合法还是违法不用考虑。① 但是，如果保护违法的公务员的行为的话，结果就是对公务员的身份和地位进行保护，违反本罪的宗旨，因此，在解释上，对于本罪的成立来说，这一要件是必要的（通说）。② 不具有合法性要件的公务员的行为，不仅能构成滥用职权罪（《刑法》第193条），而且还能成为正当防卫的对象。

关于职务行为的合法性的要件，有是构成要件要素的通说性见解，和是违法性要素的少数说之间的对立。少数说的依据是违法性具有必须

---

① 小野，20页；东京高判昭25、12、19判特15、51。

② 大判大7、5、14刑录24、605。

个别、具体判断的性质，但是，既然公务员的违法行为，不能说是执行职务，那么，对这种行为的妨害行为，本来就不符合妨害执行公务罪的构成要件，因此，职务行为的合法性，应当被看作规范的构成要件要素。[1]

2）合法性的要件。合法地执行职务，必须满足以下三个要件：i. 该行为在实施该行为的公务员的抽象的职务权限之内；ii. 该公务员具有实施该行为的具体的职务权限；iii. 该执行职务的行为符合法律上的重要方式和条件。

第一，抽象权限。公务员能够实施的职务范围通常在法律上都有限定，只要实施了超出这种抽象权限的行为，该行为就不是执行职务。如巡警征收赋税的行为，由于不在巡警的抽象的职务范围之内，因此，就不具备合法性的要件。虽说抽象权限根据规制该行为的法令客观地确定，但是，并不要求法律上有明确规定。如巡警对不开灯骑车的人进行批评教育的行为，尽管法律上没有明确规定，但仍在其抽象的职务权限
578 之内。[2]

第二，具体权限。即便在抽象的职务权限之内，但不是基于现实的执行职务的权限即具体的职务权限的话，也不能说该行为是公务员的执行职务行为。特别是在只有根据职务的分工、指定、委任等才能确定具体的职务行为的时候，只要不存在职务分工等，就是没有具体权限。另外，在行使具体职务权限的场合，通常要有应当执行职务的事实或状况，只要当时不存在具体的事实或状况，就没有具体的职务权限。如不存在应作为现行犯逮捕的事实而实施逮捕行为的，就不是执行职务。

第三，履行的要件和方式。即便具有具体的职务权限，但是如果没有按照法律上的重要的要件、方式履行，也不能说是公务员的职务行为。有见解认为，在法律上将一定的要件、方式规定为公务员的职务行

---

① 团藤，51页；内田，512页；中森，271页（作为违法要素）。香川，41页（作为客观处罚条件）。

② 大判大4、10、6刑录21、1441。

为的有效要件的场合，公务员违反该要件、方式而实施的所有行为都违法。① 但是，由于公务行为处在国家的统治作用和个人自由的交界点上，因此，刑法上应当在什么范围内对公务进行保护，即确定要保护性，就显得非常重要。从这种意义上讲，将所有的情节轻微的违反要件、方式的行为，都不认为是职务行为的话，显然是不妥当的。问题在于，具有什么性质的违反要件、方式的行为时，才可以说该职务行为违法。关于这一点，有 i. 主张只有在违反任意性规定或训示规定的场合，才能说是违法的见解②，ii. 主张只要执行行为本身有效，就是合法的见解③，iii. 主张违反对保护对象的利益来说没有任何影响的要件、方式的场合，就是合法的见解④之间的对立。尽管执行行为有效，但是，刑法仍要对其予以处罚，这是不妥的；另外，在执行行为无效的场合，不能要求他人仍然服从该执行，在这种意义上讲，ii 说的见解妥当。因此，只要该行为作为职务行为不是无效的，即便是应当被取消的行为，也成立本罪。⑤ 579

要件、方式的违反和判例　最高法院在 1952 年 3 月 28 日（刑集第 6 卷第 3 号第 546 页）的判例中认为：“《所得税法施行规则》第 63 条规定，税收官吏按照《所得税法》第 63 条的规定检查账簿文书以及其他物件的时候，必须携带财政大臣规定的检查章，但是，这一规定不应被看作单纯的训示规定，特别是不可以被看作对方能够拒绝该检查的正当理由。但是，尽管如此，正如前述，税收官吏的上述检查权并不是因为携带了检查章才被赋予的，因此，虽然对方没有作任何要求出示检查章的表示，在税收官吏方面，碰巧也没有携带的场合，马上就说税收官吏的检查行为是其权限之外的行为，这显然是不妥的。即，具有所得税等方面的调查权的职务的

① 泷川，267 页；村井敏邦：《妨害执行公务罪研究》(1984)，228 页；中山，504 页。
② 大塚，565 页；曾根，288 页。
③ 团藤，51 页。
④ 藤木，23 页；中森，273 页；平川，519 页；西田，447 页。
⑤ 福冈地小仓支判昭 39、3、16 下刑集 6、3 和 4、241。

税收官吏，为了调查所得，按照《所得税法》第63条的规定，检查同条所规定的物件的时候，即便没有携带检查章，也不能根据这一事实认定上述税收官吏的检查行为不是执行公务。因此，在对税收官吏施加暴力或胁迫的时候，构成妨害执行公务罪。”另外，最高法院在1967年5月24日（刑集第21卷第4号第505页）的判决中认为：“即便说该措施违反会议规则，不完全符合法令上的合法要件”，但也是执行职务的行为。①

那么，具体情况下，什么样的违反要件、方式的行为使执行行为完全无效，并不清楚。如因为违反履行方式而不允许的无证逮捕的场合有：i. 出示了逮捕证，但是没有告诉对方该证件是逮捕证的行为［大阪高等法院于1957年7月22日的判决（高刑集第10卷第6号第521页）］。ii. 尽管告知了对方出示的是逮捕证，但是没有宣布对方犯罪事实的逮捕行为［东京高等法院于1959年4月30日的判决（高刑集第12卷第5号第486页）］，大阪地方法院于1991年3月7日的判决（《判例时报》第771号第278页），因为逮捕是剥夺犯罪嫌疑人的重大的利益的行为，因此，该行为违法。iii. 在告知了罪名的场合，就是说明了为什么逮捕的理由，不会对对方产生重大的不利，因此，应当说该行为有效［福冈高等法院于1952年1月19日的判决（高刑集第5卷第1号第12页）］。

（3）判断基准。公务员的职务行为必须是合法的，但是，判断其是否合法的基准为何，则有 i. 主张根据公务员是否确信其在执行公务来决定的主观说②，ii. 主张应该由法院按照法律所规定的要件进行客观判断的客观说（通说）③，iii. 主张以一般人的见解为基准进行判断的折中说④，之间的对立。

---

① 原田，百选Ⅱ（第7版），226页；安田，判例讲义Ⅱ，150页。

② 泉二，67页；大判昭7、3、4刑集11、296。柏木，77页。

③ 最决昭41、4、14裁判集刑159、181。高桥，百选Ⅱ（第7版），228页；安田，判例讲义Ⅱ，151页。

④ 牧野，26页；木村，301页；川端，568页；顷安，大评注（4），105页。大判大7、5、14刑录24、605。

主观说以只要是以抽象的职务权限为基础的行为，就应该作为公务予以保护的见解为根据，但是，按照这种见解的话，只要承认抽象的职务权限，就是合法，这实际上是和职务行为不要求具有合法性要件的见解一致的。客观说以合法性要件表明不合乎法令的公务不值得保护为根据，试图将对职务行为的保护和对职务行为所侵害的个人利益的保护协调起来。但是，规范的构成要件的判断应当以社会一般观念为基础进行[①]，而不能委诸法院的专家判断。折中说虽然认为对合法性的判断要以法令上的合法性为基础，但又同时认为应当以一般人的见解即社会一般观念为基准。由于合法性是构成要件的规范要素，应当以社会一般观念为基础进行判断，因此，包含了这种宗旨的折中说妥当。所以，在法院的合法性判断和一般人的判断不同的时候，应该以一般人的判断为准。 580

关于违法性的判断基准，有 i. 主张对合法性应当从事后的、客观的立场出发，以裁判时为基准进行判断的纯客观说（裁判时标准说）[②]，和 ii. 应当以行为时为基准进行判断的行为时标准说[③]之间的对立。职务行为的合法性要件，是该执行行为作为职务行为在法律上是否被认可的问题，因此，最终还是要按照行为当时的状况，客观地进行判断。将裁判时所判明的事后的事情也考虑进来，是不当轻视对公务的保护。如在按照法律规定的要件、方式逮捕犯罪嫌疑人，但是，结果发现捕错了的，按照纯客观说的话，该行为虽然是刑事诉讼法上的职务行为，但在妨害执行公务罪中上，是违法的。如此的话，即便是刑事诉讼法上的合法的职务行为，也可以对其进行阻碍妨害，这显然是不当的。

判例和合法性的判断方法　大审院于 1932 年 3 月 24 日的判例认为“该行为属于该公务员的抽象的职务权限之内的事项，而且该

① 大谷，总论，116 页，119 页。另外，福田，14 页；川端，568 页。

② 福田，14 页；大塚，567 页；吉川，354 页；香川，40 页；中山，504 页；冈野，330 页；曾根，288 页；山中，697 页；齐藤信宰，531 页；山口，546 页；高桥，604 页。

③ 团藤，53 页；植松，24 页；平野，278 页；中，271 页；西原，419 页；小暮等（江口），504 页；中森，272 页；西田，450 页；井田，537 页。前引最决昭 41、4、14。

公务员相信自己确实在执行公务的时候，应当说，该行为是该公务
581 员的大致合法的执行职务的行为”，即采取了主观说的立场。之后，最高法院于1966年4月14日的判决认为“是否职务行为，不应该从事后的纯粹客观的立场来加以判断，而应当在行为当时的状况之下，客观、合理地判定”，并根据上述理由，认为原审法院的判断正确。一般认为，主观说在判例上应当被修正。另外，大阪高等法院在1957年7月22日的判决（高刑集第10卷第6号第521页）中认为，在法律认为公务员具有决定权或者裁量权的场合，即便从事后的纯粹客观判断来看该决定有误，但如果根据行为时的状况进行判断，认为其完全尽到了公务员的注意义务，进行了妥当裁量的话，就可以说，该职务行为是合法的。

（4）行为。本罪的行为是暴力和胁迫。所谓“暴力”，就是不法使用有形力量；所谓“胁迫”，就是为了使他人产生恐惧心理而告知他人不利后果。暴力、胁迫，在本罪的性质上，必须达到妨害执行职务的程度[①]，而且仅此就足够。因此，只要是针对公务员施加达到足以妨害其执行职务程度的暴力就够了[②]，不要求该暴力直接对公务员的身体实施。针对听从公务员的指示，成为其手足，和公务员的执行职务行为处于密不可分的关系的辅助人员施加暴力的，也是针对公务员施加暴力。但是，仅仅不法使用有形力量的行为还不是本罪中所说的暴力，对物所施加的有形力量，必须能够间接地对公务员的身体产生物理上的影响。[③] 这种暴力是间接暴力。如用工具将在被没收的汽车中放置的存放私自酿制的酒的容器破坏，致使其中内容流失的行为就是间接暴力。[④]

判例认为，暴力、胁迫必须是积极实施的。因此，在发生劳动争议之际，劳动者面对以调查妨害公司业务的现行犯为由赶来的警察，没有

---

① 最判昭33、9、30刑集12、13、3151。

② 最判昭37、1、23刑集16、1、11（广义的暴力）。

③ 平野，279页；大塚，569页；曾根，281页；中森，273页；西田，451页；高桥，607页；松原，532页。

④ 最判昭33、10、14刑集12、14、3264；酒井，百选Ⅱ（第5版），216页。

积极抵抗，仅是高唱劳动歌曲以壮声势而已的，就不能说是具有暴力、胁迫。

向公务员实施暴力的事例　1）对辅佐者实施暴力。最高法院
于1966年3月24日（刑集第20卷第3号第129页），在受命执行
让他人腾出房屋的公务的执行官甲，正在指挥工人乙等6人着手强 582
制执行的时候，被告人殴打乙的头部，并拿出菜刀，威胁说“杀了
你！”的案件中，认为，暴力、胁迫，并不要求直接向公务员的身
体实施，在对在公务员的指挥之下成为其手足，与执行职务处于密
不可分的关系的辅佐人员实施的场合，也构成本罪中的暴力、胁
迫。2）对物实施暴力，如：用雨伞指着旧专卖局的事务官，将被
没收的堆积在卡车上的私制香烟往地上扔，致使公务无法执行的行
为的判例［最高法院1951年3月20日的判决（刑集第5卷第5号
第794页）］；在逮捕违反《取缔兴奋剂法》的现行犯的现场，用脚
将司法警察作为证据没收的、里面装有兴奋剂注射液的玻璃瓶踩碎
的行为，构成暴力的判例［最高法院于1959年8月27日的决定
（刑集第13卷第10号第2769页）］；在抗议行动的过程中发生的将
说明书卷成圆筒，碰到他人下巴的行为等也是暴力的判例［最高法
院于1988年3月9日的判决（刑集第43卷第3号第95页）］。成为
间接暴力，至少要求公务员能够感知到该暴力［西田典之教授认
为，“只限于当着公务员的面实施的场合”（西田，395页）］。暴
力、胁迫必须是积极的。

最高法院于1951年7月18日（刑集第5卷第8号第1491页）的判决中认为，在此种场合，必须具有通过互相挽臂来挣脱或者以身体撞击等积极的抵抗。相反地，江家义男教授认为，上述判决意见只适用于具有劳资纠纷之类的特殊场合，在如犯人为了不被抓住而互相挽臂，助长气焰，加大抓捕难度的场合，就构成暴力妨害执行公务罪（江家，22页）。但问题不是是不是劳资纠纷，也不是是否实施了积极的抵抗，而是该暴力是否达到了本罪所要求的暴力、胁迫的程度。

（5）妨害。本罪被称为妨害执行公务罪，因此，妨害结果的有无是

不是构成要件要素，引发争议。但是，由于本罪是只要具有实施暴力、胁迫的行为就够了，因此，实施暴力、胁迫本身就是妨害，不要求该暴力、胁迫造成了公务员的执行职务行为实际受阻的结果（抽象危险犯）。

> **一次瞬间暴力** 最高法院于1958年9月30日的判决中认为，妨害执行公务罪，是在公务员执行职务之际，对其施加暴力、胁迫的话，就马上成立的犯罪，不要求该暴力或胁迫现实地产生了妨害执行职务的结果，只要具有妨害就够了，即便是一次瞬间的投石行为也是“暴力”。如将广告卷成圆筒朝职员的脸上敲了两三下，其
> 583 中一下接触到该职员下颚的时候，就是暴力。①

3. 故意

本罪的故意，是对行为对象即公务员，在执行职务行为之际，施加暴力、胁迫具有认识。由于公务员执行职务的合法性是规范的构成要件要素，因此，在本罪的故意方面，作为意思认识，必须具有该行为是作为公务员的职务行为而实施的一般人的认识。

问题是：在行为人误认为公务员的执行职务行为违法而对其施加暴力、胁迫的场合，即对执行职务的合法性具有错误认识的场合，该如何处理？在学说上，有（1）主张是事实错误而排除故意的事实错误说②，（2）主张是违法性错误的违法性错误说③，（3）主张区分为违法性错误和事实错误的两种场合的折中说（二分说）④ 之间的对立。这种场合下，正如将警察误认为小偷，在对以公务员的职务的合法性为基础的事实有错误认识的时候，就排除故意；但是，认识到公务员是在执行职务，但是误认为其是在违法执行而施加暴力、胁迫的话，就是违法性的错误认识，不排除故意，只是有可能排除责任而已，因此，（3）说的见解妥当。

---

① 前引最判昭33、9、30。西冈，百选Ⅱ（第7版），232页；安田，判例讲义Ⅱ，152页。前引最判平元、3、9。

② 植松，25；村井，前引书，287页；冈野，333页。

③ 藤木，26页；大判昭7、3、24刑集11、296。另外，香川，41页。

④ 中，273页；福田，15页；大塚，572页；西原，420页；内田，619页；林，451页；山口，546页；林，434页；高桥，605页。另外，中森，298页。

违法性的错误认识和判例　大审院于1932年3月24日（刑集第11卷第296页）在市议会议员在议会正在开会审议预算之际，对议长施加暴力的案件中，认为："被告人认为议长采取的措施不合法，因此，自己的行为并不是妨害议长的执行职务的行为，但是，以上想法只是被告人对自己的行为在法律上的判断而已"。另外，还可以参照最高法院于1957年10月3日的判决（被告人误以为破坏封印等罪所保护的查封标志在法律上是无效的，法院认为，该种错误是法律上的错误）。

4. 罪数、与其他犯罪的关系

在决定本罪的罪数方面，有（1）以公务个数为基准的见解①和（2）以公务员人数为基准的见解②之间的对立。本罪的对象虽然是公务 584
员，但是，保护的对象是公务自身，因此，主张根据公务的个数为基准的（1）说的见解是妥当的。本罪以暴力为手段，因此，和暴行罪、伤害罪、杀人罪等的关系就成为问题，但是，在行为仅限于暴力的时候，该行为就为本罪所吸收，不另外成立暴行罪。对于胁迫罪同样看待。反之，在暴力、胁迫构成杀人罪、伤害罪、逮捕或监禁罪、抢劫罪、骚乱罪的时候，就是和本罪的观念竞合（通说）。③

三、强要职务罪、强迫辞职罪

为使公务员作某项决定、不作某项决定或为使其辞职，而施加暴力或胁迫的，与前款（《刑法》第95条第1款）同样处理（《刑法》第95条第2款）。

1. 意义

妨害执行公务罪是指向职务的实际执行的犯罪，相反地，本罪是指向公务员将要执行的职务的犯罪，二者在这一点上不同。本罪通过广泛

① 植松，22页；团藤，46页；大塚，572页。

② 袖珍，236页；最大判昭26、5、16刑集5、6、1157。

③ 大塚，572页；中森，273页；西田，454页。反对，木村，304页。

保护公务员的职务行为的自由来保障公正、顺利地执行公务，因此，从公务员的个人方面来看，本罪是强要罪的特别犯罪，但是，从其保护法益来看，本罪也属于妨害执行公务罪的补充性犯罪。另外，本罪是必须具有一定目的的目的犯。

2. 行为

本罪的行为是对公务员施加暴力、胁迫。暴力、胁迫的内容和妨害执行公务罪的场合相同。只要出于下述目的而对公务员实施了暴力、胁迫，本罪就告完成。其目的是否实现，在所不问。

3. 目的

本罪的目的，分为（1）使作某项决定，（2）使不作某项决定，（3）使其辞职这样三种。“使作”是具有某种目的的意思。所谓“某项决定”，
585 广义上讲，是公务员在职务上能够实施的行为。① 判例认为，本罪是为了广泛保护公务员的职务地位安全的犯罪，即便是职务权限之外的事项，只要是和该公务员的职务有关的处分，就足以成为本处的决定。②但是，从和妨害执行公务罪的平衡来看，本罪也是为了保障公务员顺利、公正地执行职务而设立的，因此，至少应当局限于抽象的职务权限之下的某种处分。③

（1）使作某项决定，就是强要他人实施一定的作为。因为强要作出某项决定自身是侵害公务员的正当职务上的自由，因此，强要实施违法处分的场合就不用说了，即便是出于使其实施合法处分的目的的，也构成本罪。如在为了纠正不当的课税方法的场合，因为进行该种纠正必须按照税法所规定的程序，因此，不经过这种程序，而采用胁迫税务局长的手段的行为也构成本罪。④

（2）使不作某项决定，是强要公务员不作某项决定。在为使公务员

---

① 大判明43、1、31刑录16、88。

② 最判昭28、1、22刑集7、1、8。中森，277页；西田，453页。

③ 平野，280页；大塚，573页；曾根，290页。

④ 最判昭25、3、28刑集4、3、425。团藤，60页；福田，17页；大塚，574页；藤木，27页；中森，275页。反对，平野，280页；吉川，360页；山中，702页；曾根，290页。

不作某项违法处分的时候，由于是为了在事前防止公务员作出某种违法决定，因此，不应当归入本罪的目的之内。①

（3）使其辞职，是让该公务员自己提出辞职。是不是作为妨害执行公务的手段而要求他人辞职，在所不问。

在出于（1）（2）的目的的场合，是强要职务罪；在出于（3）的目的的场合，是强迫辞职罪。不管哪一种情况，只要是出于强迫作出某项决定或出于强迫辞职的目的而实施了暴力或胁迫，就成立本罪。作为手段的暴力、胁迫为本罪所吸收。在符合强要罪的时候，也为本罪所吸收。

四、破坏封印等罪

> 损坏公务员所张贴的封印或查封标志，或用其他手段使有关该封印或查封标志的命令或者处分无效的，处 3 年以下的有期徒刑或
> 250 万日元以下的罚金，或并科之（《刑法》第 96 条）。 586

1. 对象

本罪的对象是公务员所张贴的封印或查封标志。虽然本罪的保护法益，是通过封印或查封标志来实现的强制执行的妥当、顺利进行，但本罪所要处罚的妨害强制执行的行为，只限于使上述对象损坏或无效，或者通过其他方法，使有关封印或者查封标志的命令或处分无效的场合。所谓“命令”，是指法院发布的命令，如法院发布的查封动产的命令。所谓“处分”，是指执行官及其他公务员对于查封所作的处分。另外，为了强化对妨害强制执行行为等罪的处罚，2011 年对《刑法》进行部分修改，扩大本罪的处罚范围，并且加重法定刑。

（1）封印、查封标志。作为对象的所谓“封印”，是指为了禁止对物擅自处分，而由公务员对动产、不动产所张贴的封条以及其他与此类似的物。封印的方法，不限于封闭该物的开口部分，也不要求使用公务

① 团藤，60 页；平野，280 页；大塚，574 页；中森，275 页；西田，453 页；山口，548 页。

员的印章，只要能够表达禁止擅自处分该物的意思就足够了。[①] 所谓“查封”，是指公务员将在其职务上应保全的物品转移到自己占有的强制处分。[②] 如《民事执行法》上的查封（《民事执行法》第122条），临时查封、执行官保管财产的临时处分（《民事保全法》第20条），《国税征收法》上的查封（《国税征收法》第47条），按照《刑诉》的规定对作为证据的物进行查封等，都属于此。所谓查封“标志”，是公务员在取得在职务上应当由自己保管的物的占有而实施强制处分的时候，为了明示取得占有而设置的封印以外的标志。禁止转让的暂时处分，禁止妨害通行的暂时处分等，由于仅是对债务人发出的命令为不为一定的行为的暂时处分，因此，这种处分表示不包含在查封标志之内。[③]

587 （2）合法性的要件。本罪也是妨害执行公务罪的一种，因此，封印、查封标志必须是合法的。[④] 称不上公务员的职务行为的违法或无效的封印、查封标志，不是本罪的对象。封印、查封标志，必须是合法且有效的。滥用职权实施的违法封印或查封行为，或不具有法律上的有效要件的封印、查封行为，都不是本罪的对象。

> **法律修改的宗旨** 有关破坏封印等罪的《刑法》第96条，在2011年部分修改《刑法》之际被修改，修改的宗旨是，旧法中，作为破坏封印等罪的构成要件的“封印或查封标志”，是本罪成立的前提，因此，即使封印、查封有效，在查封标志丧失效力的时候，也不是本罪的对象。有判例认为，第三人将临时处分的查封标志撕毁后，债务人搬出查封物件的行为不成立本罪。[⑤] 也有判例认为，债务人在其被下达临时处分命令的建设用地上建造房屋的行为，在建造时不能明确查封标志存在与否的情况下，不构成本

---

① 大判大6、2、6刑录23、35。

② 大判大5、7、31刑录22、1297。

③ 大判大11、5、6刑集1、261。

④ 大塚，576页；福田，18页；中森，303页；曾根，277页；西田，397页；山口，544页。

⑤ 最判昭29、11、9刑集8、11、1742。

罪。[①] 由此，通过封印和查封标志实现作为公务的执行力就得不到保障。因此，即使封印、查封标志不是本罪成立的要件，也能成立本罪，不以“标志的无效”作为“命令或处分”无效的要件。[②]

2. 行为

本罪的行为是损坏封印或查封标志，或使用其他方法使有关标志的命令或者处分无效。所谓“损坏”，是采用物理方法损坏、破弃或除去封印或查封标志，在事实上消灭其效力。所谓“使用其他方法使其无效”，是指不采用物理方法使封印或查封标志无效，而是削弱其实际效力。这并不意味着失却法律上的效力。[③] 如将因为违反规则而被没收，
被打上了封印的私自酿制的酒从酒桶中漏出的行为[④]；无视禁止入内的 588
布告，进入根据暂时处分决定由执行官占有的土地进行耕作的行为等[⑤]，都是使封印、查封标志无效的行为。

在执行官以保持现状为条件，对历来存有争议的房屋中的某一间作出允许使用的暂时处分决定的场合，行为人即便对室内状况多少有些变更，只要不违反根据暂时处分决定保全房屋的目的，其行为就不构成本罪。[⑥]

3. 故意

本罪的故意，是在行为之际，对存在有效的封印或查封标识有认识而实施行为的意思。在将合法的封印、查封标识误认为违法之物，即对其是否合法具有错误认识的场合，该如何处理，成为问题。判例上，有的将其作为事实错误处理[⑦]，有的将其作为违法性的错误处理。[⑧] 我认

① 最判昭 33、3、2 刑集 12、4、708。

② 衫山、吉田，前引书，32 页；最决昭 6、29、30 刑集 4、6、297；森川，百选Ⅱ（第 7 版），234 页；安田，判例讲义Ⅱ，153 页。

③ 大判昭 12、5、28 刑集 16、811。

④ 大判明 44、7、10 刑录 17、1409。

⑤ 大判昭 7、2、18 刑集 11、42。

⑥ 大阪高判昭 27、11、18 高刑集 5、11、1991。

⑦ 大决大 15、2、22 刑集 5、97。

⑧ 最判昭 32、10、3 刑集 11、10、2413。

为，在误认为不存在要打封印、做查封标识的要件，该查封标识等无效的时候，因为对于作为违法性的基础的事实或行为事实具有错误认识，所以是事实的错误，排除故意。相反地，认识到存在打封印、做查封标志的要件，但误认为该查封行为可以在法律上被视为无效的时候，就是违法性的错误，不应当排除故意。

有关违法性错误的判例 （1）大审院于1911年2月22日的判决，在被告人从仲裁人那里听说已经向债权人偿还了债务，就误以为查封已经失效，于是将封印、查封的封条撕毁的案件中，认为："在有理由认为根据《民诉》或者其他公法的规定所执行的没收的效力已经消失，或者在认为具有权利损坏封条等物的时候"，排除故意。（2）最高法院于1957年10月3日认为，在市税务局官员根据《国税征收法》进行拖欠税款的处分即查封的时候，由于该查封理由书中没有对有关重要事项作出说明，因而导致被告人误认为该查封以及贴封条的行为是法律上的无效行为的场合，不排除故意。（1）的场合下，是对查封效力自身有错误认识，（2）的场合下，对大致有效的查封自身是可以认识得到的，因此，这两个判决之间并不矛盾。

4. 法定刑

589 本罪的法定刑是："3年以下有期徒刑，或者250万日元以下的罚金，或两者并科"。从本罪到《刑法》第96条规定的罪名，是在一系列强制执行的过程中，作为利欲犯而相互关联下实施的，因此，都是有期徒刑和罚金的任意合并处罚。

5. 和其他犯罪的关系

将打上了封印并且其中有酒的酒罐窃走的行为，引起本罪和盗窃罪之间的观念竞合。[①] 在侵占罪的场合也是一样。[②] 撕毁被税收官员查封并打上了封印的容器上的封条，取出账簿烧毁的时候，构成破坏封印等

---

① 大判明44、12、19刑录17、2223。

② 最决昭36、12、26刑集15、12、2046。

罪和损坏公文罪两个罪，而不成立牵连犯。①

五、以妨害强制执行为目的的损坏财产等罪

以妨害强制执行为目的，实施下列行为之一的，处 3 年以下有期徒刑或 250 万日元以下罚金，或并科之。明知该目的而成为第 3 款规定的转让或者设定权利的相对方的，亦同：（1）隐匿、损坏或假装转让被强制执行或者应当被强制执行的财产，或者假装承担债务的行为；（2）对被强制执行或者应当被强制执行的财产，改变其现状而减少价值，或者使强制执行费用增加的行为；（3）对于应当以金钱方式执行的财产，以无偿或其他不利的条件进行转让或者设定权利的行为（《刑法》第 96 条之二）。

1. 意义

关于妨害强制执行，1941 年作出了处罚“以免除强制执行为目的，隐匿、损坏财产，或者假装转让或者假装承担债务”的规定。但是，在 1990 年代中期以后，泡沫经济崩盘后的不良债权处理中，被处罚的对象仅限于债务人，所以不能应对作为没有共犯关系的第三人的“占用人”占用涉案财物的案件，主要是为了处罚指向物件的占用行为，因此 2011 年修改为目前的规定。

关于本罪保护的法益，有（1）首先是保护作为国家职能的强制执 590
行职能，其次是保护债权人个人利益的见解，（2）首先是保护债权人，其次是保护强制执行的妥当应用的见解的对立。以往的判例②以及通说以（2）说为立场。但是，2011 年《刑法》作出以下修改：首先，原先规定的“以免除强制执行为目的”改为“以妨害强制执行为目的”；其次，在审议过程中明确了强制执行也包括《国税征收法》规定的缓交处分。所以，虽然强制执行是为了实现债权的手段，但归根到底，强制执

---

① 最决昭 28、7、24 刑集 7、7、1638。

② 最判昭 35、6、24 刑集 14、8、1103。锄本，百选Ⅱ（第 7 版），236 页；安田，判例讲义Ⅱ，154 页。

行的妥当适用应当是本罪的保护法益。[①]

2. 主体

原规定是“免除强制执行的目的”，因此，有力的见解认为，本罪的主体是被免除强制执行的人，也就是说，限于债务人、物的所有权人/占有人和客观上有可能受到强制执行的人，但是，判例认为，不必限于债务人。[②] 修改后的《刑法》将目的改为“以妨害强制执行为目的”，另外，将“财产的假装转让”改为“财产转让的虚假”，从而明确了本罪的主体不限于债务人。[③]

3. 目的

本罪的行为，必须以妨害强制执行为目的而实施（目的犯）。所谓“妨害强制执行”，是指暂时阻碍强制执行。关于“强制执行”，有（1）包括罚金、小额罚金等公法上的强制执行在内的见解[④]，和(2) 不包括上述强制执行的见解的对立，但是，从本罪的性质以保护债权人为主的观点出发，除了包括《民事执行法》规定的强制执行或参照适用该法的强制执行，也包括《国税征收法》规定的缓交处分。[⑤]

591 本罪的成立以“以妨害强制执行为目的”为必要，因此，本罪的成立必须目前处于可能被强制执行的客观状态。[⑥] 即使因预见到遥远未来的强制执行而隐瞒财产等，也不能成立本罪。但是，在有执行名义的情况下则另当别论，无论是在诉讼未决中，还是在提起诉讼之前，都在所不问。关于基本的债权、债务，有（1）认为其必须存在的观点[⑦]，(2) 存在基本债权暂且不论，只要在行为当时可能存在债权就够了的观点[⑧]

---

① 西田，458页。反对，前田，612页。另外，曾根，292页。

② 大判昭18、5、8刑集22、130。大塚，579页；内田，628页；前田，522页；西田，401页。

③ 西田，435页。

④ 团藤，64页；福田，20页；大塚，579页。

⑤ 西田，459页；山口，554页。

⑥ 最判昭35、6、24刑集14、8、1103。

⑦ 平野，281页；内田，630页。

⑧ 团藤，64页；大塚，579页。

的对立，但是，如果考虑到强制执行的妥当适用这一点，本罪的认定不需要债务的名义和债权的存在。[①] 只要以妨害强制执行为目的而采取行动，就直接成立本罪（抽象的危险犯），强制执行是否全部或者部分实施，以及实际上是否免除强制执行，对于本罪的成立并不重要。[②]

4. 行为

本罪的行为分为第 1 项的行为、第 2 项的行为以及第 3 项的行为。

（1）第 1 项的行为，是指以妨害强制执行为目的，隐匿、损坏财产，或假装转让财产，或虚假承担债务。这里的所谓“财产”，是指应当作为强制执行对象的动产、不动产以及债权。

1）所谓“隐匿”，是指使作为强制执行对象的财产无法被发现或者明显难以被发现。除藏匿、拿走等有形性方法以外，还包括以他人名义存款的行为（东京高判昭 33、12、22 高检快报 776 号）和为了避免抵押物的租赁费被扣押而将承租人变更为傀儡公司的行为，也包括将自己的所有物伪装成他人的所有物等使所有权关系不明的场合。[③] 以逃避强制执行为目的，从被告人名义的普通储蓄账户中收取退款的行为也属于此类。[④] 2）所谓“损坏”，是指对财产进行物理性的破坏，或使其价值减少、丧失。3）所谓“假装转让”，就是没有转让的真实意思，却与对
方合谋，表面上做出转让的样子，无偿或有偿地变更财产所有权人。也 592
包括第三人在没有与债务人通谋的情况下，以可以受让强制执行的目的财产的虚假主张来实施妨害行为的情况。不管是有偿还是无偿，在所不问。另外，即便是出于免予强制执行的目的，在真实转让的场合，就不构成本罪。4）所谓“虚假承担债务”，是指债务人本来没有债务，却伪装成有债务。也包括第三人通过与债务人通谋等方式，假装承担了不存在的债务的情况。如和假装的债权人合谋，在强制执行的时候，该假装的债权人要求偿还债务，而行为人对此要求也表示答应，从而通过这种

① 团藤，64 页；大塚，579 页；中森，278 页；西田，459 页；山口，555 页。

② 最决昭 35、4、28 刑集 14、6、836。

③ 最决昭 35、4、28 刑集 14、6、836。

④ 东京高判平 17、12、28 判例泰晤士报 1227、132。

手段减少对真实的债权人的还债份额。①

假装转让和假装承担债务的行为是必要共犯，因此，在通常情况下，作为相对方的参与者不会作为共犯受到处罚。②

（2）第2项的行为，是指对作为强制执行对象的财产，改变其现状，减损价值，或增加强制执行的费用的行为。如对房屋进行没用的增建和改造，或搬运废弃物到房屋里去等行为，就属于此。

（3）第3项的行为，是指对应当以金钱方式执行的财产，无偿或以其他不利条件转让，或设定权利的行为。所谓“以金钱方式执行”，是指关于金钱的强制执行。对于应当接受该执行的财产，以无偿或其他不利的条件转让，或设定权利的行为，需要受到处罚。转让或设定权利的相对方在知情的情况下，同样受到处罚。为了应对在债权人意图通过强制执行实现权利以前，债务人将自己的财产无偿或者以显著低价转让给第三人，担保财产不翼而飞的情况，刑法扩张了处罚范围。顺便提一下，作为使担保金钱债权的财产不充足的行为，有的是以财产的隐匿、损坏为手段的行为，以及假装转让财产的行为，但是，也有不是虚假而是真实转让，从而导致担保财产不充足的情况，这样的行为也是妨害强
593 制执行行为的正当性的行为，值得处罚。因此，这次修改扩张了处罚范围。另外，在本项之罪中，处罚真实转让设定权利的行为，因此，必须有相对方的存在，其相对方不能作为必要共犯，不受处罚。基于此，《刑法》第96条之二的柱书* 后段作出了处罚“转让或者权利的相对方”的规定。

六、妨害强制执行行为等罪

使用诡计或者威力，妨害进入现场、确认占用者等强制执行行为的，处3年以下有期徒刑或250万日元以下罚金，或者并科之（《刑法》第96条之三第1款）。

---

* 在日本法律中，柱书通常是指除去项以外的条文内容。——译者注

① 袖珍，243页。

② 藤木，31页；前田，447页。反对，中森，279页；西田，469页。

以使之不申请强制执行或者取消申请为目的，对请求权人及其代理人施加暴力或者胁迫的，按前款规定处罚（同条第 2 款）。

1. 意义

本罪是妨害强制执行的进行的行为，主要是针对人的行为。考虑到此前发生的对人妨害的恶劣行为，2011 年部分修改的刑法将其作为处罚对象。对执行官等公务员的妨害强制执行行为，在（2011 年）修改前的刑法中，成立妨害执行公务罪（《刑法》第 95 条第 1 款）；对私人债权人的妨害行为，根据具体案情，可以构成强要罪（《刑法》第 234 条），损害信用罪，妨害业务罪或威力妨害业务罪（《刑法》第 234 条）能进行处罚。但是，在现实中，对执行官的妨害行为尚未达到暴力、胁迫的程度，只能被算作威力或诡计的案件经常发生。如执行腾房任务的执行官，因目标建筑物附近放养的危险动物而被妨害执行。因此，为了能够处罚这类型的案件，《刑法》第 96 条之三第 1 款设立了本罪。另外，作为妨害强制执行的行为，最有效的是为了“使之不申请强制执行或者取消申请”而实施的妨害行为。但是，这些行为不能被认定为强要罪或威力妨害业务罪，为了强化强制执行的妥当进行，有必要对这类行为进行独立处罚，因此，制定了第 96 条之三第 2 款。 594

2. 第 1 款规定的犯罪

本罪是使用诡计或威力，妨害进入现场、确认占用者及其他强制执行的犯罪行为。在主体上没有限制，不要求是债务人。所谓使用“诡计”，是指使用让人判断错误的手段，如在执行建筑物的交付时，让不了解情况的外国人入住，使占用关系的认定变得不可能的情况。另外，所谓使用“威力”，是指施加压制人的意志的力量，如在让出建筑物之际，在该用地内放养猛犬的情况。所谓“占用者的确认”，是指识别、确定作为强制执行对象的占用者是谁的行为。所谓“强制执行的行为”，是指在强制执行现场的公务员在事实上进行的行为。所谓“妨害”，是指对强制执行的行为造成障碍，也就是说，使强制执行的顺利进行变得不可能或者严重困难。另外，既然规定了“妨害”，就应该将本罪理解为需要结果的发生的侵害犯［《刑法》第 234 条。反对，最决平 31、1、

29判例集未收录（作为危险犯）]。

本罪的法定刑是3年以下有期徒刑、250万日元以下罚金的任意并科，但是，以暴力、胁迫为手段时，成立妨害执行公务罪，处3年以下有期徒刑、监禁或50万日元以下罚金。关于两者间罪数关系的处理，有（1）观念竞合说①，（2）本来一罪说②之争，但是，威力是包括暴力、胁迫的概念，因而妨害执行公务罪被作为重罪的本罪所吸收，因此，应当将作为包括的一罪，成立本罪。

3. 第2款规定的犯罪

使之不申请强制执行或者取消申请的目的，对申请人及其代理人施加暴力、胁迫的行为构成犯罪。本罪是目的犯，本罪的行为必须出于“使之不申请强制执行或者取消申请的目的”。所谓“申诉权人”，是指有权以自己的名义申请强制执行的人，包括“法人”。所谓“其代理
595 人”，是指可以代替申诉权人独立提出申请的人，即法定代理人和委托代理人。本罪的行为是对申请人及其代理人施加暴力、胁迫。在现实中，不需要发生妨害申请等结果。

七、妨害有关强制执行的变卖罪

使用诡计或威力，实施足以危害在强制执行过程中进行或者应当进行的变卖的公正性的行为的，处3年以下的有期徒刑或250万日元以下的罚金，或并科之（《刑法》第96条之四）。

1. 意义

本罪也是在2011年《刑法》部分修改之际所增设。修改前的《刑法》第96条之三第1款关于妨害拍卖等罪规定：“使用诡计或威力，足以危害公共拍卖或投标的公正性的行为”，包括（1）有关涉及“公开拍卖”的强制执行的妨害行为；（2）有关涉及“公开投标”的公共合同的妨害行为等两种妨害行为。本罪在这两种行为中选取出涉及情形（1）的强

① 西田，461页。
② 杉山、吉田，前引书，59页。

制执行部分，规定“使用诡计或威力，实施足以危害强制执行过程中进行或者应当进行的变卖的公正性的行为”，并且变更罪名为妨害有关强制执行的变卖罪，从而扩张其构成要件。

上述修改大概有三点理由：第一，明确区分混杂在原有规定中的保护对象，与之相对，另行制定以公共合同的公正性为保护法益的其他犯罪（《刑法》第 96 条之六有关公共合同的拍卖等罪）。因此，本罪的保护法益是强制执行中变卖的公正性。第二，鉴于原有规定的“公开拍卖或投标”概念并不明确，将其修改为“变卖”。第三，在修改前的妨害拍卖等罪中，作为处罚对象的行为仅限于决定拍卖开始后的行为①，但是，所谓“占用人”在决定拍卖开始前实施的妨害行为也有受处罚的必要性。这就是加入“在强制执行过程中应当进行的变卖”的语句的原因。 596

> **占用人**　这是指非法或以短期租赁及使用租赁为由，占据作为抵押物的土地或建筑物，并勒索高额驱逐费的人。另外，包括在不动产被拍卖前占用，损害抵押物的价值或妨害拍卖，从而勒索高额驱逐费的人。

2. 对象

本罪的对象是强制执行过程中进行或应当进行的“变卖”。强制执行中的变卖，以“投标和拍卖”为主。所谓“拍卖”，就是修改前的《刑法》第 96 条之三第 1 款规定的“拍卖”，是指卖家让两个以上的人口头提出买入条件，并承诺与出价最高者（中标者）成立买卖合同。所谓投标，是指根据竞争合同，为了与两个以上的参加者中提出最有利的条件的人签订合同，让其以文书的形式作出申请的意思表示。根据《国税征收法》的“公开拍卖”，根据《会计法》及《地方自治法》的“拍卖”，也属于变卖。此外，《民事执行规则》第 51 条也规定了限期征集申请等的变卖。这些都是作为强制执行的变卖。

---

① 最判昭 41、9、16 刑集 20、7、790。

3. 行为

本罪的行为是“使用诡计或威力，足以危害强制执行过程中进行或应当进行的变卖的公正性的行为”。所谓使用“诡计”，是使用使人判断失误的策略。[①] 如投标的时候，向投标者通报标底价额，就相当于使用诡计。[②] 使用“威力”，指使用压制他人意思的力量，如施加暴力、胁迫。[③] 滥用职权或利用地位、权势进行抑制的场合也包括在内。所谓“强制执行过程中进行或应当进行”变卖，是指从变卖决定作出以后到变卖结束之前，以及变卖开始之前发生接受强制执行的客观情况等场合。因此，所谓足以危害公正性的“行为”，意味着在从即将开始强制执行到变卖结束期间所实施的行为。“足以危害公正性的行为”，是对强制执行过程中进行的变卖施加不正当影响的行为，包括有关变卖的串
597 通。这里的“串通”，是指竞买人相互通谋，为了让特定对象成为签约方，其他人在一定价格以上或以下进行竞买的意思表示。

在被强制执行的状态发生之时，或者在决定开始强制执行之后，如果使用诡计或威力作出有悖于变卖的公正性的行为，就在此时点立即成立本罪的既遂犯（抽象危险犯）。在妨害行为结束之时，本罪既遂。[④]

八、加重破坏封印等罪

以获得报酬或使之获得报酬为目的，关于他人的债务，犯第96条至前条之罪的，处5年以下有期徒刑或500万日元以下罚金，或并科之。

1. 宗旨

本罪与第96条至第96条之四规定的罪名有关，如果以获得报酬为目的而实施涉及他人债务的上述行犯罪行为，可以加重处罚。泡沫经济

① 最决平10、7、14刑集52、5、343。冈部，百选Ⅱ（第7版），240页；安田，刑讲义Ⅱ，55页

② 最决昭37、2、9刑集16、2、54。

③ 冈山地判平2、4、25判例时报1399、146。

④ 最决平18、12、13刑集60、10、857。另外，西田，467页。

崩盘后，不良债权的回收变得积极，在这一过程中，通过占用人等妨害强制执行的案件经常发生。与此同时，通过反社会集团等获得作为对价的报酬的职业妨害人随之增加。因此，在 2011 年《刑法》部分修改中，对介入他人的强制执行，以获取报酬为目的等而实施的第 96 条至第 96 条之四规定的犯罪，新设了加重处罚的规定。

2. 行为

本罪是以“获得报酬为目的”而实施的目的犯。所谓“报酬”，是指以犯破坏封印等罪（《刑法》第 96 条），以妨害强制执行为目的的损坏财产等罪（《刑法》第 96 条之二），妨害强制执行行为等罪（第 96 条之三）的各罪作为代价，提供财产上的利益。所谓“获得”报酬的目的，是指以自己取得利益为目的的场合。所谓“使之获得报酬的目的”，是指以使第三人取得利益为目的的情况，如使反社会集团的上层团体得到驱逐费的目的。所谓“关于他人的债务”，是指在对他人进行强制执行之际，介入其强制执行。因此，不包括债务人自身的行为。本罪以其违法性及责任为加重处罚的根据，因此，是不真正身份犯。在债务人与第三人共谋犯本罪的场合，根据《刑法》第 65 条第 2 款成立基本犯， 598
即《刑法》第 96 条至第 96 条之四规定的犯罪。①

九　妨害有关公共合同的拍卖等罪

> 使用诡计或威力，在公务机关或者公共团体的拍卖或投标中，实施足以危害合同签订的公正性的，处 3 年以下的有期徒刑，并处或单处 250 万日元以下的罚金或并科之。

1. 意义

在修改前的《刑法》第 96 条之三规定的妨害拍卖等罪中，包含了对“公务机关或者公共团体的拍卖或投标”强制执行的内容和有关公共合同的内容，但是，根据 2011 年的《刑法》部分修改，对有关强制执行的妨害行为在前述的妨害有关强制执行的变卖罪中处罚

① 西田，467 页。

（《刑法》第96条之四），本罪将有关公共合同的部分作为妨害有关公共合同的拍卖等罪（《刑法》第96条之六第1款）这一独立犯罪来处罚。作为本罪对象的程序是指“公务机关或者公共团体的拍卖或投标”中签订合同，而本罪的保护法益，是有国家或地方公共团体权限的机构作为公共事务等实施的合同签订的公正性。关于“公务机关或者公共团体的拍卖、投标”的意义，有判例认为，“是指公共机构或者准公共机构的团体实施的拍卖或者投标”[①]，但是，应当限于公共机构有法令根据的场合。[②]

所谓“公务机关或者公共团体的拍卖或投标”，是指国家或地方公共团体的有权机关作出提交拍卖、投标的决定，并付诸实施的拍卖、投标。所谓“拍卖”，就是卖主让两个以上的人口头提出购买条件，对提出最有利的条件者发出承诺，签订买卖合同的行为。以最有利条件提出申请的人是买受人。根据《民事执行法》而实施的拍卖，根据《国税征收法》而实施的拍卖，根据《会计法》《地方自治法》而实施的拍卖等，都是公开拍卖。所谓“投标”，是指根据竞争合同，为了与两个以上的
599 参加者中提出最有利的条件的人签订合同，让其以文书的形式作出申请的意思表示，其中，以最有利条件提出申请的人是中标者。上述拍卖、投标都必须是合法实施的。[③]

不动产拍卖中的特别出卖程序　札幌高等法院在2001年9月25日（高刑集第54卷第2号第128页）的判决中认为，不动产拍卖出卖程序（《民事执行法》第64条、《民事执行规则》第51条）是对投标、拍卖进行补充的制度，它们成为一体，构成以妥当合理的价格实现出售的程序。其整体上作为一个程序，可以说包含在《刑法》第96条之三第1款规定的“拍卖或者投标”之中，因此，对特别出卖程序进行不当妨害的行为成立本罪。

---

① 东京高判昭36、3、31高刑集14、2、77。

② 西田，468页。另外，曾根，295页。

③ 最判昭41、9、16刑集20、7、790。

2. 行为

本罪的行为，是使用诡计或威力，妨害公开拍卖或投标。所谓使用“诡计”，是指使用使人判断失误的策略。如在投标的时候，向投标者通报标底价额，就相当于使用诡计。[①] 所谓使用“威力”，就是指施加足以抑制人的意志自由的力量，如暴力、胁迫等。[②] 滥用职权或利用地位、权势进行抑制的场合也包括在内。

所谓“妨害公正性的行为”，就是会对公开拍卖、投标产生不正当影响的行为。私下协商也是危害公正性的行为，但是，考虑到和本条第2款的关系，应当将其从本罪的行为中排除。本罪是只要实施有碍拍卖、投标的行为就马上构成既遂的犯罪（抽象危险犯），因此，不要求该妨害行为发生了妨害公正投标的结果。[③] 当然，对于合法进行的公开拍卖和投标，有权机关只要没有作出提交投标的决定，就连抽象的危险都没有，因此，至少要由有权决定提交投标的机关作出决定。[④]

诡计妨害竞争投标的例子　最高法院在1998年7月14日（刑集第52卷第5号第343页）的判决认为：“德岛地方法院已经决定开始拍卖甲等所有的土地建筑物，被告人为了阻止该拍卖行为的公正实施，尽管不存在租借合同，但对法院假称存在该合同，提出该
建筑物已经被租借，要求进行调查的申请，同时，在开始拍卖决定 600
作出之前，想提交短期租借合同”，因此，判定该行为成立诡计妨害拍卖等罪。我认为，这是妥当的判决。

十、串通投标罪

为了损害公正价格或取得不当利益而串通投标的，和前款（《刑法》第96条之六第1款）同样处理（《刑法》第96条之六第2款）。

---

① 最决昭37、2、9刑集16、2、54。

② 最决昭58、5、9刑集37、4、401。安田，判例讲义Ⅱ，155页。

③ 高松高判昭33、12、10高刑集11、10、618。

④ 前引最判昭41、9、16。

1. 意义

在 1941 年修改刑法增设本罪的时候，提案主张对所有有关公务机关或者公共团体的拍卖、投标的私下串通行为，都予以处罚，但是，私下串通是通过诡计妨害拍卖或投标的一种方式，在交易上有时也是允许的，因此，现行刑法将其作为目的犯的形式，在要件上对其作了严格的限定。所以，本罪是目的犯，是对在协商投标阶段发生的行为进行处罚的犯罪，是对公务机关或者公共团体所举办的拍卖、投标的公正性进行危害的抽象危险犯。私下串通的例子是：通过私下串通，决定中标者和中标价格；代价是让其他参加者支付私下串通金或约定支付私下串通金。

2. 目的

串通指标必须是出于损害公正价格或取得不当利益的目的而实施的。

(1) 公正价格。关于“公正价格”的意义，有 1) 是在拍卖、投标中通过公正的自由竞争所形成的中标价格（通说）[①]，2) 是附加了从社会一般观念来看的相当利润的价格[②]，3) 是客观公正价格[③]，4) 是市场平均价格[④]，等见解之间的对立。本罪的保护法益既然是以自由竞争
601 为前提的拍卖、投标的公正性，则所谓公正价格，就是指没有经过私下串通，即自由投标的话，就会形成的价格，因此，1) 说妥当。

所谓“损害公正价格的目的”，就是指抬高或压低上述价格的目的。在私下串通之后，在投标书上记入比通过自由竞争形成的价格更高的投标金额，或通过专门记入比该价格更低的金额而中标的场合，就能判明具有损害公正价格的目的。[⑤] 所谓“不当利益”，就是指通过私下串通而得到的金钱或其他经济上的利益。通常形式是中标者等得到合同上的

① 最决昭 58、59 刑集 37、4、410，最决平 10、7、14 刑集 52、5、343；安田，判例讲义Ⅱ，155 页。

② 东京高判昭 28、7、20 判特 39、37，东京高判昭 32、5、24 高刑集 10、4、361，大津地判昭 43、8、27 下刑集 10、8、866；大塚，584 页；中山，518 页；中森，283 页。

③ 内田，633 页；山口，564 页。另外，西田，472 页。

④ 小野，220 页；平野，282 页。

⑤ 最判昭 31、4、24 刑集 10、4、617。

利益，而其他的人得到私下串通金。但是，私下串通金只限于超过了社会一般观念上的贺礼、不当地偏高的场合。[①] 在出于以上目的而进行私下串通的场合，本罪就马上达到既遂，不要求投标人、中标人根据该串通，采取了实际行动。[②] 另外，有判例认为，关于本罪的目的，有未必的认识就足够了[③]，但是，从作为目的犯被规定的宗旨来看，必须有确定的认识。[④]

（2）两个目的之间的关系。以损害公正价格为目的的串通罪，和以取得不当利益为目的的串通罪，可以分别构成。成立前者，必须具有损害公正价格的具体危险，相反地，后者是损害公正招标的抽象危险犯。这是判例的一般见解。[⑤] 同时，妨害拍卖罪是具体危险犯，为了与此相均衡，有见解认为，应当将上述犯罪都理解为具体危险犯。[⑥] 但是，由于根据不同目的而将本罪的性质加以区分的理由并不存在，因此，判例的见解难获支持[⑦]，同时，只要有串通的行为就马上成立本罪，因此，应将本罪看作抽象危险犯。602

3. 行为

本罪的行为就是私下串通。所谓“串通”，就是指和参加投标拍卖的人合谋，为了将特定的人选定为中标者和购得者，就以一定价格以上或以下的价位来竞标，或就不开出卖主的要价而进行协商。[⑧] 参加竞争的人之间必须有合谋，因此，本罪是必要共犯。但是，不要求所有参加拍卖竞标的人都参与私下串通，只要实施了足以对投标产生不当影响，危害其公正的串通，在即便只有部分人实施的场合，也构成私下串通罪。[⑨] 但是，由于本罪只限于自由交易上的串通，因此，使用诡计、

① 最判昭 32、1、22 刑集 11、1、50。
② 最决昭 28、12、10 刑集 7、12、2418。
③ 仙台高秋田支判昭 29、9、7 裁特 1、6、221。
④ 江家，30 页；大塚，583 页。
⑤ 前引最决昭 32、1、22。
⑥ 江家，30 页；泷川、竹内，390 页。
⑦ 大塚，585 页。
⑧ 大判昭 19、4、28 刑集 23、97。
⑨ 最判昭 32、12、13 刑集 11、13、3207。

威力手段的私下串通，应该构成妨害投标拍卖罪。[①] 只要实施了上述串通行为就够了，根本就不希望参加公开拍卖、投标的也行。[②] 当然，在不亲自参加拍卖、投标的场合，必须希望和自己具有特殊关系的人参加拍卖、投标，并且处于能够对他们施加某种影响的地位。

第三节 脱逃犯罪

一、概说

国家对于犯罪的人以及其他有必要限制自由的人具有羁押的权利，脱逃犯罪的保护法益，就是国家的羁押权。本罪分为被羁押者本人侵害羁押权的场合，以及其他人侵害羁押权的场合。所谓被羁押者，是指根据国家的羁押权被限制人身自由的人，包括（1）由于执行判决而被羁押的已决犯、未决犯；（2）根据拘捕令而被羁押的人；（3）根据法令而被羁押的人。被羁押者逃走，从其心里来看是出于不得已的原因，因此，除情节特别恶劣的场合以外，可以说，不应当予以处罚。《刑法》对脱逃的行为以及让别人脱逃的行为同时都予以处罚，针对逃走的行
603 为，规定了（1）脱逃罪（第97条），（2）加重脱逃罪（第98条）；另外，针对让人脱逃的行为，规定了（3）夺取被羁押者罪（第99条），（4）帮助脱逃罪（第100条），（5）看守人员等帮助脱逃罪（第101条），（6）上述犯罪的未遂犯（第102条）。

二、脱逃罪

由于进行裁判而被羁押的已决犯和未决犯脱逃的，处1年以下有期徒刑（《刑法》第97条）。

未遂犯，处罚之（《刑法》第102条）。

---

① 最决昭58、5、9刑集37、4、401。反对，大塚，582页（认为属于本罪）。

② 最决昭39、10、13刑集18、8、507。

1. 主体

本罪的主体只限于由于进行裁判而被羁押的已决犯和未决犯（身份犯）。所谓由于进行裁判而被羁押的“已决犯”，是指判刑已经确定，因而被羁押在刑事设施（《刑事收容法》第 3 条）中的人。除包括被判处自由刑（有期徒刑、监禁、拘留）者之外，还包括被判处死刑者到执行为止被羁押的场合（《刑法》第 11 条第 2 款），由于没有交纳完罚金、小额罚金而滞留在劳改场所的罪犯也包括在内（《刑法》第 18 条）。至于因保护处分而被收容在少年院的人，由于少年院不是刑事设施，所以，不应被包括在内。

所谓由于进行裁判而被羁押的“未决犯”，是指根据逮捕令而被羁押在刑事设施中的人，即被告人或犯罪嫌疑人，包括因为接受鉴定而被羁押的人在内。① 但是，被逮捕者不是本罪的主体（通说）。②

所谓“被羁押者”，就是现在被羁押在监狱里的人（通说）③，包括根据收监令和逮捕令而被羁押的人，但被收容到刑事设施之前的人不包括在内，即便其在被送往刑事设施的途中脱逃，也不构成本罪。因此，根据逮捕令，或者作为现行犯被逮捕的人不包括在内。只要一旦被收监，即便是在出席公判的途中，从押送中的汽车里脱逃的，也构成本罪。羁押必须是合法的。

2. 行为

本罪的行为，是脱逃。所谓“脱逃”，就是被羁押者脱离被羁押状
态。至于脱逃的方法、手段没有限制。所谓脱离，就是摆脱看守人员的 604
实力支配。即便是暂时脱离，只要完全摆脱了看守人员的实力支配，就是既遂。开始脱离羁押之作用的时候，就是实行的着手，因此，逃离监房的行为当然是实行的着手。但是在监狱的围墙之内的时候，因为尚未脱离羁押，所以，不是既遂。即便越过了围墙，但在受追捕的过程中，

① 仙台高判昭 33、9、24 高刑集 11、追录 1。

② 札幌高判昭 28、7、9 高刑集 7、784。

③ 反对，平野，283 页（被逮捕的嫌疑人也包括在内）。

也不能说是脱离了羁押状态（通说）。[1] 犯人完全逃脱了追捕者的追踪的时候，就是既遂，本罪终了。因此，本罪是状态犯而不是继续犯。由于天灾事故而脱离羁押状态的被羁押者在24小时之内不向有关部门报告的话，就按照本罪处罚。

未遂 福冈高等法院在1954年1月12日（高刑集第7卷第1号第1页）的判决中认为，在未判刑的被羁押者从法院区域内逃跑，看守人员巡查时发现后立即追查，途中，有一两次跟丢，但不久就在离法院约600米的地方将其逮捕的情况下，没有完全摆脱看守人员的实力支配，成立本罪的未遂犯。

三、加重脱逃罪

前条（《刑法》第97条）规定的人或受到传令执行的人，破坏羁押场所或羁押用的器具，实施暴力或胁迫，或二人以上合谋脱逃的，处3个月以上5年以下有期徒刑（《刑法》第98条）。

未遂犯，处罚之（《刑法》第102条）。

1. 主体

本罪是单纯脱逃罪的加重类型，因为其行为形态恶劣，所以，处罚的主体范围比较广，即除由于刑事诉讼而被羁押的已决犯、未决犯之外，被拘传的人也包括在内。所谓“传令”，广泛地指允许在一定场所羁押的命令，包括逮捕令、收监令、拘留令、传票（《刑诉》第152条，《民诉》第194条）、拘捕令。所谓“受到传令执行的人”，是指作为被告人、犯罪嫌疑人的被羁押者之外的人，包括被拘传的证人、被拘留的犯罪嫌疑人，以及虽然是执行了收监令、逮捕令但是没有被收监的人在内（身份犯）。[2] 但是，作为现行犯被拘留的人以及虽被紧急拘留但尚未发出拘留令的人，因为不能说是受到传令执行的人，所以，不是本罪
605 的主体。

① 前引福冈高判昭29、1、12。反对，江家，33页（是既遂）。

② 东京高判昭53、7、19高刑集11、6、347；团藤，75页。反对，山口，569页。

2. 行为

本罪的行为，包括（1）破坏羁押场所或戒具；（2）实施暴力、胁迫；（3）二人以上通谋脱逃。

所谓“羁押场所”，就是监狱、留置场以及其他用于羁押的场所。所谓“戒具”，就是手铐等限制身体自由用的器具。所谓“破坏”，就是进行物理性的毁坏。因此，单纯取下手铐放在一边而后脱逃的行为，不是本罪。[①] 用于脱逃的手段，必须是暴力、胁迫。暴力、胁迫必须针对看守人员以及协助看守的人实施，但是，暴力只要是间接暴力就够了。所谓“二人以上合谋”，就是两个以上的“由于进行裁判而被羁押的已决犯、未决犯”以及“受到传令执行的人”，为了脱逃而进行意思联络，取得合意的行为（必要共犯）。在合谋之后，只要没有和通谋者脱逃，或者没有着手实行脱逃的，就不构成本罪。另外，应当根据各个个人的情况来讨论既遂、未遂的问题，在虽然实施了合谋但只有一个人着手实施本罪，逃走了的场合，对于脱逃人应当定脱逃罪，而对于合谋者应当适用帮助脱逃罪。[②]

3. 实行的着手

出于脱逃的目的而开始破坏羁押场所或羁押用的戒具的时候[③]，或开始实施暴力、胁迫行为，具有脱逃的现实危险的时候，就是实行的着手；在实际脱离羁押状态的时候，就是既遂。在合谋的场合，因为只有意思联络还不能说具有脱逃的现实危险，因此，只有在开始脱逃的时候，才能说是着手。因此，应当就合谋人各个人的个人情况来考虑既、未遂问题。因此，即便一方达到了既遂，另一方仍有可能是未遂。在本罪的各个行为共用一个脱逃目的的时候，就是包括的一罪。另外，妨害执行公务罪被本罪所吸收。 606

---

① 广岛高判昭 31、12、25 高刑集 9、12、1336。团藤，75 页；大塚，587 页；中森，286 页；山口，569 页。

② 大塚，588 页；西田，477 页。佐贺地判昭 35、6、27 下刑集 2、5、6、938。反对，团藤，75 页；内田，645 页；中森，286 页（单纯脱逃罪的帮助）。

③ 最判昭 54、12、25 刑集 33、7、1105。

四、夺取被羁押者罪

夺取依法被羁押的人的，处3个月以上5年以下有期徒刑（《刑法》第99条）。

未遂犯，处罚之（《刑法》第102条）。

1. 对象

本罪的对象是依法被羁押的人。由于进行审判而被羁押的已决犯和未决犯就不用说了，只要是根据法令被国家机关限制了身体自由的被羁押者都是本罪的对象。在少年院或少年鉴别所中被收容的少年（《少年法》第24条、第17条、第43条）也可以说是依法被羁押的人（通说）①，但是，儿童管教设施中的儿童（《儿童福利法》第44条），根据《精神保健福利法》而被强制收容的精神病人等是不是本罪的对象（《精神保健福利法》第29条、第29条之二），则引发了争议。本罪以国家的羁押作用作为保护法益，因此，与被羁押者相比，倒不如说是以保护、治疗为首要目的而被限制身体自由的人，不能成为本罪的对象（通说）。

2. 行为

本罪的行为是夺取。所谓“夺取”，就是将被羁押者转移到自己或第三人的实力支配之下（通说）。② 关于夺取的手段没有限制，以暴力、胁迫、诈骗的方式也可以，另外，和被羁押者是否同意也无关。但是，必须将对方转移到自己或第三人的实力支配之下，因此，只是放走他人的，就是帮助脱逃罪而不是本罪。③ 完成夺取行为的话，就马上构成既遂。在以暴力、胁迫夺取被羁押者的场合，有（1）是妨害执行公务罪和本罪之间的观念竞合的见解和（2）只成立本罪一罪的见解④之间的

---

① 福冈高宫崎支判昭30、6、24裁特2、12、628。反对，植松，40页；佐伯，25页；平野，284页；中山，523页；中森，287页；西田，478页。

② 反对，平野，284页；中森，287页（让脱离拘禁）。

③ 前田，629页。反对，中森，287页（属于夺取）。

④ 小暮等（神山），518页。

对立，但是，夺取也包括以暴力、胁迫为手段的场合，因此，(2) 说妥当。607

五、帮助脱逃罪

> 出于使依法被羁押的人脱逃的目的，提供器械，或实施其他使犯人容易脱逃的行为的，处 3 年以下有期徒刑（《刑法》第 100 条第 1 款）。
>
> 出于前款的目的，实施暴力或胁迫的，处 3 个月以上 5 年以下有期徒刑（同条第 2 款）。

1. 意义

本罪本来是作为脱逃罪的共犯，特别是帮助犯的行为的独立类型而设计的犯罪。刑法考虑到期待被羁押者不实施脱逃行为的可能性较低，对脱逃罪的法定刑规定得较轻，但是，对于帮助脱逃的人没有必要这样考虑，如果仅仅是作为脱逃罪的共犯的话，就不能予以适当的处罚，因此，将相当于脱逃罪的共犯的行为作为独立的犯罪，予以重处，同时，即便在被羁押者的脱逃行为不构成犯罪的场合，也可以依帮助脱逃罪进行处罚。

2. 行为

本罪的行为，是出于使被羁押者脱逃的目的，(1) 提供器械，或实施其他使犯人容易脱逃的行为，(2) 使用暴力、胁迫。

所谓被羁押者，是“依法被羁押的人”，和夺取被羁押者罪中的对象一样。提供器械，只是使犯人容易脱逃的行为的例示而已，因此，本罪的行为，就是传授脱逃的机会或方法，解除手铐等。是用言语还是用动作进行，在所不问，只要是使被羁押者容易脱逃的行为就够了。该行为终了的话，本罪就达到既遂，被羁押者是否脱逃，在所不问。

实施作为帮助脱逃的手段的暴力、胁迫的话，就要加重刑罚（《刑法》第 100 条第 2 款）。暴力、胁迫只要达到使脱逃容易实施的程度就够了，其不仅包括直接向看守人员实施的情况，而且包括对物使用暴力的情况。只要实施了暴力、胁迫，就马上构成本罪的既遂。本罪是必须具有脱逃目的的目的犯。对于出于使他人脱逃的目的而用暴力、胁迫，夺取被羁押者的行为，有（1）是夺取被羁押者罪和本罪之间的观念竞合的见解[①]，和（2）本罪被夺取被羁押者罪所吸收的见解[②]之间的对
608 立，但是，夺取被羁押者罪包括使用暴力、胁迫的手段的场合，因此，（2）说妥当。

夺取被羁押者罪的未遂和本罪 关于出于夺取被羁押者的目的而实施暴力、胁迫，但以未遂而告终的场合，有（1）是夺取被羁押者罪的未遂的见解（通说），和（2）是本罪的既遂的见解之间的对立。如果成立夺取被羁押者罪的未遂的话，就可以减轻处罚。如果是出于帮助脱逃的故意而实施暴力、胁迫的话，就马上成立本罪的既遂，和夺取被羁押者罪同样处罚。问题是：是否可以根据是出于夺取的故意还是出于帮助脱逃的目的来考虑这种法定刑上的差异？还有，于前者，一般来说，犯罪情节较重但却可以减轻处罚，这是否妥当？（2）说正是考虑到这两点，认为应当成为本罪的既遂。的确，这种想法有一定道理，但是，既然夺取故意和帮助目的性质不同，不允许互相置换，就只有认同立法上的失误，目前，只能在量刑上考虑这一问题。[③]

六、看守人员等帮助脱逃罪

看守或押送依法被羁押的人，使被羁押的人脱逃的，处1年以上10年以下的有期徒刑（《刑法》第101条）。

未遂犯，处罚之（《刑法》第102条）。

1. 主体

本罪是看守人或押送人让被羁押者脱逃的犯罪。主体是看守人以及押送人，因此本罪是真正身份犯。身份只要在行为当时存在就足够了。

---

① 所，注释（4），108页。
② 小暮等（神山），520页。
③ 木村，388页；团藤，77页；中森，287页；西田，479页；山口，551页。

脱逃的事实即便是在看守、押送的任务解除/完成之后所发生的，也构成本罪。① 虽然不要求看守人或押送人一定是公务员，但是，只限于根据法令执行任务的人。②

2. 行为

本罪的行为是让被看守人等处于羁押状态的人即被羁押者脱逃的行
为。所谓“使脱逃”，通说认为是引起脱逃或有利于脱逃的一切行为， 609
相反地，有学说认为，从规定“使脱逃”的本意来看，其应当被限定于积极释放被羁押者，或默许其脱逃的行为。③ 本罪是将帮助脱逃的行为作为独立犯罪加以处罚的，因此，具有成为脱逃原因的行为，并可以说是据此而使被羁押者脱逃的话，就可以说成立“使脱逃”，因此，通说的见解妥当，其不仅包括释放被羁押者的行为以及其他行为，也包括认识到他人意图脱逃而放任不管的不作为在内。被羁押者脱逃了的话就是既遂。本罪是将帮助脱逃的行为规定为独立犯罪，适用本罪的话，就不再适用总则中有关帮助犯的规定。但是，参与本罪的非身份者，构成本罪的共犯。④

第四节　藏匿犯人和隐灭证据的犯罪

一、概说

藏匿犯人以及隐灭证据的犯罪，是对犯罪调查、刑事裁判、行刑等国家的司法作用进行侵害的犯罪⑤，《刑法》规定了（1）藏匿犯人等罪（第 103 条），（2）隐灭证据等罪（第 104 条），（3）威逼证人等罪（第

① 大判大 2、5、22 刑录 19、626。

② 团藤，78 页；大塚，591 页。

③ 平野，284 页；中森，289 页；西田，481 页。

④ 中森，288 页；前田，631 页；山口，575 页。

⑤ 最决平元 5、1 刑集 43、5、405。团藤，79 页；大塚，591 页；中森，289 页；西田，481 页；山口，576 页。

105条之二）。上述犯罪，多数情况下是为了庇护犯人而实施的，但是，只要是侵害刑事司法作用的犯罪，倒不要求是为了犯人的利益而实施的。另外，威逼证人等罪是为了对付刑事案件的证人因为犯人方面的恐吓而不敢作证的情况，在1958年修改《刑诉》时设置的。因此，其保护法益，虽然也涵盖了刑事案件的证人、参考人以及亲属等的私生活的安宁，但是，其主要是保障国家的刑事司法活动的顺利进行。成立本罪，不要求刑事司法受到了现实侵害，也不要求对刑事司法造成了具体
610 危险。

本罪的性质 德国刑法按照对人的庇护和对物的庇护的考虑，将本罪和有关被盗物品的犯罪规定在同一章之中（分则编第二十一章）。我国判例，一方面，认为藏匿犯人等罪是妨害国家司法的犯罪［最高法院于1949年8月9日（刑集第3卷第9号第1440页）的判决］；另一方面，在罪数的认定上，又强调其庇护犯人的一面，即认为，隐蔽或者藏匿犯人的犯罪，是非法庇护个人、妨害调查的犯罪，在同一犯罪中有数名共犯人，以数个行为分别藏匿或者隐蔽各个犯人的时候，按照犯人人数来决定犯罪个数；在以一个行为藏匿、隐蔽犯人的时候，就是一行为触犯数罪名［大审院1923年2月15日（刑集第2卷第65页）的判决，最高法院于1960年3月17日（刑集第14卷第3号第351页）的判决］。虽然不能完全否定本罪具有庇护犯人的特点，但应当说其本质在于破坏刑事司法作用（通说）。

二、藏匿犯人等罪

藏匿实施了应当处以罚金以上的刑罚之罪的人以及在羁押中脱逃的人，或者使其隐蔽的，处2年以下有期徒刑或20万日元以下罚金（《刑法》第103条）。

1. 对象

本罪的对象是实施了应当处以罚金以上的刑罚之罪的人以及在羁押中脱逃的人。犯人自己躲藏起来的行为，在类型上属于没有期待可能性

的行为，不受处罚。所谓“应当处以罚金以上的刑罚之罪”，是指法定刑包括罚金以上的刑罚在内的犯罪。

关于实施了犯罪的人的含义，有（1）指实际上实施了应当处以罚金以上刑罚之罪的人即真犯人的见解[①]，（2）指具有犯罪嫌疑而受到调查或追诉的人的见解[②]，（3）极有可能是真犯人的人的见解[③]之间的对立。

我认为，从实施了犯罪的人的规定来看，应当是指真正实施了应当处以罚金以上刑罚之罪的人，因此，（1）说妥当。但是，采用（1）说的话，则受理藏匿犯人事件的法院必须就被藏匿者自身的犯罪事实进行 611
审理，以确定其是不是真犯人，因此，这一观点在实际应用中存在困难，这是不可否认的。但是，这一困难在现行法的明文规定上，是无可奈何的，而且藏匿并非真犯人的行为的违法性极小，同时，在几乎不可能期待他人不这么做的方面，责任程度也很低，因此，认为实施了犯罪的人就是真正实施了犯罪的人，这在解释上是有根据的。

因此，如果是真正实施了应当处以罚金以上的刑罚之罪的人的话，则不管其是在调查开始以前还是调查过程之中，是在拘留/逮捕之中[④]、公判审理之中还是在判决确定之后，都能成为本罪的对象。即使犯罪的人死亡，也成立本罪［札幌高判平 17、8、18 高刑集 58、3、40；平野，百选Ⅱ（第 7 版），254 页；奥村，判例讲义Ⅱ，158 页］。但是，在告诉权的消灭、时效的完成等使追诉或处罚的可能性归于消灭的时候，由于侵害刑事司法作用的可能性消失，其就不再是本罪的对象。藏匿受到不起诉处分的人是否构成本罪，还有疑问，但是，只要其具有追

---

① 泷川，279 页；植松，45 页；团藤，81 页；平野，285 页；中，283 页；福田，27 页；香川，77 页；中山，526 页；内田，647 页；曾根，300 页；林，460 页；山口，560 页；高桥，659 页。

② 小野，122 页；木村，310 页；江家，38 页；西原，437 页；藤木，39 页；冈野，342 页；中森，290 页；西田，482 页。大判大 12、5、9 刑集 2、401，最判昭 24、8、9 刑集 3、9、1440。大山，百选Ⅱ（第 7 版），242 页；奥村，判例讲义Ⅱ，156 页。

③ 大塚，593 页。另外，小暮等（神山），525 页。

④ 最决平元、5、1 刑集 43、5、405。松生，百选Ⅱ（第 7 版），252 页；奥村，判例讲义Ⅱ，157 页。

诉、处罚的可能，就应当说构成本罪。同理，在亲告罪中，尚未被告诉的人也包括在内。[①] 实施犯罪的人当中，当然也包括教唆犯、帮助犯、预备阴谋罪的犯人。所谓“在羁押中脱逃的人”，是指在依法羁押的过程中脱逃的人。不要求该脱逃构成犯罪。除自行脱逃的犯人之外，还包括被夺取的犯人在内。

确认是真犯人的审判 按照本书的观点的话，审理藏匿犯人事件的法院，对于被藏匿者自身的犯罪事件，如果没有确认该人是真犯人的话，就不能判定该藏匿犯人的行为有罪，因此，在确定是不是真犯人的问题上，就存在是（1）由审理藏匿犯人事件的法院来认定事实、予以确定，还是（2）根据审理被藏匿者自身的问题的法院的判决来确定的问题。按照（2）说，只要被藏匿者的问题没有被起诉，有罪判决没有确定，就不能对藏匿犯人的行为作出有罪判决。这显然是不合理的，因此，只能按照（1）说的观点确定。但是，在这种场合，审理藏匿犯人事件的法院，除有不得不承担审理被藏匿者自身的问题的过重负担之外，对被藏匿者自身的问题所认定的事实，和对藏匿犯人事件所认定的事实之间有分歧时，该如
612 何处理，叫人担心。但是，这种情况也是现行刑法之下不得已的情况。[②]

2. 行为

本罪的行为，是藏匿或者加以隐蔽。所谓“藏匿”，就是为了避免被警察发现、拘捕而提供隐匿场所的行为。所谓“隐蔽”，就是藏匿之外的免予被警察发现、拘捕的一切行为。[③] 只要有足以让有关部门难以发现和抓获的行为就够了，因此，本罪是抽象的危险犯。只要有藏匿、隐蔽行为，即便搜查人员知道被藏匿者的所在，也构成本罪。[④] 至隐蔽的方法，不仅有让他人化装、提供脱逃用的资金或者自己冒名顶替犯人

---

① 东京高判昭37、4、18高刑集15、3、186。

② 植松，46页；团藤，81页。另外，山中，734页（推定真正犯罪人说）。

③ 大判昭5、9、18刑集9、668（告知家里无人和搜查的形势）。

④ 东京地判昭52、7、18判例时报880、110。

等有形的方法，还包括劝犯人脱逃或向在逃的犯人通风报信等无形的方法。① 另外，负有抓获义务的警察故意延误时机，使犯人脱逃的行为，也是不作为的隐蔽。②

对于让人冒名顶替被逮捕/拘留的真犯人的行为，有的判例认为是隐蔽③，有的认为不是隐蔽④，最高法院在犯人因为杀人未遂而被逮捕之后，被告人教唆其他人冒充该事件的犯人，向警察局自首，并作自己就是犯人的虚假申报的事件中，认为被告人的行为构成教唆隐蔽犯人的犯罪。⑤ 既然让人冒名顶替真犯人可能使真犯人的被剥夺自由的状态发生变化，则该行为就是隐蔽。成为“加以隐蔽”，要求该被隐蔽的人达到大致能够逃避有关部门的发现、抓获的状态。因此，虽然劝他人脱
逃，但是，该人没有响应的，就没有完成本罪。⑥ 613

3. 故意

本罪的故意，是对作为对象的被藏匿者是实施了应当处以罚金以上刑罚之罪的人或者在羁押之中脱逃的人，而对其进行藏匿、隐蔽的事实有认识，竟然实施该种行为的意思。关于是不是要对应当处以罚金以上刑罚有认识，通说认为要。但是，由于这种认识超出了一般人的认识的要求，因此，实际上只要有是杀人犯、盗窃犯之类的认识就够了。⑦ 误以为只是犯了应当处以小额罚金或拘留之类的刑罚的犯罪，或以为不是逃亡的犯人而加以藏匿、隐蔽的，没有故意。由于要求被藏匿者是真犯人，所以，即便知道是作为调查对象的嫌疑人，而相信其是无辜的人，进而加以藏匿、隐蔽的话，也排除故意。尽管对该人的姓名、所犯罪行的种类等有不知或错误，也还是构成故意。

---

① 大判大 4、8、24 刑录 21、1244；前引最决平元、5、1。大塚，595 页。

② 大判大 6、9、27 刑录 23、1027。

③ 高松高判昭 27、9、30 高刑集 5、12、2094。

④ 福冈地小仓支判昭 61、8、5 判例时报 1253、143，札幌高判平 17、8、18 高刑集 58、3、40（犯人死亡的场合）

⑤ 前引最决平元、5、1。另外，最决昭 60、7、3 判例时报 1173、151；奥村，判例讲义Ⅱ，159 页。

⑥ 袖珍，256 页；西田，484 页。

⑦ 大塚，596 页；中森，291 页；大判大 4、3、4 刑录 21、231。反对，平野，285 页。

4. 罪数

对同一人进行藏匿或隐蔽的时候，就是本罪的包括的一罪；以一个行为对同一事件的数名共犯人进行藏匿、隐蔽的时候，就是本罪的观念竞合。①

5. 共犯关系

犯人自身不是本罪的主体，因此，犯人自身实施的自我藏匿行为或隐蔽行为不受处罚。这是因为，不可能期待犯人不实施该种行为。

问题是，犯人教唆第三人藏匿、隐蔽自己的，该如何处理。关于这一点，学说上有肯定说②和否定说③之间的对立。肯定说认为，教唆他人犯罪以实现自己的目的和自己亲自犯罪的情况不同，因为，不能说其没有期待的可能性。判例认为“犯人自己实施的单纯的隐蔽行为之所以不是犯罪，是因为这些行为是刑事诉讼法上被告人的自由防御范围之内
614 的行为，而教唆他人实现该目的，则是防御权的滥用”。基于这一理由，判例对于上述情况一向持肯定态度。④

但是，既然说不可能期待犯人自身不为藏匿、隐蔽自己的行为，则在比其更为轻微的犯罪即教唆方面，认为其具有期待的可能性，显然是不当的。另外，以滥用防御权为理由的见解，虽说是以教唆他人的行为对调查犯罪产生妨害为根据的，但是，请求他人把自己藏起来也并不是一件难事，因此，主张和自己藏匿、隐蔽自己一样，认为在教唆他人藏匿自己的问题上，也不可能期待其不这样做的观点是妥当的。

藏匿犯人等罪的判例 关于X涉嫌驾驶汽车过失致死罪等事实而被逮捕，在羁押过程中，被告人作为证人作虚假陈述的案件，最高法院在2017年3月27日（刑集第71卷第3号第4183页）的

① 最判昭35、3、17刑集14、3、351。

② 小野，36页；团藤，90页；福田，34页；大塚，601页；藤木，43页；中森，290页。

③ 平野，286页；中山，532页；西田，484页；山口，582页；林，462页；高桥，666页。

④ 大判昭8、10、18刑集12、1820，最决昭35、7、18刑集14、9、1189。

判决中认为："被告人明知X违反《道路交通法》以及犯驾驶汽车过失致死的各罪，同时，与X之间，在X说其车被偷这一供述内容上统一口径，使得X作为上述各罪的犯人继续被羁押的合理性被质疑，既然如此，被告人就是作为证人对警察作出基于上述统一口径的虚假陈述。被告人的行为可以被认定为能够让《刑法》第103条规定的'犯罪的人'免于现实羁押的行为，相当于同条规定的'使其隐蔽'"。另外，如前所述，最高法院在1989年5月1日的判决中认为，即使犯人已被采取人身控制措施，代替犯人自首的行为也构成本罪。

三、隐灭证据等罪

隐灭、伪造、变造有关他人刑事案件的证据，或者使用该伪造、变造的证据的，处3年以下的有期徒刑或20万日元以下的罚金（《刑法》第104条）。

1. 对象

本罪的对象是有关他人刑事案件的证据。所谓"他人"，是自己以外的人即行为人以外的人。对于隐灭有关自己的刑事案件的证据的行为，有观点认为，由于自己是事件的当事人，所以，该行为应当被排除
在处罚对象之外。但是，我以为，主张这种行为是受人的自然心理所驱 615
使的，不可能期待其不这么做，所以，不应对其予以处罚的通说见解妥当。虽然是有关自己的刑事案件的证据，但在同时其又是有关他人的刑事案件的证据的时候，不能说该种行为是没有期待可能性的行为，此时，该种行为可以成为本罪的对象。①

（1）共犯的刑事案件。关于共犯的刑事案件是否可以说是他人的刑事案件，有1）是他人的刑事案件，成立本罪的肯定说②，2）是自己的

① 大判昭12、11、9刑集16、1545。

② 大判大7、5、7刑录24、555；青柳，26页。

刑事案件，不成立本罪的否定说[1]，3）在完全是为了共犯人的利益而行动的场合，是他人的刑事案件，成立本罪的学说[2]之间的对立。

隐灭有关自己的刑事案件的证据的行为不可罚，这是因为，实施该种行为是从人的一般心理来讲，是不得已的，即没有期待的可能性。从这种理由来看：首先，有关共犯人事件的证据，在和与自己有关的刑事案件有共同的利害关系的时候，可以被看作与自己有关的刑事案件的证据，因此，即便隐匿共犯人，也不构成本罪。[3] 其次，即便是有关共犯人的刑事案件的证据，但和与自己有关的刑事案件无关或者具有相反的利害关系，就应当作为与他人有关的刑事案件的证据，成为本罪的对象。因此，3）说的见解妥当。

（2）“刑事案件”的含义。证据必须“和刑事案件有关”。有关民事事件的证据不包括在内。为了保护刑事司法活动，另外，也为了确保有关虽然尚未提起公诉但将来足以成为刑事被告案件的证据，除了目前法院正在审理的被告案件之外，正在调查中的案件[4]，调查开始以前的刑
616 事案件，也包括在内（通说）。[5]

有人认为，在尚未告诉阶段的亲告罪的证据以及可能再审的案件的证据，也应包括在内[6]，但前者是有关开始调查以前的案件的证据，是本罪的对象，而后者是判决已经确定的案件的证据，不能成为本罪的对象，因此，只应限于目前正在申请再审的案件的证据。[7] 刑事案件，是

---

① 泷川，280页；植松，48页；柏木，108页；中，285页；中山，528页；内田，657页；藤木，42页；中森，291页；西田，486页。另外，平野，286页。

② 大判大8、3、31刑录25、403，广岛高判昭30、6、4高刑集8、4、585，东京地判昭36、4、4判例时报274、`34。团藤，86页；大塚，597页；平川，543页；曾根，303页；山口，585页；井田，560页。

③ 旭川地判昭57、9、29月报14、9、713（肯定成立藏匿犯人等罪）。阿部，百选Ⅱ（第7版），250页。

④ 大判明45、1、15刑录18、1。

⑤ 大判昭10、9、28刑集14、997。反对，江家，420页；藤木，41页（嫌疑事件）；植松，49页；吉川，377页（被告事件）。

⑥ 柏木，106页；泷川、竹内，403页。

⑦ 小暮等（神山），530页。

以结果没有被起诉而告终，还是以无罪而告终，在所不问。① 处罚本罪的理由在于，在证据上做手脚，从而耽误刑事案件的调查、审判，因此，和犯罪嫌疑人是否因此而从中受益无关。刑事案件应当是在日本的法院接受审判的案件。所谓“证据”，就是有关定罪、量刑的一切证据资料。作为物理证据的物据、书证，作为人的证据的证人、参考人，也是证据。

2. 行为

本罪的行为是（1）隐灭证据，（2）伪造、变造证据，以及（3）使用伪造、变造的证据。

（1）隐灭证据。所谓“隐灭”，就是毁灭证据或使其作为证据的价值减少、消灭的所有行为。② 物理地消灭、隐匿作为证据的物件的行为就不用说了，使证人、参考人逃逸、隐蔽起来的行为也是隐灭。③ 另外，让证人作伪证的行为也是隐灭证据行为的一种，但由于另外规定了伪证罪（《刑法》第 169 条），所以，让依法宣誓的证人作伪证的行为（间接实行犯或教唆犯），根据法条竞合，只成立伪证罪。④ 所以，只有在让没有宣誓的证人、参考人作伪证的场合，才成立本罪。

（2）伪造、变造证据。所谓“伪造”，就是重新制作并不存在的证据。将和犯罪事实无关的现存的物，通过某些行为，使其像和犯罪事实有关一样的，也是伪造。⑤ 所谓“变造”，就是对真实的证据进行 617
加工，变更其作为证据的效果。有无制作权限，内容是真是假，在所不问。

所谓“使用”，就是将伪造、变造的证据作为真实的证据提出。向审判机关提出就当然不用说了，向调查机关提出的，也是使用。按照要

① 袖珍，258 页。

② 大判明 43、3、25 刑录 16、470。

③ 最决昭 36、8、17 刑集 15、7、1293。田中，百选Ⅱ（第 7 版），244 页；奥村，判例讲义Ⅱ，161 页。前引旭川地判昭 57、9、29。

④ 木村，313 页；大塚，598 页。

⑤ 大判大 7、4、20 刑录 24、359。

求提出的，也是使用。①

参考人的虚假供述　参考人在有关他人的刑事案件中，作虚假陈述的，该如何处理？判例，根据（1）只有在伪证罪的场合，才处罚虚假陈述，这是刑法的基本原则［大阪地方法院1968年3月18日的判决（判例泰晤士报第223号第244页），千叶地方法院1996年1月29日的判决（判例时报第1583号第156页）］，（2）证据只限于物理的证据手段如物证、人证［最高法院1953年10月19日的判决（刑集第7卷第10号第1945页）］这两个理由，认为上述情况下不成立伪造证据罪。如果说让参考人等作伪证相当于隐灭的话，那么，显然和自己作虚假供述不受处罚的情况之间不平衡。但是，将虚假供述自身作为证据，有过分扩张证据范围之嫌，此外，由于供述本身作为证据，其价值也并不那么高，因此，置之不理更为妥当一些。相反地，制作了内容虚假的呈报书或者口供之类的书面文件的，由于上述文件都是以书面形式存在的，具有作为证据的价值，因此，完全可以将其理解为伪造证据的行为。在参考人制作内容虚假的呈报书并提交给司法机关的案件中，判例历来认为，该种行为成立伪造证据罪［东京高等法院1965年3月29日的判决（高刑集第18卷第2号第126页）。十河太郎：《内容虚假的供述书和伪造证据罪》，同志社法学，49卷2号，126页；西田，426页］。因此，在检察官制作的内容虚假的口供中签字、盖章的行为，也应当被看作伪造证据［反对意见，千叶地方法院1995年6月2日的判决（判例时报第1535号第144页）；前田，541页］。

3. 和其他犯罪之间的关系

出于隐匿和他人有关的刑事案件的证据的目的而隐匿所盗之物的，就是本罪和保管被盗物品罪之间的观念竞合。② 另外，出于上述目的而窃取证据物的话，同样是盗窃罪和本罪之间的观念竞合。③ 出于上述目的而将证人杀害的话，就是杀人罪和本罪之间的观念竞合。关于本罪与

① 大判昭12、11、9刑集16、1545。

② 大判明44、5、30刑录17、981。

③ 大判大3、11、30刑录20、2290。

逮捕、监禁罪之间的关系，可同样理解。[①] 618

4. 共犯关系

隐灭证据等犯罪，在犯人隐灭和自己的刑事案件有关的证据的场合，不受处罚，但是，在他人参与的场合，有两点问题。首先，由于本罪的对象被限定于他人的刑事案件，因此，犯人和他人之间的共犯关系成为问题。判例认为，利用他人隐灭证据的行为超越了犯罪嫌疑人、被告人的防御范围，因此，在犯人教唆他人隐灭有关自己的刑事案件的证据的时候，成立隐灭证据等罪的教唆犯。[②] 另外，有力学说也认为，在教唆他人隐灭证据的场合，不能适用期待可能性的原理。[③] 但是，犯人教唆他人犯隐灭证据等罪，无非是在毁灭与自己有关的证据方面利用了他人的行为[④]，因此，和犯人自己毁灭证据同理，该种场合下的共犯行为不受处罚。[⑤] 通说认为，犯人、脱逃人自己实施隐匿犯人、毁灭证据的场合，和让他人实施上述行为的场合，情况是不同的，但是，二者在缺乏期待的可能性方面，是一致的。

其次，他人教唆犯人，让其毁灭和犯人自己的刑事案件有关的证据的，他人的刑事责任如何，成为问题。但是，由于犯人实施隐灭等行为并不符合构成要件，因此，缺乏实行从属性要件，他人的教唆行为不成立共犯。另外，《有组织犯罪处罚法》第 7 条规定了收买证人等罪，处罚“关于自己或他人的刑事案件，不作证，或作伪证，或隐灭、伪造证据，或作为使用变造证据的报酬，提供金钱及其他利益，或提出要约或进行约定”的行为。[*] 619

---

* 《有组织犯罪处罚法》在 2021 年修改，原来的第 7 条改为第 7 条之二：“关于自己或他人的刑事案件，不作证，或作伪证，或隐灭、伪造、变造证据，或作为使用伪造或者变造证据的报酬，提供金钱及其他利益，或提议提供或约定提供的，处 2 年以下有期徒刑或 30 万日元的罚金”。——译者注

① 大塚，599 页。

② 大判昭 8、10、18 刑集 12、1820，大判昭 10、9、28 刑集 14、997，最决昭 40、9、16 刑集 19、6、679（犯人教唆对犯罪现场进行伪装）。

③ 团藤，90 页；大塚，601 页；佐久间，389 页。

④ 木村，314 页。

⑤ 泷川，281 页；木村，314 页；平野，287 页；中山，532 页；冈野，299 页；曾根，298 页；山中，774 页；西田，419 页；山口，583 页。

四、亲属间的犯罪

1. 有关亲属间犯罪的特别规定

犯人或脱逃人的亲属为了犯人或脱逃人的利益而犯前两条（《刑法》第103条、第104条）所规定之罪的，可以免除其刑（《刑法》第105条）。

（1）意义。这一规定是在1947年《刑法》部分修改之后才规定成现在的样子的。修改之前，《刑法》规定对该种行为“不处罚”，后来才变成刑罚的任意免除规定。旧规定在重视亲属之间的情谊的同时，也考虑到了“父为子隐，子为父隐，直在其中”的儒教道德观。二战后之所以修改为新的规定，是因为受到了英美所提倡的、一般亲属间的行为不得成为免责事由的思想的影响。亲属之间的藏匿犯人等罪、隐灭证据等罪，由来于自然的人情、友谊，被作为任意的免除刑罚事由。其根据在于缺乏期待的可能性，所以，其责任被减轻。

（2）要件。适用本特别规定的人是犯人或脱逃人的亲属。所谓“犯人”，是犯了应当判处罚金以上刑罚之罪的人，以及刑事被告人等。所谓“脱逃人”，是在羁押中脱逃的人。“亲属”的范围根据民法而定。适用本特别规定，必须是为了犯人或脱逃人的利益而犯上述罪。

所谓“为了犯人或脱逃人的利益”，是指为了免予刑事追诉、有罪判决以及羁押的目的。因此，不是为了犯人或者脱逃人的利益的情况当然就不说了，仅是为了其共犯人的利益而实施的，也不适用本特别规定。判例认为，即便是为了犯人的利益而实施，同时也和第三者的刑事案件有关，但在行为人对此有认识的时候，也不适用本特别规定。[①] 本特别规定是以缺乏期待的可能性为根据而设置的，因此，对于误将并非亲属的犯人，或误将脱逃人当作亲属，加以藏匿的，应当承认其在期待的可能性方面的错误，适用本特别规定。

① 大判昭7、12、10刑集11、1817；大塚，600页；香川，89页；山中，745页。

2. 亲属对他人的教唆行为

犯人、脱逃人的亲属教唆他人实施藏匿犯人或毁灭证据的，判例、通说认为，因为本特别规定只对亲属自身的行为适用，因此，该种场合下，不适用本特别规定。[①] 但是，犯人、脱逃人的亲属即便亲自实施藏匿犯人、毁灭证据的犯罪，也可以免除刑罚，因此，对于比该种行为性质更轻的教唆，即便免除其刑罚，也并无不当。[②] 620

3. 他人对亲属的教唆行为

同时，他人教唆犯人、脱逃人的亲属实施藏匿犯人、毁灭证据的犯罪的，由于亲属的行为成立实行犯，所以，他人的行为成立教唆犯。对于实行犯可以免除刑罚，但是，由于其效果并不及于他人即教唆犯，因此，对于教唆犯不能免除刑罚（通说）。

4. 犯人对亲属的教唆行为

犯人、脱逃人X教唆其亲属Y，将自己即X藏匿起来并毁灭与其有关的刑事案件的证据的，Y的实行行为成立犯罪，可以适用《刑法》第105条免除其刑罚。同时，犯人、脱逃人X的教唆行为是从属于实行犯的，形式上成立教唆犯。关于对这种教唆行为的处理，有（1）不成立教唆犯的见解[③]，和（2）成立教唆犯，但是，应当比照免除亲属的刑罚的情况，对于犯人、脱逃人的刑罚也予以免除的见解[④]之间的对立。

我认为，既然犯人、脱逃人教唆他人不受处罚，那么，在这种场合，基于同样的理由，当然不予处罚。（2）说认为，可以比照免除实行犯即亲属的刑罚的规定，也免除犯人、脱逃人的刑罚，但是，这种立场主张在教唆他人的场合成立共犯，所以，有和上述结论互相矛盾之嫌。另外，（2）说认为，虽然是犯人、脱逃人，但是不可能期待其不实施教唆他人庇护自己的行为，以此为根据，该说认为，教唆他人的行为成立

① 大判昭8、10、18刑集12、1820。

② 植松，51页；平野，285页；冈野，347页；曾根，304页；西田，491页；前田，467页。

③ 柏木，112页；小暮等（神山），534页；冈野，347页。

④ 团藤，89页；福田，34页；吉川，381页；香川，90页；内田，653页。

621 共犯，若如此，则教唆亲属的场合也当然成立教唆犯，不应该有适用免除刑罚规定的根据。

五、威逼证人等罪

经认定与自己或他人的刑事案件的调查或审判具有必要的知识的人或者其亲属，就该案件，没有正当理由却强求见面，或实施威逼见面的行为的，处1年以下的有期徒刑或20万日元以下的罚金（《刑法》第105条之二）。

1. 意义

本条是为了防止“强求见面”而在1958年所创设的规定，其保护法益是刑事司法活动，另外也包括个人的意思决定自由或私生活的安宁。① 对不对证人等的证言产生影响之类的威逼行为也予以处罚，是本罪将意思决定的自由作为保护法益的证明。

2. 对象

本罪的对象，是被认定对与自己或他人有关的刑事案件的调查或审判有必要知识的人或者其亲属。本罪不仅对与他人有关的刑事案件成立，而且对与自己有关的刑事案件也成立，还对将来可能成为刑事案件的情况成立。② 刑事案件的意义，如前所述。所谓“调查或审判所必要的知识”，是成为定罪、量刑的资料的情节等对于发现犯人以及证据具有意义的所有知识。所谓“经认定有知识的人”，不仅指现在具有该种知识的人，还指从各种情况来看，客观上具有该种知识的人。即便是负责该事件的调查官或警察官，只要被认定具有作为证人之类的知识，就成为本罪的对象。③ 证人即便已经作证，但是，只要具有再次被传唤的可能，就是本
622 罪的对象。④ 亲属的范围，按照民法的规定认定（《民法》第725条）。

---

① 大塚，603页；中森，294页；西田，493页；山中，811页；前田，468页。

② 东京高判昭35、11、29高刑集13、9、639。

③ 东京高判昭35、11、29高刑集13、9、639，东京高判昭39、7、6高刑集17、4、422，福冈高判昭51、9、22判例时报837、108。

④ 袖珍，263页；大阪高判昭35、2、18下刑集2、2、141。

3. 行为

本罪的行为是就该案件，没有正当理由却强求见面，或实施威逼见面的行为。所谓“就该案件”，是指与自己或他人的刑事案件有关；是将与该案件无关的行为排除的要件。[①] 必须是终局裁判或再审裁判确定之前的刑事案件。所谓“没有正当理由”，是为了排除辩护人的正当的调查活动而设立的要件。所谓“强求见面”，是没有正当理由，违反没有见面意思的对方的意志，强要见面的意思。所谓“强迫面谈”，就是用语言迫使他人答应自己的要求。所谓“威逼”，就是用语言动作表示气势，让人产生不安、困惑的念头。强求面会、强迫面谈、威逼等行为，都不包括用信件、电话进行的间接情况在内。[②]

本罪是抽象危险犯，只要实施了强求见面的行为，就成立本罪。[③]

强求见面、强迫面谈、威逼　强求见面和威逼面谈的概念来源于旧《警察处罚法》第1条第4项。在对该条的解释上，可以引用大审院有关该条款的解释。大审院在1923年11月30日（刑集第2卷第884页）的判决中认为：“所谓无故强求见面，是指没有正当理由，违反对方意志，要求会面”。但是，考虑到该罪以私生活的安宁和自由为保护法益，不应当将通过电话或者信件交流等交谈的情况包括在内（前引最高法院于2017年11月13日的决定）。另外，虽然其典型情况是当着对方的面提出要求，但是，在门外对屋里面的人大声喊“出来见我!”之类的要求行为，也能成为强求见面。前桥地方法院在1962年10月31日（判例时报第140号第112页）的判决中认为，在行为人向对方说：“在今天的法庭上，你说得太多了。我们的事情会怎么样，你知道吗?!”，暗示对方在后面的证人询问阶段作伪证，并使对方感到为难和困惑不安的场合，是威逼面谈的行为。 623

① 袖珍，263页。

② 大塚，604页。反对，西田，422页；山口，587页。福冈高判昭38、7、15下刑集5、7、8、653（对电话表示否定），鹿儿岛地判昭38、7、18下刑集5、7、8和748。

③ 袖珍，262页。

4. 故意

本罪的故意，只要是对有关上述对象以及行为的客观事实有认识，并有因此而实施行为的意思就够了；不要求具有对公判结果产生影响的目的或意图。①

5. 罪数

在强求见面的行为具有使对方恐惧的性质或达到此程度的时候，就是和胁迫罪、强要未遂罪的观念竞合。用强迫面谈或威逼的方式，要求对方作为证人作伪证，或要求不作为证人出庭作证的时候，就是伪证罪（《刑法》第169条）、证人拒不出庭罪（《刑诉》第151条）、拒绝作证罪（《刑诉》第161条）的教唆犯和本罪之间的观念竞合。实施强求见面或威逼见面的行为的话，就是本条规定之罪的包括的一罪。

第五节　伪证犯罪

（一）概说

伪证犯罪，是指依法宣誓的证人、鉴定人、口头翻译人、书面翻译人作虚假的陈述、鉴定、口译、笔译，其保护法益是国家审判活动（审判、惩戒处分）的正常进行。刑法，对于伪证犯罪，规定了（1）伪证罪（《刑法》第169条），（2）虚假鉴定等罪（《刑法》第171条）。这种犯罪，一方面与伪造罪类似，另一方面与诈骗罪类似。其本质在于危害国家的审判活动的正常进行。

本罪的特别罪　有议院伪证罪（《议院证人法》第6条第1款），选举人等伪证罪（《公职选举法》第253条、第212条第2款），出入国管理手续中的伪证罪（《出入国管理法》第75条、第10条第5款、第48条第5款），参考人、鉴定人对公平交易委员会进行虚假陈述、虚假鉴定罪（《禁止垄断法》第92条、第53条之

① 东京高判昭35、11、29高刑集13、9、639。

二）等，但这些犯罪在本质中和刑法中的伪证罪一样。 624

（二）伪证罪

依法宣誓的证人进行虚假陈述的时候，处 3 个月以上 10 年以下的有期徒刑（《刑法》第 169 条）。

1. 主体

本罪的主体是证人（身份犯）。关于主体，有（1）只要是“证人”就够了，“宣誓”只是构成要件行为而已的见解[1]，和（2）必须是经过了宣誓的证人的见解（通说）之间的对立。但是，首先，证人只有在实施了宣誓的行为和伪证的行为之后，才能充分满足本罪的构成要件；其次，正如后述，事后宣誓的，也应当构成本罪，所以，（1）说的见解妥当。另外，对于（1）说，批判意见认为，既然宣誓的时候没有作伪证的故意，则即便在之后产生作伪证的故意而进行虚假陈述的，也不成立本罪，这是不妥当的。[2] 但是，这种场合下，只要对已经宣誓有认识而作伪证的话，就应当说具有故意，因此，上述批判并不妥当。

2. 行为

本罪的行为是宣誓和进行虚假陈述。

（1）宣誓。宣誓必须是依法进行的。没有法律根据的宣誓，不是本罪中的宣誓。所谓“依法”，就是具有法律上的根据。除法律直接有规定的场合以外，基于法律的授权，在命令或其他下位法规中能找到根据的场合，也包括在内。依法宣誓，不仅在民事、刑事案件中存在，在非诉案件、惩戒案件以及行政案件中也存在。

宣誓必须是有效进行的。为使宣誓有效，宣誓必须按照法律规定的程序进行。但是，即便在程序上有轻微的瑕疵，宣誓也并不马上无效。如不按照刑事诉讼中的宣誓书进行的宣誓是无效的，但是，仅仅没有告知伪证的后果的宣誓是有效的。误让没有宣誓能力的人[3]进行的宣誓，

---

① 团藤，98 页；中森，296 页；西田，496 页；山中，813 页；小暮等（神山），537 页。
② 平野，288 页。
③ 《民诉》第 201 条，《刑诉》第 155 条。

在法律上没有效力，因此，这种人即便进行了虚假陈述也不构成伪
625 证罪。[①]

享有拒绝作证权[②]的人，不行使其权利，在宣誓之后进行虚假陈述的话，成立本罪。[③] 共犯人或共同犯罪人，作为证人作证的场合，也一样。也即共犯人或共同被告人，不是作为被告人，而是作为与其他的共犯人或共同被告人有关的刑事案件的证人，不行使拒绝作证权，在宣誓之后进行虚假陈述的话，就构成伪证罪。应当作证的事项，是不是和作为共犯人的证人的犯罪事实有关，在所不问。有人认为，这种情况下，由于拒绝作证可能对自己不利，因此，在宣誓之后即便作虚假陈述的，也不应构成伪证罪。[④] 但是，既然放弃拒绝作证权而进行了宣誓，即就没有理由不成立本罪。另外，只要刑事被告人处于被告人的地位，就不可能成为本罪的证人，因此，即便被告人是在宣誓之后作伪证的，也不构成本罪。

被告人的亲属作伪证 有见解认为，被告人的亲属为了被告人的利益而作伪证的时候，准用《刑法》第105条有关亲属间犯罪的特别规定，可以免予处罚。但是，在亲属受到刑事追究，可能受到有罪判决的时候，亲属可以拒绝作证（《刑诉》第147条，《民诉》第196条）。但是，在行为人不是拒绝作证，而是积极作伪证的时候，当然应当成立伪证罪而受到处罚。

（2）虚假陈述。本罪的行为是宣誓之后作虚假陈述。

1）宣誓。宣誓，原则上是作为证人在事前进行宣誓即事前宣誓。但是，进行虚假陈述之后宣誓的场合（事后宣誓）也包括在内（通说）。[⑤] 因为《刑法》规定是已经宣誓的证人，因此，在文理上，宣誓应当是在陈述之前进行，同时，也只有在宣誓之后进行虚假陈述才有值

① 大判明42、11、1刑录15、1498。
② 《民诉》第196条及以下，《刑诉》第146条及以下。
③ 最决昭28、10、19刑集7、10、1945。大塚，607页；山中，841页。
④ 泷川，385页。
⑤ 大判明45、7、23刑录18、1100。

得处罚的理由，因此，也有见解认为，宣誓而进行虚假陈述只限于事前
宣誓的场合。[①] 但是，宣誓只是增强陈述的证明力的行为而已，即便是
在事后宣誓的场合，其对审判活动的正常进行的危险和事前宣誓的场合 626
并没有两样，因此，通说、判例的立场是妥当的。

事后宣誓和判例　大审院于1911年7月23日的判决认为，成立《刑法》第169条的伪证罪，不要求证人在合法宣誓之后进行虚假陈述。证人只要同时具备i）按照法律进行宣誓，ii）故意作虚假陈述这两个要件就够了。宣誓在陈述之前还是之后，对成立本罪没有影响（大审院于1912年7月23日的判决）。另外，刑事诉讼中不承认事后宣誓，即"宣誓，必须在询问前进行"（《刑事诉讼规则》第117条）。

2）虚假的含义。伪证行为的中心是虚假陈述。关于"虚假"的含义，有1）是违反客观真实的客观说[②]和2）是违反证人记忆的主观说[③]（多数说）之间的对立。客观说的根据是，证人即便作违反其记忆的陈述，只要其内容是客观真实的话，就不会危害国家的审判作用。因此，按照这种见解，本罪是具体的危险犯，故意的内容是对违反客观真实有认识。但是，伪证罪是因为危害了国家的审判活动的正常进行才受到处罚的犯罪，在将这种处罚根据落实到证人证言上的时候，由于证人的记忆自身并不确实可信，因此，只有将证人自己的亲身体验作为可以信赖之物，所以，应当将陈述没有亲身体验的事实自身作为具有误导国家审判之作用的危害行为，因此，主观说妥当。

从这种观点来看，所谓虚假陈述，就是陈述和自己实际体验的记忆不同的事实。因此，只要按照自己的记忆陈述自己体验的事实，即便该陈述违反了客观事实，也不构成本罪。不仅如此，相反地，只要违反自

---

①　大塚，608页；吉川，386页；内田，662页；冈野，353页；前田，471页。

②　平野，289页；吉川，387页；中山，537页；内田，663页；小暮等（神山），540页；中森，296页；山中，816页；西田，428页；前田，472页；山口，596页；高桥，678页。

③　大判大2、6、9刑录19、687，大判昭7、3、10刑集11、286，最判昭28、10、1刑集7、10、1945。

己的记忆进行了陈述，即便该陈述偶尔符合客观真实，也构成本罪。客观说认为，即便是完全违反自己记忆的陈述，只要该陈述符合客观真
627 实，就对审判活动没有危害。但是，这种见解没有注意到，危害审判活动的正常进行的，正是违反记忆的陈述。另外，按照这种立场的话，在证人以为违反自己记忆的事实是真实情况而进行了陈述，但客观上是虚假的场合，在不处罚过失伪证的我国刑法中，上述行为不具有本罪的故意（德国《刑法》第163条处罚过失伪证），这样，就会出现即便在陈述虚假的场合，也只能不可罚的不当结果。①

沉默是否构成本罪，成为问题。在已经宣誓的证人在陈述中对自己所记忆的全部事实都保持沉默，或者部分保持沉默而对事件整体进行虚假陈述的场合，如对于要证明的事实的一部分尽管记得，却说没有记忆，因为有积极的伪证行为，所以，构成本罪。只是，在对事实完全保持沉默的场合，因为没有误导审判活动的可能，所以，只是成立拒绝作证罪②的问题。

判例中的“虚假” 有见解认为，判例到底采用主观说还是客观说，立场并不明确（平野，289页），但是，我认为，明显采用了主观说的立场。大审院在1914年4月29日（刑录第20辑第654页）的判决中认为：“即便在证言内容和事实真相一致，或者至少不能说不真实的场合，如果证人故意违反其记忆作虚假陈述，也应当构成伪证罪，这是毫无疑问的。换句话说，伪证罪中，并不以证言不符合事实为要件。因此，法院一方面承认了伪证的犯罪事实，另一方面又认为该证言内容是真实的，这两者之间并不互相抵触”③。同样的判决意见在大审院的判例中也存在［如大审院于1908年6月8日（刑录第15辑第735页）的判决］。二战后，最高法院在1953年10月19日（刑集第7卷第10号第1945页）的判决中也确认了主观说，同时，东京高等法院在1959年6月29日

① 团藤，100页。

② 《刑诉》第161条，《民诉》第200条。

③ 冈本，百选Ⅱ（第7版），248页；奥村，判例讲义Ⅱ，164页。

（下刑集第1卷第6号第1366页）的判决中认为："证人故意违反其认识、记忆进行陈述的时候，即便该陈述碰巧和事实真相相符合，也是虚假陈述，成立伪证罪"。

（3）间接实行犯。有见解认为，本罪是亲手犯，因此，只有依法宣誓的证人自身进行虚假陈述的才是实行行为，其他的人不能构成利用证人的间接实行犯。但是，将宣誓的证人像工具一样加以利用，实现伪证 628
的结果是可能的，因此，伪证罪中存在间接实行犯的情况。

3. 主观要素

伪证行为，是以违反记忆即内心状态的表现形式实施的，所以，伪证罪是所谓表现犯。另外，只有表现该种内心状态的行为才会危害审判作用，所以，内心状态是主观的违法要素。

关于本罪的故意，有（1）是认识到陈述的内容违反自己所体验的事实的见解（主观说的结论），和（2）认识到陈述的内容是违反客观真实的见解（客观说的结论）之间的对立。但是，只要对伪证的意义进行主观解释，则应当说（1）说妥当。因此，本罪的故意，是对已经宣誓有认识而作虚假陈述，或对已经作了虚假陈述有认识而进行宣誓，行为人必须具有上述两种认识之一。

4. 着手时期和既遂

本罪是举动犯，实行行为包括宣誓和虚假陈述，因此，实行的着手，在事前宣誓的场合，就是开始虚假陈述的时候；在事后宣誓的场合，就是开始宣誓的时候。本罪在证人宣誓，完成包括虚假陈述在内的所有陈述之后，达到既遂（抽象危险犯）。虚假陈述的结果，是不是误导了国家的审判作用，在所不问。但是，虚假陈述的内容和该案件完全没有任何关系，即虚假陈述没有误导国家的审判作用的抽象危险的时候，就是不能犯，不构成本罪。①

那么，是不是只要进行了虚假陈述，就马上构成既遂呢？学说上，

---

① 牧野，267页；团藤，102页；大塚，609页；山口，591页。反对，大判大2、9、5刑录19、844（不管询问事项如何，都构成伪证罪）。

有（1）个别陈述终了的时候，就是既遂的见解[①]和（2）第一次询问程序中的陈述全部终了的时候，就是既遂的见解（通说）之间的对立。证
629 人陈述整体上具有作为证据的价值，同时，在询问当中对虚假陈述进行修正的话，就不可能产生妨害审判活动正常进行的效果，因此，有必要从整体上对陈述进行考察，所以，（2）说妥当。因此，即便在某次询问程序中作了虚假陈述，但结束陈述的时候作了修正的话，就不构成本罪（通说）。[②] 即便在一次证人询问程序中进行数个虚假陈述，也是单纯一罪。但是，如果是询问程序终了，之后对虚假陈述进行修正的话，则对成立犯罪没有任何影响，只是按照后述的坦白接受减免刑罚的处理而已（《刑法》第170条）。

5. 共犯

关于刑事被告人就与自己有关的刑事被告案件而教唆、帮助他人作虚假陈述，有（1）不成立伪证的教唆、帮助罪的见解[③]，和（2）成立上述犯罪的见解[④]之间的对立。（2）说的根据是：首先，虽然被告人就自己的刑事被告案件进行虚假陈述的时候不受处罚，但是，为了自己的利益而让他人犯罪，是为国民的道义观念所不允许的[⑤]；其次，即便不可能期待行为人不对自己的行为作伪证，但是，可以期待其不让他人作伪证；再次，《宪法》第38条第1款只是赋予被告人拒绝实施对自己不利的供述的权利而已，而没有赋予其作虚假陈述的权利；最后，被告人之所以不能成为伪证罪的主体，是因为现行《刑诉》上存在制度性约束，如果在制度上认可其证人资格的话，其当然可以成为主体。根据上述理由，这种观点认为，让他人作伪证的行为当然是不允许的。

我认为，被告人之所以不能成为本罪的主体，其理由和毁灭证据罪中的理由一样，是因为其在类型上没有期待的可能性。[⑥] 因此，连自己

---

① 牧野，268页；植松，58页；藤木，47页。

② 大判明35、10、20刑录8、9、75。

③ 泷川，285页；木村，317页；植松，55页；柏木，119页；冈野，354页；冈野，354页；川端，390页；西田，498页；林，469页。

④ 最决昭28、10、19刑集7、10、1945。

⑤ 大判昭11、11、21刑集15、1501。

⑥ 大判昭11、11、21（只能作为具有排除责任事由的场合之一，在法律上不考虑）。

实施的行为都不处罚，从和毁灭证据罪相平衡的角度来考虑，在作为共犯让他人为自己的刑事被告案件作伪证的时候，就不应当受到刑事追究。另外，被告人的教唆他人伪证行为同时具有毁灭与自己
有关的刑事被告案件的证据的特点，本来就不可罚[1]，因此，否定说 630
妥当。

在共犯问题上，在教唆、帮助行为的当时，被教唆人作为证人是否处于能够作证的地位，对成立教唆犯没有影响。另外，教唆人只要具有让被教唆人作违反记忆的陈述的认识，即便其确信该陈述是合乎客观真实的，也不影响教唆伪证罪的成立。[2]

6. 罪数

为了骗取财物而提起诉讼的人，为了实现其目的而作伪证的，是伪
证罪和诈骗罪的牵连犯。[3][4] 553

(三) 虚假鉴定等罪

依法宣誓的鉴定人、口译人以及笔译人进行虚假的鉴定、口译、笔译的，处3个月以上10年以下的有期徒刑（《刑法》第171条）。

1. 主体

本罪的主体只限于鉴定人、口译人以及笔译人，因此，本罪是身份犯。所谓鉴定人，是依据特别的知识经验，对现有的经验事实陈述意见的人（《刑诉》第165条等）。调查机关所实施的简易鉴定的鉴定人或其他受委托的鉴定人、口译人以及笔译人，不是本罪的主体。

2. 行为

本罪的行为是宣誓，以及进行虚假的鉴定、口译、笔译。宣誓必须是依法进行的。依法宣誓的含义，如前所述。所谓“虚假”，是指违反了鉴定人、口译人以及笔译人的信念。[5] 所谓虚假的“鉴定”，是鉴定

---

① 不破武夫：《刑事责任论》(1948)，316页。

② 大判大3、4、29刑录20、654。

③ 大判大2、1、24刑录19、39。

④ 大判昭5、7、刑集9、572。

⑤ 大判明42、12、6刑录15、1795。

631 人陈述违反自己信念的虚假意见或判断。所谓虚假的“口译和笔译”，是口译人、笔译人向审判机关表达违反自己信念的内容的译述。完成本罪，不要求鉴定、口译、笔译的结果被用作审判资料。在应当书面提交结果的场合，就是在提交的时候；在口头陈述的场合，就是在陈述全部终了的时候，成立本罪的既遂（举动犯）。另外，本罪适用有关坦白的特别规定（《刑法》第 170 条）。

（四）坦白减免刑罚

> 犯前条（《刑法》第 169 条）之罪的人，对于其作证的事实，在判决结果作出之前或惩戒处分实施之前，主动坦白的，可以减轻、免除其刑罚（《刑法》第 170 条）。

这种特别规定，是为了在未然之中防止对审判活动的侵害而制定的，因此，坦白必须是在判决结果作出之前或惩戒处分实施之前作出。本特别规定，不仅对伪证罪的实行犯适用，对于共犯，特别是伪证的教唆犯，也适用。[①] 但是，在实行犯坦白的时候，对其教唆者当然不适用这一特别规定。[②] 所谓坦白，是就自己所作的虚假的陈述、鉴定、口译、笔译事实进行具体交代。必须是就虚假事实的整体进行交代，但是只要交代是虚假的就够了，没有进一步讲述真实情况的必要。由于不要求是自首，只要是供认就够了，因此，接受询问而交代的也是坦白。[③] 坦白的对象只限于法院、有惩戒权的人以及调查机关。

第六节　有关诬告的犯罪

一、概说

有关诬告的犯罪，是为了使他人受到刑事或惩戒处分，进行虚假的

---

① 大决昭 5、2、4 刑集 9、32。

② 大判昭 4、8、26 刑集 8、416。

③ 大判明 42、12、16 刑录 15、1795。

告诉、告发或进行申告的犯罪。关于其保护法益，有（1）是个人私生活安宁的见解①，（2）是国家的审判活动正常进行的见解②，（3）首先是国家法益，其次是个人法益的见解③之间的对立。 632

为了使他人受到刑事或惩戒处分而进行诬告的话，就会危害作为国家的审判职能前提的搜查权和调查权的正常行使，因此，本罪首先是以国家的审判职能的正常进行为保护法益的。但是，本罪的结果，是使成为诬告等对象的被告发者，受到搜查机关等的搜查和调查，因此，防止被告发者个人不当地成为国家的刑事以及惩戒处分的对象的个人法益也成为保护法益，在此意义上讲，（3）说的见解妥当。

《刑法》第 172 条中所说的“人”是指他人，因此，出于使自己冒名顶替犯人受处分的目的而进行虚假告诉的场合（所谓告发自己），以及将死人、实际不存在的人作为被告人而告发的场合，都不构成本罪[另外，《轻犯罪法》第 1 条第 16 项（向公务员告诉虚构的犯罪事实或灾难事实的犯罪）]。被告发人的同意是否排除成立本罪，成为问题，但是，如果将国家的审判作用作为首要的保护法益的话，则这种同意是无效的，不影响成立本罪（通说）。④

二、诬告陷害等罪

为了使他人受到刑事或惩戒处分，进行虚假的告诉、告发或其他报告的，处 3 个月以上 10 年以下的有期徒刑（《刑法》第 172 条）。

1. 行为

本罪的行为是进行虚假的告诉、告发或其他报告。“虚假”是指违

---

① 平野，290 页；曾根，294 页；中森，267 页；平川，189 页；林，457 页；山口，600 页。

② 牧野，274 页；江家，55 页；团藤，109 页；香川，106 页；西原，434 页；藤木，48 页。

③ 大判大元、12、20 刑录 18、1566。大塚，613 页；西田，501 页；前田，476 页；高桥，685 页。

④ 前引大判大元、12、20。反对，平野，291 页。

反客观真实。[①] 因为只要是真实的，就不会危害国家的审判作用，因此，和伪证罪不一样，即便误认客观真实的事实为虚假而加以告发的，
633 也不构成本罪。作为告发内容的虚假事实，必须能够成为刑事或惩戒处分的内容，另外，该事实必须是具体的，达到了足以导致政府错误动用职权的程度[②]正如以无责任能力人为对象的场合一样，被告发的事实即便没有达到要受法律上的处分的程度，但也成立本罪[③]，因为，即便在这种场合，也还是有可能误导国家的审判作用。

必须是向有关机关告发。所谓有关机关，是指对于刑事处分具有调查权的检察官、司法警察职员[④]；对于行使惩戒处分而言，是具有惩戒权的人或能够督促发动惩戒权的机关。告发必须是自发的。在接受搜查机关、惩戒权人等的调查的时候，进行虚假回答的，不是告发。告发的方式，在所不问。也没有必要采用正式的告诉、告发的方法，既可以是采用匿名的方式，也可以是采用他人名义的方式。

本罪在虚假告发送达到有关机关的时候，就是既遂。只要该文书到达有关机构，处于能够被看到的状态就行了，有关机关是不是知道报告的内容，检察官是不是已着手调查或起诉，在所不问。[⑤] 但是，在通过邮局告发的场合，仅是将文书寄出，还不是既遂。[⑥] 即便已经寄出但没有到达有关机关的时候，是本罪的未遂，不受处罚。

2. 主观要件

本罪是目的犯，除须具有故意之外，还必须具有使人受刑事或惩戒处分的目的。

（1）故意，必须认识到所告发的事实是虚假的。关于这种认识，有

---

① 最决昭33、7、31刑集12、12、2850。

② 大判大4、3、9刑录21、273。

③ 大判大6、6、28刑录23、773。

④ 大判大2、3、20刑录19、365。团藤，114页；平野，292页；大塚，615页；山口，596页。

⑤ 大判大5、11、30刑录22、1837。

⑥ 大判大4、4、2刑录21、337。

1）只要是未必的认识就够了的见解[①]和2）必须是确定的认识的见解[②]之间的对立。问题是，应当在什么范围内对告诉人、告发人进行保护。 634
按照1）说的话，就会得出，既然已经有告诉、告发，则告诉人、告发人对其所告发的事实必须确信为真实的结论。但是，告诉、告发是基于犯罪嫌疑而实施的，因此，实施告诉、告发的人对于该事实，一般来说都具有可能是虚假的这种未必的认识。[③] 可见，按照1）说的话，就会不当限制告诉权、告发权，因此，2）说的见解妥当。

（2）目的。本罪必须具有使人受到刑事或惩戒处分的目的。所谓"人"就是指他人，是自然人还是法人，在所不问。由于本罪也将个人利益作为保护法益，因此，以自己为对象的虚假告发，不构成本罪。另外，不可能对个人利益造成侵害的，以并不存在的人为对象的虚假告发，也不构成本罪。因此，"人"必须是实际存在的人。[④] 只要是实际存在的人，被告发的人，即便是无责任能力的人，或没有应当受到惩戒处分的人的身份的人，也行。在按照两罚规定，要对法人予以处罚的场合，法人也是"人"。

所谓"刑事处分"，就是刑事上的处分即刑罚、保安处分以及免予起诉处分。所谓惩戒处分，就是基于公法上的监督关系，为了维持职务纪律而实施的制裁。如对公务员的惩戒，对律师、医生、公认会计师等的惩戒就属于此。关于"行政罚款"是不是惩戒，有肯定说[⑤]和否定说[⑥]之间的对立，只要其根据是公法上的监督关系，则"行政罚款"也是惩戒，因此，肯定说妥当。使他人受到上述处分的目的就是本罪的目的。

---

① 江家，61页；植松，61页；平野，291页；内田，699页；藤木，49页；小暮等（神山），549页；前田，556页。大判大6、2、8刑录23、41，最判昭28、1、23刑集7、1、46。

② 团藤，112页；福田，41页；大塚，616页；吉川，393页；香川，110页；冈野，359页；中森，300页；西田，503页；山口，823页；井田，576页；高桥，665页。

③ 大塚，616页。

④ 反对，牧野，275页。

⑤ 木村，324页；江家，58页；柏木，124页。

⑥ 植松，61页；大塚，617页。

关于目的的内容，有1）必须具有使他人受到刑事或惩戒处分的结果的愿望的见解[①]，和2）对于该结果的发生只要具有未必的认识就够了的见解（通说）[②] 之间的对立。本罪是以可能侵害国家的审判活动的
635 正常进行为中心的，因此，只要认识到可能引起不当动用搜查权或惩戒权而进行诬告的话，就构成本罪。因此，2）说妥当。至于使人受刑事或惩戒处分的目的，不要求是唯一的或主要的动机。[③]

3. 罪数

本罪的罪数关系，鉴于其侵害的是对个人法益，应当以被告发者的人数为标准来解决。[④] 因此，以一纸报告诬告同一个人犯了数个罪的，也只构成一罪。[⑤] 以一纸报告对数个人进行虚假告发的，就是观念竞合。[⑥] 以记载同一诬告事实的书面报告，针对同一个人，在不同时期以不同名义制作两封告发信，向不同机关提出的，就是两个诬告罪，成立数罪。[⑦]

三、坦白减免刑罚

犯前条（《刑法》第172条）之罪的人，对于其所报告的事件，在判决确定之前或惩戒处分实施之前，主动坦白的，可以减轻或免除其刑罚（《刑法》第173条）。

第七节 渎职犯罪

所谓渎职犯罪，就是通过滥用职权，侵害国家或地方公共团体的立

---

① 泷川，287页；佐伯，38页；植松，61页；团藤，111页；中，293页；福田，40页；小暮等（神山），550页；曾根，311页。

② 大判昭8、2、14刑集12、114；平野，291页；大塚，618页；西田，503页；山口，601页。

③ 大判昭12、4、14刑集16、525。

④ 大判明45、7、1刑录18、971；前田，477页。

⑤ 曾根，301页；中森，300页。大判明44、2、28刑录17、220。反对，团藤，109页。

⑥ 大判大2、5、2刑录19、541。

⑦ 最决昭36、3、2刑集15、3、451；大塚，618页。

法、司法、行政活动的正常进行。刑法中规定了滥用职权的犯罪（《刑法》第193～196条）和贿赂犯罪（《刑法》第197～198条），这两者在国家或地方公共团体的公务员履行自己的职务之际实施，即在国家机关内部侵害公务的公正性这一点上，有共同之处。因此，将该种犯罪称为渎职犯罪，也称为公务员的职务犯罪。 636

第一款　滥用职权的犯罪

一、概说

所谓滥用职权罪，是公务员滥用其职权，或在执行职务之际，实施违法行为的犯罪。《刑法》针对滥用职权的犯罪，规定了（1）公务员滥用职权罪（第193条），（2）特别公务员滥用职权罪（第194条），（3）特别公务员暴行虐待罪（第195条），（4）特别公务员滥用职权致死伤罪、特别公务员暴行虐待致死伤罪（第196条）。关于本罪的保护法益，有（1）是公务的公正以及国家的威信的见解，（2）是个人的自由、权利的见解①，（3）首先是国家的司法、行政作用的正常进行，其次是作为滥用职权的对象的个人的自由、权利的个人法益的见解②之间的对立。公务员因为履行公务，具有对国民产生法律上或事实上的负担或不利的特别授权，如果公务员不依法行使该种授权，就不仅会侵害公务的公正合理性，而且还会不当地侵害国民的自由、权利，因此，在保护公务的公正的同时，也为了保护国民的权利、自由，刑法特地规定了本罪。因此，（3）说的见解妥当。

在旧宪法之下，由于官僚主义的政策，对与公务员的职务行为有关的违法行为实施非常宽大的处罚。但是，日本国宪法规定："所有的公务员，是全体国民的公仆，而不是部分人的公仆。"（《宪法》第15条第2款）"公务员绝对不得实施刑讯逼供。"（《宪法》第36条）这些都显

① 平野，301页。

② 佐伯，40页；大塚，619页；小暮等（神山），553页；西田，507页；前田，478页。

示了对保护个人权利的重视，因此，在1947年的《刑法》部分修改中，明显加重了对滥用职权罪的法定刑。

滥用职权犯罪的沿革 旧刑法将这种犯罪把握为“危害人民的犯罪”（冈田朝太郎，刑法论各论的部分，623页），认为《刑法》（第二编第九章第二节）第276条是处罚“官吏滥用权力，危害他
637 人做或不做某种行为的权利”。对现行法的规定，也可以从这种宗旨来理解，认为本罪是“由于滥用职权而妨害个人利益的犯罪”的见解也很有力［大场，各论（下），669页］。现在，虽然认为对个人利益的保护是“保护国家利益的反射效果”的见解［大塚，各论（下），666页；泷川、竹内，425页］也有一定影响，但是，即便将国家的立法、司法、行政作用作为第一位的保护利益，也应当将个人安全以及自由等个人利益作为保护利益。这一结论，从对本罪设立了准起诉程序（《刑诉》第262条至第269条）这种特别程序，以救济被害人的情况中也能得出。

二、公务员滥用职权罪

公务员滥用职权，让人实施没有义务的行为，或妨害其行使权利的，处2年以下有期徒刑或监禁（《刑法》第193条）。

1. 主体

本罪的主体是公务员（身份犯）。关于公务员，有（1）只要是公务员就够了的见解①，和（2）必须是具有能够强制他人实施某种行为的权限的公务员的见解②之间的对立。在公务员的权限被滥用的场合，只要该公务员具有让对方实施没有义务的行为，或实际妨害他人行使权利的可能性就够了，不要求其具有强制权限。③

---

① 江家，64页；福田，43页；香川，117页；泷川、竹内，428页。

② 小野，50页；泷川，260页；大塚，620页；西原，451页；内田，675页；小暮等（神山），554页；冈野，361页。

③ 最决昭57、1、28刑集36、1、1。团藤，122页；中森，270页；曾根，314页；西田，480页；前田，659页；山口，605页。

2. 行为

本罪的行为，是公务员滥用职权，让人实施没有义务的行为，或妨害其行使权利的行为。

(1) 滥用职权。所谓“滥用职权”，是指对于一般职务权限之内的事项，出于不当目的，以非法的方法实施行为。包括不作为在内。[①]

1) 职权的意义。所谓“职权”，是该公务员所具有的一般职权。仅看起来具有职权还不够，还必须实际上具有职权。但是，不一定要以法律上有明文规定为根据。[②] 关于职权的性质，有 i. 由于使用了和强要罪同样的用语，因此，必须是具有包括抑制意思要素在内的强制性权限的见解[③]，和 ii. 不要求是伴随法律上的强制力的权限，对于行使职权的对象，只要在实际上具有足以使其实施没有义务的行为，或妨害其行使权利的权限就够了的见解[④]，之间的对立。本罪是处罚不当行使权力而给国民造成不利的行为的规定，因此，一般的职务权限只要是具有对国民造成事实上或法律上的不利效果的权限就够了，因此，ii 说妥当。如法官对女性被告人，说想就被害赔偿的问题见一面而将其叫到饮茶店并坐在一起的行为，就是属于行使一般职务权限的行为。[⑤] 不一定要对职权对象的具体的行动自由造成侵害，如侵害隐私权的行为也是滥用。

2) 滥用行为。所谓“滥用”，是对一般职务权限之内的事项，进行 638
实质、具体的违法、不当行为[⑥]，包括假托行使职权而实施违法、不当的行为在内。关于滥用职权是不是仅限于对方能够认识到是行使职权的情况，有 i. 具有职权的人只要客观上实施了相当于滥用职权的行为，

① 团藤，121 页。

② 宫本身份证事件。前引最决昭 57、1、28。

③ 古田，大评注 (7)，409 页；小野，50 页；泷川，260 页；大塚，620 页；内田，675 页；松原，586 页。

④ 前引最决昭 57、1、28。西田，508 页；前田，478 页；青木纪博：《判批》，《同志社法学》，41 卷 6 号，145 页。

⑤ 最决昭 60、7、16 刑集 39、5、245。

⑥ 前引最决昭 57、1、28。

即便被害人没有认识到是行使职权，也是本罪的行为的见解[①]，和ii. 由于和强要罪在构成要件上类似，所以，可以与其作同样的理解，只限于具有能够让对方认识到是在行使职权的外观，能够左右对方的意思，对其施加影响的情况的见解[②]，之间的对立。

我认为，《刑法》第193条和规定强要罪的《刑法》第223条一样，都使用了“让人实施没有义务的行为，或妨害他人行使权利的时候”的表述，从这种规定的形式来看，在文理解释上，当然将对对方的意志施加影响，强迫其实施一定的作为、不作为作为滥用职权行为的本质要素，这是完全可能的。从这种观点来看，滥用职权行为只限于具有足以让对方认识到是在行使职权的外观，并且，左右对方的意志，对其施加影响的行为。

639

但是，本罪是关于对国民具有在法律或事实上造成不利效果的特别权限的公务员，滥用其职权，结果侵害国民的自由、权利的，进行处罚的规定，目的是对公务的妥当性和个人的利益进行保护，因此，只要非法实施了对国民造成不利后果的侵害国民自由、权利的职权行为，就是滥用行为。因此，该行为是否具有行使职权的外观，是否属于左右对方意思、对其施加影响的行为，在所不问。因此，在对方不注意，或者秘密实施的场合，也可以成为滥用。[③] 实施不属于公务员一般的职务权限的事项的时候，就不成立本罪而是成立强要罪。

电话窃听和滥用职权 在这一点上，有争议的情况是，警察作为其职务行为，为了获得日本共产党的警备情报而窃听该党干部自己家里的私人电话的案件。东京地方法院在1988年3月7日（判例时报第1266号第13页）的决定中认为，滥用行为必须具有能够让对方认识到是在行使职权的外观，因此，窃听不是滥用职权。东京高等法院于1988年8月3日的判决也认为，上述行为由于不具

---

① 前田，579页；山口，607页；青木纪博：《判批》，《法学家》，935号，152页；最决平元、3、14刑集43、3、283。

② 东京高判昭63、8、3高刑集41、2、327。铃木义男，刑法判例研究3，220页。

③ 最决昭38、5、13刑集17、4、279（在本人不知道的时候竖起了公告牌）。

有左右对方的意思、对其施加影响的性质，因此，否定窃听行为成立公务员滥用职权罪。这些判决，都将本罪把握为和强要罪相类似的犯罪。

相反地，最高法院于1988年3月14日的判决在认为左右对方意思不是滥用行为不可缺少的要素的同时，以“由于犯罪嫌疑人将整个窃听行为过程，伪装成在任何人看来都不是警察行为的行动，因此，不能将该行为认定为警察滥用职权”这一理由，认为上述行为不是滥用职权行为。其宗旨在于，由于是隐瞒警察身份而进行的行动，所以，不是警察行使职权的行为。但是，窃听是根据警察收集警备情报的一般权限所实施的，只是上述情况是不法行使该职权而已，另外，即便采取对方无法 640
认识到是在行使职权的形式，也可能侵害对方的权利，因此，看起来是在行使职权，并不是本罪的成立要件。从以上两点来看，上述判决有问题。①

（2）结果。所谓“使实施没有义务的行为”，是使对方实施法律上完全没有义务的行为，或在有义务的场合，不当或非法地变更义务形式，让对方实施。包括强迫他人接受没有忍受义务的情况在内。如将履行义务的期限提前，附加一定条件让人履行的情况，就属于此。② 所谓“妨害行使权利”，就是妨害对方行使法律上所认可的权利。包括造成不能或难以行使权利的局面在内。③ 权利，不一定得是法律上的权利，隐私等事实上的利益也包括在内。④

由于本罪中规定了“使实施没有义务的行为，或妨害行使权利”，因此，成立既遂，必须产生了让他人实施无义务的行为，或妨害了他人行使权利的结果（结果犯）⑤，包括虽然没有强迫对方实施具体的作为或不作为，但使对方承受了实际上的不利或负担的情形。⑥

---

① 萩原，百选Ⅱ（第7版），224页；奥村，判例讲义Ⅱ，167页。

② 袖珍，438页。

③ 藤木，51页。

④ 团藤，122页；曾根，298页；中森，330页；前田，559页。

⑤ 团藤，122页。

⑥ 最决平元、3、14。

滥用职权的参考例 1）让人实施没有义务的行为的例子。大审院于1922年10月20日（刑集第1卷第568页）的判决认为："尽管认识到不具备行使职权的适当条件，却以侵害他人的故意实施与具备上述条件的场合相同的处分行为时"，是滥用职权，镇议会的议员在审议按户平均纳税的草案的时候，不适当地提高反对派的人的纳税等级，通过镇议会的决议的效力使他人承担不适当的纳税义务，就是滥用职权，使他人实施没有义务的行为的情况。最高法院于1982年1月28日的判决认为，"法官不是出于司法研究或其他供在职务上作为参考而调查、研究的正当目的，而是出于与此无关的目的，假装进行正当目的的调查，要求阅览身份登记账簿，并要进行复印，在监狱长等满足了他的这些要求的时候，就是滥用职权而让他人实施没有义务的行为"（宫
641 本身份账簿事件）。另外，最高法院于1985年7月16日的判决认为，法官出于和自己担任审判的盗窃案件的女性被告人发生性关系的目的，于夜间，用电话将该女叫到饮茶店，说是商量赔偿被害人的问题，在店内一起坐大约30分钟的行为，也是让人实施没有义务的行为。

2）妨害权利的例子。最高法院于1963年5月13日（刑集第17卷第4号第279页）的判决认为，在具有执行效力的调解书的正本上并没有将土地交由该执行官保管，并予以公布的条款，但是，该执行官滥用职权，以执行调解书为名，将写有"本土地由本官占有"的虚假公告牌立在该土地上的时候，即便该土地碰巧由第三者占有，和公告牌上所表示的土地不是同一土地，仍属于"妨害他人权利的行为"。

3. 罪数

在公务员实施暴力、胁迫，滥用职权的时候，有（1）是本罪和强要罪之间的观念竞合的见解（通说），（2）只成立强要罪的见解①，（3）是

① 江家，64页。

本罪和暴行罪、胁迫罪的观念竞合的见解[①]，之间的对立。由于强要罪和本罪在罪质以及行为上不同，所以，无可否认地成立两罪，因此，(1) 说妥当。在公务员滥用职权，妨害他人业务的时候，是本罪和妨害业务罪之间的观念竞合。

三、特别公务员滥用职权罪

> 执行裁判、检察或警察职务的人以及辅助执行上述职务的人滥用职权，将他人逮捕或监禁的，处 6 个月以上 10 年以下的有期徒刑或监禁（《刑法》第 194 条）。

1. 主体

本罪的主体是执行裁判、检察、警察职务的人，或者辅助执行上述职务的人。这些人一般被称为“特别公务员”。行为人是特别公务员而实施逮捕、监禁罪（《刑法》第 220 条）的，加重其刑，因此，本罪是不真正身份犯。特别公务员由于在其职务上具有逮捕、监禁的权力，存在滥用职权侵害人权的危险，因此，为了防止其滥用职权而设计了本罪。 642

所谓“执行裁判、检察、警察职务”的人，是指法官、检察官、司法警察。所谓“辅助人员”，是指法院的书记官、检察院的事务官、司法警察、在铁路以及森林等其他特别事项上负有警察职务的人等。其在职务上是处于辅助者的地位。单纯事实上的辅助者不包括在内。如受到警察局局长委托的少年辅导员，不是警察的“职务辅助人员”。

2. 行为

本罪的行为，是滥用职权而实施逮捕或监禁。逮捕和监禁的含义，与逮捕罪、监禁罪中的含义相同。本罪中的逮捕、监禁，必须是作为滥用职权的行为而实施的。因此，和公务员本人职务无关的逮捕、监禁，不构成本罪。另外，只要成立本罪，逮捕、监禁行为就被本罪所吸收。

---

① 植松，65 页。

四、特别公务员暴行虐待罪

执行裁判、检察或者警察职务的人或者辅助执行上述职务的人，在行使职权的时候，对被告人、犯罪嫌疑人或其他人实施暴力、凌辱或其他虐待行为的，处 7 年以下有期徒刑或监禁（《刑法》第 195 条第 1 款）。

依法看守或押送被羁押者的人对该被羁押者实施暴力、凌辱或其他虐待行为的，和前款同样处理（同条第 2 款）。

1. 主体

本罪的主体，是（1）执行裁判、检察、警察职务的人或者辅助执行上述职务的人（第 1 款），以及（2）依法看守或押送被羁押者的人（第 2 款）。本罪是身份犯。本罪中所规定的公务员，因为在其职务上，被赋予了可能侵害人身自由或权利的职权，因此，在公正性方面被严格要求，必须是其滥用的话，就会导致国民重大人身侵害的人。所谓“执行裁判、检察、警察职务的人”，是法官、检察官和司法警察。所谓“辅助人员”，是法院的书记官、检察院的事务官、司法警察。在职务上不是处于辅助者的地位的人，如受警察局局长的委托担任少年辅导员之
643 类的事实上的辅导者，不是本罪的主体。①

2. 对象

本罪的对象是（1）被告人和犯罪嫌疑人以及其他人（第 1 款），以及（2）被羁押者（第 2 款）。（1）中的其他人，是指证人、参考人等作为调查、公判上的调查对象的人。由于本罪的主体是具有特别地位的人，为了防止其滥用职权，因此，必须将执行职权的对象广泛纳入本罪的对象之中。

3. 行为

本罪的行为，是在执行职权之际，实施暴力、凌辱或虐待行为。所谓“在执行职权之际”，是行使职权的时候的意思。因此，不是在执行职权之际所实施的公务员的暴力，只是构成暴行罪而已。“暴力”，是广

---

① 最决平 6、3、29 刑集 48、3、1。

义上的暴力就够了。所谓“凌虐或其他虐待行为”，是指“欺侮”“羞辱”等行为，具体而言，是用暴力以外的方法造成对方精神或肉体上痛苦的一切虐待行为。不给饭吃、不让睡觉、在对女犯罪嫌疑人进行调查的时候警察实施猥亵或奸淫行为的①，都是凌辱、虐待。

4. 排除违法性事由

本罪中的被害人的同意，应被看作无效的同意。这是因为，只要将本罪看作具有保护职务行为的正当性的犯罪，就不能因为暴力、凌虐的对方个人有同意而放弃该利益。② 暴行罪、胁迫罪被本罪所吸收。

在将猥亵、奸淫作为凌虐行为而实施的场合，有（1）只要适用本罪就够了的见解③，和（2）是和强制猥亵罪、强制性交等罪之间的观念竞合的见解（通说）之间的对立。因为，在造成致人死伤的结果的场合，在和《刑法》第 181 条和第 196 条的比较上，会造成刑罚之间的不均衡，同时，本罪是以国家利益为主要保护法益的犯罪，相反地，强制猥亵罪、强制性交等罪是对个人利益的犯罪，和本罪在犯罪性质上不同，因此，（2）说的见解妥当。 644

五、特别公务员滥用职权致死伤罪、特别公务员暴行虐待致死伤罪

犯前两条（《刑法》第 194 条、第 195 条）的罪，因而致人死伤的，和伤害罪相比较，依照刑罚较重的处理（《刑法》第 196 条）。

有关本罪的判例　最高法院于 1999 年 2 月 17 日（刑集第53 卷第 2 号第 64 页）在警察逮捕违反《取缔持有刀剑枪炮等的法律》以及妨害执行公务的犯人的时候，为了自卫而开枪，致使对方死亡的案件中，认为犯人所携带的刀具属于小型刀具，抵抗的程度也只限于阻止警察官接近的程度，因此，开枪行为不符合《警察职务执

---

① 大判大 4、6、1 刑录 21、717。

② 大判大 15、2、25 新闻 2545、11。反对，中森，272 页；西田，486 页（既然具有同意，就不可能具有虐待）。

③ 前引大判大 4、6、1；小野，51 页。

行法》第7条规定的标准，违法，故判定警察的行为成立特别公务员暴行虐待致死伤罪。

第二款　贿赂犯罪

一、概说

1. 含义

所谓贿赂犯罪，是受贿罪和行贿罪的总称。对于受贿犯罪，《刑法》规定了（1）受贿罪（第197条第1款前段），（2）受托受贿罪（同款后段），（3）事前受贿罪（同条第2款），（4）向第三人提供贿赂罪（第197条之二），（5）加重受贿罪（第197条之三第1款），（6）事后受贿罪（同条第3款），（7）斡旋受贿罪（第197条之四）。作为行贿犯罪，《刑法》只规定了行贿罪（第198条）。

关于贿赂犯罪的保护法益，历来有（1）是职务的公正性以及社会对职务的信赖[①]，（2）是职务行为的不可收买性[②]，（3）是职务的不可收买性以及公正性[③]，（4）是公务员的清廉义务[④]等见解之间的对立。
645 贿赂犯罪，说到底，也是以国家的立法、司法、行政作用的正常进行为保护法益的犯罪，因此，仅以违反清廉义务来看待贿赂犯罪是不允许的，所以，（4）说的见解不妥。同时，（2）说根据公务不能作为利益的对价的观念，期待公正执行职务，虽然这种观点中包含正确的一面，但是这种观点难以说明斡旋受贿罪之类的不以职务为利益的对价的犯罪。

伴随公务员的自由裁量的职务行为，对于国家的立法、司法、行政作用的正常进行来说，公正执行职务是必不可少的，因此，不用说，本

---

① 泉二，469页；宫本，519页；内藤，注释（4），398页；西原，454页；前田，515页。另外，山口，611页。

② 木村，288页；平野，294页；香川，132页；山中，835页。

③ 团藤，129页；福田，46页；大塚，627页。另外，前田，664页；小暮等（神山），562页。

④ 小野，48页。

罪的保护法益首先是职务行为的公正性。但是，即便公正地执行职务行为，公务员在职务方面收受贿赂的话，国民就会丧失对公务的信赖，公务的正常展开就会受到侵害，或产生该种危险。因此，（1）说最为妥当。判例也坚持这一立场。①

另外，随着2003年《仲裁法》的制定，新设了有关仲裁人贿赂犯罪的规定，因此，刑法上贿赂罪的行为主体当中，仲裁人被删除。

贿赂犯罪的立法原则　一般认为，本罪的立法形式中，有罗马法主义和日耳曼法主义之分。前者由来于罗马法，是以职务行为的不可收买性作为基本原理的立法形式，认为职务行为不能以利益为对价，成立贿赂犯罪不以不当行使职务为要件。后者由来于日耳曼法，是将职务行为不可侵犯作为原理的立法形式，认为成立贿赂犯罪以不当行使职务为要件。我国刑法以罗马法主义为基本，以日耳曼法主义为补充，可以说，现行刑法中的贿赂犯罪规定，是和本罪的保护法益相适合的立法形式。②

2. 沿革

贿赂罪在旧《刑法》以来发生了很大的变化。旧刑法中只处罚受贿罪而不处罚行贿罪，但是，现行刑法，为了防止受贿罪，对行贿行为
也予以处罚，关于贿赂犯罪，规定了单纯受贿罪、加重受贿罪以及行 646
贿罪。1941年，在战时经济体制之下，和公务员许可制度有关，公务员享有很大的权力，为了整肃公务员的风纪，对公务员犯罪作了大幅度的修改，追加了受托受贿罪、事前受贿罪、第三人供贿罪、事后受贿罪。

二战后，在1958年的《刑法》部分修改，增加了斡旋受贿罪和斡旋行贿罪，并且以1978年的洛克希勒事件等为契机，为了建立政治伦理，又对贿赂犯罪作了修改，将各罪的法定刑予以提高。这些修改，可以说是由于现实存在公务员在职务上授受不正当报酬的情况，因此，为

① 大判昭6、8、6刑集10、412，最大判昭34、12、9刑集13、12、3186，最判平7、2、22刑集49、2、1；京藤，百选Ⅱ（第6版），216页；奥村，判例讲义Ⅱ，174页。

② 北野通世：《受贿罪考察》，《刑法杂志》，27卷2号，16页。

了整肃公务员的纲纪，在扩大贿赂犯罪的处罚范围的同时，对其予以严厉打击而进行的。同时，在特别法的领域，在行为主体方面，扩大处罚范围的倾向也在发展。根据特别法，公共团体的干部被视为从事公务的职员即所谓视为公务员。另外，在有关整顿经济关系的法律中，也规定了行贿、受贿犯罪，商业贿赂罪等许多贿赂方面的犯罪。这些犯罪也是以职务的公正性以及社会的信赖为保护法益的。

二、贿赂的含义

1. 和职务有关

贿赂犯罪的对象是贿赂。所谓“贿赂”，是指作为公务员、仲裁人在职务上的不正当报酬的利益。贿赂必须是有关职务的报酬。如果公务员接受没有正当理由的金钱等报酬的话，社会对公务的公正性的信赖就会受到伤害，因此，“在职务上”的限定，可以说，没有存在的必要。但是，这样的话，就会出现对于贿赂犯罪的保护法益，只能从公务员的清正廉洁义务中寻求①，结果导致没有界限的限定，因此，刑法设计了“在职务上”这一要件。具有一定职务权限的公务员，接受和职务处于对价关系的金钱等报酬的，就会导致一般人对其职务的公正性产生怀
647 疑。因此，在贿赂犯罪中，是在什么样的公务上进行金钱等利益的授受，就极为重要。

(1)“在职务上”的意义。贿赂犯罪中，是不是“在职务上”成为关键。因此，有关其解释也就具有最为重要的意义。这里的所谓“在职务上”，除了针对职务行为自身的场合，还包括与职务有密切关联的行为的场合（通说）。② 所谓“职务”行为，是公务员、仲裁人作为与其地位相关的公务而处理的一切事务。③ 其范围，原则上由法律规定，但不要求有法律的直接规定。④ 因为法令并没有将所有的权限都规定出

---

① 西田，518页。

② 大判大2、12、9刑录19、1393，最判昭25、2、28刑集4、2、268。

③ 最判昭28、10、27刑集7、10、1971。

④ 大判昭13、12、3刑集17、889。

来，因此，只要根据法令解释能够合理地确定其范围就够了。职务不限于具有独立的决定、裁定权限的场合，在上司的指挥监督之下，接受命令的辅助性的职务也行。[①]

职务，在法令上只要在该公务员的一般的职务权限之内就够了，不要求是目前具体负责的事务。但是，将职务作为要件的理由在于，该公务员能够对该职务行为产生影响。所以，在一般的职务权限之内，从公务员的地位、责任变更的可能性、事务处理的状况来判断，成立这里的所谓职务，必须有该公务员，能够对该职务行为产生影响的可能性。[②]在一般的职务权限之内，该公务员在某种意义上，具有影响职务行为的可能性的话，（1）不管其内部事务的分工如何，都是职务，（2）即便是将来的职务也行[③]，而且，（3）过去所担当的事务，或特别被命令由其他科室所管理的事务，也是职务。[④] 职务行为，可以是不作为。如议员缺席，不参与议事的行为也是职务行为。[⑤] *648*

内阁总理大臣、国务大臣的职务权限　处于监督地位的人，行使监督权就是其职务。在内阁总理大臣的职务权限的范围方面，按照《宪法》第68条的规定，其具有任免国务大臣的权力，因此，他可以对各部的主管大臣下达行政上的指示，如果各部的主管大臣不听从的话，他可以随时罢免该大臣。因此，内阁总理大臣作为行政上的责任人，对于各个行政部门的所管事项具有一般的职务权限，在该职务上收受金钱等的话，就构成本罪。[⑥] 在这里，重要的不是该行为通常是否在行使职务，而是是否能产生职务上的影响。

国务大臣的职务权限　首先，在国务大臣自己所管理的各个行

---

① 前引最判昭28、10、27。

② 最决平17、3、11刑集59、2、1；平野，297页；西田，493页；北野，百选Ⅱ（第7版），212页；奥村，判例讲义Ⅱ，172页。

③ 最决昭61、6、27刑集40、4、369（市长再选之后应当担任的职务）；小野寺，百选Ⅱ（第7版），218页。

④ 最判昭26、10、25裁判集刑55、365。

⑤ 大判大5、11、10刑录22、1718，最决平14、10、22刑集56、8、690。

⑥ 最大判平7、2、22刑集49、2、1（田中角荣“洛克希德”事件）；京藤，百选Ⅱ（第7版），216页；奥村，判例讲义Ⅱ，172页。

政部门的具体事务处理上，具有职务权限；其次，即便是其他各个大臣所管理的行政部门的行政事务，由内阁整体来决定其处理方针的时候，国务大臣有请求召开阁僚会议、参与该审议决定的职务权限，因此，可以说具有一般的职务权限。①

国会议员的职务权限 议员的本来的职务权限，是在议院中进行审议、表决，议员，基于其能够对行政机关产生影响的监督地位行使职权，这些都是其职务。即便对于是和自己无关的委员会的讨论事项，也具有职权。②

另外，以上各点，对于地方公共团体的行政负责人和议员，同样适用。

上述以外，还有以下参考：内阁官房长官的职务权限③；北海道开发长官的职务权限。④

（2）调职以前的职务。“职务”必须在一般的职务权限之内，但是，在有关调职之前的职务上收受贿赂的，是不是在职务上的行为？公务员在调任与其一般的职务权限不同的其他职务之后，在调职之前的职务方面，是否成立贿赂犯罪？学说上有肯定说⑤和否定说⑥之间的尖锐对立。大审院的判例认为，由于调职而变更职务的话，就不成立贿赂犯罪⑦，但是，最高法院认为，只要在收受的当时是公务员，则在这一点上就成
649 立受贿罪。⑧ 支持这种见解的肯定说认为，按照否定说的话，丧失公务员的身份之后收受贿赂的成为事后受贿罪，但这样，就不仅在和事后受

---

① 最判昭26、5、11刑集5、6、1035。

② 最判63、4、11刑集42、4、419；大越，百选Ⅱ（第4版），196页。

③ 最决平11、10、20刑集53、7、641（肯定）；奥村，判例讲义Ⅱ，182页。

④ 最决平12、3、22刑集54、3、119（肯定）。

⑤ 小野，57页；木村，294页；柏木，147页；平野，296页；中山，552页；西原，456页；冈野，370页；中森，308页；川端，408页；西田，522页；前田，485页。

⑥ 江家，69页；团藤，135页；植松，70页；福田，49页；大塚，631页；内藤，注释（4），405页；香川，138页；藤木，60页；小暮等（神山），568页；曾根，302页。

⑦ 大判大4、7、10刑录21、1011。

⑧ 最决昭28、4、25刑集7、4、881，最决昭58、3、25刑集37、2、170；山本，百选Ⅱ（第7版），220页；奥村，判例讲义Ⅱ，176页。

贿罪之间丧失平衡，同时，将调职的场合比照事后受贿罪处理的话，还会违背上下文之间的逻辑性。

既然职务必须在一般的职务权限之内，则过去的职务情况当然不能包括在内。所以，可以说，肯定说是在只有将贿赂犯罪理解为对过去的职务公正性的侵害的时候才能成立的见解。[①] 另外，也不应忘记，虽然肯定说将和事后受贿罪的权衡作为问题，但是，公务员、仲裁人在退职之后，即便收受与退职之前的职务有关的不正当利益，也并不马上构成本罪。而且，肯定说无视贿赂必须与职务有关的原则性规定，会造成不当扩大贿赂犯罪的成立范围的不当结果。

从上述观点来看，尽管调职但一般的职务权限没有变化，处于可以根据其职务施加影响的地位的时候，就应当成立贿赂犯罪，但是，在由于调职而变更了其一般的职务权限的时候，在调职前的职务权限上，不成立受贿罪等罪，只是成立事后受贿罪而已。但是，调职前在其职务上有约定贿赂的行为的话，就构成约定贿赂罪。在这种场合，在没收、追征的关系上，应当认定“收受”[②]。

（3）和职务密切相关的行为。所谓和职务密切相关的行为，是不属于职务范围之内，但由于和职务有密切关系，应当比照职务行为进行处理的情况。[③] 也即虽然严格来讲不属于职务，但是相当于职务的行为（通说）。[④] 和职务有密切关系的行为，包括两种类型。[⑤] 一是本来不是职务行为，但在习惯上由其负责的场合，如市议会的议员在会派之内推举议会议长的候选人的行为，就属于此。二是根据自己的职务权限，能
够产生实际上的影响力的场合，如国立艺术大学的教授斡旋学生购入特 650
定的小提琴的行为，就相当于此。这些在事实上属于公务员的权限的行为，和不当利益挂钩的时候，就会使职务的公正性以及社会对它的信赖

① 内藤，注释（4），405页；曾根，120页；伊东，512页。
② 团藤，136页；小野，57页。
③ 最决昭31、7、12刑集10、7、1058。
④ 大判大2、12、9刑录19、1393；反对，中森，337页。
⑤ 西田，448页。

受到侵害，所以这类型行为也应被看作职务行为。

与职务密切相关的行为和判例 大审院于1913年12月9日的判决是代表性判决。最高法院认为，“在被告人执行属于其权限范围内的职务的时候，根据与其执行职务有密切关系的行为，收受对方金钱的话，成立贿赂犯罪”①，即沿袭了上述判决的立场。该判决的事实经过是这样的：战灾复兴院驻福井办事处的雇员，示意某持有玻璃供应证的人，从某特定的商店购买平板玻璃。另外，最高法院于1956年7月12日的判决认为：“不仅仅是利用公务员在法律上所具有的职务，在利用与其职务密切相关的所谓准职务行为或者事实上所掌管的职务行为而收受贿赂的，也构成《刑法》第197条所规定的犯罪”。

除上述判例之外，(1) 属于大学设置审议委员会以及隶属于该审议委员会的牙科专门委员会的委员，对正在申请设置牙科大学的有关人士，要求按照该委员会的审查标准，事先确定教员人选的行为②，(2) 由在任的市议会议员所组成的市议会团体下属的议员，在市议会议长的选举中，为了引导该团体下属的职员的投票意向，事先圈定在该选举中该团体所应当投票的人的行为③，都被最高法院认定为和职务有密切关系的行为。音乐大学的教授斡旋奉劝学生购买小提琴的行为，也是和职务有密切关系的行为。④

2. 贿赂的含义

贿赂是有关职务的不正当报酬的利益。

(1) 贿赂的目的物。能够成为贿赂的利益，不限于金钱以及其他财产性的利益，只要是能够满足人的需要或欲望的利益，不管是什么样的东西，都可以。现金、点心就不用说了，金融利益、高尔夫球俱乐部会

---

① 最判昭25、2、28刑集4、2、268。

② 最决昭59、5、30刑集38、7、2682；金泽，百选Ⅱ（第6版），225页；奥村，判例讲义Ⅱ，169页。

③ 最决昭60、6、11刑集39、5、219。

④ 东京地判昭60、4、8判例时报1171、16。

员权、异性间的性交、斡旋就职、提供地位等都能成为贿赂。但是，在社交习惯或礼节范围之内的赠与，即便和职务行为有对价关系，在社会一般人所认可的范围之内的话，就不是贿赂。

礼节性的赠与和贿赂的界限（贿赂性的界限），应当考虑公务员和赠与人的关系、社会地位、财产价值等，最终以社会一般观念为标准来 651
划定。在超过该种界限的时候，即便是以中元、岁暮等名义赠与的，也是贿赂。反之，在与职务有关的生活关系之内，对于和职务行为无关的行为上所给予的赠与不是贿赂。作为职务行为的对价所支付的东西，和对职务外的行为的谢礼成为不可分割的一体的时候，其整体构成贿赂。①

判例中的贿赂　大审院于1909年12月19日（刑录第16辑第2239页）的判决是代表性判决，其中认为："贿赂的目的物，不管是有形的还是无形的，只要是能够满足人的需要或者愿望的所有利益，都应当包括在内……招待1 000日元的饮料和食物，如这些费用中，也包括歌女的表演费，歌女的表演也是宴请的一部分，不应当被排除在满足人的愿望的目的物之外"。最高法院在1988年7月18日（刑集第42卷第6号第861页）的决定中认为："在股票即将上市，而且该股票价格肯定会比上市价格涨高的时候"，根据上市价取得该股票所获得的利益就是贿赂。②

关于社交习惯和谢礼，大审院于1929年12月4日（刑集第8卷第609页）的判决认为："只要是在公务员的职务上所收受的，就成立受贿罪，这是毫无疑问的。不得以收受财物数额多少、公务员的社会地位以及收受时期等为理由，认为所收财物是按照公务员社会生活的礼仪而收受的馈赠"。关于贿赂的界限，最高法院于1975年12月4日的判例（刑集第8卷第609页）的判决认为，被告人从所指导的学生的父母那里分别收受了价值为5 000日元和10 000日元的支票，但是，考虑到被

① 最判昭23、10、23刑集2、11、1386。

② 齐藤，百选Ⅱ（第5版），205页；奥村，判例讲义Ⅱ，170页。

告人对所指导的学生热心地进行学习指导和教育的事实，“该金钱不仅和行为人的职务行为无关，倒不如说属于对课余的学习生活上的指导的感谢，以及对被告人的敬慕之念而实施的礼节性的物品”，因此，驳回了原判决，发回原审法院重审。[1]

（2）对价关系。贿赂必须是作为职务行为以及与职务有密切关系的行为的对价而提供的。这种对价关系，只要具有针对一定职务行为所实施的抽象的概括的回报性质就够了，不要求各个职务行为和该利益之间具有对价关系。[2] 另外，虽然贿赂是不正当报酬，但是，作为其回报而
652 实施的职务行为，并不一定是不正当行为。[3]

三、受贿罪

公务员，在其职务上，收受、索要或约定贿赂的，处5年以下的有期徒刑（《刑法》第197条第1款前段）。

1. 主体

本罪的主体是公务员（真正身份犯）。所谓公务员，是《刑法》第7条中所说的依法从事公务的职员以及“视为公务员”的人。

2. 行为

本罪的行为是收受、索要、约定贿赂。所谓“收受”，是指取得贿赂。这种形态的犯罪是收受贿赂罪。收受的时间可以是在职务行为之前，也可以是在之后。在取得目的物或收受利益的时候，就是既遂。所谓“索要”（要求），就是要求提供贿赂。对方即便没有答应这一要求，也是既遂。这种形态的犯罪是索要贿赂罪。所谓“约定”，就是行贿人和受贿人之间就将来授受贿赂一事达成协议。这种形态的犯罪是约定贿赂罪。只要有约定行为就是既遂，因此，不要求具有贿赂的授受。另外，即便撤回要求或表示解除约定，对于成立本罪没有影响。[4]

---

① 渡边，百选Ⅱ（第7版），210页；奥村，判例讲义Ⅱ，168页。

② 前引大判昭4、12、4。

③ 最判昭27、7、22刑集6、7、927，最决平24、10、15裁时1566、21。

④ 大判昭9、11、26刑集13、1608。

3. 故意

成立本罪的故意，要求对对象的贿赂性要有认识，即，必须认识到目的物是职务行为的不正当的对价。但是，这种认识是对意义的认识，当然不要求认识到是刑法上的贿赂。误认为是正当报酬的，排除故意。另外，和受托受贿罪不同，在本罪的场合，对作为贿赂对价的执行职务的意思即对价意思没有要求。[①] 653

四、受托受贿罪

> 公务员，在其职务上，接受请托，收受、索要或约定贿赂的，处 7 年以下的有期徒刑（《刑法》第 197 条第 1 款后段）。

本罪是由于接受请托而比受贿罪处罚更重的犯罪，是受贿罪的加重类型。所谓“请托”，就是指对公务员，请求其在职务上实施一定职务行为。[②] 该请求是和不正当的职务行为有关，还是和正当的职务行为有关，在所不问。即便是请求实施正当的职务行为，也仍然要加重处罚。这是因为，接受请托，使贿赂和职务行为之间的对价关系清楚明白，枉法的危险更大，同时，使公众对职务的信赖遭受到了更为严重的伤害。作为请求对象的职务行为，在某种程度上必须是具体的。在说明“这是一点意思，请多关照”的时候，不能说是请求。[③] 所谓“接受请托”，就是答应该请托的意思。答应可以默示的方式表示。

与将来职务有关的受托　对于一般公务员而言，即便以担任、行使职务作为将来受贿的条件，也是“与其职务有关”的行为。[④] 那么，在任的市长在决定作为候选人，参加即将开始的下一届市长选举的时候，在有关当选之后所预定执行的职务上，接受他人请托，收受他人财物的，该任何认定呢？最高法院于 1986 年 6 月 27 日（刑集第40卷第 4 号第 369 页）认为：“市长在任期届满之前，

① 反对，中森，311 页；西田，525 页；山口，621 页。

② 最判昭 27、2、22 刑集 6、7、927，最决平 20、3、27 判例时报 2012、148。

③ 最判昭 30、3、17 刑集 9、3、477。

④ 最决昭 36、2、9 刑集 15、2、308。

对于作为现任市长的一般职务权限之内的事项，在再任之后所应担当的具体职务的执行上，接受请托，收受贿赂的，成立受托受贿罪”。

五、事前受贿罪

即将成为公务员的人，在有关其将要担任的职务上，接受请
托，收受、索要或约定贿赂的，在成为公务员或仲裁人的场合，处
654 5年以下的有期徒刑（《刑法》第197条第2款）。

1. 主体

本罪的主体是即将成为公务员的人，如已经提交采用公务员的申请但是尚未被采用的人。

2. 行为

本罪的行为是在将要担任的职务上，接受请托，收受、索要或约定贿赂。所谓“将要担任的职务”，是指在将来，极有可能担任的职务。所谓“有关”，是指与将要担任的职务行为或与此有密切关系的行为有关。本罪在行为人已经成为公务员的场合，才受到处罚。关于这一要件的法律性质，有客观的处罚条件说[①]和构成要件要素说[②]之间的对立。因为只有行为人就任公务员之后才有可能侵害职务的公正性以及社会的信赖，因此，成为公务员，不是单纯的处罚条件，而是构成要件要素。因此，后一见解妥当。

六、间接受贿罪

公务员，在其职务上，接受请托，使请托人向第三人提供贿赂，或者要求、约定向第三人提供贿赂的，处5年以下有期徒刑（《刑法》第197条之二）。

---

① 泷川，256页；小野，54页；大塚，637页；藤木，65页。

② 植松，75页；袖珍，446页；团藤，143页；福田，57页；香川，140页；中山，557页；曾根，324页；中森，314页；西田，528页；山口，625页；山口，625页。

1. 意义

本罪与迄今为止所说的受贿的形态不同，不是公务员亲自收受贿赂，而是让请托人向第三人提供金钱等。这是其特色。取缔通过第三人间接地获取与职务有关的规避法律的利益的行为，是本罪的宗旨。

2. 行为

所谓“接受请托”，是就职务上的有关事项而接受请托，并予以承诺的行为。所谓“第三人”，就是该公务员以外的人。可以是自然人、法人，也可以是没有法人资格的团体。① 如向警察局局长提出有关其职 655
务上的请托，并表示承担警察局使用的汽车的改造费用的行为，就成立本罪。② 第三人和公务员共同收受贿赂的，该公务员的行为成立受托受贿罪，而该第三人，按照《刑法》第 65 条第 1 款的规定，成立受贿罪的共犯，因此，其不是这里所说的第三人。相反，在教唆、帮助实施本罪的场合，就是第三人。③ 第三人可以是和公务员没有关系的第三人。④ 因此，不要求第三人对该目的物的贿赂性具有认识。

所谓“提供”，就是让第三人收受贿赂。第三人没有收受的，就是约定提供罪。所谓“要求提供”，就是要求对方向第三人提供贿赂。所谓“约定”，是就向第三人提供贿赂而和对方达成协议。

七、加重受贿罪

公务员犯前两条（《刑法》第 197 条、第 197 条之二）之罪，因而实施不正当行为，或不实施适当行为的，处 1 年以上有期徒刑（《刑法》第 197 条之三第 1 款）。

公务员，在实施不正当行为，或不实施适当行为方面，收受、索要或约定收受贿赂，或让向第三人提供贿赂，或者要求、约定向第三人提供贿赂的，与前款同样处理（同条第 2 款）。

---

① 最判昭 29、8、20 刑集 8、8、1256（向法人行贿）。

② 最判昭 31、7、3 刑集 10、7、965。

③ 内藤，注释（4），421 页。

④ 最判昭 29、8、20。反对，中森，312 页；平野，300 页。

1. 意义

本罪是因为在受贿的同时，还实施了与此有关的违反职务行为，因而对该种行为特别予以重处的规定，因此，本罪又被称为加重受贿罪（也有称之为“枉法受贿罪”的，意思是违背法律而实施不当行为）。在受贿之后实施违反职务的行为的场合，就是第一款的犯罪；在实施违反职务的行为之后又受贿的场合，就是第二款的犯罪。

2. 主体

656 本罪的主体是公务员。包括事前受贿罪中的“将要成为公务员的人”，因为，其在违背职务行为的时候，已经成为公务员。

3. 行为

本罪的行为，是公务员或即将成为公务员的人，（1）犯前两条规定的受贿犯罪，因而实施不正当行为，或不实施适当行为（第1款）；以及（2）在实施职务上的不正当行为，或没有实施适当行为方面，收受、索要或约定收受贿赂，或让向第三人提供贿赂，或者要求、约定向第三人提供贿赂的行为。

所谓“因此而实施不正当行为，或没有实施适当行为”，是指作为前两条规定的行为的结果而实施了违反职务的行为。因此，在第一款的犯罪方面，受贿行为和违反职务的行为之间必须具有因果关系。所谓违反职务的行为，就是一切违反职务的作为和不作为①，不限于法规中所规定的违反行为。如担任招标事务的公务员接受贿赂，在接受工程招标的时候，将工程招标底价告诉他人的行为，就是作为②；反之，县议会的议员接受请托不参加会议的行为，就是不作为。③

第二款之罪，由于是处罚实施职务上的不正当行为或没有实施适当行为的受贿行为，因此，要求不正当的作为或不作为是在受贿之前实施的，有无请托，在所不问。索要、约定贿赂之后，实施职务行为，而且

① 大判大6、10、23刑录23、1120。

② 高松高判昭33、5、31裁特5、6、257。

③ 大判明44、6、20刑录17、1227。

在实施了职务行为之后收受贿赂的，也成立本罪。违反职务的行为，在构成伪造公文等其他犯罪的时候，在其他犯罪和本罪之间是观念竞合。

八、事后受贿罪

曾为公务员的人，在有关其在职时接受请托，曾为职务上的不正当行为或没有实施适当行为方面，收受、索要或约定收受贿赂的，处 5 年以下的有期徒刑（《刑法》第 197 条之三第 3 款）。 657

本罪是以退职之后，收受与在职时有关的职务行为的贿赂为内容的犯罪。本罪的主体是过去是公务员的人。但是，正如前述，即便公务员的身份仍然在保持，但是，如果是已经丧失了属于贿赂对象的一般的职务权限的职务的话，就应当是本罪的主体。[①] 有一种见解认为，在职的时候，索要、约定有关职务的贿赂，退职之后，基于该要求、约定而收受贿赂的，因为在有关在职中的要求、约定上成立通常的受贿罪，因此，退职后，基于此种约定而收受贿赂的行为，被前一受贿罪所吸收，只成立一罪。但是，在职中的索要、约定犯罪伴随答应请托和违反职务的行为的，成立加重受贿罪和事后受贿罪，按（刑罚）比较重的前罪处罚。[②]

九、斡旋受贿罪

公务员接受请托，为了让其他公务员实施职务上的不正当行为或不实施适当行为而进行或进行了斡旋，作为该斡旋的报酬而收受、索要贿赂或约定收受贿赂的，处 5 年以下的有期徒刑（《刑法》第 197 条之四）。

1. 意义

本罪是于 1958 年规定的，原因在于，公务员，特别是国会议员等公开选举的公务员，利用其地位，对其他公务员的所管事项进行斡旋，

---

① 反对，最决昭 28、4、25 刑集 7、4、881。

② 柏木，158 页。

并因此而接受谢礼的行为成为社会问题。如果对此放任不管的话，就会招致政治、行政的腐败。因此，本罪也是以国家职能，特别是行政职能的公正进行以及其社会信赖为保护法益的。但是，本罪和其他的受贿犯罪不一样，它不是收受作为自己的职务行为的对价的贿赂，因此，可以说，本罪和其他受贿犯罪在本质上有异。只是，本罪的主体被限定为公务员，在其因为其他的公务员的职务行为而收受贿赂这一点上，和其他
658 受贿犯罪有共同之处。

2. 主体

本罪的主体是公务员，在仅仅作为私人行为的场合不成为本罪的主体，但只要该公务员在公务员的立场和地位上实施了行为，即便没有积极地利用其地位，也能成为本罪的主体。

利用地位和学说、判例 学说中，有（1）本罪的主体只要是公务员就足够了，是否利用了其地位不用考虑的见解①；（2）公务员在利用其地位的场合，成立本罪的见解②；（3）只限于公务员在作为公务员的地位上实施行为的场合的见解③之间的对立。由于利用地位不是本罪的成立要件，所以，（2）说难以成立。另外，（1）说认为，即便仅是作为私人而实施行为，也成立本罪。这显然是过于广泛。最高法院在1968年10月15日（刑集第22卷第10号第901页）的决定中认为，为成立斡旋受贿罪，作为其要件，虽然不要求公务员积极地利用其地位进行斡旋，但是至少要求是在公务员的立场上进行斡旋，纯粹是私人的行为不构成本罪。也即采纳了见解（3）。我认为，这种理解是妥当的。④

3. 行为

本罪的行为，是接受请托，对其他公务员进行斡旋，让其实施职务上的不正当行为或不实施适当行为，并且作为即将或已经实施该斡旋的

① 铃木义男：《论斡旋行贿受贿罪》，《法时》，30卷6号，110页。
② 小野清一郎：《关于斡旋受贿罪》，《法学家》，156号，6页。
③ 团藤，150页；香川，146页。
④ 北野，百选Ⅱ（第5版），218页；奥村，判例讲义Ⅱ，179页。

报酬而收受、索要贿赂或约定收受贿赂。所谓“接受请托”，是指接受对其他公务员的职务行为进行斡旋的请托，并作出承诺。所谓“斡旋”，是就让其他公务员实施违反其职务的行为（作为、不作为），而在请托人（或行贿人）和其他公务员之间进行斡旋，谋取方便。所谓“即将或已经进行了斡旋”，是指将来的斡旋行为或过去的斡旋行为。作为这种斡旋行为的对价，是指作为报酬。因此，如果不是作为该斡旋行为的对价的利益的话，就不能说是本罪的利益。[①] 贿赂可以是谢礼、车费等，名义在所不问。但是，实际费用的补偿不是报酬。 659

十、没收、追征

> 犯人或知情的第三人所收受的贿赂，必须没收。在对其全部或部分不能予以没收的时候，按其价额进行追征（《刑法》第 195 条之五）。

1. 意义

《刑法》第 19 条以及第 19 条第 2 款有关没收的规定是任意性规定。本条是对上述条款的特别规定，没收和追征都是必要规定。也即在《刑法》第 19 条和第 19 条第 2 款中，只是规定“可以”，但是，在本条中，规定对贿赂“必须没收”。

关于没收的意义，有（1）不让受贿人等保有不法利益的见解（多数说），和（2）不让受贿人以及行贿人等保有不法利益的见解[②]之间的对立。在贿赂被退回行贿人的场合，还是作为不法利益，显然是不当的，因此，应当说是为了不使受贿犯罪的犯人以及知情的第三人保有该不法利益，因此，（1）说妥当。但要注意的是，对于行贿人也可适用任意没收规定。

2. 对象人

成为没收、追征对象的人是“犯人或知情的第三人”。犯人包括共

---

① 植松，80 页。

② 最决昭 29、7、5 刑集 8、7、1035；木村，398 页；植松，73 页；福田，56 页；藤木，68 页。

犯在内。[①] 犯人即便没有被起诉，只要根据事实认定，能被确认为犯人就够了。[②] 所谓“知情的第三人”，就是不在犯人以及共犯人之内，但是知道是贿赂的人。法人的代表人知道是贿赂而接受的，该法人就是“第三人”[③]。即便是农业合作社的支部之类的没有法人资格的团体，在作为独立团体的场合，也是“第三人”[④]。

3. 没收的对象

没收的对象只限于犯人以及知情的第三人“已经收受的贿赂”。没
660 有收受到手的贿赂是任意没收的对象。正如接受招待而吃掉的酒食[⑤]、高尔夫俱乐部的会员权[⑥]之类的贿赂，因为不具有“物”的性质而不能成为本来的没收对象的，成为追征的对象。收受作为贿赂的金钱贷款时，由于金融上的利益是贿赂，因此，该金钱自身不能作为没收的对象。只要具备收受贿赂的事实就够了，并不要求就该贿赂而成立受贿犯罪。[⑦]

任意没收的场合 如，在借用他人作为贿赂而收受的金钱的场合，由于借钱不是受贿，所以，不能适用《刑法》第197条之五的规定。该金钱属于《刑法》第19条第1款第3项所说的“犯罪行为所得之物”，是该条款规定的任意没收的对象，在没收不能的场合，根据《刑法》第19条第2款的规定，按照其数额进行追征。[⑧]

4. 追征

追征在不可能没收的时候实施。所谓“不可能没收”，如吃掉的酒食、提供的艺妓之类的贿赂，指在性质上不能被没收者；另外，在贿赂被消费，或者归第三人所有的场合，也包括在收受之后不可能被没收的

---

① 大判明44、2、13刑录17、75。
② 袖珍，451页。
③ 最判昭29、8、20刑集8、8、1256。
④ 最大判昭40、4、28刑集19、3、300。
⑤ 大判大4、6、2刑录21、721。
⑥ 最决昭55、12、22刑集34、7、747。
⑦ 内藤，注释（4），432页。
⑧ 最决昭36、6、22刑集15、6、1004。

情况之内。追征价额，在不能没收的场合，就是用金钱换算出来的金额。在性交之类的不可能以金钱换算出来的场合，就不能成为追征对象。追征价额，以收受贿赂当时的价格为基准进行计算。[①]

数人共同接受贿赂的时候，按照接受贿赂的份额来进行追征。[②] 分配份额不明的时候，或者共同消费的时候，就按照平等的份额进行追征。判例认为，受贿人将贿赂返还给行贿人的，就从行贿人那里没收[③]，不能没收的时候，就进行追征。[④] 但是，此时的追征、没收，是基于不允许保有非法利益的宗旨而实施的。鉴于这一点，对行贿人的没收、追征，就不应根据本条，而应根据《刑法》第 19 条以及第 19 条第 2 款的规定进行。[⑤] 这种场合下，在将收受的贿赂消费之后，返还同等 661
数额的价钱的时候，因为根据消费而获得利益的是受贿人，因此，成为追征对象的也是受贿人（通说）。[⑥] 受贿人将所收受的贿赂的一部分赠送给其他人的时候，只要没收其剩下的部分就够了，没有必要从他那里对其已经赠与的部分也实行追征。[⑦]

计算追征价额的标准　学说上，除了本书所主张的收受时说[⑧]之外，还有主张以不能没收的事态发生时为标准的没收不能时说[⑨]，和主张应当以进行追征裁判时为标准的裁判时说。[⑩] 问题是：随着物价的变动，该如何调节没收和追征之间价格计算上的差别？关于这一点，最高法院认为，“受贿人通过收受贿赂这种财物，获得了和该物的时价相当的利益，之后，随着时间的流逝，该物的价

---

① 最大判昭 43、9、25 刑集 22、9、871。

② 大判昭 9、7、16 刑集 13、972，最决平 16、11、8 刑集 58、8、905。

③ 大判大 11、4、22 刑集 1、296，仙台高判平 5、3、15 高刑集 46、1、13。

④ 最决昭 29、7、5 刑集 8、7、1035。

⑤ 团藤，155 页。另外，山口，631 页。

⑥ 最判昭 24、12、15 刑集 3、12、2023。

⑦ 大判大 12、2、6 刑集 2、87。

⑧ 江家，75 页；团藤，157 页；香川，150 页；中山，555 页；中森，316 页；西田，533 页；前田，第 495 页。另外，山口，632 页。

⑨ 小野，413 页；植松，73 页；福田，57 页。

⑩ 大塚，645 页。

值有增减，但这仅是和上述受贿无关的原因所造成的，因此，作为没收的替代而应当追征的金额，应当根据收受该物当时的时价来确定”①。

十一、行贿罪

提供、提议提供或约定提供从第 197 条到第 197 条之四为止所规定的贿赂的，处 3 年以下有期徒刑或 250 万日元以下的罚金（《刑法》第 198 条）。

1. 主体

行贿罪是通过向公务员提供、提议提供或约定提供贿赂，侵害公务的公正执行的犯罪。其主体原则上是非公务员，但是，即便是公务员，仅仅作为私人来实施的，也是本罪的主体。

2. 行为

本罪的行为是提供、提议提供或约定提供贿赂。所谓“提供”，就
662 是让对方接受贿赂的行为，是和受贿犯罪中的“收受”相对应的概念，因此，在对方不收受的时候，只是提议提供而已。因为和受贿犯罪之间是必要的共犯关系，所以，在对方没有认识到是贿赂的时候就是提议提供贿赂罪。所谓“提议提供”（申请），就是表示提供贿赂的意思，即让对方收受。不一定要对方意识到是贿赂，但是必须处于能够认识的状态。② 所谓“约定”，就是就在将来提供贿赂之事和公务员之间达成协议。有见解认为，对于以请托为要件的受贿犯罪，在虽然提出请托，但公务员没有答应该请托的时候，就不成立提议提供贿赂罪。③ 但是，提议提供贿赂罪只是单方成立的行为，所以，这一学说并不妥当。④

3. 和受贿罪之间的关系

行贿罪和受贿犯罪之间，原则上是必要共犯的关系（对向犯）。也

---

① 前引最大判 43、9、25 日。参照奥村，判例讲义Ⅱ，181 页。

② 最判昭 37、4、13 裁判集刑 141、789。

③ 大塚，643 页；川端，762 页。

④ 中森，315 页。

即，在贿赂的提供和收受之间，以及约定者相互之间，是必要共犯的关系[①]，因此，对于即便实质上相当于受贿的教唆或帮助行为，也只是在提供罪和约定罪的限度内处罚而已。既然不符合上述犯罪的行为不被处罚，那么，就不单独成立受贿犯罪的教唆、帮助犯。有意见认为，行贿人在多数场合下比受贿人更为恶劣，因此，对其以行贿罪在较轻的法定刑的范围之内进行处罚，是不合理的，应当单独论以受贿的教唆、帮助犯。但是，从前述意见来看，这种见解不妥。同时，受贿人方面的索要贿赂罪和行贿人方面的提议提供贿赂罪，分别构成独立的犯罪，所以，即便在对方的行为不成立犯罪的场合，也能独立地构成犯罪。虽然提议提供贿赂罪是受贿犯罪的教唆行为，但是，在与提供贿赂罪和约定贿赂罪的平衡来看，对其只要在提议提供贿赂罪的范围内予以处罚就够了。

十二、贿赂犯罪和其他犯罪的关系以及罪数

1. 和其他犯罪的关系

公务员在与其职务有关的行为上，敲诈勒索他人而使其交付金钱的，除了成立敲诈勒索罪，是不是还成立受贿罪？分场合来考虑的话， 663
第一，公务员假托执行公务，在与自己的职权完全无关的事项上敲诈勒索他人而使其交付财物的，就只成立敲诈勒索罪，而不成立受贿罪。第二，如警察有揭发犯罪的意思，而且在客观上看也存在犯罪的嫌疑的时候，敲诈勒索犯罪嫌疑人，使其交付财物的，有（1）只成立敲诈勒索罪的见解[②]，和（2）是敲诈勒索罪和受贿罪之间的观念竞合，在行贿方面成立行贿罪的见解（通说）[③] 之间的对立。但是，对于公务员来说，除了成立敲诈勒索罪，还成立受贿罪，二者之间是观念竞合。敲诈勒索罪是对个人利益的犯罪，和受贿罪不仅在犯罪性质上不同，而且上述事例中，如果只是成立敲诈勒索罪的话，就会出现完全不考虑受贿行为的不合理结果。在这种场合，被敲诈勒索者是被害人，但是，如果在

① 大判明 43、7、5 刑录 16、1382。

② 大判昭 2、12、8 刑集 6、512，最判昭 25、4、6 刑集 4、4、481；大场，691 页。

③ 最决昭 39、12、8 刑集 18、10、952，福冈高判昭 44、12、18 刑月 1、12、1110。

交付财物上具有自由意志的话，就要成立行贿罪。在这时候，只有适用期待可能性原理，才能例外地排除其责任。

公务员没有实施职务上的行为却欺骗别人说实施了职务行为而索要金钱的，就存在用欺骗的方法受贿的问题。即便在这种场合，提供金钱的人是诈骗罪的被害人，但在是否交付财物的问题上，尚具有足以供其选择的意思自由，因此，公务员的行为当然成立诈骗罪，但也成立受贿罪，在两者之间是观念竞合，而提供贿赂的行为则构成行贿罪。

2. 罪数

关于罪数的处理，第一，索要、约定之后又收受贿赂的，就是包括的一罪。① 这是因为，只有一个侵害职务公正性以及社会对它的信赖的行为。第二，在基于一个行为向数个公务员行贿的时候，根据公务员人数而成立的数个行贿罪之间成立观念竞合。② 第三，在提议提供贿赂或
664 约定提供贿赂之后又行贿的，只成立提供贿赂罪。

① 大判昭10、10、23刑集14、1052。
② 大判大5、6、21刑录22、1146。

图书在版编目（CIP）数据

刑法讲义各论：新版第5版/（日），大谷实著；黎宏，邓毅丞译．--北京：中国人民大学出版社，2023.10

（当代世界学术名著）

ISBN 978-7-300-32248-3

Ⅰ.①刑… Ⅱ.①大… ②黎… ③邓… Ⅲ.①刑法-研究-日本 Ⅳ.①D931.34

中国国家版本馆CIP数据核字（2023）第185026号

当代世界学术名著

刑法讲义各论（新版第5版）

［日］大谷实　著

黎　宏　邓毅丞　译

Xingfa Jiangyi Gelun

出版发行	中国人民大学出版社		
社　　址	北京中关村大街31号	**邮政编码**	100080
电　　话	010－62511242（总编室）		010－62511770（质管部）
	010－82501766（邮购部）		010－62514148（门市部）
	010－62515195（发行公司）		010－62515275（盗版举报）
网　　址	http://www.crup.com.cn		
经　　销	新华书店		
印　　刷	天津中印联印务有限公司		
开　　本	720 mm×1000 mm　1/16	**版　　次**	2023年10月第1版
印　　张	46.5插页2	**印　　次**	2023年10月第1次印刷
字　　数	660 000	**定　　价**	198.00元